Rachel Field

Hölle, wo ist dein Sieg?

Rachel Field

Hölle, wo ist dein Sieg?

Roman

Wolfgang Krüger Verlag

Aus dem Amerikanischen von Karin von Schab

Titel der Originalausgabe ›All This And Heaven Too‹
Erschienen im Verlag Macmillan Company, New York

Deutsche Neuausgabe im
Wolfgang Krüger Verlag GmbH, Frankfurt am Main 1977
Umschlagentwurf: Hannes Jähn
Druck und Bindung: Ebner, Ulm
Printed in Germany 1977
ISBN 3-8105-0607-9

STATT EINER EINLEITUNG

Liebe Großtante Henrietta,

ich kannte Dich zwar nicht, denn Du warst ja schon lange tot, als ich auf die Welt kam, aber in meiner Kindheit habe ich oft Walnüsse an Deinem Grabstein aufgeknackt. Es gab wohl auf dem Erbbegräbnis unserer Familie manche großartigen Steine, doch aus irgendeinem Grunde — ich weiß nicht, warum — zog ich Deinen all den anderen vor, die dort zur Ehre Gottes und zum Andenken unserer verstorbenen Verwandten errichtet waren.
Und jetzt, nachdem ich Dich so gut kennengelernt habe, würde ich gern glauben, daß ein wenig von dem, was einmal Dein Geist und Dein Mut, Dein Zauber war, dort am Grabe noch verweilte, mächtig genug, um die Liebe des Kindes in Deinen Bann zu zwingen. Ich würde gern glauben, daß die geheimnisvolle Kraft, die Dich Deine eigene Sache verfechten hieß in jenem großen Mordprozeß, der zwei Kontinente in atemloser Spannung hielt und einem französischen König von seinem Thron herunterhalf, daß diese Kraft irgendwie für das vierblättrige Kleeblatt verantwortlich war, welches ich an einem Sommertag zu Beginn dieses Jahrhunderts bei Dir niederlegte. Aber für solch törichte Gedanken bin ich nicht sentimental genug. Du warst schon mehr als dreißig Jahre tot, als ich meine Nüsse und Kleeblätter brachte, als ich mit neugierigem Zeigefinger den Umrissen einer Lilie folgte, die in die glatte Oberfläche Deines Grabsteines eingemeißelt war, den Lilien in unseren Neu-England-Gärten so gar nicht ähnlich.
Meine Neugierde ist um nichts geringer geworden in den weiteren dreißig Jahren, in denen ich Seite für Seite das Buch Deines Lebens aus jener Inschrift entzifferte, so nüchtern und schmucklos wie ein abgebrochener Zweig ohne Blätter und Blüten:

HENRIETTE DESPORTES
Die geliebte Frau von M. Field
Gestorben am 6. März 1875

Da steht es, fast abweisend in seiner Kürze, ohne Geburtsdatum und Geburtsort, ohne Bezug auf Paris — nichts, was auf ein Leben hindeutete, das in fremde Erde verpflanzt wurde, nachdem eine Lawine der Leidenschaft, der Gewalt und des Hasses es aus seinem Schattendasein entwurzelt hatte.
Vor einem halben Jahrhundert galt kein Gedenkstein für vollständig, wies er nicht einen frommen Nachruf auf oder einen Spruch aus der Bibel, um das Leben und Wirken des Dahingeschiedenen zu verherrlichen. Warum mußte Deiner unter all diesen Reihen von Marmor und Schiefer als einziger ohne Bitte an Gott und die Menschen bleiben? Warum sprach kein Wort von dem Schicksal, das einzig Dir in einer Welt der Lebenden vorbehalten war? Nur Du weißt die Antwort; Du allein könntest das Epitaph, das Dein Stein nicht kennt, geschrieben haben.
Diese Unterlassung muß Absicht gewesen sein; ich weiß das so sicher, als wüßte ich es von Dir selbst.
„Meine liebe Großnichte", würdest Du mir gewiß entgegnen mit dem weisen, ein wenig belustigten Lächeln, das Dir auf dem Bildnis, dem einzigen, das ich von Dir gesehen habe, eigen ist, „eines Tages wirst Du lernen, wie auch ich es tat, aus der Notwendigkeit eine Tugend zu machen." Vielleicht würdest Du dann noch mit Deinem kleinen französischen Achselzucken, das Du wohl unterdrücken, aber nie ganz ablegen konntest, hinzufügen: „Wer viel erfahren hat, spricht wenig."
Indessen, Fama läßt sich nicht so leicht unterdrücken. Schweigen und Vergessenheit sind nicht um einfaches Bitten zu haben. Dein Wille hat den letzten Sieg davongetragen, und Dein Grabstein ist kahl und unpersönlich; aber Du konntest Deinen Namen nicht aus jenen Kriminalakten löschen, noch aus den Archiven der französischen und englischen Zeitungen den Jahrgang 1847 entfernen. Es ist Dein Schicksal, gegen Deinen Willen in der Erinnerung weiterzuleben. Bisweilen wirst Du in dem großen Empirebett aus poliertem Mahagoni, das jetzt in meinem Zimmer steht, wach gelegen und versucht haben, Deine Gedanken von der Rue du Faubourg Saint-Honoré abzuwenden; von den Worten, die dort gesprochen, und von dem Lärmen der Zeitungsjungen,

die Deinen Namen auf den überfüllten Boulevards ausriefen; von den grauen Mauern der Conciergerie, wo Du unter Bewachung Deinen täglichen Spaziergang machen mußtest, während neugierige Gesichter sich an das Gitter preßten. Ich habe fünfzig Jahre später ebenso in demselben Bett wach gelegen; ich versuchte, aus den in alle Winde verwehten Bruchstücken von Tatsächlichkeiten und Gehörtem das Ganze zusammenzufügen, das zu vergessen Du so viele Jahre Deines Lebens bemüht warst.

Ich bin inmitten all der Dinge aufgewachsen, die Dir gehört haben. Die Kommode aus Mahagoni mit der Marmorplatte, die zu Deinem Bett paßt, ist mir vertraut; Dein Pastell von dem kleinen Mädchen, das später Deine Adoptivtochter wurde; der Maltisch aus Rosenholz, in dem Du die Pinsel, Farben und Stifte aufbewahrtest, deren Gebrauch Dir soviel Freude machte; auch Deine silbernen Gabeln und Löffel kenne ich, mit dem zierlich geschwungenen D auf den Griffen. Wie ich dieses schreibe, sehe ich an meinem Finger den Ring, der Dir gehörte, und ich nehme niemals eine gewisse Emaillebrosche aus ihrem abgegriffenen karneolbesetzten Kästchen, ohne mir zu überlegen, ob das wohl nicht eines von den kleinen Schmuckstücken gewesen sein mag, die die Herzogin Dir nach ihren stürmischen Ausbrüchen als Versöhnungsgeschenk gab. Merkwürdig, daß diese intimen kleinen Andenken alles überdauern sollten, während ich niemals ein Wort von Deiner Handschrift gesehen habe.

Das Porträt, das Eastman Johnson von Dir malte, läßt mich Dich sehen, so wie Du aussahst, als Du nicht mehr die berüchtigte Mademoiselle Deluzy-Desportes warst, die ganz allein den bösartigsten Wettern die Stirn bot, sondern die verheiratete Frau in unangreifbarer Stellung, die Herrin des Hauses am Gramercy Park, in dem sich Schriftsteller, Künstler, Philanthropen und Ausländer von Ruf und Rang trafen und, angeregt durch den Charme Deiner Gegenwart, sich Geist und Witz entfalteten. Ich sehe die würdevolle Ruhe Deines Ausdrucks, wie ich auch Dein Kleid von kaffeefarbener Seide sehe und die eine Teerose in dem schwarzen Spitzenschal. Dein Gesicht war von jenem kräftigen Schnitt mit dem festen Kinn und der hohen Stirn. Du trugst Dein volles, kastanienbraunes Haar glatt in der Mitte gescheitelt, wie wir es von den in Deiner Zeit lebenden Elisabeth Barret Browning und George Eliot kennen. Deine Augen, an sich weder groß noch besonders schön, blickten klar unter schweren Lidern hervor, wachsam über scharf gezeichneten Wangenknochen und der etwas breiten Nase mit den weiten, temperamentvollen Bögen ihrer Flügel. Aber Dein Mund war es, der Dein Gesicht beherrschte, der von der Leinwand in beredtem Schweigen für Dich sprach. Ein zu großer, ein zu starker Mund, um dem Ideal des Rosenmündchens Deiner Zeit zu entsprechen; er muß in Deiner Jugend eine Prüfung für Dich gewesen sein. Humorvoll, empfindsam und rätselhaft — man könnte einem Menschen mit einem solchen Mund alles sagen, aber niemals wissen, was für eine Antwort er erteilen wird; gewiß wäre nur, daß sie klug und überlegen sein würde und wohl wert, gehört zu werden.

Einzelne Reste Deines Geistes und Deiner Lebensklugheit leben noch fort, wie Splitter des Feuersteins übrigbleiben dort, wo einst Pfeilspitzen geschliffen wurden. Aber die Spitzen selbst, die Pfeile Deines Witzes, für den Du berühmt warst, trafen ihr Ziel und waren verschwunden. Hier ein Wort, reizvoll in seinem fremdländischen Klang, da eine schnell hingeworfene Bemerkung, an der die Schärfe persönlicher Anspielung noch blitzt; ein fast vergessener Scherz; ein paar heitere Anekdoten — was für armselige, seltsam zueinander passende Blumen, die sich Deine Großnichte zum Strauß bindet!

Und ich bin nicht einmal Deine Großnichte, nur die Deines Mannes. Du selbst hast kein Vermächtnis von eigenem Fleisch und Blut hinterlassen. Das Schicksal hat Dir manchen Streich gespielt, aber dieser hat Dich am tiefsten gekränkt. Dein Schoß blieb unfruchtbar, und gerade Du hättest die fruchtbarste unter den Frauen sein müssen. Dir bedeuteten Kinder mehr als nur drollige Puppen zum Anziehen und Herzen und Schelten, die sie für Dein viktorianisches Zeitalter waren. Für Dich waren sie eine Leidenschaft, die Dich so ganz erfüllte, als wäre jedes Kind eine fremde Welt, die erforscht und erkannt werden müßte. Auch Deine strengsten Richter gestanden Dir diese Macht zu, und Dein

Einfluß auf die jungen Praslins bildete ganz sicher eines der stärksten Glieder in der Beweiskette, mit der man Dich zu fesseln suchte. Jugend war Deiner Natur eine Notwendigkeit, und deshalb nahmst Du ein kleines Mädchen aus der Familie Deines Mannes in Euer Haus an eigenen Kindes Statt.

„Eh bien", ich höre beinahe, wie Du das sagst, „man hat nicht immer die Wahl auf dieser Welt. Aber ohne ein Kind in diesem Haus zu leben — das wäre tragisch. Nicht wahr, meine kleine Henri?"

„Deine kleine Henri", der mein Großonkel war, stimmte Dir zu, wie er fast allen Deinen Vorschlägen zustimmte, zweifellos immer wieder ein wenig erstaunt über die gallische Lebhaftigkeit und die Weisheit dieser außergewöhnlichen Frau, die ihm die Ehre erwiesen hatte, seine Gattin zu werden. Ein Vogel von selten kostbarem Gefieder hatte Besitz von seinem Heim ergriffen; eine eigenartige Kreuzung von Nachtigall und Paradiesvogel schmückte das Nest, das er sich in Gedanken wohl eher mit einem sanften, unansehnlichen Zaunkönigweibchen hatte teilen sehen. Er wurde sich niemals ganz darüber klar, wie es dazu gekommen war, aber er wußte das Glück zu schätzen, das Dich ihm schenkte. Er war stolz auf Deine Vornehmheit und Deinen klaren Verstand, auf Deinen Charme und Deine Intelligenz und, ja, auch auf Deine zuweilen etwas hochmütig-selbstsichere Art.

Großonkel Henry war von kleiner Statur und zehn Jahre jünger als Du; doch es brannte eine Flamme in ihm, und Dir gelang es, die Glut unter seinem Neu-Englandtum, das Deinem eigenen Wesen so fremd war, zu hellem Feuer zu schüren. Es mag ihm Deine Erfahrung und Urteilskraft, die Treffsicherheit Deines Witzes gefehlt haben; aber seine Begeisterungsfähigkeit, seine Wärme und sein Idealbild gaben einen guten Fluß mit dem härteren Metall, aus dem Du geformt warst.

Ich kann mich gerade noch an Großonkel Henry als einen kleinen, ältlichen Herrn mit einem abwesenden Lächeln erinnern, dessen Gedanken sich auf verwirrende Weise unversehens im Labyrinth der Vergangenheit zu verlieren pflegten, wohin ihm die sachliche Sieben- oder Achtjährige nicht zu folgen vermochte. Dieses Bild hat jedoch nichts mit dem ungestümen jungen Menschen zu

tun, der bei aller puritanischen Erziehung und trotz seiner Neigung zur Frömmigkeit mit Füßen geboren war, die zuckten, ihn in fremde Länder zu tragen, und mit einer Phantasie, die den Romantiker in ihm an die Seite der bedrängten französischen Gouvernante trieb, als sie sich plötzlich der Anklage gegenübersah, einen Mord angestiftet zu haben, der ein Weltreich wanken machte. Er war fünfundzwanzig Jahre alt, als er von Deinem Namen zum erstenmal das sommerliche Paris des Jahres 1847 widerhallen hörte. Da war er, kaum erst seiner Jugend in den Berkshire Hills entwachsen, wo sein Vater in dem Gemeindehaus gegenüber der Dorfwiese als rechter Jünger Jonathan Edwards seine Pech- und Schwefelpredigten hielt. Hinter ihm lagen die Abschiedsrede des Sechzehnjährigen im Williams College und jene ersten Jahre selbstverfaßter Predigten von der Kanzel herunter, deren Umrahmung seine große Jugend noch betonte. Da stand er, ernst und jung und ohne zu ahnen, daß Du und er zwanzig Jahre jenseits des Atlantiks zusammen verbringen sollten.
Kann sein, daß Großonkel Henry gleich Victor Hugo, der Deinen verhaßten Rundgang unter Bewachung im Hof der Conciergerie beschrieb, Dich zum erstenmal durch Gitterstäbe hindurch sah. Wir werden das niemals wissen. Ich habe hier nur niedergeschrieben, wie es alles vielleicht gewesen ist. Vielleicht habe ich Dir Worte in den Mund gelegt, die Du niemals gesprochen hast. Meine Gedanken können ja niemals wirklich Deine Gedanken sein. Ich weiß das, und dennoch muß ich so schreiben, da Du selbst hinter dem Gewebe von Tatsache und Legende so deutlich und klar erscheinst wie die Spinne, die sich auch nicht in den Maschen ihres eigenen verwickelten Gebildes verstrickt. Ich will nicht den Anspruch erheben, unvoreingenommen zu sein: ich will mich jedoch bemühen, die Wahrheit so zu sagen, wie ich sie sehe. Denn je vielfältiger das Geschehen, um so vielfältiger die Möglichkeit, es zu erzählen. Jede Hand wählt einen anderen Akkord.
Liebe Großtante Henrietta, Du wirst nie erfahren können, was ich von Dir halte — aber hier ist er, der Brief, den ich schon immer schreiben wollte, die Geschichte, die ich schon immer erzählen wollte.

ERSTES BUCH

„*MADEMOISELLE D.*

1841—1848

ERSTES KAPITEL

Unter der bunt zusammengewürfelten Gruppe von Passagieren, die sich bereitmachten, den kleinen Kanaldampfer, der sie von Southampton nach Le Havre gebracht hatte, zu verlassen, befand sich auch eine einzelne Frau, die hochaufgerichtet inmitten ihres um sie gestapelten Gepäcks dastand. Es war ein ungewöhnlicher Anblick im Jahre 1841, eine Frau von ihrem Alter und ihrer Erscheinung ohne Begleitung reisen zu sehen. Nicht daß sie durch besondere Schönheit aufgefallen wäre, aber eine gewisse kraftvolle Anmut der Haltung zeichnete sie vor ihren Mitreisenden aus.

Ende März war nicht gerade die günstigste Zeit für die Überfahrt, und der Kanal hatte seinen Ruf für rauhes Wetter nicht Lügen gestraft. Die Nacht war stürmisch und regnerisch gewesen, und eine leichte Stimmung von Mutlosigkeit hing über der kleinen Schar, die sich so bald in alle Richtungen zerstreuen würde. Locken und vor kurzem noch krause Federn klebten feucht an blassen Gesichtern; unter müden Augen zogen sich unschöne schwarze Ringe; zusammengesunkene Gestalten, in Reisedecken und Schals gehüllt, kauerten elend auf den Bänken, während der schneidende, über das salzige Wasser kommende Wind des frühen Morgens die dumpfe Luft der Gesellschaftskajüte zu durchdringen suchte. Der schale Geruch von Essen und Tabak und den dicht zusammengedrängten Menschen vermengte sich mit dem unverkennbaren Geruch, der allen solchen Schiffen eigen ist, einer Mischung von Teer und Tauen und Messingpolitur, von Farbe und blakenden Petroleumlampen — kaum die Atmosphäre, in der weiblicher Charme sich geltend machen kann. Aber die einzelne Reisende hielt sich gut angesichts all dieser beeinträchtigenden Umstände. Sie war jung — zum mindesten konnte sie nicht alt genannt werden —, und sie wirkte entschieden jünger als ihre achtundzwanzig Jahre; sie schien von fast robuster Gesundheit und zeigte ein lebhaftes Interesse für ihre derzeitigen Gefährten und das Treiben um sie

herum; sie hatte schon lange zuvor gelernt, auf sich allein angewiesen zu sein.
Sooft die Männer in die sich jetzt schnell lichtende Dämmerung an Deck gingen, drang beim Öffnen und Schließen der Türen die salzige Luft in kurzen Stößen herein. Wie zur Bestätigung dieser belebenden Frische hob Henriette den Kopf, und ihre Nasenflügel weiteten sich zu einem tiefen Atemzug. Unwillkürlich machte sie eine Bewegung, als wollte sie ebenfalls den überfüllten Raum verlassen; aber der Impuls wurde fast augenblicklich unterdrückt. Sosehr sie auch die kalte Morgenluft willkommen geheißen haben würde, es ging nicht an, sich den Männern zuzugesellen, die dort draußen in ihrer männlichen Ungebundenheit das feuchte Deck auf und ab stapften, unbehindert von den windfangenden Röcken aus Kaschmir oder Taft, den meterweiten Unterröcken und flatternden Hutbändern, die jedem Lufthauch zum Spielball wurden. Überdies war da ja noch ihre ganze Habe in den sauber verschnürten Hutschachteln und Taschen und den neuen Lederkoffern, die in blanken Messingnägeln auf dem Deckel die Buchstaben „H. D.“ aufwiesen. Und sie hatte niemand, dem sie die Sachen anvertrauen konnte.
„Nun schön“, dachte sie, und ihre Schultern hoben sich zu einem kaum merklichen Zucken unter dem schottischen Schal, den sie mit Bedacht so umgelegt hatte, daß seine kunstvoll gewebte Kante am besten zur Geltung kam, „zu dieser frühen Morgenstunde wäre es allerdings schwerlich comme il faut, noch dazu, wo so wenig Frauen mitreisen.“
Es machte ihr Freude, den Klang ihrer Muttersprache von dem einen oder anderen der Passagiere zu hören. Obwohl sie seit ihrer Kindheit fließend Englisch sprach und sogar während der vielen Jahre in London gelernt hatte, mit der gleichen Leichtigkeit in beiden Sprachen zu denken, begeisterte sie sich doch an den vertrauten Lauten. Schon der Tonfall ließ sie sich jünger und fröhlicher ums Herz fühlen. Sie war zu lange in dem fremden Land gewesen. Gestern noch, das stimmte ja, hatte sie beim Abschied von den Hislops zwar höfliche Tränen vergossen, besonders als sie sich von dem ernsten, liebenswerten Mädchen trennen mußte, das ihr einziger

Zögling gewesen war und das sie mit Augen voll anbetender Verehrung angeblickt hatte. Diese offenen blauen Augen hatten eigentlich bereits seit dem Tag, an dem ihr Fortgehen erwogen worden war, verweint ausgesehen. Er hatte etwas Rührendes, dieser aufrichtige Kummer des jungen Mädchens.

„Laß doch, Chérie, zu viele törichte Tränen sind schon geflossen. Die Zeit mußte ja einmal kommen, wo du nicht länger eine Erzieherin brauchst. Du bist eine junge Dame, bald sechzehn, und kommst jetzt in ein Pensionat, und, wer weiß, in ein, zwei Jahren bist du vielleicht schon eine verheiratete Frau."

„Aber, Mademoiselle, Sie sind immer viel mehr als nur eine Erzieherin gewesen. Selbst Papa sagt das, und Sie wissen, wie schwer man ihm etwas recht machen kann."

Das war allerdings wahr. Sir Thomas Hislop verlangte viel von denen, die in seinen Diensten standen, und ganz besonders viel von derjenigen, der er die Erziehung seines einzigen Kindes anvertraut hatte. Sie hatte ihm niemals Ursache gegeben, dieses Vertrauen, das er in sie setzte, zu bereuen, und mit der Zeit waren ihr neben den Pflichten, wie sie die Stellung einer Erzieherin mit sich zu bringen pflegt, auch ungewöhnliche Vorrechte im Hause eingeräumt worden. Wie seine Tochter sagte, Mademoiselle war viel mehr als eine bloße Erzieherin in seinem Heim gewesen, und nicht ein einziges Mal hatte sie die gebührenden Grenzen vergessen. Sein Empfehlungsschreiben mit dem eingeprägten Familienwappen auf dem Briefkopf enthielt für einen Engländer nahezu überschwengliche Lobpreisungen und unterrichtete die Welt im allgemeinen und den Herzog und die Herzogin de Praslin im besonderen, daß Mademoiselle Henriette Desportes fast volle acht Jahre lang Erzieherin und Gesellschafterin seiner Tochter Nina gewesen war und daß sie sich in allem, was Haltung, Lauterkeit und Takt anbetraf, als ein Muster und eine Zierde ihres Geschlechts erwiesen habe. Außerdem, so hatte er in einer Nachschrift hinzugesetzt, verfüge sie über bemerkenswerte Gaben; denn abgesehen von ihrer Fähigkeit, die Anfangsgründe der Schulbildung zu lehren, spreche sie fließend Französisch und Englisch, kenne sich in der Literatur und den Klassikern aus und besitze ein ganz

entzückendes Talent zur Blumenmalerei und zum Porträtzeichnen.
Die Abschiedsgeschenke, die sie erhalten hatte, zeigten deutlich, wie sehr sie von den Hislops geschätzt worden war: der prachtvolle Schal, der gewiß das Doppelte dessen gekostet hatte, was sie sich von ihrem Gehalt hätte ersparen können; der Regenschirm mit der Elfenbeinkrücke, der jetzt an ihrem Arm hing; die Perlenhandtasche, eine Handarbeit ihres ihr zärtlich zugetanen Zöglings. All dies waren äußere Zeichen ihres persönlichen Erfolges. Sie lächelte zufrieden, dann seufzte sie, als sie daran dachte, daß dieser Erfolg jetzt der Vergangenheit angehörte, und auch daran, daß ihr gewisse beunruhigende Gerüchte über die Familie, in deren Dienste sie bald treten sollte, zu Ohren gekommen waren.
„On arrive", rief ein Franzose seiner rundlichen Frau zu, und das Kettengerassel, das Wirbeln des Wassers und das aufgeregte Hin und Her der Landemanöver unterbrach ihre Gedanken.
Es erforderte ihre ganze Aufmerksamkeit, auf ihre Sachen achtzugeben, eines blaubekittelten Trägers habhaft zu werden und ohne Zwischenfälle an Land zu kommen. Weder Ehemann, noch Vater noch Bruder halfen ihr den steilen und schlüpfrigen Laufsteg hinunter, überwachten das Gepäck und erledigten für sie die Formalitäten der Zoll- und Paßkontrolle. Allein wartete sie, vor Kälte zitternd, in dem zugigen Zollschuppen, bis die Reihe an sie kam.
Ihr Paß wurde ordnungsgemäß geprüft und abgestempelt, und die französischen Behörden erhielten somit Kenntnis davon, daß eine gewisse Henriette Desportes, Alter achtundzwanzig Jahre, weiblich, ledig, gebürtig aus Paris, Eltern verstorben, nächster Angehöriger Baron Felix Desportes, ehemals Offizier unter Napoleon Bonaparte, zur Zeit wohnhaft in Paris, in ihre Heimat zurückkehrte, um ihren Beruf als Erzieherin weiter auszuüben. Verließ englischen Boden in Southampton, England, am 28. März 1841.
„Bien!" Mademoiselle Henriette Desportes bemaß dem Träger das Trinkgeld so bescheiden, wie man es gerade noch wagen kann, und machte es sich in ihrem Abteil des Pariser Zuges bequem. Einen kurzen Augenblick

lang hatte sie in Gedanken mit der Möglichkeit eines Erste-Klasse-Billets gespielt. Aber die Gewöhnung an Sparsamsein hatte sich behauptet, und sie widerstand der Versuchung. So mußte sie sehr hart und eng sitzen, aber wenigstens hatte sie sich einen Fensterplatz sichern können. Dieser Platz und die Tasse Schokolade mit dem Brötchen, die sie schnell noch in einem nahen Café hatte zu sich nehmen können, gaben ihr ein behagliches Gefühl. Aus einer kleinen Schachtel in ihrer Handtasche — „Mademoiselle in zärtlicher Liebe von ihrer Nina H." stand darauf — wählte sie eine kandierte Frucht und knabberte genießerisch daran, indes die Lokomotive ihren letzten warnenden Pfiff ausstieß und der Zug langsam in die frühmorgendliche Landschaft hinausdampfte. Selbst die beschlagene und schmutzige Fensterscheibe vermochte nicht gänzlich die Wirkung des Sonnenlichts auf diese Welt, die ihr lieb und vertraut war, zu trüben. So lange hatte sie inmitten rauchiger Schornsteine und Häuser aus eintönigen Ziegeln und frostig grauen Steinen geweilt, daß sie schon beinahe vergessen hatte, wie Häuser unter der Berührung der Sonne ihre kalkverputzten Mauern in warme cremefarbene und sogar rosige Töne verwandeln konnten. Die zierlichen Türme eines fernen Schlosses stachen aus der schweren Dunkelheit der Wälder hervor. Neben einem Fluß mit flachem Bett hielt die in verschossenes blaues Leinen gekleidete Gestalt eines Bauern in Holzschuhen mit seinem Torfstechen inne, um dem vorüberfahrenden Zug nachzusehen. Eine Frau trieb eine Herde weißer Gänse über eine schon von frühlingsgrünen Weiden behangene Brücke. Bläulicher Rauch stieg schwankend aus einer Gruppe strohgedeckter Häuser empor. Das ganze Land schien in einen blaßblauen Dunst gehüllt. Henriettes Sinn für alles Malerische entging nichts von den wechselnden Bildern dort draußen. Eine wohlige Empfindung des Losgelöstseins erfüllte sie, und sie gab sich ganz der traumgleichen Unwirklichkeit jenseits der Fenster hin. Nun ja, es mochte wohl wie eine Spielzeugwelt aussehen, einem Modell fein säuberlich nachgebildet, aber für die Menschen, die darin lebten, lagen die Dinge nicht ganz so einfach. Sie waren genau so voll Leben wie sie selbst: der alte Bauer, der es verstand, der Kälte ein

Schnippchen zu schlagen; die Frau, die so besorgt ihre komische Schar zählte, daß ihrer Wachsamkeit auch nicht ein einziges Tier entschlüpfe; und alle jene, die unter den breitgiebeligen Dächern oder spitzen Türmen schliefen und arbeiteten und liebten. Diese Menschen dort — könnten sie ihr eigenes, an die Scheiben gepreßtes Gesicht sehen — würden sich wahrscheinlich über sie ebenfalls Gedanken machen. Ihnen wäre sie auch nur ein Teil des vorüberschnaufenden Zuges mit seiner Rauchfahne und seinen kleinen Spielzeugwagen. Vielleicht würden sie sie beneiden, wie sie da in aller Bequemlichkeit nach dem fernen Paris fuhr. Wie wenig sie doch davon wußten! Wie wenig wußte sie selbst, was ihrer am Ziel der Reise wartete!
Der gestrige Tag bildete den Abschluß einer Ära. Ein Abschnitt ihres Lebens lag hinter ihr in den dunklen, gepflegten Zimmern des Hislopschen Hauses. Diesen Teil ihres Selbst würde sie niemals der Vergangenheit entreißen können. Acht Jahre dahin — und was konnte sie dafür vorweisen? Ein Schreiben, das ihr ein gutes Zeugnis ausstellte; ein paar englische Pfund, die Jahre geduldigen Knauserns und Sparens darstellten; die tiefe Ergebenheit eines Mädchens, das in Bälde von den Pflichten und Sorgen der verheirateten Frau zu sehr in Anspruch genommen sein würde, um ihrer noch zu bedürfen; eine bescheidene Garderobe, die mühelos in den Gepäckstücken im Netz über ihr und unter der Bank Platz fand; ein paar billige Bücher und Schmuckstücke und eine gewisse Übung in einer Selbstverleugnung und Selbstbeherrschung, die ihren Charakter auf Kosten ihrer jugendlichen Unbeschwertheit und Unbefangenheit gefestigt hatten. Ihre achtundzwanzig Jahre waren gewiß kein fortgeschrittenes Alter, aber Jugend war es eben auch nicht mehr.
„Habe ich überhaupt jemals Gelegenheit gehabt, jung zu sein?“ fragte sie sich in einer plötzlichen Regung ungewollter Bitterkeit. „Zuerst die Klosterschule, ohne auch nur in den Sommerferien frei von Glockengeläut und Messen und Unterricht in Literatur und gutem Benehmen zu sein — und dann wieder Unterricht, nur jetzt nicht als Schüler, sondern als Lehrer. Daran wird sich auch weiter nichts ändern, außer daß ich in Paris sein

werde; wo einem Herz und Schritt am leichtesten sein sollten, stehen nur die Mittel zu Gebote, sie sich so zu erhalten!“

Vielleicht war es unklug gewesen zu kommen. Aber das Angebot war einzigartig. Die Hislops blieben unverändert freundlich ihr gegenüber, hatten sie sogar gedrängt, in ihrem Hause in aller Ruhe abzuwarten, bis sich ihr eine günstige Aussicht böte; aber sie verstand es zu gut, die Anzeichen der bevorstehenden Veränderung zu deuten. Sie konnte das Menetekel an der Wand lesen, und sie sah, wie rasch ihr Zögling heranwuchs. Und gerade da war ihr diese Gelegenheit in den Schoß gefallen, für ein Gehalt von zweitausend Franken bei freiem Essen und Wohnen Erzieherin im Hause einer der ältesten französischen Adelsfamilien zu werden. Sie durfte ein solches Angebot nicht ausschlagen, selbst wenn sie in England hätte bleiben wollen, was durchaus nicht der Fall war. Der Bekannte der Herzogin, der beauftragt worden war, eine geeignete Persönlichkeit für die Erziehung der Praslinschen Sprößlinge zu finden, hatte sie über den vorteilhaften Eindruck, den er von ihr gewonnen, nicht im Ungewissen gelassen. Ja, ihr Empfehlungsschreiben könne nicht besser sein, und ihre Eignung sei offensichtlich. Ob es ihr wohl möglich wäre, die Stellung unverzüglich anzutreten?

Aus dieser Überstürzung, diesem unverhohlenen Eifer hatte Henriette irgend etwas Ungewöhnliches herausgespürt, irgend etwas, was da nicht ganz stimmte. Mit ihrer höflichen Gewandtheit hatte sie es verstanden, die Antwort hinauszuschieben, und plötzlich waren die Rollen vertauscht gewesen, und aus dem Fragenden wurde der Gefragte. Sie führte jetzt die Unterredung. Allmählich hatte sie dem Widerstrebenden die Wahrheit entlockt. Erzieherinnen pflegten es selten lange im Palais Praslin auszuhalten. In den letzten beiden Jahren hatte eine wahre Prozession stattgefunden. Das sei allerdings verwunderlich, hatte Henriette gerade in dem richtigen Tonfall naiven Erstaunens bemerkt, da doch die Stellung so begehrenswert und das Gehalt so großzügig bemessen erscheine. Seien die jungen Praslins vielleicht schwierige und ungezogene Kinder? Nein, wurde ihr bedeutet, die Kinder seien ganz reizend und sehr aufgeweckt. Nur — nun wohl, ein kurzes Wort dürfte ihr sicherlich zum Verständnis genügen; Mademoiselle Desportes sei ja in häuslichen Schwierigkeiten nicht ganz unerfahren, und in diesem Falle — also der Herzog und die Herzogin de Praslin stammten zwar beide aus den besten Familien Frankreichs und Korsikas, und ihre Ehe habe sich zweifellos als sehr erfolgreich erwiesen, da sie in elf Jahren nicht weniger als neun Kinder bekommen hatten — dennoch müsse leider zugegeben werden, daß sie zu Zeiten nicht völlig einer Meinung zu sein schienen. Natürlich müsse sie das bitte nur als eine Frage der Temperamentsverschiedenheit verstehen; es bestehe gar kein Anlaß, an schwerwiegendere Unstimmigkeiten zu glauben; aber abgesehen von dem hitzigen Blut, ihrem korsikanischen Erbe, gehe es der Herzogin gar nicht gut. Sie sei nicht immer für alles, was sie tue, verantwortlich zu machen, und der Herzog gehöre nicht zu den Menschen, die auf anderer Leute Launen eingehen.

Die Kinder seien zu oft Zeuge von Streitigkeiten zwischen den Eltern. Um sie handele es sich ja gerade am häufigsten bei diesen Meinungsverschiedenheiten. Der Herzog hege eine tiefe Liebe zu seinen Kindern und eine sehr entschiedene Auffassung davon, wie sie erzogen werden müßten. Die Herzogin, arme Frau, kränke diese Einmischung ihres Mannes in ihren Pflichtenkreis — und wer könne ihr das verübeln? Unter diesen Umständen bedürfe es eines außergewöhnlichen Taktgefühls und Verständnisses auf seiten der Erzieherin. Daher sei ihm Mademoiselle Desportes so ganz besonders für diesen Platz geeignet erschienen, wenngleich es selbstverständlich noch gut ein Dutzend und mehr andere Damen mit ebenso guten Voraussetzungen gäbe. Immerhin, es könne ja nichts schaden, einmal einen Versuch zu machen.

Henriette war mit keiner übergroßen Begeisterung auf seinen Vorschlag eingegangen. Sie brauche unbedingt vierzehn Tage, um sich vorzubereiten; das sei schon reichlich knapp berechnet, erklärte sie, aber sie wünsche sich so entgegenkommend wie möglich zu zeigen. Am ersten April, hatte sie versprochen, wollte sie sich in Paris bei den Praslins vorstellen.

„Und das ist übermorgen", dachte sie. „Gott weiß, ob ich in dem Haushalt alt werde!"

Doch hatte der Gedanke an ihre neue Tätigkeit keine Schrecken für sie. Die Schwierigkeiten, die sie mit sich bringen mochte, würden wenigstens für eine gewisse Abwechslung sorgen. In einem Hause, in dem man in jeder Ecke ein Pulverfaß vermuten mußte, das jeden Augenblick in die Luft gehen konnte, würde man gewiß nicht an Langeweile sterben. Sie fühlte sich eigentümlich beschwingt — fast als wäre sie gerade im Begriff, eine erleuchtete Bühne voll unbekannter Mitspieler zu betreten und eine Rolle zu übernehmen, die sie vorher nicht hatte proben können. Sie mußte selbst die richtigen Stichworte heraushören und ihrer Geschicklichkeit vertrauen, die richtigen Worte zu sprechen. Unter dem grauen Alpakakleid, dem Wahrzeichen ihres selbstlosen Berufs, schlug ihr das Herz trotz ihres sicheren Selbstbewußtseins rascher. Sie wußte, sie war kein Dummkopf, nur ging es nicht an, ein solches undamenhaftes Wissen einzugestehen.

Rouen mit den Türmen seiner Kathedrale und dem Marktplatz lag hell und schläfrig in der Mittagssonne. Der Zug hatte dort eine Viertelstunde Aufenthalt, und sie wagte es, auszusteigen und ihre steifen Glieder zu strecken. Sie war die einzige Frau auf dem Bahnsteig, aber sie war so tief in ihre Gedanken versunken, daß sie ein Bild gelassener Unnahbarkeit bot. Sie entsann sich der Stadt von ihrer Kindheit her, als sie zwei von den Klosterschwestern auf einer Pilgerfahrt zur Kathedrale begleitete. Die strenge, düstere Schönheit der hohen gotischen Bögen und Gewölbe hatten einen tiefen Eindruck auf ihr junges Gemüt gemacht, und der Schwestern fromme Erzählung vom Martyrium der Jeanne d'Arc hatte sie damals nicht anders ergriffen als heute. Sie hatte sich von der Religion abgewandt, die jene eifervollen Nonnen sie in ihrer Jugend gelehrt hatten. Jetzt war sie Protestantin, aber die frühe Berührung mit der mystischen Inbrunst brachte sich ihr manchmal, wie auch heute, in Erinnerung. Nur galt jetzt ihr Mitleid nicht mehr der Heiligen, sondern Johanna, der Frau, der einsamen, schwerbedrängten.

„Du, du warst auch eine einsame Frau", dachte sie, als sie wieder in ihr Abteil stieg, „du trotztest auch der

kleinlichen Ordnung deiner Welt. Wir würden uns gut verstanden haben, du und ich!"
Sie ließ sich wieder auf ihrem Eckplatz nieder und holte, um sich die zweite Hälfte ihrer Reise zu verkürzen, die englische Zeitung hervor, die sie noch vom Vortage ungelesen bei sich trug. Es war die Times, und schon jetzt kamen ihr die Nachrichten und Neuigkeiten, die sie da las, wie Mitteilungen aus einer fremden Welt vor, der sie noch gestern erst als menschliches Stäubchen angehört hatte.
Lord Palmerstons Außenpolitik wurde lebhaft in der englischen und ausländischen Presse kommentiert. In Paris, wo Guizot die Zügel der auswärtigen Angelegenheiten fest in der Hand hielt, schien sie eine beträchtliche Verstimmung bewirkt zu haben. Nach den letzten Meldungen sah es so aus, als ob Mehmed Ali trotz der Parteiergreifung Großbritanniens und Österreichs für die Türkei als erblicher Herrscher Ägyptens anerkannt werden würde. Die Königin Victoria und ihr Prinzgemahl hatten in Whitechapel feierlich ein neues Findelhaus eröffnet. Die Ansprache der Königin war ungekürzt abgedruckt, und der erste Jahrestag der Hochzeit des hohen Paares hatte neulich zu spontanen begeisterten Kundgebungen geführt. Ihre Majestät schien nicht nur in bester Laune zu sein, sondern hatte sich offenbar auch von der Geburt der kleinen Prinzessin völlig erholt. Die königliche Familie hatte geruht, sich in den kürzlich eröffneten Ateliers in der Pall Mall zu einer Sitzung für eine Daguerreotyp-Aufnahme herbeizulassen. Dieses höchst erstaunliche Verfahren, das menschliche Antlitz im Bilde festzuhalten, erregte gegenwärtig in Paris und London und sogar in Amerika erhebliches Aufsehen. Monsieur Daguerre gebühre alles Lob für seine Erfindung, in der Tat eine höchst kunstvolle Errungenschaft und jeder Unterstützung wohl wert, obzwar sie noch einen zu kostspieligen Luxus darstellte, als daß die breite Masse sich ihrer erfreuen könnte. Rachel, die größte Tragödin ihrer Zeit, stehe im Begriff, den Kanal zu überqueren, um London mit ihrer unvergleichlichen Kunst bekannt zu machen.
Henriette las diesen letzten Bericht Wort für Wort. In ihren Augen wog eine große Schauspielerin alle könig-

lichen Familien Englands und Europas auf. Sie nahm sich fest vor, wenigstens einmal jenes blasse Gesicht, jene großen, leuchtenden Augen zu sehen, jene tiefe, klangvolle Stimme zu hören, die ganz Paris ergriffen hatte — nicht zum wenigsten die steifgeschnürte Bourgeoisie, die das Privatleben der Künstlerin aufs tiefste mißbilligte, sich dadurch aber nicht abhalten ließ, in Tränen aufgelöst dem Wunder ihres Zaubers zu verfallen, der bis in die letzte Reihe der Galerie reichte. „Wo ich", sagte sich Henriette und faltete ihre Zeitung zusammen, „höchstwahrscheinlich sitzen werde, falls ich überhaupt jemals das Glück habe, einen Platz zu ergattern."

ZWEITES KAPITEL

Madame Le Maires Hauswesen in der Reihe schäbiger Gebäude der Rue du Harlay, im ärmlichen Quartier Marais, war nicht so leicht unter einen bestimmten Begriff einzuordnen. Halb Pensionat, halb Fremdenheim, hatte es in seinen schmalen, hohen Wohnschlafzimmern und dumpfigen Salons seit Jahren eine ununterbrochene Folge von Studenten aus aller Herren Ländern beherbergt und was sich sonst an zufälligen Parispilgern einfand, soweit die erstaunlich ausdehnbaren Größenverhältnisse der Räumlichkeiten es nur irgend zuließen. Madame Le Maire könnte vielleicht am besten durch ihre Spezialität beschrieben werden, die ohne elterlichen Schutz dahintreibende Weiblichkeit bei sich aufzunehmen, wenn sie auch strikt darauf achtete, daß die Moral und die Zahlungsfähigkeit ihrer Gäste über jeden Zweifel erhaben blieben. Ihre Bedingungen lauteten: die Miete für eine Woche im voraus und zwei Einführungsbriefe, die sie sorgfältig studierte und auf ihre Echtheit hin prüfte, bevor der Aufnahme heischende Pensionär seinen Einzug halten durfte. Ihre Anbetung der Wohlanständigkeit war allerorts bekannt und beherrschte tyrannisch die weicheren Regungen ihres Herzens. Schluchzen und flehendes Bitten trafen ihre goldberingten Ohren, ohne

auch nur so viel Eindruck zu machen wie das Tröpfeln des Regens auf das alte graue Schieferdach ihres Hauses. Madame Le Maire war jedoch nicht ebenso hart, wie sie unbeugsam war. Sie machte mit niemandem eine Ausnahme und erwartete auch nicht, daß man mit ihr eine mache. Ihre Gäste durften sich ihrer Fürsorge und frugalen Mahlzeiten erfreuen, solange sie sich anständig aufführten und ihre Rechnungen bezahlen konnten, die sie eigenhändig jeden Freitagabend ausschrieb in einer Handschrift wie die zarten Schnörkel einer mathematisch veranlagten Spinne.
„Ich verlange von dem bon Dieu und meinen Gästen weiter nichts“, pflegte sie allen, die es hören wollten, zu erklären, „als daß meine Bücher bis auf den letzten Sou stimmen und kein Polizist jemals seinen Fuß über meine Schwelle setzt. Nun, ich habe mich bisher nicht beklagen können.“
Henriette Desportes und Madame Le Maire waren alte Bekannte. Henriette hatte sechs Monate in dem alten Haus zugebracht damals, als sie die Klosterschule verließ, um ihr Malstudium fortzusetzen. Seit der Zeit war sie öfter zu kurzen Besuchen wiedergekommen. Erst im vergangenen Jahr hatte sie einen ganzen Monat dort gewohnt, während die Hislops die Ferienwochen in der Schweiz verlebten. Als sie jetzt in einer Chaise vom Bahnhof ankam, hieß Madame Le Maire sie mit merklichem Wohlwollen, doch ohne die überschwengliche Herzlichkeit des Hausdieners Pierre willkommen.
„Mademoiselle kehrt mit dem Frühling zurück“, sagte der gute Alte, als er sich mit ihren Sachen belud und ihr in die vertraute kleine Diele voranschritt. „Gerade vorgestern hörte ich im Bois den ersten Vogel singen, und als ich von meiner Besorgung nach Hause kam, ist Madame gerade dabei, das ‚Nadelöhr‘ herzurichten, weil Mademoiselle sich angemeldet hat.“
„Also wieder einmal das ‚Nadelöhr‘!“ Henriette lächelte bei der Erwähnung dieses winzigen Loches von einer Mansarde, das sie so genau kannte. Infolge seiner Kleinheit und Ungemütlichkeit und wegen der vier steilen Treppen, die man zu ihm hinaufklettern mußte, gelang es sogar Madame Le Maire nur selten, es für längere Zeit zu vermieten; aber sooft sie es möglich machen

konnte, mußte das Zimmerchen für ein vollwertiges Zimmer herhalten.

„Na schön" — Henriette tauschte einen vielsagenden Blick mit Pierre — „dieses Mal macht mir der Vorschlag nichts aus, da ich ohnehin nur zwei Tage bleiben werde."

„Mademoiselle will uns schon verlassen, und eben erst ist sie angekommen —" meinte Pierre mit einem bedauernden Wiegen seines alten Kopfes.

„Nicht Paris, Pierre, nur das ‚Nadelöhr'. Ich bleibe jetzt endgültig hier — das heißt —"

Beim Anblick der straffen, fest geschnürten Gestalt ihrer Wirtin, die oben auf der Treppe erschien, brach sie ab. Die beiden Frauen umarmten sich nicht. Sie hatten sich niemals mit so unprofitablen Gesten abgegeben. Sie begegneten sich, wie seit jeher, auf der Basis gegenseitiger Hochachtung und verständnisvoller, würdigender Bewunderung für die Fähigkeiten der anderen. Henriette hatte frühzeitig bemerkt, daß sie der älteren Frau mehr galt als alle ihre anderen weiblichen Pensionäre. Madame hatte es ihr zwar nicht geradezu ins Gesicht gesagt, aber das junge Mädchen wußte, daß diese plumpe kleine Pariserin mit ihrem berechnenden Blick sie wegen ihres sicheren Auftretens und ihres guten Geschmacks in Kleiderfragen schätzte. Die jungen Damen, die sie betreute, ließen es so häufig in beklagenswerter Weise bei diesen Dingen an Sorgfalt fehlen. Doch Madame Le Maire hatte Henriette immer zu verstehen gegeben, daß sie in punkto guter Kinderstube stets genau wisse, wen sie vor sich habe.

„Wir mögen noch so sehr an die Wand gedrückt werden", hätte sie gut sagen können, als die beiden sich nun nach monatelanger Trennung Auge in Auge gegenüberstanden, „aber wir werden immer Haltung bewahren, Sie und ich. Unser Rückgrat wird sich nicht dem ersten Windstoß beugen!"

Was sie in Wahrheit sagte, war: „Wirklich, Mademoiselle, Sie hätten mir schon die Ehre antun können, mich ein wenig rechtzeitiger auf Ihre Ankunft vorzubereiten. So ist es mir nur ganz durch Zufall und nach größtem Hin und Her gelungen, Sie noch unterzubringen."

„Es war sehr gütig von Ihnen, Madame, mir dies Ver-

säumnis nicht übelzunehmen." Henriette kannte das selbstgefällige Wesen der anderen und wußte, wie wichtig es war, jede Freundlichkeit als solche zu erkennen und sich dafür dankbar zu zeigen. „Ich mußte mich ganz plötzlich entschließen und habe Ihnen dann sofort geschrieben. Hoffentlich habe ich Ihnen keine zu großen Ungelegenheiten verursacht."
„Nein, nein!" Madame Le Maire schien besänftigt. „Ich tue gern, was in meinen Kräften steht. Leider hatte ich nur noch ein ganz kleines Zimmerchen ganz oben im Hause frei. Sie erinnern sich vielleicht —"
„O ja, sehr gut!" Henriette widerstand der Versuchung, zu lächeln und das ‚Nadelöhr' bei Namen zu nennen. Es war in jedem Fall besser, die kümmerliche Unterkunft ohne irgendwelche Einwände anzunehmen. Sich mit Madame Le Maire gut zu stehen, war Goldes wert. Es lohnte sich schon, dafür ein wenig schnaufen und die zwei Nächte etwas beengt hausen zu müssen. Es gab ja so verteufelt wenig Häuser in Paris, in denen eine anständige, alleinstehende Frau Kost und Logis erhalten konnte, auch wenn es um ihre Börse nicht zum besten stand. Ihr Taktgefühl wurde mit einer Einladung in Madames Privatsalon zu einem Glas Wein und einer Waffel belohnt. Sie nahm dankbar an, und wie ihre Müdigkeit mit jedem Schluck mehr einer wohligen Wärme zu weichen begann, tauten sie und Madame ein wenig auf.
„Sie haben also London endgültig den Rücken gekehrt, Mademoiselle? Freuen Sie sich, wieder in Paris zu sein, für immer diesmal, wie es scheint?"
„Ich bin sehr froh, Madame, aber auf immer — wer kann das wissen? Ich wage das jedenfalls nicht vorauszusagen."
„Da haben Sie recht; auf dieser Welt ist nichts gewiß — nur der Tod; und wenn Jahre etwas zu bedeuten haben, werde ich eher mit ihm zu tun bekommen als Sie."
„Wer seine Jahre mit solchem Charme zu tragen versteht, braucht sich doch nicht um ihre Zahl zu kümmern." Henriette kannte Madames Angst vor dem Altwerden. Sie war immer geneigt gewesen, die Komödie mitzuspielen, die Madame zur Verheimlichung ihres Alters aufführte, statt sie deshalb auszulachen.
Das reichgelockte, glänzend schwarze Haar, das doch

nicht die struppigen grauen Strähnen im Nacken fortleugnen konnte; das Lorgnon, das nur unvollkommen die eigentlich längst nicht mehr entbehrliche Brille zu ersetzen vermochte, und die kreisrunden Rougeflecken auf den welken Hängebacken — alles ein wenig lächerlich, ein wenig rührend, aber doch auch eigentlich bewundernswert. Madame Le Maire, dachte sie, war keineswegs mutiger als irgend jemand, fühlte sie sich wirklich bedroht; sie hatte eben ihre eigene Art, ihre Verachtung einer Gefahr gegenüber zur Schau zu tragen, so wie Kinder, die Henriette den langen, dunklen Tunnel des Korridors zu ihrem Schlafzimmer prahlerisch pfeifend hatte entlang stolzieren sehen.

„Aber wenn ich ‚auf immer' sagte" — kam Henriette auf die erste Frage Madames zurück, nachdem ein neuer Schluck sie ihre Müdigkeit in einem Gefühl behaglicher Entspannung vergessen ließ — „meinte ich nur, daß man in einer neuen Stellung niemals auf etwas mit Gewißheit rechnen kann, und meine künftige Tätigkeit scheint mir ihre gewissen Schwierigkeiten zu haben."

„Volle neun, wenn ich über die Praslins recht unterrichtet bin. Nicht wahr, Sie schrieben mir doch, daß es sich um die Familie des Herzogs und der Herzogin handelt?"

„Ja, das stimmt, aber ich werde nicht alle Kinder zu beaufsichtigen haben. Die älteren Knaben haben einen Lehrer, und drei von den Töchtern sind in der Klosterschule. Ich werde nur mit den vier jüngsten Kindern, drei Mädchen und einem Jungen, zu tun haben."

„Ich meinerseits finde das mehr als genug. Nun, Sie besitzen ja die notwendige Erfahrung und Zuversicht. Ich fürchte, Sie werden in diesem Falle nicht zuviel davon haben können."

Sie sagte das so gleichmütig dahin, aber ihre undurchdringlichen schwarzen Augen sahen ihren Gast mit der abgründigen Weisheit eines alten Papageis prüfend an. Henriette hielt diesem Blick ruhig stand.

„Ich hoffe, meine Zöglinge und ihre Eltern werden mit mir zufrieden sein." Sie stellte ihr Glas hin, klopfte sich die Krümel von ihrem Rock und erhob sich. „Ich werde jedenfalls mein Bestes dazu tun."

„Natürlich, natürlich." Madame Le Maire machte keine Miene, die Gläser wieder vollzuschenken. „Ihre Aufgabe

zu aller Zufriedenheit erfüllen, bedeutet ja das tägliche Brot für Sie; und wenn Sie gescheit genug sind, sich diese Kost noch dann und wann mit einem Bonbon zu versüßen, um so besser. Aber gewöhnen Sie sich nicht zu sehr an den Geschmack von Süßigkeiten; eine verwöhnte Zunge kann in Ihrem Alter gefährlich werden."
„Wenn Sie damit sagen wollen, Madame, daß ich zu großen Gefallen am Luxus finden könnte —"
„Nein, ich meine noch etwas anderes. Der Haushalt, in dem Sie fortan leben werden, ist zwar gewiß luxuriös, aber eben auch — nun, sagen wir, schwierig. Sie sind noch zu jung, um den Anforderungen einer solchen Stellung zu entsprechen; doch kann sein, Sie sind besser als ich darüber im Bilde, was dort von Ihnen verlangt wird. Zuweilen tragen ja auch junge Schultern einen weisen Kopf. Aber wenn ich Ihnen einen kleinen Rat geben darf — versuchen Sie, sich morgen bei Ihrem Vorstellungsbesuch nach Möglichkeit ein etwas mehr gouvernantenhaftes Aussehen zu geben."
Ihre erfahrenen alten Augen wanderten kühl abwägend über die junge Gestalt vor ihr und blieben ein Weilchen vielsagend an dem auffällig prächtigen Schal haften, an dem grauen Hut mit seinen kirschfarbenen Rüschen und Bändern, welche die rosige Frische der Lippen und Wangen noch unterstrichen, an dem Glanz des weich ihr in die Stirn fallenden kastanienbraunen Haares.
„Zuzeiten ist es ratsam, sein Licht unter den Scheffel zu stellen. Aber Sie wollen sich jetzt sicherlich nach Ihrer Reise etwas waschen und zurechtmachen. Sie werden in Ihrem Schlafgemach heißes Wasser vorfinden, und wir speisen wie gewöhnlich um halb acht."
Halb belustigt, halb auch etwas ärgerlich über Madames brüskes Beenden der Unterhaltung, begann Henriette den langen Aufstieg zu ihrem Zimmer. Es war gar nicht so unangenehm, die eigene Jugend warnend vorgehalten zu bekommen, die sie in letzter Zeit schon entgleiten zu sehen glaubte, aber sie hätte jene Anspielungen Madames gern weiter verfolgt. Wahrscheinlich war der Alten bloß das Mundwerk durchgegangen; immerhin, so redselig war sie noch selten gewesen. Und wie vornehm sie sich gab — dieses Loch da unter dem Dach Schlafgemach zu nennen! Und ihr ‚wir speisen um halb acht' — Henriette

wußte genau, woraus die Mahlzeit bestehen würde, von der Kohlsuppe, deren wohlbekannter Duft sie die Treppe hinauf begleitete, angefangen, bis zu der Pyramide vertrockneter kleiner Apfelsinen und Nüsse zum halben Täßchen dünnen Kaffees.

Das ‚Nadelöhr' hatte sich nicht um einen Riß in der Wand weniger, noch um ein einziges neu hinzugekommenes Möbelstück mehr verändert. Alles sah noch genau so aus, wie sie es in der Erinnerung gehabt hatte: das Sofa, das nur zwingende Notwendigkeit und ein gut Teil freundlicher Phantasie des jeweiligen Benutzers in ein Bett verwandeln konnten; das eiserne Waschgestell in der Ecke, aus dem sie so oft in der unbequem gebückten Haltung, wie die schrägen Wände sie nur zuließen, das Kämmerchen vollgeplanscht hatte; die Reihe Holzhaken, die der Last ihrer Kleider harrten; das Bretterbort, das als Frisiertisch diente, und der Spiegel darüber, matt und trüb wie immer, so daß jedes Gesicht verschwommen, wie durch einen unvergänglichen Tränenschleier gesehen, widerspiegelte. Aber dort draußen hinter dem Giebelfenster wartete das große Paris, uralt und zeitlos in der spätmärzlichen Dämmerung, wie ein undeutlich in der Erinnerung schwebender schöner Traum.

Mit Händen, die etwas zitterten, knüpfte Henriette ihre Hutbänder auf. Die Erregung nicht weniger als das schnelle Treppensteigen ließen sie rascher atmen. Sie öffnete das Fenster und beugte sich in die abendkühle Luft hinaus, die mit einer zärtlichen Bewegung wie eine liebkosende Hand ihr das Haar aus der Stirn wehte. Rings um sie her erhob sich Dach an Dach, ziegelrot oder schiefergrau, mit rauchenden Kaminen, die ihr nicht so schwarz und nicht so bedrückend erschienen wie die rußigen Schornsteine Londons. Hier und da hellte sich ein Fenster auf, und zwischen den Gebäuden erhaschte der Blick einen unregelmäßig gezackten Ausschnitt des Flußlaufes, blaß leuchtend wie mattschimmerndes Zinn: die Seine — die klare Luft sprach von ihrer Nähe, der schwache Widerschein des vergehenden Tages, den das Wasser festzuhalten suchte, und auch das gelegentlich herüberklingende Geräusch der vorbeifahrenden Dampfer. Fast vermeinte sie das Rauschen der flutenden Strömung von jener anderen Flut von Tönen unter-

scheiden zu können, von Menschen erzeugt und soviel lärmender: Paris selbst.
„Paris — Paris — Paris!“ Ihr Herzschlag wiederholte es wieder und wieder, wie sie dort regungslos am Fenster stand und das Zwielicht sich allmählich in die Nacht verlor. Ihr war, als hielte sie gleichsam die Stadt in ihren Armen, und die Stadt wiederum hielte ihr Schicksal verborgen — welcher Art, das konnte sie nicht wissen.
„Ach, laß mich hier glücklich werden! Laß mich erfahren, was es heißt, zu leben! Laß mich nicht alt werden, ohne jung gewesen zu sein!“
So betete Henriette Desportes in die einbrechende Dunkelheit des neunundzwanzigsten Tages des Monats März im Jahre des Herrn eintausendachthunderteinundvierzig zur Stadt, deren Straßen sechs Jahre später von ihrem Namen widerhallen sollten.
Um halb zehn mußte sie aufs neue Stufen emporklimmen — die weder übermäßig saubere noch gut beleuchtete Treppe, die in den zweiten Stock eines alten Steinhauses dicht am Boulevard Montmartre führte. Ein schlampiges Weib öffnete auf ihr Klingeln und bestätigte brummend, daß Felix Desportes zu Hause sei. Henriette fühlte sich von den abschätzenden Blicken der alten Person abgestoßen und brachte ihr Anliegen in ungewohnt scharfem Tone vor.
„Bitte, melden Sie mich dem Herrn Baron. Bestellen Sie ihm, seine Enkelin sei hier. Er erwartet mich.“
Aber das Weib grinste nur und zuckte die Schultern.
„Enkelin oder nicht“, warf sie gänzlich unbeeindruckt zurück, während sie in den Schatten verschwand, aus dem sie aufgetaucht war, „das gilt mir alles gleich. Ich stelle keine Fragen und bin nicht dazu da, Besucher anzumelden. Aber vergessen Sie nicht, die Tür hinter sich zu schließen, wenn Sie wieder gehen, Mademoiselle!“
„Mademoiselle Desportes“, entgegnete Henriette aufgebracht, „und haben Sie bitte die Güte, sich das in Zukunft zu merken!“
Sie erhielt jedoch keine Antwort, und es blieb ihr nichts weiter übrig, als die Treppen allein hinaufzuklettern, in dem unruhig flackernden Licht einer einzigen Gasflamme vorsichtig Fuß vor Fuß setzend. Sie schüttelte den Staub von ihrem Rock und zögerte einen Augen-

blick, bevor sie klopfte, um sich zu sammeln. Sie erwartete sich nicht viel Vergnügen von diesem Besuch, aber sie war fest entschlossen, nach besten Kräften das Ihrige dazu zu tun, daß er gut auslief. Es war ja möglich, daß ihr einziger Angehöriger heute eine Spur von Interesse und verwandtschaftlicher Zuneigung verraten würde. Das Wiedersehen nahm indessen keinen vielversprechenden Anfang.

„So, so, du bist's." Weder Gesicht noch Stimme, die sie begrüßten, hießen sie willkommen. „Komm nur herein, da du einmal hier bist. Ich hatte dich nicht so bald erwartet."

„Aber Großvater, ich schrieb dir doch, daß ich dich sofort nach meiner Ankunft aufsuchen würde. Hast du meinen Brief nicht bekommen?"

„Doch, doch, er muß hier irgendwo herumliegen." Der hochgewachsene alte Herr in fadenscheinigem Schlafrock und Pantoffeln schlurfte zu seinem Sessel am Feuer zurück und deutete mit seiner schmalen, blaugeäderten Hand gleichgültig auf das Durcheinander von Zeitungen, Briefen, Federn und benutzten Gläsern, mit dem der Tisch neben ihm überladen war. „Mit oder ohne Brief, ich wußte, du würdest dich wieder blicken lassen."

Henriette verspürte ein plötzliches Frösteln bei seinen Worten. Der alte Trotz ihrer Kindheit erwachte angesichts seiner abweisenden Kälte. Es war von jeher so gewesen. Seit der Zeit ihrer frühesten Erinnerungen hatte seine bloße Gegenwart ihren Lebensmut zu dämpfen vermocht, so wie der Frost einer einzigen Nacht den Saft in den Adern der Blätter erstarren macht. Bei ihren seltenen Begegnungen während ihrer Jugend hatte er es nie verheimlicht, daß sie ihm lästig war. Sie war kein schönes Kind gewesen, aber warmherzig und intelligent. Sie hatte immer gehofft, daß ihre Auszeichnungen, die sie im Kloster für ihren Lerneifer und ihre Begabung erhielt, ihn freundlicher stimmen und ihm ein Wort des Stolzes oder Lobes entlocken möchten. Aber nie hatte er ein einziges geäußert. Jedesmal war sie als Kind voll neuer Hoffnung zu ihm gekommen und jedesmal enttäuscht, entmutigt und mit einem unbestimmten Gefühl eines beinahe physischen Widerwillens gegangen, das zweifellos auf Gegenseitigkeit beruhte. Sie dachte, das

würde sich vielleicht ändern, sobald sie älter sein werde; aber sie hatte inzwischen eingesehen, daß die Schranke, die Hemmung und persönliche Abneigung zwischen ihnen aufgerichtet hatten, unüberwindlich bleiben müsse.
„Hast du schon zu Abend gegessen?“ Die Frage war nur eine Höflichkeitsphrase, und obwohl Monsieur Desportes seine Hand nach seinem eigenen Glas Brandy ausstreckte, dachte er nicht daran, ihr ebenfalls einen Likör einzuschenken.
„Ja, danke, bei Madame Le Maire. Einer der Studenten begleitete mich hierher; er wollte mich den weiten Weg nicht allein gehen lassen.“
„Nun, dir sollte es ja nicht so ganz ungewohnt sein, dich allein herumzutreiben.“ Er blinzelte sie vielsagend unter seinen buschigen, eisengrauen Brauen hervor an. „Allmählich müßtest du es ja gelernt haben, dich selbständig zu bewegen. Schließlich bist du doch bald dreißig.“
Sein Blick und seine Worte machten Henriette erröten. Sie schämte sich nicht ihres Alters, aber welche Frau hört es gern nennen?
„Ich bin es allerdings nur zu sehr gewöhnt, meinen Weg allein zu gehen“, erwiderte sie, während sie ihre Hände gegen das Feuer hielt und sich ihrer wohlgeformten Weiße und am Funkeln des kleinen Ringes im Flammenschein erfreute. „Ich sagte es nur, weil ich annahm, es würde dir eine Beruhigung sein — doch gleichviel, mir geht es gut, und dir? Hoffentlich hat dir dein Rheumatismus nicht wieder zu schaffen gemacht.“
Die zartgliedrige Greisenhand um das dünnwandige Brandyglas zitterte zwar nicht eben wenig, aber der Protest erfolgte unverzüglich.
„Rheumatismus? Keine Rede davon! Hin und wieder ein Stechen — nichts weiter; kein Wunder in so einem schandbar feuchten Loch, das sie einem heutzutage als Komfortwohnung vermieten. Aber wenn man Feldzüge mitgemacht hat, wie ich sie hinter mir habe, mit dem Schnee der Alpen und russischen Steppe als Kopfkissen, dann können einem keine Unbequemlichkeiten und Entbehrungen mehr etwas anhaben. Meine Gesundheit braucht dich nicht zu kümmern. Behalte deine Fürsorglichkeit lieber für dich selbst, denn wenn das stimmt,

was du mir schriebst, wirst du sie zweifellos nötig haben.“

„Großvater!“ Henriette beugte sich vor und legte die Hand auf seinen Arm. „Ich hatte gehofft, du würdest meine Rückkehr nach Paris gutheißen und sogar ein wenig erfreut und stolz darüber sein, daß mir eine solche Stellung angeboten worden ist.“

„Stolz — erfreut!“ wiederholte er ihre Worte höhnisch. Ihre Hand hätte ebensogut ein Schatten auf seinem Ärmel sein können, so wenig Notiz nahm er von ihr. „Du hast die Unverfrorenheit, zu erwarten, daß ich mich freuen soll, wenn du dich in den Dienst des mir verhaßten Hauses der Choiseul-Praslin begibst!“

„Aber es ist doch eine der ersten Familien Frankreichs!“

„Für mich ist sie der Inbegriff all dessen, was ich aus unserem Vaterlande ausrotten wollte, und ich habe die besten Jahre meines Lebens dafür hingegeben. Dieser hasenfüßige Adel, der an unserem Lebensmark zehrt wie ein giftiges Gewächs, das wieder zu wuchern beginnen wird, bis es uns erstickt — jetzt, da keine starke Hand es mehr beschneidet.“

Unwillkürlich wandten sich seine Augen den Andenken aus kriegerischen Tagen zu: seinem Degen und der Uniform, die gespenstisch grau in einer Ecke hing, und dem Bild Napoleons im Krönungsmantel, seinem eingerahmten Patent als Offizier der kaiserlichen Garde, seinen über alles geliebten Orden für Tapferkeit vor dem Feind und dem gesiegelten Pergament, das ihn als Dank für treue, seinem Land und seinem Kaiser erwiesene Dienste zum Tragen des Titels Baron auf Lebenszeit berechtigte. Wie sein Blick von einem Symbol zum anderen dieser verlorenen Sache, der sein Herz immer gehören würde, schweifte, fuhr er mit einer Stimme, in der sich Stolz und Bitterkeit mengten, fort:

„Erst gehst du nach England, diesem Land, das uns demütigte und durch seinen Wortbruch den Kaiser in die Verbannung und in den Tod getrieben hat; und damit nicht genug, mußt du dich von allen französischen Familien ausgerechnet der zugesellen, die als eine der ersten an die Seite der Orléans eilte, kaum hatte sich der Wind gedreht!“

„Kann ich etwas dafür, daß sich die Zeiten geändert

haben?“ Henriette anwortete ruhig auf seine Vorwürfe, aber die Farbe ihrer Wangen vertiefte sich.
„Dafür kannst du wohl etwas, daß mir diese letzte Schmach nicht erspart blieb. Bessere Familien als diese Praslinsche Horde haben vergangene Wohltaten nicht vergessen und sind nicht so schnell dem König zugelaufen. Soll der Herzog de Praslin meinetwegen seine Ehre an diesen Tölpel Louis Philippe um irgendwelcher Vorteile willen verraten, soll er nehmen, was er kriegen kann. Mag er nur ruhig den Offizier im königlichen Haushalt spielen. Aber deshalb brauchst du ihm doch nicht zu dienen und seinen Töchtern und Söhnen.“
„Großvater!“ Henriette sprach in dem festen, begütigenden Ton, den sie einem erregten Kinde gegenüber angewandt haben würde. „Ich bin keine Royalistin in meinen Überzeugungen; ich sähe es gern, wenn Frankreich wieder Republik würde, aber — —“
„Eine merkwürdige Art, das zu zeigen“, unterbrach er sie anzüglich. „Kaiser Napoleon ist tot“, fuhr sie fort, „und auch sein Sohn ist tot. Ich achte dich für deine Treue gegenüber der Vergangenheit; aber was willst du, daß ich tun soll? Die Vergangenheit kauft mir kein Brot zum Essen und keine Kleider zum Anziehen und verschafft mir kein Dach über dem Kopf. Fast zehn Jahre lang habe ich mich mit diesen Dingen auseinandersetzen müssen. Ich kann mir den Luxus nicht leisten, in der Vergangenheit zu leben.“
„Ach so!“ Der alte Herr stürzte sein Glas Brandy hinunter und griff mit zitternder Hand nach der Flasche. „Wirf es mir nur ins Gesicht, daß ich dir keine Dienstboten und keine Equipagen gehalten und dich nicht mit den Kostbarkeiten der Rue de la Paix behängt habe! Das ist der Dank dafür, daß ich dich weit über deinem Stand erziehen ließ.“
„Und was ist, bitte, mein Stand?“ Ihre Gestalt straffte sich, und sie sah ihm über den unordentlichen Tisch mit der grünbeschirmten Petroleumlampe hinweg fest ins Gesicht. „Das möchte ich wirklich sehr gern wissen; ich bin mir darüber noch nie recht klargeworden.“
„Du brauchst zu deinen übrigen Fehlern nicht auch noch frech zu werden und mir vorzuwerfen, daß du kein Geld und keinen Mann hast. Vermutlich hätte ich deiner An-

sicht nach der teuren Erziehung, die dich nur noch anspruchsvoller und eigensinniger gemacht hat, noch eine ansehnliche Mitgift zufügen sollen."

„Nein, Großvater, ich habe dir nie Vorwürfe gemacht und bin nicht hergekommen, dich um Geld zu bitten. Aber es ist doch nicht so verwunderlich, wenn ich jetzt, wo ich erwachsen bin, etwas über mich selbst erfahren möchte."

„Hauptsache, du bist erwachsen genug, um dich auf keine Dummheiten einzulassen; nach etwas anderem frage ich nicht."

„Aber ich frage d i c h doch!" Seine unnachgiebige Lieblosigkeit machte sie nur entschlossener, eine Antwort auf die Frage, die sie schon so lange gequält hatte, zu erzwingen. „Du hast dich niemals bereit gefunden, mir irgend etwas von meinen Eltern und den Umständen meiner Geburt zu erzählen. Ich weiß nur, daß ich auf den Namen Henriette Desportes getauft worden bin und daß du der Baron Desportes bist."

Sie achtete darauf, seinen Titel, auf den er um so mehr Wert legte, als die Gegenwart ihm keinen Wert mehr beimaß, nicht zu unterschlagen.

„In der Klosterschule erzählte man mir", sprach sie weiter, „du seiest mein einziger noch lebender Verwandter; und jede Woche, wenn die anderen Mädchen ihren Eltern schrieben, schrieb ich mit all der Zärtlichkeit meines Kinderherzens an dich. Ich war so einsam und wollte dich so gern stolz auf mich machen. Nun gut, das war töricht und sentimental, wie Kinder es einmal sind. Ich gab mir solche Mühe, und ich hoffte immer —"

„Was soll das jetzt alles? Du bist kein Kind mehr", fiel er ihr gereizt ins Wort. „Komm endlich zur Sache und sag schon, was du von mir willst. Was hat dich heute abend hergeführt?"

„Du bist immer noch mein einziger Verwandter, Großvater." Sie preßte die Hände in ihrem Schoß fest zusammen; es war schwer, gegen diese Mauer von Unfreundlichkeit anzurennen, aber sie hatte es sich in den Kopf gesetzt, einen letzten Versuch zu machen, seinen Widerstand zu brechen.

„Es ist nicht gut, Jahr für Jahr mit einer solchen Lücke in seiner Vergangenheit leben zu müssen. Wenn irgend etwas Gutes in mir ist, das ich meinen Eltern verdanke, dann möchte ich das wissen; und wenn es ihre Fehler und Schwächen waren, die sie mir vererbten, dann ist es nur billig, daß ich auch das erfahre, um sie zu überwinden."

„Um Fehler zu überwinden, braucht man nicht zu wissen, von wem man sie hat."

„Ja, vielleicht, aber es würde mir dazu verhelfen, mich selbst besser kennenzulernen. Ich komme mir manchmal wie einer von diesen Scherenschnitten vor, dieses schwarze Papier auf weißer Pappe — gerade nur die Umrisse eines Menschen und nichts dahinter. Laß mich nicht mein ganzes Leben lang so herumlaufen."

„Ich habe nicht die Absicht, an Vergangenes zu rühren. Deine Eltern sind beide tot. Das weißt du bereits."

„Ja, ich weiß." Sie seufzte bekümmert und sah ihm zu, wie er sein Glas zum drittenmal füllte. „Aber ich möchte gern das Bewußtsein haben, daß es eine Liebe und Leidenschaft gegeben hat, an der ich teilhaben darf. Mein Leben ist bisher so arm daran gewesen."

Ihre Stimme sank zu einem kaum hörbaren Flüstern herab, als Henriette sich zu diesen Worten zwang. Doch sie vibrierte durch die Stärke ihrer Empfindung, wie eine Harfensaite plötzlich in der Stille eines Raumes aufklingt. Der alte Herr wurde aufmerksam. Er setzte das halbgefüllte Glas nieder und beugte sich zu ihr hinüber. Sein hageres, blutloses Gesicht befand sich nur mehr um eines Armes Länge von ihr entfernt, und seine Augen starrten sie mit einem harten, bösen Ausdruck an.

„Mein Name ist bedauerlicherweise auch der deine", sagte er ungerührt, „aber nur solange du ihm Ehre machst. Wenn du meinen Wünschen zuwiderhandelst und diese Stellung annimmst, wie du beabsichtigst, dann begibst du dich des Rechtes, ihn zu tragen."

„Aber Großvater, das ist doch unmöglich. Ich kann nicht wieder zurück nach England; es würde Monate dauern, bis ich dort eine Existenzmöglichkeit finden könnte. Ich habe nichts getan, was uns Schande macht; und brauchte ich schon früher meinen guten Namen, wieviel mehr jetzt in dieser Familie —"

„Nenne mir nicht noch einmal ihren Namen", unterbrach

er sie. „Du hast die Wahl. Bestehst du auf deiner Absicht, verbiete ich dir, es als eine Desportes zu tun."
„Aber sie wissen doch schon, daß ich so heiße. Wenn ich dem Herzog und der Herzogin plötzlich etwas anderes sage, wird ihnen das sehr merkwürdig vorkommen."
„Was sie darüber denken, geht mich nichts an. Du hast diese Stellung angenommen, ohne mich vorher zu fragen, und wenn du sie antrittst, brauchst du dich hier nie wieder blicken zu lassen. Dann hast du weder tote Verwandte noch lebende."
„Für die Toten darfst du nicht sprechen." Henriette erhob sich und legte ihren Schal um. Sie wirkte in dem dämmerigen Zimmer ungewöhnlich groß, und ihr Gesicht nahm in dem grünlichen Lampenlicht eine Blässe an, die ihm die Stärke und die Reinheit des Marmors gab. „Du kannst nur für dich selber sprechen, und ich kann nur für mich selber antworten. Du brauchst nie wieder zu befürchten, daß ich noch einmal zu dir komme. Ab übermorgen werde ich im Hause der Praslins sein, 55, Rue du Faubourg Saint-Honoré, falls du noch wissen möchtest, wo ich zu finden bin."
Sie schritt zur Tür, und der Baron Desportes folgte ihr mit den Augen, ohne sich jedoch von seinem Stuhl zu erheben. Er griff wieder nach seinem Glas, und als Henriette auf der Schwelle zum zugigen Korridor innehielt, sah sie, wie er dem Bild seines Kaisers mit der ausgebleichten dreifarbenen Schleife am Rahmen zutrank. Voll Zorn und Mitleid schaute sie diesem schweigend dargebrachten Toast zu.
„Also schön", sagte sie zu sich selbst, als sie sich den dunklen Schacht der Treppe hinuntertastete, „jetzt habe ich die einzige Brücke hinter mir abgebrochen. Von nun an muß ich mir meine eigenen Brücken bauen oder ertrinken."

DRITTES KAPITEL

Henriette ging in den Faubourg Saint-Honoré, ihrer Zukunft zu begegnen, als beschwinge der Frühling selbst ihren Schritt. Der Besuch bei ihrem Großvater war abgetan und vergessen. Seine Worte hatten sie für den Augenblick aufgewühlt; aber schließlich waren sie ja nur das Eifern und Unken eines alten, verbitterten Mannes, der ihr ihre Jugend neidete. Ihm bedeutete ihre Zuversicht lediglich wieder ein Anzeichen mehr seiner eigenen hoffnungslosen Ohnmacht. Weil das Schicksal ihm das Leben vergällt hatte, konnte er sich mit dem Glück anderer nicht versöhnen. Sie bedauerte, daß es an dem vorgestrigen Abend zu dieser unerfreulichen Auseinandersetzung gekommen war; sie hatte ihr jedoch nichts anzuhaben vermocht. Und ebensowenig konnten Madame Le Maires höchst unzweideutigen Anspielungen auf hübsche junge Mädchen und lauernde Gefahren in ihrem wiedergewonnenen Selbstbewußtsein Wurzel fassen.

Heute morgen fühlte sie sich allem gewachsen, als sie dort an den Bücherständen am Quai mit ihren alten Drucken, vereinzelten Liebhaberausgaben und zerlesenen Bändchen entlangschritt. An einer der Auslagen fiel ihr Blick auf einen grellbunten Stich der Kaiserin Josephine, der im Uferwind flatterte, und so groß war ihr Selbstvertrauen, daß sie sich nahezu einbildete, die Kaiserin winke ihr grüßend zu.

Ein Blinder mit seinem kleinen Hund an der Führerleine kam ihr entgegen, und Henriette suchte und fand einen Sou, den sie in seine hingehaltene Blechtasse fallen ließ.

„Gott segne Sie, Mademoiselle!“ dankte er.

„Woher wissen Sie, daß es eine Mademoiselle ist?“ fragte sie, verwundert lächelnd.

„Oh, das war nicht schwer.“ Er nickte. „Ich hörte das Rauschen eines Rockes, und als Sie Ihre Tasche öffneten, roch es nach Lavendel. Mignon und ich wünschen Ihnen Glück, möge Ihre Gabe sich vervielfältigen!“

Die beiden setzten ihren Weg fort, das Hündchen voll bescheidener Wichtigkeit und Neugierde, sein Herr so bedächtig und unbeteiligt, wie es einem Menschen entspricht, dessen kleine Welt sich aus Gerüchen, dem Rauschen von Frauenkleidern und dem Schurren von Füßen zusammensetzt. Niemand sonst hatte ihr Glück gewünscht, als sie zu ihrem Vorstellungsbesuch aufgebrochen war; deshalb galten ihr seine Segensworte doppelt

viel. Besser ein Segen, den sie sich selbst hatte erkaufen müssen, als gar keiner.
Blumenverkäufer boten Veilchen und Primeln feil. Sie zögerte einen Augenblick vor einem Korb, fast versucht, sich ein Sträußchen zu erstehen. Aber so früh im Jahr waren Blumen noch teuer. Außerdem hatten ihre bisherigen Erfahrungen sie gelehrt, daß eine solche Extravaganz leicht einen schlechten Eindruck erwecken konnte. Auch die großzügigsten Brotherrinnen sahen ungern Schmuck und Blumen an einer Erzieherin ihres Hauses. Sie wollte nicht Gefahr laufen, der Herzogin bei ihrer ersten Begegnung selbst durch einen noch so harmlosen Verstoß gegen das, was sich schickt, Grund zum Mißfallen zu geben.
Als sie nur noch wenige Straßen von ihrem Ziel entfernt war, rief sie eine Droschke an und gab dem Kutscher die Adresse: 55, Rue du Faubourg Saint-Honoré. Dann lehnte sie sich in die Polster zurück und bereitete sich in Gedanken auf die nächste halbe Stunde vor.
Das Mieten der Droschke war eher eine strategische Maßnahme als ein Zeichen von Ermüdung. Zu Fuß anzukommen, hätte geheißen, einen nicht wieder gutzumachenden Fehler begehen. Selbst im besten Falle mußte ihre Stellung sie bei den Dienstboten jeden Haushalts unbeliebt machen. Wenn der Diener unten in der Küche erzählte, die neue Erzieherin sei wie irgendein beliebiges Kinder- oder Nähmädchen die Straße entlanggelaufen, würde man ihr mit noch größerer Geringschätzung begegnen, als wäre sie wirklich eines gewesen. Ihr Bemühen, sich in ihrer Stellung zu behaupten, würde noch genügend Reibungsflächen bieten, auch ohne daß sie gleich zu Anfang einen falschen Zug tat. Von Natur aus war Henriette völlig frei von Vorurteilen. Hochmut konnte man ihr wahrhaftig nicht nachsagen, und im Grunde ihres Herzens hielt sie nichts von Klassenunterschieden. Aber sie dachte ganz nüchtern. Sie wußte, sie würde sich nur dann durchsetzen können, wenn sie von vornherein auf den Rechten bestand, die einer Erzieherin zukamen.
„Halt es mit der Herrschaft, und die Dienerschaft fühlt sich beleidigt", rief sie sich ins Gedächtnis, während der Wagen dahinrollte. „Halt es mit der Dienerschaft, und

du verlierst das Vertrauen der Herrschaft. Ich muß den schwierigen goldenen Mittelweg einzuhalten versuchen und darauf achten, nicht zu weit nach der einen oder anderen Seite hin abzuirren. Allons, eine Erzieherin muß eben geschickt wie ein Seiltänzer sein und gerissen wie ein Fuchs."

Die Droschke näherte sich jetzt dem Portal eines imposanten Gebäudes. Die Front mit ihren hohen Fenstern, das Wappen über dem kunstvoll handgeschmiedeten Tor und die sorgfältig beschnittenen Bäume in ihren runden Kästen ließen das Londoner Haus, das sie kürzlich verlassen hatte, im Vergleich dazu fast schäbig erscheinen. Ihre erste Regung war, aus dem Wagen zu springen und selbst zu läuten; aber sie hielt sich zurück und hieß es den mürrischen Kutscher tun. Als der livrierte Pförtner auf das Klingeln herbeieilte, stieg sie mit gemessenen Bewegungen aus, zahlte und gab ein Trinkgeld und folgte dem Bedienten in den Innenhof, den die Flügel des Hauses umschlossen. Von hier aus führte er sie in einen ungeheizten Empfangssalon. Ein Lakai nahm ihre Karte auf einem silbernen Tablett entgegen, und sie blieb allein zurück. Sie trat vor den Wandspiegel, betrachtete sich und stellte erleichtert fest, daß der Wind ihr Haar, das in weichen Locken ihr Gesicht umrahmte und hinten in einen schweren Knoten zusammengefaßt war, nicht zerzaust hatte. Die Natur hatte ihrem Gesicht nicht das Oval gegeben, wie sie es gern gehabt hätte, und so zupfte sie sich ein paar Härchen zurecht, um es wenigstens vorzutäuschen. Der Spaziergang hatte ihre Wangen gerötet; ihr Hut stand ihr wirklich ausgezeichnet, ohne für ihre Rolle zu auffallend zu wirken — bestimmt hatte ihre Erscheinung auf den Diener Eindruck gemacht. Wenn er nicht sofort die neue Erzieherin in ihr erkannt hatte, würde sie wenigstens dieses Plus für die Zukunft gewonnen haben.

Sie hörte seine Schritte sich wieder nähern, konnte gerade noch einen Stuhl erreichen und ihren Rock in ordentliche Falten um sich breiten, als er auch schon eintrat.

„Monsieur le Duc und Madame la Duchesse erwarten Sie, Mademoiselle. Diesen Weg, bitte!"

Sie schritt hinter ihm her eine breite Treppe hinauf und

dann einen endlosen teppichbelegten Gang entlang, an unzähligen Türen vorbei. Am anderen Ende blieben sie stehen, und der Diener hob eben seine Hand, um zu klopfen, als eine Frauenstimme im schrillen Ton stärkster Erregung sich so laut erhob, daß sie unmöglich überhört werden konnte.

„Du kennst meine Gefühle, es hat gar keinen Zweck, den Erstaunten zu spielen. Jedermann in diesem Haus weiß, wie sehr es dir Spaß macht, mich zu demütigen."

Der gedämpfte, undeutliche Klang einer vollständig beherrschten Männerstimme folgte und darauf wieder die durchdringende der Frau.

„Ja, demütigen vor den Kindern und den Dienstboten, und in der Neuen wirst du wieder einen Zuhörer mehr haben. Glaub nur nicht, ich sei so dumm, nicht zu wissen, wozu du sie hast kommen lassen. Mich hat Mademoiselle Maillard in jeder Hinsicht zufriedengestellt, aber weil sie nicht mehr jung und hübsch war — weil sie zu mir in meinem Elend hielt — mußt du sie natürlich entlassen. Ich sage dir, ich halte einen neuerlichen Wechsel und damit neue Beleidigungen nicht aus. Tag für Tag behandeln die Kinder mich, als ob — —"

Wieder unterbrach die ruhige tiefe Stimme, und diese günstige Gelegenheit benutzend, klopfte der Diener laut an die Tür. Während sie auf das „Herein" warteten, wandte er sich zu Henriette um und sah sie mit einem sprechenden Blick an. Sie heuchelte Gleichgültigkeit, aber sie erfaßte die Bedeutung nur zu gut — das hinterhältige Vergnügen und das kaum merkliche Zucken seiner Schultern unter der grünen Tuchlivree.

„Mademoiselle Desportes", meldete er sie förmlich an und überließ sie dann dort in der Tür ihrem Schicksal.

Später erinnerte sie sich immer dieses Zimmers so, wie sie es jetzt in der hellen Frühlingssonne vor sich sah, ihre Aufmerksamkeit durch die Besorgnis geschärft, ob sie wohl den erhofften guten Eindruck zu erwecken vermöge, und aufgeschreckt durch das Gespräch, das sie soeben unfreiwillig hatte mit anhören müssen. Der Raum, klein und intim, war offenbar das Boudoir der Dame des Hauses. Das warme Rosa der Vorhänge wiederholte sich in dem Blumenmuster des kostbaren Brokatstoffes der weißgoldenen Möbel. Die Sonne fiel durch die hohen Fenster, und wo sie den Teppich berührte, leuchteten Farbflecke auf. Blumentöpfe standen auf dem Fensterbrett — rosa und weiße Alpenveilchen, deren Blüten exotischen Vögeln glichen, die sich hier von ihrem Flug ausruhten. Nahe davor befand sich ein zierlicher Schreibtisch, mit losen Blättern und Schreibfedern bedeckt, als hätte dort jemand geschrieben und wäre plötzlich gestört worden. Dieses Bild grub sich ihr ein, ehe sie noch den Mann und die Frau bemerkte, denen die Stimmen vorhin gehört haben mußten.

Die Herzogin lag lang ausgestreckt auf einer Chaiselongue neben dem kleinen Kaminfeuer, und selbst das lose Morgengewand aus Seide und Spitzen, das sie in weichen, weiten Falten umgab, konnte die üppigen Formen ihres Körpers mit seiner unverhüllten Sinnlichkeit und den unverkennbaren Spuren zahlreicher Geburten nicht verbergen. Das Körperliche war bei ihr so ausgeprägt, daß man zunächst vergaß, auf ihr Gesicht und dessen Ausdruck zu achten — genau wie der Betrachter vor einem Bild von Rubens zunächst die Leiber sieht und dann erst die Beseeltheit. Ihre korsische Abstammung zeigte sich in ihrem blauschwarzen langen Haar wie auch in den starken dunklen Brauen und in den auffallend roten Lippen, die einen eigenartigen Kontrast zu dem bleichen vollen Gesicht bildeten. Es war der sinnlichste und zugleich unzufriedenste Mund, den Henriette je gesehen hatte, und auch nicht die geringste Andeutung eines Lächelns lag auf ihm, noch in den samtschwarzen Augen unter den schläfrigen Lidern.

„Hoffentlich bin ich nicht zu früh, Herzogin —“ Henriette hatte nicht damit gerechnet, daß sie das erste Wort sprechen müßte, aber das Schweigen wurde nachgerade peinlich — „ich verstand Sie doch recht, daß Sie mich um elf Uhr empfangen wollten?“

Die Gestalt auf der Chaiselongue machte eine unbestimmte Bewegung mit dem Kopf, gab aber sonst durch nichts zu verstehen, daß sie die Frage überhaupt gehört hatte. Henriette trat einen Schritt vor und sah sich nach einem Stuhl um. In demselben Augenblick sah sie den Hausherrn, der vom Fenster her auf sie zukam. Die Vorhänge hatten ihn bislang verdeckt, doch nun drängte sich seine Erscheinung mit außergewöhnlicher Klarheit

ihrem Auge auf. Er konnte nicht älter als Mitte Dreißig sein, und der graugrün gestreifte Schlafrock, den er trug, ließ seine Blondheit und seine schlanke Figur hervortreten. Sein Haar und sein kurzgeschnittener Backenbart war hell wie Flachs, und sein Gesicht hatte eine frische, gesunde Farbe. Sein ausgeprägtes, glattrasiertes Kinn mit dem tiefen, grübchenähnlichen Einschnitt ragte unter der vollen Unterlippe hervor. Die Oberlippe dagegen war schmal und etwas kurz, und wenn er lächelte, wie eben jetzt, wirkte er trotz der markanten Nase und den müden Augen überaus jugendlich. Die Augen jedoch straften diesen Eindruck Lügen: fraglos gehörten sie einem Manne an, der nicht unerfahren war und der ebenso unbeugsam wie lebenslustig sein konnte.
„Erlauben Sie mir, Mademoiselle." Da war sie, die tiefe Stimme von vorhin, ging es ihr durch den Kopf, als sie sich auf den Stuhl setzte, den er ihr nahe an das Fenster gerückt hatte.
„Vielen Dank, Herzog", sagte sie, während sie darauf achtete, daß die Falten ihres Rocks sich vorteilhaft legten. Es war warm im Zimmer, und sie ließ ihren Schal über die Rückenlehne gleiten. Das graue Alpakakleid war zwar keineswegs elegant, aber gute Schneiderarbeit. Sie streifte ihre taubengrauen Handschuhe ab, die sie sich gestern in einer verschwenderischen Laune erstanden hatte, und gab sich ganz dieser Beschäftigung hin, da sie ihre Musterung der beiden nicht fortsetzen wollte. Die Herzogin stieß einen tiefen Seufzer aus, schien aber im übrigen nicht gewillt zu sein, mit den unvermeidlichen Fragen zu beginnen. Ungemütlich, dieses Schweigen, das nur durch das leichte Knistern der Scheite im Kamin unterbrochen wurde und von dem nervösen Getrommel schlanker, wohlgepflegter Finger auf dem marmornen, von Säulen getragenen Kaminsims, gegen den sich der Herzog lehnte. Noch niemals hatte sich Henriette einer so unverhohlenen Prüfung unterziehen müssen, aber das brachte sie keineswegs in Verlegenheit. Sie empfand sogar ein seltsames Gefühl der Sicherheit und fast eine Art Machtbewußtsein. Dieses luxuriös eingerichtete Zimmer, dieses kostbare Gewand aus Seide und Spitzen, dieser alte Adelsname und auch dieser so vornehm aussehende Mann mochten der Frau dort vor

ihr gehören; aber nichtsdestoweniger war ihr offensichtlich unbehaglicher zumute als der Erzieherin, die ehrerbietig und vollkommen ungezwungen darauf wartete, daß man das Wort an sie richtete.
Henriette erhaschte eine ungeduldige Geste, die der Herzog stirnrunzelnd zu seiner Frau hin machte. Es war Sache der Frau, eine Unterredung wie diese zu führen; aber ob nun aus Ärger oder aus Schüchternheit: die Herzogin schien gar nicht daran zu denken, ihrer Pflicht nachzukommen. Henriette ließ sich nicht anmerken, daß sie die Bewegung gesehen hatte; da sie sich jedoch darüber klar war, daß ihrer künftigen Herrin die Zügel der Autorität entglitten waren, zögerte sie nicht, sie selbst zu ergreifen. Nun gut, dachte sie, wenn die Dame des Hauses sich nicht ihrer Vorrechte bedienen wollte, mußten die Rollen eben vertauscht werden, und sie würde mit dem Fragen den Anfang machen.
„Bitte, lassen Sie mich Ihnen meinen Dank aussprechen für das Kompliment, das Ihre Aufforderung, mit mir über die Erziehung Ihrer Kinder sprechen zu wollen, enthielt. Darf ich hoffen, daß meine Zeugnisse zufriedenstellend gewesen sind?"
„Die Zeugnisse — ja, ja, doch, gewiß." Die Herzogin verharrte nach wie vor in ihrer unentschlossen abwesenden Haltung.
„Mehr als zufriedenstellend, sie waren ausgezeichnet!" beendete der Herzog die Antwort und fuhr fort, Henriette eindringlich zu betrachten.
„Gewiß werden Sie doch aber noch manche Frage an mich richten wollen. In einem Brief läßt sich das alles ja nicht so ausführlich sagen. Und ich meinerseits würde auch gern Näheres über die Aufgabe wissen, die Sie mir zugedacht haben, bevor ich eine solche Verantwortung übernehme." Hier machte Henriette absichtlich eine Pause und wandte sich der Herzogin zu. Aber diese schien kaum zuzuhören. Nicht einen einzigen Augenblick ließ sie ihren Mann aus den Augen. „Sie haben zum Beispiel das Gehalt ungewöhnlich großzügig bemessen, aber mir nichts über das Alter meiner Zöglinge mitgeteilt noch darüber, wie Sie sich meine Aufgabe gedacht haben. Es wäre ja möglich, daß ich in gewissen Punkten Ihren Anforderungen nicht zu entsprechen vermag."

„Sie werden den Anforderungen sicherlich gewachsen sein, Mademoiselle.“ Wie selbstverständlich beantwortete der Herzog ihre Frage, obwohl sie an seine Frau gerichtet war, die, weit davon entfernt, ihm ins Wort fallen zu wollen, keinerlei Anstalten traf, sich an dem Gespräch zu beteiligen. „Bei Ihrer Erfahrung dürften Sie es nicht schwer haben. Zwei von unseren Söhnen sind ja, wie Sie wohl bereits wissen, in der Obhut eines Hauslehrers, und drei von unseren Töchtern werden im Sacré Coeur erzogen. Somit werden Sie nur die vier anderen betreuen: Isabella, unsere Älteste, ist bald vierzehn; Louise ist gerade zwölf geworden; und dann noch die beiden Kleinen: Berthe, die im nächsten Monat sechs wird, und unser Jüngster, Raynald, der noch nicht ganz vier Jahre alt ist. Sie haben doch hoffentlich nichts dagegen, auch den Jungen zu unterrichten?“
„O nein, im Gegenteil“, entgegnete Henriette, die sich über sein Interesse an seinen Kindern freute, „ich finde sogar diese kleine Vermännlichung in der Atmosphäre des Kinderzimmers sehr begrüßenswert. Ich halte es für vernünftiger, Knaben und Mädchen zusammen aufwachsen zu lassen, selbstverständlich nur, solange sie noch so jung sind.“
„Raynald ist ein aufgeweckter kleiner Bursche, aber ich möchte Sie jetzt schon darauf aufmerksam machen, daß er sehr zart ist. Seine Gesundheit hat mir schon große Sorge gemacht.“
Es entging ihr nicht, daß er ‚mir‘ sagte statt des ‚uns‘, das sie zu hören erwartet hätte.
„Ich verstehe“, erwiderte sie, „auf solche Kinder muß man besonders achthaben. Ein zu lebhafter Geist kann bei empfindlicher Gesundheit leicht Schaden anrichten.“
„Ich bin überzeugt, Mademoiselle, wir können uns darauf verlassen, daß Sie ihn beim Unterricht nicht überanstrengen werden. Wie ich sehe, besitzen Sie die richtige Einstellung, um ein so sensitives Kind in die Hand zu nehmen.“
„Raynald ist darin ganz nach mir geschlagen“, sagte die Herzogin plötzlich, richtete ihre Worte aber lediglich an den Mann neben dem Kamin und nicht an die Erzieherin, der sie angeblich gelten sollten. „Ich war krank und unglücklich vor seiner Geburt, und in ihm wird fortleben, was ich damals gelitten habe.“

Der Herzog stieß ungeduldig mit dem Fuß gegen die glühenden Scheite. Funken sprühten aus der Glut empor. Henriette sah sie nicht, aber sie fühlte die unsichtbaren Funken menschlicher Spannung, die den Raum erfüllten.
„Ist es Ihnen gleichgültig", durchbrach sie die neuerlich eingetretene peinvolle Stille, „in welcher Sprache ich den Unterricht erteile? Ich bin es gewöhnt, sowohl in Englisch wie in Französisch zu unterrichten."
Die Herzogin hatte ihren Pfeil verschossen und sank in ihre unbeteiligte Haltung zurück, ohne auf die Sprechende zu achten.
„Für die beiden älteren wäre wohl Englisch angezeigt." Damit griff ihr Mann wieder ein. „Sie sprechen es schon ganz nett, nur müssen sie sich beide noch im Schreiben üben. Wie Sie es mit den jüngeren halten wollen, überlasse ich Ihrer eigenen Entscheidung. Ich möchte, daß sie es möglichst zwanglos lernen."
„Ich denke, das wird sich von selbst ergeben, wenn sie bei den Unterrichtsstunden ihrer älteren Geschwister zugegen sind. Auf diese Weise werden sie ein gut Teil von der Unterhaltung auffangen, ohne daß es ihnen bewußt wird."
„Ein ausgezeichneter Gedanke! Wir werden bestimmt bald einen Fortschritt in ihren englischen Kenntnissen feststellen können. Mademoiselle Maillard klagte immer darüber, wie schwer es sei, sie dazu zu bringen, irgend etwas anderes als Französisch zu sprechen."
„Nein, mit Gewalt läßt sich das gewiß nicht erzwingen", pflichtete Henriette ihm bei.
„Ich muß sagen, ich habe an Mademoiselle Maillard nichts auszusetzen gehabt", raffte sich die Herzogin noch einmal zu einem Einwurf auf; und wieder konnte sich Henriette nicht der Vorstellung erwehren, daß die Unterhaltung ein Zwiegespräch war, an dem sie gegen ihren Willen teilnehmen mußte. „Sie hat uns hinreichende Beweise ihrer Treue und ihrer Zuneigung gegeben, mein Lieber, du scheinst das sehr schnell zu vergessen."
„Jetzt ist wohl nicht der geeignete Zeitpunkt, Mademoiselle Maillards Verdienste zu erörtern, Fanny", schnitt er ihr kühl das Wort ab. „Mademoiselle Desportes

darf sich unter keinen Umständen durch die Methoden ihrer Vorgängerin behindert fühlen. Ich wünsche, daß ihr vollkommen freie Hand gelassen wird, ihre Aufgabe so anzupacken, wie sie es für am besten hält."

Die dunklen Augen in dem blassen Gesicht leuchteten plötzlich auf, als schwele eine versteckte Glut hinter ihrer Unergründlichkeit. „Und wie du es für am besten hältst", lautete das Unausgesprochene in dem Blick, den sie ihrem Mann zuwarf. Ohne auf das Thema Vorgängerin näher einzugehen, beeilte sich Henriette, auf etwas anderes zu sprechen zu kommen.

„Leider muß ich gestehen, daß ich nicht genügend ausgebildet bin, um auch Musikstunden geben zu können. Ich spiele wohl ein wenig Klavier und könnte daher nötigenfalls das Üben der Kinder beaufsichtigen."

„Die Frage des Musikunterrichts ist bereits geregelt, Mademoiselle, und einmal wöchentlich erhalten sie auch Tanzstunde. Ich entnehme indessen Ihren Zeugnissen, daß Sie auch vom Zeichnen und Malen etwas verstehen. Vielleicht versuchen Sie das Talent unserer kleinen Berthe in dieser Richtung zu entwickeln?"

„Das will ich mit großem Vergnügen tun."

„Allerdings werden Sie sie nicht so leicht lenkbar finden wie ihren Bruder; sie ist sehr eigenwillig, aber wenn es Ihnen gelingt, Ihr Zutrauen zu gewinnen — dann — —", seine gesunden weißen Zähne blitzten auf, als er ihr wie abbittend zulachte. „Sie müssen einem Vater diese Voreingenommenheit zugute halten, aber sie ist wirklich ein ungewöhnlich reizendes und liebenswertes Kind."

„Sie brauchen sich wahrhaftig nicht für die Vorzüge Ihres Töchterchens zu entschuldigen, Herzog." Henriette hatte selten einen Vater so natürlich von seinen Kindern reden hören. Bewundernd und überrascht spürte sie die tiefe Verbundenheit zwischen ihm und seinen Kindern. „Ich selbst habe die sorgende Liebe eines Vaters entbehren müssen, aber ich weiß, welch ein Segen eine so liebevolle Voreingenommenheit bedeutet. Ihre Kinder sind zu beneiden."

Die Herzogin seufzte tief. Es war das einzige Lebenszeichen, das die ausgestreckte Gestalt in Seide und Spitzen von sich gab.

„Über die Religion müssen wir wohl auch noch sprechen." So sehr sie sich auch scheute, dieses heikle Thema anzuschneiden, wußte Henriette doch, daß es nicht zu umgehen war, und wollte es daher nicht länger aufschieben. „Es ist Ihnen bekannt, daß ich den protestantischen Glauben angenommen habe, obzwar ich in einem Kloster getauft und erzogen worden bin. Ich möchte Ihnen dies jetzt offen sagen, damit später keine Mißverständnisse entstehen."

Ein Ausdruck des Triumphes erschien in den Zügen der Herzogin. „Siehst du wohl, Théo!" Sie sprach, bevor er noch etwas entgegnen konnte. „Das hast du davon mit deinem Eigensinn, unbedingt in England jemanden finden zu wollen. Das ist natürlich ein unhaltbarer Zustand."

„Ich kann nicht einsehen, warum, Fanny, falls Mademoiselle Desportes nicht beabsichtigt, aus der Religionsfrage eine Staatsaktion zu machen; und dazu ist sie viel zu klug, oder ich müßte mich sehr irren."

„Nichts könnte mir ferner liegen." Henriette wagte es, dem Herzog einen dankbaren Blick zuzuwerfen. „So wie ich meinem eigenen Glauben folgen muß, kann ich auch nur wollen, daß andere dem ihren folgen. Ich denke mit Liebe und Ehrfurcht an die Klosterschwestern zurück, die meine Kindheit betreuten, und es würde mir niemals einfallen, mich in die religiöse Erziehung Ihrer Kinder einzumischen."

„Ihre bloße Gegenwart würde schon genügen, um Zweifel in ihnen wachzurufen." Die Stimme der Herzogin hatte ihre Gleichgültigkeit verloren. Zum erstenmal an diesem Morgen hörte Henriette einen feindseligen Ton aus ihren Worten heraus: „Es hieße sich selbst belügen, wollte man sich darüber hinwegtäuschen."

„Das hängt doch ganz und gar von Mademoiselle Desportes' Einstellung ab, Fanny", verwies sie ihr Mann. „Sie sagt, sie achtet den Glauben anderer, und ich sehe keinen Grund, ihre Versicherung anzuzweifeln. Außerdem wird ja der Abbé Gallard wie bisher den Religionsunterricht der Kinder leiten."

„Es ist eine Beleidigung für den Abbé, so etwas zu dulden."

„Ich will ihm m e i n e n Standpunkt darüber gern selbst

klarmachen, wenn du es wünschst." Er wandte sich wieder an Henriette und fuhr ruhig und unbeirrt fort: „Solange Sie Ihre religiösen Überzeugungen für sich selbst behalten, läßt sich gewiß nichts dagegen sagen. Ich finde" — und damit sah er seine Frau bedeutsam an —, „daß die Duldsamkeit eine Tugend ist, deren Pflege keinem von uns schaden würde."

„Ich danke Ihnen." Henriette bemühte sich nicht, ihre Erleichterung zu verbergen. „Ich danke Ihnen sehr, und Sie werden sich in Ihrem Vertrauen zu mir nicht getäuscht haben." Sie hielt einen Augenblick inne, um zu sehen, ob die Herzogin weiter auf ihrem Einwand bestehen würde. Doch nur das schnelle Heben und Senken der spitzenbesetzten Seide über der weichen, vollen Brust bezeugte ihre Erregung. „Aber da ist noch etwas." Henriette drehte das Taschentuch in ihren Händen zu einem winzigen Knäuel zusammen, als sie nun ihren ganzen Mut sammelte, diese andere Schwierigkeit zur Sprache zu bringen, die ihr so schwer über die Lippen wollte.

„Es handelt sich um etwas rein Persönliches, worüber ich mich in meinem Brief nicht auslassen wollte. Ich muß Sie um einen kleinen Gefallen bitten: ich möchte nämlich lieber Deluzy genannt werden. Henriette Deluzy."

„Das ist allerdings sonderbar", bemerkte der Herzog. „Sollen wir das so verstehen, daß Sie gar nicht Mademoiselle Desportes sind?" Henriette vermeinte in beiden Augenpaaren, die sie anstarrten, den hellen grauen, wie den nachtschwarzen, einen Verdacht aufleuchten zu sehen. Sie wußte, jetzt kam alles darauf an, eine möglichst glaubwürdige Erklärung abzugeben. Es fiel ihr schwer, eine Lüge zu sagen, aber der Eigensinn ihres Großvaters hatte sie in die Enge getrieben. Wohl oder übel mußte sie in Zukunft an der Geschichte festhalten. die sie sich in den schlaflosen Stunden nach ihrem Besuch bei ihm ausgedacht hatte.

„Ich weiß, meine Bitte muß Ihnen sehr sonderbar vorkommen." Sie sprach in einem Ton ergebenster Bescheidenheit. „Es widerstrebt mir, Sie mit Einzelheiten aus meinem Leben zu belästigen —" — sie machte eine wirkungsvolle Pause und drückte das Taschentuch an

ihre Lippen, als wollte sie ihr Zittern verbergen — „es hat bis heute nicht viel Glück erfahren."
„Das tut mir leid." Der Herzog kleidete seine Neugierde in höfliche Anteilnahme. Seine Frau richtete sich auf, als habe diese unerwartete Wendung ihr Selbstvertrauen wieder etwas belebt.
„Nur wenige Menschen sind wirklich glücklich", ließ sie sich, von einem ihrer tiefen sprechenden Seufzer begleitet, vernehmen. „Haben Sie die Güte, dieses Geheimnis um Ihren Namen zu erläutern."
„Laß ihr Zeit, Fanny, du siehst doch, daß sie es gerade zu tun versucht."
Durch seine Freundlichkeit beruhigt, bot Henriette ihre ganze Geschicklichkeit auf, um ihre Zuhörer zu rühren, als sie nun fortfuhr:
„Nein, es ist nicht leicht gewesen, sich allein mit dem Leben auseinanderzusetzen. Für einen Mann ist das wohl etwas anderes, aber die Frau wurde von der Natur nicht dazu bestimmt, tapfer und einsam zu sein. Wie oft habe ich's gespürt —", ihre Stimme brach gerade in dem richtigen Tonfall entwaffnender Hilflosigkeit, und auf einen der Anwesenden wurde die Wirkung nicht verfehlt. Die Herzogin machte eine ungeduldige Bewegung, sagte jedoch nichts. „Ich bin unter dem Namen Henriette Desportes groß geworden, weil dieser Name der meines einzigen Angehörigen — meines Pflegevaters und Vormunds — war. Aus Achtung für ihn erhob ich keinen Einwand, aber jetzt liegt kein Grund mehr vor, seinen Namen weiterzuführen."
„Demnach ist er also gestorben, Mademoiselle?"
Sie schlug die Augen nieder und senkte den Kopf. Es fiel ihr irgendwie leichter, mit einer Geste zu lügen als mit Worten; und schließlich rief sie sich ins Gedächtnis, daß ihr Großvater ja ihr Pflegevater gewesen war, und was sie anbetraf, war er auch so gut wie tot.
„Ich stehe ganz allein in der Welt", fügte sie mit entsagungsvoller, Mitleid heischender Stimme fort. „Man wendet sich doch wieder seinen Eltern zu, auch wenn man keine Erinnerung mehr an sie hat. Ich fühle, daß ich darüber zu Ihnen sprechen durfte und daß Sie meine Bitte verstehen würden, weil Sie ja selbst so große Ehrfurcht für Ihren Namen hegen. Der meine ist nicht so

berühmt und bekannt wie der Ihre, aber es ist mein Name, und ich trage ihn mit Stolz."
„Wirklich!" Die Herzogin runzelte die Stirn und klopfte mit ihrem seidenen Pantoffel auf den Boden. „Ich muß sagen, mir kommt das doch sehr merkwürdig vor, nach all diesen Jahren wechseln zu wollen."
„Jedenfalls liegt kein Grund vor, warum Mademoiselle in diesem Hause nicht so gerufen werden soll, wie sie es wünscht." Mit diesen Worten tat der Herzog die Einwände seiner Frau impulsiv ab. „Es freut mich, daß Sie sich nicht scheuten, uns Ihre Bitte vorzutragen. Sie müssen es jederzeit frei heraus sagen, wenn Sie etwas auf dem Herzen haben, während Sie bei uns sind — und ich darf hoffen, daß es für lange sein wird, Mademoiselle Deluzy."
Henriette erwärmte sich an seiner Liebenswürdigkeit; es wäre auch unmöglich gewesen, nicht davon berührt zu sein, wenn dieser Mann es darauf anlegte, seinen ganzen Charme zu entfalten, wie eben jetzt in seinem Bemühen, ihr die Aufgabe zu erleichtern. Der Magnetismus seiner kraftvollen Männlichkeit schien bis in die äußersten Winkel des Zimmers zu strahlen. Mehr noch als sein gutes Aussehen und seine Lebensenergie erfüllten sie seine ungezwungene Natürlichkeit und aufrichtige Herzlichkeit mit Staunen und Entzücken. In ihrer Vorstellung hatte sie den Vater ihrer Zöglinge, falls sie ihm überhaupt je begegnen würde, so förmlich und uninteressiert gesehen, wie es dem Oberhaupt dieser alten, einflußreichen, französischen Familie wohl angestanden hätte — und da war er nun so besorgt um seine Kinder und so darauf bedacht, es ihr leicht zu machen. Ob absichtlich oder nicht: er hatte sie zu seiner Verbündeten gewonnen. Ihr gesunder Menschenverstand und ihre langjährige Erfahrung mahnten sie, daß es viel ratsamer sein würde, sich vor allem mit der Mutter gut zu stellen, doch war Henriette sich darüber klargeworden, daß alle Meinungsverschiedenheiten — und instinktiv wußte sie schon nach dieser ersten halben Stunde, es würde deren nicht wenige geben — sie selbst und den Herzog Seite an Seite finden würden.
Der Vorstellungsbesuch war beendet. Henriette hatte auf der ganzen Linie gesiegt, und ihre kleine Notlüge

hatte Glauben gefunden. Nun gab es kein Zurück mehr. Künftig mußte sie auf den Namen hören, den sie gewählt hatte, weil er zu den Initialen auf ihren Koffern paßte.

Es wäre an der Herzogin gewesen, sie zu verabschieden; aber als Henriette sich zu der Frau umwandte, die nunmehr ihre Herrin war, sah sie, daß sich die schweren Lider über die dunklen Augen herabgesenkt hatten. Die fleischigen, weißen Hände zupften unruhig an den Spitzen ihres Morgenkleides, und sie schien die ganze Unterhaltung bereits vergessen zu haben. Alle ihre Gedanken spielten nur um den Mann, der bewegungslos am Kamin lehnte. Er allein existierte für sie in dem Zimmer; aber je mehr sie unsichtbare Arme nach ihm ausstreckte, um ihn an sich zu ziehen, desto mehr schien er sich zu verhärten und ihr auszuweichen, wiewohl er nach wie vor in seiner nachlässigen Stellung verharrte. Es war peinlich, wie eine Bittstellerin auf das verabschiedende Wort warten zu müssen. Doch es war nicht die Herzogin, die Henriette zu Hilfe kam.

„Dann dürfen wir also Mademoiselle Deluzy bitten, ihre Tätigkeit morgen zu beginnen." Er sprach ihren Namen betont deutlich aus. „Das entspricht doch auch deinen Wünschen, Fanny?"

„Ganz wie du willst", wurde ihm mit gekränkter Nachgiebigkeit zur Antwort.

Der Ton ihrer Stimme drückte weit mehr aus als nur diese gleichgültige Bejahung. „Du tust ja doch immer, was du willst, ohne Rücksicht darauf, ob es mich demütigt oder nicht", gab er zu verstehen.

Henriette machte eine Bewegung zur Tür in der Meinung, sie könne nun gehen, aber der Herzog bedeutete ihr, noch zu bleiben.

„Ich habe die Kinder herbestellt", erklärte er ihr. „Um zwölf Uhr ist ihr Vormittagsunterricht zu Ende, und ich bat Mademoiselle Maillard, sie dann herunterzubringen. Ich dachte, es würde Ihnen angenehmer sein, sie jetzt kennenzulernen, bevor Sie Ihre Pflichten aufnehmen."

Die dichten Brauen der Herzogin zogen sich zusammen, ein Ausdruck des Unwillens, den Henriette schon beobachten und fürchten gelernt hatte.

„Das hättest du mir eher sagen können, Théo. Ich hatte eigentlich vor, mich anzukleiden und vor dem Déjeuner noch auszufahren."

Ein Klopfen an der Tür unterbrach ihren neuerlichen Vorwurf, und der Herzog beeilte sich, die Tür selbst zu öffnen. Henriette wandte sich mit größter Neugierde nach der kleinen Gruppe um, mit der sie bald so vertraut werden sollte. Ein zartgliedriger, dunkelhaariger kleiner Junge und ein rosiges, blondes kleines Mädchen stürmten zuerst herein, ohne auf die Ermahnungen einer ältlichen Frau von unscheinbarer Kleidung und Erscheinung zu achten, die den Jubel beim Anblick des Vaters zu dämpfen versuchte.

Hand in Hand, zögernd und schüchtern, folgten die zwei älteren Mädchen. Beide waren brünett wie ihre Mutter und hätten hübsch genannt werden können, wäre nicht ihre den Halbwüchsigen eigene Unsicherheit und schlechte Haltung gewesen. Ihre Wollkleider waren von einer unvorteilhaften dunkelblauen Farbe mit einer weißen Litze am Saum, viel zu kindlich für diese heranwachsenden Mädchen; ihr volles, glänzendes Haar war von der Stirn und den Ohren straff zurückgebürstet. Im Geiste sah Henriette sie ganz anders vor sich, sah sie in gerader Haltung und ungezwungen, in leichten, bunten, hellen Stoffen, die sich ihren jungen Körpern anschmiegten, mit Augen, die nicht mehr so verängstigt dreinschauten, und Lippen, die sich bereitwilliger einem Lächeln liehen.

„Isabella, Louise, kommt her und macht euren Knicks vor Mademoiselle Deluzy", forderte ihr Vater sie auf.

Gehorsam ließen sie das lästige Begrüßungszeremoniell über sich ergehen — so linkisch und gravitätisch wie zwei Zirkusbären, die ihre Kunststückchen vorführen.

„Das werden wir alles ändern", dachte Henriette, innerlich voller Mitgefühl angesichts der Qual, die die Kinder ausstanden. „Wenn sie sich erst frei und glücklich fühlen, wird auch ihre Haltung anmutiger werden."

Mademoiselle Maillards Begrüßung wirkte fast noch steifer, obwohl man ihr schwerlich jugendliche Schüchternheit als Entschuldigung zugestehen konnte. Henriette erkannte auf den ersten Blick, daß sie ihrer Vorgängerin, solange sie noch zusammen unter demselben

Dach lebten, ständig ein Dorn im Auge sein würde. Aber sie fürchtete sie nicht als Rivalin. Sie kannte diesen Typ zu gut: farblos, mit verkniffenem Mund und hinterhältig; eine, die gegenüber den Dienstboten und allen, denen sie sich überlegen fühlte, herrschsüchtig auftrat, während sie sich vor jedem Höhergestellten mit ihrer Unterwürfigkeit und Liebedienerei nicht genugtun konnte. Eine solche Frau empfand ihren Beruf als dauernde Beleidigung, besaß aber nicht die Klugheit oder Vernunft, sich der Vorteile, die er bot, zu bedienen. Ihre schmalen hängenden Schultern verrieten sie ebenso wie ihre Hände: gelbliche, müßige Hände; sie fielen Henriette gleich auf, unverkennbar die Hände eines Menschen aus guter Familie, der nur gegen seinen Willen und so selten wie möglich etwas tut.

Es war nur zu offensichtlich, wessen Bundesgenossin Mademoiselle Maillard war. Sie nahm den flüchtigen Gruß des Herzogs mit einem förmlichen Kopfnicken zur Kenntnis und überschüttete dann die Herzogin mit besorgten Fragen nach ihrem Befinden.

„Sehen Sie", schien ihre ganze Haltung ausdrücken zu wollen, wie sie da zur Chaiselongue hinüberging, „wir beide müssen gegen diesen neuen Feind zusammenhalten. Für den Geschmack Ihres Mannes mag ich zu häßlich und zu langweilig sein, aber Ihre Mademoiselle Maillard wird Sie niemals im Stich lassen, noch erlauben, daß ein jüngeres Gesicht sich zwischen uns und unsere Rechte drängt."

Die beiden älteren Mädchen beobachteten sie und ihre Mutter mit ängstlicher Miene; die beiden Kleinen jedoch hatten nur Augen für ihren Vater, und Mademoiselle Maillards aufgeregte Ermahnungen trafen auf taube Ohren.

„Raynald, nimm dich in acht! Wie oft habe ich dir schon gesagt, du sollst nicht so nah an den Kamin herangehen; eines Tages wirst du noch kopfüber ins Feuer fallen und zu einem kleinen Aschenhäufchen verbrennen. Berthe, komm sofort hierher! Dein Schuhband ist schon wieder aufgegangen. Nein, nein, geh fort von Mamas Schreibtisch! Die Tinte — mon Dieu! Du wirst sie noch umwerfen."

Aber ihre Worte bekümmerten die beiden, besonders die kleine Berthe, sowenig wie der Wind draußen in den Bäumen.
„Was für ein liebliches Geschöpfchen!" dachte Henriette, als sie den lebhaften zierlichen Bewegungen der kleinen Gestalt folgte; als sie den spitzbübischen Blick in den klaren, furchtlosen Augen, das helle seidige Haar, das um die erhitzten, apfelrunden Bäckchen fiel, betrachtete. Berthe war eines von diesen seltenen Glückskindern, die mit irgendeinem unerklärlichen Zauber gegen Leid und Gefahr gewappnet zu sein scheinen. Ihr Lachen klingt reiner und heiterer; ihr Kummer ist stürmischer, und ihre Tränen müssen schneller getrocknet werden; ihr Schritt ist leichter und findet sicherer seinen Weg. Ein solches Kind dünkt die Erwachsenen nicht so sehr ein einzelnes Lebewesen als vielmehr eine wahre Verkörperung der Jugend, die ungeduldig an die Pforte einer sorgenvollen, alternden Welt pocht. Niemals ist es sich des Geheimnisses bewußt, das es alles müheloser erreichen, es stets von mehr Freunden umgeben sein läßt als seine Spielgefährten. Und niemals ahnt es den Grund, bevor sich diese Gabe für immer auf den dornigen Pfaden verliert, die von der Kindheit zur Reife führen.
In die Betrachtung des kleinen Mädchens versunken, das wie ein eigenartiges Vögelchen im Zimmer umherhuschte, vergaß Henriette für ein Weilchen die anderen. Als sie schließlich hochsah, fand sie den Blick des Herzogs auf sich gerichtet. Er mußte etwas von der Zärtlichkeit, die sie empfand, gespürt haben, aber kein Muskel in seinem Gesicht bewegte sich, während er sie so anstarrte. Sie wußte nur, daß ihre Bewunderung seines Kindes ihm naheging.
„Nein, Raynald!" Mademoiselle Maillard erhob ihre Stimme zu einem schrillen Befehl. „Augenblicklich gehst du da weg. Du ungezogener Junge du, Mutters Blumen anzufassen!"
Sie stürzte zum Fenster, aber sie konnte das Unglück nicht mehr verhindern. Raynald stand wie angewurzelt, das Gesichtchen ganz verzerrt vor entsetztem Schuldgefühl, ein abgebrochenes Alpenveilchen in der Hand. Die Gouvernantendisziplin brach wie ein Unwetter über ihn herein.

„Zur Strafe wirst du heute zu Hause bleiben, wenn wir anderen zum Kasperle fahren, und zum Abendessen keine süße Speise, auch nicht einen Löffel voll! Was hast du dir bloß dabei gedacht?"
Die großen, runden Tränen kindlichen Leides stiegen hoch und rollten ihm über die Wangen. „Es sollte doch für Mademoiselle sein." Seine Faust umklammerte noch immer die verbotene Blume, als er seine Missetat zu erklären versuchte: „um an ihr Kleid zu stecken".
Mademoiselle Maillards Gesicht verzog sich zu einem Lächeln freudiger Überraschung, und sie konnte es sich nicht versagen, der Herzogin einen triumphierenden Blick zuzuwerfen.
„Ach, das war aber nett von dir, Raynald. Ein sehr lieber Gedanke von dir; aber du hättest Mama doch erst um Erlaubnis bitten müssen. Wenn du es jetzt noch schnell nachholst, wird sie dir vielleicht erlauben, mir die Blume zu geben."
„Aber — aber —." Er unterdrückte ein Schluchzen, und mit dem nächsten Tränenstrom kam die Wahrheit heraus: „Ich pflückte sie für das neue Fräulein, weil sie doch rosa Bänder an ihrem Hut hat." Mademoiselle erstarrte merklich; die beiden älteren Mädchen schauten auf den Teppich nieder, und auch der Herzog wandte sich schnell um und machte sich angelegentlich mit dem Feuer zu schaffen. Die Herzogin preßte ihre Fingerspitzen an die Schläfen, als Raynalds Schluchzen lauter wurde, und Henriette fühlte sich auf ihrem Stuhl höchst ungemütlich. Nur Berthe stöberte, völlig unempfänglich für die Spannung um sie her, ruhig auf dem Schreibtisch weiter.
„Nun gut, dann gib sie ihr, nachdem du sie einmal abgebrochen hast." Die Gouvernante hatte wieder zu der Strenge, der allein sie ihre Autorität in der Kinderstube verdankte, zurückgefunden. „Aber du wirst nicht mit uns fahren und keinen Nachtisch bekommen."
Mit gesenktem Kopf und zuckenden Schultern schlich der Knabe zu Henriette hinüber und bot ihr mit unsicherer Gebärde die Blume, die den ganzen Kummer heraufbeschworen hatte. Sie nahm sie entgegen und dankte ihm freundlich. Ihr Herz war von Liebe und Mitleid mit seinem Unglück und seiner Verwirrung und

mit Freude über diesen unerwarteten Beweis seiner Zuneigung erfüllt. Aber sie war so klug, ihre Dankbarkeit nicht zu auffällig zum Ausdruck zu bringen. Jetzt am Anfang war es besonders wichtig, behutsam vorzugehen, und Mademoiselle Maillard hatte ohnehin eine Niederlage erlitten.

„Weißt du was“, flüsterte Henriette dem Jungen ins Ohr, „eigentlich ist es doch Mamas Blume, und deshalb wär' es doch nett, wenn du sie ihr brächtest; meinst du nicht auch?“

Sie wandte ihre ganze Überredungskunst auf, während er noch zögerte, ahnungslos, wieviel von seiner Antwort abhing.

„Denk doch nur, wie hübsch das Rosa in der Spitze aussehen wird“, fuhr Henriette sanft fort und strich ihm dabei über das seidige, dunkle Haar und die trotzig verkrampften Schultern. „Ich werde so tun, als ob ich sie mir anstecke, siehst du, so!“ Sie nestelte an ihrem Kleid, als hefte sie dort eine unsichtbare Blume fest.

Dieses Spiel hatte den gewünschten Erfolg: Raynald lächelte sie unter Tränen an und lief mit der Blume davon. Seine Mutter nahm sie ihm mit einer flüchtigen Liebkosung ab. Mademoiselle Maillard, dadurch etwas versöhnlicher gestimmt, beeilte sich, den Schreibtisch wieder zu ordnen, und Berthe rannte zu ihrem Vater und umschlang seine Knie.

Der Diener, der Henriette vor einer Stunde hereingeführt hatte, meldete sich wieder, um sie hinauszubegleiten. Sie erhob sich und nahm Abschied. Die Tür des Boudoirs schloß sich hinter ihr, doch nicht bevor sie den dankbaren Blick des Herzogs aufgefangen hatte — und ihre erste Begegnung mit der Familie Praslin war vorüber.

VIERTES KAPITEL

Warm und sorglos in einem weichen Bett von feinem Leinen und Eiderdaunen zu liegen, das Trommeln des Regens vor den Fenstern zu hören und zu wissen, daß sie nur ihre Hand nach dem Klingelzug neben ihr auszustrecken brauchte, um ein Hausmädchen herbeizurufen, das die Vorhänge aufziehen, das Feuer anmachen und heißes Wasser holen würde: das war für Henriette ein so ungewohnter Zustand, daß sie noch jetzt nach einer Woche ein Gefühl des Staunens über das täglich sich wiederholende Wunder nicht unterdrücken konnte. Keine heroischen Attacken mehr vom Bett aus in die arktische Kälte eines ungeheizten Zimmers, keine charakterstärkenden Waschungen mit eiskaltem Wasser, kein Zähneklappern und keine froststarren Finger, die sich ungeschickt mühten, das Kleid zuzuknöpfen und das Haar aufzustecken. Kein Sichhochrecken mehr auf den Zehenspitzen vor halbblinden oder zersprungenen Spiegeln. Jetzt konnte sie sich Zeit lassen, um ihren café au lait zu schlürfen und in aller Ruhe am Feuer ihre Toilette zu beenden vor einem Spiegel, der ihre Züge unverzerrt wiedergab. Um halb neun erschien sie unten, adrett und ausgeschlafen, begrüßte ihre Zöglinge und übernahm den Vorsitz über die morgendlichen Brötchen und den Kakao am Frühstückstisch, an dessen anderem Ende Mademoiselle Maillard saß, grau und verschlagen aussehend wie stets und nur auf die Gelegenheit wartend, sich mit der Gier eines Habichts auf den geringsten Verstoß gegen Anstand und gute Manier zu stürzen.

Die beiden Tischenden waren einander völlig gleich, und trotzdem war schon seit dem ersten Morgen, an dem man zusammen gefrühstückt hatte, Henriettes Seite zum oberen und Mademoiselle Maillards zum unteren Ende erklärt worden.

„Mademoiselle Deluzy, Raynald hat den Honig umgeworfen. Schnell, es läuft mir schon in den Schoß."

„Mademoiselle Deluzy, Berthe hat drei Hörnchen gegessen, und jetzt ist für mich gar keins mehr da."

„Aber ich hab' doch die Milch nicht absichtlich verschüttet; ich kann doch nichts dafür, Mademoiselle Deluzy, wenn Louise mich so kitzelt."

„Oh, Mademoiselle Deluzy, was ich gestern nacht geträumt habe! Papa hatte uns mit in die Oper genommen — Isabella und Sie und mich und — —"

„Und mich, Louise, mich auch?"

„Dich natürlich nicht, Berthe, du bist sogar im Traum

noch zu klein dafür. Und wenn man dreimal dasselbe träumt, Mademoiselle Deluzy, dann wird es doch wahr, sagt man immer. Glauben Sie auch daran?"

Die Art, in der die Kinder sie ganz von sich aus an all ihrem Tun teilhaben ließen, wie sie sich ganz selbstverständlich an sie mit allen Fragen und Kümmernissen wandten, war gewiß schmeichelhaft, aber es hatte auch seine Nachteile. Mademoiselle Maillards langes Gesicht wurde von Tag zu Tag länger und mißbilligender. Sie hüllte sich in ihren beleidigten Stolz wie in einen düsteren Mantel. Sie brütete über teils wirklichen, teils eingebildeten Zurücksetzungen. Henriette konnte sich gut vorstellen, in welchen Farben diese pflichtschuldigst ihrer Herrin geschildert wurden. Innerlich über ihren Triumph frohlockend, war Henriette keineswegs gewillt, ihrer Vorgängerin Grund zu irgendwelcher Klage zu geben. Sie machte es sich zur Regel, Mademoiselle Maillards sooft wie möglich mit in die Unterhaltung zu ziehen und ihr Naserümpfen, ihr Stirnrunzeln und vielsagendes Seufzen nicht zu beachten. Vielleicht hätte sie jedoch besser daran getan, die Feindschaft der anderen mit gleicher Münze zu erwidern, Neid mit Neid zu begegnen, den zu empfinden sie gar keinen Anlaß hatte, da ja das Wohlergehen des ganzen Ostflügels vom Palais Praslin allein in ihren Händen lag. Es war ein sehr geräumiger Flügel, der die jungen Praslins und ihre Erzieher beherbergte; aber er war nicht groß genug, um zwei gleichberechtigte Gouvernanten nebeneinander regieren zu lassen. Die Dienstboten fingen schon an, die Entwicklung der Ereignisse gespannt zu beobachten und Wetten auf den mutmaßlichen Sieger abzuschließen.

Mademoiselle Maillard hatte länger ausgehalten als irgendeine andere Erzieherin und war nicht ohne Verbündete im Haushalt. Marguerite Leclerc, die Jungfer der Herzogin, hielt gute Freundschaft mit ihr. Euphemia Merville, die Pförtnersfrau, lud sie an ihren freien Nachmittagen häufig zu einer Tasse Kaffee ein. Maxine und Renée, die Kindermädchen, schätzten in ihr eine sehr bequeme Vorgesetzte; denn sie mischte sich selten in ihren Tätigkeitsbereich. Andererseits betrachtete das Personal jeden Neuankömmling stets als natürlichen Feind, bis die Zeit oder irgendeine Krise im Haushalt

das Gegenteil bewies; und Mademoiselle Deluzy besaß eine gewisse Strenge und selbstsichere Haltung, eine Gewähltheit des Ausdrucks, die die Untergebenen gegen sie einnahmen. Jenen klaren braunen Augen entging aber auch nichts, und das wußten sie. Sie erfüllte ihre eigenen Pflichten mit einer Gewissenhaftigkeit und peinlichen Genauigkeit, die niemals zu einem Zugeständnis an das Sichgehenlassen anderer bereit sein würde. Vorbei die gemütlichen Zeiten, in denen eine Mademoiselle Maillard, mit ihren eigenen Angelegenheiten vollauf beschäftigt, das Zepter schwang; als die Kinderzimmer unbedenklich dem Staub überlassen werden konnten und tagelang unaufgeräumt bleiben durften, ohne einen Tadel heraufzubeschwören.
Bereits das Thema des Namens der neuen Erzieherin hatte in der Gesindestube zu neugierigem Rätselraten Anlaß gegeben. Jean, der Pförtner, und André, der Lakai, behaupteten steif und fest, sie bei ihrem ersten Besuch als Mademoiselle Desportes angemeldet zu haben, und jetzt ließ sie sich plötzlich als Mademoiselle Deluzy anreden. Jeans Gedächtnis war in solchen Dingen sehr zuverlässig, und es wirkte doch recht eigenartig, daß diese Namensänderung so ganz ohne jede Erklärung vorgenommen worden war. Es konnte nur eine Meinung darüber geben, daß Deluzy kein passender Name für jemand war, den sie für einen nur wenig höhergestellten Dienstboten als sich selbst ansahen — viel zu gekünstelt und hochtrabend, um ihre Billigung zu finden; und so ärgerten sie sich weidlich darüber.
Und dann war da noch die Religionsfrage. Angèle, die im Ostflügel die Zimmer zu machen hatte, berichtete, daß sich in Mademoiselle Deluzys Räumlichkeiten nirgends weder Kruzifix noch Rosenkranz befände. Nur eine Bibel und ein englisches Buch mit dem Kreuz auf dem Deckel retteten sie davor, als Ungläubige gebrandmarkt zu werden. Aber vielleicht, wagte Angèle anzudeuten, sei sie doch eine, und diese Bücher waren nur eine schlaue List, um den Herzog und die Herzogin hinters Licht zu führen. Jedenfalls verließ sie während des Religionsunterrichts von Abbé Gallard regelmäßig das Schulzimmer und kehrte erst wieder, wenn er gegangen war. Welches auch immer ihr Glaube sein

mochte, der des Hauses Praslin war es nicht; und da die Herzogin beinahe fanatisch fromm war, mußte diese Tatsache zumindest als höchst exzentrisch bezeichnet werden.
Henriette selbst war sich dieser Ablehnung seitens der Dienerschaft nur zum Teil bewußt; von vornherein hatte sie erwartet, auf die üblichen Anfeindungen zu stoßen, deren eine Erzieherin in jedem Hause gewärtig sein muß, will sie unbeirrt all die Schwierigkeiten meistern, die zwischen Salon und Küche bestehen. Der festliche Prunk von Abendgesellschaften und Empfängen war ihr ebenso verschlossen wie die lärmende Ungezwungenheit des Souterrains. Wenig mehr zu sein als ein Dienstbote und bedeutend weniger als die Dame des Hauses, machte notwendigerweise einsam. Aber Einsamkeit war ihr nichts Neues mehr; sie hatte sich frühzeitig daran gewöhnen müssen. Erfahrung hatte sie Unempfindlichkeit gegen Kränkungen und kleinliche Eifersüchteleien gelehrt. Sie kannte die Grenze genau, bis zu der sie auf ihren Vorrechten bestehen konnte, und hütete sich, ihre Autorität zu mißbrauchen; denn sie hatte ihre Lebensart in einer harten Schule vervollkommnet. Sie verließ sich auf ihr Einfühlungsvermögen und die ihr angeborene Liebe zu Kindern, um sich die Zuneigung ihrer Zöglinge zu sichern, und auf ihr Taktgefühl, ihre Zuverlässigkeit und Tüchtigkeit in ihrem Beruf, um die Eltern für sich zu gewinnen. Mochte sie den Dienstboten zunächst auch lästig fallen — taugten sie etwas, dann pflegte man im Laufe der Zeit gut miteinander auszukommen; und taugten sie nichts, dann blieben sie meist nicht lange genug, um ein ständiges Ärgernis zu sein. Aber eine alte Gouvernante, der man auf Schritt und Tritt begegnete und die man andauernd besänftigen mußte, die bildete ein weitaus beachtlicheres Problem.
„Irgendeine Fliege schwimmt immer in der Suppe", dachte sie und rekelte sich in dem grüngoldenen Empirebett, bevor sie aufstand, um den siebenten Tag ihres Hierseins zu beginnen. „Schon mehr eine Spinne als eine Fliege — wie würde sie sich freuen, mich wieder meine Sachen packen zu sehen!"
Trotz des schlechten Wetters machten die beiden Räume

mit ihrem Grün und Gold einen heiteren Eindruck. Die schweren gelben Vorhänge liehen dem kleinen Boudoir neben ihrem Schlafzimmer künstlichen Sonnenschein, und der dicke Teppich lag wie grünes Moos unter ihren Füßen. Nachdem sie sich jahrelang allabendlich in die kümmerliche Zuflucht eines Dachzimmers hatte verkriechen müssen oder einer Schlafnische neben dem Unterrichtsraum mit seinen verschiedenen Gerüchen von Kreide, Tinte und angebrannter Milch, war Henriette völlig unvorbereitet auf die Eleganz und die Gepflegtheit dieser Zimmer gewesen, die inzwischen schon zu ihrer eigenen und persönlichen kleinen Welt geworden waren. Jeden Morgen beim Erwachen und jeden Abend, wenn sie in ihr kleines Heiligtum zurückkehrte, empfing sie eine freundliche Behaglichkeit, der sie nicht widerstehen konnte.

„Fast höre ich mich vor Zufriedenheit schnurren“, sagte sie zu ihrem Bild, das der ovale Spiegel in dem vergoldeten Rahmen über ihrem Frisiertisch wiedergab.

Mehr als alles andere stellte dieser Spiegel für Henriette ein Symbol ihres neuen, von Luxus umgebenen Lebens dar. Mehr als der Kamin, der dicke Teppich, das bequeme Bett und die Stühle, mehr noch sogar als der kleine Rosenholzschrank, der sich in einen zierlichen Schreibtisch verwandeln ließ, erhob sie das kristallklare Glas ihres Spiegels auf eine Stufe mit den Frauen, die Männer sich zur Gattin und zur Geliebten erwählen. Um das Aussehen der Gouvernante zu prüfen, war bisher irgendein unzulängliches viereckiges Stück von einem zu hoch gehängten oder alterstrüben und fleckigen Spiegel gut genug gewesen. Ein besserer hätte bei Mademoiselle nur Verschwendung bedeutet, da man ja nur eine unauffällige Sauberkeit von ihrer Erscheinung verlangte. Im Gegenteil, ein Mehr würde man als einen Verstoß gegen den guten Geschmack und gegen die Schicklichkeit empfunden haben. Nach Jahren noch konnte sich Henriette die vergoldeten Schnörkel des Rahmens deutlich ins Gedächtnis rufen; sie sprach zu keinem Menschen darüber, nur sich selbst gestand sie ein, welche Rolle der Spiegel in ihrem Leben gespielt hatte, weil er in erster Linie die Frau in ihr und nicht die Erzieherin zur Geltung brachte.

Aber auch sich selbst gegenüber gab sie nicht zu, daß ein neuer, geheimer Beweggrund sie dazu trieb, zu jeder Tageszeit so vorteilhaft wie möglich auszusehen. Bis jetzt hatte sie noch nie erfahren, was es heißt, den Blick eines Mannes auf sich zu fühlen. Gewiß hatte es ein, zwei flüchtige Freundschaften mit Studenten bei Madame Le Maire gegeben; aber diese hatten vorwiegend auf gemeinsamen geistigen Interessen beruht und waren niemals tiefer gegangen. In London war sie ausschließlich zur Gesellschaft von Frauen verurteilt gewesen. Bei den Hislopschen Abendgesellschaften und Empfängen war es immer sehr mittelalterlich und frömmlich zugegangen, und die seltenen Male, die sie als ‚Lückenbüßer' dazu gebeten worden war, hatte keiner von den anwesenden Herren sie näher interessiert. Der junge Hilfsgeistliche an der protestantischen Kirche, die sie zu besuchen pflegte, hatte sich ihrer mit betonter Herzlichkeit angenommen und sie nach dem Gottesdienst fürsorglich heimgeleitet, wobei er ihr von den mannigfaltigen Prüfungen und Eingebungen seines Berufes sprach. Sie vermochte sich jedoch an seinen Aufmerksamkeiten nicht zu erwärmen. Er war ihr zu blutlos und zu schwächlich und langweilte sie. Wäre sie weniger klug gewesen oder etwas schwärmerischer veranlagt, hätte sie wohl ihm oder irgendeinem anderen unverheirateten Mann, den sie gelegentlich kennenlernte, geistige und charakterliche Eigenschaften angedichtet, die nur in ihrer Phantasie bestanden. Ihre Einsamkeit hätte sie vielleicht auch anspruchsloser machen können. Aber ihre Natur war von jeher einem Kompromiß abgeneigt, und so war Henriette bei all ihrer Klugheit und all ihrem Witz und trotz aller Liebebedürftigkeit an Leib und Seele noch so unversehrt wie die beiden jungen Mädchen, die sie im Frühstückszimmer erwarteten; oder wie Mademoiselle Maillard, die dem sich immer mehr verengenden Horizont ihrer letzten Lebensjahre so verbittert entgegensah. Doch mochte Henriettes Herz auch unberührt geblieben sein, es schlug darum weder jugendlich hoffnungsfroh noch in reifer Entsagung. Im allgemeinen gehorchte es ihrem Willen und unterwarf sich den Forderungen ihres Alltags genau so bedingungslos, wie ihr Kopf und ihr Körper es in all den Jahren zwischen Klosterschule und der Rückkehr nach Paris getan hatten. Nur bisweilen fühlte sie unerklärlicherweise seine Macht Besitz von ihr ergreifen. „Ich bin wie ein Instrument“, sagte sie manchmal zu sich selber, „in einem unbewohnten Raum. Da steht es mit seinem Reichtum an Melodien, aber zum Schweigen verdammt, weil niemand darauf spielt. Wer sperrte mich ein, nur um zu verstauben? Warum liege ich mit meinen achtundzwanzig Jahren hier allein?“

Gestern war sie an diese unbeantwortete Frage erinnert worden. Während Isabella und Louise unter Mademoiselle Maillards wachsamen Augen ihre nachmittägliche Tanzstunde hatten, beschäftigte sie die beiden Jüngsten, indem sie ihnen laut vorlas. Aus der Ferne drangen leise die Klänge einer Polka herüber, und ihre Gedanken gingen den Tönen nach, obwohl ihre Lippen noch mechanisch die Worte auf der Seite vor ihr aussprachen. Es war ein Märchenbuch, auf dem Berthe bestanden hatte allen Protesten ihres Bruders zum Trotz, der für Äsops Fabeln stimmte.

„Morgen darfst du wählen, Raynald“, versprach ihm Henriette. „Und du, Berthe, such dir jetzt eine Geschichte aus und hör dann gut zu, weil ich dich morgen bitten werde, sie mir auf englisch wiederzuerzählen.“

Sie setzten sich auf die Bank am Fenster, und ohne recht bei der Sache zu sein, ihre Aufmerksamkeit halb der fernen Musik, halb der beglückenden Nähe der weichen kleinen Kinderkörper zugewandt, fing Henriette an zu lesen. Plötzlich erfaßte sie, was sie las; die alte Mär schien ihr auf einmal eine tiefe persönliche Anspielung zu enthalten:

„Und die gute Fee sprach zur Prinzessin und sagte: ‚Mein Kind, ich kann dir nur ein einziges Patengeschenk machen. Merke wohl, auf meine Worte; denn hast du einmal gewählt, muß es für immer dabei bleiben. Es liegt in meiner Macht, dir entweder Glück zu geben, solange du jung bist, oder Glück, wenn du alt geworden sein wirst. Welches soll es sein?‘

Die Prinzessin sann lange nach. ‚Die Wahl ist sehr schwer, liebe Patin‘, sagte sie, aber wenn ich mein ganzes Glück schon aufbrauche, während ich jung bin, dann bleibt mir ja nichts, worauf ich mich in meinem Alter

freuen kann. Laß mich also glücklich sein, wenn ich alt werde, und möge der Himmel mir Geduld verleihen!'
Die gute Fee umarmte sie und entgegnete: ‚Du hast eine weise Wahl getroffen und wirst es nicht bereuen, mein liebes Kind!'"
Henriettes Stimme hatte unwillkürlich einen tieferen Klang angenommen. Die Kinder drängten sich enger an sie, völlig im Bann der Erzählung, und so gespannt verfolgten die drei das Geschehen um die Prinzessin, daß sie nicht hörten, wie die Tür sich geöffnet und der Herzog auf Zehenspitzen sich hinter sie geschlichen hatte, um zuzuhören.
„Und findet ihr, daß sie richtig gewählt hat?" Seine Frage zerbrach die Spannung und schreckte die kleine Gruppe hoch.
„Nein", platzte Berthe mit Bestimmtheit heraus, „ich finde, es war sehr dumm von ihr, so lange warten zu wollen."
„Aber was sollte sie tun?" Henriette lächelte den Vater an, während sie so die Kinder auf die Schwierigkeit des Problems hinwies, vor das die Prinzessin sich gestellt sah. „Sie mußte sich doch für das eine oder andere entscheiden."
„Hätte sie sich nicht ein bißchen Glück wünschen können, solange sie jung war, und ein bißchen für wenn sie alt war?" schlug Raynalds ernste Kinderstimme vor, und seine dunklen Augen wandten sich, Zustimmung erbittend, von Mademoiselle zu seinem Vater.
„Aha, Raynald entpuppt sich bereits als kleiner Diplomat." Der Herzog lächelte und zog den zarten Jungen an sich. „Aber ganz so einfach ist das nicht, nicht wahr, Mademoiselle?"
Es war leichthin gesprochen, aber sie fühlte seine Augen auf sich ruhen. Sie versuchte, nicht zu ihm aufzusehen, sich nicht in die Unterhaltung hineinziehen zu lassen, aber sie konnte sich nun doch nicht mehr ausschließen. Trotz des scherzenden Tones hatte sie aus seiner Frage eine merkwürdige Eindringlichkeit herausgehört, als läge ihm wirklich etwas an ihrer Antwort. Sie hob ihren Kopf von dem Buch und begegnete seinem forschenden Blick. Um seine Lippen zuckte noch das heitere Lächeln, aber in seinen Augen entdeckte sie ein fast beschwörendes

Suchen. Die Wertschätzung, die darin lag, erfüllte sie zugleich mit Freude und einem gewissen Unbehagen.
„Nein", erwiderte sie ernsthaft, „ganz so einfach ist es nicht. Hoffentlich hätte ich eine ebenso weise Wahl treffen können wie die Prinzessin, aber junge Menschen sind ja selten weise; und das Glück ist nicht ein Kuchen, von dem man sich je nach Bedarf etwas abschneiden kann, ein Stückchen jetzt, ein Stückchen dann."
„Wenn das der Fall wäre, fürchte ich, würde unsere kleine Berthe den Kuchen viel zu schnell aufessen." Er hatte das Kind auf seinen Schoß genommen und strich ihr über das dichte blonde Haar, das dem seinen so ähnlich war. „Fahren Sie fort, Mademoiselle! Ich bin nicht minder gespannt als diese beiden, zu hören, wie die Geschichte ausläuft."
Über die Kinder hinweg sah er auf ihren wieder zum Buch gesenkten Kopf nieder, prüfend und nachdenklich. Durch die Anwesenheit des neuen Zuhörers angeregt, richtete sie nun ihre ganze Aufmerksamkeit auf die Wiedergabe der weiteren Schicksale der Prinzessin: die Arme hatte viele Leiden zu erdulden und mußte Schreckliches durchmachen. Eine grausame Stiefmutter hatte sie auf einen dornenvollen Pfad getrieben. Sie mußte die schwersten Proben bestehen; überall lauerten Gefahren. Der Prinz hatte lange auf sich warten lassen, und das Schulzimmer lag schon im Dämmerlicht, bevor sie sich endlich fanden und so glücklich wurden, wie es die gute Fee versprochen hatte.
„Bravo, Mademoiselle!" lobte der Herzog, als Henriette das Buch zuklappte. „Jetzt weiß ich doch, wie ich an regnerischen Tagen der Langeweile entgehen kann. Wissen Sie auch, daß Sie ein ausgesprochenes Vortragstalent haben? Ich war nahe daran, der glücklichen Heldin ein paar Tränen zu opfern."
„Jetzt wollen Sie mich nur zum besten haben, Herzog." Aber nichtsdestoweniger fühlte sie, wie sie im Schutze der Dunkelheit vor Stolz errötete.
„Mademoiselle Deluzy liest wunderschön, Papa", bestätigte Berthe eifrig. „Gar nicht so wie Mademoiselle Maillard, findest du nicht auch?"
„Gerade das habe ich eben sagen wollen." Henriette wußte, daß er sie dabei anblickte, obgleich es im Zim-

mer zu dunkel geworden war, um sein Gesicht zu erkennen.
„Diese Stelle, wo die Prinzessin ihre Unschuld beteuerte, bevor sie ins Burgverlies geworfen wird, hätte selbst der großen Rachel nicht zur Schande gereicht. Ihre Stimme traf denselben tragischen Tonfall, erstaunlich!"
„Wahrhaftig erstaunlich", wehrte Henriette ab, „zumal ich sie noch nie gesehen oder gehört habe."
„Sie haben niemals die Rachel gesehen?"
„Nein, ich habe doch die ganzen letzten Jahre in England gelebt und jetzt, wo ich nicht länger dort bin, wird sie ihr lang erwartetes Gastspiel in London geben. Eh bien — so geht es eben zu."
„Nun, dem kann ja leicht abgeholfen werden. Noch hat sie ihre Reise nicht angetreten."
Das Mädchen, das hereinkam, um die Lampen anzuzünden und die Vorhänge zuzuziehen, machte dem Gespräch ein Ende.
Und Henriette ließ es dabei bewenden. Er hatte sicherlich nur aus einer Laune heraus so gesprochen, und es lag gar kein Anlaß vor, anzunehmen, daß er sich seiner Worte erinnern würde. Bald darauf erschien auch Mademoiselle Maillard mit Isabella und Louise, und nach einer kurzen Begrüßung verließ der Herzog ebenso still, wie er gekommen war, das Zimmer.
Diese überraschenden Besuche verliehen den Tagen einen neuen Reiz. Jeden Augenblick konnte er im Schlafzimmer auftauchen, mal in dem langen Hausrock, der seiner stattlichen Figur etwas Ungezwungenes gab, oder dann wieder in seinem Straßenanzug, rehbraunen oder taubengrauen Hosen mit der Schlaufe unter den glänzenden Schuhen, dazu die bauschige Halsbinde als Kontrast zu dem hellen Gesicht und ein nach der letzten Mode geschnittener blauer oder grüner Tuchrock. Erst kürzlich war er abends im vollen Staat seiner Gesellschaftskleidung erschienen, bevor er und die Herzogin zur Oper gefahren waren. Henriette und die beiden älteren Mädchen saßen gerade am Tisch, über die Aufgaben für den nächsten Tag gebeugt. Wie ein blonder Riese hatte er über ihnen gestanden, in schneeigem Weiß und tiefstem Schwarz, den seidigen Chapeauclaque in der Hand und den Abendmantel über die Schulter ge-

worfen. Henriette hatte wohl bereits bei den wenigen Gelegenheiten, bei denen sie die Stunde des Theaterbeginns oder -schlusses auf der Straße erlebt hatte, solche Erscheinungen einer anderen Welt aus dem Wagen steigen oder an einem Café vorbeischlendern sehen. Aber so nahe hatte sie männliche Eleganz noch nie zu Gesicht bekommen, und der Anblick gefiel ihr über die Maßen gut.

„Papa, gehst du zum Empfang ins Palais Royal?" hatte Isabella bewundernd ausgerufen.

„Nein, nur zum Diner und dann mit der Mama in die Oper."

„In die Oper? Oh, Papa, in welche denn, und wann werden wir endlich alt genug sein, um auch hingehen zu dürfen?"

„Nicht so bald, Louise. Isabella vielleicht schon in zwei Jahren, aber du wirst mindestens noch drei Jahre darauf warten müssen", hatte er, über ihre glühende Ungeduld lächelnd, geantwortet und sich ein Stäubchen von seinem Revers geklopft. „Die Oper heute abend heißt Norma, und ich muß gestehen, ich finde sie schauderhaft langweilig. Gott sei Dank machen nicht alle Frauen Szenen oder verraten ihre intimsten Gefühle und Geheimnisse im hohen C."

Henriette wußte, daß diese Bemerkung an sie gerichtet war, und hätte am liebsten entgegnet: „Das hohe C oder D ist eine Kleinigkeit für eine Frau, wenn sie außer sich gerät." Aber sie schwieg, während die beiden Mädchen ihren Vater mit aufgeregtem Geplapper und Schmeicheleien bestürmten.

„Und die schöne Gardenie in deinem Knopfloch!" rief die eine. „Gardenien sind Mamas Lieblingsblumen; sie hat es mir selbst gesagt."

„Das trifft sich ja glücklich", meinte er dazu. „Sie trägt heute abend einen ganzen Kranz davon im Haar. Da —", und er machte die Blume von seinem Aufschlag los und warf sie den beiden zu, bevor er sich zum Gehen wandte.

„Ich wollte mich eigentlich nach Raynald erkundigen, Mademoiselle; er schien mir diesen Morgen nicht ganz wohl zu sein, und ich wollte gern wissen, wie es ihm jetzt geht."

„Er klagte beim Abendessen über Kälte, Herzog; ich brachte ihn deshalb selbst sofort zu Bett und achtete darauf, daß er seine Medizin nahm. Ich glaube —", sie zögerte, ehe sie in ihrem Bericht fortfuhr — „es wäre besser gewesen, wenn er heute nachmittag nicht mit ausgefahren wäre."
„Selbstverständlich hätte er zu Hause bleiben sollen. Wie konnten Sie so etwas zulassen?"
Henriette sah ihm voll ins Gesicht, als sie antwortete: „Mademoiselle Maillard bestellte mir, daß seine Mutter es so wünschte. Es steht mir nicht zu, der Herzogin zu widersprechen; aber ich machte sie darauf aufmerksam, daß er mit seinem Husten dem scharfen Wind besser nicht ausgesetzt würde."
„Ich muß Sie bitten, in Zukunft Ihren Wünschen energischer Ausdruck zu geben", dröhnte er sie über den Tisch hinweg an. „Ich habe Ihnen die Verantwortung für meine Kinder übertragen und erwarte, daß Sie Ihre Autorität geltend machen."
„Aber, Herzog, wenn die Mutter der Kinder — wenn die Herzogin anders bestimmt?"
„Ich werde mit meiner Frau darüber sprechen und ihr sagen, was ich Ihnen eben gesagt habe. Sie ist manchmal allzu impulsiv, und dann geht ihre Liebe zu den Kindern mit ihrer Vernunft durch. Ein mütterlicher Fehler, Sie verstehen." Seine letzten Worte klangen so, als seien sie ihm erst gerade noch nachträglich eingefallen.
„Natürlich verstehe ich." Henriette setzte das Gespräch so unbefangen fort, als handelte es sich um eine alltägliche Angelegenheit wie das Unterrichtspensum für den nächsten Tag oder eine neue Lampe für das Schulzimmer. „Ich werde mein Bestes tun, auch wenn meine Ansichten nicht immer mit Ihren oder denen Ihrer Gattin übereinstimmen."
‚Die Gesundheit und das Wohlbefinden unserer Kinder müssen stets vor irgendwelche Wünsche von uns Eltern gestellt werden. Ich werde auf jeden Fall die Anordnungen, die Sie treffen, immer gutheißen. Sollten Sie um einen Rat verlegen sein, wenden Sie sich bitte an mich, und wir werden zusammen um eine Lösung bemüht sein."

Henriette verließ ihre Zöglinge und folgte ihm zur Tür. ‚Und Mademoiselle Maillard?" fragte sie. Sie hatte nicht die Absicht gehabt, die alte Gouvernante so bald schon zur Sprache zu bringen, aber es ließ sich nun einmal nicht vermeiden.

„Mademoiselle Maillard muß ein für allemal begreiflich gemacht werden, daß sie sich von nun an nach Ihren Anordnungen zu richten hat."

„Ihr Vertrauen ehrt mich, aber Sie wissen wahrscheinlich nicht, daß Sie mich damit in eine sehr schwierige Lage bringen."

„Und Sie fürchten sich, einer Schwierigkeit zu begegnen?" In seinem Blick lag offene Herausforderung, als er sie jetzt mit zusammengezogenen Brauen ansah. „Ich gestehe, das überrascht mich."

„Ich sagte nur, eine schwierige Lage, und ich wiederhole das, Monsieur." Henriette ließ sich nicht einschüchtern und erwiderte seine Herausforderung kaltblütig. Zu spät bemerkte sie, daß sie es unwillkürlich unterlassen hatte, ihn mit seinem Titel anzureden; ihre Worte hatten dem Mann und nicht dem Aristokraten gegolten. Aber es schien ihm nicht aufgefallen zu sein, und sie fuhr fort: „Ich habe nicht gesagt, daß ich mich fürchte; das würde auch nicht der Wahrheit entsprechen. Aber Sie müssen selbst einsehen, daß die mir eingeräumte Autorität böses Blut machen wird."

„Bei wem? Bei Mademoiselle Maillard?"

Er hatte so geradezu gefragt, daß sie nicht umhin konnte, ebenso offen zu antworten.

„Jawohl, meine bloße Gegenwart ist ihr bereits ein Ärgernis; es kann ja auch nicht anders sein. Ich spreche nicht gern darüber; aber ich fühle mich in allem, was ich tue und beschließe, behindert und angefeindet, und darunter müssen die Kinder natürlich leiden. Kein Haushalt kann zwei Erzieherinnen vertragen, und ich würde es vorziehen, daß Sie und die Herzogin Ihre Wahl treffen."

„Aber von einer Wahl kann hier gar keine Rede sein, Mademoiselle, die ist ja längst getroffen. Ich bitte Sie nur, sich noch ein Weilchen gedulden zu wollen. Gehen Sie einfach Ihren Weg, ohne auf etwas zu hören, etwas zu sehen oder zu fühlen."

„Das ist nicht gerade eine leicht zu erfüllende Bitte, wenn man nun einmal Augen, Ohren und Gefühle hat. Aber ich will es versuchen."
„Alles andere überlassen Sie nur mir, dafür werde ich schon Sorge tragen; mein Wort darauf!"
„Ich danke Ihnen, Herzog. Bevor ich schlafen gehe, werde ich noch einmal zu Raynald sehen und mich vergewissern, daß er ruhig liegt und warm zugedeckt ist. Morgen wird er schon wieder ganz in Ordnung sein, hoffe ich."
Ein dankbares Lächeln belohnte sie, und er war noch einmal zum Tisch gegangen, um sich von seinen beiden Töchtern mit einer Liebkosung zu verabschieden. Die Tür schloß sich hinter ihm, und das Schulzimmer schien plötzlich leer und still geworden zu sein. Nur das Ticken der Uhr und das Knistern des Feuers waren zu hören und der Wind, der draußen in der Finsternis in den Kaminen rumorte. Unwillkürlich rückten Henriette und die beiden Mädchen enger am Tisch mit dem grünen Filzbelag und den darauf verstreuten Büchern zusammen. Auch die Gardenie lag dort unwahrscheinlich weiß und seidig schimmernd im Lampenschein, und ihr starker Duft erfüllte das Zimmer und umhüllte sie wie eine Wolke von Weihrauch, die ihre Sinne betäubte.
„Also kehren wir wieder zur Geschichte des Rosenkrieges zurück." Henriette zwang sich und die beiden Mädchen, ihre Gedanken von neuem der unterbrochenen Aufgabe zuzuwenden. „Sag mir, Louise, welcher englische König durfte in seinem Wappen zugleich die weiße Rose von York und die rote von Lancaster führen?"
Aber Louise gähnte nur, und auch Isabellas Aufmerksamkeit war nicht bei der Sache. Die verwirrende Vielfalt der englischen Königshäuser versank in ein Nichts vor der unvergleichlichen Pracht ihres Papas im Abendanzug und der Gardenie und der geheimnisvollen Welt der Oper.
„Sind Sie schon einmal in der Oper gewesen, Mademoiselle?" fing Isabella an.
„Ja, mein Kind." Henriette fügte nicht hinzu, daß sie nur ein einziges Mal dort gewesen war und überdies auf dem billigsten Platz der Galerie gesessen hatte. „Aber

kommt, wir müssen erst den Abschnitt für morgen fertigmachen."
„Ich kann das einfach alles nicht behalten, was vor so langer Zeit geschehen ist, und noch dazu in England und nicht in Frankreich", beklagte sich Isabella.
„Als ich einem kleinen englischen Mädchen deines Alters französische Geschichte beibrachte, hat es genau dasselbe gesagt", antwortete Henriette lächelnd. „Es konnte auch nicht glauben, daß sich jemals irgend etwas Bemerkenswertes ereignet habe außer in seinem eigenen Land. Jetzt hör zu, ich werde es dir noch einmal erklären. Sprich mir den kleinen Vers nach:

Durch Heinrich den Siebenten kamen beide Rosen in eine Hand,
indem er seine rote mit der weißen von seiner Frau verband.

Siehst du, dann ist es ganz einfach, sich zu merken: der König hatte die rote Rose von Lancaster und die Königin die weiße von York im Wappen."
„Genau wie Mama und Papa", warf Louise plötzlich ein. „Sie hatte auch ein eigenes Wappen, bevor sie ihn heiratete, aber seines ist vornehmer als ihres."
„Ja, aber Mutter hatte mehr Geld", beeilte Isabella sich hinzuzufügen. „Du weißt doch, was Maxine und Renée über die große Mitgift sagten, die sie ihm in die Ehe brachte."
„Pscht!" Henriette fiel es schwer, ihre Neugierde zu bezwingen. „Ihr müßt nicht darauf hören, was die Dienstboten sagen, und es dann noch wiederholen."
„Aber Mademoiselle, es ist doch wahr. Papa hat uns selbst einmal erzählt, daß er den abgebrannten Flügel von seinem Schloß in Melun erst wiederaufbauen konnte. nachdem er geheiratet hatte. Er sagte, Großvater Praslin war nicht reich genug dazu. Es ist wunderschön dort, mit Wäldern und einem kleinen See mit einem Boot und Schwänen drauf. Wir werden jetzt sehr bald dahin fahren."
„Die Veilchen sind da so blau, wie Sie es sich bestimmt nicht vorstellen können, aber Olmeto gefällt mir noch viel mehr am besten."

„Du meinst ‚viel besser', Louise, so wie du auch sagen würdest: blau gefällt mir besser als rot, wenn du zwei Sachen vergleichen willst. Was ist denn Olmeto?"
„Das wissen Sie nicht, Mademoiselle? Das ist doch die Besitzung von Großvater Sebastiani in Korsika, wo Mama gelebt hat, als sie noch klein war. Wir fahren fast jeden Sommer hin, um an der See zu sein. Man findet da richtige Korallen am Strand und die rotesten Muscheln — oder heißt es rötere?"
Henriette klappte das Buch, das vor ihr lag, zu. Es hatte keinen Sinn, sagte sie sich, auf dem Rosenkrieg bestehen zu wollen, wenn die jungen Gesichter neben ihr im Gedanken an glückliche Ferientage zu glühen begannen und die jungen Stimmen ihr so eifrig von den geliebten Plätzen erzählten. Also ließ sie die Kinder einfach weiterreden und hörte ihnen zu; und als es halb zehn schlug, kannte sie tausend Einzelheiten aus dem Leben in Melun und auf Korsika und hatte auch manches darüber erfahren, wie der Herzog und die Herzogin ihre Zeit dort verbrachten.
„Da, Mademoiselle, Sie können Papas Gardenie haben." Louise, die stets Impulsive, drückte ihr die Blume in die Hand, als sie sich zur Nacht verabschiedete. „Aber vergessen Sie nicht, sie morgen wieder ins Schulzimmer herunterzubringen; sie riecht so himmlisch."
„Und fassen Sie nicht die Blütenblätter an, denn dann werden sie braun", belehrte die sachliche Isabella.
In dieser Nacht lag Henriette lange Zeit wach, und der ungewohnte süße Duft erfüllte ihr Zimmer. Kaum zu glauben, daß diese kleine Blume die Keuschheit ihrer Nächte so verwirrend stören konnte. Aber es war nun einmal so, und sie vermochte nicht zu leugnen, daß ihre Sinne darauf reagierten. Der getrocknete Lavendel in ihrem Wäscheschrank und das Kölnische Wasser auf dem Waschtisch kamen ihr plötzlich kindisch und ärmlich vor. Sie wußte mit einemmal, daß sie diesen schlichten Gerüchen entwachsen war, ebenso wie den unschuldigen Feldblumenkränzen ihrer Kindheit. Man konnte sie sich wohl zum Scherz aufsetzen, aber zu einer erwachsenen Frau paßten sie nicht mehr. Seltsam, sich dieser Veränderung in sich selbst bewußt zu werden — allein durch den Duft einer einzigen Blüte.

Sie lag dort in der Dunkelheit und malte sich aus, wie es sein mochte, mit einem Manne wie dem Herzog in die Oper zu gehen; in der erregenden Atmosphäre von Rampenlicht, Musik und Wohlgerüchen wie diesem zu wissen, daß er in der Loge neben einem saß und man nachher nicht allein würde nach Hause gehen müssen. Nun, sie würde das wahrscheinlich niemals erleben. Man hatte seine Arbeit und war dankbar dafür, dachte sie wieder vernünftig. So konnte man kleinere Freuden um so mehr genießen. Man sparte etwas Geld für schlechte Zeiten und für sein Alter. Und eines Tages würde man sich seiner Stellung nicht mehr so sicher fühlen und unscheinbar und schwierig und verbittert werden wie Mademoiselle Maillard. Henriette gab solchen ernüchternden Gedanken sonst keinen Raum, aber heute nacht erkannte sie, daß ihr Schicksal von dem der alten Gouvernante nicht so sehr verschieden war.

„Darf ich denn irgend etwas anderes erwarten?" schluchzte sie in einem Ausbruch von Verzweiflung in ihr Kissen. Endlich kam der Schlaf und brachte ihre Tränen zum Versiegen. Sie erwachte erfrischt, und die düstere Stimmung der vergangenen Nacht war von ihr gewichen. Auf dem Tisch in einem Glas Wasser stand die Gardenie, eine welke, wachsfarbene Blüte inmitten ihrer dunkelgrünen Blätter. Nur eine fade Süße hing noch in der Luft, als Henriette sich in dem ovalen Spiegel musterte, und das Bild, das sie daraus anblickte, wies auch nicht die geringste Ähnlichkeit mit Mademoiselle Maillard auf.

FÜNFTES KAPITEL

In bester Stimmung und geradezu übermütig vor Lebensfreude betrat sie das Schulzimmer, und sie bedurfte dieser guten Laune auch, denn im Ostflügel herrschte Unruhe und Niedergeschlagenheit. Maxine, das Kindermädchen, unterrichtete sie davon, daß Raynalds Erkältung sich mit Frostschauern und Fieber verschlimmert hatte, und Berthe hatte sich diese günstige Gelegenheit des Unbeachtetseins zunutze gemacht und es fertiggebracht, sich in ihr Sonntagskleid zu zwängen, war dann gegen den Kamin gestolpert und hatte sich dabei die ganze Vorderseite mit Ruß beschmiert. Das kleine, kräftige Persönchen raste jubelnd den Korridor entlang, während das aufgebrachte Kindermädchen sie vergeblich einzufangen suchte.

„Schon gut, Maxine." Henriette bedeutete dem schnaufenden Mädchen, die Jagd aufzugeben. „Lassen Sie Berthe ruhig toben. Wenn sie Lust hat, den ganzen Tag wie ein kleines Ferkel herumzulaufen, dann soll sie es nur tun. Gehen Sie jetzt wieder zu Raynald und sehen Sie zu, daß er so bequem und warm wie möglich liegt; ich komme gleich nach."

„Mademoiselle Maillard ist schon zur Herzogin gegangen, um ihr Bescheid zu sagen", erklärte Maxine.

„In Zukunft werden Sie bitte sofort zu mir kommen, wenn etwas mit den Kindern ist." Henriette bemühte sich, nichts von ihrem Ärger merken zu lassen.

„Aber wir sind bisher immer zuerst zu Mademoiselle Maillard gegangen." Das Mädchen stand in trotziger Haltung vor ihr, und in ihren Augen lag ein Aufbegehren, das Henriette nur zu gut kannte. „Ich sagte Ihnen, was Sie in Zukunft tun werden", Henriette bewahrte ihre Ruhe. „Es darf da kein Mißverständnis geben, also bitte, vergessen Sie das nicht."

Sie begrüßte Isabella und Louise und sorgte dafür, daß sie sich an den Frühstückstisch setzten. Mademoiselle Maillards Platz blieb leer, und Berthe dachte nicht daran, den ihren einzunehmen. Henriette schenkte dem kleinen Mädchen keine Beachtung und hieß auch ihre Schwestern dasselbe tun. Sie wußte genau, daß das ausgelassene Kind binnen kurzem eines Spektakels überdrüssig werden würde, das keine Zuschauer fand. In der einen Woche hatte Henriette herausbekommen, wie sie mit ihren vier Zöglingen am besten fertig wurde. Sie verstand Isabellas bedächtige sachliche Art, die allen vernünftigen Erklärungen zugänglich war, so gut wie sie wußte, daß man bei der ein wenig nachlässigen, gutmütigen Louise nur etwas erreichen konnte, wenn man an ihr gutes Herz appellierte. Berthe, deren Launen und Bewegungen so lebhaft waren wie Quecksilber, ließ sich nur dadurch im Zaum halten, daß man ihr mit gutem Beispiel voranging oder indem man ihren listigen Streichen mit List begegnete, während der feinnervige Raynald wiederum nicht durch zu plötzliche Befehle verwirrt werden durfte, sondern behutsam und liebevoll geleitet werden mußte. Sie fand den kleinen Jungen mit heißen Backen und übernächtigten Augen in seinem Bett vor; mit heiserer Stimme weigerte er sich hartnäckig, auch nur einen Löffel vom Kakao zu trinken. Henriette nahm Maxine das Tablett fort und bat sie, das Zimmer aufzuräumen, während sie sich des kleinen Kranken annahm.

„Komm, laß den Kakao sein, Raynald", sagte sie zu ihm. „Ich hab' dir eine Apfelsine mitgebracht; ich werde sie dir schälen, und du mußt raten, aus wieviel Stücken sie besteht."

„Weißt du schon, wie viele?"

„Nein, aber das werden wir gleich sehen, und dann kannst du den Saft auslutschen." Er schaute ihr ernsthaft zu, wie sie die Frucht schälte. Sie fühlte seine trockene, heiße Hand auf der ihren und beobachtete den raschen Pulsschlag an seinem zarten Hals. „So, nun wollen wir zählen: eins, zwei, drei, vier, fünf, sechs." Dabei legte sie die einzelnen Scheibchen vor ihn hin. „Zwölf. Versuch dieses Stück zuerst, es fühlt sich schön kühl an. Schluck nur den Saft hinunter. Nicht wahr, das tut doch nicht weh?"

„Nein, nicht sehr." Aber die Anstrengung des Schluckens hatte ihm doch die Tränen in die Augen getrieben.

„Und jetzt noch eins", redete sie ihm freundlich zu. „So, gleich hast du drei und danach vier und vielleicht auch fünf."

„Mein Kopf fühlt sich ganz wacklig an, Mademoiselle", jammerte er und lehnte sich gegen sie. „Glauben Sie, daß er herunterfallen wird so wie bei Berthes Puppe damals, als sie im Regen draußen blieb, und die ganzen Sägespäne 'raus liefen?"

„Nein, wir werden ihn schon festhalten." Sie strich ihm beruhigend das dunkle Haar von der feuchten Stirn. „Und außerdem, Raynald, ist dein Kopf ja nicht voll Sägespäne. So, und jetzt noch ein Stück Apfelsine, und dann hast du die Hälfte geschafft."

„Bitte, essen Sie doch die andere Hälfte, Mademoiselle!" sein Kopf ruhte schwer an ihrer Schulter, und sein Atem kam in kurzen, mühseligen Stößen.

Zu ihrer Erleichterung hörte sie die Tür sich öffnen; aber es war nicht der Herzog, sondern die Herzogin, die eintrat, gefolgt von Mademoiselle Maillard; Henriette hätte ebensogut ein Möbelstück sein können, so wenig Notiz nahmen sie von ihr. Raynald schrak vor der stürmischen Umarmung seiner Mutter zurück; er entwand sich ihren Armen und drückte seinen Kopf tiefer ins Kissen.
„Raynald, Liebling“, rief die Herzogin und preßte ihn aufs neue an sich. „Mein armer, kleiner Junge, du glühst ja vor Fieber. Mademoiselle, fühlen Sie doch seinen Kopf und seine Hände.“
Die alte Gouvernante wollte ihrer Aufforderung nachkommen, aber Raynald stemmte sich mit aller Kraft, deren er fähig war, gegen sie.
„Nein, nicht“, protestierte er heiser, „ich will Mademoiselle Deluzy!“
Henriette konnte sich eines Gefühls der Befriedigung nicht erwehren, als das Kind so spontan nach ihr verlangte; sie war jedoch zu klug, sich zu rühren, bevor die Herzogin ihr ein Zeichen gab. Sie blieb ruhig am Fußende des Bettes stehen und hoffte, sie würde mit dem Jungen und der Mutter allein gelassen werden. Mademoiselle Maillard schien indessen durchaus nicht geneigt, der Herzogin von der Seite zu weichen. Raynalds Ausruf ließ sie in ihrer Bewegung nahezu erstarren, sonst zeigte sie aber durch nichts, daß sie ihn gehört hatte.
„Warum hat man mich nicht eher benachrichtigt?“ Die Herzogin, die das Kind mit heftiger und unbeherrschter Zärtlichkeit an sich drückte, wandte ihre dunklen Augen anklagend von der hinter ihr stehenden Maxine zu Henriette. „Nicht eine einzige Minute wäre ich aus diesem Zimmer gewichen, hätte ich's gewußt. Er war krank, und Sie haben mir, seiner Mutter, das absichtlich verschwiegen.“
„Ich habe gesagt, daß er einen schlimmen Husten hat“, beeilte sich Maxine, die Schuld von sich abzuwälzen. „Ich habe beiden Damen schon gestern morgen gesagt, daß sie Raynald nicht aus dem Hause lassen dürften. Aber ich bin ja nur das Kindermädchen. Um ihn an- und auszuziehen und nach ihm zu sehen, wenn er nachts aufwacht, dazu bin ich gut genug, aber ob er in den eiskalten Wind hinaus darf, darüber hat die Gouvernante

zu entscheiden; da dürfen Sie mich nicht fragen, warum er heute krank ist. Er kränkelt ja immer, der arme, kleine Kerl. Mich wundert's nur, daß er überhaupt noch lebt, so anfällig wie er ist und mit dem Fieber, das er immer gleich bekommt, wenn ihn nur ein Sommerlüftchen anweht. Aber Sie glauben ja immer, ich wäre nur eine schnatternde Gans, wenn ich etwas sage."

„Maxine, schweigen Sie doch um Gottes willen still", schnitt Henriette mit gedämpfter Stimme energisch den schrillen Redestrom ab. „Sie machen sein Fieber nur schlimmer. Ich weiß, daß Sie mir von seinem Husten erzählten, und ich habe auch abgeraten, ihn gestern mit ausfahren zu lassen."

„Nur seine Mutter ließen Sie in Ungewißheit, Mademoiselle Deluzy!" Die Herzogin sah sie vorwurfsvoll an, während das Kind noch bemüht war, sich aus ihren Armen loszustrampeln. „Ich zweifle nicht daran, daß Sie im Einverständnis mit dem Herzog gehandelt haben. In diesem Hause ist ja die Mutter die letzte, an die man sich wendet, wenn es sich um die Kinder handelt."

Henriettes Hand, die den Bettpfosten umklammerte, zitterte bei diesem plötzlichen Ausbruch. Aber sie hatte ihre Stimme vollkommen in der Gewalt, als sie antwortete: „Dem Herzog fiel Raynalds Erkältung schon gestern früh auf, als er ins Schlafzimmer kam, und gestern abend hat er sich noch einmal nach seinem Befinden erkundigt."

Ein triumphierender Blick ging von Mademoiselle Maillard zur Herzogin; da Raynald aber laut zu weinen anfing, wurde eine weitere Erörterung unmöglich. Seine Tränen und Befreiungsversuche regten ihn derart auf, daß er einem hysterischen Anfall nahe war.

„Gehen Sie wieder ins Schulzimmer", beorderte die Herzogin Henriette aus dem Zimmer. „Der Doktor muß gleich hier sein."

Bei dem Wort ‚Doktor' verstärkte sich Raynalds Geschrei. Henriette hätte etwas darum gegeben, bleiben zu dürfen, um ihn zu beruhigen, als sie nun das Zimmer verließ. In einem schönen Zustand würde der Arzt ihn vorfinden! Der arme, kleine Bursche, er war ernstlich krank — das war unverkennbar.

Sie beschäftigte Isabella und Louise mit einer geogra-

phischen Arbeit und wandte sich dann Berthe zu, deren vorherige Ungezogenheit bis auf die verräterischen Flecken auf ihrem Kleid vergessen war. „Ist Raynald sehr krank, Mademoiselle?“ fragte sie vergnügt zwischen den Sätzen, die sie aus einer englischen Fibel buchstabierte. „Wird er jetzt sterben und gräßliche Medizin einnehmen müssen?“
„Scht, Berthe, lies schön artig weiter. Raynald wird wahrscheinlich Medizin bekommen, um wieder gesund zu werden; aber man spricht nicht davon, daß Menschen sterben. Du hast deine Zeile verloren — hier warst du: ‚die beiden Knaben mit dem Drachen laufen durch den Garten.‘ Also lies jetzt weiter.“
„Aber, Mademoiselle, Menschen sterben doch aber. Mein weißes Kaninchen ist auch gestorben, und ich hatte es viel lieber als das braune, und das lebt noch.“
„Glauben Sie, daß wir trotzdem nach Melun fahren werden, Mademoiselle?“ mischte sich Louise ein. „Papa sagte, wir würden nächste Woche abreisen; aber jetzt, wo Raynald krank ist —“
„Vielleicht werden wir alle krank“, unterbrach Isabella. „Was für ein Gedanke!“ Henriette bat sie, sich wieder den Karten, die sie abzeichnen sollten, zuzuwenden. „Louise, du hast wieder nicht aufgepaßt, bei dir liegt ja Nordamerika unter dem Äquator!“ „Ach, Amerika, was macht das schon! Das liegt so weit weg, und da wohnen ja doch nur komische Leute. Sie würden doch auch nicht gern in Amerika wohnen, nicht wahr, Mademoiselle?“ Henriette mußte über den verächtlichen Ton des Mädchens lachen.
„Nun“, gab sie zu, „ich habe noch nicht viel darüber nachgedacht; es wird vielleicht gar nicht so schlimm sein, wie du glaubst. Ich lerne gern neue Länder kennen.“
Sie beschäftigte sich wieder mit Berthe und den beiden Knaben mit dem Drachen. So verging eine Stunde, während der sie sich zwang, nicht auf die eilenden Schritte im Gang und das erstickte Wimmern zu achten, das hin und wieder beim Öffnen und Schließen der Tür hörbar wurde. Dann erschien Mademoiselle Maillard mit mißmutig wichtigtuerischer Miene.
„Sie werden gewünscht“ — sie warf Henriette den Befehl ohne weitere Erklärung an den Kopf — „da drinnen!“

Die Kinder verzogen trotzig das Gesicht, als die beiden Erzieherinnen den Platz tauschten. Berthe feuerte ihr Buch auf den Boden und versuchte, hinter Henriette herzulaufen. Sie wurde aber mit fester Hand ins Zimmer zurückgeschoben, und die Tür schloß sich. Zu ihrem Erstaunen gewahrte Henriette den Herzog, der mit langen Schritten den Korridor auf und ab ging und offensichtlich auf sie gewartet hatte. Als er auf sie zukam, fiel ihr auf, wie besorgt und zugleich verärgert er aussah.
„Ja", sagte er unvermittelt, „er ist sehr krank. Wir fürchten, es könnte Diphtherie sein."
Vom Krankenzimmer erscholl in diesem Augenblick wieder ein heiserer Schmerzensschrei. Beide zuckten bei dem Laut unwillkürlich zusammen.
„Die ärztliche Untersuchung ist sehr schmerzhaft", sagte er dann, „und Raynald hat noch nicht gelernt, sich zu beherrschen. Mit vier Jahren ist man noch zu jung, um tapfer zu sein. Außerdem ist er schon vorher verängstigt worden."
Henriette wollte etwas erwidern, aber er ließ sie nicht zu Worte kommen.
„Ich weiß", fuhr er hastig fort, „es war nicht Ihre Schuld; aber seine Mutter hat sich so aufgeregt. Es geht ihr selbst durchaus nicht gut, deshalb verliert sie so leicht die Nerven. Sie verstehen —." Er brach ab und begann wieder, auf und ab zu laufen, während hinter der Tür das Kind von neuem aufwimmerte.
„Natürlich." Sie erfaßte die Bitte, die er nicht ausgesprochen hatte. „Es ist eine Qual, ein Kind leiden zu sehen, und wenn es das eigene ist — ein Außenstehender kann das wohl nicht nachempfinden."
Er dankte ihr mit einem Blick, ohne in seinen Worten erkennen zu lassen, daß ihr Mitgefühl ihm wohltat.
„Wir müssen die anderen unverzüglich fortschicken", sprach er weiter, „wir dürfen es nicht riskieren, noch drei Kranke im Hause zu haben. Heute nachmittag noch müssen sie nach Melun abreisen."
„Sehr gut, Herzog, ich werde dafür sorgen, daß sie fertig sind."
„Schön." Er nickte, blieb aber noch stehen, als fände er einen Trost darin, sich ihr gegenüber auszusprechen.
„Der Arzt hat meiner Frau den Aufenthalt im Kranken-

zimmer verboten. Sie ist nicht sehr widerstandsfähig; sie würde also nur sich selbst und dem Jungen unnötig schaden. Raynald muß vollkommene Ruhe und sorgfältigste Pflege haben. Noch eine Szene wie die heute morgen könnte ihm verhängnisvoll werden. Er braucht jetzt seine ganze Kraft, um die Krankheit zu bekämpfen, das arme Kerlchen."

„Raynald ist doch sehr zäh bei all seiner Zartheit und ganz verständig, wenn er nicht eingeschüchtert oder erschreckt wird." Henriette zögerte, doch sein besorgtes Gesicht trieb sie dazu, fortzufahren: „Ich kenne mich in Diphtherie aus, Monsieur; wir hatten vor Jahren in der Klosterschule einmal eine Epidemie. Ich wurde ebenfalls krank, laufe also keine Gefahr, mich anzustecken. Natürlich darf ich mir eigentlich nicht erlauben, Ihnen einen Vorschlag zu machen, aber ich würde sehr froh sein, wenn ich in dieser Notlage nach bestem Vermögen helfen dürfte."

„Soll das heißen, daß Sie bereit sind, hier bei ihm zu bleiben?"

„Ja, das meinte ich, Wenn ich auch keine gelernte Pflegerin bin, so verstehe ich es doch, ihn abzulenken und ruhig zu halten."

Ein Lächeln der Erleichterung erhellte seine Züge.

„Darauf kommt es auch am meisten an. Maxine und die anderen könnten wohl auch die Pflege übernehmen, aber Raynald hängt so an Ihnen. Vorhin erst hat er noch nach Ihnen gerufen. Immerhin, auch im besten Falle, unterziehen Sie sich damit einer mühseligen Aufgabe, und wenn es zum Schlimmsten kommt — —"

„Daran dürfen Sie nicht denken, Herzog, Sie müssen den Kopf obenbehalten."

Er dankte ihr wieder mit einem Lächeln. In diesem Augenblick öffnete sich die Tür zum Krankenzimmer, und der Arzt trat mit seiner unheilvoll aussehenden schwarzen Tasche heraus. Henriette hielt sich bescheiden abseits, während die beiden Männer leise miteinander redeten. Sie wartete darauf, zu Raynald hineingehen zu dürfen, und konnte es nicht verhindern, daß sie die Unterhaltung mehr oder weniger mit anhörte.

„Sein Hals ist stark entzündet. Vor zwei Tagen hätten wir den Herd noch lokalisieren können. Jetzt müssen

wir uns leider auf eine stündlich vorzunehmende Behandlung beschränken."
„Die Behandlung scheint ihm aber sehr weh zu tun, da er sich so heftig dagegen sträubt."
„Ja, es muß vor allem darauf gesehen werden, daß er sich so wenig wie möglich dabei anstrengt. Er darf auf keinen Fall höhere Temperatur bekommen und unter gar keinen Umständen wieder so aufgeregt werden wie heute früh."
„Wollen Sie nicht lieber selbst mit meiner Frau sprechen, Doktor? Sie ist sehr mitgenommen."
„Aber gern. Was die Ernährung des Kindes anbetrifft: es darf nicht von Kräften kommen, obwohl es immer nur eine geringe Menge zu sich nehmen kann."
„Und wenn Raynald sich weigert zu essen?"
„Dann muß er gezwungen werden, wenn wir ihn bald wieder auf den Beinen haben wollen. Ich habe dem Kindermädchen Verhaltungsmaßregeln gegeben, aber ich fürchte, sie ist nicht die geeignete Person, einen so komplizierten Fall zu übernehmen."
„Hier ist jemand, der der Lage gewachsen sein wird."
Der Herzog bat Henriette mit einem Blick näher zu treten, und bald folgte sie aufmerksam den Anweisungen, die der Arzt ihr gab.
„Ja, ich habe begriffen", wiederholte sie. „Wenn der Junge nicht schläft, muß der Hals stündlich gepinselt werden. Die Medizin alle zwei Stunden und zu essen sooft und soviel, wie er dazu überredet werden kann — Milch und Sherry, Hafersuppe und ein weiches Ei. Und immer gut zugedeckt halten. Und wenn er Schüttelfrost bekommt, was dann?"
„Dann lassen Sie mich gleich rufen." Der Arzt betrachtete sie anerkennend. „Aber die Hauptsache ist Ruhe und nochmals Ruhe! All dieses Hin und Her erschöpft ihn zu sehr. Also laufen Sie schon und sehen Sie zu, was Sie tun können. Am Nachmittag komme ich wieder."
Die beiden Männer gingen den Korridor entlang, der zum anderen Flügel und den Zimmern der Herzogin führte. Henriette hatte die Klinke schon in der Hand, als der Herzog noch einmal zurückkam. „Mademoiselle Deluzy!" Er stand wieder vor ihr. „Ich möchte Ihnen noch sagen, wie dankbar ich Ihnen für alles bin!" Die

Hand, die sich ihr entgegenstreckte, umschloß die ihre mit festem Druck. „Wenn meine Frau davon erfährt, wird sie Ihnen nicht minder Dank wissen."
„Nun, was das anbelangt", dachte sie und sah ihm nach, wie er dem Arzt mit langen Schritten nacheilte, „so werden wir es ja erleben. Meiner Ansicht nach läßt sich das nicht mit Bestimmtheit voraussagen. Einerlei —"
Sie zuckte die Achseln und verweilte einen Augenblick vor der Tür, um sich noch einmal die impulsiven Worte und die Haltung des Herzogs ins Gedächtnis zu rufen. Er hatte ihr Angebot nicht abgewiesen noch in dem unpersönlichen Ton mit ihr geredet, der Dienstmädchen und Gouvernanten gegenüber angewendet wird und an den sie sich erst allmählich hatte gewöhnen müssen. Er hatte ihre Hilfe mit einer so natürlichen Selbstverständlichkeit angenommen wie von einem Freund, der ihm beistehen wollte. Es war wohltuend und ermutigend, als Gleichgestellte behandelt zu werden. Sie wollte ihm beweisen, daß er sein Vertrauen keiner Unwürdigen schenkte. Die Verantwortung, die sie sich aufgebürdet hatte, war groß, aber Verantwortung zu übernehmen, war ja gerade ihr Lebensinhalt. Der Gedanke an die kleine Welt des Krankenzimmers — dieser Welt, die so plötzlich in ihre Hände gelegt worden war — erfüllte sie von neuem mit Tatkraft und Unternehmungsgeist.
„Nein — nein — nein!" krächzte Raynalds gereizte, heisere Stimme und schreckte sie hoch. Sie öffnete die Tür und trat über die Schwelle. „Mademoiselle!" Das Kind schien bei ihrem Anblick sofort ruhiger zu werden. „Warum sind Sie fortgegangen? Sie haben mir so weh getan, sehen Sie doch!"
Er zeigte auf den Wickel um seinen Hals.
„Nanu, du trägst ja jetzt genau so einen hohen Kragen wie Papa", rief sie wie bewundernd aus. „Bringen Sie doch Raynald einen Spiegel, Maxine, damit er sehen kann, wie erwachsen er plötzlich aussieht. Nächstens wird er noch einen Spazierstock und einen Zylinder tragen."
Der Spaß wirkte Wunder. Raynald betrachtete sich voller Zufriedenheit im Spiegel, während Henriette ihm die Kissen in seinem Rücken zurechtrückte und die Decke um ihn feststopfte. Sein Gesichtchen glühte vor

Fieber, und seine Augen waren unnatürlich groß und glänzend. Er sah jetzt ganz vergnügt aus, aber sie wußte, daß er jede Minute wieder in seinen bockigen Eigensinn verfallen konnte. Es würde sie unendliche Geduld kosten und alle ihre Überredungskünste auf die Probe stellen, wollte sie ihre schwierige Aufgabe an diesem kleinen Menschenkind zu einem erfolgreichen Ende führen.

„So, Raynald" — sie nahm seine kleinen weißen Hände, auf denen die feinen blauen Adern durch die Haut schimmerten, in ihre —, „ich werde jetzt bei dir bleiben, und Maxine wird dein Essen bringen." Seine Augen verdunkelten sich, und er wollte schon Einspruch erheben, aber sie fuhr eilends fort: „Auf einem Teebrett, so wie deine Mama es immer bekommt, und mit einer Blume in der Serviette. Vergessen Sie die Blume nicht, Maxine", ermahnte sie das Mädchen, „das ist sehr wichtig; denn Raynald und ich werden versuchen zu raten, was für eine es sein wird, bis Sie wieder da sind. Du fängst an, Liebling. Was für eine Blume, glaubst du, wird in der Serviette sein?"

„Eine Rose?" Vor lauter Neugierde und Begeisterung vergaß Raynald seinen Kummer.

„Vielleicht, aber für Rosen ist es eigentlich etwas früh. Ich rate, ein Maiglöckchen. So, jetzt bist du wieder dran."

„Diese gelben Blümchen im Garten."

„Narzissen? Die sind doch schon alle verblüht. Rate noch mal."

„Ein Veilchen?"

„Das könnte sein. Im Bois verkaufen sie jetzt welche und Primeln auch. Ich glaube, es wird eine gelbe Primel sein."

„Die rosa finde ich hübscher, ich sage rosa."

Und so begannen jene Tage und Nächte unermüdlicher Versuche, einen vierjährigen Knaben von der schweren Gefahr, in der er schwebte, nichts merken zu lassen. Noch nie zuvor war Henriette mit Kopf und Hand so beansprucht gewesen; und während sie Schmerzen linderte und bei ihm wachte, Bilder ausschnitt und endlose Geschichten erdachte, bis ihr der Kopf weh tat und sie fast so heiser wurde wie der kleine Patient, marschierte der Frühling auf Paris und nahm die Stadt im Sturm.

Sie fühlte, wie jenseits der Fenster sein berauschender Atem gleich einem warmen Strom den Sommer mit sich brachte. Sie konnte sich nicht erinnern, jemals den Wechsel der Jahreszeiten so stark gespürt zu haben, der unsichtbaren Naturkräfte so deutlich gewahr geworden zu sein. Weil sie sich vor dem Sonnenschein verschließen mußte, empfand sie nur um so mehr, wie die Strahlen mit Macht zu neuem Leben lockten. Selbst hinter den das Zimmer in Schatten tauchenden Jalousien ging sie so leichtfüßig einher, als ob auch in ihren Adern eine geheimnisvolle Kraft pulste.
Auf dem Lande war der Frühling etwas, was man sah: ein Wunder der Verwandlung, das man täglich vor Augen hatte. In der Stadt hingegen konnte man ihn nur unbestimmt fühlen. Henriette kam es so vor, als klinge ein anderer Ton in den Stimmen der Straßenverkäufer, die allmorgendlich ihre Ware ausriefen; als klapperten die Hufe der Pferde einen hoffnungsfroheren Takt, wenn sie, vor elegante Wagen gespannt, die Damen zu ihren Einkäufen oder Spazierfahrten durch den Bois oder die Champs-Elysées zogen; als rollten selbst die Wagenräder williger an den warmen Maiabenden zu den Theatern und Restaurants. Sie lernte den Rhythmus der Stadt wie ihren eigenen Herzschlag spüren, obwohl sie doch so wenig Teil an ihr hatte, als wären sie und ihr kleiner Pflegling auf dem tiefsten Grund eines Brunnenschachtes gefangen, wo nur der Schmerz ihnen Gesellschaft leistete.
Die anderen kamen und gingen wieder: Maxine und Renée mit frischer Bettwäsche, Essen und Blumen; die gefürchtete Gestalt des Arztes mit seiner Tasche, die für Raynald neue Peinigung und neue Tränen bedeutete; Abbé Gallard in seinem schwarzen Habit; die Herzogin an der Schwelle des ihr verbotenen Zimmers, die Hände ringend und nutzlose Tränen vergießend; der Herzog, der sich leise auf den Zehenspitzen näher schlich, mit besorgtem Blick, in den Taschen und den Händen Geschenke, die Henriette auspacken mußte, da die Hände des Kindes zu schwach geworden waren, um sie zu halten. „Sieh mal, Raynald“, hörte sie dann ihre eigene Stimme sich mühen, Vater nicht minder wie Sohn abzulenken, „Soldaten! Ein ganzes Kavallerieregiment mit einem

General auf einem weißen Pferd. Da, wo du deine Knie hochgezogen hast, sind die Alpen, und dort müssen sie jetzt hinauf."

Manchmal gelang es ihr, dem weinerlich verzogenen Mund ein Lächeln zu entlocken, und auch der Herzog sah glücklich aus, wie er sich da über das Bett beugte und Raynald zu ermuntern versuchte, zu essen oder seine Medizin zu nehmen.

„Ja, Monsieur, jetzt sollen Sie mal sehen, wie der Eierpunsch hinuntergeht. So, mein Liebling, den Kopf schön zurück, ganz wie ein Huhn trinkt, gleich noch mal — schlucken — ah, das ging nicht gut; das Huhn vergaß den Kopf zurückzulegen. Nächstes Mal machen wir's wieder besser."

So brachte sie das Kind mit Lob und Scherz dazu, zu essen; aber über seinen Kopf hinweg tauschte sie mit dem Herzog ungesprochene Frage und Antwort.

Raynald wartete schon immer auf die Besuche seines Vaters und streckte sogar ein schwaches Händchen zum Willkommen aus. Beim Anblick seiner Mutter dagegen wurde er unruhig und verbarg sein Gesicht in den Kissen. Selbst wenn er schlief, schien er von ihrer Gegenwart irritiert zu werden. Er warf sich dann wie in Fieberträumen hin und her oder wachte auf und rief nach seinem Vater oder „Mademoiselle". Henriette fing an, das Auftauchen dieser dunklen, bedrückenden Gestalt, die an einem einzigen Vormittag wenigstens ein dutzendmal unangemeldet erschien, zu fürchten. Sie vertraute ihre Besorgnis dem Doktor an, aber er zuckte nur die Schultern und zog die Brauen hoch.

„Sie ist seine Mutter", meinte er. „Mehr als sie von seinem Bett fernhalten, kann ich auch nicht. Wenn ich es ihr verbiete, überhaupt ins Zimmer zu gucken, wird sie sich vor Erregung auch in ein Fieber hineinsteigern, und dann haben wir zwei Patienten. Ich habe die Herzogin schon lange in Behandlung, Mademoiselle."

Und dann kam der Tag, an dem das Fieber seinen Höhepunkt erreichte und auch das liebevollste Zureden keinen Schluck durch die entzündete Kehle erzwingen konnte. Der Arzt machte nach seiner Morgenvisite ein sehr bedenkliches Gesicht.

„Wir können jetzt wenig mehr tun als gut achtgeben

und abwarten", sagte er zu Henriette, bevor er sich zum Bericht zu den Eltern begab. „Wir haben getan, was in unserer Macht stand, und jetzt müssen wir sehen, ob seine eigene Kraft ihn über die Krisis hinwegträgt. Ja, ich erwarte den Umschwung heute nacht — zum Besseren oder zum Schlimmeren. Also nochmals ruhig halten, gut zudecken und vor allem vor Zug und frischer Luft schützen."

„Aber Doktor!" Henriette folgte ihm zur Tür. „Gerade über die Dunkelheit und die stickige Luft beklagt er sich. Ein bißchen Sonne und frische Luft könnten ihm doch gewiß nichts anhaben, wenn man ihn nur nicht einem Zug aussetzt. Er fragt immer nach dem Garten, und wenn er sehen dürfte, wie jetzt dort alles blüht — vielleicht —!"

„Mademoiselle, sind Sie heute morgen von allen guten Geistern verlassen?" Der ältliche Arzt sah sie an, als habe er sie bei einem Akt des Hochverrats überrascht. „Der Junge ist doch sterbenskrank; in seinem jetzigen Zustand würde auch nur ein Atemzug frischer Luft verhängnisvoll sein."

Sie schwieg hierzu, aber die warme, verbrauchte Luft schien schwerer noch als zuvor auf dem Zimmer zu lasten, als Henriette sich wieder zurückwandte.

„Ob krank oder gesund", dachte sie bei sich, „zum Ersticken sind wir nicht geboren worden."

Ein Wandschirm war vor dem einzigen Fenster aufgestellt, dessen Läden nicht geschlossen und dessen Vorhänge nicht zugezogen waren. Da Maxine gerade damit beschäftigt war, das Bett neu zu beziehen, ergriff Henriette die Gelegenheit, etwas frische Luft zu schöpfen. Vorsichtig schob sie die Läden etwas auseinander und stand, vom Licht der Maisonne gebadet, den Wandschirm zwischen sich und dem Zimmer. Sie glaubte sich dort unsichtbar, als plötzlich ein Schritt und eine Stimme an ihrer Seite sie ihren Blick von dem jungen Grün dort draußen im Garten abwenden ließ. Der Herzog war gekommen, und sie sah sofort, daß der Arzt ihn mit seinem Bericht erschreckt hatte. Er war auffallend blaß, und seine Besorgnis schien sich wie eine Maske über das männlich edle Gesicht, das ihr schon so vertraut war, gelegt zu haben.

„Monsieur" — sie redete ihn jetzt absichtlich nicht mit seinem Titel an und sprach zu ihm, als hätte er ihr seine Gedanken mitgeteilt —, „seien Sie nicht so verzweifelt. Raynald wird wieder gesund werden. Ich weiß es genau. In einem Monat wird er draußen herumspringen, und all das jetzt wird vergessen sein."

„Fast möchte ich Ihren Worten glauben, Mademoiselle" — er versuchte zu lächeln —, „aber nach allem, was der Arzt mir eben gesagt hat — und heute nacht die Krisis —", er konnte nicht fortfahren.

„Einmal mußte sie ja kommen. Besser früher als später. Und vergessen Sie nicht, daß der Frühling auch ein Arzt ist. Ihm kann doch niemand widerstehen, Monsieur. Er bemächtigt sich unser, ob wir nun wollen oder nicht. Können Sie es leugnen, wenn Sie das da draußen sehen?"

Seine Augen folgten ihrer ausgestreckten Hand zu den halboffenen Läden, durch die eine sonnenwarme frische Luft aus dem Garten und aus den weiter hinten angrenzenden Champs-Elysées drang. Das zarte Grün der Bäume, Sträucher und Gräser füllte den schmalen Rahmen, und mitten auf dem viereckigen kleinen Vorhof stand ein blühender Mandelbaum, so steif und klein, als staune er selbst über die rosige Pracht seiner Blüten. Vielleicht lag es daran, daß sie in den letzten Nächten nur mit vielen Unterbrechungen geschlafen hatte, oder daran, daß ihre Augen es nicht mehr gewöhnt waren, in die Ferne zu schauen — jedenfalls fühlte Henriette sich bei diesem Ausblick auf Sonne und Blüten eigentümlich angerührt. In einer dieser plötzlichen Eingebungen, die jeder Mensch gelegentlich erfährt, wußte sie, daß sie Farbe und Wuchs dieses Bäumchens dort auf dem Rasenstück nie aus dem Gedächtnis verlieren würde. Und das schien ihr um so bedeutsamer zu sein, weil sie nicht sagen konnte, warum dieser Anblick sie so bewegte.

Die Stimme des Herzogs rief sie ins Krankenzimmer zurück.

„Ich weiß nicht, warum ich Ihren Worten mehr Vertrauen schenken sollte als denen des Doktors, und doch ist es so, Mademoiselle. Ihr gutes Herz verleitet Sie doch nicht, mir falsche Hoffnungen zu machen?"

„Nein, dazu hänge ich selbst zu sehr an Raynald“, erwiderte sie.
„Eine Erzieherin hat nicht oft Gelegenheit, sich daran zu erinnern, daß sie ein Herz hat. Sie werden mir bestätigen, daß ich das meine fest in der Hand gehalten habe. Ich meine genau was ich eben sagte, nur wünschte ich —“
Der Laut eines erstickten Keuchens ließ sie herumfahren. Nach dem Anfall lag Raynald ermattet in seinen Kissen. Seine Lippen bewegten sich so schwach, daß sie ihr Ohr an sein Gesicht halten mußte, um das Flüstern zu verstehen.
„Nein, mein Liebling, der Doktor findet es noch zu früh. Vielleicht, wenn es dir morgen besser geht.“ Sie wandte sich an den Herzog mit einer hilflosen kleinen Gebärde.
„Was möchte er denn so gern haben? Können wir es ihm nicht irgendwie verschaffen?“
Sie seufzte und schüttelte den Kopf. „Es wäre gegen die Anordnungen des Arztes“, erklärte sie leise. „Raynald will nie glauben, wenn ich ihm erzähle, wie grün der Garten geworden ist und daß das Mandelbäumchen wirklich schon in voller Blüte steht. Er möchte es so gern selbst sehen, und wenn es nach mir ginge, würde ich es ihn auch sehen lassen. Schließlich sind doch Sonne und frische Luft jedem Wesen zuträglich.“
Sie hatten sich nur mit gedämpften Stimmen unterhalten, aber das Kind fiel weinerlich ein, als hätte es sie hören können.
„Ich will den Frühling sehen, Papa! Jetzt gleich, bitte, bitte!“
Sein Stimmchen war kaum mehr als ein Wispern, doch sein Vater eilte sofort zu ihm ans Bett. Besorgnis und Mitleid stritten sich in seinem Gesicht.
„Du sollst ihn auch sehen, Raynald“, sprach er, plötzlich einen Entschluß fassend. „Warte ein wenig.“ Er wandte sich wieder an Henriette, als wollte er sich bei ihr vergewissern. „Sie glauben doch auch, daß es ihm nicht schaden kann?“
„Es ist heute so besonders warm, und es handelt sich doch nur um ein paar Minuten. Er wird zufrieden sein, wenn er den Garten gesehen hat; ich wollte nur die Verantwortung nicht allein übernehmen.“
„Also gut. Packen sie ihn ordentlich in seine Decke ein. So, Raynald, jetzt halte hübsch still, während ich dich

auf den Arm nehme. Mein Gott, er wiegt ja überhaupt nichts mehr, ich könnte fast meinen, einen Schatten zu tragen."

Wie zwei Verschwörer gingen sie schweigend zum Fenster, und erst, als sie dort angelangt waren und vor dem grünen Ausschnitt standen, wagten sie über das dunkle eingemummelte Köpfchen hinweg einen Blick zu tauschen. Zuerst schien die plötzliche Helligkeit Raynald zu blenden, dann aber war es, als ob ein Magnet ihn zöge, und er streckte die Händchen nach dem blühenden Baum aus. Im scharfen einfallenden Sonnenschein wirkte der Junge noch zerbrechlicher. Henriette, die ihn nicht aus den Augen ließ, mußte an jene bleichen Kellerschößlinge denken, die aus der Dunkelheit heraufgeholt werden und sich auf den Fensterbrettern hierhin und dorthin wenden, um der Sonne teilhaftig zu werden. Behutsam griff sie nach seiner Hand, die in ihrer Magerkeit mehr einer Vogelkralle glich, und hielt sie in die goldene Wärme.

In diesem Augenblick spürten sie und der Herzog, daß sie beobachtet wurden. Die Herzogin stürzte auf sie zu mit feindselig funkelnden Augen und einem zornigen Aufrauschen ihrer seidenen Röcke.

„Bist du wahnsinnig, Théo?" Das Zimmer erscholl von ihren entsetzten Anschuldigungen. „Wollen Sie ihn umbringen, Mademoiselle?" Raynald vergrub seinen Kopf an des Vaters Schulter, während dieser den Knaben wieder in sein Bett trug.

„Ich bitte dich, Fanny! Ich werde es dir gleich erklären. Sprich nicht so laut, du regst das Kind nur damit auf."

„Ich mein Kind aufregen!" Ihre Stimme bebte vor Wut.

Henriette, die den Jungen zu beruhigen suchte, fühlte, wie Bitterkeit, Eifersucht und Angst in der gequälten Frau zu einem Ausbruch drängten, den zurückzudämmen der Herzog vergeblich sich bemühte.

„Fanny, bitte, nicht jetzt und nicht hier!"

„Und warum nicht jetzt und nicht hier in diesem Zimmer, von dem ihr mich alle fernhalten wollt? Ich habe weiß Gott ein Recht zu wissen, was hier vorgeht. Ich lasse mich nicht mehr länger aussperren, während mein Kind, mein kleiner Sohn, hilflos einer Fremden ausgeliefert ist."

„Aber ich sage dir doch, daß ich alles erklären kann. Hör doch zu, Fanny! Wenn es auch merkwürdig ausgesehen haben mag, er hatte nun einmal den Wunsch, den Garten zu sehen, und als Mademoiselle Deluzy mir das sagte, dachte ich — —"

„Aha, also Mademoiselle Deluzys Gedanke! Ich verstehe! Sie weiß natürlich mehr als der Arzt. Was macht es ihr aus, ob ein Kind mehr oder weniger im Haus ist, solange sie hier tun und lassen kann, was sie will. Noch keine vier Wochen ist sie da, und schon behandelt sie die Mutter wie ein lästiges Hindernis, das man wie ein zerbrochenes Gefäß beiseite schiebt. Aber ich werde nicht weiter zusehen, wie man Raynald vor meinen Augen schadet. Ich werde den Arzt hierüber unterrichten, und wenn der Junge heute nacht stirbt —" sie hatte immer schriller und lauter gesprochen, bis sie endlich in einen heftigen Tränenstrom ausbrach.

„Fanny, so darfst du nicht sprechen! Du hast keine Ursache, Mademoiselle zu beschuldigen. Komm, du mußt dich schonen, du kannst jetzt nicht hierbleiben. Maxine, helfen Sie mir, Madame in ihr Zimmer zu bringen."

So beruhigend der Herzog auch zuerst auf seine Frau eingeredet hatte, jetzt tönte seine Stimme kalt und befehlend. Jedes Wort klang scharf angespannt; Henriette vermeinte fast, die Worte an einer unsichtbaren Kette zerren zu sehen. Es war unmöglich, sich bei diesem ehelichen Wortwechsel nicht für beide beschämt zu fühlen.

„Mein Liebling!" Die Herzogin riß sich los und lief zum Bett. Henriette sah die vollen weißen Arme sich ausstrecken, sah die dunklen gequälten Augen und daß die Tränen, die ihr über die Wangen liefen, Tränen echten Schmerzes waren. Dies Leid war nicht gespielt, als sie mit einer Geste der Verzweiflung ihren Jungen an ihre Brust zog.

„Mademoiselle, Mademoiselle!"

Das Kind legte seine ganze Kraft in diesen beschwörenden Ruf, der um Hilfe bat. Aber gegen die Tränen und Wehklagen war es machtlos. Ebensogut hätte es sich von einem zähflüssigen Lavastrom frei machen können.

Henriette beugte sich hinüber, um der Bitte Folge zu leisten. Sie hielt jedoch sogleich in ihrer Bewegung inne und sah sich fragend nach dem Herzog um. Er mußte ihr sagen, was sie zu tun hatte. Er begegnete ihrem Blick fast wie verlegen, aber um seinen Mund hatte sich eine harte Linie eingegraben. Er kam ihr jetzt wie ein zweiter Raynald vor, der sie flehentlich bat, ihn nicht im Stich zu lassen. Mit einer abrupten Geste forderte er sie auf, beiseite zu treten.

„So, Fanny, das muß jetzt aufhören!" Entschlossen löste er die Umarmung von dem verängstigten Kind. „Komm jetzt mit."

Henriette machte sich am Schrank zu schaffen; sie wollte ihn nicht demütigen, indem sie diesem Abgang zusah. Für einen Tag hatte sie genug gesehen und gehört. Im Zimmer herrschte wieder Ruhe, und sie wandte sich ihrem kleinen Patienten zu, um ihn zu beschwichtigen. Er fiel bald in einen Erschöpfungsschlaf, aber in Henriettes Ohren klang noch immer die bittere Anklage nach, und der eifersüchtige Haß, der ihr aus diesen schwarzen korsischen Augen entgegengeleuchtet hatte, verfolgte sie.

„Sie muß halb von Sinnen sein vor Sorge", versuchte Henriette sie zu verteidigen. „Es ist ja nur natürlich, daß sie bei ihrem kranken Kind bleiben möchte, daß es sie kränkt, mir die ganze Pflege überlassen zu müssen. Wenn sie sich nur nicht so gehen ließe mit ihrer unbeherrschten Zärtlichkeit, dann würde Raynald nicht so abweisend sein. Der Arme, ich kann's ihm nicht verdenken."

Nicht einmal sich selbst wollte sie eingestehen, was sich ihr soeben offenbart hatte. Sie hatte das Aufeinanderprallen zweier verschiedener Temperamente, die unterdrückte Spannung zwischen Mann und Frau ja schon bei ihrem ersten Besuch wahrgenommen, aber nach der eigentlichen Ursache hierfür wagte sie sich kaum zu fragen. Sie konnte den Eindruck nicht loswerden, daß aus den Augen der anderen Höllenqualen sprachen; daß diese Augen alles verzerrt sahen und nichts mehr im richtigen Maßstab sehen konnten. Ja, was sie bisher nur unbestimmt vermutet hatte, war heute morgen zur Gewißheit geworden: die Herzogin sah alle Menschen um sich nur in ihrem Verhältnis zum Herzog. Er war ihre Welt, und sie fühlte wohl schon, wie er ihr allmählich ganz zu entgleiten drohte.

„Diese Frau würde eifersüchtig auf ihn sein, wenn er

nur ein Kätzchen streichelte", stellte sie bei sich fest. „Ich glaube, sie brächte es fertig, das Tierchen zu verschenken oder töten zu lassen, und wenn er in ihrer Gegenwart eine Rose bewunderte, würde sie die nächste Gelegenheit ergreifen, um die Blume zu zertrampeln. Mein Gott, wie müssen ihre Nächte aussehen, wenn schon am hellichten Tage eine solche Szene möglich ist."
In den ganzen nächsten Stunden, während sie Maxine mit verschiedenen Aufträgen hierhin und dorthin schickte, während sie mit unbeirrbarer Sorgfalt ihren Pflichten nachging, stand das Bild ihrer unglücklichen Herrin unablässig vor ihr wie ein hartnäckiges Gespenst.
„Aber sie hat ja gar keinen Anlaß, mich zu hassen", überlegte sie sich, „ich habe doch nichts getan, um sie zu verletzen."
Doch im Grunde ihres Herzens wußte sie es besser. Sie, Henriette, hatte die Liebe eines Kindes und das Vertrauen eines Vaters gewonnen. Das war Verbrechen genug, um die Feindschaft einer schon ohnehin verbitterten Frau zu wecken. Ja, Henriette lernte jetzt den tieferen Sinn des Wortes kennen, mit dem man ihr früher am häufigsten das Haus Praslin gekennzeichnet hatte: „Schwierig, Mademoiselle, sehr schwierig!"
Raynald wurde gegen den späten Nachmittag beunruhigend still. Er war fast gar nicht mehr aus seinem apathischen Zustand wach zu bekommen. Der kleine ausgemergelte Körper hob sich kaum von der glattgestrichenen Decke ab. Man hätte ihn für eine verschrumpelte Kindermumie halten können, wären nicht sein keuchender Atem und sein brennendes Gesicht gewesen. Selbst die Behandlung des Arztes ließ er ohne Widerstand über sich ergehen. Henriette fühlte ihre bisherige Hoffnung schwinden, und sie versuchte sich darüber zu täuschen, wie sehr die Kräfte des Jungen seit dem Morgen abgenommen hatten.
Am Abend vernahm sie ein ungewöhnliches Geräusch vor der Tür. Gedämpftes Flüstern und eilige Schritte wurden im Korridor hörbar. Es war die Stunde, in der Abbé Gallard das kranke Kind zu besuchen pflegte. Das Erscheinen dieses schwarzgekleideten Seelsorgers war für sie zu einem Zeichen geworden, sich zurückzuziehen. Da seine Gebete sie ja nichts angingen, stand es ihr frei,

das Haus zu verlassen und sich tief aufatmend für kurze Zeit unter die Spaziergänger auf den Boulevards zu mischen, so daß also Henriettes flüchtige Berührung mit der Welt gerade dann stattfand, wenn man im verdunkelten Krankenzimmer des Ostflügels den Himmel anrief. Was für ein ironischer Zufall, daß es so war, hatte sie gedacht; gleichzeitig freute sie sich auf diese Ausflüge ins Licht und Leben. Sie hatte das bestimmte Gefühl, daß sie etwas davon auf das Kind auf seinem Krankenlager übertrug, ob es nun wachte oder schlief, wenn sie heimkehrte.

Aber heute konnte sie sich nicht dazu entschließen, auf die Straße hinauszugehen und sich unter die gleichgültige Menge zu begeben. Noch ehe der Abbé mit dem Chorknaben durch die Tür trat — bevor sie noch Maxines unterdrückten Ausruf hörte und sie ihre Hände fromm sich bekreuzigen und dann nach ihrem Rosenkranz greifen sah, wußte sie, daß dies nicht der alltägliche Besuch war. Diesmal war Abbé Gallard gekommen, um die Sterbesakramente zu erteilen.

„Er ist zu klein, um sich zu fürchten."

Ihr erster Gedanke galt Raynald, der den Abbé mit stumpfen, gleichgültigen Augen ansah. Er rührte sich nicht und schien kaum zu bemerken, daß man im Zimmer einen kleinen Altar herrichtete. „Nein", dachte sie, „er kann nicht wissen, was das bedeutet. Vielleicht wird es ihm Spaß machen, die kleine Glocke zu hören, und er wird sie für ein unerwartetes Spielzeug halten."

Sie ging an der kleinen Gruppe, die sich an der Tür versammelt hatte, vorbei aus dem Zimmer: der Herzog und die Herzogin, der Diener und die Jungfer und zwei andere Dienstboten warteten dort mit den Rosenkränzen in der Hand. Der blonde Kopf des Herzogs war zu tief gesenkt, als daß sie sein Gesicht hätte erkennen können; aber der müden Haltung seiner Schultern entnahm sie, daß er an dem Leben seines Kindes verzweifelte.

Ihre Füße trugen sie den Korridor entlang und die steinerne Treppe hinunter, bis sie zu der Tür kam, die in den Garten führte. Sie trat auf den Rasen hinaus, der in dem späten Licht und weil ihre Augen noch an die Eintönigkeit des Krankenzimmers gewöhnt waren, besonders grün wirkte. Ihre Knie zitterten, als sie über die eingelegten Steinplatten zu der Bank an der Mauer ging, wo ein bronzener Delphin einen Wasserstrahl in ein flaches Becken spie. Nachdem ihr jetzt die Verantwortung für Raynald von anderen abgenommen worden war, fühlte sie sich verlassen und einsam. Niedergeschlagenheit und Furcht traten jetzt an die Stelle der Tatkraft und der Zuversicht, die sie seit Beginn der Krankheit beseelt hatten.

Die frühlingsgrüne Frische und der Duft des kleinen Gartens schienen ihr plötzlich wie ein Hohn, als sie an das dachte, was sich nun oben in dem Zimmer abspielte. Der Himmel über ihr leuchtete in den Farben der untergehenden Sonne. Das Mandelbäumchen stand noch immer dort, aber die ganze Blütenpracht rings um sie her war nicht stark genug, um gegen den Weihrauchduft zu bestehen, der von dem Fenster herübertrieb. Und das Brausen des Verkehrs auf der Rue du Faubourg Saint-Honoré konnte das Klingeln des Glöckchens nicht ganz übertönen.

SECHSTES KAPITEL

Das Mandelbäumchen hatte alle seine Blüten abgeworfen, als Raynald zum erstenmal in die Mittagssonne hinausgetragen werden konnte. Seine Genesung konnte nur als ein Wunder betrachtet werden, an dem sich der Arzt, der Abbé, Maxine und jeder andere, der im Krankenzimmer zu tun gehabt hatte, das Hauptverdienst zuschrieben. Nur Henriette sagte nichts dazu, außer um ihrer Dankbarkeit Ausdruck zu geben. Ohne das Wunder erklären zu wollen, ging sie ihren Pflichten wieder nach, die jetzt, nachdem die Gefahr vorübergegangen, durchaus nicht weniger aufreibend waren, denn die wiederkehrende Gesundheit machte das Kind zu einem zwar liebenswerten, aber anstrengenden Patienten. Raynald mußte ständig Gesellschaft um sich haben: er mußte unterhalten, durfte aber nicht aufgeregt werden. Sein lebhafter Geist durfte die Energie des schmächtigen, in Daunendecken gehüllten Körpers nicht zu stark beansprüchen. Glücklicherweise war Henriettes Erfindungsgabe schier unerschöpflich, wenn es galt, Kinder zu beschäftigen. Täglich zauberten ihre Buntstifte neue Bilder hervor, um ihre ins Endlose fortgesponnenen Geschichten zu untermalen. Vor den Augen Raynalds nahm ein Bogen Papier Leben an, wenn ihre geschickten Finger mit der Schere Menschen und Tiere nach seinem Wunsch schufen. Da gab es überdies neue Bilderbücher zum Ansehen und Vorlesen; einen Kanarienvogel zu bewundern, so golden wie der Käfig, in dem er saß; ein kleines Kasperletheater, dessen Figuren Henriette an verborgenen Fäden tanzen ließ, und eine prächtige Schweizer Spieldose, die sechs Melodien spielen konnte. Die hellen, fröhlichen Töne, die aus der hölzernen Schachtel hervordrangen, verliehen den Tagen etwas Festliches. Als wäre eine Welt ewigen Frühlings, ewiger Jugend und übermütigen Lachens darin versteckt, dachte Henriette, als sie zuhörte.

„Was sagt die Musik da immerzu?“ fragte Raynald plötzlich.

„Nun“, gab sie lächelnd zur Antwort, „sie sagt jedem Menschen etwas anderes. Mir sagt sie: Frühlingswetter, warme Sonne und grünes Gras für einen kleinen Jungen zum Herumtollen.“

„Und bin ich der kleine Junge?“ wollte Raynald wissen.

„Wer sollte es denn sonst sein?“

Sie beugte sich nieder und küßte ihn. Es fiel ihr schwer, sich solcher Liebesbezeigungen zu enthalten, und sie mußte die täglich stärker werdende Illusion, daß Raynald ihr eigenes Kind sei, bekämpfen. Dieses jüngste von den Praslinschen Kindern — so empfindsam und schutzbedürftig in seiner Zartheit — war ihr von Anfang an das liebste gewesen. Die beiden älteren Schwestern schätzte sie als nette und aufgeweckte Mädchen, und Berthe mit ihrer überschäumenden Gesundheit, ihrer blonden Lieblichkeit und lebhaften Art nahm mit dem Charme, den sie von ihrem Vater hatte, alle Herzen im Sturm; aber Raynald hatte in ihrem Herzen einen besonderen Platz inne, aus dem ihn niemand vertreiben konnte — dazu hatten die vielen Tage und Nächte ihrer aufopfernden Pflege ihn zu eng mit ihr verbunden.

Mit der Herzogin war es zu keiner weiteren Szene gekommen. Ihre Besuche waren jetzt weniger häufig und weniger furchterregend. Raynald scheute sich zwar immer noch vor jeder Begegnung mit seiner Mutter; doch war es Henriettes Geschicklichkeit gelungen, ihn wenigstens den Anschein eines kindlichen Gehorsams wahren zu lassen.

„Sieht Mama nicht wunderschön aus in ihrem neuen Hut und ihrem Cape?“ sagte sie etwa, wenn die Herzogin, von einer nachmittäglichen Ausfahrt heimkehrend, im Garten erschien. „Wie wär's, wenn du ihr heute den Kuß geben würdest, den du gestern zu geben vergessen hast? Und denk dran, ihr zu sagen, wie sehr dir das Buch mit den sprechenden Tieren gefallen hat.“

„Das hab' ich Papa schon erzählt.“

„Aber deine Mama hat es dir geschenkt. Zeig ihr doch, wie man an der Schnur zieht und die Kuh dann Muh sagt. Ich hole es dir schnell von oben.“

In unbeschäftigten Augenblicken hatte Henriette noch oft Gelegenheit gefunden, sich des maßlosen, gegen sie gerichteten Ausbruchs am Tage der Krisis zu erinnern. Noch jetzt fühlte sie sich bei dem Gedanken an diese Unbeherrschtheit peinlich berührt und litt unter den ungerechten Vorwürfen, mit denen sie damals überschüttet worden war. Sie, die seit frühester Jugend gelernt hatte, sich einer Disziplin zu unterwerfen, schrak vor einer solchen Zurschaustellung ungezügelter Leidenschaft zurück. Nur Kinder und Marktweiber ließen sich so gehen, aber von einer Frau wie die Herzogin mußte man Haltung und Würde erwarten dürfen. Wenn dieser Wirbelsturm blinder Wut schon losbrach, ohne daß die geringste Veranlassung dazu vorlag, dann würde es auch Wiederholungen geben. Das war demnach wohl unvermeidlich, und diese Aussicht war alles andere als beruhigend. Henriette hätte sich mit der Hysterie einer übernervösen, verwöhnten Frau abfinden können, die angesichts ihres leidenden Kindes die Gewalt über sich verlor; sie hätte auch übereilte Worte der Sorge und Angst vergessen können. Aber den Haß, der ihr über das Bett des Kindes entgegengeschrieen worden war, konnte sie nicht so leicht verwinden. Sie versuchte, ihn aus ihrem Gedächtnis zu löschen, aber die Erinnerung

zwang ihr wider ihren Willen eine kühle Zurückhaltung gegenüber der Herzogin auf.
Die Herzogin jedoch hatte wie alle labilen Naturen nur ein kurzes Gedächtnis für ihre eigenen explosiven Anwandlungen. Wie ein Wetterhahn jeder Windströmung entspricht, so gab sie jeder Laune nach. Plötzlich hatte sie ein Lächeln für die Erzieherin und überhäufte sie mit Lobesworten. Henriette konnte nur staunen über diese Veränderung, die ihr genau so unerklärlich vorkam wie die frühere Feindseligkeit. Sie hatte es gelernt, vor plötzlichen Freundschaften mit Frauen auf der Hut zu sein, und war jetzt mehr denn je um eine Erklärung verlegen. Instinktiv machte sie den Herzog für diese neue Liebenswürdigkeit verantwortlich, obgleich sie keine Beweise dafür besaß, daß zwischen dem Ehepaar eine Entspannung eingetreten war, da sie Raynald selten zusammen besuchten.
„Gleichviel!" Sie zuckte die Achseln und versuchte, ihre Gedanken auf etwas anderes zu konzentrieren. „Eigentlich geht es mich ja nichts an. Ich sollte immerhin dankbar dafür sein, daß sie nicht mehr wie eine Gewitterwolke aussieht, ohne mir den Kopf über die Ursache zu zerbrechen."
Trotzdem kehrten ihre Gedanken immer wieder zu diesen beiden Menschen zurück. Tagsüber erfuhr sie nur wenig von ihrem Kommen und Gehen, aber nachdem Raynald zur Nacht gebettet und Maxines Obhut übergeben war, fand Henriette mehr Muße, darüber nachzusinnen, was in dem anderen Flügel jenseits des Gartens wohl vor sich ginge. Des öfteren hatten streitende Stimmen sie aufgeweckt. Die einzelnen Worte vermochte sie nicht zu unterscheiden, aber der Ton ließ unverkennbar darauf schließen, daß sich dort ein Mann und eine Frau alles andere als einig waren. Es war ihr auch wiederholt aufgefallen, daß zwar die Fenster des Schlafzimmers der Herzogin und des Studierzimmers des Herzogs bis in die späte Nacht erleuchtet waren, daß aber der schmale Verbindungsraum zwischen den beiden Zimmern verdächtig dunkel blieb. Mehr als einmal, wenn sie nachts oder am frühen Morgen wach lag, hatte sie die Silhouette der Herzogin sich über ihren Sekretär beugen und ihre Hand mit dem Gänsekiel eilig über das Papier

gleiten sehen. Dieses Bild erregte allmählich Henriettes Neugier. Die Herzogin schien ihr so gar nicht die Frau zu sein, die ihre Zeit und Energie am Schreibtisch verschwendet. Ein Mensch, der wie sie einem so leidenschaftlichen Gefühlsleben unterworfen war, würde kaum die Geduld besitzen, wohlabgewogene Worte zu Papier zu bringen. Bisher hatte sie durch nichts bewiesen, daß sie irgendwelche intellektuelle Fähigkeiten besaß. Allerdings wäre es ja möglich gewesen, daß sie wie so manche andere Frau ihr Herz in langen brieflichen Ergüssen erleichterte. Doch besaß sie offenbar nur wenige Freundinnen, und als einziges Kind hatte sie auch keine Geschwister, mit denen sie hätte korrespondieren können. Gewiß, da waren die Brüder ihres Vaters, und dann vor allem der Vater selbst, der reiche alte Marschall Sebastiani, der seine Tochter vergötterte. Aber er war erst unlängst wieder aus Paris nach Korsika abgereist. Und auch ein noch so ausführlicher Bericht über Raynalds Krankheit hätte sie kaum so lange zu nachtschlafender Zeit beschäftigen können.
Es überraschte sie nicht wenig, als sie eines Morgens auf ihrem Frühstückstablett neben der Kaffeetasse eine kleine Schachtel und einen versiegelten Umschlag mit geprägtem Wappen und ihrem Namen in einer flüssigen, aber unreifen Handschrift entdeckte. Keine Marke und kein Stempel wiesen darauf hin, daß die Sachen mit der Post gekommen waren. Verwundert erbrach sie das Siegel, und der Kaffee vor ihr wurde kalt, während sie wieder und wieder die Zeilen überflog, die weitzügig den hellblauen Bogen füllten:
„Liebe Mademoiselle Deluzy,
der Schlaf verweigert sich denen, die sich nach Frieden und Ruhe sehnen und doch sich überall von Feindschaft umgeben fühlen. Wenn ich mich in meiner Angst und Sorge um das Leben meines jüngsten Kindes dazu habe hinreißen lassen, Ihre Handlungsweise ungerecht zu beurteilen, so erbitte ich Ihre Nachsicht. Es konnte nicht mein Wunsch sein, Sie zu verletzen; denn ich selbst bin zu tief gekränkt worden, um anderen einen Schmerz zufügen zu wollen, zumal einem Menschen, der unter einem Dach mit mir wohnt. Sie sind klug, Mademoiselle, und mit ungewöhnlichen Vorzügen und Gaben ausge-

stattet. Es ist nur verständlich, daß Sie alles daransetzen, die Gunst des Herzogs und die Liebe meiner Kinder zu erringen. Aber sicherlich wünschen Sie das nicht auf Kosten einer Mutter zu tun, die ein Recht darauf hat, die erste Stelle im Herzen derer einzunehmen, mit denen sie ein heiliges Band verknüpft.

Ich habe dem nichts mehr hinzuzufügen. Sie werden mich verstehen. Lassen Sie mich Ihnen aus ganzer Seele für alles danken, was Sie an meinem Jungen getan haben, als ihm die liebende Sorge seiner Mutter versagt war. Und ebenfalls bitte ich Sie herzlich um Loyalität und schicke Ihnen dieses kleine Zeichen meiner Dankbarkeit. Möge es ein Unterpfand unserer Freundschaft und unseres künftigen guten Einvernehmens sein.

Fanny Sebastiani-Praslin"

Das Kästchen enthielt eine schlichte, aber entzückend gearbeitete Brosche — ein Kreis aus blauem Email, der in einem winzigen goldenen Drachenkopf zusammenlief. Henriette betrachtete sie lange, sie zwischen den Fingern hin und her drehend. Zweifellos verriet das Geschenk einen bemerkenswert guten Geschmack, gerade das Richtige für eine Erzieherin, ohne sie dem Geber zu verpflichten; doch der Drachenkopf ebenso wie die versteckten Anspielungen des Briefes schienen ihr keine zufällige Wahl zu sein.

Während sie sich ankleidete, überlegte Henriette sich ihre Antwort. Zweimal ging sie zu ihrem Schreibtisch und suchte Feder und Papier hervor, aber jedesmal legte sie beides wieder fort. Was sollte eigentlich diese Förmlichkeit zwischen ihnen, fragte sie sich. Wenn die Herzogin etwas an ihr auszusetzen hatte, wenn es ihr ehrlich um eine Abbitte zu tun war, warum hatte sie sie dann nicht kommen lassen und ihr mündlich gesagt, was sie ihr mitteilen wollte?

„Nein", entschied sie sich, als sie ihre Morgentoilette beendet hatte, „ich werde dieses alberne Versteckspiel nicht mitmachen. Es wird nur eine ungemütliche Stimmung hervorgerufen, wenn wir uns sehen. Am besten gehe ich sogleich zu ihr, bevor die Tagesarbeit beginnt."

Marguerite, die Jungfer der Herzogin, öffnete ein paar Minuten später auf ihr Klopfen die Tür. Diese unbedeutend aussehende Frau unbestimmten Alters hatte jeden Sturm im herzoglichen Haushalt miterlebt und dadurch ihre Stellung zu einem Zwischending zwischen Vertrauter und Dienerin verstärkt. Von allen, die in diesem merkwürdig zusammengewürfelten Haushalt angestellt waren, würde diese Frau — das fühlte Henriette gleich — ihre gefährlichste Gegnerin werden. Nach außen hin mochte sie einfältig erscheinen; aber ihr fester Schritt, der unerbittliche Zug um den Mund und der scharfe Blick ließen Henriette nicht darüber im Zweifel, daß sie es hier mit einem herrschsüchtigen Menschen zu tun hatte. Henriettes Bitte, die Herzogin sprechen zu dürfen, stieß auf eisige Mißbilligung. Marguerite folgte ihr in das Boudoir und machte sich in der Nähe mit offensichtlich nichtigen Dingen zu schaffen, während im Schlafzimmer nebenan verschiedene Koffer offenstanden und darauf warteten, mit den weiblichen Kleidungsstücken, die das Bett und alle Stühle bedeckten, gefüllt zu werden.

„Oh, guten Morgen, Mademoiselle!“

Mit diesen flüchtig hingeworfenen Worten begrüßte die Herzogin ihre Besucherin. Ihre glanzlosen Augen sahen sie nur eine Sekunde lang an und senkten sich dann wieder auf die Modezeitschriften, die verstreut auf dem Sofa lagen. „Als ob eine Markise zwischen uns niedergelassen worden wäre“, dachte Henriette.

„Madame“ — wie schon einmal sah sich Henriette durch den abweisenden Ausdruck der anderen gezwungen, den ersten Schritt zu tun —, „ich hoffe, ich störe Sie nicht so früh, aber ich wollte den Tag nicht beginnen, ohne Ihnen zuerst meine Dankbarkeit auszudrücken. Ihr Geschenk hat mich sehr überrascht. Ich bin reichlich dadurch belohnt worden, Raynalds Gesundung erleben zu dürfen und das Bewußtsein zu haben, daß ich etwas dafür tun konnte. Aber ich leugne nicht, daß mich der Beweis ihrer Wertschätzung überwältigt hat.“ Sie deutete auf die Emailbrosche, die den weißen Kragen ihres bedruckten Kattunkleides zusammenhielt.

„Ach ja, richtig, die Brosche“, sprach die Herzogin abwesend. „Ein kleines Andenken. Es freut mich, daß es Ihnen gefällt.“ Ihre Stimme verlor sich gedämpft und undeutlich, als habe sie die Worte, auf die sie antwortete, gar nicht gehört. Henriette gewann die plötz-

liche Überzeugung, daß diese widerspruchsvolle Frau, die dem unpersönlichen Papier anvertraute, was besser ungesagt geblieben wäre, sich ausschweigen würde, wenn sie besser hätte reden sollen.
Wieder trat ein Schweigen ein, und wieder mußte Henriette einen neuen Ansatz machen.
„Sie wollen Paris in Kürze verlassen?" fragte sie und zeigte auf die Koffer.
„Ja, ich fahre nach Melun", bestätigte die Herzogin. „Sie kommen mit Raynald nach, sobald der Arzt glaubt, daß ihm die Fahrt zugemutet werden kann. Der Herzog und ich reisen heute nachmittag ab."
Nur bei den Worten ‚der Herzog und ich' wurde ihre Stimme etwas lebhafter. Sie verweilte gleichsam liebkosend bei ihnen, mit einer naiven Emphase, die man bei einem verliebten jungen Mädchen überhört hätte, die aber im Munde einer reifen, verheirateten Frau peinlich nach Besitzerstolz klang.
„Sie stellt sich nur bloß, wenn sie so von ihm spricht", urteilte Henriette und betrachtete das bleiche Gesicht mit seinem unzufriedenen Mund und den gramvollen Augen. „Gerade weil sie das so betont, vermute ich, daß er am liebsten hiergeblieben wäre. Sie macht sich zur Närrin mit ihrer Liebe, aber trotz allem, was sie besitzt, ist sie doch elend und bedauernswert."
„Ich will Sie nicht lange von Ihren Reisevorbereitungen abhalten", fuhr Henriette fort und warf einen bedeutsamen Blick auf die Jungfer, die immer noch im Hintergrund herumkramte. „Wenn Sie mir noch ein paar Minuten gewähren könnten — unter vier Augen —, wäre ich Ihnen sehr dankbar."
Auf ein Zeichen ihrer Herrin zog sich Marguerite mißmutig ins Schlafzimmer zurück. In dem Schweigen, das sich wieder über das Zimmer gesenkt hatte, hörte man ihren schweren Schritt und das Auf- und Zuschlagen der Kofferdeckel. Die Herzogin stand noch immer abwartend da und knotete und entknotete die Enden ihrer Schärpe. Henriette sah den weichen Händen zu, wie sie mit der schweren Seide spielten, bei deren Anblick sie sich des Gedankens nicht erwehren konnte, daß auch ihr bestes Kleid nicht halb so viel gekostet hatte. Sie mußte die Augen abwenden, um einen Anflug von Neid auf

diese müßigen Hände zu überwinden, die so zweck- und ziellos nach allem zugleich griffen, anstatt das festzuhalten, was das Schicksal in sie legte.

„Madame“, hub Henriette wieder an, ihrem Takt vertrauend, das richtige Wort zu finden, „es rührte mich tief, daß Sie mir so geschrieben haben, wie Sie es taten. Glauben Sie mir, auch ich wünsche Eintracht über alles. Nichts kann mir lieber sein, als Ihren Wünschen in bezug auf die Kinder nachzukommen, ganz besonders, was Raynald anbetrifft, und ich bitte Sie, ganz offen mit mir zu sprechen. Wenn ich meine Pflichten in irgendeinem Punkt vernachlässigt haben sollte, will ich mich bemühen, meinen Fehler wiedergutzumachen.“

„Ich habe niemals behauptet, daß Sie Ihre Pflichten vernachlässigt haben, Mademoiselle. Im Gegenteil, ich fand Sie allzu eifrig bemüht.“

„Es lag nicht in meiner Absicht, die Grenzen meiner Stellung zu überschreiten. Es tut mir leid, wenn ich es getan habe. Wenn Sie sich etwas bestimmter äußern wollten, würde ich vielleicht in Zukunft weniger Anlaß zur Klage geben.“

„In Zukunft — ach, wer weiß?“ Die Herzogin seufzte tief, wie es ihre Gewohnheit war, und hob bekümmert ihre schweren Lider, als erwarte sie vom Himmel eine Antwort.

„Ich habe versucht, die Anweisungen des Herzogs zu befolgen“, beharrte Henriette. „Und auch Ihnen würde ich gern folgen, Madame, wenn Sie mir nur welche geben würden. Der Herzog schien mit dem Betragen der Kinder und ihren Fortschritten im Unterricht zufrieden zu sein; wenigstens hat er bisher noch nichts daran auszusetzen gehabt.“

„Ich mische mich niemals in die Anordnungen ein, die der Herzog trifft. Die Erziehung der Kinder liegt ausschließlich in seinen Händen.“

„Aber, Madame, sollte es nicht möglich sein, Sie beide zufriedenzustellen? Eine Erzieherin kann sich nicht richtig ihrer Aufgabe widmen, wenn sie nicht das Vertrauen beider Eltern genießt. In diesem einen Monat habe ich Ihre Kinder lieben gelernt, und Raynalds Krankheit hat ihn mir besonders teuer gemacht. Vielleicht habe ich mir in meiner Sorge um ihn unabsichtlich etwas zuschulden kommen lassen — aber Sie müssen mir glauben, wenn ich Ihnen sage, daß ich Ihnen nur Unannehmlichkeiten ersparen und dem ärztlichen Befehl nachkommen wollte."

„Der Doktor hatte nicht befohlen, daß Sie und der Herzog ein krankes Kind am offenen Fenster einem kalten Luftzug aussetzen sollten; aber das ist jetzt gleichgültig; wie durch ein Wunder hat es ihm ja nichts geschadet, und nach Ihrer eigenen Auffassung haben Sie ja treu und aufopfernd für ihn gesorgt. Wir wollen also alles auf sich beruhen lassen."

„Aber ich merke doch, daß Sie mir Ihr Wohlwollen immer noch vorenthalten, und ich möchte doch so gern Ihre Wünsche berücksichtigen, wenn Sie sie mich nur wissen lassen würden."

„Nun denn, Mademoiselle, ich kann nur meinerseits wiederholen, was jede Mutter erbitten und erwarten darf — daß sie bei ihren Kindern zuerst kommen soll. Nichts darf sich zwischen mich und die Liebe meiner Söhne und Töchter stellen — nichts, hören Sie!"

„Aber das ist doch selbstverständlich." Henriette sprach ruhig, ohne die Spitze in den Worten der Herzogin zu beachten. „Aber Kinder werden größer und bedürfen nach und nach auch der Hilfe Außenstehender. Eine Mutter kann sie nicht in alle Ewigkeit wie Säuglinge halten. Ihre Kinder sind intelligent und charaktervoll; sie erwidern die Zuneigung, die man ihnen entgegenbringt, aber wenn man sie ihnen abverlangt, springen sie wie störrische Jungpferde beim ersten Anblick des Zaumzeugs davon."

Henriette sprach nicht weiter, denn die andere hörte ihr offensichtlich nicht mehr zu. Die Aufmerksamkeit der Herzogin hatte sich von den Kindern dem anliegenden Zimmer zugewandt, aus dem ein Geräusch herübergedrungen war. Das Quietschen eines sich öffnenden Fensters hatte ihrem Gespräch ein Ende gemacht, gerade, als es sich seinem Höhepunkt näherte. Wie sie die Frau da vor sich sah, den Kopf verstohlen lauschend zum Nebenzimmer geneigt und das ganze Gesicht auf einmal angespannt vor Erwartung, wußte Henriette, daß es immer so sein würde: die einzige Wirklichkeit, die für die Herzogin existierte, beschränkte sich auf die magne-

tische Anziehungskraft, die die Gegenwart ihres Mannes auf sie ausübte.
„Nein", dachte sie, wie sie da neben dem Sofa stand, ohne daß ihre Anwesenheit von der Herzogin überhaupt noch beachtet wurde, „sie haßt mich nicht aus irgendeiner persönlichen Abneigung; die Kinder und ich sind ihr gleichgültig, wir existieren für sie nur insofern, als ihr Mann uns sein Interesse zuwendet."
Die Unterredung war zu Ende, und Henriette mußte sich eingestehen, daß sie jetzt noch ratloser war als zuvor. Die Herzogin hatte alles um sich her vergessen und lauschte nur mehr angespannt auf die Geräusche aus dem Nebenzimmer. Alle ihre Gedanken und Sinne sehnten sein Erscheinen herbei, und Henriette sah, daß es keinen Zweck haben würde, das Thema, das sie hergeführt hatte, weiterzuverfolgen.
„Ich kann nur wiederholen, Herzogin, daß ich Ihnen für Ihr Geschenk danke und daß ich hoffe, Sie werden mir vertrauen und mich Ihre Wünsche wissen lassen. Ich wünsche Ihnen eine gute Reise und ein fröhliches Wiedersehen mit Ihren Töchtern. Seien Sie versichert, daß es Raynald an nichts fehlen wird, bis Sie uns nachkommen lassen."
Als die Tür sich hinter ihr schloß, atmete Henriette tief auf. Es war alles vergeblich gewesen. Ihr guter Wille und ihre Worte hatten nicht mehr Eindruck gemacht, als wenn sie auf ein Federbett eingesprochen hätte. Aber wenigstens waren ihr keine weiteren Anklagen entgegengeschleudert worden. In Zukunft würde sie den Weg, den ihre Pflicht ihr wies, gehen, ohne zu versuchen, das Rätsel um diesen hintergründigen Zwist zu lösen, in den sie sich ohne ihr Zutun verstrickt sah.
„Hat sie denn gar keinen Stolz?" dachte sie. „Hätte ich einen solchen Mann und solche Kinder und dazu noch all dies andere — —" Sie beendete ihren Gedankengang mit einem ausdrucksvollen Achselzucken, und während sie den Korridor entlangschritt, beschloß sie, sich die ganze verwirrende Angelegenheit aus dem Kopf zu schlagen. Schließlich waren ja diese beiden Mann und Frau und sie nur die Erzieherin ihrer Kinder. Nun gut, sollte es so sein; sollten alle Verwicklungen, die sie ja im Grunde gar nichts angingen, sie in Ruhe lassen! Sie

würde sich auf jeden Fall nicht mehr länger damit abgeben, in dieses Puzzlespiel menschlicher Leidenschaft, das sich als so unerwartet kompliziert herausstellte, Ordnung zu bringen. Sie tat besser daran, ihren ganzen Verstand zusammenzunehmen, um einen sicheren Kurs durch alle Strömungen und an allen Klippen vorbei zu steuern, die noch vor ihr liegen mochten. Instinktiv raffte sie ihre Röcke und beschleunigte ihren Schritt.

Aber als sie an der Tür zu den Räumen des Herzogs vorüberkam, stutzte sie und blieb stehen, da ihr Blick auf einen Brief fiel, der zur Hälfte unter die Türschwelle geschoben war. Sogar in der Dämmerung, die im Flur herrschte, kam ihr etwas daran bekannt vor. Sie beugte sich nieder und erkannte das Papier von demselben ungewöhnlichen Blau des Briefes, der an diesem Morgen neben ihrer Kaffeetasse gelegen hatte.

Sie mußte immer an diese Ecke des blauen Umschlags, der da hervorgelugt hatte, denken, sogar zwischen den Zeilen der Geschichte, die sie Raynald vorlas, tauchte er auf — so klar sah sie ihn vor sich, daß sie beinahe glaubte, das hellblaue Dreieck aus der Brusttasche des Herzogs leuchten zu sehen, als er nach dem Mittagessen seinen Sohn besuchte.

Sie forschte in seinem Gesicht, um herauszufinden, ob er wohl von ihrem Besuch bei der Herzogin unterrichtet sei. Doch nichts in seinem Ausdruck und seiner Haltung ließ darauf schließen, daß seine Frau ihm ihre Version über die Unterredung im Boudoir mitgeteilt hatte. Er schien so strahlender Laune zu sein wie schon lange nicht mehr, und nichts hätte ein glänzenderes Bild sorgloser Kraft bieten können als seine hochgewachsene helle Gestalt in dem maulbeerfarbenen Rock und den taubengrauen Hosen.

Raynald, der jetzt schon jeden Nachmittag aufstehen und herumspielen durfte, war zuerst sehr betrübt darüber, daß er nicht sogleich mit nach Melun fahren konnte. Aber sein Vater und Henriette verstanden es, das Kind von seinem Kummer abzulenken. Henriette erklärte ihm, daß er ja den Besuch im Marionettentheater verpassen würde, wenn er heute schon nach Melun führe; und sein Vater konnte ihm die beruhigende Versicherung geben, der neue Ententeich in Melun wäre frühestens in einer Woche fertig. Als besonderen Abschiedstrost nahm er ihn dann auf seinen Schultern mit hinauf in sein Studierzimmer

„In einer halben Stunde schicke ich ihn wieder herunter“, versprach er. „Er kann oben in meinem großen Lehnsessel sitzen und sich damit vergnügen, zuzusehen, wie die Koffer gepackt und zugeschnallt werden und wir dann in die Kutsche einsteigen.“

Während Henriette auf die Rückkehr des Kindes wartete, lauschte sie auf das eilige Getriebe im Hause, das der Abreise voranging. Es war ihr eine Erleichterung, um die Verabschiedung von der Mutter herumgekommen zu sein, und im stillen hoffte sie nur, daß ihr kleiner Zögling sie mit Haltung hatte über sich ergehen lassen. Als der Junge von dem Diener wiedergebracht wurde, glänzten seine Augen vor Wichtigkeit, und voller Eifer machte er sich sogleich daran, mit einer Schere an einem Stück Papier herumzuschneiden.

„Papa hat sie mir gegeben“, erläuterte er. „Sie ist aber nicht so scharf wie Ihre, Mademoiselle, und ich werde Ihnen jetzt was Schönes ausschneiden.“

„Ein Geschenk für mich? Das ist ja wunderbar! Da bin ich mal neugierig, ob ich raten kann, was es werden soll.“

Er hielt seine Arbeit in die Höhe, um sie raten zu lassen.

„Wahrhaftig, ich glaube, das wird ein Herz. Hab' ich recht?“

Er nickte stolz und schnippelte weiter.

„Wie bist du gerade auf ein Herz gekommen?“ erkundigte sie sich und sah, daß seine weiche Stirn sich krauste, während er sich abmühte, sein Werk zu vollenden.

„Weil es am leichtesten ist und man es nicht so merkt, wenn man zuviel wegschneidet“, antwortete er ernsthaft.

„Kindermund —“ dachte sie. „Er weiß nicht, wie recht er hat: niemand merkt es, wenn er zuviel von einem Herzen wegschneidet....“

Endlich war das Papierherz fertig und wurde von der Empfängerin — und dem Geber nicht minder — gebührend bewundert. Als Henriette jedoch das zerknitterte und ziemlich schief geratene Kunstwerk glattstrich, lag zu ihrem Erstaunen wieder ein Stück von dem bekannten blauen Briefpapier vor ihr. Noch mehr überraschte es sie, beim Umwenden zu bemerken, daß die Rückseite beschrieben war. Die Worte sprangen ihr förmlich in die Augen und berührten sie um so schmerzlicher, als die unbewußten Finger eines Kindes sie auseinandergerissen hatten. Diese armen, gequälten Schriftzeichen schienen zu leben — unmöglich, sie nicht zu lesen, und undenkbar, das Gelesene zu vergessen!

„Mein Liebl — nur eine Wand trenn — ber eine Welt — a zwischen liegt — ich habe geweint — nicht schlafen — ach, hätte ich — her gewußt — was, wir uns dama — gemeins — wie kann ich —"

Mit zitternden Händen kniffte sie das Herz zusammen und verwahrte es in ihrem Nähkasten.

„Raynald", wandte sie sich wieder an den Knaben. Sie hob ihn auf ihren Schoß und fragte leichthin: „Du hast doch nicht etwa in Mamas Schreibtisch herumgestöbert, um das Papier für mein Geschenk zu finden?"

„O nein, Mademoiselle, Papa sagte mir, ich darf mir aus seinem Papierkorb aussuchen, was ich will, und das hier war so hübsch blau."

SIEBENTES KAPITEL

„Mademoiselle Henriette ist wieder da!" rief der alte Pierre unter freudigem Nicken und Schmunzeln, als er die Insassin der glänzenden Equipage erkannte, die vor Madame Le Maires Haus anhielt. „Zu Fuß ist sie weggegangen, und in einer Herrschaftskutsche kommt sie wieder, genau wie im Märchen." Der Alte bestaunte mit blinzelnden Augen das vornehme Wappen am Wagenschlag und die vornehme Dame, die sich in die Kissen zurücklehnte und deren Gesicht er kannte, wenn auch die Pracht ihres grünschillernden Seidenkleides, ihres Hutes mit dem Schleier daran ungewohnt anmutete. „Ja ja", fuhr er fort und zwang seine steifen Knochen unter der geflickten Dienerjacke zu einer tiefen Verbeugung. „Die Sonne lacht auf Mademoiselle herunter. Habe ich es nicht vorhergesagt? Habe ich nicht

immer gewußt, daß Mademoiselle unter einem Glücksstern geboren ist?"
Henriette hoffte, das Scharren der Pferdehufe möchte seine Worte übertönen. Sie wollte nicht, daß der Kutscher und sein livrierter Begleiter, der die Köpfe der lebhaften Pferde hielt, diesen Begeisterungsausbruch anhörten. Es war sehr rührend, wie stolz der alte Pierre auf sie war, aber sie fürchtete, er könnte in seinem Entzücken über die Veränderung ihrer äußeren Erscheinung zu weit gehen. Schließlich war es ja nicht notwendig, daß die Dienerschaft des Praslinschen Haushalts erfuhr, wieviel weniger vornehm sie vor zwei Monaten ausgesehen hatte. Sie warteten ohnehin nur auf eine Gelegenheit, ihr etwas am Zeuge zu flicken, zumal ihr jetzt nicht nur die Sorge für Raynald, sondern auch die Aufsicht über das ganze Hauswesen übertragen worden war. Sie war zu klug, um von den unwilligen und sauertöpfischen Mienen, mit denen ihre Anweisungen aufgenommen wurden, Notiz zu nehmen, und war sich keineswegs im unklaren darüber, in welchem Maße die Stimmung gegen sie war.
„Danke, Pierre. Ja, mir geht's gut, und ich bin sehr glücklich. Der Herzog und die Herzogin sind aufs Land gefahren, und ich mache jeden schönen Nachmittag mit dem jungen Herrn Raynald eine Spazierfahrt, weil ihm das verordnet worden ist. Madame ist von mir durch einen Boten aufgefordert worden, uns heute zu begleiten. Sagen Sie ihr doch bitte, daß wir warten."
Als Pierre mit ihrem Auftrag davongeschlurft war, lehnte Henriette sich zurück und betrachtete nachdenklich das ihr so wohlvertraute, verwahrloste Straßenbild. Der helle Sonnenschein ließ die Häuser noch schäbiger aussehen, als sie sie in Erinnerung hatte. Hier fehlte ein Fensterladen, dort hing eine Markise schief herunter; verwelkte Blumen standen vergessen in ihren Kästen, und das Wasser aus den undichten Regenrinnen hatte die Mauern verfärbt.
„Wie konnte ich hier jemals auch nur eine einzige Stunde froh und zuversichtlich sein?" fragte sie sich, als sie, emporblickend, des winzigen Giebelfensters vom ‚Nadelöhr' gewahr wurde, aus dem sie so oft über die Stadt

geschaut hatte. Ja, da war es; es stand offen, und ein Stück der zerrissenen Gardine flatterte im Wind wie ein Signal aus der Vergangenheit.

„Mademoiselle“ — die klare Kinderstimme riß sie aus ihren Betrachtungen —, „ich mag diese Straße nicht. Warum sind die Häuser hier alle so grau und traurig?“

„Vielleicht, weil sie so alt sind, Raynald. Vielleicht auch, weil die Menschen, die in ihnen leben, arm und nicht sehr glücklich sind.“

„Dann wollen wir nicht hierbleiben“, bestimmte er sogleich. „Wir wollen in den Bois oder in den Luxembourg-Garten fahren.“

Sie beschwichtigte ihn. Er solle nur noch warten, bis die Dame käme, die sie heute begleiten würde. Die Dame sei nämlich eine gute alte Bekannte von Mademoiselle. Wenn sie ihm auch ein wenig sonderbar vorkäme, so müsse er doch höflich sein und nichts darüber sagen, daß sie graues und schwarzes Haar zugleich habe und so viel Runzeln im Gesicht und nicht so schöne Kleider wie Mama. Er solle hübsch ‚bonjour‘ sagen und seine Verbeugung machen und die alte Dame auf dem besten Platz sitzen lassen, gerade weil sie nur sehr selten in einem so schönen Wagen mit so stolzen Pferden fahren könne.

Madame Le Maire erschien denn auch endlich in ihrem besten Schwarzseidenen, ihren Hut fest an langen Nadeln verankert, die eingesunkenen Wangen mit zwei kreisrunden Rougeflecken verschönt. Der Diener hielt den Schlag auf — mit unbewegtem Gesicht, aber in seiner ganzen Haltung beredte Verachtung. Raynald sagte seine Begrüßung her und überließ dem Gast etwas zögernd den Sitz an der Außenseite; die Pferde zogen an, und vor den bewundernden Augen des alten Pierre und all der an die Fensterscheiben gedrückten, erstaunten Gesichter ratterte das Gefährt über das Kopfsteinpflaster davon.

„Ah ja!“ atmete Madame Le Maire auf, als der Wagen in breitere und gepflegtere Straßenzüge einbog. „Das war mal eine angenehme Überraschung, meine liebe Mademoiselle Desportes — o Pardon, ich vergaß ganz, daß Sie ja diesen anderen komischen Namen bevorzugen,

der mir nun einmal nicht über die Lippen will. Ich dachte schon, Sie hätten uns und die Rue du Harlay ganz vergessen.“
Henriette hatte viele Erklärungen für ihr langes Schweigen, wenn sie sich auch mit Rücksicht auf den Jungen zwischen ihnen nicht so frei äußern konnte. Vielleicht hätte sie besser daran getan, ihrer alten Zufluchtsstätte fernzubleiben; aber sie hatte der Versuchung nicht widerstehen können, diesen Besuch zu machen, solange noch der herzogliche Wagen und die livrierten Diener zu ihrer Verfügung standen und bevor ihr neues Straßenkleid die erste Frische verloren hatte. Es hatte sie danach verlangt, die Bewunderung in Pierres Augen zu lesen und den durchtriebenen Blick zu sehen, mit dem Madame sie von der grünen Straußenfeder am Hut, die sich so kleidsam von ihren kastanienbraunen Locken abhob, bis zu den dünnen Lederstiefelchen auf dem Fußkissen anerkennend musterte. Sie brauchte einfach eine solche Bestätigung. Wenn überhaupt niemand dagewesen wäre, um ihrem Aufstieg Beifall zu zollen, hätte sie eigentlich auch ebensogut ein armes Nichts bleiben können. Wer kann von einer Schauspielerin verlangen, vor leeren Bänken zu spielen?
Mehr als eine Woche hatte sie nun bereits dem Praslinschen Haushalt vorgestanden. Mochten die Dienstboten auch hinter ihrem Rücken unzufriedene Gesichter schneiden und sich untereinander über sie beklagen — offen sich zu empören, wagten sie nicht. Der Herzog hatte ausdrücklich angeordnet, daß Mademoiselle Deluzys Wünschen und Befehlen in allem Folge zu leisten sei. Kleine Widerspenstigkeiten und unzufriedene Blicke konnten einen kalt lassen, wenn einem eine solche Machtstellung eingeräumt wurde, wie es bei ihr der Fall war. Doch achtete sie sorgfältig darauf, niemals ihre Rechte zu mißbrauchen, indem sie allzu persönliche Dienstleistungen beanspruchte. Das wäre in dieser Zeit ein verhängnisvoller Fehler gewesen. Sie beschränkte sich also darauf, sich ganz ihrem kleinen Zögling zu widmen, nicht nur weil er ihr so ans Herz gewachsen war, sondern auch weil sie sich nicht die geringste Blöße geben wollte vor dem Personal, das nichts mehr gefreut hätte, als wenn es mit seinem ausgedehnten Spionagesystem irgendeiner

Nachlässigkeit auf die Spur gekommen wäre, um diese dann der Herrschaft weiterberichten zu können.
Mit der Abreise der Herzogin hörte auch für Henriette der sprichwörtlich gewordene Schuh auf zu drücken. Nun konnte sie sich frei bewegen, ohne immer das Gefühl haben zu müssen, diese leidenschaftliche, gequälte Menschenseele in ihrer Nähe zu wissen. Die ganze Atmosphäre schien freundlicher, wie die drückende Stimmung sich mit den Gewitterwolken wieder verzieht. Vielleicht, ging es Henriette durch den Kopf, hatte sie die Ausbrüche der Herzogin infolge ihrer eigenen Übermüdung als so besonders exaltiert empfunden; zweifellos war es damals nicht die richtige Zeit gewesen, sich ein Urteil über sie zu bilden. Sicherlich würde es jetzt ganz anders werden, wenn sie sich demnächst in der Ruhe des Landlebens wieder begegneten und alle Kinder gesund und fröhlich ihre Sommerferien durchtollten. Beinahe hätte sie sich selbst dazu überreden können, wären nicht jene zerschnittenen verzweifelten Worte auf dem blauen Papierfetzen gewesen.
„Auf Wiedersehen, Madame Le Maire", sagte sie eine Stunde später, als sie wieder in der Rue du Harlay angelangt waren. „Es freute mich sehr, daß Sie uns begleiten konnten. Ich erwarte jetzt täglich die Aufforderung, nach Melun zu kommen."
Während Madame sich hinaushelfen ließ, blieb ein schmächtiger junger Mensch, der einen Stapel Bücher unter dem Arm trug, stehen, um die vornehme Kutsche — diesen ungewöhnlichen Anblick — ausgiebig zu bewundern. Henriette lächelte, als sie ihn erkannte, und hielt ihm die Hand hin.
„Monsieur Remey, haben Sie mich schon vergessen?"
Es machte ihr Spaß, das ungläubige Erstaunen zu sehen, mit dem er seine Begrüßung hervorstotterte:
„Mademoiselle Henriette, ich habe Sie kaum wiedererkannt. Nein — nicht nur deswegen" — er wies mit der Hand auf den Lakai und die Pferde —, „es liegt an Ihnen selbst. Man braucht Sie wohl nicht zu fragen, wie es Ihnen jetzt geht?"
„Und ich hoffe, es geht Ihnen ebenfalls gut?"
„Ich gehe immer noch zu Fuß, wie Sie sehen." Etwas trübselig blickte er auf seine abgetragenen Schuhe hin-

unter und bemühte sich, die ausgefransten Manschetten, die aus seinen Ärmeln hervorsahen, zu verbergen. „Aber ich bin sehr glücklich. Hat Madame Ihnen schon erzählt? Meine Arbeit hat einen Verleger gefunden, und Marie und ich sind jetzt verlobt." Seine Augen nahmen einen träumerischen Glanz an, als er den Namen seiner Geliebten aussprach. „Im August wollen wir heiraten."

„Wie zwei törichte Spatzen", platzte Madame Le Maire heraus und ergriff den dargebotenen Arm des jungen Mannes. „Raum ist in der kleinsten Hütte — das kennen wir, und ich weiß auch, später klingt das dann meistens ganz anders."

„Ich erinnere mich an Marie, ein hübsches Mädchen", meinte Henriette zu ihm, „und ich wünsche euch beiden alles Gute. Werden Sie in Paris wohnen bleiben?"

„Aber ja, wo denn sonst?" Zwischen die Brauen des jungen Mannes grub sich eine tiefe Sorgenfalte ein. Nicht einmal sein Glück konnte den bekümmerten Ausdruck, der selten aus seinem ernsten Gesicht wich, ganz auslöschen. „Ich muß meine Studien fortsetzen, wenn ich es jemals zu einem Lehrstuhl bringen will. Und bis dahin gebe ich Stunden, wenn ich einen Schüler finden kann. Es stimmt ja, Marie bringt keine Mitgift in die Ehe, aber sie kocht eine großartige Suppe."

„Ohne Knochen, ohne Mohrrüben und ohne Zwiebeln, nicht wahr?" neckte Madame Le Maire. „Wenn sie es wirklich fertigbringt, aus Liebe und einem Topf voll heißen Wassers eine nahrhafte Brühe zu kochen, dann kann sie weiß Gott hexen."

„Mademoiselle, ich bitte nicht gern um eine Gefälligkeit, aber —" Monsieur Remey machte noch keine Anstalten, sich zu verabschieden, obwohl der Kutscher nicht zu verheimlichen suchte, daß er ebenso ungeduldig war wie seine Pferde. „Jetzt, wo es Ihnen so gut geht und Sie sich in diesen vornehmen und einflußreichen Kreisen bewegen, würden Sie da vielleicht so liebenswürdig sein und an uns denken? Wenn Sie vielleicht einmal von einem Schüler hören und mich dann als Lehrer vorschlagen könnten, das wäre — —"

Die Pferde ließen sich nicht länger halten, seine letzten Worte gingen in dem Hufgetrappel und in dem Rattern der Räder unter. Die zögernd vorgebrachte Bitte war

Henriette jedoch nicht entgangen. Sie wandte sich zurück und nickte und winkte ihm einen ermutigenden Abschiedsgruß zu. Der arme, unpraktische Monsieur Remey in seinen abgerissenen Kleidern und mit diesem Bücherpacken, der seinen Rock am Ärmel und an der Seite durchgescheuert hatte! Und der wagte es, zu lieben und glücklich zu sein mit keiner anderen Aussicht, als in einer armseligen kleinen Dachwohnung mit einem Mädchen zu hausen, das genau so wenig besaß wie er und — eine gute Suppe kochen konnte. Henriette ertappte sich dabei, daß sie die beiden beneidete. Das Leuchten in seinen kurzsichtigen Augen war echt gewesen. Sie konnte nicht vergessen, wie sie gestrahlt hatten, als er ihr von seinem Glück erzählte. Ihr erschien jetzt die Seide ihres neuen, faltenreichen Kleides nur ein kümmerlicher Ersatz für alles das zu sein. Vielleicht würde sie ihm tatsächlich einen Schüler verschaffen können, obwohl doch eigentlich gar kein Grund vorlag, weshalb sie sich um die Nöte eines Studenten und seiner Braut, die sie kaum kannte, kümmern sollte. Aber das Glühen der untergehenden Sonne erinnerte sie an den warmen Schein, der für ein paar Augenblicke sein Gesicht überflogen hatte. Sie hatte das bestimmte Gefühl, daß Monsieur Remey, seine Braut und sie zusammenhalten müßten, wollten sie nicht Gefahr laufen, dem unsicheren Schicksal anheimzufallen, das die Ehrgeizigen und Strebsamen so häufig ereilt.
„Warum trug der Mann so schwere Bücher, Mademoiselle?“ hörte sie Raynald fragen. „Und wie kommt es, daß er so komische Sachen anhat?“
„Er ist ein Student“, erwiderte sie halb abwesend, „und Studenten sind zu sehr damit beschäftigt, ganze Stöße von Büchern zu lesen, um darauf zu achten, was sie anziehen oder was sie essen.“
„Ich will nie ein Student werden. Darf ich heute zum Abendessen Kuchen haben?“
Die Spazierfahrt und das Wiedersehen mit ihren beiden alten Bekannten hob Henriettes Stimmung nicht so, wie sie es sich erhofft hatte. Es war ja alles ganz schön und gut, auch einmal die Wohltäterin spielen zu können, aber nachdem der erste Reiz vergangen war, fühlte sie sich wieder einsam und unbefriedigt. Raynald lag in

seinem Bett; ihre Tagesarbeit war getan, und jetzt dehnte sich der Abend öde vor ihr aus wie der Korridor und die leeren Zimmer. Allein in diesem schloßartigen Hause, kam sie sich wie ein getrocknetes Samenkörnchen in einer Kürbisflasche vor.
Sie legte ihre Schreibmappe unter die Lampe auf den Tisch im Schulzimmer und tauchte ihre Feder energisch in die Tinte, in der besten Absicht, den bereits begonnenen Brief an Nina Hislop zu beenden; aber ihre Gedanken weigerten sich, Sätze zu formen.
Die Tinte an der Feder trocknete ein, während sie aus dem Lampenlicht durch das offene Fenster in den im Abenddunkel liegenden Garten hinaussah. Da unten blühte der späte Flieder, dessen Blüten einen Duft verströmten, dem sie sich heute nicht gewachsen fühlte.
„Du Närrin!" Sie riß sich zusammen und setzte erneut zum Schreiben an. „Was willst du denn noch mehr?"
Und doch wußte sie, wie sie jetzt dasaß und sich in leicht lehrhaften, wohlüberlegten Schilderungen einer Ausfahrt in den Bois und eines Nachmittags im Louvre erging, ihrer ehemaligen Schülerin zu Nutz und Frommen — sie wußte in ihrem Herzen, daß es nicht ihre Bestimmung sein konnte, an einem solchen Maiabend allein zu sein. Was nützte es ihr, zu wissen, daß der Flieder blühte und daß die Menschen überall Arm in Arm zu zweit wandelten?
Der Brief war fertig. Sie klappte die Schreibmappe zu und sah nach der Uhr auf dem Sims. Zehn Minuten vor neun — in Paris hatte der Abend kaum begonnen; für sie aber war er schon so gut wie zu Ende. Dieser Fluch der Einsamkeit — womit hatte sie ihn nur verdient?
Zwischen den Schulbüchern auf den Borden befand sich auch ein schmaler grüner Band englischer Gedichte, den sie aufs Geratewohl herausgriff. Müßig schlug sie die Seiten um, ohne sich der einfachen Reime recht bewußt zu werden. Nette, gefällige Verse waren es größtenteils, lieblich geschwungene Girlanden von klingenden Worten: Liebe und Triebe, Herz und Schmerz, Blütenpracht und Sommernacht. Plötzlich sprangen ihr andere Worte entgegen, die nicht mehr sanft und wohlerzogen an das leise Klappern der Tassen und Löffel eines ehrbaren

Kaffeekränzchens erinnerten, Worte, die sie herauszufordern schienen:

Woran soll ich deinen Liebsten kennen
unter vielen andern?
An seinem Muschelhut und Stab
und den Pilgerschuhen.

Frau, gestorben ist dein Liebster,
tot und längst dahin;
sein Haupt bedeckt das Gras,
ein Stein bedeckt die Füße.

Sie las nicht weiter; aber das Herz klopfte ihr merkwürdig heftig, als sie nun das Buch wieder an seinen Platz stellte, und sie verspürte ein Frösteln. Sie wußte nicht, warum diese Verse sie so seltsam anrührten.

Frau, gestorben ist dein Liebster,
tot und längst dahin ....

Doch eines Tages würde sie erfahren, aus welchem Grunde sie ihr so nahegingen; noch warfen sie nur einen flüchtigen Schatten, dessen Umriß und Gestalt sie nicht einmal ahnen konnte.
Mit einem kleinen Achselzucken schüttelte sie diese schwermütige Stimmung von sich ab und ging an das Klavier, das seit der Abreise der älteren Mädchen unbenutzt geblieben war. Ihre Finger glitten über die Tasten, wie sie sich an den Walzer zu erinnern suchte, den sie vor Jahren mit so großer Mühe auswendig gelernt hatte. Beim Spielen fielen ihr die Läufe wieder ein, wenn sie auch den Baß nur noch unsicher beherrschte.
„Mademoiselle! Mademoiselle!"
So vertieft war sie gewesen, daß sie die eilig sich nähernden Stimmen und Schritte überhört hatte. Als sie aufblickte, sah sie eine hochgewachsene Männergestalt in der Tür und ein atemloses Mädchen mit verwehtem Haar, das mit ausgestreckten Armen auf sie zukam.
„Louise!" Sie erwiderte die Umarmung. „Wo kommst du so spät her? Das ist aber eine Überraschung, Monsieur! Ich hoffe, es ist nichts vorgefallen?"

Im Nu war die Atmosphäre des Schulzimmers mit Leben geladen. Frage und Antwort jagten einander bei der freudig erregten Begrüßung; die Lampe schlug gleichsam einen magischen Kreis um die drei, die sich in ihrem gedämpften Licht zusammensetzten. Ein Diener brachte ein rasch zubereitetes Mahl — kaltes Fleisch, Salat und Brot; Milch für Louise und eine Karaffe Wein für den Herzog.

Henriette hörte der Erzählung der beiden zu und beantwortete gelegentliche Fragen; doch während der ganzen Zeit konnte sie ihre Augen nicht von der Karaffe mit der dunklen Glut ihres Inhalts und von den edel geformten Händen abwenden, die sorgfältig zwei Gläser füllten. Der Gegensatz zwischen der zarten Blässe der Haut und dem leuchtenden Rot des Weines faszinierte sie. Ein verschütteter Tropfen lag wie ein Blutstropfen auf der weißen Hand; der Herzog wischte ihn mit seinem Taschentuch fort und beugte sich über den Tisch.

„Mademoiselle, Sie werden es mir doch nicht abschlagen, ein Glas mit mir zu trinken? Es trinkt sich nicht gut allein."

Lächelnd nahm sie das Glas entgegen. Sein Gesicht kam ihr im Lampenschein ganz verändert vor. Sein Stirnhaar leuchtete wie Gold, und seine Augen unter den dichten Wimpern wirkten jetzt eher grün als braun. Sie konnte nur hoffen, daß ihr das künstliche Licht ebensogut stand. Sein Blick, der auf ihren Locken zu beiden Seiten der Wangen verweilte, schien es zu bestätigen.

„Ja, der Herzogin ist der Landaufenthalt sehr gut bekommen", hörte sie ihn eine Frage beantworten, von der sie nicht mehr wußte, daß sie von ihr gestellt worden war. „Sie geht fast ganz in der Sorge für die Armen des Dorfes auf."

„Ihre Güte muß ihr sehr viel Liebe einbringen — aber, Louise, was ist denn mit deiner Backe los? Sie ist ja so geschwollen!"

Und jetzt erst erfuhr Henriette von dem schlimmen Zahn, der nicht aufhören wollte zu schmerzen, und wie Papa sich kurzerhand entschlossen hatte, sie mit nach Paris zu nehmen, wo er ohnehin morgen geschäftlich zu tun habe.

„Sie sollen mich zum Arzt begleiten, Mademoiselle", fuhr Louise fort, „und wenn der Zahn gezogen werden muß und ich tapfer bin, dann hat Papa mir eine Überraschung versprochen. Wir haben uns das auf der Herreise im Zug ausgedacht. Nicht wahr, Sie können nicht raten, was es wohl sein mag?"
„Wenn sie es rät, wird es doch keine Überraschung mehr sein, Louise!" erinnerte der Herzog seine übereifrige Tochter.
„Aber mit mir hat das ja auch nichts zu tun", wandte Henriette ein, „mein Zahn tut ja nicht weh."
„Aber Sie sollen trotzdem mit dabei sein, Mademoiselle. Wir werden unsere besten Kleider anziehen und in einer Loge sitzen und nicht vor Mitternacht zu Bett gehen. Können Sie immer noch nicht raten?"
Der Herzog lächelte belustigt und zündete sich kopfschüttelnd eine Zigarre an. Er sah Louise zärtlich an, während er dann auf Raynald und Angelegenheiten des Haushalts zu sprechen kam. Henriettes Bericht war klar und sachlich. Er hörte ihr aufmerksam zu und nickte voller Zufriedenheit durch den blauen Rauch, der dem nüchternen Schulzimmer einen Hauch von männlicher Weltlichkeit verlieh.
„Ich bin Ihnen sehr zu Dank verpflichtet, Mademoiselle", sagte er und erhob sich. „Ihr Regiment während meiner Abwesenheit ist jeden Lobes wert. In wenigen Tagen werden wir alle zusammen nach Melun zurückfahren, und es dürfte Sie vielleicht interessieren, zu erfahren, daß Mademoiselle Maillard uns im August verlassen wird."
Sie hatte nur noch Zeit, ihm einen erleichterten Blick zuzuwerfen, und dann war er gegangen.
„Mama wollte nicht, daß Mademoiselle Maillard weggeht", vertraute Louise ihr an. „Sie hat deswegen geweint, aber wir nicht. Wir freuen uns, daß sie weggeht, und Berthe hat es ihr sogar ins Gesicht gesagt. Und wissen Sie was, Mademoiselle? Die Überraschung stammt von Papa, weil er sich erinnerte, daß Sie die Rachel noch nie haben spielen sehen."
Späterhin dachte sie an die berühmte Schauspielerin immer im Zusammenhang mit dem Duft von Veilchen. Ein Blumenhändler hatte seinen Korb in den Wagen

gereicht, als er vor dem erleuchteten Eingang des Théatre Français vorfuhr, und der Herzog hatte ihm eine Münze zugeworfen. Ein Sträußchen für Mademoiselle und eins für die aufgeregte Louise. Die Geste wollte weiter nichts besagen, und die Blumen hatten schon etwas von ihrer Lieblichkeit eingebüßt, aber trotzdem wurden die beiden Veilchenbuketts zum Symbol für den unvergessenen Zauber jenes Abends. Louise schritt zwischen dem Herzog und Henriette einher mit so glühenden Wangen, daß die Schwellung von dem kranken Zahn her kaum bemerkbar war. Sie ging wie auf Wolken in ihrer jugendfrischen Begeisterung; das glänzend schwarze Haar fiel ihr in Locken auf die Schultern, und das duftige gelbe Kleid, das für diese festliche Gelegenheit ausgesucht worden war, hob ihre Anmut noch besonders hervor. Sie wirkte durchaus noch nicht erwachsen; doch ihre kindliche Erscheinung ließ bereits ahnen, was für eine Schönheit sie dereinst sein würde. „Sie ist wie ein junges Blatt, das in seinem eigenen Schatten tanzt", mußte Henriette denken; und ein Schauer überrann sie, als sie an den Schatten des Alters dachte, der Jahr für Jahr das Leben jedes Menschen mehr und mehr verfinstert.

Aber sie verweilte nicht lange bei diesen Überlegungen, denn Louises Freude war ansteckend. Selbst der Herzog, ein so abgebrühter Theaterbesucher er auch war, wurde von der erwartungsvollen Stimmung seiner Gäste mitgerissen. Henriette bemerkte, wie beifällig er ihre Toilette musterte, als er ihr den Umhang abnahm. Es war ihr altes Abendcape; ihr neues grünseidenes Kleid jedoch verfehlte seinen vorteilhaften Eindruck nicht, obwohl es nicht dekolletiert war. Im stillen bedauerte sie, daß ihr Hals und ihre Schultern verborgen bleiben mußten; immerhin war es eine Genugtuung, zu wissen, daß ihre Taille fehlerlos geschnitten war, daß das matte Grün ihre Haut noch leuchtender hervortreten ließ und den warmen Farbton ihres Haares so günstig zur Geltung brachte.

„Ich fürchte nur, daß ‚Judith' schwerlich das geeignete Stück ist, um Louise mit dem Theater bekannt zu machen." Ihr Gastgeber beugte sich zu ihr hinüber, um ihr ein Programm auf den Schoß zu legen. „Aber es blieb mir keine Wahl, da die Rachel heute vor ihrem englischen Gastspiel zum letztenmal auftritt."

„Ich glaube nicht, daß Louise sich daran stoßen wird", versicherte sie ihm, „Unschuld, wie Sie wissen, ist sich selbst ihr eigener Wächter. Meiner Ansicht nach finden wir in Büchern und Theaterstücken — oder im Leben, Monsieur, doch nur, was wir darin suchen."

„Nun, vielleicht haben Sie recht." Er lächelte und hob seine breiten Schultern. „Jedenfalls werde ich es Ihnen überlassen, Louise Rede und Antwort zu stehen, falls sie morgen irgendwelche peinlichen Fragen stellt."

„Papa", unterbrach ihn das Mädchen, „darf ich mal durch dein Opernglas gucken? Da hinten sitzen ein paar Leute, die uns dauernd anstarren."

Henriette folgte Louises Blick zu der Seitenloge, in der soeben vier Besucher Platz genommen hatten. Eine vornehme alte Dame und eine jüngere Begleiterin setzten sich in den Samtstühlen zurecht, während die beiden Herren ihre Gläser auf den Herzog und seine Damen richteten. Der Herzog verbeugte sich steif zu ihnen hin und widmete sich dann ganz seiner Tochter.

Langsam wurden im überfüllten Haus die Lichter kleiner geschraubt. Die Gasflammen an der Rampe leuchteten heller auf. Der Vorhang glich jetzt einem blitzenden Lichtwall, während die Geigen und Cellos aufklangen, schluchzten und jubelten und plötzlich wieder schwiegen. Unterdrücktes Flüstern, erwartungsvolle Seufzer liefen wie kleine Wellen von Stuhlreihe zu Stuhlreihe.

Auch Henriette atmete tief und neigte sich vor; wie stets bei ihren bisher so seltenen Theaterbesuchen fühlte sie sich vor Spannung nahezu am Ersticken. Obwohl sie den Stuhl fühlte, auf dem sie saß, und obwohl sie die Veilchen und das Programm auf ihrem Schoß liegen sah und sich der Gegenwart des Mannes und des Mädchens bewußt war, fühlte sie doch, wie ein Teil ihres Wesens sich von ihr loslöste und in den großen Zuschauerraum emporschwebte, bis er gleichsam mit dem aufsteigenden Vorhang verschmolz. Und in diesem Augenblick der Unbeschwertheit erfuhr sie, was es heißt — Ekstase!

Der Vorhang hob sich vor den gemalten Zelten in Holofernes' Kriegslager. Die Trommeln rollten dumpf, die Trompeten schmetterten. Vom Licht umflossene Gestalten schritten einher und sprachen aufrührerische Worte. Die Bühne selbst schien mit dem gesamten Publikum atemlos auf das Erscheinen der größten Tragödin jener Zeit zu warten. Und sie kam dann, leichtfüßig, mehr ein Wind als eine Frau. Ein wallendes Gewand umhüllte ihre zarte, fast kindlich anmutende Gestalt, die dort regungslos stand und mit einer Geste ihrer ausgestreckten kleinen Hand tausend Menschen in ihren Bann schlug.

„O ja, sehr schön", pflegte Henriette später zum Lobe dieser oder jener Schauspielerin zu sagen, „eine ausgezeichnete Leistung, aber wer einmal die Rachel gesehen hat —"

Als der Vorhang nach dem ersten Akt sich senkte und das Haus in einen tosenden Beifallssturm ausbrach, blieb Henriette sitzen. Einer aufgehenden Sonne huldigte man nicht durch Händeklatschen, und einem feuerstrahlenden Meteor jubelte man nicht zu. „Nun, Mademoiselle Deluzy" — die tiefe Stimme des Herzogs brachte sie wieder auf die Erde zurück —, „entspricht die große Rachel Ihren Erwartungen?"

„Ach, Monsieur", sie seufzte, als fiele es ihr schwer, sich wieder an eine andere Luft zu gewöhnen, „was bleibt da noch zu sagen?"

Ihre Antwort schien ihn zu freuen, und er wandte sich seiner Tochter zu, die vor Ergriffenheit ganz außer sich war.

„Ja", er erhob sich, um im Foyer einen kurzen Rundgang zu machen, „sie ist wirklich eine große Künstlerin. Sonst könnte sie nicht Louise in eine Frau verwandeln und Sie wie ein Kind aussehen lassen."

Henriette bemerkte es kaum, als er wieder neben ihr Platz genommen hatte, denn das Spiel nahm seinen Fortgang, und sie gab sich völlig der Entwicklung des Dramas hin. Holofernes litt die Qualen seiner Liebe zu der betörenden Verräterin, und Rachel näherte sich mit der gefährlichen Anmut eines Panthers der Mordszene. Judith hatte triumphiert. Ihre Listen hatten den Feind ihres Volkes unschädlich gemacht, und sie trug das Haupt des Feldherrn hoch in den Händen einher. Grauen und Leidenschaft und wilde Schönheit hielten die Zuschauer gefangen. Und dann war es vorbei. Die bleiche Heroine

der Apokryphen war verschwunden, und an ihrer Statt wurde eine müde junge Frau vor den Vorhang geführt, um den Beifall entgegenzunehmen. Von allen Seiten regnete es Blumen auf die Bühne.
„Meine auch, Papa, meine auch!" Louise zwang ihrem Vater ihren Veilchenstrauß auf.
Einen Augenblick zögerte er; dann bewog ihn das eifrige Gesicht seiner Tochter, ihrem Wunsche nachzukommen, und er lehnte sich über die Brüstung und warf das Bukett ebenfalls hinunter. Es fiel der Schauspielerin direkt vor die Füße, und wenn sie es auch nicht aufhob, so schien es doch, als ob sich ihre dunklen Augen fragend auf die Loge mit dem blonden Herrn und seinen beiden Damen richtete.
„O Papa!" Louise war viel zu aufgeregt, um darauf zu achten, daß Henriette ihr den Mantel umlegte. „Hast du gesehen? Sie hat hierher geschaut. Ich freue mich aber doch, daß Holofernes auch herauskam und sich verbeugte. Er war viel zu nett, um geköpft zu werden, fandest du nicht auch? Ich habe richtig geweint, Mademoiselle; hier sehen Sie, die Tränen haben mein Kleid ganz fleckig gemacht."
Der Herzog lächelte zu dem erregten Geplauder seiner Tochter.
„Ich für mein Teil ziehe ein Lustspiel vor", meinte er, als sie die Loge verließen. „Man sagt, das sei eine Alterserscheinung, aber ich kann es nicht ändern. Es gibt genug Gefahr und Grauen in der Welt — und Tränen braucht man nicht zu kaufen."
Seine Lippen preßten sich nach diesen Worten fest aufeinander. Beim Anblick seines Profils erschrak Henriette vor dem harten Zug um seinen Mund und vor der Kälte, die auf einmal in seinen Augen lag, als wollte er ein schmerzliches Geheimnis dahinter verbergen. Sie schwieg.
Die Menge, die sich im Vorraum drängte, war so groß, daß es seiner ganzen Geschicklichkeit bedurfte, um Louise und sie sicher hinauszugeleiten. Auf dem Wege zur Straße fielen Henriette die neugierigen Blicke auf, die dem Herzog galten. Sie hörte seinen Namen aussprechen und erhaschte die Bewunderung in den Augen der Leute, an denen sie vorübergingen, und die Neugierde und Bewunderung schienen merkwürdigerweise

ihre Person nicht auszuschließen. In einer besonders unverschämt starrenden Gruppe erkannte sie die Leute wieder, die sie schon von der Seitenloge aus so unverfroren gemustert hatten. Wieder verbeugte sich der Herzog förmlich in Beantwortung eines grüßenden Winkens. Er blieb aber nicht stehen, wie seine Bekannten es offenbar von ihm erwarteten, sondern bahnte seinen Schützlingen einen Durchgang hinaus auf die Straße, wo die Kutschen ausgerufen wurden. Henriette hielt sich dicht an seiner Seite. Der Gedanke daran, wie die beiden Herren sie kühl abschätzend fixiert hatten, trieb ihr das Blut ins Gesicht. Ihre Blicke waren stechend und so vernichtend gewesen, dachte sie, wie Konvexspiegel, die etwas Natürliches zu einem Teufelsspuk verzerren.

ACHTES KAPITEL

Das sommerliche Korsika hatte für Henriette die Unwirklichkeit eines Fiebertraumes. Eine ungezähmte Schönheit ruhte auf jenen Küsten und eine Unnahbarkeit, die sie beim ersten Anblick frösteln machte. Sie sollte niemals die Erinnerung an die Meerenge von Bonifacio im frühen Morgenlicht vergessen mit den Bergen von Korsika und Sardinien, die zu beiden Seiten aufragten. Als das Schiff, das der alte Marschall Sebastiani gemietet hatte, um seine Tochter und seine Enkelkinder von Marseille zu ihrem alljährlichen Besuch bei ihm herüberzubringen, sich den schroffen Felsen stetig näherte, überwältigte sie die seltsame Gewaltsamkeit dieser Landschaft.

Es war, als steuerten sie die Mondberge an, so verödet lagen die finsteren Höhen und Täler da, die vorspringenden Halbinseln und die schattigen Buchten ohne jedes Zeichen von Leben und Bewohntsein. Sogar noch als Henriette hier und dort ein paar weit verstreute Bauernhäuser erkennen konnte, eine Gruppe Fischerboote im Hafen oder eine farblose Steinkirche, eine winzige Hütte in einer Talsenke, blieb doch ein Ein-

druck von düsterer Wildnis bestehen. Sie vermochte sich nicht von einem Gefühl der Angst zu befreien.
„Da, Ajaccio!" sagte ein Matrose zu ihr, als ein unansehnliches Häusergewirr sichtbar wurde. „Napoléon Bonaparte war dort ein Kind."
Henriette betrachtete das Städtchen mit den vereinzelt daliegenden Häusern mit neuem Interesse. Aus dieser unscheinbaren kleinen Welt von felsigen Hügeln und versteckten Häfen also war der alles verzehrende Genius des Kaisers gekommen, dessen Schatten noch immer auf Europa ruhte. Einundzwanzig Jahre waren es her, seit er im Exil gestorben war. Die goldenen Bienen, das Wahrzeichen seines Ruhms, waren wie seine Legionen in alle Winde verweht, und der Bienenkorb war zerstört. Aber etwas von der stolzen, unbezwinglichen Energie, die ihn beseelt hatte, schwebte noch über diesen Wassern. Auch jetzt mochten verborgene Feuer unter den zerklüfteten Bergen und den spärlichen Weiden schwelen. Die stillen Fluten zu Füßen der Klippen konnten sich plötzlich in kochenden Gischt verwandeln und die Fischerboote zur Begleitung vulkanischen Donners ins Verderben stürzen.
„Ja", dachte sie und wandte sich Isabella und Louise zu, die gerade aus ihrer Kabine an Deck gekommen waren. „So herrlich die Landschaft auch ist, sie mutet mich doch sehr fremd an. Ich wünschte, wir reisten ab, statt anzukommen."
Während all dieser Wochen voll Sonnenschein und Seeluft, in denen die Kinder in ungebundener Freiheit spielten und plantschten und so braun wurden wie der Tang, der, von der Flut ans Ufer gespült, am Strand trocknete, wurde sie das Gefühl des Fremdseins nicht los. Selbst wenn sie die unberührte Urwüchsigkeit der Landschaft in ihrem Skizzenbuch festzuhalten suchte, überkam sie beim Nachzeichnen der kühnen Umrisse der steilen Felsgrate und der primitiven Takelung der Fischerboote dieses unbestimmte Etwas wie eine Art Furcht, die sich nicht in Worte fassen ließ. Auf Schritt und Tritt hatte sie das Empfinden, daß Korsika und die Herzogin auf eigentümliche Weise miteinander verwachsen waren. Die dunkle Frau mit den schwermütigen Augen und ihren schwankenden Stimmungen zwi-

schen Verzweiflung und Jähzorn, mit ihrer dumpfen Apathie und ihren hemmungslosen Zärtlichkeitsausbrüchen gehörte so unzweifelhaft hierher, als habe die Insel ihr eigenes Temperament durch irgendeinen unerklärlichen Vorgang auf dieses menschliche Gegenstück übertragen. Hier in dem reichen Olmeto, wo sie immer noch das verwöhnte einzige Kind eines begüterten, mächtigen alten Mannes war, mit der Schar ihrer gutgeratenen Söhne und Töchter als sichtbarem Beweis einer erfolgreichen Ehe mit einem Mitglied der französischen Hocharistokratie, konnte Fanny, Herzogin von Praslin, es sich leisten, ihre Erzieherin gönnerhaft zu behandeln.

„Sie wurzelt hier im eigenen Boden", machte Henriette sich schon zu Beginn ihres Aufenthaltes klar. „Wahrscheinlich will sie mir auch zu verstehen geben, wo das Geld herkommt. Kein Wunder, daß er es vorzieht, in Paris zu bleiben, anstatt seinen prahlenden Schwiegervater ständig ihr Lob singen zu hören."

Ohne die Zustimmung und Unterstützung des Herzogs hatte Henriette jetzt nicht mehr dieselbe Autorität über die jüngeren Kinder. Zwar blieben sie ihr so zugetan wie nur je: kein Ausflug war ohne Mademoiselle vollkommen; kein Tag verging, an dem ihr nicht das eine oder andere Kind ein Geschenk brachte — ein Stückchen Koralle vom Strand, merkwürdig geformte Muscheln, Steinchen mit eigenartiger Zeichnung, die erste reife Pflaume aus dem Garten. Aber die Nachsicht ihres Großvaters blieb ihnen natürlich nicht verborgen, und sie zogen ihren Vorteil daraus. Bei den vielen Ablenkungen, die von früh bis spät lockten, sah Henriette sich fast unüberwindlichen Schwierigkeiten gegenüber, wollte sie den gewohnten regelmäßigen Tagesablauf, wie er in Paris festgelegt worden war, einhalten. Der Versuchung, die gesattelte Eselchen zu einem Ritt in die Berge boten oder lustig bemalte Schiffe mit den dunkelhäutigen, stets lächelnden Fischern, die jederzeit bereit waren, die jungen Praslins über die weiten Buchten und in die versteckt liegenden Küsteneinschnitte zu segeln, war schwer zu widerstehen. An jedem schönen Tag wurden neue Ausflüge geplant und unter der Führung des alten Marschalls veranstaltet; Henriettes Einwände, der Klavierunterricht dürfe nicht vernachlässigt,

der wöchentliche Brief der Kinder an ihren Vater nicht vergessen werden, wurden einfach beiseite geschoben. Jetzt waren Ferien, trumpften die Herzogin und der Marschall auf.
„Sie sind ja nur einmal jung, Mademoiselle Deluzy", sagte der begeisterte Großvater, während er Berthe, die sein besonderer Liebling und Verzug war, übers Haar strich. „Bevor wir's uns versehen, sind sie alle verheiratet und haben vollauf mit ihren Männern und Haushalten zu tun. Ist es nicht so, Fanny?"
Und die Herzogin pflegte dem mit einem Seufzer beizustimmen und sich über die seltsame Auffassung des Herzogs von der Erziehung seiner Töchter zu beklagen — sie hatten es doch weiß Gott nicht nötig, all diese Sachen zu lernen, da sie ja niemals darauf angewiesen sein würden, sich ihren Lebensunterhalt verdienen zu müssen. Henriette schwieg wohlweislich zu solchen Bemerkungen. Sie war viel zu vernünftig, um sich mit der Herzogin zu streiten, zumal jetzt, da ihr mächtiger Verbündeter ihr keinen Beistand leisten konnte. Es hatte keinen Sinn, in Feindesland einen Angriffskrieg zu führen. Außerdem wünschte sie vor allem, jegliche Unstimmigkeit zu vermeiden. Auf keinen Fall durfte sie sich der Möglichkeit aussetzen, daß bei ihrer Rückkehr nach Paris Beschwerde über sie geführt wurde. Vielleicht — so wagte sie nach einigen gemeinsamen Ausflügen oder an Tagen, an denen die Herzogin ihr ungewöhnlich freundlich begegnet war, zu hoffen — vielleicht würde es doch noch einmal dahin kommen, daß sie sich verstehen und schätzen lernten. Und so fuhr sie denn fort, sich mit all ihrem Takt und mit aller Zurückhaltung darum zu bemühen. Der alte Marschall pries ihr bescheidenes Wesen und beglückwünschte seine Tochter mehr als einmal zu dieser vorbildlichen Erzieherin. Er scheute sich auch nicht, dies in Henriettes Gegenwart laut werden zu lassen, und sie protestierte dann, indem sie das Lob als unverdient hinstellte.
„Ich möchte den Kindern ja nur von Nutzen sein", sagte sie, „und bin bestrebt, es den Eltern recht zu machen. Und wenn ich es bisweilen an etwas fehlen lassen sollte, dann kann das niemand mehr bedauern als ich selbst."
„Meine Tochter ist eine der Heiligen in dieser Welt",

vertraute ihr der Marschall wenige Tage später an einem Nachmittag an, als sich die Herzogin mit einem ihrer Migräneanfälle zurückgezogen hatte.
Henriette konnte nicht umhin, zu bemerken, daß die Kopfschmerzen unmittelbar nach der Ankunft der Pariser Post eingesetzt hatten. Sie hatte gesehen, wie die weichen, blassen Hände den Briefstapel durchwühlt, einen Brief herausgenommen und ihn in fieberischer Hast aufgerissen hatten. Der Inhalt eines einzelnen Bogens schien der Herzogin mißfallen zu haben; denn sie zerknüllte das Blatt und ging gleich darauf in ihr Zimmer. Daran mußte Henriette jetzt denken, während sie dem besorgten alten Herrn zuhörte, wie er seine Tochter in den Himmel lobte.
„Ja", fuhr er fort. „Fannys Großzügigkeit ist beinahe schon ein Fehler. Sie würde ihr Leben hingeben für die, die sie liebt."
„Wer würde das nicht?" dachte Henriette bei sich. „Es ist viel schwieriger, zu leben und leben zu lassen."
Aber sie wartete in respektvollem Schweigen, bis er weitersprach.
„Neunmal hat meine arme Fanny neues Leben mit dem Einsatz ihres eigenen geboren. Sie ist mit prächtigen Söhnen und schönen Töchtern gesegnet worden; doch manchmal muß ich denken, daß der Einsatz zu groß gewesen ist. Mit jedem Jahr hat sie mehr und mehr ihre Kraft eingebüßt, und seit Raynalds Geburt ist sie nur noch ein Schatten ihrer selbst."
„Und Raynald wurde im Juni schon vier Jahre alt. Die Ärzte müßten doch irgendein Mittel — —"
„Es ist nicht nur das, Mademoiselle." — Der alte Herr seufzte. „Ihr Leiden ist grausam, und was nützt mir schon mein ganzer Reichtum, wenn ich ihr in ihrem Schmerz nicht helfen kann?"
„Glück ist nun einmal nicht zu erkaufen, weder für uns, noch für unsere Lieben, nicht wahr, Monsieur?"
„Nur allzu wahr!" pflichtete er bei, von ihrem Interesse angenehm berührt. „Fanny brachte eine Mitgift in die Ehe, wie man es in Frankreich selten erlebt hat", fuhr er fort, „alles schien ihnen damals zu lächeln, den beiden — —" er brach ab und seufzte von neuem wie ratlos auf.

Henriette äußerte sich nicht dazu, aber ein altes Sprichwort fiel ihr ein, das sie in England vor Jahren gehört hatte: ‚Eine große Mitgift füllt das Ehebett bisweilen mit Brennesseln.'
„Ja, die Zeit hat schon manchmal süßen Zucker in bitteres Salz verwandelt", fuhr er fort, ohne ihr Schweigen zu beachten. „Sie müssen mir verzeihen, Mademoiselle, daß ich so geschwätzig wurde; aber ich bitte Sie, nicht gekränkt zu sein, wenn meine Tochter gelegentlich niedergeschlagen ist. Üben Sie Geduld, Mademoiselle, es soll Ihnen nicht vergessen werden."
Damit verließ er das Zimmer, bevor sie Zeit zu einer Entgegnung fand und bevor sie sich darüber klarwerden konnte, ob seine Worte gleichsam als Bestechung gemeint waren oder einfach dem Bemühen eines alten Mannes entsprangen, für seine Tochter um Mitleid zu werben. Wieviel mochte er wohl tatsächlich wissen, fragte sie sich, als sie der stämmigen davonschreitenden Gestalt nachsah. Und schließlich, wenn sie sich's recht überlegte, wieviel wußte sie eigentlich selbst? Sie zuckte die Achseln und versuchte wieder, sich aller weiteren Gedanken über dieses verwirrende Problem zu enthalten. Draußen schien die Sonne strahlend hernieder, und zwischen den Zypressen im Garten leuchtete das Meer in unwahrscheinlicher Bläue herauf. Sie konnte die Stimmen von Berthe und Raynald hören, die zwischen den Weinstöcken spielten.
„Mademoiselle!" riefen sie, „wo bleiben Sie denn?"
Sie erhob sich, um zu ihnen hinauszugehen, aber als sie durch die hohe Glastür trat, hatte sie nicht die Pracht der Sonne und der See und nicht das warme Gold der reifenden Früchte am Spalier vor den kalkweißen Mauern im Sinn. Sie sah die gequälten, unvergeßlichen Schriftzüge auf einem blauen Papierfetzen vor sich und jene nebeneinanderliegenden Räume in dem Haus der Rue du Faubourg Saint-Honoré, die nur ein paar Schritte, aber auch ein sich ständig vertiefender Abgrund von Bitterkeit und Haß trennten.
„Wenn es nach unserer Rückkehr nicht besser wird", beschloß sie, „muß ich gehen; dann muß ich mir eine andere Stellung suchen." Aber sie sagte sich das ohne

Überzeugung, als wüßte sie jetzt schon, daß ihr die Trennung nicht so leicht gemacht werden würde.
Der September hüllte die Insel in flimmernden, köstlichen Dunst. Die Berge nahmen eine zartere, purpurne Färbung an, und die scharf gezackten Küsten verloren in dem sanften Licht, das die ganze spärliche Vegetation zum Leben und zu unerwarteter Schönheit erweckte, etwas von ihrer abschreckenden Härte. Auf dem einsamen Strand, auf dem die Kinder mit ihren halbnackten Ferienfreunden aus den benachbarten Fischerdörfern spielten, glänzte jede von der Flut zurückgelassene Pfütze wie ein unförmiger Spiegel, und jede Muschel, jeder Seestern und jeder glatte Kiesel wurde zu einem neuen Wunder des Staunens und Entzückens.
Henriette fühlte sich in diese Veränderung mit einbezogen. In der üppigen Fruchtbarkeit rings um sie her löste sich auch ihre innere Spannung. Sie gab sich ganz der Sonne und der salzigen Luft hin und dem Duft der süßen Trauben an den Stöcken, die, zäh sich anklammernd, die steilen Hügel hinaufwuchsen. Sie schlief ruhig ein, den Klang der fernen Brandung im Ohr; und des Morgens wachte sie erfrischt auf mit einem hoffnungsfrohen Wohlgefühl. Selbst die Herzogin mit ihren unberechenbaren Launen konnte sie nicht mehr bedrücken und aus der Ruhe bringen; sie ertrug sie jetzt, weil sie sich selbst dem Leben und seinen Anforderungen gewachsen fühlte.
Der Herzogin schien es besser zu gehen als je, seit Henriette in ihr Haus gekommen war. Ein-, zweimal hatte sie sich sogar mit einer schüchternen Freundlichkeit der Erzieherin ihrer Kinder zu nähern gesucht, wenn auch ihre interesselose Apathie immer noch vorherrschte. Jedenfalls war dieser Zustand weitaus angenehmer als die früheren lang unterdrückten Entladungen. Henriette hoffte ernstlich, daß es zwischen der Mutter der Kinder und ihr, wenn schon nicht völlige Übereinstimmung, so doch wenigstens künftig kein Mißtrauen und keine Feindseligkeit mehr geben würde.
„Mittwoch ist Mamas Geburtstag“, verkündete Isabella eines Morgens mit wichtiger Miene. „Deswegen haben wir unsere Abreise auch auf Freitag verschoben. Großvater gibt ihr zu Ehren ein Fest, und er hat gesagt, daß

Louise und ich hinterher 'runterkommen und der Musik zuhören dürfen."
„Ja, aber was wollen wir ihr bloß für ein Geschenk machen?" fragte Louise.
„Du mußt eben bis dahin deine Handarbeit fertig haben", entschied Henriette. „Hol mal gleich deinen Nähkorb, und dann zeig mal, wieviel du in vier Tagen schaffen kannst. Isabella, du hättest mir das eher sagen müssen. Es wird dir nun nichts anderes übrigbleiben, als ein Gedicht in deiner schönsten Handschrift zu schreiben und die Buchstaben mit Farbe auszumalen. Wenn du vorsichtig damit umgehst, kannst du meine Farben und meinen Zeichenblock benutzen."
Mademoiselles Erfindungsgabe mußte auch für die Geschenke von Berthe und Raynald sorgen. Das war nicht so ganz einfach bei den beiden Kleinen, deren Gedanken noch mutwilliger hierhin und dahin hüpften als die hiesigen Zicklein, und deren Finger noch ganz ungeschult waren. Aber auch diese Aufgabe wurde gelöst: Berthe verfertigte eine Rose mit Kohlblättern, in blutigem Rot und giftigem Grün mit einem „Chère Maman — Souvenir de Berthe" in krakeliger Schrift darunter, während Raynald winzige Muscheln sammelte, die Mademoiselle auf einen Rahmen klebte. Beide Kinder standen wie überwältigt von Ehrfurcht vor der gemeinsamen Schöpfung.
„Wann haben Sie denn Geburtstag, Mademoiselle?" fragte Berthe, während die Geschenke eingepackt wurden. „Ich male Ihnen dann ein viel, viel, viel schöneres Bild!"
„Ja", fiel Raynalds helles Stimmchen ein, „und ich schenke Ihnen das Stück Koralle, das ich gefunden habe. Es ist mein größter Schatz."
Henriette dankte ihnen lächelnd, aber sie war doch froh, daß niemand dieses Gespräch mit angehört hatte. Die Anhänglichkeit gerade der Jüngsten konnte ihr zum Verhängnis werden. Marguerite, die Jungfer der Herzogin, hatte so eine Art, sich unbemerkt ins Zimmer zu stehlen und ebenso leise wieder hinauszuschleichen, und würde gewiß nichts lieber tun, als einen solchen Treubruch zu melden.
Der alte Marschall übertraf sich selbst, um den Geburtstag würdig zu begehen. Schon lange vor Tagesanbruch prasselten die Herdfeuer unter den Töpfen und Pfannen

für das Festmahl; der Garten gab seinen Überfluß an Blumen her, um die ganze Villa in ein Blütenmeer zu tauchen. Seltene Jahrgänge in verstaubten Flaschen wurden aus dem Weinkeller geholt, und den ganzen Tag lang brach der Strom der Pächter und Bauern nicht ab, die mit bunten Sträußen der Tochter ihres Gutsherrn ihre Aufwartung machen wollten. Henriette merkte es der Herzogin an, daß diese bescheidenen Beweise einer freundlichen Gesinnung sie rührten; sie war gegen alle liebenswürdig, und doch zeigte sie sich niemals richtig herzlich, als schwebe sie in einer Wolke unpersönlicher Leutseligkeit. Es war offenbar, daß ihre Gedanken gar nicht bei diesem Fest, dessen Mittelpunkt sie war, weilten. Selbst die Geschenke, die ihre Kinder ihr brachten, vermochten ihr Interesse nur vorübergehend zu wecken.
„Madame", redete Henriette sie an, als sie ihre eigene Gabe überreichte, „ich kann Ihnen nur ein Werk von meiner Hand darbieten. Mit meiner Kunst ist es ja nicht weit her, aber da das Bild Ihrer reizenden Tochter immerhin ähnlich geworden ist, hoffe ich, daß Sie es mit meinen allerbesten Wünschen entgegennehmen."
„Ihre guten Wünsche sind mehr als genug." Die Herzogin hob ihre müden Lider und blickte Henriette vorwurfsvoll an.
„Madame", fuhr Henriette fort, ohne sich von dem tiefen Seufzer und der Gleichgültigkeit ihrem Geschenk gegenüber, das noch unbeachtet auf dem Tisch lag, beirren zu lassen, „die frommen Klosterschwestern lehrten mich als Kind, jeden Geburtstag als den Beginn eines neuen Jahres zu feiern. Mein Herz sagt mir, daß ich hoffen darf, den heutigen Tag als einen solchen neuen Anfang zu betrachten. Wenn mir Fehler unterlaufen sein sollten oder ich meine Pflicht vernachlässigte, sagen Sie es mir bitte offen und lassen Sie mich Ihre Wünsche wissen!"
„Meine Wünsche", wiederholte die Herzogin in einem Ton verwunderter Ironie, „meine Wünsche haben aufgehört, eine Rolle zu spielen. Sie müßten noch dümmer sein, als ich annahm, Mademoiselle, wenn Sie das noch nicht begriffen haben."
„Aber, Madame, ich bitte Sie — —." Ehe Henriette noch diesem unerwarteten Ausfall begegnen konnte, kam Berthe aus dem Garten hereingelaufen.

„Mama!" Das Kind zeigte ungeduldig auf das noch eingepackt daliegende Geschenk. „Du hast dir ja noch gar nicht angesehen, was du von Mademoiselle bekommen hast. Da —" Berthe zwängte ihrer Mutter das Paket in die Hände — „ich habe viele Stunden lang mäuschenstill gesessen, nicht wahr, Mademoiselle?"
„Ja, Liebchen, du warst ein sehr artiges Modell!"
Die Unterbrechung war sehr gelegen gekommen, und als das bezaubernde Pastellporträt ausgewickelt war, zeigte die Herzogin sich aufrichtig erfreut darüber. Henriette hatte die Ähnlichkeit ungewöhnlich gut getroffen, und Berthes rundes Blondköpfchen sah mit großen unschuldsvollen Augen aus dem Passepartout. Doch hinter den kindlich weichen Lippen wurde die überraschende Ähnlichkeit mit dem Vater sichtbar. Zu spät machte Henriette sich klar, daß es wohl taktvoller gewesen wäre, die brünette Louise oder Raynald als Modell zu wählen, in deren schwarzen Augen und Brauen das korsische Erbe stärker hervortrat.
Aber die Herzogin ließ sich nichts anmerken, falls ihr die Praslinschen Züge in dem Porträt überhaupt aufgefallen waren. Ihre Lobes- und Dankesworte klangen echt, und die Spannung, die wenige Minuten vorher noch das Zimmer erfüllt hatte, verflog.
„Glauben Sie mir, Madame" — Henriette blieb noch stehen, nachdem Berthe wieder an ihr Spiel gegangen war — „ich meinte wirklich, was ich eben sagte. Sie müssen mir glauben, daß es mir ernsthaft um ein harmonisches Zusammenleben zu tun ist."
„Vielleicht habe ich Ihnen Unrecht getan", sagte die Herzogin müde, aber ohne den Anflug von Bitterkeit, den Henriette in ihren Worten zu finden gewohnt war. „Gott weiß, daß ich niemanden kränken möchte, so wie ich gekränkt worden bin. Aber es ist nicht leicht, sich von Zweifel und Verdacht frei zu machen, nachdem sie sich einmal in einem festgesetzt haben. Hier in Korsika, wo meine sorglose Kindheit mich bei jedem Schritt begleitet, kann ich beinahe vergessen, welchen Schimpf ich erlitten habe. Ich könnte sogar fast wieder an eine Welt glauben, in der diejenigen, die wir lieben, uns nicht gleichgültig gegenüberstehen."
Diese Bitte um Mitgefühl machte Henriette verlegen. So

offen einzugestehen; nicht geliebt zu sein, war schon nahezu ein Verstoß gegen die gute Sitte. Aber trotz ihrer Abneigung gegen eine derartige Zurschaustellung von Gefühlen konnte sie sich nicht verhehlen, daß dieser Notschrei aus einem bedrängten Herzen kam. Sie hörte sich selbst in dem beruhigenden Tonfall antworten, den sie anwandte, um den übererregten Raynald zu beschwichtigen.

„Es ist doch manchmal notwendig, Madame, die Zuneigung anderer zu uns als selbstverständlich anzunehmen. Sobald wir zweifeln, fällt ein Schatten zwischen sie und uns. Liebe ist nun einmal nicht wie so und so viel Zucker oder Tee, wie etwas, was wir wiegen und messen können."

„Sie scheinen eine ganze Menge über die Liebe zu wissen, Mademoiselle?"

Henriette gab durch nichts zu erkennen, daß dieser Stich getroffen hatte. Sie sprach gleichmäßig ruhig weiter.

„Ich stehe allein in der Welt, Madame, und ich habe es gelernt, mir das bißchen Liebe, das mir da und dort begegnet, zu nehmen und zusammenzustücken, so gut es geht, um mich daran zu erwärmen, ungefähr so wie diese Decken, die aus den Flicken anderer Leute Kleider zusammengesetzt sind." Sie hielt inne, erstaunt, daß sie sich dieser Frau, die jedem äußeren Anschein nach alles im Leben Begehrenswerte besaß, so freimütig mitgeteilt hatte. „Mißgönnen Sie mir doch nicht, was ich an Zuneigung in Ihrem Hause erfahren mag", schloß sie; „denken Sie bitte immer daran, wie wenig das ist im Vergleich zu dem Vielen, das Ihnen gehört."

„Aber selbst kleine Stückchen können mit der Zeit größere Lücken hinterlassen. Vergessen Sie das nicht, Mademoiselle, da Sie gerade von Flicken sprachen."

Als Henriette diesen Abend vor dem Spiegel stand, fiel ihr diese Unterhaltung wieder ein. Es ärgerte sie, daß die Herzogin das letzte Wort behalten hatte. Es war für ihre Lage keineswegs von Vorteil, brachte sie überdies der Versöhnung, die sie angestrebt hatte, auch nicht um einen Schritt näher. Es schien unmöglich zu sein, daß sie sich auf dem neutralen Boden des Verhältnisses zwischen Herrin und Angestellten bewegten.

„Sie verwandelt das harmloseste Wort in einen Pfeil, der sich ihre Empfindlichkeit zur Zielscheibe macht",

dachte Henriette, während sie ihr langes Haar bürstete und in Locken über ihre Finger drehte. „Kein Wunder, daß sie nicht glücklich ist, die arme Frau, und auch kein Wunder, daß alle, die ihren Weg kreuzen, sich beeilen, dem Schatten, den sie wirft, zu entkommen."
Sie hoffte, Isabella und Louise möchten sich bei dem Empfang heute abend als liebevolle und wohlerzogene Kinder erweisen. Am Nachmittag erst hatte es einen unangenehmen Auftritt mit Raynald gegeben, der darauf bestand, mit Mademoiselle zu Hause zu bleiben, anstatt mit seiner Mutter in der Kutsche auszufahren. So, ihre Abendtoilette war beendet. Die Falten ihres Seidenkleides flossen grün wie Meerwasser zu ihren Füßen hinunter; die langen Linien betonten ihre Schlankheit, und ein Spitzenfichu umrahmte ihren weißen Hals. Ihre Wangen waren gerötet, und das wellige Haar fiel ihr in die Stirn und auf die Schultern. Seit jenem Abend im Theater hatte sie dieses Kleid nicht wieder getragen. Als sie sich näher im Spiegel vorbeugte, um eine Locke festzustecken, ertappte sie sich bei dem Gedanken: wenn doch der Herzog heute auf der Gesellschaft unten mit dabei wäre! Die Gäste hatten sich seit Anbruch der Dämmerung versammelt, und jetzt mußte die Festlichkeit bald ihren Höhepunkt erreichen. Der Klang von Bogen auf gespannten Saiten drang zu ihr in an- und abschwellender Melodie von dem Treppenflur, wo die Musikanten untergebracht waren. Es war eine Zigeunerkapelle aus Olmeto. Henriette und die Kinder hatten ihre Ankunft in einem alten Leiterwagen beobachtet — drei Geigen, zwei Gitarren, ein Tamburin und eine Flöte. Sie kannte die Lieder nicht, und sie stimmten sie traurig und unruhig. Sie ging ans Fenster und starrte hinaus zu den verstreuten Lichtpünktchen auf den Bergen und hinunter in den Garten und auf die steilen Terrassen, zu den Lichtern hinüber, die die Küste umsäumten und zu den noch ferneren Sturmlampen an den Masten der verankerten Boote. Sie fühlte sich weit, weit von allem, was ihr vertraut war, und der sinnliche Rhythmus der Tänze fand ein Echo in ihrem Pulsschlag, das sie sich selbst als Fremde empfinden ließ.
„Isabella, Louise!" Sie klopfte an die Tür zu dem Zimmer, in dem die beiden Mädchen in ihren duftigen weißen

Musselinkleidern mit breiten Schärpen aus rosa und hellblauem Atlas warteten. „Es ist Zeit zum Hinuntergehen. Steht mal auf und laßt sehen, ob ihr schön genug seid, um euren Knicks zu machen!"
Gewandt zog sie hier eine Schleife fest, strich dort das dunkle Haar glatt.
„So, das sieht schon besser aus. Isabella, vergiß nicht, dich gerade zu halten. Und du, Louise, halte dich nicht so steif, als ob du ein Lineal verschluckt hättest. Hier ist euer Korb mit den Blumensprüchen."
„Und was machen wir, wenn wir nicht ausreichen, Mademoiselle?"
„Wirklich, Isabella, dann ist immer noch Zeit, es sich zu überlegen!"
Sie lächelte den langaufgeschossenen Mädchen ermunternd zu.
„Aber ich finde es viel besser, wenn man vorher weiß, was geschehen wird", beharrte Isabella, „und ich wünschte, Papa wäre hier anstatt weit weg in Paris. Ich finde, er hätte wirklich kommen können, finden Sie nicht auch, Mademoiselle?"
Henriette wich einer Antwort aus, indem sie die Mädchen auf den Gang hinaustrieb und mit ihnen die breite Treppe hinunterging. Hunderte von Kerzen brannten, ihren Schein in Spiegeln und poliertem Marmor vervielfachend. Das Stimmengewirr erhob sich von den langen Tischen in der Halle und vermengte sich mit den schluchzenden Tönen der Musik, die die dunkelhäutigen Spieler ihren Instrumenten entlockten. Sie gingen dicht an den Zigeunern vorbei, voran die beiden aufgeregten Schwestern, ihre Körbe ängstlich festhaltend, dahinter die Erzieherin, ihr Gesicht so glatt und angespannt wie das hocherhobene Tamburin, das die rhythmische Verwirrung ihres Herzens widerhallte.

NEUNTES KAPITEL

Im Park des Schlosses Vaux-Praslin bildeten die herabfallenden Buchenblätter eine Überschwemmung von rauschendem Gold, durch das die Kinderfüße hindurchwateten. Die Eichen kleideten sich in ein dunkles Rostbraun, und der Boden unter den Kastanien war dicht mit den kleinen grünen Stachelkugeln bedeckt. Über Mittag schmolz die kräftige Oktobersonne die Eiskruste auf den Pfützen der holperigen Landstraßen, aber jede Nacht breitete der Frost eine neue Schicht über alles und färbte die weiten Rasenflächen und Terrassen weiß. Wie früh Henriette auch mit ihren Zöglingen nach dem Unterricht und dem Mittagessen zum Spaziergang aufbrechen mochte, die Dunkelheit überraschte sie immer schon auf dem Heimweg.

Für Henriette besaß die Landschaft in dieser Jahreszeit, dem Martinssommer, einen eigentümlichen Reiz. Bisher hatte sie immer beim ersten Anzeichen des beginnenden Frostes zu ihren Stadtstraßen und engen Zimmern zurückkehren müssen. Doch jetzt genoß sie diese Nachmittage im Freien in vollen Zügen. Das klare, bernsteingelbe Licht war um so köstlicher, als es nur kurz währte. Es kam ihr vor wie ein zartes Zwischenspiel zwischen der Üppigkeit des Sommers und der Kargheit des Winters — die ganze runde Erde ein braun getönter Apfel, der im Weltall hing.

Die Tage waren seit der Rückkehr von Korsika glatt und reibungslos verlaufen. Sie waren sofort nach Melun gereist, wo die drei anderen Töchter schon einen Monat ihre Klosterferien verbracht hatten. Später begleiteten diese ihre Eltern zu einem Kurort in Südfrankreich, dessen Bäder der Arzt empfohlen hatte. Ob die Kur der Herzogin nun genützt hatte oder nicht — jedenfalls war durch ihre Abwesenheit die ständige Spannung aus der Atmosphäre des Schul- und Kinderzimmers gewichen. Der Unterricht wurde nicht länger durch die ablenkenden Besuche der Mutter unterbrochen, und damit fiel auch das unvermeidliche Nachspiel gekränkter Mutterliebe fort, jedesmal, wenn die Kinder sich ihren allzu stürmischen Liebkosungen entzogen oder für die Berge von Spielzeug und Süßigkeiten ungenügendes Interesse bezeigten. Es war viel einfacher, stellte Henriette fest, die pflichtschuldigen kleinen Briefchen an ‚Chère Maman' anzuregen, als die Kinder dazu zu bringen, sich in ihrer Gegenwart nicht abweisend zu gebärden. Isabella und Louise wurden zusehends weniger schüchtern und ver-

legen, und Raynald verlor während dieser Wochen viel von seiner nervösen Erregbarkeit. Die Tatsache, daß es keine hysterischen Auftritte mehr gab, wirkte Wunder. Er schlief und aß besser und konnte bald fast ebenso weit laufen wie Berthe, ohne müde zu werden.
Die Dienerschaft des Schlosses stellte kein feindliches Element dar, das Henriette bei jeder Gelegenheit ein Hindernis in den Weg zu legen suchte. Man gehorchte ihr, ohne Einspruch zu erheben, und sie hatte auch nicht das Empfinden, daß man sie hintergehe, kaum daß sie den Rücken gedreht hätte. Zum größten Teil setzte sie sich aus den Bauernfamilien der Umgegend zusammen, und diesen Leuten lag das kleinliche Intrigieren der von der Stadt verdorbenen Dienstboten fern. Sie nahmen die Güter der Herzogin als selbstverständlich hin und ihren Reichtum, der den Praslinschen Besitz in seiner alten Pracht wiederhergestellt hatte; sie achteten sie wegen ihrer Frömmigkeit und weil mit ihren Söhnen und Töchtern die Erbfolge gesichert war; aber der tief eingewurzelte Instinkt der Zugehörigkeit des Bauern zum Herrn wog bei ihnen schwerer als alles andere.
So floß die Zeit ruhig dahin, und nur die immer früher hereinbrechende Dunkelheit unterschied einen Tag von dem darauffolgenden. Die leuchtende Buntheit des Oktobers wandelte sich kaum merklich in das sanfte Grau des Novembers.
„Heute abend ist Allerheiligen!" rief Louise aus, als sie eines Tages zu ihrem Spaziergang aufbrachen. „Wir müssen uns beeilen, damit wir nach Hause kommen, solange es noch hell ist. Ich würde nicht gern einem Gespenst begegnen; würden Sie, Mademoiselle?" „Ich weiß nicht recht, Louise. Vermutlich gibt es ebenso viele gute Gespenster wie böse — aber heute nachmittag werden wir bestimmt keins treffen", fügte sie schnell hinzu, da sie fühlte, wie Raynalds Finger ihre eigenen umklammerten.
Diesen Nachmittag in den Wäldern von Melun sollte sie niemals vergessen. Noch Jahre später stand jede Einzelheit klar vor ihrem inneren Auge, das Licht, das zwischen den riesigen Buchenstämmen tanzte; der Bach, der sich unter der Last der goldgelben Blätter so träge fortbewegte, als habe Midas selbst den schnellen Fluß in

schwerflüssiges Metall verzaubert; der Himmel, der stahlblau durch die bronzenen Baumkronen schimmerte, bei all seiner Tiefe mit einem winterlichen Dunst verschleiert; hier tauchte er auf, da verschwand er wieder, wie eine fast vergessene Melodie auftaucht und verschwindet. Und jedes brennende Blatt sprach von dem Sonnenschein des vergangenen Sommers.

Berthe und Raynald spielten ausgelassen in dem kniehohen Laub Verstecken und buddelten sich gegenseitig darin ein. Sie füllten sich die Taschen mit Kastanien und achteten in ihrem Eifer, an den seidigbraunen Kern zu gelangen, nicht der grausam bewehrten Schale. Und wie süß schmeckte dann der milchige Kern, in den sie ihre Zähne vergruben! Und wie wütend schnalzten und hüpften die Eichhörnchen über ihnen in den Zweigen!

Sie machten diesmal einen großen Umweg, um sich die alte Mühle anzusehen, deren moosbewachsenes Rad sich unter dem Druck der nachdrängenden Wasser drehte, drehte, drehte .... Über die Brustwehr gelehnt, fühlten sie sich vom Zuschauen allmählich schwindlig werden, und in ihren Ohren dröhnte das Rauschen und Lärmen. Der Müller und seine behäbige Frau begrüßten sie freundlich lächelnd.

„Mademoiselle Isabella ist schon ein richtiges junges Fräulein geworden. Ihre Mutter sah auch nicht viel älter aus, als sie hier als Braut ihren Einzug hielt. Und Mademoiselle Louise — was für herrlich gesunde Farben! Wie reife Pfirsiche in der Sonne! Nein, und wie groß die beiden Kleinen geworden sind seit dem vergangenen Jahr! Die Berthe ist aber mal eine richtige Praslin, genau so blond wie der Herzog. Ja, wahrhaftig, ganz die Tochter ihres Vaters. Und auch der junge Herr ist kein Bébé mehr, aber seine Augen sind immer noch zu groß für sein Gesicht!"

Solch überschwengliche Begeisterung mochte ja ein wenig zu weit gehen, aber Henriette fand, daß gelegentliche Besuche bei den liebenswürdigen Pächtern für die Kinder von gutem Einfluß seien. Es fiel ihr heute nicht leicht, sie wieder zur Heimkehr anzutreiben. Der Müller riet ihnen, den kürzeren Weg durch den Wald zu nehmen, anstatt an den Wiesen und dem Obstgarten entlangzugehen, und zeigte ihnen selbst, wo der Pfad seinen

Anfang nahm. Henriette hatte jedoch nicht damit gerechnet, so bald schon das Tageslicht entbehren zu müssen. Die Sonne sank schnell hinter den Baumwipfeln, und die hereinbrechenden Schatten tauchten alles um sie herum in ungewisse Dämmerung.

„Wir müssen uns beeilen, wenn wir nicht den Weg verlieren wollen", sagte Henriette zu ihrer kleinen Schar. „Nimm mich bei der Hand, Raynald, und paß auf, wo du hintrittst, damit du nicht über die Wurzeln stolperst."

„Es wird aber ordentlich dunkel, Mademoiselle", klagte Louise. „Ich wünschte, wir hätten einen von den Hunden mitgenommen." Henriette wünschte dasselbe, aber sie trieb die Kinder mit ermunternden Worten weiter und bemühte sich im übrigen, den schmalen Durchgang zwischen den aufragenden Stämmen nicht aus den Augen zu verlieren. Sich in Wäldern zu verirren, in denen das wechselnde Sonnenlicht auf dem moosigen Boden seine Kringel malte, war wohl romantisch, aber in dichtbestandenen, finsteren Wäldern war das eine ganz andere Sache.

„Ich rieche ein Feuer." Berthe blieb stehen, schnupperte und deutete dann auf einen schwachen, flackernden Schein. „Da drüben ist es."

Sie stapften weiter, und es dauerte nicht lange, da standen sie auf einer Lichtung vor einer kleinen Hütte. Ein gebeugter alter Mann machte sich an einer Grube zu schaffen, in der ein helles Reisigfeuer brannte. Henriette stand wie angewachsen an den frostigen Boden. Sie konnte kaum an die Wirklichkeit der Szene vor ihr glauben; es mutete wie ein heidnisches Bild an: das knisternde Feuer und der Alte, der immer neue Zweige aufhäufte, als befolgte er irgendeinen geheimnisvollen Ritus, der so alt war, daß nicht einmal er seine Bedeutung wußte. Fast bedauerte sie es, als sie Berthe in den Lichtkreis des Feuers stürzen sah und Stimmen hörte, die sich mit ganz alltäglichen Worten begrüßten.

„Es ist der alte Loti, Mademoiselle", erklärte Isabella. „Er sammelt Holz für unsere Öfen und hält den Park in Ordnung."

„Ja", fiel Louise ein, „Papa sagt, er ist älter als irgend etwas in der Welt außer unseren Teichkarpfen, und die sind über hundert Jahre alt."

Henriette glaubte ihr das gern, als sie sein verwittertes, runzliges Gesicht sah. Er hätte eine wieder zum Leben erweckte Mumie sein können, wären nicht die beiden kleinen leuchtenden Punkte seiner Augen gewesen, die den Feuerschein widerspiegelten. Seine dürren, sehnigen Arme und Beine waren kaum mehr als dünne Äste, die sich unter seiner vertragenen Kleidung abzeichneten. Und seine Hände glichen erdschwarzen Wurzeln, wenn die ausgedörrten krummen Finger wieder ein Reisigbündel ergriffen oder die Glut mit einem eisernen Rechen schürten.
„Er sagt, er will gerade Bratäpfel zu Allerheiligen machen", kam Berthe wieder herangesprungen, um es den anderen mitzuteilen. „Es ist eine Art Zauberei; können wir nicht bitte bleiben, Mademoiselle? Er sagt, er hat für jeden einen und für Sie auch."
Henriette zögerte. Sie wußte, eigentlich müßten sie jetzt zu Hause sein und nicht hier draußen in dem frostigen Zwielicht. Trotzdem spürte sie selbst die Versuchung, hier beim Feuer zu verweilen. Ihr seltsamer Wirt, der sich mit der ruckartigen Lebhaftigkeit einer alten Heuschrecke bewegte, erregte ihre Neugierde. Wie ein lebendig gewordener Holzschnitt aus den Märchenbüchern ihrer Kindheit sah er aus.
„Es bringt Glück, wenn man heute abend einen Bratapfel noch heiß vom Feuer ißt und dabei den Toten etwas Gutes wünscht", erzählte ihr Louise.
„Und er sagt, der Mond wird bald aufgehen, Mademoiselle", beschwor Isabella sie. „Es wird dann so hell wie am Tag."
„Nun —" Henriette ließ sich willig überreden, „aber Raynald muß versprechen, sich nicht zu erkälten." Sie knöpfte sein Mäntelchen zu und wickelte den Schal fester um seinen Hals. Sie setzten sich auf einen Baumstamm ans Feuer, während der alte Loti alles zum Äpfelbraten vorbereitete.
Das war offensichtlich eine wichtige Zeremonie und durfte nicht nachlässig ausgeübt werden. Zuerst schleppte er zwei Eisenpfannen aus der Hütte herbei und ein Bündel langer, spitzer Stöcke. Jeder Apfel wurde genau untersucht, dann in einen Krug Wasser getaucht und in etwas gerollt. das wie ein Gemisch von Zucker und Zimt

aussah. Nachdem dies alles geschehen war, bohrte er die Spitze eines Stabes tief in den Apfel und gab jedem der Kinder eine dieser Kostbarkeiten in die Hand. Die Stöcke waren lang und stark genug, um sie über das Feuer halten zu können, ohne daß der Haltende Gefahr lief, zu nahe mit der Hitze in Berührung zu kommen. Er zeigte ihnen, wie man den Stock drehen mußte, damit der Apfel schön gleichmäßig gar wurde und nicht auf der einen Seite verkohlte. Das Allerwichtigste aber sei, schärfte er ihnen nachdrücklich ein, nachdem jeder seinen Apfel bekommen hatte, ihn nur ja nicht ins Feuer fallen zu lassen. Denn dadurch würde das Glück verscheucht, und man habe sieben Jahre lang Unglück. Und sobald die Äpfel fertig wären, müßten sie mit Stumpf und Stiel gegessen werden bis auf das Gehäuse, das man sich aufheben, und die Kerne, die man zählen müßte. Bei einem Mädchen, erklärte er, bedeutete die Anzahl der Kerne die Jahre, die man warten müßte, bevor man heirate; bei einem Jungen dagegen verrate sie einem, wie viele Kinder man haben würde.
„Zwölf hatte ich voriges Jahr", kicherte der Alte und warf Henriette einen verschmitzten Blick zu. „Aber wer kann wissen, ob es nicht noch Wunder gibt?"
Henriette lächelte ihm zu, als sie ihren Apfel in Empfang nahm.
„Für mich hat es keinen Sinn, die Kerne zu zählen", meinte sie, während sie ihren Apfel ins Feuer hielt.
„Wieso? Darf Mademoiselle nicht heiraten?" erkundigte sich Louise, ohne vom Feuer aufzusehen.
„Verboten ist es ja nicht", erwiderte Henriette, „aber es kommt eben selten vor."
„Warum denn?" Raynald war neugierig.
„Ach, im allgemeinen ist sie zu sehr damit beschäftigt, auf kleine Jungen und Mädchen aufzupassen. Vorsichtig, mein Herz, du hältst deinen Apfel viel zu dicht an die Flamme."
Sie half ihm, seinen Stock in die richtige Lage zu bringen, und bald barsten die Äpfel aus ihrer verschrumpelten Schale. Das Feuer zischte ein wenig auf, als einzelne Tropfen und der geschmolzene Zucker hineinfielen. Die Gesichter glühten vor Hitze, aber hinter ihnen wurde die Luft frostig mit zunehmender Dunkelheit.

Jetzt begann der Alte mit einer dünnen, eingerosteten Stimme wie eine zirpende Grille zu singen. Seine welken Lippen bewegten sich kaum, so daß der Laut nicht so sehr von ihm zu kommen als ein Bestand der Nacht und des Feuers und der brutzelnden Äpfel zu sein schien. Das Lied war Henriette fremd, und wenn sie auch manche Worte nicht verstand, so erfaßte sie doch, daß der Text sich auf Allerheiligen bezog und auf die ruhelosen Seelen, die jetzt, leichter als ein vertrocknetes Blatt, umherirrten.

„Mademoiselle!" Raynald drängte sich enger an sie. „Ich fürchte mich. Wir wollen nach Hause gehen."

„Psch!" Sie legte den Arm um ihn. „Es gibt nichts, wovor du Angst zu haben brauchst; es ist nur ein altes Lied. Paß nur schön aufs Feuer und deinen Apfel auf."

Die eintönige, alte Stimme sang weiter, und nach einer Weile griffen Isabella und Louise den Refrain mit ihren hohen, vogelähnlichen Stimmen auf:

Salz und Brot stehen dir bereit;
Asche und Rauten sind dir gestreut;
wir beten hienieden —
ruhe nun in Frieden!

Wie Henriette dasaß und in die lodernden Flammen schaute und zuhörte, gab sie sich beinahe selbst dem alten Aberglauben hin. Die Stimmen der Lebenden, die sich in der alten wehmütigen Melodie für die Toten erhoben, riefen ein Echo in ihrem Herzen wach wie in einer hohlen Muschel. Welch ein Bild: der alte Loti im Feuerschein wie ein groteskes Götzenbild und die Gesichter der Kinder so rund und rosig wie die Äpfel, die sie übers Feuer hielten. „Ob heidnisch oder christlich", dachte sie, „was macht das aus, solange nur ein so schöner und ergreifender Brauch sich von Generation auf Generation forterbt. Es war nur recht, daß die Lebenden wenigstens in einer Nacht des Jahres der Toten gedachten."

Sie aßen ihre Äpfel, während der große volle Herbstmond sich allmählich über die Baumwipfel schob. Der heiße Saft der Äpfel verbrannte ihre ungeduldigen Zungen; Lippen und Finger waren klebrig von dem süßen, rauchigen Gewürz. Raynald vergaß und warf sein Apfelgehäuse ins Feuer, und Berthe ließ ihres aus Versehen fallen und trat darauf. Die älteren Mädchen knüpften ihre Kerne sorgfältig in ihren Taschentüchern zusammen, um sie zu Hause zu zählen. Sie wollten sich gerade auf den Heimweg machen, da bewegte sich etwas am Rande der Lichtung. Furchtgebannt starrte die kleine Gruppe hinüber.

„Ein Gespenst! Mademoiselle, ein Gespenst!" Raynald vergrub seinen Kopf in Henriettes Schoß und wimmerte. Als sie sich zu ihm niederbeugte, um ihn zu beruhigen, hörte sie Loti kichern.

„Das ist aber mal ein handfestes Gespenst! Kennt ihr euren eigenen Vater nicht?"

„Papa, Papa!"

Sie liefen alle auf die Gestalt zu, die aus den Bäumen herausgetreten war. Die schnellfüßige Berthe war zuerst bei ihm — ein aufgeregter Wortschwall von Gespenstern und Feuern und Äpfeln stürzte ihr über die Lippen. Der Vater hob sie auf seine Schultern und schritt auf den Lichtkreis zu. In dem niedergebrannten, hin und her flackernden Feuer wirkte er wie ein goldgepanzerter Riese aus der Sage; sein Haar leuchtete kupfern, und die Falten seines langen braunen Mantels schimmerten wie Bronze. Genau so mußten die Helden der Edda ausgesehen haben, wenn sie, von blutiger Schlacht kommend, ihre stolzen Gesichter gen Walhalla wandten.

„Ich dachte mir schon, daß ich euch hier finden würde", sagte er lachend und klopfte dem Alten auf die gebeugte Schulter. „Loti hat schon Äpfel für mich gebraten, als ich noch so klein wie Raynald war."

„Nehmen Sie meinen, Herr, und wohl bekomm's!" Loti drängte dem Herzog seinen Apfel auf. „Ich habe ihn noch nicht angebissen, und wer weiß, vielleicht findet sich drinnen eine Überraschung für Sie."

Aber der Herzog schüttelte nur lächelnd den Kopf.

„Für mich ist es vorbei mit dem Kernezählen, Loti. Mit neun Kindern habe ich genug zu tun, danke. So, Raynald, jetzt bist du an der Reihe, huckepack zu reiten, und ihr anderen haltet euch dicht hinter mir; der Mond wird uns schon nach Hause leuchten."

Seiner hohen Gestalt im Gänsemarsch folgend, drangen sie wieder in den Wald ein, erst die drei Mädchen und zuletzt Henriette. Der Pfad hob sich undeutlich vor ihnen ab, abwechselnd im Licht und im Schatten liegend. Henriette hielt ihren Blick auf den Führer geheftet, dessen unbedeckter Kopf vom Mondlicht hell beschienen wurde, wie er da mit großen Schritten voranstrebte. Bisweilen blickte er sich um und blieb stehen, bis sie ihn eingeholt hatten.

„Ich vergesse immer, daß ich so lange Beine habe", entschuldigte er sich, „außerdem kenne ich diese Wälder so gut, daß ich mich auch mit geschlossenen Augen darin zurechtfinden würde. Es würde mir sofort auffallen, wenn auch nur ein Baumstumpf oder eine Wurzel fehlten."

„Das ist ja beinahe wie ein sechster Sinn", meinte Henriette.

„Nein, es ist sehr viel einfacher. Man muß nur in einer Gegend aufgewachsen sein, um ihre Geheimnisse ergründen zu lernen. Ich denke oft — ach, der Gedanke an die Jugendzeit macht einen leicht sentimental, vor allem, wenn es sich um die eigene handelt."

Als endlich das Schloß in Sicht kam, bemerkte Henriette sogleich, daß nur die Räume der Herzogin nicht erleuchtet waren.

„Die Herzogin hat Sie nicht hierher begleitet?" fragte sie höflich.

„Nein, sie ist in Paris geblieben. Ich bin nur für ein paar Tage hergekommen, um die Arbeit an dem Anbau zu überwachen. Doch muß ich gestehen, daß ich mich auch nach dem Anblick dieser vier sehnte; es ist doch sehr einsam in Paris ohne sie."

„Darf ich fragen, ob die Kur der Herzogin bekommen ist?"

„In gewisser Hinsicht, ja." Er sprach zurückhaltend. „Aber sie ist immer noch weit davon entfernt, völlig gesund zu sein, und nach wie vor leicht erregbar. Ich fürchte, die Ärzte können wenig für sie tun."

Henriette sagte nichts mehr. Sie fühlte, daß er keine Lust hatte, das Thema fortzusetzen, und sie ihrerseits empfand nur Erleichterung über die Abwesenheit der unglücklichen Frau. Wenigstens würde es heute abend und morgen früh zu keinen unliebsamen Auftritten kommen können.

Vor dem Kamin im Kinderzimmer ging es sehr lustig her. Der Herzog speiste nicht allein in dem blaugoldenen Salon, sondern ließ sich das Essen zusammen mit den Kindern servieren. Später knackten sie Nüsse am Feuer, das leise auf dem Rost knisterte, während draußen das Sausen des Windes nur dazu beitrug, das Gefühl des warmen Geborgenseins hinter den zugezogenen Vorhängen noch zu verstärken. Der stundenlange Aufenthalt in der frischen Luft, das warme Essen und das warme, helle Zimmer erfüllte sie alle mit wohliger Zufriedenheit. Und die Gegenwart des Herzogs verlieh ihrem Beisammensein eine festliche Stimmung.
Henriette saß bei ihrer Handarbeit am Tisch und sah und hörte von dort aus der kleinen Gruppe am Feuer zu. Sie bewunderte von neuem, wie gut dieser Vater mit seinen Kindern umzugehen verstand. Sooft er etwas sagte, hingen sie an seinen Worten, und er lauschte ebenso aufmerksam, wenn sie ihm etwas erzählten. Und wie gut er seine vier kannte! Die ernste, eigenwillige Isabella und die impulsive, fahrige Louise schwatzten von ihren Plänen und Ideen wie zwei aufgeregte Elstern. Er hatte eine geschickte Art, Berthes Übermut davor zu bewahren, in Wichtigtuerei auszuarten, und was Raynald anbetraf, so schien der schwächliche Junge im Beisammensein mit dem Vater neue Kraft und Sicherheit zu gewinnen. „Ja", dachte Henriette, als sie die beiden Kleinen in ihr Schlafzimmer brachte, „er ist mehr als nur ein Vater. Diese Begabung, mit Kindern umzugehen, grenzt schon ans Geniale. Ein Glück, daß er sie hat; denn er muß ihnen ja Vater und Mutter zugleich sein."
Als sie zurückkehrte, fand sie die beiden Mädchen noch immer bei ihrer Diskussion über die Anzahl Kerne, die ihr Apfelgehäuse enthalten hatte.
„Wir wälzen hier ein sehr schwieriges Problem", sagte der Herzog mit ernster Miene, wenn auch seine Augen verschmitzt blinzelten. „Es hat sich herausgestellt, daß Louise sechs Kerne hat und Isabella acht. Was ist da zu tun, Mademoiselle Deluzy?"
Daß er sie mit ihrem Namen anredete und nicht nur mit dem unpersönlichen ‚Mademoiselle', bewies ihr, daß er sie im Gegensatz zu ihren bisherigen Brotgebern nicht nur als Erzieherin, sondern auch als Menschen schätzte.

„Ich bin kaum die Richtige, um da einen Rat zu geben", antwortete sie.
„Aber es ist doch möglich, daß eine jüngere Schwester zuerst heiratet, nicht wahr, Mademoiselle?" drang Louise in sie.
„Ja, natürlich, das ist schon möglich." Henriette lächelte.
„Ich glaube, mal irgendwo gelesen zu haben, daß eine ältere Schwester, die auf der Hochzeit ihrer jüngeren Schwester in Strümpfen tanzt, binnen eines Jahres auch einen Mann findet."
„Diejenige, die zuerst heiratet, muß durchaus nicht immer am glücklichsten werden", schloß der Herzog die Unterhaltung ab. „Und jetzt schleunigst ins Bett, ihr beiden, und zerbrecht euch nicht weiter den Kopf über eure zukünftigen Männer. Wenn ihr erst erwachsen seid, werdet ihr euch vor Verehrern nicht retten können."
Er küßte sie und blickte ihnen nach, wie sie Arm in Arm den langen Korridor hinuntergingen. Als er sich wieder ins Zimmer zurückwandte, gewahrte Henriette, daß zwischen seinen Brauen eine leichte Falte stand.
„Wenn die Töchter erst einmal anfangen, von ihren Männern zu sprechen, dann beginnt ein Vater sich alt zu fühlen. Mir kommt es vor, als ob meine eigene Hochzeit erst gestern gewesen wäre, und dabei bin ich schon siebenunddreißig Jahre alt. Bevor ich mich's recht versehe, werde ich Großvater sein."
„Sie werden gewiß einen reizenden Großvater abgeben, Monsieur. Und ich glaube, diese Rolle würde Ihnen selbst Spaß machen."
„Vielleicht", gab er zu. Er schwieg einen Augenblick und fuhr dann fort: „Ich muß mich ja doch damit abfinden, daß meine Töchter schnell groß werden. Vier, fünf, höchstens sechs Jahre noch, und wir werden uns nach Freiern für sie umsehen müssen. Ja, ja." Er seufzte und starrte gedankenschwer ins Feuer. „Es ist doch ein barbarischer Brauch — dieses ganze Getue mit angemessenen Mitgiften und standesgemäßen Heiraten. Ich überlege mir manchmal, ob die Engländer über diese Dinge nicht etwas vernünftiger denken als wir. Was wissen denn schon ein Mädchen von achtzehn und ein junger Mann von zwanzig von der Liebe und was es heißt, eine Familie großzuziehen?"

„Die junge Queen Victoria scheint in ihrer Wahl überaus glücklich“, warf Henriette ein, die damit beschäftigt war, einen Strang bunter Seidenfäden auszusortieren. „Aber sie ist wohl kein typisches Beispiel.“
Er antwortete nicht gleich, sondern lehnte sich in seinen Stuhl zurück und streckte die langen Beine zum Kamin aus. Sie hatte nicht erwartet, daß er nach der Schlafenszeit seiner Kinder noch verweilen würde; aber da er es nun einmal tat, schien es die natürlichste Sache von der Welt zu sein, daß er ihr dort an der anderen Seite des Tisches gegenübersaß.
„Mademoiselle Deluzy“, brach er endlich das Schweigen, „ich hatte nicht beabsichtigt, jetzt davon zu sprechen; aber weil wir gerade von Heiraten reden, will ich Ihnen sagen, was mir durch den Kopf geht. Isabella und Louise werden es in den nächsten Jahren schwer haben. Sie reifen rasch heran. Körperlich sind sie fast schon Frauen, obwohl sie in ihrem Wissen und ihrem Wesen noch sehr kindlich sind. Ich möchte, daß sie in diesen Übergangsjahren ihre Kindheit verlassen, ohne weiterhin von den Aufregungen und Veränderungen, wie sie zuletzt so häufig vorkamen, beeinflußt zu werden. Dieses ewige Kommen und Gehen von Kinderfräuleins und Gouvernanten und dazu noch die angegriffene Gesundheit der Herzogin —“ er breitete seine Hände mit einer Geste der Hilflosigkeit aus — „aber was kann ich Ihnen noch sagen, was Sie nicht selber schon wissen!“
„Bitte, sprechen Sie doch weiter, Monsieur! Wenn ich es an irgend etwas habe fehlen lassen, so möchte ich, daß Sie es mir sagen.“
„Nein, nein!“ Er beugte sich über den Tisch und sah sie ernsthaft an. „Ich habe nichts zu tadeln, nur zu loben und zu danken für alles, was Sie an meinen Kindern getan haben. Sie haben Ruhe und Ordnung in ihr Leben gebracht, das bis dahin voller Wirren war.“
„Es ist doch selbstverständlich, daß ich mich nach besten Kräften darum bemühte, aber ich weiß, ich habe oft Fehler ge — —“
Mit einer Handbewegung schob er ihre Worte gleichsam beiseite.
„Ich hatte schon vergessen, was Frieden heißt“, fuhr er fort, „aber heute abend in diesem Zimmer habe ich es

wieder erfahren. Wissen Sie, ich glaube, es ist eine Ewigkeit her, seit ich dies alles nicht mehr erlebt habe — ein stilles Zimmer, ein gemütliches Feuer im Kamin, die brennende Lampe auf dem Tisch, eine Frau bei ihrer Handarbeit und Kinder, die ohne Tränen zu Bett gehen."
Seine Worte rührten sie, aber die tiefere Bedeutung, die hinter ihnen lag, machte sie auch verlegen. Er hatte sich abrupt unterbrochen und sah nun vor sich hin, während seine Finger nervös mit einer Seidentroddel spielten, die Henriette vom Schoß geglitten war. Im hellen Lampenlicht fiel es Henriette auf, wie müde er aussah. In seinen Augen lag ein Ausdruck von Demütigung und Beschwörung. Seine Mundwinkel waren herabgezogen. In diesen Minuten, in denen er seine Zurückhaltung aufgegeben hatte, erkannte sie plötzlich, daß er in Wirklichkeit gar nicht der in Gold gekleidete große, mächtige Held war, als der er ihr im Wald erschien. Er war nur ein gut aussehender, unglücklicher Mann auf der Höhe seines Lebens, den es ebensosehr nach ihrem Beistand verlangte wie seine Kinder.
„Verlassen Sie uns bitte nicht!" Seine Stimme klang heiser. „Nehmen Sie nicht diese Zuflucht von uns, die Sie uns allen bereitet haben. Ich weiß, ich verlange viel von Ihnen. Ich kenne die Kränkungen und Zurücksetzungen, die Sie auf sich nehmen müssen. Gott weiß, daß mir das alles nicht unbekannt ist, und trotzdem bitte ich Sie, Ihren Stolz hintanzustellen und zu bleiben — zu unser aller Bestem."
„Ich kann Ihnen das nicht versprechen, Monsieur. Es steht Ihnen frei, mir zu kündigen, und ich muß mir das gleiche Recht vorbehalten, wenn es notwendig werden sollte. Vieles kann sich über Nacht verändern." Seiner Kehle entrang sich ein eigenartiger Laut, halb Seufzer, halb Stöhnen. Sie zögerte etwas und fuhr dann hastig fort: „Nicht, daß ich beabsichtige zu gehen. Ich möchte gern bleiben. Ich liebe die Kinder und möchte Sie und die Herzogin so gern zufriedenstellen — —"
‚— falls das möglich ist', wollte sie hinzufügen, unterdrückte diesen Nachsatz aber.
„Ich will es Ihnen gut lohnen", beharrte er. „Wenn Sie bleiben, bis Isabella heiratet, werde ich dafür sorgen, daß Sie eine Rente erhalten. Sie brauchen darüber nicht

mit der Herzogin zu sprechen; aber ich werde das von meinem Anwalt schriftlich festlegen lassen, so daß Sie völlig sichergehen."
„Aber, Monsieur, Ihr Wort genügt mir doch. Ich brauche keine weitere Sicherheit."
„Es wäre immerhin möglich", fuhr er fort, „daß mir etwas zustößt; und dann hätten Sie doch außer meinem Wort noch etwas, worauf Sie sich stützen könnten. Mademoiselle Maillard ist fort; es wird Ihnen also nach Ihrer Rückkehr nach Paris niemand mehr in die Erziehung der Kinder dreinreden. Von jetzt an soll alles in Ihren Händen liegen, und wenn Sie irgendwelche Hilfe brauchen, dann sollen Sie selbst bestimmen dürfen, wen Sie dazu haben wollen. Sagen Sie ja, Mademoiselle Deluzy, damit ich nicht jedesmal, wenn ein Koffer aus unserem Hause getragen wird, fürchten muß, daß Sie es sind, die uns verläßt."
Es war schwer, ihm zu widerstehen, wenn er so wie jetzt den ganzen Charme seiner Persönlichkeit auf sie wirken ließ, aber sie verteidigte hartnäckig ihren Standpunkt.
„Ich kann kein Versprechen abgeben, das ich vielleicht einmal brechen muß", wiederholte sie, „doch will ich mein Bestes tun. Sie können sich darauf verlassen, daß ich mir künftig Kränkungen nicht so leicht zu Herzen nehmen werde. In meinem Beruf lernt man ja, sich damit abzufinden. Vielleicht habe ich zu viel Stolz besessen; aber sehen Sie, das war meine einzige Mitgift."
Er nickte. Die Seidentroddel war mittlerweile in seinen Händen zu einem unentwirrbaren Knäuel geworden.
„Es wird mir jetzt leichter fallen, nun ich Ihr Vertrauen besitze."
Draußen hatte der Wind an Stärke zugenommen. Sie konnten ihn in den Eichen vor dem Haus hören und wie er die welken Ranken des wilden Weins gegen das Fenster peitschte. Auf dem Kaminsims schlug die plumpe Marmoruhr zehn silberhelle Schläge. Der Herzog zog seine Taschenuhr mit den schweren goldenen Berlocken hervor, verglich die beiden Zeiten und erhob sich. Er trat zum Fenster und starrte eine Weile durch die Vorhänge hinaus, als sähe er dort draußen mehr als nur die dunkle Fensterscheibe.

„Allerheiligen!" sagte er. „Fast hätte ich's vergessen, wenn ich mich nicht des alten Loti erinnert hätte."
„In der Stadt vergißt man so etwas leicht, weil dort die Zeit nur den Lebenden gehört."
„Nun", er wandte sich zur Tür. „Wir wollen den Toten ihr Vorrecht nicht mißgönnen. Wir haben ja alle anderen Nächte vom Jahr für uns. Gute Nacht, Mademoiselle Deluzy. Morgen beim Mittagessen sehe ich Sie wieder."
Sie hörte ihn die Treppe hinuntergehen, und der Klang seiner Schritte hallte noch lange in ihren Ohren nach, als sich die Ruhe längst über das Haus gesenkt hatte.

ZEHNTES KAPITEL

Im Jahre 1842 gab es keine weißen Weihnachten, aber am Silvesternachmittag schien die Sonne so blaß wie ein abgegriffener Kupferpfennig und verzog sich schließlich hinter einen Vorhang von dahintreibenden Flocken. Henriette stand an ihrem Fenster und sah zu, wie der winterliche Garten in der Rue du Faubourg-Saint-Honoré sich mit einer märchenhaften Weiße bedeckte. Dem bronzenen Delphin hing ein Eiszapfen aus dem offenen Maul, und die Torpfeiler trugen dicke Schneemützen auf ihren runden Köpfen. Die kahlen Bäume und die immergrünen Hecken verwandelten sich vor ihren Augen, und immer noch fielen die Flocken unermüdlich wie die Sandkörnchen aus einem unerschöpflichen Stundenglas.
„Wie schön!" murmelte sie. „Auf den Straßen wird es jetzt eisig, und die zugigen Zimmer am linken Ufer sind gewiß bitterkalt. Nun, dagegen ist nichts zu machen. Ich habe versprochen zu kommen, und Marie und Albert werden mich schon erwarten."
Sie wollte ihren heutigen freien halben Tag dazu benutzen, um mit dem jungen Paar Remey zusammen zu essen. Madame Le Maire gedachte sich ebenfalls zur Mahlzeit einzufinden, und die Verabredung war schon vor vierzehn Tagen getroffen worden. Es war nun bereits sechs Monate her, seit Albert Remey den Unterricht von

Isabella und Louise übernommen hatte außer den Malstunden, die Henriette weiter behielt. Das gab ihr mehr Zeit für Berthe und Raynald und ermöglichte es ihr, die beiden älteren Mädchen auf ihren Besuchen in den Museen,Theatern und Konzerten zu chaperonnieren. Als der Herzog darauf bestanden hatte, daß sie einen Hilfslehrer hinzuzog, hatte sie sich für Albert entschieden. Und diese Wahl hatte sich als sehr glücklich erwiesen. Der junge Remey zeigte sich als ein ausgezeichneter Pädagoge — gewissenhaft, angesehen und vielseitig gebildet. Und vor allem: Henriette wußte, sie konnte sich auf seine persönliche Ergebenheit verlassen. Eine Intrige mochte sich direkt unter seiner Nase anspinnen, er würde es nicht merken. Er sah buchstäblich nichts Böses, hörte nichts Böses und sprach nichts Böses.

Die Dankbarkeit der Remeys gegenüber Henriette war rührend, wenn sie auch bisweilen ein wenig lästig wurde. Daß sie an Albert gedacht hatte, als diese Stelle zu vergeben war, war von ihr eine ganz natürliche und selbstverständliche Freundschaftsgeste gewesen; doch für diese beiden unpraktischen, liebenswerten Menschenkinder schien es geradezu ein Wunder zu sein. Ihr hatten sie es zu verdanken, daß ihr Leben jenes Glück fand, das nur die kleinen Annehmlichkeiten des Alltags und ein sicheres Einkommen verleihen. Sie hatte ihnen die vier Zimmer hoch oben in dem alten Haus am linken Ufer der Seine ermöglicht; diese Zimmer — ihr ganzer Stolz —, die Maries hausfrauliches Geschick in ein gemütliches, stilles Heim verwandelt hatte, wo Henriette, sooft ihre Zeit es zuließ, stets von Herzen willkommen war.

„Sie gleichen einem Vogelpärchen in seinem Nest, wie Madame Le Maire einmal sagte", überlegte Henriette sich nach einem ihrer ersten Besuche dort, „zwei Vögel, die sich mit ein paar Strohhalmen und ein paar Krumen zufrieden fühlen."

Mochte sie auch die kindliche, nie endenwollende Freude der beiden an jeder Kleinigkeit ihres bescheidenen Daseins belächeln, sie beneidete sie trotzdem wegen der Zuflucht, die ihre Liebe ihnen bereitete. Es war gut, diese einfachen, lieben Menschen zu Freunden zu haben, zu fühlen, daß sie zu einem großen Teil für ihr Glück verantwortlich war. Wir alle brauchen irgendeinen Menschen, dem gegenüber wir den Wohltäter spielen können. In Albert und Marie hatte Henriette solche Schützlinge gefunden.

Sie seufzte, als sie ihr altes blaues Wollkleid herausnahm anstatt des neuen, roten Samtkleides, das sie eigentlich hatte anziehen wollen. Da sie doch ohnehin nur so selten allein fortkam, war es wirklich schade, daß das Wetter ihr einen Strich durch die Rechnung machen mußte.

„Nun, einerlei", sagte sie zu sich selbst, als sie ihre Bibermütze und den schweren Mantel aus dem Schrank nahm. „Die Remeys achten sowieso nicht darauf, was ich anhabe, und Madame Le Maire wird wenigstens keine Gelegenheit haben, mich verschwenderisch zu schelten."

Einen Luxus leistete sie sich aber doch: der runde Sealmuff, den sie sich selbst gekauft hatte, würde unter dem Schnee nicht leiden. Sie hob ihn aus seiner Schachtel und ließ ihre Hände in seine wohlige Wärme versinken. Sie legte einen Augenblick ihre Wange an das dunkle glatte Fell und blies leicht über die dichten kurzen Haare hinweg — dabei fiel ihr ein, wie die Klosterschwestern ihr das vor Jahren verwiesen hatten, als sie es mit dem Pelzkragen einer ihrer Mitschülerinnen tat. Es war damals lange und kummervoll über ihre bedauerliche Schwäche für die eitlen Äußerlichkeiten dieser Welt gesprochen worden. Ein gestrickter Wollschal, hatte es geheißen, würde denselben Dienst leisten, um sie vor Wind und Wetter zu schützen. Henriette mußte jetzt lächeln, als sie sich der ernsten, freundlichen Gesichter erinnerte und auch daran dachte, wie sie in gehorsamem Schweigen zugehört hatte, während sie sich innerlich schwur, eines Tages genau einen solchen Muff zu besitzen, wie sie ihn jetzt besaß.

Sie kam selten mit leeren Händen zu den Remeys, und auch heute, als sie sich auf den Weg machte, fiel es ihr schwer, sich außer mit dem Muff und kleineren Päckchen auch noch mit einem großen Fruchtkorb in bunter Papierhülle abzuschleppen. In den Paketen trug sie Nüsse und Pralinen, die sie von ihrem reichen Gabentisch aufgespart hatte, und Taschentücher für Marie und Madame Le Maire, von ihr selbst mit dem zierlichen Muster aus der Klosterschule bestickt. Obwohl es nicht

leicht war, all diese Dinge festzuhalten, klingelte sie keine Hilfe herbei; in den anderthalb Jahren hatte sie es sich zum Grundsatz gemacht, von den Dienstboten keinen Gefallen zu erbitten. Sie sah darauf, daß sie allen ihren Pflichten, soweit sie sich auf die Kinder bezogen, nachkamen, aber der Mißgunst wegen, die ihre gehobene Stellung bei ihnen hervorrief, wollte sie ihnen keinen Anlaß geben, sich über unbillige Forderungen beklagen zu können. Der Pförtner würde ihr eine Droschke heranwinken, und falls er schlechter Laune und kein Mietswagen in der Nähe sein sollte, würde sie eben so lange zu Fuß gehen, bis sie einem begegnete.
„Mademoiselle Deluzy!" Sie war gerade im Korridor angelangt, der zum Ausgang führte, als sie ihren Namen hinter sich rufen hörte.
Als sie sich umdrehte, sah sie den Herzog die Treppe hinter ihr heruntereilen, immer zwei Stufen auf einmal wie ein Schuljunge, mit wehendem Mantel, Stock und Hut unterm Arm.
„Wohin gehen Sie denn so beladen?" fragte er, als er herankam. „Warum lassen Sie sich nicht von einem der Diener helfen — der Korb ist Ihnen doch viel zu schwer!" Er nahm ihn ihr ab und wog ihn in seinen Händen.
„Oh" — sie lächelte —, „ich kann schon allein fertig werden. Ich mag so ungern jemand an meinen freien Nachmittagen belästigen. Bitte, Sie sollten sich wirklich meinetwegen keine Mühe machen, gerade, wo Sie selbst ausgehen wollen."
Aber der Herzog gab den Korb nicht her. Er überantwortete ihn auch nicht dem Diener, der die Tür aufhielt, noch dem Pförtner, der diensteifrig herbeieilte. Vor dem wartenden Wagen hielt er an. „Ich werde Sie und Ihre Geschenkfracht erst sicher in den Hafen bringen." Er lächelte. „Heute ist kein Wetter für Sie, zu Fuß zu gehen." Trotz ihrer Einwände saß sie gleich darauf neben dem Herzog auf dem Polstersitz. Eine Decke wurde über ihre Knie gebreitet. Der Wagen war halb offen, so daß ihre Köpfe und Schultern vor dem Schneetreiben geschützt waren, aber die Decke sammelte in ihren Falten bald ganze Schneewehen, und auf dem schwarzen Pelzmuff lagen die weißen Flocken, ohne zu schmelzen, wie kunstvolle gefiederte kleine Sternchen.

„Sie frieren nicht, Mademoiselle?“ hörte sie ihn fragen. Höflich antwortete sie, sie habe es schön mollig, danke. Mollig — was für ein unzureichendes Wort für dieses unbeschreibliche Glücksgefühl, das sie empfand, wie sie da die bekannte Straße entlangrollten, die ihr plötzlich so abenteuerlich fremd vorkam. Von der Rue de Marengo bogen sie nun in die breitere Rue de Rivoli ein mit ihren glitzernden Schaufenstern auf der einen Seite und dem offenen Platz vor dem Louvre auf der anderen. Obgleich es noch nicht vier Uhr war, brannten die Gaslampen allenthalben in den Geschäften, und die Auslagen der Juweliere, Hut- und Blumenläden schimmerten in kalter Pracht durch den fallenden Schnee.

„Wenn das anhält“, sagte der Herzog, „werden wir die Schlitten herausholen müssen.“

„Und Paris wird das neue Jahr mit noch mehr Glocken einläuten können“, antwortete Henriette. „Schlittenglocken klingen so nach Ferien, finden Sie nicht auch?“

„Ja, aber man muß sie auf dem Lande hören, wenn sie von fernher langsam näher kommen. Ich wünschte, wir wären doch über die Feiertage nach Melun gefahren. Es muß jetzt dort im Schnee wunderschön sein.“

Tiefes Schweigen lag über dem Fluß, als sie über den Pont-Neuf fuhren. Die hohen alten Häuser am linken Ufer schimmerten undeutlich durch das Treiben wie aus einer Geisterwelt, und der wuchtige Bau der Notre-Dame ragte von der Insel auf wie ein eckiger Fels, dessen Spitzen sich im Schneegestöber verloren.

„Ich fürchte“, begann Henriette wieder, „daß ich Sie zu weit von Ihrem Weg abgebracht habe.“

„Mein Weg“, wiederholte er, „nun, wenn Sie es wissen wollen, heute nachmittag ist es der Ihre.“

„Das ist ganz besonders liebenswürdig von Ihnen.“

Er wehrte ihren Dank ab.

„Sie sind die Liebenswürdige“, behauptete er. „Ich langweilte mich nämlich tödlich, Mademoiselle Deluzy. Die Kinder waren mit dem Großvater spazierengegangen, und meine Frau erwartete den Besuch des Abbé; übrigens macht sie sich gar nichts aus Schnee. Ich wäre wahnsinnig geworden, wenn ich am Schreibtisch oder bei dem Feuer sitzengeblieben wäre — in einem Haus, das niemals das meine sein wird.“

Erschreckt von seinen Worten und seiner Stimme sah sie hoch. Um seinen Mund lag wieder dieser bittere Zug, und seine dichten Brauen hatten die Augen verfinstert.
„Aber, Monsieur“ — sie versuchte, ihn nicht ernst zu nehmen —, „das können Sie doch nicht meinen wollen! Natürlich hat man während der Ferien, wenn alle Kinder zu Hause sind, das Gefühl, daß ihnen und ihrem Treiben alles gehört. In der nächsten Woche ändert sich das schon wieder.“
„Ich meinte auch nicht die Kinder. Ich danke Gott, daß sie im Hause sind. Aber das Haus selbst gehört einem Sebastiani, nicht einem Praslin, verstehen Sie? Dem alten Marschall gehört es. Er kommt und geht, wie es ihm Spaß macht. In Melun dagegen ist das anders.“
Er brach ab, und beide sagten lange Zeit nichts. So persönlich wie eben jetzt hatte er seit jener Herbstnacht in Melun vor mehr als einem Jahr nie wieder gesprochen. Kaum ein Tag war in all diesen Monaten verstrichen, an dem sie nicht über irgendwelche Fragen, die die Kinder betrafen, gemeinsam beraten hätten. Und immer war er rücksichtsvoll, großzügig und sicher in seinem Urteil gewesen; aber in jener stürmischen Nacht vor Allerheiligen und an diesem Nachmittag, an dem sie zusammen durch den Flockenwirbel fuhren, war es, als habe er die Zügel seiner Selbstbeherrschung schießen lassen und den schwarzen Hengsten Bitterkeit und Verzweiflung den Kopf freigegeben. Genau wie damals erfuhr sie auch jetzt nur einen kurzen Augenblick lang, welche Stürme in seinem Innern toben mußten, was seine überlegene Miene sonst immer verdeckte. Im Nu hatte er sich wieder in der Gewalt und sprach jetzt mit ihr über gleichgültige Dinge. Sie ließ sich jedoch nicht täuschen. Sie war selbst so daran gewöhnt, ihre Gefühle zu unterdrücken, daß sie für die Gefühle anderer hellhörig geworden war.
„Ja“, dachte sie, „er hat recht. Das Haus ist nicht sein Eigentum wie das Schloß. Er brauchte ihr Geld, und sie wollten seinen Titel. Er war jung, und es muß eine glänzende Partie für ihn gewesen sein. Aber wer in dieser Welt um Geld heiratet, muß später doch dafür bezahlen.“
Das Gespräch im Schulzimmer fiel ihr ein, als Louise und Isabella ihr erzählt hatten, daß die Mutter das ganze Geld in die Ehe gebracht habe. Und doch konnte es nicht

immer so gewesen sein wie jetzt: er kalt und abweisend, sie leidenschaftlich und aufbrausend; früher mußten sie sich geliebt haben — waren nicht die Kinder ein lebender Beweis dafür? Henriette fühlte das Blut bei diesem Gedanken in ihre Wangen steigen, und unwillkürlich verbarg sie das Gesicht in ihrem Muff, ohne des Schnees zu achten, der ihre Wangen kühlte.

„Schauen Sie!" sagte sie. „Dort zwischen den Bäumen sieht es wie im Märchenland aus."

Sie fuhren gerade an dem fast menschenleeren Luxembourg-Garten vorüber. Um die hohen Laternenpfähle tanzten die Flocken wie ein glitzernder Mückenschwarm; aber außerhalb des Lichtkegels waren geheimnisvolle Äste und frostbedeckte Baumstämme nur halb sichtbar.

„Warum lächelten Sie eben?" fragte er sie. „Sie werden mich doch gewiß an Ihrem Spaß teilhaben lassen können?"

„Sie werden mich töricht finden, fürchte ich", meinte sie und wandte ihm impulsiv ihr Gesicht zu. „Seit wir jetzt unterwegs sind, habe ich mir den Kopf über etwas zerbrochen; ich wußte selbst nicht, was — Sie und ich im Wagen hier und der fallende Schnee um uns herum — ich wußte nicht, woran mich das erinnerte. Und dann fiel es mir plötzlich ein. In meiner Kindheit sah ich auf dem Schreibtisch einen Briefbeschwerer, eine kleine Glaskugel mit Figuren und einer Schneelandschaft darinnen."

„Ich weiß." Sein Gesicht überzog sich mit einem jungenhaften Lächeln. „Meine Mutter hatte auch so ein Ding: wenn man es schüttelt, braust plötzlich von irgendwoher ein Schneesturm durch die Kugel."

„Ja", pflichtete sie ihm leise lachend bei. „Gerade ein solches meinte ich. Irgendwie kommt mir das jetzt auch nicht wie ein richtiger Schneesturm vor. Mir ist so, als ob Sie und ich und ganz Paris in einer kleinen Kugel eingeschlossen wären und die Flocken wie Eissterne um uns kreisten."

Es schien ihr die natürlichste Sache von der Welt, ihm ihren Einfall mitzuteilen. Erst viel später, als der Abend vorbei und ein neues Jahr von all den dröhnenden Glokken eingeläutet war, als sie allein in ihrem Zimmer stand, wunderte sie sich über ihren Mangel an Zurückhaltung.

„Hier", sagte sie nun, als sie die Straße erkannte, „das ist die Ecke. Die Remeys wohnen im Hinterhof. Die

Pferde werden niemals auf dem engen Raum wenden können, setzen Sie mich also bitte hier ab."
Er ließ es sich nicht nehmen, sie selbst zur Tür zu begleiten, den Fruchtkorb über den Arm gehängt. Die rostige Glocke erscholl in dem dunklen Hausflur, aber sie mußten einige Minuten warten, bevor die Tür geöffnet wurde. Während sie dort zusammen auf den schneebedeckten Stufen standen, dankte sie ihm noch einmal. Dann wagte sie es, zögernd, ihn zu fragen, ob er nicht mit hinaufkommen wollte.
„Die Remeys würden sich so geehrt fühlen", fügte sie hinzu. „Sie haben sie durch Ihre Großzügigkeit schon so glücklich gemacht."
Aber er schüttelte den Kopf.
„Nein", sagte er, „ich muß noch etwas erledigen, bevor ich heimkehre. Grüßen Sie bitte von mir und trinken Sie auf meine Gesundheit, wenn Sie nachher einen Neujahrstoast ausbringen."
Er wies auf den Flaschenhals, der aus dem Korb hervorlugte, und blickte sie belustigt an.
„Ich werde daran denken, Monsieur. Frohes neues Jahr!"
„Und ein frohes neues Jahr auch Ihnen, Mademoiselle Deluzy! Wir sehen uns erst 1843 wieder."
Sie spürte kaum, wie ihre Füße die hohe kahle Treppe emporeilten, so beladen mit Geschenken, wie sie war — nicht einmal brauchte sie auf einem Absatz etwas zu verschnaufen. Wie in Trance betrat sie die ärmliche Diele, erhitzt und beschwingt zugleich. Wie aus der Ferne wurde sie sich der herzlichen Begrüßung des Hausherrn bewußt, als sie ihm Korb und Pakete übergab, und des sanften schwesterlichen Kusses der jungen Frau auf ihrer Wange und des bissig-freundlichen Willkomms von Madame Le Maire, die, vor dem Kamin sitzend, ihre durchnäßten Röcke trocknete.
„Himmel, sehen Sie blühend aus!" rief die alte Frau nach eingehender Musterung. „Das sieht ja ein Blinder, daß Sie nicht zu Fuß gekommen sind, sonst wären ihre Röcke noch beschmutzter als meine."
„Nein, ich bin hergefahren worden", gab Henriette zu, aber sie verbreitete sich nicht weiter über diese simple Tatsache und wechselte schnell das Thema. „Öffnen Sie diese Schachtel lieber gleich, Marie. Wahrscheinlich sind

die Plätzchen schon zerbrochen und die Bonbons ganz verklebt. Gehen Sie vorsichtig mit der Flasche um, Albert. Es ist zwar kein Champagner, aber trotzdem — —"
„Eine Flasche ist heutzutage immerhin eine Flasche", bemerkte Madame Le Maire und rückte mit ihrem Kleid näher an das Feuer. „Henriette sieht heute abend wirklich blühend aus", bestätigte Marie. „Wüßte ich es nicht besser, würde ich meinen, Sie hätten etwas Rouge aufgelegt, meine Liebe, und auch Ihre Augen glänzen so. Sieht sie nicht wie ein Gemälde aus, Albert, mit den Flocken in ihrem Haar?"
„Ja, ja, das tut sie", stimmte Albert pflichtschuldig bei und blickte seinen Gast aus seinen kurzsichtigen Gelehrtenaugen forschend an. „Das kalte Wetter scheint Ihnen gut zu bekommen, Henriette."
„Kaltes Wetter — ach Unsinn!" schnob Madame. „Der Luxus bekommt ihr gut. Eine Katze fühlt sich immer da zu Hause, wo man ihr die Pfoten mit Butter beschmiert."
„Pfui, Madame, Sie müssen Henriette nicht so necken", verteidigte Marie ihre Freundin. „Sie wissen genau, wie schwer sie arbeiten muß und wie gut sie zu uns allen ist."
Aber Henriette lachte nur über die Sticheleien der alten Frau. In der Stimmung, in der sie sich jetzt befand, hätte nichts sie beleidigen können, und eigentlich machte ihr der Scherz Spaß, obwohl er auf ihre Kosten ging.
„Gewiß", gab sie zu, während sie Mantel und Pelzmütze ablegte, „ich gehöre nicht zu denen, die ein weiches Kissen und ein Schüsselchen mit Sahne verachten, wenn es ihnen geboten wird. Ich bin nicht so selbstlos wie Sie, Marie, und auch kein Gelehrter wie Albert, der die Welt über seinen Büchern vergessen kann. Wenn ich mein Leben lang arbeiten muß, will ich das gern tun, aber ganz sicher nicht für Abfälle und abgelegte Kleider und das Gehalt eines Küchenmädchens."
„Hört, hört", krächzte Madame, „hab' ich's doch immer gesagt, daß Sie eine ganz tüchtige Portion Ehrgeiz besitzen. Aber vergessen Sie nicht, daß keiner von uns sein Federbett mit in den Himmel nehmen kann."
„Nein, wir können es aber genießen, bevor es soweit ist. Hier, Madame, habe ich Ihnen zum neuen Jahr eine kleine Überraschung mitgebracht."
Die Taschentücher wurden überreicht und die Früchte

und Süßigkeiten unter bewundernden und staunenden Ausrufen ausgepackt.
„Apfelsinen, Henriette! Und Treibhaustrauben — so groß wie Pflaumen! Und kandierte Maronen und hier das Rumgebäck für unseren Kaffee!"
Henriette nahm an dieser Freude um sie herum nur mit halber Aufmerksamkeit teil. Ihr eigenes Glück schien sich tief in ihrem Innern verborgen zu haben. Heimlich und atemraubend brachte es sie zum Erglühen, und der gewürzte Wein, den Albert und Marie unter Madames Anleitung zubereitet hatten, trug das seine noch dazu bei. Sie tranken ihn vor dem Kamin und stießen mit ihren Tassen auf ihr gegenseitiges Wohl an.
„Auf Ihre Gesundheit, Madame! Und viele Studenten für alle Ihre Zimmer!"
„Marie und Albert" — es war unmöglich, diesen beiden, die wie ein Mensch dachten, sprachen und handelten, getrennt zuzutrinken.
„Auf Ihr Wohl, Henriette! Und viel Glück!"
Sie stand mit ihrer Tasse in der Hand, während die anderen tranken, und der flackernde Feuerschein zeichnete die Umrisse der vertrauten Gesichter nach. Der Schnee wehte weiß gegen die dunklen Fensterscheiben, in denen sich die brennenden Kerzen mit ihren orangenen Flämmchen spiegelten. Auf dem gedeckten Tisch erhob sich die Fruchtpyramide, und das Silberpapier, in dem die Pralinen eingewickelt waren, funkelte.
„Wollen wir nicht noch einen Toast ausbringen?" hörte sie sich selbst ruhig sagen. „Wir haben uns gegenseitig zugetrunken, aber da ist noch jemand, auf dessen Wohl ich euch bitten möchte, mit mir anzustoßen." Die Gesichter um sie blickten sie neugierig an, wie sie nun eilig weitersprach. Sie hatte die Bitte nicht vergessen, die vorhin auf den beschneiten Stufen geäußert worden war. „Sie, Albert, und ich, wir verdanken dem Herzog von Praslin unsere Arbeit; ich meine deshalb, wir sollten auf sein und seines Hauses Wohl trinken, bevor die Flasche geleert ist."
„Selbstverständlich, Henriette!" Albert erhob seine Tasse. „Er hat sich als unser Brotherr sehr großzügig gezeigt. Möge es ihm nie an Gesundheit und Reichtum fehlen, und auf daß wir dem Schulzimmer nicht mißfallen."

Henriette hatte eigentlich selbst den Spruch anbringen wollen, und sie hätte Glück statt Reichtum gesagt. Aber gleichviel, ihr Versprechen war gehalten, obwohl er es sicher nicht so wörtlich gemeint hatte. Als sie dem Abwesenden bis auf den letzen Tropfen Bescheid getan hatten, gab Madame Le Maire wie gewöhnlich ihre Meinung von sich.

„Ich finde es ja sehr merkwürdig, daß ihr dem Herzog zutrinkt und nicht auch der Herzogin."

Henriette war dankbar, daß Albert Remey ausnahmsweise ihr die Antwort abnahm.

„Ihnen mag das merkwürdig vorkommen, Madame Le Maire, aber Henriette und ich wissen beide, wem wir dienen. Ich wünsche der Herzogin gewiß nichts Böses, verstehen Sie. Aber wenn unser täglich Brot von ihr abhängen würde, müßten wir wahrscheinlich bei den Spatzen im Luxembourg um ein paar Krumen betteln gehen."

„Trotzdem, er muß schon ein sehr bemerkenswerter Mensch sein, um diese Verehrung in euch zu erwecken." Madame Le Maire ließ nicht locker. „Ich wußte gar nicht, daß ihr auf so vertrautem Fuße mit ihm steht."

„Vertraut kann ich wohl schwerlich sagen", meinte Remey, „wenn Henriette auch mehr mit ihm zu tun hat. Er spricht selten mit mir, falls es sich nicht um die Kinder handelt. Ich würde sagen, eine ziemlich kalte Natur, finden Sie nicht auch, Henriette?"

„Verschlossen kommt der Wahrheit vielleicht näher." Sie sprach leichthin und vermied es, die alte Frau anzusehen. „Aber er kann auch kalt sein, ja, ja."

Madame Le Maire war nicht vom Thema abzubringen, obwohl Albert und Marie in die Küche gingen, um das Essen anzurichten.

„Gut aussehen soll er auch, habe ich gehört", bemerkte sie. „So, so, kalt, sagt ihr beiden. Wenn ihr euch nur nicht durch Äußerlichkeiten täuschen laßt. Selbst aus dem kältesten Kiesel springen Funken."

Henriette war froh, als sie zu der dampfenden Schüssel mit einer Bouillabaisse gebeten wurden, deren köstlicher Duft das Zimmer erfüllte. Jetzt wurde Marie, hochrot von der Hitze des Herdes und ihrer hausfraulichen Arbeit, der Mittelpunkt der kleinen Gesellschaft. Sie strahlte über alles, was gesagt wurde; und ihr kleines,

unscheinbares Gesichtchen leuchtete in begeisterter Gastlichkeit, als sie sah, wie es allen schmeckte.
„Ihr macht mich noch eitel", sagte sie ganz verlegen. „Es hätte natürlich besser geschmeckt, wenn ich Hummer statt Krabben hätte nehmen können, und ich fürchte, ich habe etwas zu viel Safran drangetan."
Die Bratente, die zum Bersten mit Äpfeln gefüllt war, das Gemüse und der Kaffee — alles wurde nacheinander gepriesen, während die vier Kerzen, vor jedem Platz eine, mit ihrem klaren Licht die Gesichter beschienen und der Schnee draußen sich leise auf das Fensterbrett senkte. Sie blieben lange am Tisch sitzen, aßen die Früchte und die Süßigkeiten, knackten Walnüsse und sprachen mal von der Welt im allgemeinen und mal von sich selbst im besonderen. Madame Le Maire mußte sich über das schlechte Geschäft beklagen. Seit der Hoftrauer um den jungen Herzog von Orléans war in Paris auch gar nichts mehr los. Sie konnte nur hoffen, daß der geplante Besuch des englischen Königspaares bei Louis Philippe im kommenden Frühjahr oder Sommer endlich stattfinden würde. Nicht etwa, daß sie erwartete, die königlichen Gäste von der anderen Seite des Kanals würden ihre Zimmer in der Rue du Harlay füllen, aber es würde doch schon was ausmachen. Denn bei den Steuern und den ständig teurer werdenden Lebensmitteln könne sie von Glück sprechen, wenn sie nicht ganz verarme, von Verdienst wolle sie gar nicht erst reden.
Henriette und Albert tauschten ein heimliches Lächeln. Sie kannten Madames Klagelieder und ihre Fähigkeit, aus jedem Sou doppelt soviel herauszuholen wie ein anderer.
Auf Maries Drängen teilte Albert mit, daß er aufgefordert worden sei, ein Essay über die griechischen Philosophen zu einem Sammelbande beizusteuern. Das Honorar sei zwar nur klein, aber es würde bei Ablieferung des Manuskripts ausgezahlt, und wenn er bis tief in die Nacht arbeitete, würde er bis Ostern fertig werden, und dann hoffe er, daß er und Marie sich eine kurze Reise an die bretonische Küste oder sogar nach England leisten könnten. Er habe schon immer einige Quellen im Britischen Museum einsehen wollen.
Man kam auf Bücher zu sprechen. Marie riß ihre sanften

Augen weit auf vor Erstaunen, als sie hörte, daß Henriette das letzte Buch der berüchtigten George Sand gelesen hatte.

„,Ein Winter auf Majorka.' Das handelte doch von ihrem Verhältnis mit dem beliebten Komponisten Chopin. War es tatsächlich so unanständig, wie man überall behauptete?"

„Nein, nicht besonders, Marie. Gewagt könnte man es schon nennen, aber teilweise hat es mich sogar gelangweilt."

Dann erzählte sie ihnen von einem anderen Buch, das sie gelesen hatte — eine wirklich bemerkenswerte Geschichte, die ihr in irgendeiner Zeitschrift aufgefallen war. Eine Übersetzung, glaubte sie, aus der Feder eines unbekannten amerikanischen Schriftstellers, dessen Namen sie bereits vergessen habe. ‚Der Mord in der Rue Morgue' hieß die Geschichte, und sie habe beinahe darüber hinweggelesen, weil sie alle Berichte über Morde und Gewalttaten verabscheue. Aber diese Erzählung mache eben eine Ausnahme — wirklich ungewöhnlich gut — und habe sie bis in den Morgen hinein wach gehalten.

„Wirklich, Albert", riet sie ihm, „Sie sollten sie auch lesen. Die Art, wie da die Verbrechen entdeckt und Schlußfolgerungen gezogen werden, würde sogar Ihren klassisch gebildeten Verstand in Spannung versetzen."

Aber Remey schüttelte den Kopf. Solch grausige Geschichten einer dichterischen Phantasie waren nichts für ihn. Für eine Frau besaß Henriette einen Verstand, wie er ihm selten anregender begegnet war. Es war ein Jammer, daß sie sich mit so wertlosen Büchern abgab. Aber warum über diese Belanglosigkeit am Silvesterabend streiten! Schließlich war sie bei all ihrer Intelligenz eben eine Frau, und man konnte von ihr nicht erwarten, daß sie es jemals in der Gelehrsamkeit zu etwas bringen würde.

Und dann wieder nach Hause durch den Schnee in einer Mietskutsche! Man hatte sie nur mit Mühe auftreiben können, und der Kutscher verlangte einen unverschämten Preis. Aber es war ja Neujahrsnacht und jedes Gefährt eine Rarität. Sonst wäre Henriette wahrscheinlich nicht so ohne weiteres darauf eingegangen, aber jetzt fühlte sie sich nicht zum Feilschen aufgelegt. Eine wenn auch

nur bescheidene Unbekümmertheit trug über ihre ökonomischen Bedenken den Sieg davon. Ihr war warm und sie fühlte sich im besten Einvernehmen mit der ganzen Welt, als sie Madame Le Maire in den Wagen half.
„Ich setze Sie vor Ihrer Tür ab", beruhigte sie sie. „Nein, es ist nur ein kleiner Umweg, und ich werde Sie doch nicht in einer solchen Nacht allein umherflanieren lassen."
„Nun, wenn Sie schon einmal leichtsinnig sein wollen, kann ich ja auch davon profitieren. Sie sind großzügig, Henriette, ja, das muß ich zugeben."
Henriette lächelte im Schutz der Dunkelheit. Madame machte so selten ein Kompliment, daß ihre Stimme noch gereizter und unwilliger klang, wenn sie es tat. Sie konnte nicht umhin, die alte Frau ihres Lebensmutes wegen zu bewundern. Aber sie brauchte ihn auch, um sich die kleine Welt, die sie sich selbst aufgebaut hatte, koste es, was es wolle, erhalten zu können. Knausernd und sparend, Woche für Woche, nur um unter tausend Frauen eine sein zu dürfen, die nicht abhängig war. Henriette konnte es ihr nachempfinden, da sie denselben hartnäckigen Willen, sich durchzusetzen, besaß — vermutlich die einzige Eigenschaft, die sie beide gemeinsam hatten.
„Wer weiß", dachte sie, während der Wagen durch die tief verschneiten Straßen kroch, „vielleicht bin ich eines Tages auch so alt und einsam wie sie."
Aber der Gedanke beunruhigte und betrübte sie nicht, weil sie nicht daran glaubte. Unmöglich, mit dreißig Jahren, wenn das Blut warm in den Adern pulste, wenn ein neues Jahr vor einem lag — unmöglich, dann an ein freudloses Alter, an Einsamkeit und ans Sterben zu denken. Andere Leute mochten nörglerisch, gichtig und grau werden; andere Leute starben und wurden vergessen. Aber man selbst war eben die Ausnahme; man selbst bewahrte sich Hoffnung und Jugend durch die bloße Kraft seines Willens.
Madames Stimme unterbrach ihren Gedankenflug. Ja, bestätigte sie, der Abend sei sehr gelungen gewesen. Die Remeys seien doch reizende Gastgeber, und sie sei froh, die beiden so glücklich zu wissen. Und sie hoffe, daß der Arbeit, zu der Albert aufgefordert worden sei, noch viele andere folgen würden.

„Die werden sich schon immer durchschlagen", sagte Madame Le Maire. „Das kommt daher, weil sie an Raben glauben."

„An Raben, Madame?"

„Ja, wenn man zum Beispiel nicht weiß, woher man das Geld für die monatliche Miete oder das Abendessen nehmen soll, dann kommen einem auf rätselhafte Weise die Raben zu Hilfe. Sie waren auch nur ein Werkzeug dieser Raben, als Sie ihm diese Stellung verschafften. Es ist eine Gottesgabe, dieser Glaube an die Raben, und sie werden einen niemals im Stich lassen, wenn man ihnen wirklich vertraut. Leider haben sie immer gewußt, daß ich skeptisch war."

Henriette lachte.

„Ich habe auch nie an sie geglaubt, wenn ich's mir recht überlege."

„Nein, Sie gehören auch nicht zu dieser Sorte Menschen, die das tun. Die Raben mögen auch nur so hilflose, sanftmütige Leutchen wie Albert und Marie. S i e sind viel zu unabhängig, aber Sie werden es schon schaffen. O ja, Sie werden es schon noch zu etwas bringen in dieser Welt. Das sah ich gleich, bevor ich noch zwei Worte mit Ihnen gewechselt hatte."

Der Kutscher riß sein Pferd scharf zurück und schimpfte zu einem anderen Wagen hinüber, der die Einfahrt in die Rue du Harlay versperrte. Als das Durcheinander und das Geschrei vorüber waren und sie wieder weiterfuhren, fing Madame Le Maire an, ihre Sachen zusammenzusuchen, ohne sich dadurch im Reden stören zu lassen.

„Ich habe schon viele junge Menschen kommen und gehen sehen; einige sahen gut aus, andere waren gescheit, wieder andere hatten beides und wußten weder mit dem einen noch mit dem anderen etwas anzufangen. Aber Sie besitzen etwas, was keiner von ihnen besaß, und das wird sich nicht abnutzen und verlorengehen wie ein rosiger Teint und eine gute Figur." Sie bückte sich, um ihren Schirm aufzuheben, und Henriette mußte etwas warten, ehe sie das abschließende Urteil über ihre Person vernahm. „Sie sind wie Hefe. Man kann Sie irgendwohin tun, und Sie werden sogleich beginnen, nach oben zu streben. Man kann Sie nicht unten halten, und Sie würden nicht unten bleiben können, selbst wenn Sie es versuchten. Nun also, ein frohes neues Jahr, was immer es uns allen auch bringen mag!"

„Ich bin nicht so ganz sicher, ob das ein Lob sein sollte oder nicht", dachte Henriette, als sie allein weiterfuhr. „Auf jeden Fall kann ich nicht sagen, daß ich gerade sehr begeistert davon bin, mit Hefe verglichen zu werden."

In der Rue du Faubourg Saint-Honoré fand sie nur den Nachtwächter vor, um ihre Neujahrswünsche zu erwidern, als sie um halb zwölf dort anlangte. Wäre nicht der schneidende Wind gewesen, hätte sie Lust gehabt, bis zur vollen Stunde weiterzufahren, aber so war sie dankbar, wieder in ihr gemütliches Zimmer zu kommen. Es gab Schlimmeres, als das neue Jahr allein begrüßen zu müssen.

Sie schraubte die Gasflamme hoch und sah sich in dem kleinen Raum um, der nunmehr schon genau so zu ihr zu gehören schien wie die Handschuhe, die sie eben abstreifte. Die zart getönten Vorhänge waren zugezogen und die Scheite im Kamin sorglich aufgeschichtet, so daß sie sie nur anzuzünden brauchte. Blaßrosa Begonien blühten in Töpfen am Fenster, und eine Schlingpflanze schlängelte sich glänzend grün von einem Bord herunter. Durch die offene Tür konnte sie sehen, daß ihr Bett aufgedeckt war. Der geschweifte Spiegel und ihre Bürsten und geschliffenen Flakons glitzerten vom Toilettentisch herüber. Sie mußte an die verfärbten Tapeten und an das billige Mobiliar des ‚Nadelöhrs' denken, und Dankbarkeit überkam sie, als sie sich vor den Kamin kniete, um Feuer zu machen. Dies war Luxus, und sie hatte ihn sich selbst verdient. Nie wieder schmale eiserne Bettstellen und zersprungenes, grobes Geschirr und blinde Spiegel unter schrägen Dachwänden!

Ein Klopfen an der Tür schreckte sie aus ihren Träumen hoch. Sie ging zur Tür in der Erwartung, Maxine oder eines der Hausmädchen zu sehen, und war überrascht, als sie sich dem Kammerdiener des Herzogs gegenübersah. Sie nahm das kleine Schächtelchen, das er ihr auf einem silbernen Tablett hinhielt, und ging dann wieder zu ihrem Feuer zurück.

Die Umhüllung verriet nichts, wenn auch die Schachtel selbst den Namen eines der teuersten Geschäfte der Rue de Rivoli trug, an dem sie so oft vorübergegangen war.

Neugierig untersuchten ihre Finger die Watte und stießen auf einen runden, glatten Gegenstand. Jetzt hielt sie ihn in der Hand — ein Briefbeschwerer war es aus kristallklarem Glas mit einem kleinen, rotbemäntelten Figürchen darin. Bei ihrer Berührung erhob sich ein Miniatursturm von weißen Flöckchen, die um die winzige Gestalt wirbelten. Sie sah diesem Schauspiel gebannt zu, bis der Schneesturm sich gelegt hatte. Dann setzte sie die Kugel auf den Tisch nieder und ging langsam zum Fenster. Es erübrigte sich, das Kästchen nach der Karte zu durchsuchen, die sie doch nicht finden würde.

Mitternacht: die ersten feierlichen Schläge erschollen — von ihrer eigenen Uhr und anderen in dem großen Haus und von noch vielen in ganz Paris. Sie schob die Vorhänge zurück und preßte ihre heiße Wange gegen die eisige Scheibe. Wieder ein neues Jahr, und alle Glocken läuteten es mit ehernem Klange ein. Sie unterschied den hellen melodischen Klang von Saint Boch, der von ganz nah herüberklang, und sie vermeinte auch die fernen Stimmen der anderen herauszuhören, selbst jene der Notre Dame auf ihrer Insel in der Seine. Diese alten Glocken — Gott allein wußte, wie viele Jahre sie schon bewillkommnet und wie viele längst verstorbene Menschen ihnen dabei gelauscht hatten. Und sie würden fort und fort läuten mit derselben ernsten Feierlichkeit, lange nachdem sie nicht mehr da sein würde, um zu hören und um sich zu fragen, was dieses neue Jahr wohl wieder in seiner langen Reihe jungfräulicher Tage und Nächte bereit halten mochte.

Sie fühlte Tränen in ihre Augen steigen, und ihr Herz begann ein grundloses Klopfen, das sie nicht zu bezwingen vermochte. Sie empfand plötzlich Furcht vor ihrem eigenen Herzen. Noch nie hatte es sie so verraten. Warum stand sie da, zugleich so glücklich und so traurig, so viele Fragen auf der Zunge wie ein verängstigtes Kind? Sie fand keine Antwort.

Es ist nicht gut, dem eigenen Herzen Fragen zu stellen.

ELFTES KAPITEL

Der Frühling des Jahres 1844 segelte auf Blütenwolken dem Sommer zu. In Melun hatten Kirsche und Pfirsich kaum ihre letzten Blütenblätter dem Wind und der Erde überantwortet, als auch schon die Apfelbäume in den Obstgärten sich in wundersames Weiß und Rosa kleideten; und ihre Süße erfüllte die Luft mit solch zartem Wohlgeruch, daß Henriette allnächtlich von neuer Unruhe befallen wurde.

Eine Schönheit wie diese war zu groß für einen Menschen, um sie allein zu ertragen, dachte sie; und sie war froh, als ein schwerer Regen die Pracht an einem Nachmittag vernichtete. Die Natur spottete ihrer allenthalben mit dem Übermaß an Fruchtbarkeit. Sie konnte sich der Verheißung dieses knospenden Wachstums um sie her nicht verschließen. Selbst in das Bewußtsein der Kinder schien dieses neue Werden eingedrungen zu sein. Ständig verfolgten sie sie mit Fragen, die wie an eine Wunde in ihr rührten, während sie versuchte, eine zufriedenstellende Antwort darauf zu geben.

„Mademoiselle, wird aus jeder Blüte ein Apfel?"

„Nein, Berthe, nicht aus jeder."

„Warum denn nicht?"

„Weil die Zweige unter der Last abbrechen würden und es gar nicht genug Keller und Fässer gibt, in die man die Äpfel sammeln könnte, wenn jede Blüte zur Frucht heranreifte."

„Aber wer bestimmt denn das, Mademoiselle? Wer bestimmt, aus welcher Blüte ein Apfel werden soll?"

„Das weiß nur Gott", dachte Henriette und sah den beiden Jüngsten zu, die vor ihr hertanzten, ausgelassen wie junge Lämmer im Frühling. „Nur Gott kann diese Frage beantworten."

Und dann war der Sommer da mit den langen, warmen Tagen strahlenden Sonnenscheins auf Rasenflächen und Buchenwäldern. Die Rosen durchfluteten alle Zimmer mit ihrem Duft, und in den Weizenfeldern brannte der flammende Mohn. Die drei Schwestern kamen aus dem

Sacré Coeur, und auch die beiden älteren Brüder trafen mit ihrem Lehrer ein. Nur die Herzogin hielt sich zu Henriettes Erleichterung noch in Paris auf. Der Herzog hingegen tauchte seiner Gewohnheit entsprechend mal für einen Tag, mal für eine ganze Woche unangemeldet auf, und sein Kommen verbreitete stets bei allen erst die richtige Ferienstimmung.
Seine alte Mutter hatte sich in einem der Flügel des Schlosses eingerichtet, und Henriette war über ihre Anwesenheit sehr froh. Ganz abgesehen davon, daß sie eine nachsichtige, liebevolle Großmutter war, besaß sie auch einen sympathischen Charakter — sanft und doch willensstark und von einer bei einer Frau ihrer Stellung seltenen Einfachheit. Henriette lernte die täglichen Besuche bei der alten Dame bald schätzen, und es vergingen nicht viele Wochen, bis sich zwischen diesen beiden Frauen von so verschiedenem Alter und so verschiedener Herkunft eine aufrichtige Zuneigung herausbildete.
Der Herzog schien sich über diese Freundschaft zu freuen und sooft er kam, gesellte er sich ihnen zu. Seit jener winterlichen Fahrt am Silvesternachmittag hatte Henriette wenig Gelegenheit gehabt, mit ihm allein zu sein. Er aß jetzt immer mit den Kindern und konnte jederzeit im Schul- oder Spielzimmer unerwartet auftauchen. Aber er machte neuerdings einen besonders verschlossenen und abwesenden Eindruck und sprach kaum über etwas, was nicht das Wohlergehen seiner Kinder betraf. Trotzdem fühlte Henriette sich von seiner Gegenwart stets wie neu belebt. Sie hatte es sich zur Gewohnheit gemacht, zwischen seinen Besuchen Aussprüche der Kinder und auch irgendwelche eigene Beobachtungen zu sammeln und sie ihm bei seinem nächsten Kommen zu erzählen. Sie fühlte sich reich belohnt, wenn sie dann sein tiefes Lachen hörte und sein Gesicht freudig aufleuchten sah. Immer mehr verfiel sie dem Reiz eines männlichen Zuhörers; immer weniger befriedigte es sie, wenn sie wieder auf sich allein angewiesen war. Zunächst wollte sie dies sich selbst nicht eingestehen, war sie doch bisher immer in ihrer Unabhängigkeit und Genügsamkeit glücklich gewesen. Was hatte sich jetzt nur so heimtückisch in ihre Gedanken eingeschlichen? Warum lauschte sie immer, den Schritt eines Mannes vor der Tür zu ver-

nehmen, eine tiefe Stimme ihren Namen aussprechen zu hören?
„Mein Sohn achtet Sie sehr hoch“, sagte die alte Herzogin mehr als einmal. „Wir können alle dem Tag dankbar sein, der Sie zu uns führte.“
Henriette murmelte irgendeine höfliche Erwiderung, konnte jedoch nicht umhin, einen Stich zu empfinden, weil die Worte so unpersönlich klangen. ‚Achtet Sie sehr hoch‘ — mehr durfte eine Erzieherin gewiß nicht verlangen, und doch sehnte sie sich nach einer weniger förmlichen Anerkennung.
„Törin!“ sagte sie zu sich selbst, wenn sie sich dieser Worte in frühen Morgenstunden erinnerte, in denen sie sich den wirren, auf sie einstürmenden Gedanken rettungslos ausgeliefert fühlte, während draußen in den Eichen vor ihrem Fenster die Vögel in aufreizender Fröhlichkeit sangen. „Törin! Was willst du denn noch?“
Der Juni verstrich friedlich und ereignislos, und selbst als die Herzogin dann ankam, schien sie weniger reizbar und bedeutend ruhiger und gleichmäßiger in ihrem Umgang mit den Kindern.
„Sie erkennt mich endlich an“, glaubte Henriette daraus folgern zu können. „Vielleicht ist sie jetzt glücklicher mit ihm, und ich brauche nicht länger wie auf Eiern zu gehen.“
Aber diese Hoffnung war nicht von langer Dauer, und bald hallte das Schloß von Zwistigkeiten wider. Die Herzogin, die sich zunächst ebenfalls zu den Mahlzeiten im Kinderzimmer einfand, verließ eines Tages brüsk ihren Platz und weigerte sich wiederzukommen. Als Henriette am Nachmittag die beiden Jüngsten zu ihr hinaufbrachte, traf sie sie mit verweinten Augen und in trübster Stimmung auf ihrem Sofa liegend an. Die Herzogin umarmte Raynald so leidenschaftlich, daß das Kind sich losriß und zu Mademoiselle flüchtete. Als darauf Berthe, nur zögernd der vorherigen Anweisung folgend, der Mutter einen Strauß Feldblumen reichte, zeigte die Herzogin ein leichtes Interesse und zog das kleine Mädchen an sich. „Für dich, Mama“, piepste Berthe gehorsam mit einem lobheischenden Blick zu Henriette hin.
„Hast du die alle ganz allein für mich gepflückt, mein Liebling?“

„Ja, aber Mademoiselle hat's mir gesagt. Mademoiselle kann Blumen noch besser binden als Felix, findest du nicht auch, Mama?"
Die Herzogin legte den Strauß mit rasch erloschener Freude beiseite, und als die drei sich eine halbe Stunde später verabschiedeten, ließen die blauen Wegwarten mit den zarten Farngräsern schon verdurstet die Köpfe hängen.
„Warum mag Mama Sie nicht, Mademoiselle?" fragte Berthe plötzlich, als sie sich dem Schulzimmer näherten.
„Ja", fiel Raynald ein, bevor sie antworten konnte, „warum, Mademoiselle?"
„Ach, da irrt ihr euch aber." Henriette versuchte, die Fragen mit einem Lächeln abzutun. „Mama ist nur oft müde und krank, und deshalb glaubt ihr vielleicht, daß sie mich nicht mag."
„Aber wenn ich krank und müde bin, mag ich Sie doch", beharrte Raynald. „Ich mag Sie sogar noch viel lieber, wenn ich krank bin."
Henriette beugte sich zu ihm nieder und schlang ihren Arm um seine Schultern. Er wuchs jetzt schnell heran und war schon lang und stakig für sein Alter, aber er bewahrte ihr noch dieselbe Zuneigung wie das zarte Kind, das sie dem furchtbaren Ansturm der Diphtherie abgetrotzt hatte.
„Es ist viel netter, wenn nur Sie und Papa hier sind", fuhr Berthe in der unbarmherzigen Urteilsverkündung ihrer neun Jahre fort. „Ich wünschte, Mama würde nicht zu dem Fest nach Melun mitkommen."
In letzter Zeit war häufig von dem bevorstehenden Fest zu Ehren des heiligen Ambrosius die Rede gewesen, einem Ereignis, das in dieser Gegend eine große Bedeutung hatte, da der alte römische Heilige der Schutzpatron des Dorfes und der umliegenden Gehöfte war. Die älteren Kinder hatten das Fest bereits mitgemacht, aber dieses Jahr durften auch Berthe und Raynald dabei sein. Zuerst würde ein Gottesdienst in der alten Steinkirche stattfinden, und danach würde es allerlei Kurzweil im Dorf zu sehen geben mit einem Wanderzirkus und bunten Zeltständen, in denen man sich die lustigsten und leckersten Dinge erstehen konnte. Henriette hatte schon seit Wochen von nichts anderem gehört als von den

wunderbaren Dingen, die ihrer am Namenstag des Heiligen warteten.
Glücklicherweise hielt sich das Wetter sonnig und wolkenlos, wenn es auch so warm war, daß der Herzog bei seinem Kaffee den Kopf schüttelte und meinte, die Pferde würden schweißbedeckt sein, bevor man noch halbwegs im Dorfe sei, und er selbst zöge es eigentlich vor, den Tag mit seinen Söhnen am Fluß zu verbringen. Aber ein Fest ohne die Praslins wäre undenkbar gewesen. Er wollte mit den älteren Jungen voranreiten, und der Landauer und die Chaise sollten die anderen um elf Uhr aufnehmen.
„Wird die Herzogin uns begleiten?" fragte Henriette, als er sich zum Gehen anschickte.
„Aber gewiß. Meine Frau hat seit unserer Heirat nur ein einziges Fest ausgelassen, und das war damals nach Raynalds Geburt, als sie noch krank war."
Henriette war mit ihrem Anblick im Spiegel sehr zufrieden, als sie die Bänder ihres Strohhutes unter dem Kinn zusammenband. Große künstliche Blätter lagen wie ein Kranz um den Rand und griffen auch auf die Innenseite über, so daß sie sich grün in ihren Augen widerspiegelten und den Glanz ihres kastanienbraunen Haares hervorhoben. Ihr graues Batistkleid sah kühl und frisch aus mit seiner breiten Schärpe und den Bändern aus grüner Seide. Man trug jetzt die Reifröcke immer weiter und weiter, überlegte sie, aber sie wollte diese Mode nicht mitmachen. Erzieherinnen nahmen sowieso immer zuviel Platz weg. Sie befeuchtete ihr Taschentuch mit Kölnisch Wasser und ging zu den Kindern. Wie Schmetterlinge sahen sie aus, mußte sie denken, in ihren duftigen gepunkteten Musselingewändern und den rosa, blauen und braunen Schärpen, und Raynald stolzierte in Nankinghosen und einer Jacke mit roter Litze einher.
„Wie schön ihr ausseht!" rief sie. „Aber nehmt euch mit euren Röcken in acht, wenn ihr ein- und aussteigt. Besonders du, Louise, denk daran, die Falten immer hübsch glatt zu streichen, bevor du dich hinsetzt. Steh doch still, Berthe, damit ich dir die Schleife binden kann. So, meine Lieben —" sagte sie mit freundlich energischer Stimme, als sie mit der kleinen Schar um sich zur Tür ging, „und

vergeßt nicht, daß ihr euch ohne Widerworte dorthin in die Wagen zu setzen habt, wie eure Mutter es bestimmt."
„Ja, Mademoiselle", ertönte es gehorsam im Chor.
Aber Raynald ließ ihre Hand nicht los, als sie die Treppe hinuntergingen. Henriette seufzte und hoffte nur, daß sie alle das Versprechen halten würden. Mitunter konnte eine solche Anhänglichkeit Schwierigkeiten machen, und sie hatte nur den einen Wunsch, daß der Tag ohne Zwischenfälle vorübergehen möchte.
Die Wagen warteten schon, Pferde und Zaumzeug zur Feier des Tages mit Blumen und Blättergirlanden geschmückt, die in der Hitze bereits zu welken begannen. Schon jetzt, um elf Uhr, war es unerträglich heiß. Henriette öffnete ihren kleinen Sonnenschirm und versuchte, Raynald vor den Strahlen der Sonne zu schützen. Sie fürchtete, daß ihm die lange Fahrt in Staub und Sonnenglut und das Gedränge der Menschenmassen zwischen den Zelten nicht gut bekommen würde. Sie mußten eine ganze Weile warten, bis die Herzogin, stattlich und prächtig in lila Seide gekleidet, endlich erschien. Henriette beneidete sie nicht um ihren riesigen Reifrock, der sie in modischer Weise umwogte; sie war dankbar, bei dieser Hitze und der Enge in den Wagen nicht eine solche malerische Last mit sich herumschleppen zu müssen. Überdies war die Herzogin so stark geschnürt, daß sie sich nur mit Mühe bewegen konnte. Ihr sonst so blasses Gesicht glühte, und auf Stirn und Oberlippe zeigten sich schon Schweißtropfen.
„Oh, Mademoiselle!" Die Herzogin blieb bei dem offenen Landauer stehen und verzog ärgerlich ihr Gesicht. „Ich wußte nicht, daß Sie die Absicht hatten, uns zu begleiten. Es war Ihnen vielleicht nicht bekannt, daß dies ein kirchliches Fest ist?"
Henriette entnahm dem Ton, in dem dies gesagt wurde, daß sie einem schwierigen Tag entgegenging. Sie mußte also jetzt doppelt vorsichtig sein, um nichts zu tun, was die Herzogin herausfordern konnte, obgleich sie die Bemerkung vor den Ohren der Kinder und der Kutscher als besonders kränkend empfand.
„Verzeihen Sie, Madame", sagte sie ruhig. „Ich habe es so verstanden, daß ich mit den beiden Kleinen in dem einen Wagen fahren sollte, aber selbstverständlich liegt

es nicht in meiner Absicht, mich bei dem Gottesdienst aufzudrängen. Wenn Sie es wünschen, werde ich gern bei den Pferden warten, bis es Zeit zur Rückkehr ist."
„Das kommt ja nicht in Frage", fauchte die Herzogin, während sie sich in den Wagen helfen ließ. „Da ich doch niemals um meine Meinung gefragt werde, können Sie meinetwegen ruhig einsteigen."
Sie deutete auf den anderen Wagen und bestimmte dann, wie die Kinder sich zu verteilen hatten.
„Raynald!" rief sie ihn, „für dich ist hier gegenüber noch Platz; nur sieh zu, daß du nicht deine Schuhe an mir abwischst. Berthe, Louise, Isabella und Marie, ihr fahrt im anderen Wagen."
Raynald klammerte sich fest an Henriettes Hand, und seine Mutter wiederholte ihre Aufforderung in einem schärferen Ton, indem sie auf den schmalen Sitz hinter dem Kutschbock wies.
„Madame" — Henriette trat rasch hinzu —, „wenn Sie mir erlauben wollen, etwas zu sagen: das Rückwärtsfahren bekommt Raynald nicht. Sie wissen, was für einen empfindlichen Magen er hat, und bei dieser Hitze — vielleicht könnte Berthe oder eins der anderen Mädchen statt dessen mit Ihnen fahren."
„Unsinn, Mademoiselle, Unsinn! Ich weiß schon, was für meine Kinder gut ist. Jean, Sie heben Monsieur Raynald hinein, und dann bitte keine Verzögerung und Widerrede mehr!"
Dazu ließ sich nichts mehr sagen. Henriette mußte zusehen, wie der sich sträubende Knabe hochgehoben wurde, und vernahm noch seinen Protest, als der Landauer ihnen voraus die lange Anfahrt hinabrollte. Das war kein guter Beginn für das Fest des Dorfheiligen!
Die Fahrt, die sonst mit ihren herrlichen Ausblicken auf Fluß und Wald, Gehöfte und reifende Kornfelder zu entzücken pflegte, kam ihr an diesem Morgen endlos vor. Sie hörte kaum auf das muntere Geplapper der Mädchen, während sie in dem Staub, den der Landauer aufwirbelte, folgten. Als sie schließlich bei der kleinen Kirche hielten, schickte sie ihre Zöglinge zu den anderen und suchte sich selbst ein schattiges Fleckchen unter einem Baum an der Friedhofsmauer. Erschöpft ließ sie sich auf

eine Steinbank sinken, froh, allein zu sein und sich an Geist und Körper abkühlen zu können.

Die Mittagsmesse hatte schon ihren Anfang genommen; sie hörte das schwache Läuten des Meßglöckleins, den Singsang der Stimme des Pfarrers und der Antworten der Gemeinde, der aus den offenen Fenstern zu ihr drang, undeutlich und wie aus weiter Entfernung, als käme er vom Meeresboden jener versunkenen Stadt, von der die Sage erzählt. Wenn die Seeleute dieses Läuten der versunkenen Glocken aus der salzigen Tiefe herauftönen hörten, bekreuzigten sie sich und suchten eilends den Schutz der Küste auf. Ja, so erzählte man sich's längs den englischen und bretonischen Küsten. Und vielleicht sollte auch sie, hier mitten im Lande, gewarnt werden.

Aber sie entschlug sich solcher Gedanken. Die Wärme und die Unvernunft der Herzogin waren zwar Anlaß genug, um die Nerven zu verlieren. Sie mußte sich jetzt zusammennehmen, um der anstrengenden Besichtigung des Budenplatzes und der Zelte, die hinten auf der Dorfwiese wie Pilze aufgeschossen waren, gewachsen zu sein. Sie knüpfte ihre Hutbänder auf, lehnte sich zurück und schloß die Augen vor dem gleißenden Sonnenlicht. Aber fast augenblicklich öffnete sie sie wieder, von dem Laut herbeieilender Schritte aufgeschreckt.

Der Herzog kam aus der Kirche auf sie zugelaufen mit Raynald in seinen Armen. Ein Blick auf die regungslose Gestalt des Knaben sagte ihr, was geschehen war. Sie sprang auf und eilte ihm entgegen.

„Legen Sie ihn ins Gras auf den Rücken, Monsieur. Ich weiß, was zu tun ist. Komm, Liebling, Mademoiselle wird dir helfen. Gleich wird es dir wieder besser gehen."

„Ich sah, wie er dort drinnen bleicher und bleicher wurde", hörte sie den Herzog sagen, während sie dem Kind die Jacke aufknöpfte und ihm bei einem Brechanfall den Kopf stützte. „Es blieb mir nichts anderes übrig, als schleunigst mit ihm hinauszustürzen. Was ist denn nur seit dem Frühstück mit ihm geschehen? Da war er doch noch ganz munter."

„Ich habe das schon befürchtet", erwiderte sie. „Die Fahrt war sehr heiß und staubig, und Rückwärtsfahren bekommt ihm immer schlecht. So, Monsieur, wenn Sie mir jetzt Ihr Taschentuch leihen wollen, werden wir ihm gleich etwas Erleichterung verschaffen. Glücklicherweise habe ich etwas Kölnisch Wasser bei mir."

„Aber es hätte doch nicht zugelassen werden dürfen, daß er rückwärts fuhr. War denn woanders kein Platz für ihn?"

„In unserem Wagen ja, aber die Herzogin wollte ihn bei sich haben. Ich versuchte, ihr zu sagen, daß es schädlich für ihn sei. Natürlich hat auch die ganze Aufregung der Vorfreude heute ihr Teil dazu beigetragen. Nun, Raynald, riecht das nicht gut? Nein, bleib schön still mit deinem Kopf auf meinem Schoß liegen."

Der Herzog sagte nichts mehr und wandte sich mit schnellen Schritten dem Wirtshaus zu, wo die Wagen warteten. Henriette hoffte, die Messe würde nicht vor der Rückkehr des Vaters zu Ende sein. Endlich rollte der Wagen heran, und Raynald wurde hineingehoben. Er lehnte sich kraftlos gegen sie, zu schwach, um gegen dieses vorzeitige Verlassen des Festes etwas einwenden zu können.

„So, jetzt werde ich schon allein fertig werden, Monsieur", sagte Henriette zum Herzog, der noch zögernd stehenblieb. „Es ist ja nicht notwendig, deswegen den anderen den Tag zu verderben."

„Nun ja" — er rührte sich noch immer nicht von der Stelle und trommelte nervös mit den Fingern auf dem Wagenschlag —, „so wird es wohl am besten sein. Meine Frau und ich haben es immer als unsere Pflicht angesehen, uns auf diesem Fest zu zeigen, und ich möchte nicht, daß die Bauern auf den Gedanken kommen, etwas sei nicht in Ordnung."

Er wies den Kutscher an, zurückzukehren und sah dem davonrollenden Wagen nach.

Auf der drückend heißen Fahrt zum Schloß ließ Henriette sich seine Worte noch einmal durch den Kopf gehen und versuchte zu begreifen, was er wohl gemeint haben könnte. Er war nicht gern dageblieben, das war ganz offensichtlich gewesen. Aber er und die Herzogin mußten sich eben den Bauern der Umgegend zusammen zeigen, allem äußeren Anschein nach ein glückliches Paar im Kreise seiner Kinder.

„Am Tage des heiligen Ambrosius besuchten sie die Messe und gingen nachher Arm in Arm durch das Dorf

und sahen sich unsere Buden an und verteilten Geschenke."
So würden die Dorfbewohner später zueinander sagen. Sie würden Bemerkungen darüber austauschen, wie stark der Herzog sei, wie gut er aussehe und wie fromm und freigebig die Herzogin sei. Henriette verzog ihr Gesicht zu einem etwas schiefen Lächeln und hielt ihren Schirm über Raynald, um die Sonnenstrahlen von seinen Augen fernzuhalten.
Später an diesem Nachmittag, als die Sonne ihre langen goldenen Pfeile über das glänzende Grün der Rasenflächen verschoß und die Eichen majestätisch aus ihrem eigenen Schatten emporragten, als eine leichte Brise die langersehnte Kühle brachte, verließ Henriette das Haus, um sich auf der breiten Terrasse zu ergehen. Raynald war in erschöpften Schlaf gefallen, und das ganze Schloß war ausgeflogen bis auf des Herzogs Mutter in ihrem Seitenflügel. Henriette verspürte große Lust, die freundliche alte Dame aufzusuchen, aber sie fürchtete, sie unnötig durch ihre frühe Rückkehr aus dem Dorf zu erschrecken. So ging sie denn allein, sah, wie die Dämmerung aus dem Walde kam, und hörte durch das Plätschern des Springbrunnens die hellen scharfen Rufe der Vögel. Sie versuchte, sich ganz diesem abendlichen Frieden hinzugeben; aber sie war todmüde. Der Kopf schmerzte ihr von der schwülen Luft und den langen Fahrten, und sie dachte mit Schrecken an die Heimkehr der Familie.
Und da waren sie auch schon, bevor sie noch wahrgenommen hatte, daß die Wagen in die Anfahrt eingebogen waren, die beiden ältesten Söhne zu Pferde neben ihrem Vater.
„Mademoiselle! Mademoiselle!" übertönten die hellen Mädchenstimmen das Knirschen der Hufe und Wagenräder auf dem Kies. Im Nu waren sie auch schon herausgesprungen und eilten mit ausgestreckten Händen auf sie zu, daß die leichten Kleider wie Fahnen um sie wehten. Henriette blickte zu den Wagen hinüber und sah, wie eine schwere Gestalt in Lila sich herunterhelfen ließ. Irgend etwas an diesem Anblick verursachte ihr Unbehagen. Selbst aus dieser Entfernung erkannte sie, daß die Schwerfälligkeit nicht nur körperlicher Art war. Sie hoffte, die Herzogin würde sogleich ins Haus gehen, aber

diese blieb im Gegenteil ruhig stehen und schaute den davonwirbelnden weißgekleideten Mädchen nach, die losstürmten, ohne sich auch nur ein einziges Mal umzusehen.

„Ja, Berthe, das ist ein wunderschönes Taschentuch. Das hast du wirklich für mich auf dem Jahrmarkt gekauft? Und was für ein reizendes Kettchen, Louise! Und eine Trillerpfeife und ein Messer für Raynald — das wird ihn schnell darüber hinwegtrösten, daß er nicht dableiben konnte."

Sie hörte ihre Stimme dies alles zu den Kindern sagen, doch die ganze Zeit über horchte sie angespannt, ob sie nicht etwas anderes vernähme. Sie wagte nicht, ihre Augen zu jener anderen Gestalt dort bei den Pferden zu heben.

„Mein Gott", dachte sie, „wird denn dieser Tag niemals zu Ende gehen?"

Sie befand sich bereits inmitten der plappernden Mädchen auf der Treppe, als ein Laut sie plötzlich alle erschreckt verstummen und die Kinder sich ängstlich an sie drängen ließ. Es kam von unten herauf, ein herzzerreißender Ton — halb Schluchzen, halb Lachen, dann stammelnde, schreiende Worte.

„Nein, nein! Rühr mich nicht an, Théo! Laß mich doch. Ich bin es ja gewohnt. Ich hab' jetzt genug. Du wirst schon sehen, daß ich's diesmal ernst gemeint habe!"

Henriette erreichte mit ihrer Schar die vertraute Stille des Schulzimmers. Berthe hatte sich fest an ihren Rock geklammert, und die Älteren sahen mit großen, furchtsamen Augen wie schutzsuchend zu ihr auf. Ihre eigenen Hände zitterten, als sie ihre Geschenke auf den Tisch legte, aber sie brachte es doch fertig, ruhig zu sprechen, als ob nichts geschehen wäre.

„So, meine Lieben", sagte sie, „ihr habt heute einen heißen, anstrengenden Tag hinter euch. Deshalb geht erst auf eure Zimmer und zieht euch etwas anderes an und macht euch ein bißchen frisch. Dann ist noch genug Zeit vorm Essen, um das nächste Kapitel in unserem Buch zu lesen."

„Aber, Mademoiselle, bitte, ich würde lieber hier bei Ihnen bleiben."

„Mademoiselle, hörten Sie das eben auch? Mama war schon den ganzen Nachmittag so merkwürdig und hat auf der Heimfahrt kein Wort mit uns geredet."
„Wahrscheinlich war sie sehr müde, Isabella; es hat nichts zu bedeuten."
„Aber das war es ja nicht allein. Ich hörte, wie sie zu Papa sagte, am liebsten würde sie sich um —"
„Scht!" Henriette legte schnell ihre Hand auf die bebenden jungen Lippen. „Was sie auch gesagt haben mag, sie wollte gewiß nicht, daß ihr es hörtet. So, und jetzt geht ihr bitte gleich alle in eure Zimmer!"
Das Abendessen verlief ungewöhnlich still. Statt lebhafter Stimmen, die sich gegenseitig unterbrachen, um irgendein Erlebnis vom Festtag zu erzählen, saßen schweigende Mädchen gedrückt und blaß um den Tisch. Selbst als Henriette zum Nachtisch noch eine Schachtel mit Süßigkeiten spendete, zeigten sie sich nur mäßig erfreut. Und Henriette ertappte sich dabei, daß sie unwillkürlich auf irgendwelche Geräusche aus den Wohnzimmern der Eltern lauschte.
Sie wußte, daß er kommen würde, aber als er kam, wagte sie kaum, seinem Blick zu begegnen.
„Was macht ihr denn alle hier für lange Gesichter?" Er lächelte und grüßte wie unbekümmert, zwickte Isabella in die Wange und zog Louise an sich in vorgetäuschter Fröhlichkeit. Henriette merkte seinem Lächeln jedoch das Gezwungene an. Auch fiel es ihr auf, daß er seinen rechten Arm nicht bewegte und seine rechte Hand in den Rock geschoben hielt.
„Mama ist schon zu Bett gegangen; sie hatte wieder Kopfschmerzen", tat er die besorgten Fragen leichthin ab. „Die Hitze und das Gedränge sind ihr zuviel geworden. Sie läßt euch allen gute Nacht wünschen."
Nachdem die beiden Kleinen schlafen gegangen waren, schickte Henriette auch die älteren in das Nebenzimmer und ließ sie dort ihre Klavier- und Zeichenübungen fortsetzen. Endlich waren sie und er allein, wenn auch die Töne eines Menuetts, das Isabella mit fleißigen Fingern einstudierte, deutlich herüberklingend ihre Worte begleiteten. Das Zwielicht der langen Frühsommerdämmerung lag über dem Zimmer und ließ das Gesicht des Herzogs unnatürlich bleich und abgespannt erscheinen.

„Oh, Monsieur!" Henriette sank auf den Stuhl am Fenster und beugte sich zu ihm vor. Ihr Antlitz befand sich jetzt auf gleicher Höhe mit dem seinen, nur der Tisch trennte sie. „Sagen Sie mir die Wahrheit. Sie hat doch nicht —"

„Nein." Er schüttelte müde seinen Kopf. „Sie hat sich nichts getan. Ich weiß nicht, wieviel Sie gehört haben, aber ich danke Gott, daß es Ihnen gelang, die Kinder rechtzeitig aus dem Weg zu bringen."

Mit leiser, beinahe monotoner Stimme erzählte er ihr dann von dem Versuch der Herzogin, Hand an sich zu legen; von dem arabischen Dolch, der als Andenken im Wohnzimmer hing und den sie in ihrer Raserei ergriffen hatte. Doch es war ihm geglückt, ihr die Waffe zu entreißen. Wie sie seinem kurzen Bericht lauschte, gewann Henriette den Eindruck, daß er es kaum über sich brachte, ihr von der Tragödie, die er eben erst verhindert hatte, in so nackten Worten zu sprechen.

„Und was ist Ihnen zugestoßen, Monsieur?" Sie zeigte auf die Hand, die er noch immer verborgen hielt. Auch sie sprach leise, doch selbst das Hämmern auf dem Klavier nebenan konnte nicht die tiefe Besorgnis in ihrer Stimme übertönen. „Warum halten Sie Ihre Hand so?"

„Ach, das, das ist nichts. Ich wollte nur die Kinder nicht erschrecken." Zögernd zog er seine Hand hervor. Sie sah, daß sie verbunden und daß ein dunkler Fleck durch den Verband gedrungen war. Ihre eigene Hand zitterte, als sie sie behutsam auf die seine legte. Ihre Geste war spontan gewesen, und erst als sie die lebendige Wärme unter ihren kalten Fingern spürte, wurde ihr die Kühnheit ihres Handelns bewußt.

„Ihre Hand glüht ja, als wenn Sie Fieber hätten." Sie überlegte sich, ob er wohl merkte, wie sie zitterte. „Sind Sie ganz sicher, daß es nichts Ernstliches ist?"

„Nur eine Schnittwunde in der Handfläche; die alte Klinge war doch schärfer, als ich dachte."

Er machte keine Anstalten, seine Hand wegzunehmen, und sie schien nicht die Kraft zu haben, die ihre fortzuziehen. Wie lange sie noch so sitzengeblieben wären, hätte Henriette nicht zu sagen vermocht; aber plötzlich brach das Klavierspiel im anderen Zimmer ab, und sie riß sich zusammen.

„Übe noch ein bißchen an der Polonaise, Isabella", rief sie hinüber. „Es ist noch zu früh zum Aufhören."
Als das Spielen wieder begann, faltete Henriette ihre Hände fest in ihrem Schoß, bevor sie sich wieder dem Herzog zuwandte.
„Monsieur", fing sie wieder an, „wenn irgend etwas, was ich gesagt oder getan habe, es verschuldet hat, dann sagen Sie es mir bitte ohne Rückhalt."
„Die Ursache liegt tiefer, als daß Sie darauf einen Einfluß hätten haben können." Er seufzte und strich sich eine Haarsträhne aus seiner feuchten Stirn. „Ich sehe es immer noch vor mir."
Sie sprach ihm nicht mit Worten Trost zu, sondern saß ruhig da und wartete, bis er von selbst fortfahren würde.
„Ich hätte nicht so zu ihr sprechen dürfen, aber als ich sah, wie der Junge litt, nur wegen ihrer kleinlichen Eifersucht, da konnte ich nicht länger an mich halten, und ich sagte — nun, ich weiß kaum mehr, was ich eigentlich gesagt habe. Hätte es sich um eines der anderen Kinder gehandelt, nicht um Raynald — aber seine zarte Gesundheit ist mir immer wie ein Vorwurf gegen mich selbst vorgekommen. Ich habe versucht, an ihm wiedergutzumachen, was er hoffentlich niemals erfahren wird —"
Er brach ab, und sie war klug genug, das Schweigen zu achten. Aber seine letzten Worte ließen sie nachsinnen. Diese abgerissenen, verwischten Sätze wurden plötzlich für sie zu einem offenen Geständnis. Sie erriet, daß Raynald in den Augen seines Vaters das lebende Symbol einer Liebe darstellen mußte, die nur kurz aus fast schon erkalteter Asche noch einmal emporgelodert war. Sie glaubte es zu verstehen: dieses jüngste Kind war gleichsam für die Herzogin ein letzter Beweis vor sich selbst gewesen, daß sie noch die Macht besaß, die Flamme aus der Asche zu wecken. Es war Henriette in diesem Augenblick alles so klar, daß sie jene Unglückliche zu sehen vermeinte, wie sie sich verzweifelt mühte, ein wirkliches Feuer zu entfachen. Aber was nützte es ihr jetzt, Tag und Nacht unermüdlich in der längst erloschenen Glut nach einem Funken zu suchen. Wußte sie nicht, daß Liebe, wenn sie einmal ausgebrannt war, auf diese Weise nie wieder zum Leben erweckt werden konnte?
„Monsieur", sagte sie mit ruhiger Bestimmtheit, „was soll

jetzt geschehen? Es kann doch nicht so weitergehen, für die Herzogin nicht und auch nicht für Sie und mich und die Kinder."

Eine hilflose Bewegung war die einzige Antwort, die sie erhielt.

„Es ist bestimmt besser, wenn ich gehe", beharrte sie. „Vielleicht wird sie sich glücklicher fühlen, wenn ich fort bin. Vielleicht kommen Sie eines Tages doch einander wieder näher."

„Unmöglich!" Er schüttelte seine Niedergeschlagenheit ab, und seine Stimme nahm wieder ihren alten, überlegenen Ton an. „Was einmal tot und begraben ist, kann man nicht wieder lebendig machen. Ich will nicht behaupten, daß mich kein Vorwurf treffen kann. Ich will auch nicht den Märtyrer spielen. Das überlasse ich alles ihr. Wenn es ihr irgendeinen Trost bietet, sich als die Makellose und Gekränkte zu fühlen, will ich sie nicht daran hindern. Aber die Kinder — das ist eine andere Sache. Die leben, und ich kann nicht zulassen, daß sie für etwas leiden sollen, woran sie keine Schuld tragen. Um ihret- und auch um meinetwillen dürfen Sie nicht davon sprechen, uns verlassen zu wollen."

„Es gibt ein altes Sprichwort", sagte sie, „an das mußte ich gerade denken: Unfrieden zwischen Mann und Frau stiften, das heißt, zwischen Baum und Borke geraten."

Er lächelte, wenn auch etwas verzerrt.

„Wenn die Borke sich schon von dem Baum gelöst hat, Mademoiselle Deluzy, wenn Meilen dazwischen liegen, dann verliert Ihr Sprichwort seine Bedeutung."

„Nun, Monsieur, ich maße mir nicht an, Ihr Herz oder das Ihrer Frau zu kennen, aber ich weiß, daß sie mich haßt, und die Kinder wissen es auch, und früher oder später wird sich die Tragödie, der Sie heute entronnen sind, wiederholen."

„Und trotzdem bitte ich Sie zu bleiben. Wenn Sie jemanden nahe am Ertrinken sehen, würden Sie dann nicht Ihre Hand hinstrecken, um ihn zu retten? Würden Sie nicht ein Tier, das sich in einer Schlinge gefangen hat, zu befreien versuchen? Nun gut, dann vergessen Sie nicht, daß ich mich in einer Schlinge befinde, die ich mir selbst gelegt habe — wenigstens bin ich nicht unbeteiligt daran gewesen; und je mehr ich mich dagegen sträube, um so enger zieht sie sich um mich zusammen. Sie sehen mich zwar frei herumlaufen, aber lassen Sie sich dadurch nicht täuschen. Ich lebe in einer Hölle, ob Sie nun an deren Vorhandensein glauben oder nicht."

„Oh, bitte!" Die Eindringlichkeit seiner Worte rührte sie. „Was kann ich darauf erwidern, wenn Sie so zu mir sprechen? Ich weiß nur, daß sie Sie liebt, und wenn sie Sie und andere quält, dann nur, weil sie von ihrer verhängnisvollen Leidenschaft für Sie getrieben wird. Ich bin auch eine Frau und kann es daher verstehen, obwohl mir diese peinliche Zurschaustellung ihrer Gefühle unbegreiflich — —"

Henriette hielt inne aus Furcht, sie könnte zu weit gegangen sein.

„Sie haben recht, Mademoiselle; wenn Liebe sich keinen Ausweg mehr weiß, wird sie zu einer Krankheit, die alles, was mit ihr in Berührung kommt, verdirbt. Ich weiß das nur allzu gut." Er ließ seinen Kopf schwer in seinen Händen ruhen, und der Verband leuchtete weiß durch das Dämmerlicht. „Ich kann nur hoffen, daß Sie niemals erfahren, was es heißt, allmählich von einer Liebe erstickt zu werden, die zu erwidern man sich nicht mehr fähig fühlt."

„Ich hätte mir nicht erlauben dürfen, überhaupt von Liebe zu sprechen", entschuldigte sie sich. „Ich hatte dazu kein Recht, und ich bitte Sie, es zu vergessen."

„Nein, bitten Sie mich das nicht; es wird mir helfen, wenn ich mich an Ihr Mitgefühl für mein Los erinnern kann. Heute, als dieser Albtraum überstanden war, fürchtete ich mich vor dem Alleinsein. Deshalb bin ich hergekommen, so wie ich auch früher herkam, wenn ich glaubte, die Zukunft auch nicht für eine einzige Stunde mehr ertragen zu können."

Obwohl er sein Gesicht noch in den Händen barg, ließen die Vertraulichkeit, die Beschwörung in seinen Worten ihr Herz wild schlagen. Sie konnte sich nicht mehr auf die Festigkeit ihrer Stimme verlassen, und nach einer Weile hub er wieder an:

„Es sollte doch nicht zuviel verlangt sein, wenn ich nur um etwas Frieden in meinem Hause bitte. Statt dessen stehe ich wie ein Stier in der Arena, der durch unzählige Stiche immer wieder von neuem geplagt und gereizt wird.

Eines Tages wird ein Stich zu tief eindringen, und dann wallt das Blut hoch. An den Tag denke ich mit Schrecken."
Er erhob sich langsam, und seine hohe kraftvolle Gestalt beherrschte auf einmal den ganzen Raum. Henriette blieb sitzen. Ihre Knie waren zu schwach, und ihre Pulse hämmerten noch. Sie sah zu ihm auf, und er blickte auf sie hinunter.
„So", sagte er, „jetzt wissen Sie."
„Manchmal ist es besser, zu vergessen, was man weiß, Monsieur."
Noch immer ragte seine Gestalt vor ihr auf.
„Sie haben mir nicht gesagt, ob Sie bleiben werden, aber, nicht wahr, Sie werden bleiben? Sie werden mich und meine Kinder nicht unserer einzigen Zufluchtstätte berauben wollen?"
„Sie machen es mir sehr schwer, nein zu sagen", erwiderte sie. „Aber es gibt nun einmal Dinge in dieser Welt, gegen die anzukämpfen zwecklos ist, und eines davon ist die Eifersucht einer Frau. Gott weiß, daß ich nichts getan habe, um sie auf mich zu ziehen, es sei denn, daß ich bestrebt war, die Zuneigung der Kinder und Ihre — Ihr Vertrauen zu gewinnen. Und das allein scheint in den Augen Ihrer Frau bereits unverzeihliche Sünde zu sein, und sie wird mir niemals vergeben. Wenn ich bleibe, weil Sie mich darum bitten — —"
„Ja, ich bitte Sie darum. Sie haben viele gute Eigenschaften, Mademoiselle Deluzy, aber keine, die ich mehr bewundere als Ihren Mut angesichts einer schwierigen Situation."
„Mut ist auch notwendig, wenn man ganz auf sich angewiesen ist. Es lehrt einen auch, vernünftig zu handeln. Ich bemühe mich eben jetzt, vernünftig zu handeln, und Sie versuchen, es mir schwer zu machen."
Er merkte, daß sie nachgiebiger wurde, und bedrängte sie mit ihren eigenen Worten. „Also lassen Sie uns vernünftig sein. Sie haben nur einen Grund, gehen zu wollen, und ich habe zehn Gründe, warum ich Sie hier halten möchte."
„Zehn?"
„Ja, neun junge Praslins und einen Vater. Soll ich sie Ihnen an meinen Fingern aufzählen?"

Er lächelte, und sie lächelte zurück. Doch ihre Stimmen blieben ernst.
„Nein, Monsieur, die Mühe können Sie sich sparen." Dann fuhr sie mit einem plötzlichen Entschluß fort: „Sie haben mich gebeten, und das ist für mich Grund genug. Hätten Sie irgendwie versucht. mich zu bestechen oder mit mir zu verhandeln, dann hätte ich nicht gegen mein besseres Wissen nachgegeben."
„Mit Menschen, denen man einmal sein Herz geöffnet hat, treibt man keinen Handel", sagte er, und sie konnte hören, wie bewegt er war. „Und vergessen Sie nicht: geliebt zu sein ist kostbarer als alles, was man sich erhandeln kann. Gute Nacht, Mademoiselle Deluzy!"
Er wartete ihre Antwort nicht ab, sondern wandte sich, um zu seinen Töchtern ins Nebenzimmer zu gehen. Auf der Schwelle blieb er einen Augenblick stehen und schob seine verletzte Hand ungeschickt wieder in seinen Rock. Die Bewegung griff Henriette ans Herz.

ZWÖLFTES KAPITEL

Nach außen hin hatte sich nichts verändert. Die langen, sonnigen Sommertage machten dem Herbst Platz. Der Unterricht wickelte sich mit der Regelmäßigkeit einer Uhr ab. Der Herzog fuhr dann und wann nach Paris und kehrte wieder, gepflegt im Aussehen, höflich im Wesen wie immer und, wie immer, aufmerksam und liebevoll seinen Kindern gegenüber und zuvorkommend zu deren Erzieherin. Die Herzogin hielt sich dem Schul- und Kinderzimmer fern und machte nur mehr selten einen jener erschreckenden Versuche, ihre Liebe den Kindern aufzuzwingen. Sie zog sich mehr und mehr in sich selbst zurück, und ihr Gesicht nahm mit der Zeit den leidenden Ausdruck einer Märtyrerin an, den Henriette zwar aufreizend fand, aber wenigstens leichter zu ertragen als ihre früheren hemmungslosen Ausbrüche.
Doch Henriette spürte, daß mit ihr selbst eine Veränderung vorgegangen war. Ein Abschnitt ihres Lebens lag

hinter ihr, das war so gewiß, als hätte sie für immer die unscheinbare, beengende Verpuppung der Jugend gesprengt. Er hatte an jenem Frühlingsmorgen vor drei Jahren begonnen, als sie zum erstenmal die Schwelle des Hauses 55, Rue du Faubourg Saint-Honoré überschritten hatte, um die ersten Anweisungen entgegenzunehmen — nicht von der blassen quengelnden Frau auf dem Sofa, sondern von dem hochgewachsenen Mann im Morgenrock, der am Kamin lehnte; und er hatte geendet in jenem dämmerigen Schulzimmer am Tag des heiligen Ambrosius. Seit jener Aussprache konnte sie nicht mehr die alte sein. Sie staunte nur, daß sie, als sie ihr Gesicht im Spiegel betrachtete, dort keine Anzeichen ihrer neuen Reife zu entdecken vermochte.

Sie konnte sich diese Veränderung selbst nicht erklären, denn sie hatte die Fähigkeit verloren, ihre eigenen Gefühle zu analysieren. Bisher hatte sie stets in ihrem Kopf und in ihrem Herzen so gute Ordnung gehalten wie in ihren Schubladen, den Inhalt der verschiedenen Fächer fein säuberlich voneinander getrennt, und nutzlose und störende Erinnerungen rücksichtslos ausgeschieden. Nun mußte sie ihre Machtlosigkeit erkennen, der inneren Verwirrung Herr zu werden. Im Jahre 1844 hätte eine junge Frau ihrer Erziehung und ihres Charakters niemals ein Interesse an einem verheirateten Mann eingestanden, niemals hätte sie gewagt, auch nur die Möglichkeit einer solchen Liebe zuzugeben. Henriette gab sie auch jetzt nicht zu. Da sie sich darüber im klaren war, daß sie mit ihren bald zweiunddreißig Jahren bereits zu den alten Jungfern gerechnet wurde, fühlte sie sich dem Thema Liebe gegenüber unwissend und demütig. Und es lag doch sonst ihrer Art nicht, sich irgendeinem Thema gegenüber demütig und unwissend zu zeigen. Sie hatte die Wahrheit gesprochen, als sie dem Herzog sagte, das Leben habe sie gelehrt, vernünftig zu sein, und sie gab sich jetzt redliche Mühe, das zu beweisen, trotz dieser neuen Ruhelosigkeit, dieser unerklärlichen inneren Erregung, die von ihr Besitz ergriffen hatte. Sie war stolz darauf, daß er sich in seiner Not an sie gewandt — dieser Mann, unter allen Lebenden der einzige, der ihr niemals gehören konnte. Aber Stolz allein war nicht Ursache genug für diese Veränderung in ihr, für die schwankenden

Stimmungen zwischen grundloser Verzweiflung und unsagbarer Glückseligkeit. Früher hatte sie an das Vergangene denken können, so schmerzlich sie auch oft ihr einsames Kämpfen empfand; sie hatte auch vorausdenken können an eine Zeit, in der ihre eigene Arbeit ihr völlige Unabhängigkeit sichern würde. Jetzt hatte sie weder für die Vergangenheit, noch für die Zukunft Gedanken. Nur die Gegenwart schien jetzt für sie zu zählen, wie sie die zeitlosen Gewänder der Tage und Nächte anzog und ablegte gleich einer Schlafwandelnden.

„Das kann doch nicht Liebe sein", haderte sie zuweilen mit sich selbst, und dann glaubte sie auch, was sie sagte. Liebe war doch etwas ganz anderes, wenn man den romantischen Erzählungen vertrauen durfte oder gar gewissen Gedichten von Lord Byron, die zur Lektüre für junge Damen nicht als geeignet galten. Liebe konnte nicht diese drängende Unrast sein, nicht dieses Gefühl, als stünde ein Vulkan im Begriff, den gesunden Menschenverstand in tausend Stücken in die Luft zu schleudern. Es konnte nicht dieses Sichbegnügen mit einem freundlichen Lächeln sein, mit einem Blick, mit einem Wort, das ein völliges Verstehen verriet, mit einem Scherz, der nur dem einen Menschen verständlich war, der den Schlüssel zu seiner Bedeutung besaß. Liebe — dessen war Henriette sicher — verlangte viel mehr als das, womit sie sich zufrieden gab. Liebe mußte wie ein Rausch sein, mußte den Liebenden hoch über sich selbst und seine Umgebung erheben. Und sie dagegen, sie war sich eher mehr noch als sonst auch der geringfügigsten Kleinigkeit bewußt, die sie selbst oder ihre Zöglinge betraf. Wie kam sie überhaupt darauf, über ihre Liebe nachzudenken? In jener gequälten, schmerzlichen Unterhaltung, zu der sie immer wieder zurückkehrte, konnte sie ganz gewißlich keine Anspielung des Herzogs darauf entdecken, die nicht bitter gewesen war; bis auf die letzte. „Geliebt zu sein", hatte er gesagt, „ist kostbarer als alles, was man sich erhandeln kann." Und das mochte so viel oder auch nur so wenig bedeuten. Wahrscheinlich, entschied sie, hatte er dabei an die Kinder und deren Zuneigung zu ihr gedacht. Nur eines wagte sie sich zuzugestehen — an sie hatte er sich um Hilfe gewandt, und sie würde ihn niemals im Stich lassen.

Nur wenn die Herzogin und sie einander begegneten, spürte sie ihre neugewonnene Selbstsicherheit. Es machte ihr nichts mehr aus, ob sie Billigung oder Mißbilligung fand; Anklagen und Verdächtigungen mochten ihr jetzt an den Kopf geworfen werden, sie ließen sie unberührt. Ihre Gleichgültigkeit wirkte wie ein Stachel auf das korsische Temperament, aber seit der Nacht des Selbstmordversuches der Herzogin vermochte Henriette weder Zorn noch Mitleid für diese Frau aufzubringen, deren schrankenloses Sichbloßstellen ohne Stolz und Würde sie abstieß. Dann stand Henriette wohl vor ihrer Herrin da, während ein Strom von Zornesworten und Vorwürfen und jammervollen Seufzern über sie hereinbrach, dem Anschein nach ehrerbietig zuhörend, aber innerlich kalt vor lauter Verachtung. Die schwerlidrigen, dunklen Augen mochten blitzen, die weißen, mit Juwelen überladenen Hände sich noch so verzweifelt ringen — Henriette empfand diesem Schauspiel gegenüber nichts. Auch die Dienerschaft mochte gegen sie sein, was tat's, sie ging ihren Pflichten nach, mit leichtem Schritt und ungebrochenem Selbstvertrauen.
„Es dürfte wohl kaum noch eine Erzieherin in ganz Paris oder London geben, die schwerer zu arbeiten oder mit größeren Schwierigkeiten zu kämpfen hat als ich", sagte sie sich selbst. „In den dreieinhalb Jahren, seitdem ich dieses Haus betrat, habe ich nie ein Wort gesprochen oder etwas getan, was sie oder irgendwer sonst gegen mich vorbringen könnte. Wenn sie vor Eifersucht halb wahnsinnig ist, dann doch nur deswegen, weil sie fürchtet, sich selbst die Schuld zuschreiben zu müssen, ihn verloren zu haben. Und wenn die Dienstboten spitzeln und klatschen, dann geht das mich nichts an. Ich gehe meinen eigenen Weg. Mich demütigen zu lassen, den Gefallen werde ich ihnen nicht tun!"
So argumentierte Henriette voll ehrlicher Überzeugung; aber sie übersah einen wichtigen Faktor in ihrer Rechnung. Die Mathematik war von jeher eine Wissenschaft gewesen, in die sie nur mit Mühe eingedrungen war. Vor allem hatte sie sich immer vor Gleichungen mit einer Unbekannten gescheut. Aufrichtig, idealistisch und frei von hinterhältigen Gedanken, wie sie war, zog sie bei ihrem Problem nicht den Skandal in Betracht. Und es ist

die Eigenart des Skandals, alle diejenigen zu überraschen, die seine Macht mißachten.
Sie war daher ganz unvorbereitet, als der Donnerkeil sie traf.
Sie waren dieses Jahr sehr lange in Melun geblieben und kehrten erst in den Winterferien nach Paris zurück. Nach einem kurzen Abstecher nach Cannes stieß die Herzogin wieder zu ihrer Familie, gut erholt und merklich besserer Laune als in den letzten Monaten. Das Weihnachtsfest verlief harmonisch und brachte allen, Mademoiselle nicht ausgenommen, reiche Geschenke. Die Herzogin war nahezu freundlich gewesen, im Hause herrschte, wenigstens zu dieser Zeit, Frieden, und die Kinder blühten förmlich auf. Ihr Großvater, der alte Marschall Sebastiani, befand sich auf Reisen in Spanien, und Henriette hoffte, er würde noch einen Monat fortbleiben, da er ganz entschieden einen störenden Einfluß auf die Hausbewohner ausübte. Seine Gegenwart reizte den Herzog, und seine Besorgnis um Gesundheit und Glück seiner Tochter machte sie nur noch launischer und eigensüchtiger. Und die Kinder verzog er auf eine so töricht nachsichtige Weise, daß das ganze wohlerdachte System der Aufeinanderfolge von Unterricht und Freizeit ins Wanken geriet.
Henriette trug jetzt eine noch größere Verantwortung, da Céleste, Amélie und Marie ihre Schulzeit im Kloster beendet hatten und nun ebenfalls ihrer Obhut unterstanden. Diese drei würden ihrem Herzen niemals so nahestehen wie die anderen, mit denen sie zusammen war, seit sie ihre Stellung angetreten hatte. Es waren hübsche, aufgeweckte Mädchen, sie besaßen aber nicht eine so ausgesprochene Persönlichkeit wie Isabella, Louise und auch die bezaubernde Berthe. Albert Remey unterrichtete weiterhin alle Mädchen in Literatur, Grammatik und Aufsatz, während Henriette die Geschichts-, Zeichen- und Handarbeitsstunden gab und das Klavierüben beaufsichtigte. Auch begleitete sie die Mädchen als Beschützerin auf ihren Spaziergängen, Ausfahrten, Besuchen und Vergnügungen, soweit solche für sorgsam behütete jeunes filles als passend befunden wurden. Außerdem leitete sie Raynalds Erziehung. Er war mit seinen sieben Jahren ungewöhnlich geistig entwickelt

und benötigte, obwohl sich sein Gesundheitszustand erheblich gebessert hatte, nach wie vor besondere Pflege. Nur Mademoiselle Deluzy konnte sein Interesse wachhalten und ihn beschäftigen, ohne ihn zu überanstrengen, und deshalb blieb er auch ihr bevorzugter und schwierigster Zögling.

Isabella, schon bald achtzehn Jahre, und Louise, bereits sechzehn, waren zu entzückenden jungen Damen herangewachsen, in denen die Anlagen, die Henriette in den einst linkischen Kindern sofort erkannt hatte, zu voller Blüte gelangt waren. Der Herzog war ungeheuer stolz auf seine beiden ältesten Töchter mit ihrem glänzenden Haar und ihren dunklen Augen und dem zarten Oval ihrer Gesichter. Er sprach bereits mit Henriette über ihre zukünftigen Männer und überlegte mit ihr, welcher Typ ihrem Geschmack und ihren Eigenschaften entspräche. Es kam ihr merkwürdig vor, sich darüber mit ihm zu unterhalten, doch dieser neuerliche Beweis seines Vertrauens rührte und freute sie zugleich.

„Sie müssen glücklich werden", rief er aus, ihren schlanken Figuren mit den jugendlichen Formen halb bewundernd, halb besorgt nachblickend. „Jedenfalls müssen wir das unsere dazu tun, daß sie von vornherein jede Chance haben, es zu werden."

„Nun, Sie wissen ja, Monsieur, Glück kann nicht nach Maß gekauft oder verschenkt werden", erinnerte sie ihn dann und fühlte, wie sich ihr Herz zusammenzog, wenn sie so zu einem Mann sprach, der viel zu jung erschien, um heiratsfähige Töchter zu haben. „Aber Sie tun gut daran, sich zu vergewissern, daß nicht zwei zu entgegengesetzte Temperamente aufeinanderprallen. Ich glaube, Isabella wird schwerer zufriedenzustellen sein als Louise. Sie ist selbständiger in ihren Ansichten und weniger bereit, sich den Umständen anzupassen."

„Sie meinen, sie ist störrisch wie ein korsisches Maultier", erwiderte er lachend, „aber wem sie einmal ihre Zuneigung geschenkt hat, dem wird sie auch treu sein."

„Ja, konsequent ist sie", bestätigte Henriette. „Man darf es ihr schon zutrauen, eine Verantwortung zu übernehmen. Louise dagegen wird alles, was ihr unbequem ist, wie Wasser abschütteln; sie ist zu sorglos und nimmt sich selbst nicht ernst genug."

„Ja, Louise wird eine feste Hand brauchen, um sie im Zaum zu halten. Der Mann, der sie einmal heiratet, wird niemals wissen, was für eine Laune sie plötzlich überkommen mag; immerhin wird sie ihn nicht langweilen. Wahrhaftig, ich muß mich mit so hübschen Töchtern bald nach Schwiegersöhnen umsehen, obwohl ich ja eigentlich nicht viel von einer zu frühen Heirat halte."
Es fiel ihr immer wieder auf, wie er solche Gespräche mit irgendeiner derartigen Bemerkung beendete, als erweckte das Thema zu persönliche Erinnerungen, um weitergesponnen zu werden.
In jenen Wochen nach den Ferien jagten sich die verschiedensten Pläne: besonders Isabella und Louise wollten hierhin und dorthin und überallhin gehen. Täglich baten sie Henriette, sie auf dieser oder jener Ausfahrt zu begleiten, und stifteten in ihrem eigenen Unterricht und dem der jüngeren Geschwister Unruhe und Verwirrung. Ein besonderes Vergnügen war ihnen jedoch versprochen worden, zu dem Henriette nicht eingeladen war. Die Herzogin hatte eine Loge in der Oper, und Isabella, Louise und die beiden älteren Brüder sollten eine Aufführung der „Hugenotten" von Meyerbeer besuchen. Diese Aussicht erweckte wenig Begeisterung bei den Brüdern, aber Isabella und Louise befanden sich, als der Abend herankam, in fieberhafter Aufregung. Ihre Kleider aus weißem Tüll oder rosa Taft lagen schon mit ihren Handschuhen, Abendschuhen und samtverbrämten Abendcapes bereit, als Marguerite bestellte, daß die Herzogin an einem ihrer schweren Migräneanfälle leide und daher unmöglich ausgehen könne. Es würde daher notwendig sein, daß Mademoiselle Deluzy an ihrer Stelle mitgehe.
Fast ebenso aufgeregt über den bevorstehenden Genuß wie die beiden Mädchen, beeilte Henriette sich, die abendliche Mahlzeit zu beenden, um in dem kurzen Zeitraum, der ihr noch blieb, möglichst sorgfältig Toilette zu machen. Der Tag war besonders anstrengend gewesen, aber die Müdigkeit fiel von ihr ab, als sie gebadet, ihr Haar frisiert hatte und das aprikosenfarbene, von blauen Bändern durchzogene Mullkleid, das sie noch nie getragen hatte, aus dem Schrank nahm. Es war tiefer ausgeschnitten als irgendein anderes Kleid, das sie je besessen hatte,

und ihre Schultern leuchteten so weiß und fast so jugendfrisch daraus hervor wie die der Mädchen. Sie besaß keinen Schmuck, aber das Kleid saß wie angegossen, und das — stellte sie mit einem letzten Blick in den Spiegel fest — war bei weitem das Wichtigste.

„Niemand“, dachte sie zufrieden, als sie ihr Cape über den Arm nahm und ins Wohnzimmer zu den wartenden Mädchen eilte, „würde mich für eine Erzieherin oder arme Verwandte halten.“

Die Mädchen schienen ihre Gedanken erraten zu haben und sparten nicht mit bewundernden Ausrufen.

„Was für ein bildschönes Kleid, Mademoiselle!“ rief die kritische Isabella. „Sieht sie nicht bezaubernd aus, Louise?“

„Man wird sie heute abend bestimmt für unsere Schwester halten“, behauptete Louise impulsiv. „Wenn die Leute uns anstarren, wollen wir uns so benehmen, als ob sie es auch wirklich wäre.“

Selbstverständlich verwarf Henriette diesen Plan, aber als sie alle auf den Wagen zugingen, fühlte sie sich von diesem naiven Vorschlag doch geschmeichelt.

Als sie in der Oper anlangten, lag eine ungewöhnlich erwartungsvolle Stimmung über dem ganzen Haus, und sie erfuhren bald von dem Logenschließer, der sie zu ihren Sitzen geleitete und ihnen die Capes abnahm, daß die heutige Vorstellung ein besonderes Ereignis zu werden verspräche, da der König höchstpersönlich anwesend sein würde. Die königliche Loge war geschmückt, und die jungen Praslins waren begeistert, als sie entdeckten, daß sie sich der ihren direkt gegenüber befand. Henriette belächelte ihren Enthusiasmus. Offenbar würden die Sänger heute abend einen ernstlichen Rivalen um die Gunst des Publikums haben.

„Wäre doch nur Papa mit dabei“, seufzte Louise, „das wäre zu schön, denn er kennt den König, und sie würden sich wahrscheinlich begrüßen, und das ganze Haus würde uns beneiden.“

„Ich habe den König schon gesehen“, prahlte ihr Bruder Louis, „er sieht gar nicht nach etwas Besonderem aus. Du würdest niemals raten können, daß er König ist, wenn du es nicht wüßtest und an seiner Leibgarde merktest.“

Der erste Akt war schon halb vorüber, als die königliche Gesellschaft eintrat. Von draußen tönten Hochrufe herein, und durch das Haus ging ein Rauschen, während der König mit seinem Gefolge Platz nahm. Als der Vorhang fiel und der Zuschauerraum wieder im vollen Lichterglanz erstrahlte, erhob sich der König und dankte für die Huldigung, die ihm Parkett, Rang und Galerie darbrachten. Ein dicklicher, unansehnlicher, älterer Herr, stand er leutselig lächelnd da, über der Brust das breite blaue Ordensband. Wenn das nicht gewesen wäre, hätte man ihn ebensogut für einen Bankier oder einen pensionierten Offizier halten können, der sich mit seiner ältlichen Gattin und seinen Söhnen und Töchtern eine Loge in der Oper hielt.
Nun aber kam eine Überraschung: Henriette kannte die Abneigung des Herzogs gegen die Oper und seine Vorliebe für Lustspiel und Operette. Aber da war er, unmittelbar hinter ihrem Stuhl. Er versuchte, sich im Hintergrund zu halten, aber die Mädchen drängten sich um seine auffällig hohe Gestalt. Bevor er noch den leeren sechsten Platz einnehmen konnte, war ihre Loge bereits Gegenstand einer ebenso großen Beachtung geworden wie die des Königs. „Papa, der König! Wußtest du, daß er heute hier sein würde? Bist du deshalb gekommen?"
„Nein, Louise, um den König zu sehen, brauche ich nicht in die Oper zu gehen. Ich wollte mir nur meine Töchter ansehen, wie sie sich in ihren neuen Kleidern in einer Loge ausnehmen."
Er nickte den vier jungen Leuten beifällig zu und wandte sich dann an Henriette. Obgleich er ihr kein Kompliment machte, wußte sie doch, daß ihre Erscheinung seinen Beifall fand. Er musterte sie eingehend, und sein Blick verweilte auf ihrem bloßen Hals und den nackten Schultern. Sie fühlte, wie ihr das Blut in die Wangen stieg, und wie stets, wenn er so unerwartet auftauchte, überkam sie ein eigentümliches Glücksgefühl. Wie froh war sie, daß sie sich entschlossen hatte, statt des grünen Kleides, das er schon so oft an ihr gesehen hatte, heute abend das aprikosenfarbene einzuweihen!
„Papa, der König sieht zu uns herüber", sagte Isabella aufgeregt. „Er hat dich bestimmt erkannt!"
Und so war es auch. Seine Majestät lächelte und nickte

ihnen zu. Der Herzog erhob sich und dankte für diese Ehrung, während das ganze Haus neugierig diese Begrüßung beobachtete. Aber Henriette entging es nicht, daß er etwas verärgert aussah.

„Ich hätte doch warten sollen, bis es wieder dunkel wird", vertraute er ihr im Flüsterton an unter dem Schutz des wieder einsetzenden Orchesters. „Ich hatte nicht die Absicht, aller Aufmerksamkeit auf unsere Loge zu lenken."

„Sie werden uns doch aber nach Hause begleiten, Monsieur?" fragte sie. „Es wird nachher ein furchtbares Gedränge geben, und ich bin etwas besorgt, wie wir heute heil zum Wagen gelangen werden."

„Der König wird das Haus vor Schluß der Vorstellung verlassen", erklärte er, „und ich kenne einen Nebenausgang, machen Sie sich keine Gedanken."

Das waren die einzigen Worte, die sie während des ganzen Abends miteinander wechselten, aber Henriette fühlte seine Gegenwart, bis der Vorhang nach dem letzten Akt fiel. Sie konnte später niemals einen genauen Bericht über den Gang der Handlung im zweiten Teil der Hugenotten geben, so gut sie auch über den ersten Bescheid wußte. Bei der Heimfahrt saßen sie alle eng aneinandergedrängt im Wagen.

„Wie Ölsardinen", lachte er und entschuldigte sich, weil er gewiß die weiten Röcke aus Mull und Tüll und Taft zerdrücke.

„Also gute Nacht denn", verabschiedete er sich am Fuß der Treppe. „Seht zu, daß ihr nach dieser langen Abendunterhaltung morgen schön ausschlaft. Versprechen Sie mir, darauf zu achten, Mademoiselle, denn ich muß ganz früh nach Marseille aufbrechen. Eine Geschäftsreise — denn aus Spaß würde ich bei diesem kalten Wetter eine so lange Fahrt nicht unternehmen."

Henriette schenkte diesen Worten weiter keine Beachtung. Der Herzog war oft auf Geschäfts- und Vergnügungsreisen unterwegs, und da die Sebastianis verschiedene Besitztümer in der Nähe von Marseille hatten, nahm sie an, daß er dort nach dem Rechten sehen wollte, um die Interessen seiner Frau zu wahren. Sie vermißte seine Besuche im Schulzimmer während der nächsten Tage, besonders da der Regen sie davon abhielt, ihre täglichen Spaziergänge zu unternehmen. Die eingedämmte Unternehmungslust der Kinder tobte sich nun zu Hause aus. Insbesondere Berthe wurde schwierig und eigensinnig; sie schien gar nicht mehr die alte, und Henriette war nahe daran, die Geduld zu verlieren, weil sie ihre liebe Not damit hatte, das Kind davon abzuhalten, die anderen mit ihrer schlechten Laune anzustecken. Daher empfand sie es als eine fast unerträgliche Störung, als Marguerite den Unterricht eines Morgens mit dem bündigen Befehl unterbrach, Mademoiselle möge sich sofort bei der Herzogin einfinden.

Irgend etwas stimmte da nicht. Das sah sie dem triumphierenden Blick, mit dem die Jungfer den Befehl überbrachte, sofort an. Während sie ihm eilends nachkam, überflog Henriette im Geist alle Vorkommnisse der letzten Woche und versuchte, sich an etwas zu erinnern, womit sie Anstoß erregt haben könnte. Im allgemeinen ließ die Herzogin in Abwesenheit ihres Mannes die Kinder und die Erzieherin unbehelligt. Henriette hatte die Entdeckung gemacht, daß die Herzogin ihren Anwandlungen von Eifersucht nachgab, wenn er im Hause weilte und dann den Aufenthalt im Schulzimmer der Gesellschaft seiner Frau vorzuziehen schien. Nun, sie würde ja bald wissen, worum es sich handelte — nur schade, daß sie ihr so ahnungslos und ungewappnet gegenübertreten mußte.

Die Herzogin saß an ihrem Schreibtisch beim Fenster, und Henriette bemerkte zu ihrer Erleichterung, daß die Jungfer nicht im Zimmer war. Sie hatte es allmählich gelernt, die Stimmung ihrer Herrin an gewissen Anzeichen abzulesen, wie erfahrene Seeleute kommendes Unwetter aus den Zeichen des Himmels und des Meeres voraussagen können. Auf den ersten Blick wurde sie gewahr, daß die vollen Hände, die einen Haufen Papiere durchwühlten, alles andere als ruhig waren und daß die Spitzen und Bänder ihres kostbaren Morgenkleides sich mit den kurzen, fast keuchenden Atemzügen hoben und senkten. Dies alles und die Tatsache, daß die Herzogin nicht einmal hochsah, obwohl sie „herein" gerufen hatte, deutete auf Sturm.

„Sie ist heute gefährlich", stellte Henriette fest. „Ich muß vorsichtig sein. Vielleicht steckt gar nichts dahinter."

Aber als sich die Lider hoben und die dunklen Augen endlich den ihren begegneten, fühlte sie sich ernstlich beunruhigt. Einem Ausfall funkensprühenden Zorns fühlte sie sich eher gewachsen als der verschleierten Kälte dieses Blickes.

„Sie haben mich rufen lassen, Herzogin", begann sie. Lieber alles andere als diesen Blick! Sollte das Gewitter nur losbrechen! Um so schneller war es überstanden.

„Ja, ich ließ Sie rufen. Ich habe hier etwas für Sie zu lesen, das Sie, Mademoiselle, genau so betrifft wie uns alle."

Sie reichte ihr eine Zeitung und zeigte mit zitternden Fingern auf einen rot angestrichenen Absatz. Henriette erkannte diese Zeitung als ein Blatt, das sie oft an den Zeitungsständen hatte aushängen sehen. Sie wußte, daß es einen schlechten Ruf besaß und erinnerte sich gehört zu haben, daß es die Öffentlichkeit mit boshaftem Gesellschaftsklatsch versorgte. Aber diese dürftigen Kenntnisse genügten nicht, um sie auf den Schock vorzubereiten, den der angekreuzte Absatz ihr bereiten sollte:

‚Der Herzog und die Herzogin von Praslin' — las sie — ‚haben für den Winter wieder ihr Pariser Haus bezogen, doch zeigt sich das Paar gewöhnlich selten zusammen in der Öffentlichkeit. In letzter Zeit ist der Herzog indessen häufig in Gesellschaft einer gewissen Dame von bemerkenswertem Reiz gesehen worden. Vorgestern abend bei der Aufführung der Hugenotten, der auch der König beiwohnte, wurde er in seiner Loge mit vier Mitgliedern seiner Familie und der betreffenden Dame, Mademoiselle D., beobachtet, die, wie wir aus zuverlässiger Quelle erfahren haben, schon seit einigen Jahren den beneidenswerten Posten einer Erzieherin im Hause Praslin einnimmt. Die Herzogin hat, wie wir hören, unter ihrer Gesundheit zu leiden, während sich der Herzog allem Anschein nach niemals einer besseren erfreut hat. Er darf sich eines ungewöhnlich guten Geschmackes rühmen und ist seit langem auf vielen Gebieten als Liebhaber und Kenner anerkannt.' Die Worte schwammen und tanzten ihr vor den Augen, als sie die Sätze noch einmal zu überfliegen versuchte. ‚Die betreffende Dame, Mademoiselle D.' ... Sie fühlte diese Worte wie glühendes Blei in ihr Bewußtsein eindringen, und es verschlug ihr die Stimme und sogar den Atem, als sie dort mit der Zeitung in der Hand unbeweglich stand.

„Jetzt wissen Sie, warum ich Sie habe rufen lassen."

Sie vernahm die Stimme der Herzogin so gedämpft und entfernt wie das Echo des Meeres in einer Muschel. Aber sie brachte sie nichtsdestoweniger wieder zu sich, und ihre betäubten Sinne kamen ihr zu Hilfe, fast ehe sie sich bewußt war, sie gerufen zu haben.

„Herzogin" — sie wunderte sich, daß sie die Fähigkeit der Sprache nicht verloren hatte, obwohl sie doch von Kopf bis zu Fuß ein eisiges Frösteln verspürte und die Zeitung kaum mehr in ihrer bebenden Hand halten konnte —, „Herzogin, für mich ist das ein ebenso großer Schock wie für Sie."

„Mademoiselle, machen Sie sich auch klar, was eine solche Zeitungsnotiz bedeutet?"

„Ich versuche es, Herzogin." Henriette merkte, wie ihre Knie nachgaben, aber sie stützte sich lieber gegen den Schreibtisch, als daß sie darum gebeten hätte, sich setzen zu dürfen. „Wenn Sie mir einen Augenblick Zeit geben wollen, kann ich Ihnen über den Besuch in der Oper genau Bericht erstatten, aber ich sehe wirklich nicht, wieso ein solcher Klatsch über mich verbreitet werden konnte."

„Das sehen Sie nicht!" Die lang zurückgedrängte Erregung der Herzogin brach in einem wilden Sturzbach wütender Beschimpfungen los. Zunächst vermochte Henriette kaum zu erfassen, was sie hörte, aber allmählich drangen die Worte in ihr Bewußtsein, während sie sich haltsuchend an das tröstlich feste Gefüge des Tisches anklammerte.

„Von dem Tag an, an dem Sie den Fuß in mein Haus gesetzt haben, bin ich einer Kränkung nach der anderen ausgesetzt gewesen — haben Sie mit vollem Vorbedacht den Plan gefaßt, mir alles zu nehmen, was ich liebe — erst die Kinder und jetzt auch meinen Mann! Sie sind teuflisch schlau gewesen, Mademoiselle, sehr viel schlauer als ich. Aber glauben Sie nicht, daß Ihre freundlich lächelnde Maske der Unschuld mich je auch nur einen Augenblick getäuscht hat. Dem Herzog können Sie Sand in die Augen streuen, mir aber nicht. Ich habe Sie und die Pläne, die Sie schmiedeten, sofort durchschaut. Aber dieses eine Mal waren Sie doch nicht gewitzt genug! Oh, es ist unerträglich zu denken, daß Sie auch vor dieser letzten Beleidigung nicht zurückgeschreckt sind, daß Sie es wagten, Ihre Macht über ihn vor dem König und ganz Paris zur Schau zu stellen, während ich krank zu Hause lag."

Sie hielt inne, um mit einem Aufschluchzen tief Atem zu holen, und Henriette ergriff die Gelegenheit, um sich zu verteidigen. Jetzt, nachdem sie sich von dem ersten Schock erholt hatte, kam ihr die jahrelang geübte Selbstbeherrschung zugute.

„Ich bitte Sie, Herzogin", erwiderte sie mit einer Ruhe und einer Sicherheit, die ihre Anklägerin rasend machten, „lassen Sie mich etwas in eigener Sache sagen. Das Recht werden Sie mir zugestehen, bevor Sie mich verurteilen. Ich bedaure diese Verleumdung ebensosehr wie Sie, wenn nicht noch mehr. Sie müssen mir glauben, daß ich die Wahrheit spreche, wenn ich Ihnen sage, daß ich mit der Anwesenheit des Herzogs in der Oper nichts zu tun habe. Ich bin nur hingegangen, weil Sie krank waren und mich selbst bitten ließen, die Kinder zu begleiten. Niemand war überraschter als ich, da der Herzog plötzlich in der Loge erschien. Ihre Töchter können es Ihnen bestätigen, und —"

„Meine Töchter", unterbrach sie die rauhe Stimme, „meine Töchter, deren Liebe zu ihrer Mutter Sie vergiftet haben! Sie stehen da und wollen die Kinder dazu mißbrauchen, Lügen zu wiederholen, die sie in ihrer Unschuld nicht verstehen können. Sie sind eine bessere Komödiantin, als ich dachte, aber an mich sind Ihre Künste umsonst verschwendet. Ich werde mich niemals wie die anderen von Ihnen umgarnen lassen."

Henriette legte die Zeitung auf den Tisch und ballte ihre Hände so fest zusammen, daß die Nägel ins Fleisch schnitten.

„Wir wollen die Kinder doch lieber aus dem Spiel lassen, Herzogin, bitte!"

„Dazu ist es jetzt zu spät, nachdem Sie es darauf angelegt haben, mir ihre Zuneigung zu entziehen."

„Niemand kann eine Liebe rauben, die niemals existiert hat. Wenn Ihre Kinder sich mir zugewandt haben, so ist es deshalb geschehen, weil sie vor Ihnen und Ihrer Heftigkeit Angst hatten. Einen Augenblick überschütten Sie sie mit Zärtlichkeiten, und im nächsten sind Sie außer sich, wenn der eigene Vater es gewagt hat, sie auch nur anzurühren. Kein Wunder, daß sie aus lauter Verstörtheit nicht mehr ein noch aus wußten." Endlich konnte Henriette ihr Herz erleichtern, da es ja nun keinen Sinn mehr hatte, zu schweigen. „Es kommt mir so vor, als betrachteten Sie die Kinder lediglich als losgelöste Teilchen von Ihrem Mann, die Sie wie ein Puzzlespiel immer und immer wieder zusammenzusetzen versuchen. Nein, Herzogin, ich habe Ihnen nichts genommen, was Ihnen gehört hat!"

Das zuerst kreideblasse Gesicht der Herzogin hatte sich allmählich zu dunklem Rot verfärbt, und aus ihrer Kehle drang ein unartikulierter, fast tierischer Laut. Henriette wies erneut auf die Zeitungsnotiz und fuhr unbeirrt fort: „Darüber habe ich nichts mehr zu sagen; und was diese schändliche Anspielung betrifft, so kann ich nur wiederholen, daß sie jeder Grundlage entbehrt bis auf die Tatsache, daß der Herzog in die Loge kam und sich zu uns setzte. Ich konnte ihn ja wohl nicht fortjagen, nicht wahr?"

Die Herzogin verzog spöttisch den Mund. „Ich habe Sie nicht kommen lassen, Mademoiselle, um mir von Ihnen Fragen stellen zu lassen. Aber ich frage S i e : wissen Sie, was diese Anspielung, wie Sie sich auszudrücken belieben, zu bedeuten hat?"

„Es bedeutet, daß dieses Skandalblatt, das zu lesen ich bisher für unter meiner Würde gehalten habe, durchblicken lassen will, daß der Herzog und ich — nun, Sie zwingen mich, es in nackten Worten zu sagen —, daß ich seine Geliebte sei."

„Eben genau das. Sie geben es also zu!"

„Ich habe nichts zuzugeben, Herzogin. Selbst, wenn Sie mich einer solchen Geschmacklosigkeit für fähig hielten, müßten Sie doch einsehen, daß es schon deshalb völlig ausgeschlossen wäre, weil ich bei dem Leben, das ich hier führe, auf Schritt und Tritt von den Dienstboten bespitzelt und verklatscht, ungefähr ebenso viele Möglichkeiten habe, etwas unbeobachtet zu tun, wie ein Goldfisch in seinem Glas. Das ist doch eine Tatsache, der Sie

sich nicht verschließen können, auch wenn Sie mir nicht glauben wollen."
„Möglich, daß vielleicht zwischen Ihnen und meinem Mann nichts vorgefallen ist", mußte die Herzogin widerwillig einräumen. „Aber da Sie vor der Öffentlichkeit diesen Anschein erweckt haben, müssen Sie auch die Folgen tragen. Alle Welt hält Sie für das, was Sie abstreiten zu sein; deshalb kommt es für uns alle mehr oder weniger auf dasselbe heraus."
„Und wenn alle Welt und diese Öffentlichkeit, von deren Meinung Sie so viel zu halten scheinen, der Ansicht sind, daß Sie und der Herzog nicht gut miteinander auskommen, wird das dadurch auch zur Tatsache, ob es nun wahr ist oder nicht?"
Henriette stellte diese Frage, ohne Miene und Stimme zu verändern, aber sie wußte, daß dies ihr einziger Trumpf war in einem Spiel, in dem der Gegner alle anderen hohen Karten in der Hand hielt.
„Sie wagen es, mir so etwas ins Gesicht zu sagen?"
Die Herzogin fuhr von ihrem Stuhl hoch, und ihre Wut schien beinahe sichtbar unter dem wogenden Gewand, das ihren Körper umhüllte.
„Ich sagte es nur, weil in dem Artikel von uns beiden die Rede ist. Und so wie man mich verleumdet hat, wäre das ja auch bei Ihnen möglich."
„Unterlassen Sie es gefälligst, unsere Namen in einem Atemzug zu nennen, und hören Sie auf, über Wahrheit und Verleumdung zu sprechen, als wüßten Sie das eine so genau vom anderen zu unterscheiden."
„Aber ich weiß: zwischen dem, was wir sind, und dem, wofür uns die Leute halten, ist ein Unterschied. Ein guter Ruf ist eins, und ein guter Charakter ist ein anderes, und beides hat sowenig miteinander zu tun wie ein Pol mit dem anderen. Und jetzt, Herzogin, werde ich meine Koffer packen, falls Sie nicht wünschen, daß ich bis Ende der Woche bleibe."
Als sie in ihrem Zimmer anlangte, flog sie so am ganzen Körper, daß sie kaum leserlich schreiben konnte, was sie Albert Remey mitzuteilen hatte:
‚Mein lieber Albert, ich bitte Sie, heute den ganzen Unterricht zu übernehmen und dafür zu sorgen, daß sich die Kleinen beschäftigen. Ich fühle mich nicht wohl. H. D.'

Als sie sich wieder etwas beruhigt und ihre eiskalten Hände am Kaminfeuer gewärmt hatte, ging sie an ihren Schrank und fing an, ihre Kleider herauszunehmen. Wie geistesabwesend legte sie sie auf das Bett und zog dann die Schubladen der Kommode auf. Ein Hausmädchen kam, um sich zu erkundigen, ob Mademoiselle Deluzy das Mittagessen in ihrem Zimmer einzunehmen wünsche, doch Henriette schüttelte nur den Kopf und fuhr in ihrer Tätigkeit fort.
„Ich muß den Diener bitten, mir meinen großen Koffer heraufzubringen", überlegte sie mitten in ihrem Packen. „Und die Kinder — ich muß sie noch einmal sehen, aber sie dürfen mir nichts anmerken, vor allem Raynald nicht."
Schließlich war sie fertig und ging zu dem kleinen Schreibtisch, an dem sie so gern geschrieben und gezeichnet hatte. Sie wollte dem Herzog einen Brief dalassen, um ihm zu erklären, warum er sie bei seiner Rückkehr nicht mehr vorfand. Eine schwere Aufgabe — wie sollte sie ihm ihren Standpunkt in dieser häßlichen Geschichte klarmachen, mit der er bei seiner Ankunft sogleich begrüßt werden würde? Sie fühlte sich plötzlich ganz ratlos, was sie ihm wohl von dem Widerstreit ihrer Gefühle erzählen durfte und was nicht, als sie da in dem halb ausgeräumten Zimmer saß, in dem sie fast vier Jahre lang so heimisch gewesen war und das sie jetzt verlassen mußte.
Wie sollte sie ihm ohne Bitterkeit zu verstehen geben, daß ihre feste Haltung gegenüber den Beschimpfungen der Herzogin dieses Ergebnis gezeitigt hatte, daß sie zur Zielscheibe gehässigen Klatsches geworden war? Von vornherein hatte sich alles gegen sie verschworen, das sah sie jetzt ein. Der Schlag war gegen sie geführt worden, als er nicht in der Lage war, ihn abzuwehren. Sie wußte, er würde sich deshalb ewig Vorwürfe machen und auch, weil er einer Laune nachgegeben und damit den Stein ins Rollen gebracht hatte. Jetzt, da sie wieder klar denken konnte, erkannte sie, daß sie nicht so sehr in ihrem Stolz verletzt worden war. Die Worte der Herzogin waren in Wirklichkeit gar nicht so tief gedrungen, und auch die häßliche Anspielung der Zeitungsnotiz hatte sie nicht so aufrühren können. Aber bisher war sie immer

in dem Glauben gewesen, daß die Grenzen der Unantastbarkeit durch das eigene Gewissen gegeben waren, und nun mußte sie plötzlich die Erfahrung machen, daß ein gutes Gewissen allein nicht genügte. Sie fühlte sich von derselben hilflosen Ohnmacht bedroht, die sie als Kind schon überkommen hatte, wenn sie sich machtlos einer Ungerechtigkeit ausgeliefert sah.

Wieder tauchte sie ihre Feder ein und fing einen neuen Bogen an, und wieder knüllte sie das Blatt zusammen und warf es zu den anderen in den Papierkorb.

„Lieber Herzog", schrieb sie endlich, „machen Sie sich und anderen keine Vorwürfe für das, was geschehen ist. Es war mir unmöglich, mein Ihnen gegebenes Versprechen zu halten, und so werden Sie mich also bei Ihrer Rückkehr nicht mehr —"

Doch wie sie da inmitten der Unordnung des Packens saß und sich mühte, ihrem Gehirn die richtigen Worte abzuzwingen, unterbrach sie ein schüchternes Klopfen, und Isabella trat ein.

„Oh, Mademoiselle", rief sie, „bitte, kommen Sie doch gleich. Berthe ist ganz plötzlich krank geworden, und Maxine weiß nicht, was sie tun soll. Schnell, Mademoiselle, kommen Sie, wir brauchen Sie!"

Und so kam es, daß der Brief nie zu Ende geschrieben und der große Koffer nicht gepackt wurde, denn um Mitternacht mußte der Arzt die Diagnose stellen, daß Berthe schwer an Scharlach erkrankt war; und wieder einmal wurde Henriette die Pflege eines kranken Kindes anvertraut.

DREIZEHNTES KAPITEL

Während der wochenlangen Pflege im Krankenzimmer fand Henriette genügend Muße, um ihre Lage von allen Seiten zu überdenken, aber sie kam zu keinem Ergebnis, weil die Tatsache, daß sie eigentlich entlassen war, über der Besorgnis um Berthes Genesung völlig in Vergessenheit geraten zu sein schien. Und als das Kind wiederhergestellt war, wurde das Thema des Zeitungsartikels nie wieder angeschnitten. Wenn der Herzog überhaupt von dieser Verleumdung in dem Skandalblatt je etwas erfahren hatte, so vermied er, davon zu sprechen. Henriette versuchte mehrmals, etwas anzudeuten, aber er ging nie darauf ein, und irgend etwas in seiner Haltung hielt sie ab, in ihn zu dringen.

Auch die Herzogin benahm sich so, als wäre nichts vorgefallen; als wären — dachte Henriette — die gehässigen und bitteren Worte, die sie beide gesprochen, ausgelöscht, wie eine Welle irgendeinen Unrat vom Strande fortspült. Das war wohl der Zeit und der Sorge um die kleine Patientin zuzuschreiben. Henriette jedoch konnte nicht vergessen, was sich zwischen ihr und der Herzogin abgespielt hatte. „Wir haben uns so schreckliche Dinge gesagt", dachte sie häufig. „Mir tut nicht leid, was ich zu ihr sagte; ich freue mich, daß ich mein gutes Gewissen verteidigt habe; aber ich kann nicht vergessen, und an ihrer Stelle würde ich es auch nicht über mich bringen. Sie ist mir wirklich unbegreiflich — erst wütet sie wie eine gereizte Tigerin, und dann scheint sie schon nicht mehr zu wissen, was sie eigentlich gereizt hat."

Ja — die Herzogin war ihr ein Rätsel. Sooft sie es zu lösen versuchte, endeten ihre Bemühungen in einem ratlosen Achselzucken. Aber wenigstens war der Himmel im Augenblick nicht von Gewitterwolken verhangen, und der Frühling lag wieder einmal in der Luft. Das Mandelbäumchen blühte im Garten, und die Blumenfrauen auf den Straßen boten zuerst Primeln, dann Veilchen, dann Narzissen und Tulpen feil. Vielleicht verflüchtigte sich die Atmosphäre von Mißtrauen und Schwermut, die die Herzogin sonst fast ständig umgab, auch deshalb, weil ein Ereignis, wie das Haus in der Rue Faubourg Saint-Honoré es noch nie erlebt hatte, alle seine Bewohner gleich einem Gebirgsquell neu belebte.

Isabella hatte sich verlobt. In sechs Monaten würde sie den Sohn eines wohlhabenden, einflußreichen Geschäftsmannes aus vorzüglicher Familie heiraten und nach Turin ziehen, wo ihr Verlobter die Interessen des väterlichen Handelshauses vertreten sollte. Damit machte sich zum erstenmal ein Mitglied der Familie selbständig, und bei aller Freude war man sich doch der bevorstehenden Trennung als eines Verlustes bewußt. Henriette ertappte den Herzog dabei, wie er seiner Ältesten mit einem zärtlichen, gedankenvollen Blick nachsah. Sie wußte, er dachte daran, daß diese Heirat für sie alle das Ende eines Zeitabschnittes bedeute. Unendliche Liebe sprach aus seinem Blick. Er schien den Himmel anzuflehen, daß er mit diesem vom Leben noch nicht erprobten Geschöpf, dessen Jugend vom Schicksal ebenso leicht zum Blühen wie zum Welken gebracht werden konnte, gnädig verfahren möge.

„Sorgen Sie sich nicht, Monsieur", sagte Henriette ihm mehr als einmal, wenn sie ihn so sah, „Isabella ist reif für die Liebe. Sie haben getan, was Sie konnten, um ihr einen guten Mann zu finden. Alles weitere liegt in Gottes Hand oder beim Schicksal, wie immer man es nennen mag. Sie können nichts mehr dazu tun."

Isabella selbst sah ihrer Hochzeit mit Fassung entgegen. Sie war keine sehr gefühlsselige Natur. Jedenfalls trug sie ihre Gefühle nicht zur Schau. Sie schien den jungen, wohlerzogenen Mann mit dem guten Aussehen und den gutsitzenden Anzügen, den man ihr ausgesucht hatte, zu schätzen. Mehr konnte man auch schwerlich von ihr erwarten, da sie außer ihren Brüdern keine anderen jungen Leute kannte. Selbstverständlich ließen sie die Aufregung und der Umstand, daß sie plötzlich zum Mittelpunkt des Familieninteresses geworden war, nicht unberührt; aber sie ertrug die tränenreichen Ausbrüche der Liebe ihrer Mutter und deren Einkaufsorgien für ihre Wäsche- und Möbelaussteuer mit bemerkenswerter Ruhe. Nur selten spürte Henriette, daß Furcht und Zweifel bisweilen das Mädchen bewegten.

„Mademoiselle", wandte sich Isabella einmal nach einer längeren Unterredung mit dem Abbé an sie, „ich verstehe nicht immer, was der Abbé eigentlich meint, wenn er mir von den ehelichen Pflichten spricht."

„Was verstehst du nicht, Isabella?"

„Nun, er sprach von Gehorsam meinem Gatten gegenüber und — und dann redete er gleich darauf von meinen Kindern und daß ich sie in unserem Glauben taufen und erziehen müsse. Und irgendwie begriff ich eben nicht, Mademoiselle, was das miteinander zu tun hat."

Die glatte junge Stirn krauste sich nachdenklich, und die braunen Augen hefteten sich wie hilfesuchend auf Henriette.

„Mach dir darüber keine Gedanken, meine Liebe", entgegnete sie. „Wenn du liebst und wiedergeliebt wirst, wird sich das alles von selbst ergeben, und diesen Gehorsam, von dem er sprach, kannst du dann getrost sich selbst überlassen. Ich bin schließlich nie verheiratet gewesen, wie du weißt; wenn du daher in diesen Dingen um einen Rat verlegen bist, wendest du dich am besten an deine Mutter."

„Das würde ich niemals fertigbringen!" Das Mädchen errötete, als es das sagte. „Über so etwas kann ich doch mit ihr nicht sprechen; und, Mademoiselle, wenn ich verheiratet bin, möchte ich nicht so werden wie Mama."

„Aber Isabella!" Henriette empfand es als ihre Pflicht, sie zurechtzuweisen, obwohl sie ihr innerlich zustimmte. „So etwas darfst du nicht sagen. Wenn du erst einmal verheiratet bist, wirst du anders darüber denken und verstehen, warum deine Mutter so oft krank und bedrückt ist."

„Aber das meine ich doch gerade, ich will nicht immer krank sein, und ein paar Kinder möchte ich wohl haben, aber nicht so viele wie Mama. Aber der Abbé sagte —"

Sie schwieg verlegen, und Henriette wandte sich ab, um den fragenden klaren Augen auszuweichen. Zögernd erklärte sie Isabella, so gut sie konnte, was eine Ehe bedeutet. Es war nicht ihres Amtes, das zu tun, und die Herzogin wäre zweifellos außer sich geraten, hätte sie geahnt, daß die Erzieherin ihrer Kinder die Grenzen des ‚Anstandes' so weit überschritt. Henriette war jedoch zu bewegt von der Unschuld und Unwissenheit des jungen Mädchens, um ihr nicht in ihrer Not beizustehen. Wie sollte sie das eine beachten und dabei das andere ganz außer acht lassen?

„Zerbrich dir nicht weiter den Kopf darüber", schloß sie. „Mach du deine Erfahrungen, wie sie gerade kommen. Sei nicht kleinlich und denke von deinem Mann stets das Beste, selbst wenn dein neues Leben dir zunächst ungewohnt vorkommt. Sei glücklich, meine Liebe, denn ich weiß, daß Glücklichsein das Schönste im Leben ist; und vor allem, laß dich niemals von irgend etwas, was der Abbé oder andere dir sagen, einschüchtern oder ängstigen."

„Nein, das will ich gewiß nicht, und vielen Dank auch,

Mademoiselle!“ Sie war wieder ganz das Schulmädchen von einst. „Ach ja, Mademoiselle, glauben Sie, daß ich heute nachmittag mein neues Kleid mit dem Kirschenmuster anziehen darf, wenn ich mit Louise und meinen Kusinen Schokolade trinken gehe?“

Lächelnd gab Henriette ihre Einwilligung, obgleich sie der Ansicht war, daß das neue Kleid für diese Gelegenheit durchaus nicht das Richtige war. Aber Isabella war ja noch so jung, so jung und so rührend unerfahren.

„Mein Gott“, dachte sie, als Isabella vor sich hinsummend gegangen war. „Diese Mädchen wissen so wenig und empfinden so viel.“ Sie seufzte und nahm sich wieder die Schulaufgaben für den nächsten Tag vor, während sie sich im stillen fragte, ob ihr Rat wohl gut gewesen sei. Es war ja alles ganz gut und schön, zu sagen: ‚sei glücklich, und alles andere wird sich schon von selbst finden.‘ Aber das Mädchen hatte wache Augen und Ohren und merkte genau, was um sie herum vorging. Kein Wunder, daß sie sich unsicher fühlte, wenn sie jetzt unbekanntes Land betreten mußte, durch dessen verwirrenden Dschungel des Herzens und der Sinne sie sich selbst einen Weg bahnen sollte.

„Eines Tages“, dachte Henriette, „wird das anders sein. Ein junges Mädchen wird dann so wissend wie ihre Brüder in die Ehe gehen und braucht sich nicht mehr einem ungewissen Schicksal auf Gnade oder Ungnade auszuliefern.“

Einen Monat später waren sie wieder in Melun, gerade noch rechtzeitig, um die Obstblüte zu erleben. Der Mai und der Juni gingen friedlich dahin. Im Juni feierte Raynald seinen achten Geburtstag, und alle Bauern und Pächter waren mit ihren Kindern dazu eingeladen. Henriette war stolz darauf, wie gut der Junge aussah und wie tadellos er sich bei dieser Gelegenheit benahm. Sogar die Herzogin drückte ihre Zufriedenheit aus.

„Er macht Ihnen Ehre, Mademoiselle“, ließ sie sich tatsächlich herbei, am Abend des Festes zu sagen. „Ich fange an, neue Hoffnung zu schöpfen, daß er doch noch eines Tages so gesund und kräftig sein wird wie seine Brüder.“

„Ich danke Ihnen, Herzogin“, hatte Henriette erwidert und sah Raynald an, wie er die Geschenke zusammentrug, die ihm gebracht worden waren. „Im letzten Jahr

hat er große Fortschritte gemacht, und ich nehme an, er wird bald die Schule besuchen können, und dann ist meine Arbeit hier getan. Ein Junge soll nicht ewig an Weiberröcken hängen."
„Das ist wahr", pflichtete ihr seine Mutter bei. „Aber sie werden mir alle zu schnell erwachsen, und er ist doch mein Jüngster." Sie seufzte und versank in ihre Träumereien. „Acht Jahre! Es erscheint mir kaum glaublich, daß seine Geburt so weit zurückliegt. Er kostete mich damals beinahe mein Leben, Mademoiselle. Der Herzog war wie von Sinnen."
„Das kann ich mir wohl denken", murmelte die taktvolle Henriette, „und mir, Herzogin, will es oft nicht in den Kopf, daß es schon mehr als vier Jahre her sein soll, seit ich kam, um die Erziehung der Kinder zu übernehmen."
Sie fügte nicht hinzu, daß es ihr manchmal noch länger vorkam, da die Jahre vorher alle Wirklichkeit für sie verloren hatten. Damals war sie wie ein anderer Mensch gewesen, der die Welt wie durch einen Schleier seiner unreifen Gefühle gesehen hatte, ebenso von der eigenen Unwissenheit beschützt wie Isabella und Louise jetzt. Sie war dem Leben niemals ausgewichen, aber den durchbohrenden Schmerz von Ekstase und Verzweiflung lernte sie erst im Hause Praslin kennen.
In diesem Sommer 1845 war es Berthe, die ihrer besonderen Fürsorge bedurfte; denn obwohl sie wieder ganz genesen war, hatte die Krankheit eine gewisse Anfälligkeit zurückgelassen. Sie, die von allen die Ausgelassenste gewesen war, überschäumend von Lebenslust und Frohsinn, war nun eine ganz andere geworden. Bevor der Scharlach sie aufs Krankenlager warf, war sie ein blühendes, schönes Kind gewesen; aber wie bleich, abgemagert und mißvergnügt war sie wieder aufgestanden! Während jener Wochen im Bett war sie überdies gewachsen und hatte ihre kindliche Schönheit eingebüßt. Die Herzogin trauerte über das Aussehen ihres Kindes, und der Herzog zeigte sich darüber fast noch mehr bekümmert.
„Ihre Gleichgültigkeit beunruhigt mich am meisten, Monsieur", sagte Henriette zu ihm. „Ihre Schönheit — das macht nichts aus, die wird sie schon wiederbekommen.

Sie hat ihre ganze Kraft verzehrt, um das Fieber abzuwehren. Wir dürfen nicht erwarten, daß alles auf einmal wieder in Ordnung kommt."
„Nein, da haben Sie wahrscheinlich recht", gab er zu. „Aber Sie klagen doch auch über ihre Appetitlosigkeit, und dagegen muß doch etwas geschehen. Ich sprach letzte Woche mit dem Arzt darüber, und er meinte, das würde sich an der See schon geben. Ihr Großvater hat uns aufgefordert, im August nach Olmeto zu kommen. Ich will mit der Herzogin darüber sprechen, wenn Sie derselben Ansicht sind."
Fast ohne Ausnahme kam er mit allen Fragen zu ihr, nicht nur was die Kinder anbetraf, sondern auch mit Angelegenheiten des Haushalts und neuerdings auch, um die Probleme seiner politischen Karriere mit ihr zu erörtern. Es war sehr schmeichelhaft für sie, von ihm um Rat gefragt zu werden, und noch schmeichelhafter, wenn er diesen Rat befolgte. Ihre Vorschläge hätten sich, wie er behauptete, stets als klug und wohldurchdacht erwiesen.
Bisweilen führten sie sogar längere Gespräche über die politischen Tagesfragen. Sie setzte ihn dabei immer wieder in Erstaunen durch ihre Kenntnis der Lage in Frankreich und in der Welt. Ihre Ansichten über Regierungsformen und auswärtige Angelegenheiten stimmten nicht immer überein, doch empfand er ihre Urteile stets als fruchtbar und anregend. Er war seiner Geburt, seiner Erziehung und Neigung nach der konservativ eingestellte Aristokrat, während sie sich freimütig als Republikanerin bekannte. Und darüber hinaus gehörte sie einer Minorität an, die sich schwer einordnen läßt. In allen ihren Reaktionen war sie eine ausgesprochene Individualistin. Wie ein Vollblutpferd rebellierte sie gegen alles, was die persönliche Freiheit einschränkte. Häufig mußte er sich damit begnügen, auf ihre Argumente mit einem Lächeln oder einem Achselzucken zu antworten, da dies seine einzigen Waffen gegen ihre funkelnde Beredsamkeit und ihre bildhafte Sprache waren. Dennoch gab er ihr keinen Fußbreit nach und verteidigte sich ebenso hartnäckig wie gutmütig.
„Nun, Sie werden sehen", sagte sie dann wohl zu ihm, nachdem sie sich über irgendein Thema erhitzt hatten,

bei dem der König und der Adel eine Hauptrolle spielten, „eines Tages werden Sie es erleben, daß eine royalistische Regierung zu weit gehen kann. Immer höhere Steuern zu erheben und die öffentliche Meinung mit Verboten und Gefängnisstrafen zum Schweigen zu bringen, hat eine schwache Partei noch niemals gestärkt, ob es sich nun um den König oder um eine bürgerliche Partei handelt."

„Oho! Hochverrat im eigenen Hause, Mademoiselle Deluzy!" Er lachte sie aus. „Eigentlich müßte ich das wohl der Polizei melden, aber ich stelle fest, daß Sie nichts dagegen haben, die Vorteile dieser Regierungsform zu genießen, die Sie so hitzig bekämpfen. Sie wollen doch nicht ernstlich die Bonapartes wieder auf dem Thron sehen?"

Sie schüttelte den Kopf.

„Natürlich liebe ich den Luxus ebensosehr wie Sie, aber das tun ja auch die Menschen, die auf dem linken Ufer wohnen und in den Hafenvierteln von Le Havre und Marseille und auch die kleinen Geschäftsleute, die vor dem Anblick eines Gendarmen und des Eintreibers mit seiner Liste neuer Steuern zittern. Nein, ich bin keine Bonapartistin. Wir können nicht wieder mit Kriegen anfangen, die Frankreich bis auf den letzten Blutstropfen aussogen. Sogar die Engländer sind ja fortschrittlicher als wir. Sie setzten zwar eine junge Königin auf ihren Thron, aber nicht ohne sich zu vergewissern, daß ihre Minister das entscheidende Wort zu sprechen haben."

„Vergessen Sie nicht, daß das Oberhaus immer noch allmächtig ist!"

„Und vergessen S i e nicht das Unterhaus, Monsieur. Und vergessen Sie vor allem nicht die Republikaner auf der anderen Seite des Atlantik. Nach allem, was ich von ihnen gelesen habe, scheint es mir, daß in Amerika wenigstens der Versuch gemacht wird, das Ideal zu verwirklichen, für das wir einmal tapfer genug waren, zu kämpfen — und leider auch dumm genug, um es wieder fahrenzulassen."

„Ach, diese Republikaner in Amerika! Die zählen nicht — ein neues, unzivilisiertes Land von Wilden oder bestenfalls ein Schmelztiegel, in den alles, was Europa nicht mehr brauchen kann, geworfen wird. Die können Sie doch unmöglich ernst nehmen."

„Aber sie nehmen sich selber ernst, und das kann mit der Zeit dahin führen, daß die Welt ein neues Gesicht erhält."

„Nun, mich interessieren sie nicht weiter." Er machte ein gelangweiltes Gesicht und schnippte mit seinen Fingern, als wollte er damit Amerika und Republikaner und allen solchen Unfug abtun. „Sie vertreten Ihren Standpunkt mit größter Gewandtheit, Mademoiselle, und ich muß Sie dafür bewundern, was mich eigentlich selbst überrascht, da ich seit jeher Frauen verabscheut habe, die wie Männer reden."

„Aber rede ich denn wie ein Mann, Monsieur?" forderte sie ihn heraus.

„Nein, das tun Sie allerdings nicht", gab er zu. „Das ist ja gerade das Seltsame. Sie sind so inkonsequent wie nur irgendeine Frau, und das wissen Sie auch. Sie haben so viele schöne Überzeugungen, und doch versuchen Sie nicht, danach zu leben. Warum fahren Sie nicht nach Amerika, können Sie mir das sagen?"

„Vielleicht tue ich's noch eines Tages", entgegnete sie.

„Wenn Ihr Louis Philippe nicht mehr an der Macht ist und Sie es sich nicht länger leisten können, eine Erzieherin zu halten. Natürlich —", der Schalk wich aus ihrem Gesicht, „natürlich scherze ich nur, Monsieur. Ich liebe Frankreich, ich könnte nur hier leben, und hier will ich auch sterben; ich glaube nur — —"

„Daß der König und sein Adel eine Räuberbande sind und ihre Tage gezählt — habe ich's getroffen?"

„Nein, aber ich bin überzeugt, daß früher oder später ein Wechsel eintreten muß."

„Daß wir also eine Schar von Neros sind, die die Laute schlagen, während um uns alles brennt", versuchte er sie zu stellen.

„In gewisser Hinsicht, ja. Nur brennt es noch nicht, und vielleicht werden Sie und ich es nicht mehr erleben, wenn die Funken anfangen zu sprühen; aber Ihre Söhne vielleicht."

„Sie glauben doch nicht etwa an eine neue Revolution? Diese blutige Menschenschlächterei dürften wir wohl überwunden haben."

„Ich hoffe das auch. Es braucht ja auch nicht so zu kommen; ich spüre nur, daß in Paris irgend etwas in der Luft liegt, wenn ich umhergehe und höre, was die Menschen auf den Straßen miteinander sprechen. Da sind doch unlängst diese Anschläge auf das Leben des Königs gewesen. Das sind alles Anzeichen, daß wir im Umbruch der Zeit leben, Monsieur, und wir müssen uns ihr anpassen, wenn wir weiter in ihr leben wollen."
„Gut, dann darf ich auf Sie zählen, es mir rechtzeitig zu sagen, wann das alles eintrifft. Es wird mir eine große Beruhigung sein, wenn ich meinen Sitz in der Pairskammer einnehme, zu wissen, daß Mademoiselle Deluzy mich vor der Sturmflut warnen wird."
„Werden Sie wirklich in die Pairskammer gewählt werden? Natürlich habe ich schon davon reden hören, aber ich wußte nicht, daß dieses Gerücht den Tatsachen entspricht."
„Ja", sagte er in einem Anflug von Stolz in der Stimme, „es entspricht den Tatsachen. Jetzt, da mein Vater tot ist und sich überhaupt die Reihen der älteren Pairs zu lichten beginnen, ist es unausbleiblich, daß wir jüngeren Mitglieder des Adels unseren Teil an der Verantwortung übernehmen. Vielleicht haben Sie nicht geglaubt, daß es mir mit der Verantwortung ernst ist." Er stand auf und blickte mit einem belustigten Ausdruck auf sie hinunter. „Und jetzt werden Sie sich wohl von mir abwenden, weil ich nun auch bald zu der Regierung gehören werde, die Sie so verabscheuen?"
Sie schüttelte den Kopf, als sie seines Lächelns und seiner fragend gehobenen Brauen gewahr wurde. Seine Worte drangen zu ihr wie aus der Ferne, weil es ihr plötzlich schwerfiel, sich auf das, was er sagte, zu konzentrieren; so stark empfand sie seine körperliche Nähe, als er da groß und blond vor ihr stand und einen leichten Geruch nach Zigarrenrauch, Leder und Rasierwasser ausströmte. Ihre Gespräche kamen fast immer auf diese Art zu einem Ende, weil dieser Geruch, der so typisch für ihn war, ihr stets die Gedanken verschlug.
Die Vorbereitungen für die Ferien auf Korsika waren alle getroffen, und der alte Marschall hatte wieder ein Schiff gemietet, das sie alle von Marseille herüberbringen sollte. Die beiden älteren Knaben blieben in Melun zu-

rück, und auch der Herzog wollte wieder dorthin zurückkehren, nachdem er die anderen sicher zum Schiff geleitet hatte. Henriette war froh, daß die lange Reise unter seinem Schutz verlaufen würde. Das Wetter war ausnehmend heiß, und selbst ein noch so bequemes Reisen war mit all den unvorhergesehenen Verzögerungen und den überfüllten Gasthäusern ungemütlich. Sie war ohnehin beschäftigt genug, auf die sechs Schwestern und Raynald und die beiden Kindermädchen aufzupassen. Marguerite konnte überdies auf solchen Reisen eine rechte Plage sein, und auch der Gesundheitszustand der Herzogin verursachte manche Schwierigkeit. Aber mit dem Herzog an ihrer Seite wußte Henriette sich in guter Hut, und seine Gegenwart hielt auch die Dienstboten in Schach, die nach wie vor keine Gelegenheit vorübergehen ließen, um es ihr schwer zu machen.
Man hatte jedoch Paris kaum hinter sich gelassen, als schon die ersten Wolken drohender Unstimmigkeiten sich zusammenballten. Die Herzogin weigerte sich, die Fahrt mit dem Zug fortzusetzen, da sie behauptete, dieses Gerüttel verursachte ihr Übelkeit, und sie würde eine Leiche sein, bevor sie ihr Ziel erreicht hätten. Ob es ihr wirklich so schlecht ging, wie sie vorgab, konnte Henriette nicht wissen; aber die Tatsache, daß der Herzog sich dagegen verwahrte, den Reiseplan umzuwerfen, genügte, um bei der Herzogin einen der schlimmsten hysterischen Migräneanfälle hervorzurufen. Es blieb ihnen also nichts anderes übrig, als zwei Nächte und einen Tag in einem Hotel Station zu machen. Alles war überfüllt, und die Kinder wurden quengelig. Um ihnen diesen lästigen Aufenthalt etwas kurzweiliger zu gestalten, machte der Herzog mit ihnen und Henriette einen Ausflug aufs Land, und das Unglück wollte es, daß der Bruch einer Wagenachse sie daran hinderte, vor dem Abendessen zurück zu sein. Dieser Zwischenfall goß Öl auf das schwelende Feuer sich ewig gekränkt fühlender Frauenwürde, und bis tief in die Nacht hallte das Appartement der Praslins wider von dem Streit, der dort tobte. Würde ein Blitz aus diesem Gewitter auch sie treffen? — überlegte sich Henriette, als sie sich in dem stickig heißen Zimmer schlaflos in ihrem Bett hin- und herwarf. Sie zweifelte nicht daran, daß sie bei den neuerlichen Vorwürfen, die

die Herzogin ihrem Mann machte, eine große Rolle spielte; und sie wünschte inbrünstig, der schöne Ausflug hätte niemals stattgefunden oder jedenfalls ohne sie.

Am nächsten Morgen, als sie und die Kinder sich zum Frühstück versammelten, trat unerwartet der Herzog im Reiseanzug zu ihnen. Er sah abgespannt und verbittert aus und verhielt sich während der ganzen Mahlzeit ungewöhnlich schweigsam. Als der sehr mittelmäßige Kaffee und die Brötchen verzehrt waren, fragte Henriette ihn, welche Anordnungen er für den Tag getroffen habe und ob die Herzogin sich schon wohl genug befände, um die Reise fortzusetzen.

„Meine Frau wird uns nicht begleiten", erwiderte er. „Sie besteht darauf, hierzubleiben, bis sie sich völlig wiederhergestellt fühlt; wir müssen also ohne sie fahren. Es ist schon genug Zeit nutzlos verwartet worden." Er kniff die Augen zusammen, während er sprach. „Das Schiff liegt schon seit Tagen bereit, und ich sehe nicht ein, warum wir anderen uns die Ferien verderben lassen sollen."

Henriette fragte nicht weiter, und die Reise wurde teils mit dem Zug, teils mit der Postkutsche fortgesetzt. Die Stimmung der kleinen Gesellschaft hatte sich merklich gebessert. Außer den beiden Dienstboten schien niemand die Herzogin und ihre Jungfer zu vermissen, und als sie Marseille erreichten, hatte auch der Herzog seine gute Laune wiedergefunden. Sie gingen schon am selben Abend an Bord, obgleich der Kapitän erklärte, daß er wegen der schwierigen Hafenausfahrt erst am Morgen die Anker lichten könne; aber niemand stieß sich an diesem kurzen Aufschub, nachdem man schon einen längeren hatte in Kauf nehmen müssen. Zudem war das Schiff bedeutend sauberer und behaglicher als die Provinzhotels, und die Kinder lebten ordentlich auf in der frischen Salzluft.

„Was meinen Sie dazu, mit Isabella und Louise an Land zu gehen, Mademoiselle Deluzy?" schlug der Herzog vor, sobald die Jüngeren in ihre Kabinen gegangen waren. „Wir können uns das Konzert am Kai anhören und hinterher noch einen Pfefferminzlikör trinken."

Es war herrlich, so im Dunkeln und in der Abendkühle die Esplanade am Hafen entlangzuschlendern und das

Licht der vielen Schiffslaternen sich in dem schwarzen Wasser spiegeln zu sehen. Das dichte Häusergewirr der Stadt wurde von erleuchteten Straßen und unzähligen hellen Fenstern unterbrochen; und Lichter bezeichneten die Kurven der Kais, die sich in der Ferne zu einem ungewissen Flimmern verloren wie eine Perlenschnur auf einem unsichtbaren Hals. Und dort ganz hinten blitzte das wachsame Auge eines Leuchtturmes.

„Wie wunderschön!" Henriette seufzte zufrieden, als sie einen Augenblick stillstanden, um sich über die steinerne Brüstung zu lehnen. „Und am Tage sieht das doch hier alles so plump und häßlich aus!"

„Ja, Küstenstädte sind am schönsten bei Nacht", bestätigte der Herzog. „In dieser Hinsicht gleichen sie manchen Frauen: künstliches Licht und Schmuck und ein gewisses Undeutlichwerden ihrer Züge verwandeln sie zu ihrem Vorteil."

Sie erwiderte nichts darauf, und sie schritten auf den kleinen Pavillon im Park zu, wo ein Orchester spielte und die Tische im Freien unter den Bäumen gedeckt waren. Er muß sehr viel von den Frauen wissen, dachte sie. Ein Mann wie er, von vornehmer Geburt, wohlhabend und gut aussehend — warum sollte er auch nicht ein Frauenkenner sein? Und doch ließ er ihr dies nur selten zum Bewußtsein kommen. Wenn er sie ansah, hatte sie nie das Gefühl, daß er sie in Gedanken entkleidete mit der kühl abschätzenden Miene anderer Männer, von deren Blicken sie sich abgewandt hatte. Bei all seiner männlichen Selbstsicherheit und Lebenslust und trotz der Leidenschaft, die sie über die ihr so vertrauten Züge hatte zucken sehen, wußte sie, daß er von Natur aus anständig war und sogar zurückhaltend, was die Versuchung des Fleisches anbelangte. Die Herzogin mußte wohl gerade diese Zurückhaltung verletzt haben. Das war wahrscheinlich auch der eigentliche Grund für die immer breiter werdende Kluft zwischen ihnen.

Die Kapelle spielte soeben ein Wiener Lied; die Musik hatte einen süßen, wehmütigen Unterton, der sie fast die Heiterkeit der Melodie überhören ließ. Sie fühlte ein Schluchzen in der Kehle, wie sie da neben ihm ging, die beiden Mädchen hinter ihnen. Sie suchten sich einen Weg zwischen den Tischen, die fast alle besetzt waren. Die

Menschen starrten die vier Vorübergehenden an, und Henriette wußte, daß in ihren Blicken nicht nur Bewunderung, sondern auch Neugierde lag. Und der Gedanke, daß alle diese Leute sie wahrscheinlich für seine Frau hielten, machte ihr Spaß — sie als Mutter dieser beiden jungen Mädchen in ihren eleganten Reisekostümen und den blumengeschmückten Hüten. Ein Kellner wollte sie schließlich zu einem freien Tisch führen, der etwas abseits stand, der Herzog jedoch schüttelte den Kopf. Mit einer Geste, die herrisch war, ohne auffällig zu sein, rief er den Besitzer des Cafés herbei und bat ihn, ihnen einen besseren Tisch anzuweisen. Wie durch Zauberkraft war auch sogleich ein Tisch zur Hand, der nun sofort den besten Platz erhielt. Aus alter Gewohnheit machte sie eine Bewegung, als ob sie sich mit dem Rücken zum Hafen setzen wolle, aber der Herzog bot ihr statt dessen den Stuhl mit dem günstigsten Blick an. Sie nahm ihn mit einem Gefühl fast wie Schuldbewußtsein an. Erzieherinnen hatten im allgemeinen keinen Anspruch auf schöne Aussichten.

Ja, das war es, das war es wohl, was sie sich anders als sonst fühlen ließ in dieser unbekannten Stadt: sie fühlte sich an diesem Abend ganz und gar nicht als die Gouvernante.

„Oui, oui, crème de menthe frappé pour les jeunes filles. Einen Brandy für Monsieur, und für Madame?"

Ihre Wangen glühten, als sie sich über die Getränkekarte beugte.

„Ein Glas Champagner?" schlug der Herzog vor, und sie nickte.

Es war Torheit, sich auch nur einen Augenblick lang dem Glauben an das Unmögliche hinzugeben, nur weil einem Kellner ein begreiflicher Irrtum unterlaufen war. Und doch hätte sie ihn dafür segnen mögen! Was konnte es schaden, sich eine einzige Stunde lang in der Sicherheit des Wortes „Madame" zu wiegen und zu vergessen, daß man nur „Mademoiselle" war und schon zu den alten Jungfern gerechnet wurde. Der kühl prickelnde Champagner floß köstlich durch ihre Kehle und pulste in ihren Adern, sich mit jenem anderen Prickeln vermengend, das ihrem Glück und ihrem Stolz entsprang und ebenso vergänglich war.

„Garçon", rief der Herzog den herbeieilenden Kellner, „die Rechnung bitte!"
Sie beobachtete ihn, während er eine Handvoll Silber- und Kupfermünzen aus der Tasche zog und die Summe nebst einem großzügig bemessenen Trinkgeld auf die Porzellanuntertasse legte; und wieder bezauberte sie von neuem das Selbstverständliche dieser Geste. Da gab es kein unsicheres Herumsuchen in Tasche oder Börse nach Weiberart, kein Zählen des Wechselgeldes, keinen Zweifel, ob das Trinkgeld auch nicht so niedrig sei, daß man sich der Demütigung einer gebrummelten Mißfallensäußerung des Kellners aussetzte. Schnell raffte sie ihren Schal um die Schultern. Besser, der Abend ging schnell vorüber, bevor es ihr zu schwerfallen würde, sich mit ihrem Los der unbemittelten, alleinstehenden Frau abzufinden.
Die Musik aus dem Pavillon folgte ihnen auf ihrem Weg zurück zum Pier, aber sie schien ihre Macht über sie verloren zu haben. Ihre Schritte paßten sich nicht länger dem fröhlichen Takt an. Schweigen befiel die vier, und Henriette verspürte auch gar keine Lust zu einer Unterhaltung. Sie fürchtete die kommenden Wochen mehr, als sie sich selbst eingestehen wollte. Der alte Marschall würde seine Enkelkinder wieder verziehen und sie selbst gönnerhaft behandeln; und sie würde sich wieder so fühlen, wie sie sich damals gefühlt hatte — fremd in einem fremden Lande.
„So, da wären wir." Der Herzog führte sie zu der wartenden Jolle, die sie zu ihrem Schiff bringen sollte, dessen Lichter sie kaum unter den vielen anderen der im Hafen liegenden Boote und Schiffe unterscheiden konnte. Zwischen dem Pier und jenen Lichtern schwappte tintenschwarzes Wasser, und noch weiter darüber hinaus, zwischen ihnen und ihrem Reiseziel, breitete sich die endlose Fläche des Meeres. Ein frischer Wind kam auf und blies feucht in ihre Gesichter, und sie drängten sich auf den schlüpfrigen Bohlen des Landungssteges näher aneinander. Unter ihnen streckten die dunkelhäutigen Seeleute in dem kleinen schaukelnden Boot ihre Hände aus, um ihrer Fracht beim Einsteigen behilflich zu sein. Der Augenblick des Abschieds war herangekommen. Henriette mußte sich zusammenreißen.

Sie nahm auf dem rückwärtigen Sitz Platz, Isabella neben sich und Louise gegenüber, sah auf und reichte die Hand zum Abschied. Aber der Herzog beugte sich nicht zu ihnen herunter, um Lebewohl zu sagen und um noch Ratschläge für den letzten Teil ihrer Reise zu geben, sondern sprang selbst in das Boot und setzte sich auf den leeren Vordersitz, während die Matrosen sich in die Riemen legten.

„Oh, Papa!" riefen seine Töchter wie aus einem Munde, mit vor Überraschung und Freude hellen Stimmen. „Du wirst uns doch begleiten, anstatt wieder nach Paris zurückzufahren? Wie schön, und wie Großvater sich wundern wird! Wann hast du dich anders besonnen?"

„Eben jetzt erst." Henriette vernahm seine Stimme, obwohl sie sein Gesicht nicht mehr sehen konnte, da die Dunkelheit alles umfangen hielt. „Oder — um genauer zu sein — vor einer Minute!"

Er lachte plötzlich auf wie ein Junge, der seinem Lehrer fortgelaufen ist.

„Wenn das Heck irgend etwas dagegen einzuwenden haben sollte", rief er — und aus seinen Worten klang eine Herausforderung, die Henriette nur auf sich beziehen konnte —, „dann möchte ich das gleich wissen; denn noch habe ich die Möglichkeit zurückzuschwimmen."

Aber das einzige Geräusch, das ihm antwortete, war das Quietschen und Knarren der Ruder. Das Heck hatte keine Einwände zu machen.

VIERZEHNTES KAPITEL

Wie der Herzog dem Marschall seine Anwesenheit und das Fortbleiben seiner Frau erklärte, erfuhr Henriette nie. Der alte Herr ließ sich auch ihr gegenüber nie darüber aus; jedenfalls schien das Einvernehmen zwischen ihm und seinem Schwiegersohn besser als sonst zu sein, wenn sie auch nach wie vor recht förmlich miteinander umgingen. Während der einen Woche seines Aufenthaltes in Olmeto fand Henriette wenig Gelegenheit, mit dem Herzog allein zu sprechen. Da das Wetter ungewöhnlich schön war, verbrachte man den Tag meist im Freien mit Segeltouren und Picknicks in den Bergen, an denen die Kinder ihren besonderen Spaß hatten. Am Nachmittag seiner Abreise jedoch blieb Henriette allein mit ihm zu Hause, während der Marschall den Enkelkindern seine Weinterrassen zeigte, die sein ganzer Stolz waren.

Sie saßen in einer kleinen Laube, vor sich das tiefe Blau des Mittelmeers und den seltsam geformten Schatten, den die Feigenblätter im starken Sonnenlicht warfen, auf ihren Gesichtern.

„Wie blau das Meer ist!" sagte sie, wie es jeden Tag wohl an die zwanzigmal von allen gesagt wurde. „Von hier aus gesehen, erscheint es gar nicht so flach, sondern eher wie ein Vorhang, der zwischen uns — —"

„Zwischen uns und was hängt?" griff der Herzog, der seine Augen in dem flimmernden Licht halb geschlossen hielt, ihre Worte auf.

„Ich weiß nicht, Monsieur", antwortete sie. „Aber morgen werden Sie abreisen, und dann wird es Ihnen ganz flach und verändert vorkommen."

„Flach, ja." Er sprach abwesend und wandte seine Augen vom Meer ab, um sie anzusehen. „Das ist mein Leben oft, und daß ich so viel mein eigen nennen darf, ändert daran nichts. Kennen Sie dieses Gefühl?"

„Nein, Monsieur!" Die Locken flogen ihr ums Gesicht, als sie ihren Kopf schüttelte. „Das Leben verwirrt mich wohl häufig, aber als flach habe ich es nie empfunden. Ich habe immer das Gefühl, daß die Zukunft noch etwas für mich bereit hält, was mich jederzeit überraschen kann."

„Ach, Mademoiselle Deluzy", sagte er still. „Ihr Lebensmut ist ansteckend. Wenn ich mit Ihnen zusammen bin, kehrt auch meine Freude am Leben zurück. Ich beneide Sie um diese Gabe. Möge sie Ihnen niemals verlorengehen."

Schweigen senkte sich wieder auf die sonnengefleckte Laube. Obwohl Henriette die Fischer beim Ausbessern ihrer Netze singen hörte und von fernher die Stimmen der Kinder, die sich riefen, konnte sie beinahe glauben, daß sie beide hier die einzigen Menschen auf der Welt seien, gleichsam als sei ein magischer Kreis um sie ge-

schlagen worden, der sie und den Herzog in einer eigentümlichen Vertrautheit von allen anderen abschloß, einer Vertrautheit, die eine dauerndere Zufriedenheit gewährte als Liebe. Fast sah sie diesen Kreis, als ob seine Schuhe und ihr Rocksaum ihn berührten. Aber dann fiel ihr eine andere Abgrenzung ein, ein wütend gezogener roter Farbstrich um Worte, deren sie sich ewig erinnern würde. Sie seufzte, als sie daran denken mußte, und der Zauber war verflogen. Sie wußte, es blieb ihr nicht erspart, ihm von weniger angenehmen Dingen zu sprechen. Wenn sie jetzt nicht die Gelegenheit wahrnahm, würde sich ihr bis morgen vielleicht keine mehr bieten.
„Monsieur, es tut mir leid, daß ich Ihnen Ihre Ferienstimmung zerstören muß", begann sie. Er blickte sie fragend an, und sie fuhr zögernd fort: „Es war so schön, daß wir Sie hier haben durften, und ich habe versucht, nicht an — an die Rechenschaft zu denken, die Sie und auch ich Ihrer Frau ablegen müssen. Ich kann mich des Gefühls nicht erwehren, daß Sie — daß wir es teuer bezahlen müssen, daß Sie uns hierher begleiteten und sie zurückließen."
„Ich muß die Rechnung immer begleichen." Er sprach gelassen, aber zwischen seine Brauen trat eine Falte. „Meistens muß ich das am teuersten bezahlen, was ich niemals bekommen habe. Ich bin hier ein paar Tage glücklich gewesen, so daß ich mir auf dieser Rechnung wenigstens etwas gutschreiben kann."
„Aber, Monsieur, es war ja auch Wahnsinn von Ihnen, hierherzukommen. Das sagten mir schon die Blicke der Dienstboten auf der Fahrt hierher, und wenn wir zurückkehren, werden ihre Zungen noch deutlicher sprechen."
„Und Sie machen sich etwas daraus, was die Dienstboten sagen?"
„Nein", antwortete sie. „Das macht mir nichts aus. Aber damit hört es ja nicht auf. Früher habe ich immer geglaubt, daß es gleichgültig wäre, was die Leute über einen denken und reden, solange man ein reines Gewissen hat; aber nun bin ich dessen nicht mehr so sicher. Und nach der Skandalnotiz in der Zeitung letzten Winter — Monsieur, Sie müssen doch wissen, was von uns behauptet wird?"
„Ja." Er strich sich mit der Hand müde über die Augen.

„Ja, ich weiß. Aber solche häßlichen Worte können uns nichts anhaben, wenn wir nur wissen, daß sie nicht wahr sind. Und überdies" — fuhr er in einem gleichgültigeren Tone fort — „dieses Hintertreppenblatt lebt ja nur von Lügen. Das weiß jeder. Es ist sogar berüchtigt wegen seiner hinterhältigen Agitation gegen den Adel. Ich möchte fast glauben —" er lächelte verbissen, „daß einige von Ihren Republikanern dahinterstecken."
„Das mag sein, aber lassen wir die Republikaner aus dem Spiel; Klatsch bleibt Klatsch, und ist einmal der Stein ins Rollen gebracht, ist das Ende nicht abzusehen. Er rollt und rollt weiter und reißt immer mehr Geröll mit sich, und schließlich steht es nicht mehr in unserer Macht, ihn aufzuhalten."
Die Stimmen der Kinder klangen jetzt näher. Bald würde die ganze Schar wieder da sein und in ihre Laube einbrechen.
„Hören Sie mich an", sagte er. „Es hat schon mehr als einen Sturm gegeben, und wir haben sie doch alle überstanden, nicht wahr? Nun gut, wir werden auch diesen überstehen, wenn er über uns hereinbricht. Ich fahre morgen nach Paris, und Sie wissen, was das heißt — Verdächtigungen, Vorwürfe und Eifersuchtsszenen. In den fünf Jahren, die Sie bei uns sind, haben Sie ja das alles zur Genüge kennengelernt. Und diese Briefe! Mein Gott, jedesmal, wenn ich nach Hause komme, finde ich einen auf meinem Schreibtisch oder unter meiner Tür. Manchmal sind sie noch naß von ihren Tränenströmen, und manchmal sind sie wie die wirren Ausbrüche einer Wahnsinnigen. Aber ganz einerlei, welches von beiden — sie sind alle gleich: fordernd, fordernd, was ich nicht länger zu geben vermag. Wenn ich eines Tages meinen Verstand verlieren sollte und man mich in die Zwangsjacke steckt, dann wissen Sie, daß das Wortgekritzel auf blauem Papier mich zum Äußersten getrieben hat."
Er war aufgestanden, und sein Atem kam in schnellen, mühseligen Stößen zwischen seinen Worten. Sonst war er immer so zurückhaltend und beherrscht in allem, was er sagte, daß sie sich vor der Veränderung, die über ihn gekommen war, fast fürchtete. Bevor sie sich zu einer Erwiderung sammeln konnte, eilte er mit großen Schritten hinaus in den Sonnenschein, um die Zurückkehren-

den zu begrüßen. Henriette starrte ihm nach, diesem großen Mann, der sich mit so lässiger Anmut bewegte und in dessen blondem Haar die Sonne schimmerte.
Die Stimmen der Kinder hallten herüber, als sie ihrem Vater zujubelten, und niemals zuvor waren ihr die merkwürdigen Laute abgerissener Worte so unheimlich vorgekommen. Bei diesem Klang regte sich ein ahnungsvolles Gefühl in ihr. Er würde immer in ihren Ohren nachklingen — das wußte sie — in der Zukunft, die jener blaue Vorhang des Meeres ihr noch verbarg.
Und dann war sie auf einmal von den Kindern umringt, die ihr stolz den Krug mit frischem Traubensaft hinhielten, den sie ihr von den Kelterfässern mitgebracht hatten.
„Sehen Sie doch nur, Mademoiselle!“ Raynald wies stolz auf einen Schuh in jeder Hand. „Ich habe mit meinen bloßen Füßen die Trauben zerstampft. Sehen Sie, meine Zehen sind noch ganz rot.“
Nach der Abreise des Herzogs blieb Henriette noch drei Wochen mit den Kindern da. Berthe gewann in der Meeresluft und in dem Sonnenschein Gesundheit und Schönheit wieder, aber sie bedurfte immer noch einer besonderen Aufmerksamkeit. Henriette ließ sie ihr in reichem Maße zuteil werden, obwohl der Aufruhr ihrer Gedanken sich noch keineswegs gelegt hatte. Des Morgens lag sie oft noch wach in ihrem Bett, wenn bereits der große glänzende Sonnenball sich durch die glühende Wolkenfülle schob und die See die Himmelspracht in ihrer einsamen wogenden Weite spiegelte.
Nun sie der Zauber der Anziehungskraft des Herzogs nicht länger bannte, vermochte sie allmählich wieder klarer zu denken und sogar das Problem, das jeder Tag näher brachte, mit sich selbst zu erörtern. Sie hatte niemals zu denen gehört, die in das Reich der Träume fliehen, wenn die harte Wirklichkeit an sie herantritt. Und auch jetzt verschloß sie ihre Augen nicht vor der Unerbittlichkeit der Tatsachen. Sie versuchte nicht, sie vor sich selbst mit rosigen Hoffnungen auf unmöglichen Frieden zu verschleiern. Wie sie auch die Fäden, die sich mit jedem Jahr ihres Aufenthaltes im Hause Praslin immer dichter um sie gesponnen hatten, zu ordnen und

zu entwirren suchte — es kam immer wieder auf dieselbe Frage heraus: sollte sie gehen, sollte sie bleiben?
„Geh — geh jetzt!" drängten sie Vernunft und Vorsicht. „Die Situation wird sich niemals zum Besseren ändern, sie kann nur schlimmer werden. Dein guter Ruf ist der Preis, den du dir durch Selbstverleugnung und harte Arbeit errungen hast. Wenn du ihn mißachtest, was bleibt dir dann noch als letzter Rückhalt? Wie willst du ohne ihn leben?"
Aber ihr eigensinniges Unabhängigkeitsbedürfnis, ihr Wagemut und ihr Ehrgeiz — Eigenschaften, die ebensosehr zu ihr gehörten wie Vorbedacht und Klugheit — ließen dies nicht unbeantwortet.
„Du hast kein Unrecht getan, das dich zwingen könnte, gegen deinen Willen und entehrt, zu gehen. Du bist der Herzogin mehr als auf halbem Wege entgegengekommen, und ob du nun bleibst oder gehst, irgend jemand wird immer die Schuld an ihrem Unglücklichsein tragen müssen."
„Aber sie kann doch wenigstens dich nicht zum Sündenbock machen, wenn du nicht mehr da bist. Was versprichst du dir von deinem Dableiben?"
„Eine Rente für mein Alter. Aber nein, das ist nicht der eigentliche Grund. Sie brauchen mich, diese Kinder, die ich liebe, und ein Mann, der verzweifelt und elend ist."
„Das mag ja alles sein, aber Kinder wachsen schnell und vergessen leicht. Und dieser Mann — was ist er dir?"
„Ich weiß nicht, ich weiß nicht. Es hat zwischen uns niemals ein Wort oder eine Geste gegeben, von denen nicht die ganze Welt hätte Zeuge sein dürfen."
„Aber deine Gefühle, darf die auch jeder kennen?"
„Meine Gefühle gehören mir und nur mir allein. Sie sind das einzige Besitztum vieler Frauen — Frauen, die wie ich ihr Leben lang arbeiten und sparen und allein sein müssen."
So tobte der Streit in ihrem Innern auch an jenem Nachmittag, drei Tage vor ihrer Abreise, als der Marschall sie in seine Bibliothek bitten ließ.
Am Morgen war eine umfangreiche Post abgegeben worden. Drei von den Schwestern hatten kleine Briefe von ihrer Mutter erhalten, in denen sie schrieb, es gehe ihr besser, und sie befinde sich wieder in Melun;

und Berthe hatte den Malkasten bekommen, den der Vater ihr versprochen hatte. Das Päckchen, bemerkte Henriette, war in Paris aufgegeben worden. Für den Marschall waren mehrere Briefe dabei gewesen und die neuesten Zeitungen. Henriette hoffte, sie würde Gelegenheit haben, einige von ihnen zu lesen, denn in diesem abgelegenen Erdenwinkel, wo die Ereignisse der großen Welt weniger wichtig waren als ein günstiger Wind für die Fischschulen, die man in den flachen Wassern jagen konnte, hungerte sie nach Neuigkeiten.

„Mademoiselle", begrüßte sie der alte Herr, nachdem der Diener sich entfernt hatte, „es tut mir leid, Sie stören zu müssen, aber es schien mir wichtig, sogleich mit Ihnen zu sprechen. Nehmen Sie bitte Platz."

Obgleich draußen die Sonne schien, war es in der Bibliothek mit ihren dunklen Lederpaneelen, denen die jahrelang aufgespeicherte Feuchtigkeit der nebligen Winter anhaftete, unfreundlich und düster. Schwere Bände füllten reihenweise die Bücherborde, und in der Mitte des Raumes stand der breite Mahagonischreibtisch, an dessen Ecken grimmige holzgeschnitzte Hundeköpfe hervorragten. Der täuschend lebendige Ausdruck der fletschenden Mäuler mit den riesigen Fangzähnen wirkte auf Henriette alles andere als beruhigend. Auch das Bündel Zeitungen, in denen der alte Herr offenbar gerade gelesen hatte, ließ sie Böses ahnen. Und vor ihm lag ein geöffneter Brief, dessen Handschrift sie auf den ersten Blick erkannte. Sie ließ ihre Augen nicht lange darauf verweilen, sondern wartete, ihren Rock glatt streichend, bis er das Wort an sie richtete.

„Ich will mit meinen Worten nicht hinter dem Berge halten, Mademoiselle", begann er in seinem etwas gequetscht klingenden Dialekt. „Die Post brachte mir eine Nachricht, die mich sehr betroffen hat."

Er räusperte sich und blätterte in den Zeitungen vor sich. Henriette sah auf einigen die bekannte rote Umrandung, und nun wußte sie, was nun folgen würde.

„Isabella erhielt einen Brief von ihrer Mutter", bemerkte sie, nur um etwas zu sagen. Sie war fest entschlossen, so lange wie möglich ihr Gleichgewicht zu bewahren. „Sie erzählte mir, daß die Herzogin sich von ihrer Unpäßlichkeit auf dem Lande erholt."

„Ja, sie ist in Melun; aber weit davon entfernt, sich zu erholen, befindet sie sich offenbar in einem Zustand völliger Nervenzerrüttung. Sie werden begreifen, warum, sobald Sie gelesen haben werden, was sie mir geschickt hat." Er nahm das Zeitungsbündel und legte es ihr in den Schoß. „Es hat mich sehr bestürzt, wirklich ganz außerordentlich."

Resolut nahm sie sich eine Zeitung nach der anderen vor und las, was angestrichen war. Es herrschte Totenstille im Zimmer; so still war es, daß das Summen einer Biene am Fenster und der ferne Wellenschlag von der Küste das Schweigen selbst zum Klingen brachten.

Sie ließ kein Wort aus, obwohl es sehr häßliche Worte waren und bedeutend mehr als in jenem ersten Artikel. Nicht bloß eine, sondern eine ganze Anzahl Zeitungen enthielten Berichte über den neuesten Praslinskandal. Die Rolle, die eine gewisse Mademoiselle D. — eine wahre Sirene in Gestalt einer Gouvernante — gespielt hatte, als sie den Herzog dazu verführte, sie nach Korsika in das Elternhaus der verlassenen Herzogin zu begleiten, wurde ausführlich kommentiert. Kaum jemand, der irgendein Pariser Blatt las, konnte verfehlt haben, auf einen dieser gemeinen Artikel zu stoßen, die sich diesmal nicht mit versteckten geistreichen Anspielungen begnügten, sondern unverfroren Behauptungen aufstellten. Wie sehr müsse ein Land auf den Hund gekommen sein, meinte eine Zeitung, wenn ein Pair es sich leisten konnte, in dieser Weise gegen den traditionellen Ehrenkodex seiner Familie zu verstoßen.

Endlich legte Henriette auch das letzte Blatt aus der Hand und sah dem alten Marschall offen ins Gesicht. Sie war erblaßt, und die Schlagader an ihrem Hals pulste merklich, aber das waren auch die einzigen Zeichen dafür, wie erregt sie war. Ihre Stimme klang fest und ruhig, als sie schließlich sprach.

„Wenn Sie schon hierüber bestürzt sind, was glauben Sie, was ich empfinden muß?"

„Ich weiß nicht, Mademoiselle, das will ich von Ihnen hören."

Sie feuchtete ihre trockenen Lippen an und machte eine ratlose Geste mit der Hand.

„Herr Marschall", sagte sie, „Erklärungen und Beteue-

rungen haben ja doch keinen Sinn; wenn Sie an diese Lügen glauben, nachdem Sie uns jetzt eine Woche lang hier gesehen haben und vorher schon in Paris — wenn Sie glauben, daß zwischen dem Herzog und mir etwas anderes als Freundschaft besteht, dann dürfte Sie nichts, was ich sagen könnte, von dem Gegenteil überzeugen."
Die Schlichtheit ihrer Antwort traf ihn unerwartet. Von seiner Tochter an Tränen, Widersprüche und Wutanfälle gewöhnt, wäre er verzweifeltem Bitten und entrüstetem Aufbegehren besser gewachsen gewesen als dieser gelassenen, selbstbeherrschten Frau, die sich furchtlos seinem Urteil unterwarf.
„Mademoiselle", sagte er zu ihr, „aufrichtig gestanden, glaube ich keine Zeile von diesen ungeheuerlichen Anschuldigungen gegen Sie. Ich bin mein ganzes Leben lang ein Mann der Tat gewesen, und daher sprechen Taten für mich lauter als Worte. Aber Sie müssen zugeben, daß Worte wie diese immerhin ernst zu nehmen sind."
„Ich weiß. Ein Gifttropfen genügt ja, um einen gesunden Menschen siech und hinfällig zu machen. Sie brauchen mich nicht erst darauf hinzuweisen, daß ich meinen guten Ruf hierdurch verloren habe."
„Sie hätten eher daran denken sollen, Mademoiselle. Sie hätten nicht zulassen dürfen, daß der Herzog Sie begleitete und dadurch Sie beide und meine arme Tochter in diese schreckliche Lage brachte. Ihre Unbedachtsamkeit hat Sie diesen Angriffen ausgesetzt, mögen sie auch noch so ungerechtfertigt sein. Und wenn ich recht unterrichtet bin, hat es schon einmal vor Monaten einen ähnlichen Fall gegeben."
„Das stimmt, und ich hatte die Absicht, sofort zu gehen; aber dann wurde Berthe plötzlich krank, und ich blieb. Schließlich liebe ich Ihre Enkelkinder, wie ich meine eigenen Kinder nicht mehr lieben könnte, und ich habe in diesen Jahren immer nur ihnen gelebt."
„Und dann?"
„Dann brauchten sie mich eben und die Herzogin war wieder sehr freundlich zu mir. Ich bitte Sie, Monsieur, glauben Sie mir, ich wollte wirklich gehen. Wie oft habe ich dem Herzog gesagt, daß es das beste wäre, aber er wollte nichts davon hören."

„Die Entscheidungen meines Schwiegersohnes sind nicht immer weise, Mademoiselle. Er handelt oft unüberlegt und ist leicht zu beeinflussen, viel zu leicht."
„Wann wünschen Sie, daß ich gehe? Heute, morgen?"
„Warten Sie." Er war aufgestanden und schritt im Zimmer auf und ab. Seine untersetzte, muskulöse Gestalt schien wie geladen mit Energie trotz des weißen Haupt- und Barthaares und seiner stark geäderten Hände, die sein Alter verrieten. „Wir dürfen nichts Übereiltes tun. Nein, wir müssen uns gut überlegen, auf welche Weise wir dieses Gerücht am besten zum Schweigen bringen können."
„Ich bin Ihnen für Ihre Rücksichtnahme sehr dankbar, Monsieur!" Seine dunklen, verschleierten Augen wandten sich ihr mit einem Auffunkeln jenes korsischen Temperaments zu, das sie so gut kennengelernt hatte. In diesem Augenblick war die Ähnlichkeit mit seiner Tochter geradezu verblüffend.
„Behalten Sie Ihre Dankbarkeit für sich, Mademoiselle. Ich denke an meine Tochter, nicht an Sie und den Herzog. Ihr Wohlergehen liegt mir am Herzen, sonst nichts. Gott weiß, es liegt nicht in meiner Macht, ihr Glück zu geben, aber ich will wenigstens alles dazu tun, um ihr weitere Kränkungen zu ersparen. Sie hat schon genug ertragen müssen."
Henriette preßte die Lippen fest zusammen und machte keine Entgegnung. Der alte Herr nahm sein ruheloses Auf- und Abgehen wieder auf, und es kam ihr vor, als sei nahezu eine Stunde verstrichen, bis er wieder weitersprach.
„Es gibt nur einen Ausweg aus dieser Situation, und das ist der, sich dem Klatsch gegenüber gleichgültig zu zeigen. Man erwartet natürlich, daß Sie das Haus meines Schwiegersohnes jetzt verlassen müssen, und die Tatsache, daß Sie bleiben, und zwar in bestem Einvernehmen mit meiner Tochter, wird all diesem Gerede die Spitze abbrechen."
„Ja, Monsieur." Sie hatte ihm eine solche Lebensweisheit nicht zugetraut. Er besaß eine größere Menschenkenntnis, als sie angenommen hatte.
„Es muß alles beim alten bleiben; nur müssen natürlich meine Tochter und der Herzog es darauf anlegen, sich

in Zukunft möglichst häufig zusammen in der Öffentlichkeit zu zeigen. Sie bleiben also, und übermorgen werden wir alle nach Paris zurückkehren."
„Und Sie werden es der Herzogin klarmachen, daß ich auf Ihren Wunsch geblieben bin? Sie muß wissen, daß dieser Entschluß von Ihnen ausgegangen ist."
„Ja, ich werde ihr das schon erklären. Fanny hat mich immer gut verstanden. Ja, ja, so wird es wohl für uns alle am besten sein."
Er schien erleichtert, so schnell eine gute Lösung gefunden zu haben. Er setzte sich wieder an seinen Schreibtisch, nahm Papier und Feder zur Hand, doch bevor er anfing zu schreiben, drehte er sich noch einmal nach Henriette um.
„Ich werde beiden unverzüglich schreiben", sagte er, „und die Briefe mit einem Eilboten zum nächsten Postdampfer schicken. Dann werden sie vor uns ankommen. Der Herzog muß sich endlich seiner Lage bewußt werden; es geht nicht an, daß er seine Frau noch weiterhin solchen Demütigungen aussetzt. Er ist darin wirklich zu weit gegangen, Mademoiselle, und als ihr Vater werde ich Mittel und Wege zu finden wissen, um ihn wieder zur Vernunft zu bringen."
Seine Stimme klang hart, und er tauchte die Feder so heftig in das Tintenfaß, als wollte er dadurch seinen Gefühlen Ausdruck geben. Sein verbissenes, sonst so freundliches Gesicht sagte Henriette, daß dieser alte Offizier immer noch an die Wirkung von Gewaltmaßnahmen glaubte, daß er auch andere Feldzüge zu planen wußte als solche, die mit dem Degen in der Hand ausgefochten werden. Kugeln und Pulver, dachte sie, waren nicht seine einzigen Waffen. In Gedanken sah sie beinahe schon, wie der Marschall die Kordel an seiner Geldbörse fester zusammenzog, sollte sein Schwiegersohn sich weigern, seinen Wünschen zu entsprechen.
„Das habe ich nun davon", dachte sie, als sie die Tür der dumpfigen Bibliothek hinter sich geschlossen hatte. „Eigentlich sollte ich jetzt endgültig meine Sachen packen, und statt dessen habe ich mich nur noch fester denn je binden lassen. Mein Gott, wer doch das Ende absehen könnte und wüßte, was zu tun!"
In der Meinung, Berthe und Raynald dort vorzufinden,

ging sie zu dem Pavillon am Ende des Rosengartens. Doch auf dem Wege dahin ließ Gesang sie ihren Schritt verhalten. Auf der anderen Seite der hohen Hecke ertönte Gitarrenspiel und eine Mädchenstimme, die eine der wehmütigen Zigeunerweisen sang, die stets ein Echo in ihr auslösten. Dieses Lied hatte Henriette noch nie gehört; die Worte klangen klar und deutlich durch das Grün, das die Sängerin verbarg.

„Im Schlehdornbusch mein Herz ich verbarg,
als jung und sorglos ich sang,
um der Liebe Falsch mich mit Dornen stark
zu erwehren mein Leben lang.
Jetzt tanz' ich unter Tränen, so bitter wie das Meer,
ich singe, einen Dorn in der Brust —
Denn spöttisch die Liebe mein Herz ließ leer.
Oh! Hätt' ich das Ende gewußt!"

Henriette stand und lauschte, als hätte eine warnende Hand, die sich ihr auf die Schulter legte, sie auf den Fleck gebannt. Sie bebte am ganzen Körper, als das Lied endete. Eiskalte Schauer jagten ihr über den Rücken, obwohl die Sonne sengend heiß auf ihren ungeschützten Kopf herniederbrannte.
Sie bog ein paar Zweige der Hecke auseinander, und in der Lücke gewahrte sie die beiden Musikanten, einen jungen Knecht mit seiner Gitarre und eine der Mägde, die Wäsche zum Bleichen auf dem Rasen ausbreitete. Zu ihrer eigenen Überraschung richtete Henriette das Wort an das kniende Mädchen.
„Hast du eben gesungen? Du hast eine sehr hübsche Stimme. Kannst du mir sagen wie das Lied heißt?"
Die beiden hatten sich von ihrem ersten Schrecken erholt und fingen an, verlegen vor sich hin zu kichern. Ohne sich zu erheben, schob das Mädchen das gelbrote Kopftuch aus ihrer Stirn zurück und antwortete schüchtern:
„Das ist ein sehr altes Lied — es ist zu alt, um einen Namen zu haben."
„Ist es nicht ein sehr trauriges Lied?" fragte Henriette weiter, nur um etwas zu sagen. Sie wußte eigentlich

gar nicht mehr, warum sie das Mädchen überhaupt angeredet hatte.
Das Mädchen und der junge Bursche tauschten einen schnellen Blick. Offensichtlich belustigte sie diese törichte Frage.
„Ja, natürlich ist es das." Das Mädchen zuckte mit einer sprechenden Bewegung die Achseln. „Aber warum auch nicht, Mademoiselle? Es ist doch immer traurig, wenn Menschen vor der Liebe Angst haben."
Henriette eilte den schmalen Gartenweg entlang, doch hörte sie noch, wie die beiden anfingen zu lachen und zu tuscheln.
„Wenn Menschen vor der Liebe Angst haben, ist das immer traurig." Was sie selbst nicht gewagt hatte, sich einzugestehen, das hatte ihr ein korsisches Bauernmädchen sagen müssen.

FÜNFZEHNTES KAPITEL

Ein neues Jahr hatte begonnen, das Jahr 1846, und die Zeitungen prophezeiten höhere Steuern, weitere Röcke und bevorstehende Bündnisse mit anderen Nationen. Drüben, auf der anderen Seite des Kanals, in dem England unter dem Ministerium Sir Robert Peels, schlugen die Wellen der Erregung hoch über die Aufhebung des Getreidegesetzes, und schon hob das Gespenst des Hungers sein drohendes Haupt über Irland. In einem freudlosen Londoner Hinterzimmer eingesperrt, bangte eine gelähmte Dichterin, Elisabeth Barret, den Besuchen eines gewissen Robert Browning entgegen, mit dem sie, bevor das Jahr zu Ende ging, nach Italien fliehen sollte. Im Gefängnis zu Ham ward Louis Napoleon reichliche Muße gegeben, dem einstigen Glanz seines Onkels nachzusinnen und sich Gedanken über die Zukunft zu machen, während er auf seine Freilassung wartete. Er mußte sich bereit halten, sich unverzüglich an die Spitze seiner Anhänger zu stellen, sobald diese den Augenblick für gekommen hielten, den Schlag gegen das Haus Orleans zu führen.

In seinem Palast konferierte der müde, alternde König von Frankreich mit seinen Ministern und seinen Pairs. Er vermißte neuerdings den herzlichen Ton in den Hochrufen, die sein Erscheinen in der Öffentlichkeit begrüßten, aber dafür spielte die Kapelle desto lauter, um den wenigen Stimmen Nachdruck zu verleihen. Sie sprachen jetzt von ihm als Louis Philippe, und kaum einer erinnerte sich noch seines Spitznamens „der Bürgerkönig". Aber solche Kleinigkeiten scherten ihn jetzt nicht länger. Er bedurfte seiner ganzen Kraft, um nur die Bewegungen auszuführen, die man von ihm erwartete. Wenigstens hatte Frankreich seinen Frieden, und seine Beziehungen zu England und der jungen Victoria mit ihrem deutschen Prinzgemahl waren außerordentlich freundschaftlich. Was im übrigen den Staat anging, so überließ er das Guizot, seinem Außenminister.
In ihrem Zimmer des herzoglichen Schlosses in Melun erwartete Henriette, die nur noch selten daran dachte, daß der Buchstabe „D" auf ihren Bürsten und auf ihrer Schreibmappe jemals den Namen Desportes bezeichnet hatte, das neue Jahr allein. Seit ihrer Rückkehr von Korsika war Henriette nur ganz selten in Paris gewesen. Der alte Marschall hatte sein Wort wahr gemacht, und die Scheinversöhnung hatte stattgefunden. Der Herzog und die Herzogin besuchten zusammen Empfänge und Abendgesellschaften und waren häufig auf Ausfahrten und im Theater zu sehen. Der ganze Haushalt, vom Pferdeburschen und Küchenmädchen bis zum Kammerdiener des Herzogs und der undurchdringlichen Marguerite, wußte, daß es nur eine Formalität war; aber jedenfalls wurde den skandalsüchtigen Blättern keine weitere Gelegenheit für irgendwelchen Klatsch gegeben. Der Marschall wohnte jetzt in der Rue du Faubourg Saint-Honoré, und zwei seiner Brüder waren mit ihren großen Familien in die Nähe übergesiedelt. Henriette konnte sich des Eindrucks nicht erwehren, daß der Herzog gleichsam eingekreist werden sollte und daß er das Gefühl haben mußte, buchstäblich in der Verwandschaft seiner Frau zu ersticken. Sie vermutete, daß jeder seiner Schritte überwacht wurde und daß sein Schwiegervater das angekündigte Ultimatum gestellt hatte. Gewiß war, daß er bedrückt und nachdenklich erschien, sooft sie

ihn zu Gesicht bekam. Er äußerte sich jedoch bei den seltenen Gelegenheiten, bei denen sie ihn allein sprechen konnte, nie darüber. Sie wußte, er fürchtete, seine Selbstbeherrschung zu verlieren, wenn er seiner Verzweiflung ihr gegenüber Luft machen würde. Die Schlinge, von der er geredet hatte, war noch fester zugezogen, und es blieb ihm in seiner Demütigung nichts anderes übrig, als gute Miene zum bösen Spiel zu machen und wenigstens den Anschein einer glücklichen Ehe zu wahren.
Henriette empfand die große Spannung in ihm. Sie konnte nicht glauben, daß dieser oberflächliche häusliche Frieden von langer Dauer sein würde. Er war nur ein Zwischenspiel wie die kurze Ruhe zwischen einem Wellenberg und dem Brechen der nächsten Woge. Auch sie lebte in der unheimlichen Stille zwischen zwei Stürmen. Es waren merkwürdige, einsame Tage, aber sie genoß sie, weil sie ihr die Illusion eines Geborgenseins gaben. So, dachte sie, mußten die Bewohner einer belagerten Stadt sich fühlen, froh über die Sonne und jedes grüne Blatt, während ihre Ohren unablässig auf das Wiedereinsetzen des Kanonendonners horchten, der sie aufs neue schutzsuchend in ihre Keller trieb. In einer Hinsicht war die Abwesenheit des Herzogs eine Erleichterung für sie, obwohl die Tage ohne ihn glanzlos schienen. So brauchte sie doch nicht sich fortwährend seiner Blicke und Worte so schmerzlich bewußt zu sein; mußte nicht immer versuchen, aus seinem Tonfall herauszuhören, was er nicht sagen durfte, oder sich bemühen, ihm ihr Mitgefühl zu verstehen zu geben, ohne die Grenze zwischen einer Erzieherin und ihrem verheirateten Brotherrn zu überschreiten.
Isabella hatte im Oktober geheiratet. Die Trauung hatte hier in der alten Schloßkapelle stattgefunden, damit die Großmutter Praslin dabeisein konnte. Abbé Gallard war von Paris nach Melun gekommen, um die Eheschließung zu vollziehen. Es waren Tage der Festesfreude und des Glücks gewesen, und die Mitglieder der Häuser Praslin und Sebastiani vergaßen ihre verschiedenen Kümmernisse in überströmender Herzlichkeit und über den Segenswünschen für das junge Paar. Das Schloß war mit Verwandten jeden Alters überfüllt; und Henriette wurde nicht nur die ganze junge Schar, sondern

auch die Leitung des Haushalts anvertraut. Sie mußte für Aushilfspersonal aus dem Dorf sorgen und darauf achten, daß jede Einzelheit dieses großen Festes wie am Schnürchen lief. Ihrem Organisationstalent war noch niemals eine so große Aufgabe gestellt worden, und sie hatte sie glänzend gelöst. Sogar die Herzogin hatte sich anerkennend geäußert, und die Dankbarkeit des Herzogs war rührend gewesen.

„Es ist wirklich nichts Besonderes“, wehrte sie sein überschwengliches Lob am Tage nach der Hochzeit ab. „Ich habe nun einmal einen so stark ausgeprägten Ordnungssinn. Es tut mir richtig weh, Unordnung auf einem Tisch oder auch in einer Schublade zu sehen, und in den Dingen des Lebens empfinde ich sie als noch schmerzlicher und unnützer.“

„Ja“, erwiderte er, „Sie haben geradezu eine Leidenschaft für Ordnung. Sie haben sie nicht nur in meinen Haushalt gebracht, sondern auch in das Chaos meines Lebens. Zu schade, daß man Ihnen nicht das ganze Land übergeben kann.“ Er lächelte und warf ihr einen seiner unverhüllt bewundernden Blicke zu. „Ich kann Sie förmlich vor mir sehen, wie Sie mit Ihrem Ausdruck fröhlicher Entschiedenheit darangehen, die Staatsgeschäfte schön säuberlich zu ordnen und in ganz Paris ein Großreinemachen zu veranstalten, als wäre die Stadt ein umgeworfener Papierkorb.“

„Sie machen sich über mich lustig“, protestierte sie. „In Wirklichkeit bin ich gar keine gute Hausfrau. Ich kann wohl anderen sagen, was sie tun sollen, aber wenn ich selbst einen Herd anzünden und einen Laib Brot backen müßte — nun, ich fürchte, wir würden dann alle verhungern.“

Und doch war sie stolz auf sein Lob.

Nun saß sie also am Neujahrsabend allein in ihrem Zimmer und versuchte, in einem kostbar gebundenen Buch über die landschaftlichen Schönheiten Amerikas zu lesen, das die Herzogin ihr als Friedensgabe zu Weihnachten geschickt hatte. Sie blätterte die Seiten müßig um und war bemüht, nicht an Paris zu denken, wo in dieser Stunde wieder alle Glocken läuteten, die Lichter brannten und auf den Boulevards die Feiernden sich drängten, während in den Kirchen, die Weihrauchduft

und Kerzenschein erfüllten, die Frommen für das kommende Jahr beteten. Louise, Céleste und Marie durften heute ausnahmsweise bis Mitternacht aufbleiben, und Henriette war mit ihnen zu ihrer Großmutter gegangen, um der alten Dame ein frohes neues Jahr zu wünschen. Sie fanden sie, die in den letzten zwei Jahren noch kleiner und zarter geworden war, von zahlreichen Kissen gestützt, im Bett sitzend; ihre Finger tasteten den Rosenkranz ab, während sie darauf wartete, daß es Mitternacht schlug.
Als der letzte Schlag verklungen war, legte sie ihren Rosenkranz beiseite, küßte ihre Enkelinnen auf beide Wangen und ließ Kuchen und Wein bringen.
„Ja, die Zeit!" seufzte die alte Dame, als Henriette ihr für 1846 eine gute Gesundheit wünschte. „Für mich ist sie nicht mehr dieselbe, die sie gewesen ist. In meinem Alter geht man in ihr rückwärts, und hier und da hält einen die Erinnerung an das Vergangene auf, die Menschen hinterließen, die man kannte und die längst tot sind. Wünschen Sie sich niemals ein hohes Alter, Mademoiselle, denn wir sind nicht dazu auf Erden, um uns selbst als Gespenst heimzusuchen."
„Du bist kein Gespenst, Großmutter", unterbrach Louise sie mit einer impulsiven Umarmung. „Nicht wahr, Mademoiselle? Es wird ein herrliches Jahr werden, und Papa hat gesagt, daß ich mich, noch bevor es herum ist, verloben werde."
„Ja, du wirst bald aus dem Nest fliegen, mein Liebling." Die alten welken Finger strichen über die jungen blühenden Wangen. „Mögest du glücklich werden, ob ich es nun noch erlebe oder nicht, wenn du vor den Altar trittst. Die Jahre kommen, und die Jahre gehen; drum genieße sie nur, solange du jung und unbeschwert bist."
So gern sie die alte Herzogin auch hatte, Henriette konnte nicht anders, als Louise in ihrer Ungeduld über diese Wehleidigkeit der Greisin recht zu geben.
„Mademoiselle", fragte das junge Mädchen, als sie sich gute Nacht sagten, „warum reden alte Leute immer so, als ob man nur deshalb schon glücklich sein müßte, weil man jung ist?"
„Ich weiß nicht", antwortete Henriette, „vielleicht deswegen, weil man Kummer schneller vergißt als Freude.

Das ist jedenfalls ein freundlicher Selbstbetrug, zu dem unser Gedächtnis uns im Alter verleitet. Aber bist du heute abend nicht glücklich?"
„O ja doch, ich vermisse nur Isabella; ich überlege mir immer, wie sie sich wohl so als verheiratete Frau fühlen mag; und dann denke ich auch darüber nach, was mit mir noch einmal geschehen wird. Ich möchte, daß bald etwas geschieht, und doch habe ich auch etwas Angst davor."
Henriette hatte ihr Mut gemacht und sich zärtlich von ihr verabschiedet. Aber als sie dann allein vor dem Kamin in ihrem Zimmer saß, vermochte sie nicht länger ihrer Unruhe und Niedergeschlagenheit zu wehren. Das frostige kahle Land hinter den zugezogenen Vorhängen stimmte sie traurig. Sie beneidete die Dienstboten um die Geselligkeit und gute Laune, die sie in der Küchenregion des Schlosses gemeinsam genossen. Sich selbst zu bemitleiden, lag ihr sonst völlig fern, und sie verachtete Menschen, die es taten; heute abend jedoch war sie nahe daran, es ihnen gleichzutun, heute abend begehrte sie gegen das Alleinsein auf.
„Warum bin ich nur zu dieser Einsamkeit verdammt?" fragte sie sich. „Muß ich denn immer zwischen zwei Generationen stehen, ohne je in Berührung mit meiner eigenen zu kommen? Wenn mir die Liebe schon versagt ist, könnte ich doch wenigstens Trost in der Gesellschaft der Menschen finden, die denken, wie ich denke, und fühlen, wie ich fühle."
Die Tränen, denen sie sich so selten ergab, stiegen ihr heiß in die Augen. Sie gab sich keine Mühe, ihnen Einhalt zu gebieten.
„Ja", sagte sie sich, „so wird es immer sein. Immer werde ich zwischen den Jungen und den Alten stehen und mir die der Vergangenheit nachtrauernden Seufzer und die rosigen Zukunftsträume anhören müssen. Du gehörst der Gegenwart an, aber was nützt es dir, wenn du dich niemals von dem, was gewesen, und dem, was kommen wird, frei machen kannst — hier die alte Herzogin, die sich flüsternd mit verstorbenen Freunden unterhält, und da Louise mit ihrem unerfahrenen Herzen!"
Sie trocknete ihre Tränen, erhob sich und ging an ihren Schreibtisch. Sie konnte nicht schlafen, und da sie sich

nach Paris sehnte, wollte sie ihren Kummer damit beschwichtigen, daß sie ihren wenigen Freunden dort schrieb, die vielleicht gerade eben jetzt von ihr sprachen — den liebenswerten Remeys und der bärbeißigen Madame Le Maire, und noch einem anderen, dessen Anteilnahme ihr seit einiger Zeit so viel bedeutete.

Sie hatte Pastor Frédéric Monod in der protestantischen Kirche in Paris kennengelernt, die sie so oft besuchte, wie es ihr möglich war. Bei verschiedenen Gelegenheiten hatte dieser glänzende Essayist und Theologe, dieser Mann, dessen Beredsamkeit und Glaubenskraft ebenso überzeugten wie die nüchterne Logik seines Verstandes, von der Kanzel herunter zu einer Gemeinde gepredigt, die er mit seinem Wort sogleich in Bann schlug. Nach einer dieser Predigten fühlte Henriette sich dazu getrieben, ihm zu schreiben. Sie fand, eine seiner Thesen könnte erweitert und von zwei Seiten interpretiert werden; sie hatte unpersönlich geschrieben und wagte kaum auf eine Antwort zu hoffen. Aber ihr kluges Verständnis für sein Thema fesselte den Pastor; seine Antwort war in herzlichem Ton gehalten, und sie verabredeten sich für einen ihrer freien Nachmittage. Gleich von der ersten Begegnung an hatten beide das Empfinden, im anderen eine wertvolle Persönlichkeit gefunden zu haben. Er stellte einen sehr ungewöhnlichen Typ des Geistlichen dar. Er war ein großer stattlicher Mann mit der Bildung eines Gelehrten und der religiösen Inbrunst eines Propheten. Aus guter Familie und wohlhabend, tolerant gegenüber anderen und gleichzeitig an sich selbst die höchsten ethischen Forderungen stellend, vereinigte er die Eigenschaften eines Verkünders der Heiligen Schrift mit denen eines Weltmannes.

Er lebte einfach und würdig in einem großen alten Haus, in dessen Studierzimmer er Henriette mehr als einmal empfing. Außer an den Sonnabenden und Sonntagen stand sein Haus zwischen vier und sechs Uhr jedem offen, der da kommen wollte, und in diesen Stunden widmete er seine ganze Aufmerksamkeit und sein ganzes Herz den religiösen und persönlichen Problemen seiner Besucher. Henriette sprach zunächst wenig über sich selbst und ihr Leben im Hause Praslin. Sie sprachen gewöhnlich über seine Predigten oder über die Unruhe

und Unzufriedenheit im Volke, die politischen Irrtümer, die der König mit seinen Ministern beging. Seine Ansichten waren stets klug und wert, gehört zu werden. Und er verstand es, sie dazu zu bringen, sich frei und ungehemmt zu allem zu äußern.
„Ach, Mademoiselle Deluzy", warnte er sie dann wohl, „Sie sind zu übereifrig und idealistisch. Sie dürfen sich nicht zu voreiligen Schlußfolgerungen verleiten lassen, wenn Sie auch ihren John Stuart Mill gründlich kennen und aus Miß Barrets ‚Kindertränen' in einwandfreiem Englisch zitieren können. Selbstverständlich wäre die Welt ein angenehmerer Aufenthalt, wenn alle Menschen gut ernährt und gut erzogen werden könnten. Aber vergessen Sie nicht, daß man noch keine Methode gefunden hat, um den menschlichen Hirnen das Wissen einzutrichtern. Man könnte mutlos werden, wenn man sieht, wie viele Menschen völlig stumpf gegen den Segen der Bildung sind."
„Mag sein", beharrte sie eigensinnig, „aber ich sage trotzdem: jedem sollte die gleiche Chance geboten werden. Nur auf diese Weise wird man jemals ausfindig machen können, wer stumpf und wer aufnahmefähig ist."
So tauschten sie auf das freundschaftlichste ihre Meinungen aus, manchmal ihren verschiedenen Standpunkt gegeneinander verfechtend, manchmal in voller Übereinstimmung, bis andere Besucher kamen und der Kaffee in dem alten Familienporzellan serviert wurde, das Henriette beredt von seiner vornehmen Herkunft und seiner wirtschaftlichen Unabhängigkeit sprach. Und immer verließ sie sein Haus erfrischt an Leib und Seele. Seine Frau hatte sie nur einmal getroffen, und sie wußte von seinem Leben sowenig wie er von dem ihren; es war ein geistiges Band, das sie einte und ihre Sinne an der Freundschaft nicht teilhaben ließ, wofür sie in ihrer Verwirrung und Not dem Himmel dankbar war.
So schrieb sie denn, nachdem sie die Briefe an Remeys und Madame Le Maire beendet hatte, an den Pastor Monod, um auch ihm für das kommende Jahr Gutes zu wünschen. Es wurde eine liebenswürdige, charmante Epistel, und Henriette fühlte sich der ganzen Welt gegenüber wohlwollender gestimmt, als sie den Umschlag siegelte. Es machte ihr Vergnügen, die Feder über das

glatte kostbare Schreibpapier des Schlosses gleiten zu lassen. Impulsiv griff sie nach einem neuen Bogen und richtete Neujahrsgrüße an ihren Großvater. Sie konnte sich diese Großmut dem harten alten Mann gegenüber erlauben. Schließlich war er ihr einziger Angehöriger, und sie wollte den ersten Schritt zur Versöhnung machen. Sie empfand es als eine nicht geringe Befriedigung, einen Hundertfrankschein beifügen zu können.

„Wenigstens kann er jetzt nicht behaupten", dachte sie, „ich sei undankbar, für was immer er mich auch sonst halten mag."

Und noch immer blieb sie am Schreibtisch sitzen, den Blick nachdenklich auf das Papier gerichtet; rein und weiß lag es vor ihrer Hand — und dort waren Feder und Tinte, so nahe, und doch durfte sie nicht den einen Brief schreiben, der ihr Herz erleichtert hätte. Selbst ein harmloses „Fröhliches neues Jahr!" würde, wenn es ihre Unterschrift trug, in den Augen jener anderen Frau in etwas Häßliches verdreht werden können. Henriette wagte nicht einmal diesen unschuldigen Gruß.

Die ersten Monate des neuen Jahres verliefen still und ereignislos. Die Wochen gingen dahin ohne besondere Unterbrechung außer den kurzen Besuchen des Herzogs. Er verbrachte lange Stunden bei seiner Mutter, sofern er nicht die Arbeiten im Park beaufsichtigte. Man hatte gerade angefangen, ein neues Treibhaus zu bauen, und der Herzog steckte voller Pläne, wie vielerlei seltene Pflanzen er darin züchten wollte.

„Was liegt Ihnen an all diesen Treibhausblumen, Monsieur?" fragte sie ihn einmal, als er sie durch das halbfertige Glashaus führte und ihr erklärte, was da alles im kommenden Winter blühen würde. „Bald gibt es Schneeglöckchen und Primeln in den Wäldern, und dann kommt auch schon der Sommer. Natürlich werden diese künstlich gezüchteten Blumen eine seltene Kostbarkeit sein, aber doch finde ich, daß wir die Jahreszeiten nicht verwechseln sollten." „Aber das ist ja gerade der Spaß dabei", sagte er. „Mir macht es Vergnügen, mich nicht an die Jahreszeiten halten zu brauchen. Außerdem ist es eine Zerstreuung; irgend etwas muß man ja zu tun haben."

Obwohl er dies lächelnd sagte, fühlte sie die Langeweile

hinter seinen Worten, und deshalb erwähnte sie das Gewächshaus nicht wieder. Die Kosten dieses Neubaues würden wahrscheinlich genügen, überlegte sie sich, um die Remeys ein Jahr lang zu kleiden und zu ernähren, und der Herzog würde dieses Spielzeugs schon in wenigen Monaten überdrüssig sein. Er verließ sie, um mit einigen Arbeitern zu sprechen, die einen der großen Heizöfen mauerten. Sie betrachtete ihn, wie er dastand, die Männer mit Kopf und Schultern überragend und sie wie Zwerge neben seiner hünenhaften Gestalt erscheinen lassend. Er hatte den Kopf zur Seite gewandt, und sie war aufs neue von dem Ebenmaß seiner Züge überrascht. Ja, sein Gesicht war schön, doch seine vollen Lippen und Wangen und die feinen Fältchen unter den Augen ließen sein Alter deutlich erkennen. Im Profil dagegen trat die stolze, klare Linie um so schärfer hervor. Sie fühlte sich an den Kopf auf einer alten Münze erinnert. „Wie schade", dachte sie, „daß er nicht zu einer anderen Zeit gelebt hat. Nicht in Griechenland vielleicht — dazu ist er zu ungestüm —, eher hoch oben irgendwo im Norden. Ja, er gleicht dem Kopf einer Gallionsfigur an einem Wikingerschiff. Er gehört einem Zeitalter an, in dem es für einen Mann genügte, stark und schön zu sein. Jetzt gilt das weniger als die Gewitztheit des Verstandes, die Ränke anderer noch zu übertrumpfen."
Sie hatte sich niemals falsche Vorstellungen über die Geistesgaben des Herzogs gemacht. Seine Gaben lagen nicht auf diesem Gebiet, sondern in seiner körperlichen Vollkommenheit. Er war anderen durch seine unbändige Lebenskraft und sein gutes Aussehen überlegen. Und all das lag vor ihren Augen brach. Er hatte keinen Ausgleich für seine überströmende Energie, und eines Tages würde sie mit der ganzen Wucht eines unterdrückten Gefühls losbrechen und sein Verderben werden. Diese Gedanken schossen ihr durch den Kopf, als sie dort am Gewächshaus auf ihn wartete. Es wollte ihr wie ein neues Symbol seiner verschwenderischen Launen erscheinen, mit denen er seine innere Unrast zu betäuben suchte.
Warum mußte sie da hilflos stehen, unfähig, ihm zu nützen? Die Zeit rann ihnen beiden mit jedem Atemzug dahin, und er spielte mit Ziegelsteinen, so wie er

als Kind mit Bauklötzern gespielt haben mochte. Irgend etwas mußte sie doch tun können, irgend etwas sagen! Aber was? Sie gehörte einer Welt an, in der jeder seinen eigenen Weg ging und sich mit seiner Hände Arbeit oder seiner Schlauheit durchs Leben kämpfte. Diese Welt war nicht die seine. Er verstand sie nicht, wenn sie ihm von diesen Dingen sprach. Er konnte sie auch seiner Geburt nach nicht verstehen, und gerade das war es vielleicht, was sie an ihm liebte.

„Kommen Sie!" Er war wieder an ihrer Seite. „Ich will Ihnen zeigen, wo ich nächsten Sommer den neuen Pavillon am Seerosenteich bauen will."

„Aber Monsieur —" begann sie, brach jedoch wieder ab, ohne ihren Einwand laut werden zu lassen.

Sie konnte ihm ja nicht einfach sagen: „Monsieur, ein Pavillon am Seerosenteich wird Sie nicht glücklich machen. Dadurch wird Ihr Leben sich nicht um einen Deut verändern. Unterwerfen Sie sich Ihrem Schicksal nicht so widerstandslos, versuchen Sie lieber, es zu überwinden. Fangen Sie irgendeine Arbeit an, bis Sie jeder Muskel schmerzt und der Schweiß Ihnen von der Stirn rinnt. Beeilen Sie sich, oder es ist zu spät, und Ihre ungenützten Kräfte werden sich gegen Sie selbst richten."

„Nein, ich bin schon zu lange von den Kindern fort", sagte sie statt dessen. „Ich muß jetzt gehen. Außerdem friere ich hier in dem kalten Wind."

„Sie sehen aber gar nicht kalt aus", wandte er ein mit einem entwaffnenden Blick. „Ihre Lippen sind noch nicht blau, und Ihre Wangen sind ausgesprochen rosig."

Sie ließ sich jedoch nicht überreden. „Aber ich finde es nun einmal kalt", entgegnete sie. Sie eilte ins Schloß zurück mit jenem seltsamen Gefühl innerer Wärme und all den zwiespältigen Empfindungen, die jedes Zusammensein mit dem Herzog neuerdings in ihr zurückließ. Nur fragte sie sich jetzt nicht mehr: wie soll das alles enden? Sie war sich vielmehr bewußt, daß sie in einem Netz gefangen war, das sie nicht selbst geknüpft hatte. Anfänglich hatte sie sich eingebildet, sie brauche mit den Fäden nicht in Berührung zu kommen. Später hatte sie versucht, sich loszureißen. Aber jetzt glaubte und versuchte sie nichts mehr. Sie wollte gar nicht mehr entfliehen.

Mitte Februar kehrten die älteren Mädchen nach Paris zurück, und sie hörte durch Albert Remey von ihren guten Fortschritten und durch Louise über ihre gesellschaftlichen Vergnügungen. Sie schrieb ihr von Besuchen im Theater und in der Oper und von zahlreichen Ausflügen mit ihrer Mutter und den Kusinen Sebastiani. Henriette hatte jetzt mehr freie Zeit, als ihr lieb war, da sie nur noch Berthe und Raynald zu betreuen hatte. Sie beschäftigte sich wieder mehr mit ihrem Zeichnen und Malen und brachte manche Stunde damit zu, der alten Herzogin vorzulesen; sie selbst las Buch nach Buch an den langen Abenden oder schrieb Briefe an ihre Freunde. Viele schrieb sie an Isabella in Turin und an ihre andere ehemalige Schülerin in England, Nina Hislop, die ebenfalls geheiratet hatte. So verschieden diese beiden jungen Frauen nach Temperament und Elternhaus waren, beide machten sie ihre frühere Erzieherin zu ihrer Vertrauten. Ihre ausführlichen Berichte über sich und ihren Haushalt interessierten Henriette kaum so sehr wie die Schreiberinnen dieser langen kindlichen Ergüsse selbst. Sie mußte oft über ihre charakteristischen Eigenarten lächeln: Nina so zurückhaltend und konventionell, so ganz das Musterbild von Häuslichkeit, wie es die junge Königin ihrem Lande vorlebte; Isabella, weniger versonnen, erging sich in ungezwungenen Schilderungen ihrer gesellschaftlichen Pflichten und häuslichen Glückseligkeit. Beide waren offenbar glücklich und zufrieden, verheiratet und Herrin reicher Häuser zu sein — das klang in jedem Brief durch und war nahezu aus jedem Wort herauszulesen.
„Liebe Mademoiselle!“ begann ein Brief aus Sussex, „Ihre Glückwünsche zu dem frohen Ereignis, dem wir im Sommer entgegensehen dürfen, haben mich sehr gefreut. Ich bete darum, daß ich der Verantwortung, die meiner wartet, gewachsen sein möge; denn ich muß gestehen, ich fühle mich oft noch sehr jung und ganz und gar nicht wie eine Frau, die so bald schon Mutter werden soll. Aber mein lieber Mann ist in dieser Zeit ganz besonders aufmerksam und gut zu mir. Er verwöhnt mich geradezu mit seinen Überraschungen, die er mir aus London mitbringt. Ich wünschte, ich könnte Ihnen die letzte zeigen — ein Wohnzimmer aus Rosenholz, die Stühle mit

rotem Damast bezogen. Wie merkwürdig, wenn man sich überlegt, daß ich vor nicht zu langer Zeit ein schüchternes Schulmädchen war und Sie meine französischen Arbeiten korrigierten ..."
Oder aber: „Chère Mademoiselle, Ihr Brief hat mich sehr froh gemacht. Zuerst bekam ich Heimweh beim Anblick des Briefpapiers aus Melun, aber nur eine kurze Weile; denn wenn ich auch noch oft an unser altes Schulzimmer denke, so möchte ich doch nicht wieder dahin zurückkehren. Die Tage fliegen nur so, und immer gibt es viel zu sehen und zu tun, und mein lieber Mann überschüttet mich mit allen nur erdenklichen Aufmerksamkeiten. Wir speisen oft auswärts und geben viele Gesellschaften, nachdem wir nun unsere eigene Villa bezogen haben. Ich kann es gar nicht abwarten, Ihnen das Haus endlich zeigen zu können. Ich bin so glücklich, chère Mademoiselle. Ich kann gar nicht glauben, daß ich jemals diese Zweifel und Ängste gehabt haben soll, die Sie mir auszureden versuchten ..."
Henriette war stolz auf diese beiden, und ihre liebevolle Dankbarkeit ging ihr zu Herzen. Und dennoch — wenn diese Briefe kamen, so überströmend von ihren glücklichen Geständnissen, verspürte sie jedesmal einen Stich. Diese Mädchen waren jetzt verheiratete Frauen, geliebt und selbstsicher, und besaßen bereits Erfahrungen, die sie vielleicht niemals haben würde. Beide würden die Bestimmung, die die Natur ihnen zugedacht hatte, erfüllen. Die eine sah schon Mutterfreuden entgegen, und bald würde auch die andere ihr dasselbe in einem ebenso begeisterten Brief mitteilen. Und hier saß sie selbst, immer noch eine unverheiratete Gouvernante. Ein Dutzend Jahre hatte sie schon hinter sich gebracht, und weitere zwölf standen ihr zweifellos noch bevor. In ein paar Monaten würde sie ihren vierunddreißigsten Geburtstag begehen. Sie durfte sich zwar schmeicheln, sehr viel jünger auszusehen, aber an den Tatsachen änderte das ja nichts. Sie hatte niemals die Gelegenheit gehabt, sich gut zu verheiraten. Ihre Jugend war ihre einzige Mitgift gewesen, und jetzt besaß sie nicht einmal mehr diese. Sie hatte sie neidlos und freigebig jungen Mädchen wie Nina und Isabella geopfert. Sie

bereute es nicht, aber zuweilen lächelte sie etwas krampfhaft, wenn sie solche Briefe beiseite legte.
Ihre Antworten enthielten auch nicht die geringste Andeutung von Bitterkeit, denn sie liebte die Jugend um ihrer selbst willen. Ihr hatte sie gelebt — erst aus Zwang, dann, weil es ihr zur Gewohnheit geworden war. Es war ihre Natur, sich an andere zu verschwenden, und sie zog ihrerseits neue Kraft aus der Liebe, die man ihr entgegenbrachte, und sogar noch aus Erfahrungen, die ihr selbst versagt blieben. Wie ein Baum, der auf magerem Boden steht, streckte sie ihre Wurzeln nach allen Richtungen hin aus, um sich die Nahrung zu suchen, nach der sie verlangte.
Der geplante Besuch bei Isabella in Turin sollte jedenfalls viel eher stattfinden, als sie erwartet hatte.

SECHZEHNTES KAPITEL

Im frühen Sommer mieteten der Herzog und die Herzogin eine Villa an der See, da der Arzt für die Herzogin nach dem Winter in Paris Seeluft empfohlen hatte. Die Reise nach Korsika war ihr zu beschwerlich, und deshalb wählte man Dieppe. Henriette und die beiden Jüngsten waren nun schon eine Woche dort mit den anderen zusammen, und das Wiedersehen hatte allerseits große Freude ausgelöst. Das Wetter war sehr schön; das Sonnenlicht glitzerte auf den Wellen, die unmittelbar unter ihren Fenstern weiß schäumend in regelmäßigem Schlag auf den Strand zurollten. Zunächst zeigte sich die Herzogin Henriette gegenüber beinahe herzlich, obwohl sie sich immer noch weigerte, an einem Tisch mit ihr zu essen.
Dadurch war es zu den ersten Unstimmigkeiten gekommen; die Villa war nicht sehr groß, und infolgedessen machte es hier größere Schwierigkeiten als in Paris oder in Melun, gleichzeitig in zwei getrennten Zimmern zu servieren.
Der Herzog beging den Fehler, es seiner Frau ausreden zu wollen und sie auf das Kleinliche in ihrem Verhalten

hinzuweisen. Und da er keine Lust hatte, ihrem Eigensinn nachzugeben, kam es schließlich dazu, daß er seine Mahlzeiten mit Henriette und den Kindern einnahm, und so begann wieder der alte Streit. Durch die dünnen Wände, die das Zimmer der Kinder von dem der Eltern trennten, konnte Henriette den bekannten Klang dieser rauhen, anklagenden Stimme hören, die sich nicht so sehr gegen den Herzog als gegen sie selbst erhob. Gleichgültig, was die Herzogin tatsächlich herausgefordert haben mochte, Henriette wußte, daß letzten Endes die Schuld ihr zugeschoben werden würde. Sie hatte es zwar im Laufe der Zeit gelernt, sich gegen solche Klagen und Vorwürfe unempfindlich zu machen, aber ihre Augen und Ohren dem ganz zu verschließen, war ihr doch nicht möglich. Einmal bat sie sogar den Herzog, um des lieben Friedens willen doch besser nachzugeben. „Ich bitte Sie, Monsieur", beschwor sie ihn, „lassen Sie mich doch allein essen, wenn es dazu beitragen kann, die Stimmung zu verbessern. Wir leben ja hier ziemlich eng und müssen uns eben einrichten."

„Die Herzogin denkt gar nicht daran, ihrerseits etwas dazu zu tun, und ich sehe nicht ein, warum der ganze Haushalt auf den Kopf gestellt werden soll, bloß um ihre Laune zu befriedigen."

„Dann speisen Sie doch bitte wenigstens mit ihr; es widerstrebt mir, mich in diese persönlichen Dinge einzumischen; aber wenn Sie es über sich bringen könnten, ihr im Interesse der Kinder ihren Willen zu lassen, wäre es für uns hier gemütlicher."

Aber er schüttelte den Kopf, und um seinen Mund erschien wieder der trotzige Zug. Er zuckte die Achseln.

„Wenn ich ihr hierin nachgebe, wird sie nur wieder etwas anderes wollen."

Henriette entnahm daraus, daß die Beziehungen zwischen dem Ehepaar sich nicht gebessert, sondern eher verschlechtert hatten. Die Spannung mußte sich sogar noch erheblich verschärft haben, seit der Marschall damals seine Bedingungen diktiert hatte. Gerade dadurch, daß die Herzogin ihren Mann jetzt in der Öffentlichkeit so viel für sich hatte und sie in den Augen der Welt als versöhnt galten, gerade dadurch empfand sie seine Gleichgültigkeit, sobald sie allein waren, um so kränkender. Und doch würde sie ihren Griff niemals lockern, obwohl das, woran sie sich klammerte, sie noch unbarmherziger schmerzen mußte als Geißelhiebe auf der nackten Haut.

„Bedauernswerte Törin!" dachte Henriette oft während jener Junitage am Meer, „sie treibt nur sich selbst und ihn zur Verzweiflung. Wie können sie und ihr Vater nur so blind sein, zu glauben, daß sie seine Liebe mit ihrem Geld zurückkaufen können! Begreifen die beiden denn nicht, daß gerade das ihn nur noch mehr erbittern muß, weil es ein Hohn auf seine Männlichkeit ist? Wäre doch dieser Monat in Dieppe erst glücklich vorüber!"

Dem äußeren Anschein nach schenkte sie all diesen Verstimmungen und Unfreundlichkeiten keine Beachtung, doch unter dieser heiteren Maske des Gleichmuts empörte sie sich gegen die Tyrannei, die die Herzogin auf sie alle ausübte; die Herzogin schien es darauf anzulegen, den ganzen Haushalt an ihrem Leid teilhaben zu lassen. Natürlich zeigten sich auch die Kinder dieser Atmosphäre gegenüber nicht unempfindlich, und jedes reagierte darauf auf seine Art. Innerhalb einer Woche war dieser sehnlichst herbeigeführte Ferienaufenthalt zu einem verwirrenden Albtraum geworden.

„Bisweilen", dachte Henriette, „verteidigen sich die Schwachen durch Güte; aber diese Frau nicht, im Gegenteil, sie quält auch andere noch mit ihrem Unglück. Es ist furchtbar, wenn die Schwachen auch grausam sind, denn dann haben wir keine Waffe gegen sie."

Diese Verbindung jagte ihr Angst ein; es kam ihr vor, als ob eine Vereinigung dieser beiden Eigenschaften etwas Unmenschliches erzeugte, wovor sie entsetzt zurückschrak. Es gab Augenblicke, in denen sie sich kaum noch beherrschen konnte, wenn sie eines der Kinder darunter leiden sah. Dann wieder fühlte sie, wie ihr Herz vor lauter Verachtung für dieses ewige launische Gejammer nahezu versteinte. Dafür konnte es nur eine Entschuldigung geben, sagte sie sich, nämlich eine zeitweilige Unzurechnungsfähigkeit. Und bei manchen Gelegenheiten glaubte Henriette wirklich, an dem gesunden Verstand der Herzogin zweifeln zu müssen.

An solchen Tagen galt Henriettes größte Sorge den Kindern, und sie bemühte sich, sie soviel wie möglich der

Villa fernzuhalten. Die vier älteren Schwestern hatten bereits eine bemerkenswerte Geschicklichkeit entwickelt, ihrer Mutter dann aus dem Wege zu gehen, und daher hatten die beiden Jüngsten am meisten zu leiden, was sich nahezu verhängnisvoll auswirkte. Berthe war zwar nicht leicht aus dem Gleichgewicht zu bringen; sie besaß ein dickes Fell, und daher gelang es einem Menschen nur selten, ihr weh zu tun. Aber gerade diese Schutzschicht von Unbekümmertheit reizte ihre Mutter. Raynald nahm sich die Launen und das Schelten mehr zu Herzen. Wenn er auch körperlich widerstandsfähiger geworden war, war er doch noch immer empfindlich und schnell erregbar geblieben, und das unberechenbare Wesen seiner Mutter übte auf seine Gesundheit einen schädlichen Einfluß aus. Insbesondere brachten ihn jegliche Beleidigungen — eingebildete nicht anders als tatsächliche — seiner geliebten Mademoiselle auf. Wie ein wütender kleiner Hund verteidigte er sie gegen alle Angriffe, und das betrachtete die Herzogin selbstverständlich als einen erneuten Beweis dafür, daß Henriette ihr die Liebe ihres Jüngsten abspenstig gemacht habe.
Das Leben in Dieppe wurde mit jedem Tag unerträglicher. Zwischen ihrem Bemühen, es der Herzogin recht zu machen und die Kinder dazu anzuhalten, die gefürchtete mütterliche Zärtlichkeit ohne Aufbegehren hinzunehmen, fühlte Henriette, wie sogar sie die Nerven zu verlieren begann, und ihre Geduld war nie auf eine härtere Probe gestellt worden. Sie fand wenig Gelegenheit, sich mit dem Herzog auszusprechen, denn sie war mehr denn je davon überzeugt, daß die Dienstboten den Auftrag hatten, sie zu bespitzeln. Von dem früheren Personal waren viele gegangen, und die Neueingestellten befanden sich mit ihrer Feindin Marguerite im besten Einvernehmen. Henriette mußte also damit rechnen, daß man sie nur zu gern verklatschen würde. Sie ließ sich aber nicht beirren, sondern ging behutsam ihren Weg, fest entschlossen, alles dazu zu tun, um eine Katastrophe zu vermeiden. Das Unheil lag gleichsam in der Luft; sie verstand die Warnungssignale nachgerade gut zu deuten, und doch traf der Sturm sie unvorbereitet, als er schließlich über sie alle hereinbrach.
Es war ein strahlend klarer Tag gewesen, den sie mit

Berthe und Raynald am Strand verbracht hatte, während die älteren Mädchen ihren Vater auf einem Ausflug begleiteten. Das Wasser war warm, und die Kinder planschten ausgelassen darin umher, während sie von ihrem Badekarren aus ein wachsames Auge auf sie hielt. Nachmittags kehrten sie über die Promenade mit den kleinen Läden zur Villa zurück. Sie kamen nur langsam voran, weil Raynald sich darauf versteifte, die zahlreichen Muscheln und Seesterne, die er im Sand entdeckte, mit nach Hause zu nehmen; und wenn sie gerade einmal nicht stillstanden, um diese Schätze aufzulesen, mußte sich Berthe unbedingt irgendeine besonders verlockende Auslage ansehen. Auf halbem Wege begegneten sie dem Herzog mit seinen vier anderen Töchtern, und das bedeutete neuen Aufenthalt, um Spielsachen und Süßigkeiten zu erstehen. Endlich langten sie schwatzend und lachend in bester Laune nach all den Stunden in Wind und Sonne an. Das Haus schien verlassen, doch der in Hellgrau und Rosa gehaltene Salon mit seinen hohen Glastüren auf die Terrasse und dem Blick über das Meer lud in seiner Kühle zum Betreten ein. Sie machten sich's alle darin bequem, und eines der Mädchen ging zum Klavier und schlug ein paar Töne an.

„Hier sind sogar Noten!" rief Louise, vor einem Schränkchen kniend, das sie durchsucht hatte.

Offenbar hatten die früheren Mieter der Villa für klassische Musik nicht viel übrig gehabt. Die Notenhefte, die Louise hervorholte, enthielten nur Tanzmelodien, vorwiegend Walzer und Polkas. Polka war die große Mode der letzten zwei Ballwinter gewesen, und die Mädchen bedurften keiner langen Aufforderung, um mit dem Tanz zu beginnen. Das Zimmer hallte bald von heiteren Weisen und den schnellen Schritten von Marie, Céleste, Amélie und Berthe wider, während Louise ihre Hände über die Tasten gleiten ließ. Henriette lehnte sich in den Sofakissen zurück und genoß den mitreißenden Rhythmus der Tanzmelodien und den Übermut, mit dem sich die Mädchen vor ihr im Kreise drehten. Ihre jungen, schlanken Körper bewegten sich in den bauschigen Sommerkleidern mit viel Anmut und Liebreiz. Ihre Wangen röteten sich, ihre Augen glänzten, und ihre Locken wehten im Wirbel um die Gesichter. Von der einen Ecke zur

anderen ging der Tanz, zwischen Stühlen und Tischen, bald im Sonnenlicht an der offenen Tür, bald tiefer im Schatten des Zimmers.
Henriette fühlte sich wie verzaubert von der blauen See, der fröhlichen Musik und den glücklichen jungen Menschen. Der Kopfschmerz, der sie in der stechenden Sonne am Strand überfallen hatte, verging wie durch ein Wunder. Es war ihr leicht ums Herz und festlich zumute, als habe die Polka auch sie in ihre Gewalt gezogen, obwohl nur ihre Zehenspitzen unter den langen, weiten Röcken leise den Takt mitklopften. Sie blickte zum Herzog hinüber, der am Ausgang zur Terrasse stand. Er beobachtete seine Töchter wohlgefällig; und wie immer, wenn sie ihn dabei überraschte, wie er seine Kinder nachdenklich musterte, rührte er sie. Denn in diesen Augenblicken trat alles, was einfach und echt und gütig in ihm war, am deutlichsten zutage. Sie starrte ihn wie gebannt an, während ihr Malerauge dieses Bild in ihrem Gedächtnis festzuhalten suchte. Sie wünschte, sie besäße die Gabe, ihn so zu malen, wie sie ihn jetzt in liebevolle Betrachtung versunken vor sich sah.
Er wandte seinen Kopf und lächelte, als ihre Augen sich trafen.
„Mademoiselle", bat Louise, „würden Sie uns wohl mal eine Polka spielen? Ich hab' noch gar nicht getanzt. Ach, bitte, tun Sie es doch!"
Henriette setzte sich bereitwillig ans Klavier, während Louise ihren Vater bei der Hand nahm und ihn als Partner ins Zimmer führte. Sie kannte den Herzog noch nicht in dieser Rolle, aber sie hatte nie daran gezweifelt, daß er ein glänzender Tänzer sein müsse. Als sie jetzt sah, wie unbeschwert und graziös er zu tanzen begann, beneidete sie Louise, und während der nächsten Minuten hob sie kaum den Blick von den Noten vor ihr. Als sie jedoch die Melodie etwas sicherer beherrschte, wagte sie, dann und wann den Kopf zu heben, um im Spiegel über dem Klavier das Bild der Vorübertanzenden zu erhaschen.
Während eines dieser Blicke in den Spiegel überkam sie plötzlich die seltsame Vorstellung, daß alle Bewegung in diesem Zimmer vereinigt sei, verkörpert durch die sich drehenden Tänzer und ihre eigenen auf- und abgleiten-

den Finger. Mit erneutem Eifer wandte sie sich wieder den Noten zu. Sie war mit einem Male wie besessen von dem Gedanken, sie müsse diese Fröhlichkeit vor dem Sterben bewahren, diesen Rhythmus, der so gewiß vergehen würde, sobald sie aufhörte zu spielen, wie er mit ihrem Spiel angefangen hatte. In ihren zehn Fingern lag die Macht, dieses Wunder der Bewegung heraufzubeschwören. Es durfte nicht enden, es sollte nicht vorübergehen. Flinke Füße, die so sicher und sorglos über den Boden flogen, die sich wiegenden Gestalten, die erhitzten Wangen — sie glaubte sie schon alle kalt und still für immer zu sehen. Und dieses Wahnbild trieb sie noch mehr an; sie spielte schneller und wilder; die Noten huschten vor ihren Augen vorüber wie ein Vogel an dem Fenster eines fahrenden Zuges. Und während ihre Hände dem Instrument die Töne entlockten, hörte sie ständig ein mahnendes Flüstern in ihren Ohren: „Eines Tages wirst du dich an alles dies erinnern; eines Tages, wenn die Zeit diese schnellen Füße überholt haben wird und ihr alle, die ihr jetzt in diesem Zimmer seid, in alle vier Winde verstreut sein werdet."

Wieder und wieder begann sie die Melodie von neuem, mit ihrer unermüdlichen Energie die anderen zwingend, pausenlos weiterzutanzen. Erst als ein Schatten im Spiegel erschien und Raynald sie ängstlich am Ärmel zupfte, ließ sie die Hände ermattet in den Schoß sinken. Unfähig, sich von dem Klavierbock zu erheben, drehte sie sich um und sah die Herzogin an der Tür lehnen. Einige Sekunden lang rührte sich niemand. Die Tanzenden blieben wie angewurzelt stehen. Dann rauschte die schwerfällige Gestalt in weitem violettem Seidengewand ins Zimmer.

„Also hier, Théo", ließ sich die vor Erregung heisere Stimme vernehmen, „hier finde ich dich endlich, nachdem ich dich stundenlang vergeblich erwartet habe! Womit willst du dich dieses Mal entschuldigen?"

„Entschuldigen?" wiederholte er, mühsam seine Fassung bewahrend, den Arm immer noch um Louise gelegt. „Aber, Fanny, ich werde mich doch wohl nicht bei dir dafür entschuldigen müssen, daß ich hier mit meinen eigenen Töchtern tanze?"

Bevor sie etwas darauf entgegnete, ließ die Herzogin

ihren Blick im Zimmer umherschweifen und mißtrauisch auf Henriette ruhen, die regungslos vor dem verstummten Klavier saß.

„Versuch nicht, dich herauszureden, indem du dein Benehmen als natürlich hinstellst."

Ihre Augen blitzten, und Henriette fing das eigenartige, rötliche Leuchten in ihnen auf, das sie bereits zu fürchten begonnen hatte: ein Leuchten, das wie ein unheilverkündendes Licht am Himmel Böses ahnen ließ. Die Mädchen drängten sich erschreckt zusammen, und Raynald preßte sich enger an sie.

„Genügt es dir nicht, mich in meinem eigenen Hause zu demütigen, ohne mich auch noch öffentlich bloßzustellen? Glaubst du, es machte mir Spaß, vor der ganzen Gesellschaft in der Villa Quelques Fleurs zum Narren gehalten zu werden?"

„In der Villa Quelques Fleurs? Wovon redest du eigentlich, Fanny?"

„Jawohl, da waren wir nämlich heute nachmittag von den Mantinos eingeladen, und da habe ich über anderthalb Stunden auf dich gewartet. Meinst du wirklich, es war mir angenehm, über dein Fortbleiben ausgefragt zu werden und mir die Blicke mit ansehen zu müssen, als ich schließlich allein weggehen mußte? Und während ich dort lauter Ausreden für dich erfand, die keiner mir glaubte, warst du hier seelenruhig zu Hause und amüsiertest dich — ohne auch nur einen Gedanken an mich zu verschwenden, falls du nicht gedacht hast: ‚wenn die Katze fort ist, tanzen die Mäuse'. O ja, ich weiß schon, was sich hinter meinem Rücken abspielt!"

„Bitte, Fanny, sei doch einen Augenblick ruhig." Er nahm seinen Arm von Louises Schulter und ging auf seine Frau zu. „Ich weiß gar nichts von dieser Einladung, von dieser Verabredung, die ich nicht eingehalten habe."

„Und das scheint dir auch gar nichts auszumachen. Aber wenn du dir die Mühe gemacht hättest, meinen Brief zu lesen, den ich dir heute morgen schrieb, dann hättest du es gewußt. Ich habe ihn dir selbst unter die Tür geschoben, da ich ja kein Wort mit dir reden darf, außer wenn du gerade geruhst, mir fünf Minuten deiner kostbaren Zeit zu schenken."

Offenbar hatte er den Brief nicht gelesen; Henriette erriet das aus seinem Erröten. Aber er gab ihr mit kühler, selbstsicherer Stimme Antwort.

„Es tut mir leid, Fanny, wenn ich dir Ungelegenheiten bereitet habe", bemerkte er höflich. „Ich bin heute sehr früh mit den Kindern zu einem Ausflug aufgebrochen. Wir sind eben erst wiedergekommen, und ich nehme an, dein Brief liegt noch ungeöffnet auf meinem Schreibtisch."

„Wo du die anderen wahrscheinlich auch ungeöffnet liegengelassen hast, falls du sie nicht in den Papierkorb warfst. Oder vielleicht habt ihr beide, du und Mademoiselle, sie zum Feueranmachen benutzt. Vielleicht macht sie sich sogar ein Vergnügen daraus, meine Briefe als Lockenwickler zu verwenden. Das wäre so der richtige Sinn für Humor, der ihr entspräche."

Henriette vernahm nicht seine Erwiderung darauf. Dieser Angriff der Herzogin hatte sie so unvorbereitet getroffen, daß sie ihre Fassung vollständig verlor. Sie sah das Zimmer und die Menschen nur mehr wie durch einen Schleier; sie hörte ein dumpfes Pochen in ihren Ohren; aber ob es nun von dem Wellenschlag am Strand unterhalb der Terrasse kam oder daher rührte, daß ihr das Blut heiß zu Kopf schoß, wußte sie nicht zu sagen. Sie wollte sich erheben und die Kinder hinausbringen. Die ganze Atmosphäre schien auf einmal vergiftet von der selbstzerstörerischen Phantasie der Herzogin. Aber Henriette konnte sich nicht rühren; sie brachte nicht einmal die Kraft auf, ihren Platz am Klavier zu verlassen. Die Noten tanzten ihr vor den Augen; sie vermochte kaum ihre Aufmerksamkeit dem Wortstrom zuzuwenden, der wie aus der Ferne zu ihr drang. Sie wußte nur, daß es sich um sie handelte. Immer wieder hörte sie ihren Namen gleich einem Refrain aus dem wilden Sturzbach verblendeten Hasses an ihre Ohren klingen.

„Nein, Théo, nein! Du kannst mich nicht zum Schweigen bringen. Ich habe schon allzulange geschwiegen. Die Kinder sollen es ruhig wissen, wie du ihre Mutter quälst, wie ihr, du und diese Frau, sie gegen mich aufgewiegelt habt. Eines Tages, wenn ihre eigenen Herzen an gleichgültiger Grausamkeit zerbrechen, werden sie mich verstehen; aber dann ist es zu spät — —"

„Fanny, in Gottes Namen, ich bitte dich — —"

„Du tust gut daran, ihn anzurufen, denn er kennt mein Leid und meine Tränen und meine Gebete. Ja, Gott weiß, was ich erdulden mußte, seit du Mademoiselle Deluzy ins Haus gebracht hast. Als hätte ich nicht schon Schmach zur Genüge erlitten, bevor sie kam. Und jetzt macht man sich über mich lustig oder man bemitleidet mich, wohin ich auch komme. Ich kann es den Menschen von den Augen ablesen, auch ohne daß sie mich mit Worten noch weiter demütigen. Und diese Person sitzt auf meinem Platz an meinem Tisch, während ich in meinem eigenen Hause gezwungen bin, meine Mahlzeiten wie eine Aussätzige allein einzunehmen. Ihr alle seid ihr hörig geworden. In allem heißt es Mademoiselle hier und Mademoiselle da — sie ist genau so voller Ränke wie die Schlange im Paradies — —"

Ihre Stimme überschlug sich, und eine Sekunde lang herrschte Totenstille im Zimmer, bis Raynald das entsetzte Schweigen mit gellendem Schreien unterbrach, das Henriette wieder zur Besinnung brachte.

„Nein", schrie der kleine Junge, und sie fühlte, wie er am ganzen Körper bebte, „nein, Mademoiselle ist keine Schlange. Sie ist lieb und freundlich, und ich liebe sie, ich liebe sie, und dich hasse ich!"

„Scht!" Henriette legte ihm die Hand auf den Mund und versuchte, das wilde Schluchzen, das ihn befiel, zu beschwichtigen. „Sei ruhig, Raynald, ich bitte dich, Liebling!"

„Aber — sie hat so häßliche Sachen von Ihnen gesagt, und sie — sie hat kein Recht —"

„Da, seht ihr, sogar Raynald, mein Baby, nimmt ihre Partei. Sie hat euch alle verhext, und ich könnte ebensogut schon gestorben sein. Dann wäre ich euch wenigstens nicht mehr im Wege!"

„Fanny, nimm doch endlich Vernunft an!"

Der Herzog strich ihr besänftigend über den Arm; aber diese Berührung schien sie nur noch mehr zu erregen. Ihre Wut hatte sich seit Tagen angesammelt, und jetzt konnte nichts mehr ihren elementaren Ausbruch zurückdämmen, nicht einmal der Anblick ihrer Kinder, die mit vor Furcht geweiteten Augen vor ihr zurückwichen. Der Herzog hielt ihren Arm umklammert. Henriette ahnte, wie gereizt sie war, als sie sah, wie seine Finger sich tief in das weiche Fleisch eingruben. Wie fest er zupackte! In seinem Zorn mußte er furchtbar sein! Sein Gesicht hatte sich so verändert, daß es auch ihr Angst einflößte. Vor wenigen Minuten noch war er ein anderer Mensch gewesen; all seine Liebenswürdigkeit und Güte war verschwunden, und an ihrer Statt gewahrte sie nur mehr unerbittliche Härte, fast Haß!

„Mein Gott!" dachte Henriette, „wenn sie ihn jetzt zum Äußersten treibt! Ich muß etwas tun. Ich darf hier nicht sitzenbleiben und das geschehen lassen."

Die Herzogin sprach wieder; bald klang ihre Stimme vorwurfsvoll klagend, bald schrill vor Wut. Henriette unterschied schon nicht mehr, was sie sagte. Mit einem Ruck riß sie sich hoch und ging, Raynald fest an der Hand, auf die beiden zu.

„Herzogin! Herzog!" Der klare, ruhige Ton ihrer Stimme brachte den hysterischen Wortschwall der Herzogin für eine kurze Weile zum Schweigen. Sie blickte Henriette aus Augen an, so gläsern wie die eines tollwütigen Tieres.

„Wenn Sie gestatten, werde ich die Kinder jetzt auf ihre Zimmer bringen."

Raynald hielt sein Gesicht in Henriettes Kleid verborgen, und die fünf Mädchen scharten sich um sie.

„Sparen Sie sich die Mühe, Mademoiselle!" Diese Worte der Herzogin fielen wie ein Peitschenhieb auf sie alle nieder. „Meinetwegen werden Sie sich nicht mehr bemühen müssen. Gehen Sie nur zum Klavier zurück. Spielen Sie nur ruhig weiter. Tanzt doch, ihr anderen. An eure Mutter braucht ihr nicht mehr zu denken. Laß mich los, Théo, laß mich!"

Sie schüttelte seine Hand ab, und ehe er sie daran hindern konnte, eilte sie auf die Terrasse und die Treppe zum Strand hinunter. So blitzschnell hatte sich das alles abgespielt, daß fast eine volle Minute verstrich, bevor jemand etwas sagte oder tat. Und doch konnte niemand, der die Verzweiflung in ihrer Stimme gehört hatte, sich darüber im unklaren sein, was die Unglückliche zu tun beabsichtigte.

„Papa! Papa!" Louise hatte sich zuerst gefaßt. „Laß sie nicht gehen!"

Sie wäre ihrem Vater durch die offene Glastür gefolgt, aber er schob sie beiseite und rannte seiner Frau nach.

Henriette hörte sich wie im Traum den weinenden Raynald beruhigen und die Schwestern aufmuntern. Aber während sie ihnen half, die verstreuten Notenhefte wieder in das Schränkchen zu legen und die Stühle im Salon zurechtzurücken, lauschte sie unablässig auf jedes Geräusch vom Strand und von der Promenade. Jeden Augenblick erwartete sie warnende Rufe von unten zu hören oder die schweren Tritte von Männern, die einen leblosen, triefenden Körper zwischen sich trugen. Doch eine halbe Stunde verging, und alles blieb still. Nur die Brandung rauschte leise gegen den festen Sand. Raynalds Tränen waren schon wieder versiegt, aber alle Kinder gingen bedrückt und schweigsam umher und wagten sich nur noch flüsternd zu unterhalten. Der Junge heftete sich ihr an die Fersen, wie er es vor Jahren schon getan. Er schluchzte nur noch leise vor sich hin, aber er war kaum zu bewegen, seine Schätze vom Strand auf dem Fensterbrett zum Trocknen auszubreiten.

Eine weitere halbe Stunde verging, bevor ihr Schritte und Stimmen aus dem Nebenzimmer sagten, daß das Unheil noch einmal abgewendet worden war. Zu ihrer Erleichterung hörte sie die Herzogin mit ihrer Jungfer sprechen.

Henriette sah den Herzog nicht vor dem Abendbrot wieder. Er erschien erst, als die Suppe bereits aufgetragen wurde. Wie stets, hatte er sich zum Essen umgezogen, und nur ein müder Zug um Augen und Mund deutete auf den Vorfall des Nachmittags hin. Aus seinem ganzen Verhalten und den kurzen Antworten auf die Fragen seiner Töchter ging jedenfalls klar hervor, daß die Herzogin wieder wohlauf war und daß er dieses Thema nicht weiter zu erörtern wünschte.

Aber für Raynald waren die Aufregungen des Nachmittags zuviel gewesen. Mitten während der Mahlzeit wurde er plötzlich kreideweiß, rutschte von seinem Stuhl und verließ mit einer hastig gestammelten Entschuldigung das Zimmer. Henriette folgte ihm und fand ihn in seinem Zimmer gegen einen Anfall von Übelkeit ankämpfend. Sie half ihm beim Auskleiden und saß dann noch solange an seinem Bett, bis er endlich erschöpft einschlief und sie wieder zu den anderen zurückkehren konnte.

Der Herzog saß mit Céleste am Schachbrett, bat aber Louise, seinen Platz einzunehmen, als Henriette eintrat. Er ging auf den kleinen Balkon hinaus, der zum Kinderzimmer gehörte und zu dem die anderen Räume keinen Zugang hatten. Dort konnte man unbelauscht reden, und deshalb folgte ihm Henriette.
„Monsieur", sprach sie ihn durch die Dunkelheit an, „ich muß wissen, wie es ihr geht. Sie hat sich doch nichts angetan?"
„Nein", sagte er, „dieses Mal nicht, obwohl ich glaubte, es wäre das Ende. Vielleicht wäre es das beste gewesen — möge Gott mir diese Worte verzeihen!"
„Sagen Sie mir, was geschah? Was wollte sie tun? Sie blieben so lange fort, daß ich vor Unruhe halb verrückt wurde."
„Ich konnte sie am Strand nicht entdecken; ich lief am Wasser entlang, die Menschen sahen sich nach mir um und zeigten auf mich; sie müssen mich für wahnsinnig gehalten haben. Dann fiel mir ein, daß sie auf die Brücke gegangen sein könnte und sich vielleicht schon von dort aus ins Wasser gestürzt hätte. Ich hielt überall Ausschau nach dem Violett ihres Kleides, und ich fürchtete mich, die Leute zu fragen, ob sie sie irgendwo gesehen hätten. Erst als ich auf der Promenade langsam zurückging, sah ich meine Frau plötzlich in einem der kleinen Läden. Da stand sie, über einen Kasten mit Reiseandenken gebeugt, sprach mit dem Ladeninhaber und suchte sich ein paar Sachen aus."
„Nicht möglich, Monsieur! Wie — wie war sie denn?"
„Ruhiger als ich jetzt bin. Ich ging hinein und blieb neben ihr stehen, während sie ihre Einkäufe machte. Dann rief ich einen Wagen; wir stiegen ein und fuhren hierher, und ich brachte sie in ihr Zimmer."
„Sagte sie noch etwas?"
„Nein, nicht viel. Sie benahm sich genau so, als ob die Szene, deren Zeuge Sie waren, niemals stattgefunden hätte. Ich fühlte mich selbst zu erledigt, um darüber sprechen zu können. Ich hatte nur den einen Gedanken, sie möglichst rasch und sicher nach Hause zu bringen."
„Können Sie sich das erklären?"
„Ich weiß nichts, nur, daß wir auf jeden Fall verhindern müssen, uns alledem noch einmal auszusetzen. Sie hat

sich noch niemals so vor den Kindern gehen lassen. Es darf einfach nicht wieder geschehen."

„Sie haben heute schon genug gehört, Monsieur. Ob sie nun verstanden haben, was sie meinte und warum sie mich angriff — das haben sie ganz gewiß erraten, daß sie sich etwas antun wollte. Sie wissen, daß sie mich haßt. Raynald ist vor Aufregung erkrankt. Was soll ich tun? Bleiben kann ich doch nicht — das steht wohl fest."

„Sie werden mit Louise und den beiden Jüngsten zu Isabella nach Turin fahren, und zwar sofort. Morgen mittag geht ein Zug nach Paris, den Sie nehmen können. Isabella hat ihre Geschwister und Sie schon lange eingeladen, und diese Veränderung wird Raynald guttun. Ja, so wird's sicher am besten sein."

Er war ihr so nahe auf dem schmalen, dunklen Balkon, daß sie ihn erleichtert aufseufzen hören konnte, als er diese Entscheidung getroffen hatte. Auch ohne ihn zu sehen, spürte sie zutiefst, wie verstört und ratlos er war und wie sehr er ihrer bedurfte. Sie flüsterten wie zwei erschreckte Kinder, die gerade einer Gefahr entronnen sind und sich fest an der Hand halten, weil sie nicht wissen, ob ihnen nicht noch größere Gefahren drohen.

„Und nach Turin — was dann?"

Sie hielt mit beiden Händen das eiserne Geländer umklammert, um nicht der Versuchung zu erliegen, nach seiner Hand zu tasten.

„Das weiß nur Gott", murmelte er. „Darüber wollen wir uns jetzt nicht den Kopf zerbrechen. Tun Sie, als ob nichts geschehen wäre. Versuchen Sie, die Kinder abzulenken, wenn sie Sie fragen; Sie werden sehen, in vierzehn Tagen wird die Herzogin Sie zweifellos bitten zurückzukommen."

„Aber ich muß doch auch an mich selbst denken, Monsieur. Sie hörten, was sie heute nachmittag sagte. Sie war — wie von Sinnen. Das macht mir solche Angst. Ich fürchte, sie ist nicht ganz zurechnungsfähig, was meine Person anbelangt. Sie wissen, daß ich schon früher gehen wollte, und jetzt — —"

Er legte ihr die Hand auf die Schulter, und sie empfand den Druck seiner Finger fast schmerzhaft durch das dünne Kleid.

„Und jetzt gehen Sie und packen Ihre Sachen und schlafen sich gründlich aus. Der Zug geht morgen Punkt zwölf."
„Aber es hat doch keinen Sinn, den Kopf in den Sand zu stecken wie ein Vogel Strauß und den Tatsachen auszuweichen."
„Ich werde Sie zum Bahnhof fahren. Sie werden in Paris übernachten und übermorgen die Reise nach dem Süden fortsetzen."
„Ich bitte Sie, Monsieur, hören Sie mich an. Ich habe hier nur Unfrieden gestiftet, obwohl ich immer nur das Beste für Sie und die Kinder wollte, und — —"
„Und — ich wäre Ihnen sehr dankbar, Mademoiselle Deluzy, wenn Sie darauf sehen wollten, daß Berthe und Louise ihrer Mutter regelmäßig aus Turin schreiben. Vielleicht schreiben Sie meiner Frau auch selbst einen kurzen Bericht über Ihren persönlichen Eindruck von Isabella. Ich weiß, daß sie sich sehr darüber freuen würde; aber selbstverständlich steht das ganz bei Ihnen. Sie sind ja vernünftig genug, um das selbst zu entscheiden."
„Außer in einer Hinsicht — —", sie machte einen Schritt von ihm weg auf die Tür zu, von der aus sie die Mädchen im Lampenlicht am Tisch sitzen sah, „sonst würde ich mich nicht gegen mein besseres Wissen überreden lassen — —"
„Sie werden also tun, worum ich Sie bitte? Ausgezeichnet! Ich werde den Wagen für morgen um elf Uhr bestellen."
Sie zögerte auf der Schwelle, ob sie ins Zimmer gehen sollte oder nicht, und wandte sich dann impulsiv in die Dunkelheit zurück. Sie spürte die Kraft und die Wärme, die von ihm ausging, und einen Augenblick lang lehnte sie sich an ihn.
„Sie verlangen viel." Sie wandte sich wieder von ihm ab. „Muß ich Ihnen sagen, daß die Szene von heute nachmittag sich fraglos wiederholen wird?"
„Sie können mir nichts sagen, was ich nicht schon selber weiß. Aber wenn Sie wüßten, wie meine Tage und Nächte aussehen, dann würden Sie verstehen, was es für mich bedeutet, Sie in meinem Haus zu haben. Hier und da gelingt es einem doch, für einen kurzen Augenblick Vergessen zu finden, glücklich zu sein — deshalb erbitte

ich so viel von Ihnen, für meine Kinder und nicht zum wenigsten für mich selbst."
„Monsieur", sie wollte ihn nicht merken lassen, wie sehr ihr seine Bitte zu Herzen ging, „ich möchte Ihnen ja helfen, wenn ich es nur könnte, aber ich kann ja nur so wenig tun. Ich habe Unstimmigkeit und Unruhe in Ihr Haus gebracht, jedenfalls in den Augen der Welt."
„Was geht mich die Welt an? Ich hätte nicht geglaubt, Mademoiselle Deluzy, daß Sie mit Ihrem Mut, Ihrer Selbständigkeit sich von Klatsch und verstaubter Gesellschaftsmoral beeinflussen lassen."
„Vielleicht habe ich mich zu unantastbar gefühlt, weil mein Gewissen so rein war. Aber ich sehe allmählich ein, daß man nicht wieder zurück kann, wenn man die engen Grenzen der gesellschaftlichen Konvention durchbrochen hat. Man ist dann schutzlos jeder bösen Zunge ausgeliefert. Ich verdanke meinem Aufenthalt in Ihrem Hause sehr viel, Monsieur; aber ich habe auch viel dadurch eingebüßt."
„Und Sie werden weiter bei uns bleiben, weil Sie tapfer und großherzig sind, nicht wahr?"
Die Unmittelbarkeit dieser Frage bewegte sie. Sein beinah kindliches Vertrauen in ihre Anhänglichkeit und Anständigkeit sprachen besser für ihn, als Worte es hätten tun können.
„Ich fahre morgen nach Turin", versprach sie.
Später am Abend, als sie sich in ihrem Zimmer über ihre Hutschachteln und Koffer beugte, stellte sie sich immer wieder und wieder die Frage, warum sie ihm gegenüber nicht fest geblieben war. Wo blieb ihre bewährte Entschlußkraft, daß sie es nicht fertigbrachte, einen Brief an die Herzogin zu schreiben und um ihre Entlassung zu bitten, bevor sie sich schlafen legte? Was war aus ihrem Stolz geworden? Wann im Laufe dieser letzten fünf Jahre hatte sie diesen ihren kostbaren Schatz verloren?

SIEBZEHNTES KAPITEL

Der Besuch bei Isabella wurde von allen so beglückend empfunden, daß sie den Rest des Sommers über in Turin blieben. Nach jenen Tagen in Dieppe wirkte dieser ungetrübte Ferienaufenthalt in einer neuen Umgebung wie Wein auf Isabellas Geschwister. Alle waren sich darüber einig, daß dieses Zusammensein ganz wie in alten Zeiten war.

Isabellas Mann erwies sich als ein liebenswürdiger Gastgeber, und sooft er eine Geschäftsreise nach Sardinien machen mußte, war er froh, seine Frau in so guter Gesellschaft zurücklassen zu können. Die beiden älteren Schwestern waren unzertrennlich; und wenn sie irgend etwas vorhatten, an dem die Jüngeren nicht teilnehmen konnten, unternahm Henriette mit Berthe und Raynald lange Fahrten und Ausflüge. Sie war für diese Zerstreuung dankbar; es lenkte sie von den Gedanken ab, die sie sich so schwer aus dem Kopf schlagen konnte. Sie besichtigten die Kathedrale und die Paläste und stöberten, wohin sie auch kamen, nach Spuren der alten römischen Kultur.

„Seht ihr", erklärte Henriette dann, „dies ist der Überrest einer alten Mauer. Die Römer bauten sie, lange bevor Christus geboren wurde, und hier sitzen wir jetzt im Jahre 1846 und ruhen uns auf ihr aus. Es ist doch merkwürdig, zu denken, daß noch etwas von dem steht, was Menschenhand vor mehr als zweitausend Jahren errichtete."

In ihrem Bestreben, den Kindern die Vergangenheit lebendig zu machen, gelang es ihr oft, die Gegenwart und vor allem den Gedanken an die Zukunft zu vergessen. Aber dann konnte es auch wieder vorkommen, daß sie mitten in ihrer Erzählung plötzlich vergaß weiterzusprechen, bis Berthe oder Raynald sie verwundert darauf aufmerksam machten. Das trug sich auch einmal zu, als sie alte Steinreliefs in einer Kapelle betrachteten.

„Huh!" Berthe zeigte auf ein Blättermuster, in dem grob herausgearbeitete, aber unverkennbare Mäuse zu sehen waren. „Was haben so scheußliche Tiere wie Mäuse in einer Kirche zu suchen?"

Der Priester, der sie führte, lächelte nachsichtig.
„Die Mäuse spielen eine Rolle in einer alten Legende aus dem Osten“, erklärte er. „Niemand weiß, wie alt sie ist und auf welche Weise sie in die christliche Religion eingedrungen ist. Die Geschichte handelt von einem Reisenden, der sich in einem fremden Land verirrt hat und am Verdursten ist. Plötzlich entdeckt er nahe an einem Abgrund einen Strauch. Über breiten Blättern erhebt sich eine Blume, deren Kelch mit dem herrlichsten Nektar gefüllt ist. Es gelingt dem Reisenden, sich an den Zweigen festzuhalten und die Blüte zu sich heranzuziehen; aber gerade als er seinen Durst löschen will, sieht er, daß eine schwarze und eine weiße Maus an der Wurzel nagen, die sein einziger Halt ist. Langsam fressen sie sich Faser für Faser weiter. Der Reisende weiß, daß er in demselben Augenblick, in dem die beiden Mäuse die Wurzel durchgenagt haben werden, in den Abgrund stürzen wird; aber dennoch setzt er den Kelch an die Lippen und trinkt.“

„Und was geschah dann?“ fragte Raynald mit weit aufgerissenen Augen.

„Nun, mein Sohn, damit hat die Geschichte ein Ende. Man nennt das eine Allegorie, und ich kann dir nur erklären, was sie bedeuten soll. Der Reisende ist ein Symbol für alle Menschen, die je gelebt haben. Die Mäuse bedeuten Tag und Nacht, die langsam an unserer Lebensdauer nagen. Und obwohl der Mensch weiß, daß er einmal sterben muß, strebt er doch nach den Gütern des Lebens und kennt nichts Süßeres, als sie zu erlangen.“

Die Kinder waren nicht gefesselt. Sie waren schon auf neue Entdeckungen aus. Doch Henriette verweilte noch vor dem primitiven Steinrelief, und als sie nachher die Kapelle verließen, dankte sie dem Priester für seine Liebenswürdigkeit und warf eine reichlichere Spende als sonst in die Opferbüchse. Sie mußte noch lange an die Legende denken; sie schien eigens für sie aus alten Zeiten und fremden Ländern überliefert worden zu sein.

„Ja“, sagte sie bestätigend zu sich selbst, „ich kenne diesen Strauch am Abgrund, weil ich mich auch an ihn klammere, und auch an meiner Lebenszeit nagen die Mäuse Tag und Nacht. Ich möchte nur wissen, wie viele von uns nach einer Blüte greifen, deren Kelch keinen Nektar enthält."

Sie grübelte jedoch nicht weiter darüber nach, wie sie all ihren Schwierigkeiten entrinnen könnte. Sie lebte jetzt nur von einem Tag zum anderen, und ihre alte Angst wich wie Nebel, da der Gedanke an die Zukunft sie nicht mehr bedrückte. Sie würde unverzagt nach Paris zurückkehren und dort erst ihre Entscheidungen treffen. Sie wollte sich Frédéric Monod anvertrauen und ihn um seinen Rat bitten. Im Herbst würde sie auch leichter eine neue Stellung finden, wenn es sein müßte. Hier in Turin empfand sie die quälende Stimmung, die sie im Hause Praslin immer wieder überkam, nicht so stark. Hier fühlte sie sich nicht von allen Seiten durch häusliche Intrigen und die widerstreitenden Gedanken, die dort auf sie einstürmten, eingeengt. Beinahe überzeugte sie sich selbst davon, daß alles doch noch ein gutes Ende nehmen würde, wenn sie nur geduldig ausharrte.

Diese Hoffnung fand neue Nahrung, als im August ein Brief aus Melun von der Herzogin eintraf. Es war die Antwort auf einen sehr vorsichtig gehaltenen und eigentlich recht nichtssagenden Bericht, den sie der Herzogin über ihre Töchter geschickt hatte.

„Melun, 24. August 1846.

Ich möchte nicht einen Augenblick länger zögern, meine liebe Mademoiselle Deluzy, Ihnen für Ihren freundlichen Brief zu danken, der mir große Freude bereitete. Sie entschuldigen sich, daß er so ausführlich ausgefallen sei; aber weit davon entfernt, mich zu langweilen, hätte ich nur gewünscht, er wäre doppelt so lang gewesen. Ich erhielt ihn gestern abend zusammen mit dem Briefchen von Berthe. Ich will nicht verhehlen, daß ich schon sehr darauf gewartet hatte; denn das lange Schweigen hatte mich stark beunruhigt. Aber Ende gut, alles gut.

Sie können sich denken, wie herzensfroh ich bin über alles, was Sie mir von Isabella und ihrem Glück erzählen. Es erstaunte mich nur, daß Sie sie in ihrem neuen Leben und ihren neuen Erfahrungen so verändert finden. In ihren Briefen an mich zeigt sie sich so ganz anders als früher, viel sorgfältiger und gewissenhafter.

Ich rechne fest damit, daß Sie so liebenswürdig sein werden, mir weiterhin über meine fernen Lieben zu berich-

ten. Meine drei kleinen Mädchen, die bei mir geblieben sind, und ich sind unzertrennlich. An schönen Tagen gehen wir stundenlang im Park spazieren, und oft sitzen wir beisammen und lesen aus Werken von Molière. Im Nachbardorf gab es eine Epidemie, daher leben wir ganz abgeschlossen; aber wir fühlen uns keineswegs als Gefangene, sondern genießen unsere Einsamkeit.
Ich freute mich besonders, zu hören, daß Louise und Berthe häufig mit Isabella von mir sprechen, wenn Sie es auch vielleicht nur geschrieben haben, um mir eine Freude zu machen. Jedenfalls sind mir beim Lesen dieser Zeilen die Tränen in die Augen gestiegen. Haben Sie Nachsicht, liebe Mademoiselle, mit dem armseligen Brief, den ein übervolles Herz mir diktiert. Ich danke Ihnen tausendmal für Ihr Schreiben, und ich bitte Sie inständig, mir doch jede Kleinigkeit mitzuteilen; über meine Kinder kann ich niemals genug hören.

Fanny Sebastiani-Praslin."

Henriette las diesen Brief wieder und wieder und versuchte, sich ein Bild davon zu machen, welcher Stimmung und welcher Absicht sie diese ungewöhnliche Herzlichkeit wohl zu verdanken habe. Mußte sie ihn nicht so persönlich nehmen, wie er offenbar geschrieben worden war? Denn sie wußte doch, daß die Herzogin nicht so schlau und hinterhältig war, um etwas vorzutäuschen, was sie nicht fühlte. Was auch sonst ihre Fehler sein mochten, ihre Aufrichtigkeit grenzte schon beinahe an Einfalt. Henriette konnte sich das Schreiben nur so erklären, daß das Gewitter, das in Dieppe losgebrochen war, die Luft gereinigt hatte. Vielleicht bedurfte eine so leidenschaftliche Natur solcher Gewaltmittel, um sich von ihrem immer wieder hinuntergewürgten Gram befreien zu können. Falls sie ihr Verhalten bedauerte und von sich aus zu vergeben und zu vergessen wünschte, dann war Henriette durchaus bereit, ihr entgegenzukommen; und sollte dieser unglückselige Nachmittag ihrem Gedächtnis völlig entfallen sein, so würde ihr nächstes Zusammentreffen wenigstens viel von seiner Peinlichkeit verlieren. Etwas anderes kann dieser erstaunliche Brief kaum bedeuten, meinte Henriette, als sie ihn in ihrer Mappe verwahrte.
Wenn sie später auf jene letzten Monate des Jahres

1846 und die Wintertage von 1847 zurückblickte, war sie immer um eine Erklärung verlegen, warum diese Zeit so harmonisch und geruhsam verlaufen war. Sie kehrte nach Frankreich zurück, erholt und für etwaige neue Auseinandersetzungen gerüstet, und fand in Melun sowohl als auch nachher in Paris nur Frieden und Versöhnlichkeit vor. Die Szene in Dieppe und die anderen Unwetter, die sich über sie entladen hatten, nahmen allmählich für sie die Unwirklichkeit eines bösen Traumes an. Eine Art Waffenstillstand, ein stillschweigendes Übereinkommen schien zwischen der Herzogin und ihr getroffen worden zu sein. Sie fühlten sich zwar eine der anderen nicht sicher, aber bei ihren Begegnungen stoben nicht länger die Funken. Selbst die Dienstboten zeigten sich der Erzieherin gegenüber jetzt weniger feindselig, wenn sie natürlich auch nach wie vor in allem Partei für ihre Brotherrin ergriffen.

Henriette verlangte nichts weiter, als unbehindert ihren Pflichten genügen zu können; der Herzog seinerseits schien jede friedliche Stunde in seinem Hause dankbar zu genießen. Obwohl er seine Gewohnheit beibehielt, mit den Kindern und Henriette zu essen, hatte doch eine Veränderung im Haushalt die Situation ihrer Spannung beraubt: der alte Marschall wohnte wieder in der Rue du Fauborg Saint-Honoré, und er und die Herzogin nahmen jetzt ihre Mahlzeiten gemeinsam ein. Die vier älteren Mädchen wechselten sich darin ab, ihnen beim Mittag- und Abendessen Gesellschaft zu leisten. Und nicht zuletzt hatte sich das Befinden der Herzogin so weit gebessert, daß sie sich häufigere Konzert- und Theaterbesuche als seit langem zumuten konnte, und zu derartigen Vergnügungen wurde Henriette zu ihrer großen Überraschung oft eingeladen. Sie vermutete, daß der Marschall bei dieser Aufmerksamkeit seine Hand im Spiel habe, da er zweifellos der Ansicht war, es sei ratsam, daß seine Tochter sich öffentlich mit Henriette zeigte. Es war ein seltsames Gefühl, wieder in Gnaden aufgenommen zu sein; bisweilen fiel es Henriette sogar schwer, sich dieser neuen Lage nach den jahrelangen Anfeindungen anzupassen. Sie versuchte, ihre mißtrauischen Regungen zu unterdrücken, obwohl sie sich unwillkürlich auf neue Zurücksetzungen gefaßt machte,

bevor noch ein Grund dazu vorlag. „Traue nicht einem lauen Wind im März oder einem versöhnten Feind!" hieß das alte Sprichwort, das ihr im Laufe jenes Winters ständig in den Sinn kam.
Kurz vor Weihnachten wurde Louises Verlobung bekanntgegeben, und das ganze Haus war in der Teilnahme an ihrem Glück vereint. Ihr künftiger Gatte war um etliches älter als sie, und die Hochzeit sollte erst in einem Jahr stattfinden. Über diesem Ereignis und den Feiertagen ging das alte Jahr zu Ende, und das neue war da, bevor Henriette sich dessen recht bewußt wurde.
Albert Remey kam immer noch täglich, um seinen Unterricht zu erteilen. Die kurzen Minuten, die sie dann zusammen plaudern konnten, und die Besuche bei ihren alten Freunden taten Henriette stets von neuem wohl. Auch Madame Le Maire suchte sie auf, sooft es ihre seltenen freien Nachmittage zuließen. Frédéric Monod hörte sie nur gelegentlich predigen; aber sich mit ihm auszusprechen, wie sie es beabsichtigt hatte, war ihr nicht möglich; entweder traf sie zu viele andere Besucher bei ihm an, oder sie hatte gerade keine Zeit, und deshalb mußte sie ihren Plan, ihn um Rat zu fragen, verschieben. Statt dessen sprach sie wohl manchmal, wenn es sich so ergab, zu Albert und Marie von ihren Schwierigkeiten; aber diese beiden waren so glücklich in ihrer Ehe und Henriette so treu zugetan, daß ihr Rat und Urteil nicht als ganz unvoreingenommen betrachtet werden durfte. In ihren Augen konnte Henriette nichts Unrechtes tun. Sie vertraten immer wieder den Standpunkt, daß ihr anderer Glaube die Herzogin gegen sie beeinflusse. Gleich Henriette waren die Remeys Protestanten, und wie sie hatten sie auch die Erfahrung gemacht, daß diese Tatsache zu ernstlichen Konflikten führen konnte. Alberts Glaubensbekenntnis hatte ihn bereits um manche Lehrstellung gebracht; nur der großzügigen Toleranz des Herzogs habe er sein gegenwärtig verhältnismäßig sorgloses Leben zu verdanken — wie immer wieder zu betonen er nicht müde wurde.
Madame Le Maire dagegen versah Henriette unentgeltlich und jederzeit mit Rat.
„Je schneller Sie diese Praslins loswerden, desto besser", warnte die alte Frau. „Das ist kein Haus für ein junges

Mädchen wie Sie!“ „Nun, ein junges Mädchen kann man mich eigentlich nicht mehr nennen.“
„Eben, daher laufen Sie viel größere Gefahr, als wenn Sie es wirklich wären. Vergessen Sie nicht, daß Sie gerade soviel jünger sind als seine Frau und soviel älter als seine Töchter, um einen Mann wie den Herzog zu reizen. Und außerdem wirken Sie anziehender, als gut für Sie sein kann, wenn Sie es darauf anlegen.“
„Sie wollen mir doch nicht etwa schmeicheln?“
„Durchaus nicht; ich warne Sie nur, wie ich es schon damals tat, bevor Sie Ihre Tätigkeit dort aufnahmen, bevor ich Ihren Namen in der Zeitung lesen mußte!“
„Sieh da, Madame Le Maire liest Skandalblätter!“
„Selbstverständlich, ich lese, was Paris liest, und ich verstehe auch, was ich gelesen habe, ebensogut wie mein Nachbar; und das können Sie offenbar nicht; sonst würden Sie nicht so töricht sein, so hart am Wind zu segeln.“
„Ich fürchte den Wind nicht, von dem Sie da sprechen.“
Madames schwarzseherisches Krächzen gab Henriette ein erhöhtes Gefühl von Selbstsicherheit. „Ich bin es gewohnt, heimtückisches Wasser und schwere Stürme zu meistern, und ich liebe es nun einmal, mein eigener Steuermann zu sein.“
„Das klingt alles ganz schön, aber warten Sie nur, wie es ist, wenn Sie kentern. Das ist unvermeidlich; und dann werden Sie sich freuen, wieder in der Rue du Harlay einen Unterschlupf zu finden.“
Sobald das Gespräch an diesem Punkt anlangte, pflegte Henriette mit einem Achselzucken das Thema zu wechseln. Es hatte keinen Sinn, jemanden überzeugen zu wollen, der immer alles in den schwärzesten Farben sah. Sie überlegte sich manchmal, welch schwere Schicksalsschläge diese harte, alte Frau so skeptisch gemacht hatten. Sie hoffte, sie selbst würde nicht so bitter werden, wenn sie einmal so alt wäre. Doch im Grunde ihres Herzens wußte sie, daß Madame Le Maires kühle Augen schärfer sahen als Alberts und Maries und daß sie in ihrer ungebildeten Art genau so weise war wie der Pastor Monod.
Die Wochen verstrichen. Und wieder wehte der Frühling blütenduftend durch Paris und lud zur Fahrt aufs Land ein. Aber die Praslins folgten dieser Lockung nicht

wie sonst; denn im April sollte der Herzog seinen Sitz in der Pairskammer einnehmen. Den ganzen Winter hindurch hatte er sich mit politischen Fragen beschäftigt und mehr Zeit als je am Hofe verbracht. Er war stets ein besonderer Günstling des Königs gewesen, der sich immer stärker auf die jüngeren Mitglieder des Adels stützte, seitdem er sich der wachsenden Unzufriedenheit im Lande bewußt geworden war. Henriette empfand dieses neue Interesse des Herzogs an Dingen, die sein Privatleben nicht berührten, als Erleichterung, obwohl sie nach wie vor Louis Philippe und seine Politik nicht zu billigen vermochte. Der Herzog drückte sich jetzt ihr gegenüber bedeutend zurückhaltender aus, was die Angelegenheiten des Staates anbetraf, und sie ihrerseits vermied es, ihre eigenen Ansichten allzu freimütig zu äußern. Er ließ sich neuerdings auch seltener im Schulzimmer blicken, und Henriette gewann den Eindruck, daß er einem Alleinsein mit ihr absichtlich aus dem Wege ging. Sie vermißte zwar ihre früheren anregenden Unterhaltungen, aber sie gestand sich gleichzeitig ein, daß es so wohl für alle Beteiligten am besten sei. Trotzdem spürte sie immer noch, wie Unruhe und Unzufriedenheit in ihm wühlten, wie er sich nach ihrer Anerkennung und Zustimmung sehnte, ob er sie nun mit Worten von ihr erbat oder nicht. Einer jener Frühlingstage sollte ihr unvergeßlich bleiben, weil sie ihn in seiner Gesellschaft verbringen durfte; eine freundliche Vorsehung schenkte ihn ihr, ohne daß Henriette vorher mit dieser Möglichkeit hätte rechnen können. Sie hatte Berthe und Raynald versprochen, mit ihnen am ersten schönen Sonnabend im April nach Versailles zu fahren, und als dieser Tag kam und sie gerade in den Wagen einstiegen, erschien unerwartet der Herzog und erklärte, sich dem Ausflug anschließen zu wollen. Er war glänzender Laune, und als die Stadt hinter ihnen lag, befanden sich alle in bester Stimmung. In Versailles angelangt, machten sie sich zu viert auf die Suche nach einem geeigneten Platz, wo sie sich lagern und ihr mitgebrachtes Essen verzehren konnten. Das Schloß selbst machte auf die Kinder keinen Eindruck; die Springbrunnen waren nicht in Betrieb, und sie wollten etwas anderes sehen. Sie wollten das Dörfchen der Marie Antoinette beschauen mit seinen strohgedeckten Häuschen, den Scheunen und den verfallenen Taubenschlägen. Auch mußten sie unbedingt die geheimnisvolle Felsengrotte untersuchen, die einstmals dem Liebesgott geweiht gewesen war, und hatten es sich in den Kopf gesetzt, das Mittagsmahl am Fischteich einzunehmen unweit von dem kleinen Bach, der einer Königin zur Freude dorthin geleitet worden war und der immer noch zwischen künstlich aufgebauten Felsen, die nun mit dem Moos eines halben Jahrhunderts bedeckt waren, munter dahinrann.

„Hier, hier ist es!" riefen die Kinder aus, als sie das rührend romantische kleine Dorf entdeckten. „Sieh mal, Papa, das da drüben war gewiß die Mühle. Sehen Sie doch nur, Mademoiselle, wie der Bach den kleinen Wasserfall hinunterstürzt."

Ihr Entzücken über diese verlassene Miniaturwelt wirkte ansteckend. Henriette meinte bei sich, daß selbst Marie Antoinette sich über diese Begeisterung gefreut haben würde, die ihr Lieblingsspielzeug so viele Jahre später noch weckte. Sie blieb mit dem Eßkorb zurück, während die anderen dem Lauf des Baches nachforschten, um die versteckte Grotte ausfindig zu machen. Henriette breitete die Wagendecke über die Stufen eines der kleinen Bauernhäuser und, sich darauf niederlassend, überließ sie sich dem melancholischen Reiz dieses Erdenfleckchens. Wie ruhig es war, und doch wie lebendig pulste der Frühling in der Natur! Die Luft war frisch und von einem erdigen Geruch erfüllt; die warme Mittagssonne liebkoste sie mit denselben wundersamen Strahlen, die der kahlen Erde Gräser und Blumen entlockten und die Knospen an den nackten Zweigen zwangen, sich zu entfalten. Nichts unterbrach die Stille um sie her. Nicht einmal ein Parkhüter kam auf seinem Rundgang vorbei. Henriette lehnte sich gegen die bröckelnde Mauer und bemerkte dabei die schwachen Spuren der Farbe, die eine geschickte Hand aufgetragen hatte, um den Eindruck von altem Gestein und verwitterten Ziegeln zu erwecken. Es erschien ihr wie eine Ironie, daß diese Vortäuschung ihre Bestimmung überdauert hatte; heute hätte der Baumeister es nicht mehr nötig gehabt, dachte sie, mit diesem Kunstgriff Alter vorzuspiegeln. Es kam

ihr genau so vor, als ob ein Kind seine glatte Stirn mit Linien verunstaltet, ohne zu wissen, daß echte Falten sich bald genug eingraben werden.
Aber sie konnte gut verstehen, daß man einstmals geglaubt hatte, nichts könnte je den Frieden und die sonnige Heiterkeit dieses Plätzchens stören. Sie war froh, daß der Pöbel damals in seiner blinden Wut nicht auch dieses vernichtet hatte. In den wenigen Minuten, die sie dort saß, kam ihr das Ganze wie eine eigens für sie geschaffene Zuflucht vor, für sie und die Vögel, die hier herumflogen und ihre Nester bauten. Sie zerteilte ein Stück Brot und sah zu, wie sie die Stückchen aufpickten, so wie vielleicht ihre gefiederten Ahnen die Krumen vom Tisch einer Königin aufgepickt haben mochten.
Später beim Essen sprachen die vier über jene unglückselige Königin. Sie schien ihnen allen merkwürdig gegenwärtig, als wäre sie heute ihre Gastgeberin.
„Es muß Spaß gemacht haben, in dem Teich zu angeln", meinte Raynald. „Ich wünschte, ich hätte eine Angel mit, um es auszuprobieren."
„Ob Marie Antoinette hier wohl auch gefischt hat?" fügte Berthe hinzu.
„Ich glaube schon", sagte der Herzog. „Jedenfalls wird das behauptet. Aber sie spielte nur, daß sie die Fische fangen wollte; wenn einer anbiß, dann ließ sie ihn immer wieder zurückwerfen. Sie besaß ein so empfindsames Herz."
„Aber warum hat man sie dann getötet, Papa?"
Statt einer Antwort zuckte der Herzog nur die Achseln.
„Ja, warum denn nur, Mademoiselle?" beharrte Raynald.
„Nun, das Volk war arm und hungrig und dachte, der König und die Königin gäben zuviel Geld für sich aus. Es hat sehr viel gekostet, so ein kleines Dorf wie das hier zu bauen und außerdem noch all die Schlösser und Springbrunnen und schönen Gärten. Schließlich gehörte das Geld ja dem Volk, und das hatte es natürlich nicht sehr gern, arm und hungrig zu sein."
„Aber das ist doch dumm — jeder kann doch nicht reich sein; ein paar arme Leute muß es doch geben, nicht wahr?"
Berthe tat die ganze Frage ab, indem sie den Vögeln Stücke einer Brotrinde zuwarf.

„Diese Frage wird dir Mademoiselle auch besser beantworten können als ich.“ Der Herzog lächelte Henriette verschmitzt zu. „Aber es freut mich doch zu hören“, fuhr er fort, „daß Sie aus meinen Kindern keine von Ihren Republikanern gemacht haben.“

„Ich bezweifle, daß man aus Berthe irgend etwas anderes als eine Royalistin machen könnte“, erwiderte Henriette belustigt. „Ihre Wiegendecke muß aus Königspurpur gewesen sein. Sie würde sich mit Marie Antoinette gewiß gut verstanden haben.“

„Heutzutage schlägt man doch den Königen und Königinnen nicht mehr den Kopf ab, nicht wahr, Papa?“ erkundigte sich Raynald ein wenig ängstlich.

„Nein, wenigstens hat man es in letzter Zeit nicht mehr getan“, antwortete sein Vater. „Mehr läßt sich im Augenblick dazu nicht sagen.“

Nach dem Essen sprangen Berthe und Raynald davon, um Blumen zu pflücken. Der Herzog streckte seine Beine aus und zündete sich eine Zigarre an, während Henriette Teller und Bestecke zusammenräumte. Keiner von beiden sprach. Die wohlige Zufriedenheit des Augenblicks machte Worte überflüssig. Schließlich brach er das Schweigen; er redete langsam zwischen den einzelnen Zügen und sah dabei zu den Kindern hin, die zwischen den knorrigen alten Bäumen hin und her liefen.

„Eigentlich sonderbar“, sagte er, „daß wir uns an diesem Ort befinden. Ich wüßte gern, was Marie Antoinette wohl von den heutigen Besuchern in ihrem Klein-Trianon hält?“

„Nun, wahrscheinlich viel von Ihnen und Ihren Kindern, Monsieur. Aber mit mir dürfte sie nicht so ganz einverstanden sein, fürchte ich.“

„Warum glauben Sie das?“

„Weil sie mir und der Welt, der ich angehöre, mißtrauen würde, obwohl sie, bevor sie starb, manche Menschen und Dinge verstehen lernte, von denen sie sich früher nichts hatte träumen lassen, die arme Seele!“

„Sie sind inkonsequent. Sie verachten alles das, was sie vertrat, und doch nennen Sie sie eine ‚arme Seele‘.“

„Wenn ich sie so nenne, dann empfinde ich es auch so. Sie hat teuer bezahlen müssen, was sie zu spät begriffen hat.“

„Das müssen wir alle." Die alte Bitterkeit sprach wieder aus ihm.
„Wir alle müssen unsere Erfahrungen bezahlen, und dann ist es meistens zu spät, um sie verwerten zu können. Aber ich finde doch, daß Sie ihr in einer Beziehung gar nicht so unähnlich sind: sie war sehr ehrgeizig, Mademoiselle Deluzy, und das sind Sie auch."
„Ich war ebenfalls der Ansicht, ehrgeizig zu sein, Monsieur, aber jetzt bin ich dessen nicht mehr so sicher. Vielleicht war es nur eine Unzufriedenheit, die mich trieb. Man verwechselt das so leicht."
„Und jetzt sind Sie nicht mehr unzufrieden?"
„Nur noch selten. Nur wenn ich —" verwirrt brach sie ab und fuhr dann fort: „Manchmal ist es doch nicht so leicht, wenn man etwas ins Herz geschlossen hat, was einem nicht gehört."
„Aber wenn man einmal etwas in sein Herz geschlossen hat, gehört es einem doch!"
„Mag sein; aber ich habe mich wohl falsch ausgedrückt. Ich meinte nicht etwas, sondern einen Menschen." Sie sah auf und begegnete seinem Blick, aber vor dem Ausdruck in seinem Gesicht mußte sie die Augen wieder niederschlagen. „Es ist nicht dasselbe, eine Pflanze aufzuziehen, die man selbst gesät, wie eine, an deren Entstehen man keinen Anteil hat. Und gerade darin besteht ja das Los einer Erzieherin, Monsieur." Sie beugte sich vor, um einige Krumen von ihrem Rock zu klopfen, und lachte gezwungen, bevor sie wieder gefaßt weitersprechen konnte. „Aber ich möchte nicht den Eindruck erwecken, daß ich mich beklage — und am allerwenigsten heute; ich fühle mich hier sehr glücklich."
Der Herzog lächelte.
„Ich glaube gar, Sie schwärmen noch mehr als ich für diesen Ort trotz all Ihrem weisen Reden von Fortschritt und anderen Zeiten. Wissen Sie, Mademoiselle Deluzy, gerade eben mußte ich daran denken, ob nicht das Leben wie die Geschichte zwischen Zeiten des Aufruhrs auch seine ruhigen Stunden kennt?"
Er sprach ernst, und seine Worte gingen ihr zu Herzen. Sie empfand sie so, als habe er ihr damit zu verstehen geben wollen, daß er sich mit seinem Schicksal abgefunden habe und nicht länger auf eine Besserung hoffte,

außer vielleicht in solchen kurzen Augenblicken wie diesem, in denen er von Vorwürfen und Forderungen frei sein durfte. Solche Ergebenheit rührte sie stets, ob sie ihr nun in einem Mann, einem Kind oder in einem Tier begegnete. Sie konnte es nicht ertragen, das Zugeständnis einer Niederlage in Augen zu lesen oder Schultern zu sehen, die sich unter der Last des Jochs beugten. Es war wohl besser für ihn, sich nicht gegen sein Schicksal aufzulehnen; und doch vermißte sie seinen alten rebellischen Geist.

„Hoffen wir", hub er nach einer nachdenklichen Pause wieder an, „daß wir beide, die wir hier an dem Glück von Marie Antoinette teilhaben dürfen, nicht auch ihr Elend erleiden müssen."

„Oh, Monsieur, ich glaube, das kann ein anderer Mensch überhaupt nicht. Vielleicht ist das auch der Grund, warum wir Schmerz und Kummer so leicht vergessen können, weil wir sie stets allein tragen müssen."

Er wandte sich ihr zu und blickte sie aufmerksam an. „Sie haben recht", sagte er. „Nur an unserem Glück können wir andere teilnehmen lassen; und so werde ich an das Glück der armen Königin immer denken, wenn ich mich dieser Stunde jetzt erinnern werde."

„Wenn sie doch nur nicht vorüberginge!" Sie seufzte.

„Sie wird solange dauern, wie wir uns ihrer erinnern."

Der Herzog erhob sich jäh und ging den Kindern nach. Henriette sah ihn über die sonnenbeschienene Wiese schreiten, und seine Worte klangen in ihr nach, weil sie so ganz anders gewesen waren als jene, die er sonst zu sprechen pflegte. Es sollte das letzte Mal sein, daß sie so zu ihm sprechen konnte — so ruhig und ungestört, ohne Furcht und Hemmung und ohne die Angst, belauscht zu werden.

Auf der langen Heimfahrt schwatzten die Kinder und hatten sich hunderterlei zu zeigen und zu erzählen; aber die Erwachsenen schwiegen. Sie kamen spät nach Hause; die Laternenanzünder machten gerade ihre Runde durch die Stadt, und die Fenster des Palais Praslin waren bereits erleuchtet. Als der Wagen in den Hof einbog, sah Henriette eine hochgewachsene Gestalt aus der Haustür treten, und sie erkannte den schwarzgekleideten Abbé Gallard. Er blickte den Ankommenden entgegen, ohne jedoch Anstalten zu treffen, den Herzog und die Kinder zu begrüßen.

„Bonjour, mon père!" rief Raynald, als er seiner gewahr wurde, und Berthe knickste.

„Doch wohl kaum mehr bonjour, meine Kinder", erwiderte der Abbé ihren Gruß, „der Tag ist schon zu Ende gegangen. Ich hatte euch lange erwartet und hoffte, noch mit euch zu beten."

„Nun, morgen ist doch auch ein Tag", murmelte Berthe ungeduldig. Henriette hoffte, der Abbé habe das nicht gehört. Es war schon schlimm genug, daß er sie alle zusammen von dem Ausflug hatte heimkommen sehen, auch ohne diese Ungezogenheit des ihr anvertrauten Mädchens. Der Herzog begrüßte den Beichtvater ziemlich flüchtig, dachte Henriette, als sie sich anschickte, hineinzugehen. Unwillkürlich blickte sie zurück, und durch das schmiedeeiserne Gitter sah sie, daß der Abbé den Hof noch nicht verlassen hatte. Im Gegenteil, er wandte sich um und folgte ihnen in die Halle — aber nicht die Treppen hinauf. Statt dessen sah sie ihn seine Schritte zu den Räumen des Marschalls lenken. Seine weichbeschuhten Füße schienen über den marmornen Boden zu schleichen, und sein hagerer Körper in der dunklen Soutane bewegte sich gemessen, doch lauernd vorwärts wie eine schwarze Katze, die ungesehen auf einen heimlichen Raubzug ausgehen will. Einem Raubzug — ahnte Henriette —, dem sie zum Opfer fallen sollte.

ACHTZEHNTES KAPITEL

Es bedarf nur eines kleinen Funkens, um einen Sprengstoff zur Explosion zu bringen, und das Dynamit seelischer Spannungen bildet keine Ausnahme von diesem Gesetz. Sechs Jahre lang hatte die Spannung zwischen Henriette und der Herzogin sich nur mühsam zurückdrängen lassen, aber erst im Juni 1847 war der Augenblick gekommen, in dem der Damm brach.

Den Anstoß gab eine geringfügige häusliche Unstimmigkeit, obwohl Henriette schon seit ihrer Rückkehr von dem Ausflug nach Versailles vermutete, daß der alte Marschall und der Abbé sich gegen sie verbündet hatten. Lisette, eine der beiden Zofen der Töchter des Hauses, war die äußere Ursache; sie war Henriette bereits seit längerer Zeit ein Dorn im Auge gewesen. Den jungen Mädchen war sie zwar aufrichtig zugetan, vor allem Berthe; aber sie besaß eine aufreizende Selbstgefälligkeit, und sie schien sich ein Vergnügen daraus zu machen, Henriettes Anweisungen in den Wind zu schlagen. Sie stammte aus Korsika und war die Tochter einer alten Dienerin der Sebastianis, und daher verband sie mit der Herzogin ein besonders starkes Gefühl der Zugehörigkeit. Lisette wußte sehr genau, daß sie bei ihrer Herrin einen Stein im Brett hatte; und dieses Bewußtsein verlieh ihr eine Sicherheit, die bei jeder sich bietenden Gelegenheit in Unverschämtheit ausarten konnte. Henriette hatte schon mehr als einen Strauß mit ihr ausgefochten, aber bisher war die Unbotmäßigkeit des Mädchens nur unbedeutender Natur gewesen, wohl aufreibend und mitunter auch nicht ohne bedenklichen Einfluß auf die Disziplin der Kinder, jedoch einer Auseinandersetzung mit der Herzogin nicht wert.

Aber als Berthe sich mit einer leichten Gelbsucht zu Bett legen mußte und Lisette die Anordnungen des Arztes bezüglich der Diät einfach nicht befolgte, sah Henriette sich gezwungen, energisch einzuschreiten. Berthe war schon fast wieder gesund, als sie unerklärlicherweise einen Rückfall erlitt. Der Arzt stand vor einem Rätsel, bis die Patientin zugab, sie habe Lisette überredet, ihr aus der Speisekammer verbotene Näschereien zu bringen. Der Arzt machte deshalb Henriette Vorwürfe, und diese wiederum zog Lisette zur Verantwortung.

„Ach wo, ich werde doch nicht zusehen, wie mein armes junges Fräulein verhungert", sagte Lisette unverfroren, „ich pfeife darauf, was Sie und der Doktor sagen; solange ich hier bin, soll es zu essen bekommen, worum es mich bittet!"

„Dann dürften Sie wohl nicht mehr lange Gelegenheit haben, sich unseren Anweisungen zu widersetzen", erwiderte Henriette, ohne den trotzigen Blick zu beachten, den ihr das Mädchen zuwarf, als sie das Zimmer verließ.

Henriette behelligte den Herzog so selten wie möglich mit häuslichen Ärgernissen, und sie zögerte, bevor sie es diesmal tat, da sie ja wußte, wie sehr seine neue politische Tätigkeit ihn in Anspruch nahm. Aber weil sie nicht daran zweifelte, daß Lisette die Situation ausnutzen würde und weil sie Berthes baldige Genesung in Frage gestellt sah, teilte sie ihm noch am selben Abend das Vorgefallene mit.

„Sie muß sofort das Haus verlassen!“ entschied er. „Das ist wahrhaftig unglaublich! Nächstens wird sie Berthe noch Laudanum zu essen geben. Sie hätten sie auf der Stelle entlassen sollen!“

„Aber, Monsieur, dazu habe ich doch gar nicht die Befugnis. Sie wissen doch, wie sehr die Herzogin an Lisette hängt; es wäre mir lieber, Sie sprächen zuerst mit ihr darüber.“ Widerwillig erklärte er sich dazu bereit; und obwohl Lisette am nächsten Tag mit ihren Siebensachen auszog, hatte ihre Entlassung noch weittragende Folgen. Der Herzog und die Herzogin hatten sich so heftig gestritten, daß die Herzogin eine ganze Woche das Bett hüten mußte, während der Herzog sich in seinen Zimmern abschloß und jeden Abend auswärts speiste. Er berührte das Thema nicht wieder; aber Henriette vermutete, daß der Streit sich mehr um sie und ihren Einfluß im Haushalt gedreht hatte als um die Ungehörigkeit des Mädchens.

Lisette jedoch blieb der alten korsischen Tradition treu. Die Herzogin war gerade wieder aufgestanden, Berthe halbwegs genesen und der Friede wieder einigermaßen hergestellt, da brach eine neue Krise aus. Lisette war offenbar — so erwies es sich — unverzüglich in die Redaktion der Zeitung gegangen, die damals die erste Skandalnotiz gebracht hatte, und hatte dort ihre eigene Darstellung von ihrer Entlassung zum besten gegeben. Sie ließ nichts aus, was ein schlechtes Licht auf Mademoiselle Deluzy werfen konnte, und die Redakteure dieses Hintertreppenblattes waren nur zu gern bereit, die Geschichte mit unerfreulichen Einzelheiten eigener Erfindung auszuschmücken. So wurde wieder einmal das eheliche Zerwürfnis im Hause Praslin und die Vernarrtheit des Herzogs in eine gewissenlose und berechnende Erzieherin zum Gegenstand allgemeinen Klatsches auf dem rechten wie auf dem linken Ufer der Seine, bei Hofe nicht weniger als in den Läden und den Cafés. Zufälligerweise waren die Zeitungen zu dieser Zeit überdies um Neuigkeiten verlegen, und infolgedessen verbreiteten sich die Blätter an mehreren Tagen hintereinander ausführlich über den offenen Skandal in einer der vornehmsten Adelsfamilien. Man deutete an, die Herzogin habe durch all die Kränkungen und durch die grausame Behandlung ihres Gatten den Verstand verloren; der Kummer habe sie in ein Kloster getrieben; sie werde daran gehindert, ihre Kinder zu sehen; dieses sei nicht die erste Eroberung der schönen, aber schamlosen Mademoiselle D., ja, sogar der König selbst solle gedroht haben, einzugreifen, falls der Herzog in seiner Verblendung verharre.

Henriette erfuhr von dieser letzten Attacke erst lange nachdem die Zeitung, die sie eingeleitet hatte, in der Gesindestube gelesen und eingehend erörtert worden war. Der Sturm brach an Raynalds Geburtstag los, gerade als sie besonders beschäftigt war; der Unterricht wurde auf den Morgen zusammengedrängt, damit der Nachmittag zur Feier frei blieb. Albert Remey war gebeten worden, mit ihnen allen zu einer Kindervorstellung von Einaktern in der Passage Choiseul zu fahren. Der große Landauer war mit weiten Reifröcken und guter Laune vollgepackt, als er abfuhr. Es war ein sonniger Junitag, aber noch nicht so sommerlich heiß und staubig, um das frische Grün allenthalben zu beeinträchtigen. Überall Blumen — in den Parks, den Blumenständen, in Körben und Fensterkästen und auf den Hüten der Damen.

„Du hast wirklich Glück, im Juni Geburtstag zu haben", beglückwünschte Henriette den Jungen, der in seinem neuen Leinenanzug und rot eingefaßten Schuhen neben ihr saß. „Selbst ohne Geschenke ist das noch ein Vorzug."

Aber Raynald war der Ansicht, daß Geschenke ein sehr notwendiger Bestandteil seien. Ja, auf der Heimfahrt faßte er plötzlich den Entschluß, Mademoiselle an seinem Geburtstag teilhaben zu lassen und ihr von

seinem Taschengeld ein Geschenk zu erstehen. In seinen Taschen brannten ihn geradezu die Silberfranken und Zehnfrankenscheine, die sein Vater, sein Großvater und die beiden stolzen Großonkel Sebastiani ihm an diesem Morgen zugesteckt hatten. Er gab sich nicht eher zufrieden, bis sie vor dem kleinen Laden dicht bei der Rue de Rivoli hielten, in dem sie schon so oft dem Juwelier zugeschaut hatten, wie er Kameen schnitt.
Raynald hatte es sich in den Kopf gesetzt, eine solche Kamee für seine Mademoiselle zu kaufen, obwohl diese sich alle Mühe gab, ihm eine derartige Verschwendung auszureden. Albert Remey begleitete Raynald in den Laden, um ihm beim Aussuchen zu helfen, während Henriette mit den Mädchen draußen im Wagen wartete. Aber die Auswahl bot so viele Schwierigkeiten, daß Henriette schließlich doch hinzugezogen werden mußte.
„Er hat zwei kleine ausgesucht, die ihm der Juwelier zum halben Preis lassen will", flüsterte Albert ihr zu. „Ich glaube ja nicht, daß sie Ihnen besonders gefallen werden; aber Sie machen ihm wohl besser die Freude. Es würde ihn gewiß sehr kränken, wenn Sie seine Wahl nicht guthießen."
Nach der Helligkeit der Straßen wirkte der Laden ungewöhnlich dunkel, und soweit sie es erkennen konnte, schienen ihr die kleinen Kameen, deren Schönheit der ältliche Juwelier seinem jungen Kunden anpries, überaus fein geschnitten.
„So, Mademoiselle, jetzt dürfen Sie wählen!" forderte Raynald sie mit einer großartigen Geste auf.
Es war deutlich, daß der Junge die bevorzugte, die einen Mönch darstellte, der einen bleichen Totenkopf vor einem braunen Hintergrund in der Hand hielt. Raynald befand sich gerade in dem Alter, in dem Totenschädel eine Hauptrolle in abenteuerlichen Knabengeschichten spielen, und es war nicht zu leugnen, daß der Kameenschneider hier ein kleines Meisterwerk geschaffen hatte. „Kein Wunder", dachte Henriette jedoch, „daß er ihm das Schmuckstück billiger verkaufen will; sehr heiter ist es ja gerade nicht."
„Sie werden nirgends etwas annähernd Ähnliches finden", bemerkte der Juwelenhändler.
Henriette gab zu, daß er damit sicher recht habe; aber

als sie die schenkfreudige Begeisterung in Raynalds Augen leuchten sah, brachte sie es nicht übers Herz, ihn zu enttäuschen.
„Was für ein sonderbarer Geschmack!“ sagte sie leise zu Albert, während die Kamee in Watte gehüllt und in eine kleine Schachtel getan wurde. „Er ist doch ein merkwürdig eigenwilliger Junge. Hoffentlich hat er nicht sein ganzes Geld dafür ausgegeben.“
Albert antwortete nichts darauf. Er beugte sich über eine Zeitung, die aufgeschlagen auf dem Ladentisch lag. Der Ausdruck in seinem Gesicht überraschte sie. Sein Mund stand offen, und er sah plötzlich in dem Dämmerlicht ganz blaß aus. Ihre Augen folgten seinem Blick zu der Zeitung, und es durchfuhr sie wie ein Blitzschlag, als sie dort den Namen Praslin und ihren eigenen las. Die Buchstaben schienen ins Riesenhafte zu wachsen. Ihre Hand suchte den Rand des Tisches und klammerte sich krampfhaft daran fest. Wie von weit her vernahm sie die höflichen Worte, mit denen der Juwelier sich bedankte und empfahl.
„Und wenn der Herr sich für die Zeitung interessiert, dann würde es mir ein Vergnügen sein, sie ihm anbieten zu dürfen. Ich habe sie bereits gelesen.“
„Nein, nein, ich danke Ihnen, Monsieur“, hörte Henriette Albert hastig entgegnen, und sie fühlte seine Hand auf ihrem Arm und merkte seiner Stimme an, wie erregt er war.
Er drängte sie förmlich aus dem Laden; doch bevor sie die Tür erreichte, hatte das Schwindelgefühl sie verlassen, und sie wandte sich noch einmal zurück.
„Ach bitte, wenn Sie mir die Zeitung geben würden, wäre ich Ihnen sehr dankbar, falls Sie sie wirklich nicht mehr benötigen.“ Ihre Hand umschloß das Blatt. Zwischen ihren Fingern erblickte sie wieder das Wort ‚Praslin‘. Mit Ruhe und Überlegung faltete sie die Zeitung so zusammen, daß der betreffende Artikel nicht sichtbar war. Sie mußte es unter allen Umständen vermeiden, daß die scharfen Augen der Mädchen diesen Namen entdeckten.
Sie hörte sich mechanisch Fragen beantworten, während sie die kurze Strecke nach Hause zurücklegten. Albert saß ihr schweigsam gegenüber, und sie wich seinem

Blick aus. Als sie angelangt waren, verabschiedete er sich noch nicht, unter dem Vorwand, aus dem Schulzimmer einige Bücher holen zu müssen. Während die Kinder ihnen voraus die Treppe hinaufliefen, blieb er Henriette zur Seite und sagte leise zu ihr:

„Wie gemein ist dieser feige Angriff! Wo können sie nur diese infamen Lügen hergenommen haben? Wer mag wohl dahinterstecken?“ Henriette zerknüllte unwillkürlich die Zeitung in ihrer Faust, und während sie die Treppe hinaufstiegen, lag ein hartes Lächeln auf ihren Lippen: Lisettes haßerfüllte Drohungen bei ihrem Fortgang waren ihr gerade wieder eingefallen.

„Ich glaube zu wissen, wer für diese neue Verleumdung verantwortlich ist“, sagte sie. „Aber was nützt das jetzt. Haben Sie alles gelesen, Albert?“

„Ja, fast alles; aber ich war so entsetzt, als mein Blick im Laden plötzlich auf diesen Artikel fiel, daß mir die Worte in ihrer ganzen Bedeutung kaum aufgingen. Ich fürchte, diesmal ist es noch ärger als damals.“

„Ja“, entgegnete sie, „ich fürchte das auch. Und selbst wenn es nicht so bösartig wäre — der Herzog ist erst kürzlich in die Pairskammer aufgenommen worden, daß die Folgen für ihn doppelt schlimm sein werden. Was mich anbetrifft, ich — nun —“. Ihr Achselzucken drückte mehr aus, als sie mit Worten zu sagen vermochte.

„Ich weiß, Henriette, aber jeder kann Sie doch hier täglich so sehen, wie ich es tue. Es muß doch jedem klar sein, daß kein Deut Wahrheit an diesen Behauptungen ist, daß Sie und der Herzog —“, er brach verlegen ab.

„Warum zögern Sie, es auszusprechen?“ fragte sie bitter. „Ganz Paris sagt es doch.“

„Ich weiß, daß es eine Lüge ist, und ich gehe jetzt mit Ihnen zum Herzog und zur Herzogin, um es ihnen zu sagen.“

„Nein, Albert, nein! Sie dürfen hierin nicht verwickelt werden. Was Sie auch sagen wollen, Sie können mir nicht nützen, und sich selbst würden Sie nur schaden.“

„Ich werde nicht schweigen, solange Ihr anständiger Name überall in den Dreck gezogen wird. Ich muß irgend etwas tun, um Ihnen meine Freundschaft und mein Vertrauen zu beweisen.“

„Dazu werden Sie noch genügend Gelegenheit bekommen", meinte sie. Es lag eine außergewöhnliche Unnachgiebigkeit in ihrer Stimme, wenn die Hand auch zitterte, die sie impulsiv auf die seine legte. „Bitte, Albert, gehen Sie jetzt, und wenn Sie morgen kommen, dann benehmen Sie sich so, als ob Sie von nichts wüßten."
Sie standen vor dem Schulzimmer, und er hielt ihre Hand und durchforschte ihr Gesicht mit einem besorgten und ratlosen Ausdruck in seinen bebrillten Augen.
„Aber, mein Gott, wie soll ich eine solche Komödie spielen können, während Sie sich in dieser scheußlichen Lage befinden? Ich weiß wirklich nicht, was ich tun soll."
„Tun Sie bitte, was ich sage, und vergessen Sie nicht, daß Sie ein Gelehrter sind, der in seinen Büchern lebt. Sie lesen niemals Zeitungen, und von diesem Skandalblatt haben Sie überhaupt nie etwas gehört."
Fast gefühllos wusch sie sich und schlüpfte in ihr neues Kleid. Es war aus einem dünnen, zartgrünen Stoff, mit kleinen, metallisch glänzenden Blumen von der Farbe ihres Haares bestreut. Erst vorgestern hatte die Schneiderin es abgeliefert, und doch schien es ihr eine Ewigkeit her zu sein.
„Bien", dachte sie, als sie sich das Haar vor dem Spiegel zurechtstrich und die Emailbrosche mit dem Drachenkopf, diese Friedensgabe der Herzogin aus jenem ersten Frühling ihres Hierseins, ansteckte. „Ich sehe heute abend so gut aus wie selten, doch für wen und wozu? Aber ich verstehe jetzt, warum die zum Tode Verurteilten sich soviel Mühe mit ihrer äußeren Erscheinung geben, wenn sie sich zum letztenmal der Öffentlichkeit zeigen sollen."
Das Abendessen verlief ungetrübt. Das junge Volk war so ausgelassen und gesprächig, daß es ihre bedrückte Stimmung nicht bemerkte. Henriette hatte befürchtet, der Herzog könnte heute wieder seinen Platz am Tisch der Kinder einnehmen, und atmete erleichtert auf, als sie sah, daß er leer blieb. Es wäre ihr jetzt sehr peinlich gewesen, ihm gegenüberzusitzen und zu wissen, was sie wußte und was er inzwischen wohl auch schon erfahren hatte.
„Ich werde Papa bitten, Ihre Kamee in Gold fassen zu

lassen", sprach Raynald gerade auf sie ein, „dazu habe ich noch nicht genug Geld. Und auf der Rückseite muß etwas stehen; Mama hat das auch auf ihren Broschen und Ringen. Was möchten Sie darauf haben, Mademoiselle?"

„Ich weiß nicht recht, Liebling, ich habe noch nicht darüber nachgedacht."

„Man graviert immer Namen und Daten ein", erläuterte Berthe.

„Dann wollen wir ‚Raynald, 18. Juni 1847' eingravieren lassen", bestimmte der Junge, „dann werden Sie sich immer an heute erinnern."

„Ich werde diesen Tag auch ohne eine solche Mahnung nicht vergessen", versicherte Henriette ihm, und dann bewunderten sie alle das Schmuckstück im Lampenlicht.

Um neun Uhr erhielt sie die Bestellung, auf die sie schon gewartet hatte: Empfehlung von dem Herrn Marschall, und würde Mademoiselle Deluzy sich bitte unverzüglich bei ihm einfinden! Während sie dem Diener durch den langen Flur und die Treppen hinab folgte, bereitete sie sich, so gut sie konnte, auf die ihr bevorstehende Prüfung vor. Sie mußten die Lage für sehr kritisch halten, sonst hätte die Herzogin sie zur Rechenschaft gezogen und nicht ihr Vater. Auch würde der Marschall höchstwahrscheinlich die Unterredung bis zum nächsten Tag aufgeschoben haben, wenn er nicht der Meinung gewesen wäre, daß ein Verzug verderblich sein könne. Nun, immerhin zog sie den Vater der Tochter vor.

Die Tür öffnete sich. Sie trat in den Salon des Sebastiani-Flügels, in dem sie zwei alte Herren antraf. In dem einen Stuhl saß die untersetzte, kräftige Gestalt des Marschalls, und in einem anderen erkannte sie die des hageren, finsteren Abbés. Die Herzogin und der Herzog waren beunruhigenderweise nicht anwesend. Man bat sie, zwischen ihnen Platz zu nehmen, und als sie sich setzte und ihr Kleid züchtig über ihre Füße fallen ließ, spürte sie deutlich, daß sie ebensogut ihr ältestes Arbeitskleid hätte tragen können, so wenig Eindruck rief ihre Erscheinung hervor.

Es schien ihr, als ob diese beiden Männer, die zusammen die weltliche und die kirchliche Macht repräsentierten, während des gespannten Schweigens in den ersten Minuten nach ihrem Eintreten sich sammelten, bevor sie das Urteil über sie fällten. Der Marschall glich mehr denn je dem harten, ungeschlachten Korsen, dessen Tiefgründigkeit und Kraft die Eleganz seiner Umgebung vergessen ließ. Aber diesen aufrechten Mann fürchtete Henriette nicht so sehr wie den Abbé, der bewegungslos, in sein langes Gewand und in seine abweisende Unnahbarkeit gehüllt, dasaß. Er hielt den Kopf zur Seite geneigt, und sein Profil, das sich gleich einer Silhouette vom Lampenschirm abhob, erinnerte sie an etwas. Plötzlich fiel es ihr ein: er hätte das Modell für den Mönchskopf auf der Kamee sein können — da war dieselbe blasse Strenge der Züge, als habe sich das Fleisch zu der gleichen steinernen Unpersönlichkeit verhärtet. Ihr Widerwille gegen dieses Schmuckstück konnte fast prophetisch genannt werden. Hätte er einen Totenschädel in der Hand gehalten, wäre die Ähnlichkeit vollkommen gewesen.

So versunken war sie in ihre Betrachtung, daß es sie Mühe kostete, sich von dem Profil des Abbés abzuwenden und ihre Aufmerksamkeit auf die Worte des Marschalls zu konzentrieren.

„Sie wissen, Mademoiselle, weshalb wir Sie haben rufen lassen? Sie haben doch die Zeitungen gelesen?"

„Ja, ich habe genug gelesen. Dieselben bösartigen Lügen wie vorher auch!"

„Wohl möglich, daß es Lügen sind", erwiderte er und tauschte einen bedeutsamen Blick mit dem Abbé, „aber diesmal sind sie zu weit gegangen. Wir dürfen uns diese Beleidigung nicht mehr gefallen lassen."

„Ich freue mich, daß Sie ‚wir' sagen Monsieur; und ich hoffe, daß ich das so verstehen darf, daß Sie auch für meine Lage Verständnis aufbringen wollen."

„Die Lage ist durch Sie für uns alle unerträglich geworden." Seine tiefliegenden Augen funkelten drohend. „Der Abbé und ich sind uns darüber einig, daß es nur noch einen Ausweg gibt: Sie müssen dieses Haus unverzüglich verlassen."

Totenstille herrschte im Zimmer — die Stille, die einem Donnerschlag folgt. Henriettes Herz klopfte zum Zerspringen, obwohl sie sich am ganzen Körper wie gelähmt fühlte.

„Einen Augenblick bitte!" Endlich fand sie ihre Stimme wieder. „Darf ich Sie daran erinnern, Monsieur, daß ich schon damals freiwillig dieses Haus verlassen wollte, bevor die Dinge sich so zugespitzt hatten. Aber immer wieder wurde ich überredet zu bleiben. Vor zwei Jahren in Korsika waren Sie es selbst, der darauf bestand. Sie meinten damals, auf diese Weise würden wir am sichersten allen Gerüchten entgegentreten."
„Offenbar habe ich mich eben geirrt. Diese Gerüchte, wie Sie sie nennen, haben eine beängstigend große Verbreitung gefunden."
„Aber Sie wissen doch ebensogut wie ich, Monsieur, und der Herr Abbé muß das auch wissen, daß meine Entlassung zu diesem Zeitpunkt mich in ein falsches Licht setzt."
„Mademoiselle, es gibt andere, an die wir zuerst denken müssen." Der Abbé sprach jetzt. Er beugte sich etwas vor, und seine langen, farblosen Hände lagen wie durchsichtiges Pergament auf seinem schwarzen Gewand. „Ich bin hier in meiner Eigenschaft als Beichtvater einer liebevollen, frommen, aufopfernden Mutter — einer Frau, die grausame Qualen erlitten hat, seit Sie ihr Haus betraten." „Ich habe auch leiden müssen." Henriette klammerte sich, Halt suchend, an die Armlehne. Sie wußte, es hatte keinen Zweck mehr, Widerstand zu leisten; aber sie war entschlossen, mit fliegenden Fahnen unterzugehen. „Sechs Jahre lang habe ich es entbehren müssen, mit Achtung und Rücksichtnahme behandelt zu werden, außer vom Herzog und den Kindern. Meine Ergebenheit ist in etwas Häßliches und Unrechtes verdreht worden. Auf Schritt und Tritt wurde ich bespitzelt; alle meine Worte und Handlungen wurden verdächtigt und verleumdet, bis ich schließlich fast an die Grenze dessen getrieben worden bin, was ein Mensch ertragen kann."
„Sie haben recht, Mademoiselle", entgegnete der Abbé mit einem sarkastischen Ton, „ich habe mich oft über Ihre Ausdauer gewundert. Diese Eigenschaft wird Ihnen zweifellos in Ihrer nächsten Stellung zustatten kommen. Aber ich bin leider weniger an Ihrem Kummer als an dem Wohlergehen der Herzogin interessiert. Ich kann nicht mehr länger untätig zusehen, wie sie in ihrem

eigenen Haus zur Fremden gemacht und von jenen in Acht und Bann getan wird, die sie liebt und mit denen sie durch die heiligsten Bande verknüpft ist."

„Die heiligen Bande in Ehren; aber sie können doch nicht die Liebe, die aus Zuneigung und Vertrauen entsteht, ersetzen. Wir können uns nicht die Liebe anderer erzwingen; wir müssen sie uns verdienen, so wie wir uns auch das Recht verdienen müssen, zu lieben. Die Herzogin tut mir im Herzen leid. Ich habe mich aufrichtig bemüht, ihr zugute zu halten, daß sie kränkelt und leicht erregbar ist; und ich will mir auch jetzt kein Urteil über sie erlauben; aber wenn sie in ihrem eigenen Heim eine Fremde geworden ist, wie Sie sagen, dann liegt das doch nur an ihr selbst. Ihre eigenen unberechenbaren Launen haben die Gefängnismauern um sie gebaut, die ihre Lieben von ihr fernhalten."

„Mademoiselle, wir sind nicht dazu hier, um uns über Charaktere zu unterhalten. Sie besitzen viele gute Eigenschaften; aber Bescheidenheit scheint mir nicht darunter zu sein."

„Bescheidenheit an sich hilft einem nicht weiter, wenn man sich allein durchs Leben schlagen muß." Henriette empörte sich dagegen, einfach beiseite geschoben zu werden wie eine Fliege, die man sich von der Stirn scheucht.

„Wie dem auch sein mag", fuhr der Abbé eisig fort, „der Marschall und ich wünschen nicht, daß Sie noch länger im Hause bleiben." „Ja, ja, wir müssen nüchtern denken", fiel der Marschall hastig ein.

„Es handelt sich ja nicht nur um das Leid meiner Tochter und die Demütigung dieses letzten Skandals, sondern auch um den Herzog, der jetzt im öffentlichen Leben steht. Solche Affären können sogar auf den König und den Hof zurückwirken. Eine Wiederholung würde sehr ernste Folgen zeitigen, und wir müssen an die Zukunft denken."

„Ich muß auch an die Zukunft denken. Ob der Hof davon betroffen wird oder nicht — ich werde ganz gewiß am schwersten davon betroffen."

„Zweifellos, Mademoiselle." Ihre Ironie war an den Marschall umsonst verschwendet, doch nicht, hoffte sie, an den Abbé. „Das meinte ich ja gerade — wir müssen ganz sachlich denken, und selbstverständlich werde ich dafür sorgen, daß Sie wirtschaftlich keinen Schaden erleiden."

„Aber welche Aussichten bleiben mir denn noch, Monsieur? Ich brauche Sie wohl kaum darauf hinzuweisen, daß meine Entlassung unter diesen Umständen es mir unmöglich machen wird, eine neue Stellung in Frankreich zu finden."

„Eben. Daher wird es für Sie das beste sein, nach England zu gehen, wo Sie ja, wie ich hörte, einflußreiche Freunde besitzen. Denen sollte es doch gewiß nicht schwerfallen, einen angemesseneren Posten für Sie zu finden, als es Ihnen in Paris möglich sein würde. Wir sind der Meinung, daß dies der vernünftigste Plan ist, und ich bin durchaus bereit, Sie geldlich zu unterstützen, wenn Sie damit einverstanden sind."

„Ach so, ich soll also aus dem Land gewiesen werden wie irgendein unerwünschtes Element. Nein, ich danke Ihnen, Monsieur, Sie haben das Recht, mich aus Ihrem Hause zu weisen; aber nicht aus Frankreich."

„Warten Sie", unterbrach sie der Marschall, dessen Gesicht sich bei ihren Worten blutrot gefärbt hatte. „Hören Sie mich zu Ende an. In Anbetracht Ihrer Verdienste um meine Enkelkinder bin ich gewillt, Sie mit einer Rente vor jeder Not zu schützen."

„Bitte, mißverstehen Sie mich nicht", fiel Henriette ein, „ich habe das Gespräch nicht auf das Geldthema gebracht!"

„Wir dürfen es aber nicht außer acht lassen, Mademoiselle. Wenn ich recht unterrichtet bin, dann gehen Sie, wenn Sie uns jetzt verlassen, der Rente verlustig, die der Herzog Ihnen zusagte, falls Sie bis zur Verheiratung der beiden älteren Mädchen hierbleiben."

„Ich bin nicht aus diesem Grunde geblieben. Ich habe jetzt nur noch den Wunsch, meinem Beruf ungehindert nachgehen zu können."

„Deswegen werden Sie gut daran tun, nach England zu fahren, und mit einer jährlichen Rente, die ich Ihnen sicherstelle, sollten Sie Ihr bequemes Auskommen haben. Wollen wir zwölfhundert Frank im Jahr sagen?"

„Ich rede nicht von Franken und nicht von England, Monsieur. Ich werde in Frankreich bleiben und wenn möglich in Paris; und ich verlange keine Schmerzensgelder. Ich bitte aber um eine Zusicherung, daß alles, was während meiner Tätigkeit in diesem Haus vorgefallen ist, mir das nicht beeinträchtigen wird, was der wertvollste Besitz einer Erzieherin ist — nämlich ihr guter Ruf."

„An Ihren guten Ruf hätten Sie eher denken sollen", fiel der Abbé ein. „Ich fürchte, den werden wir Ihnen kaum unversehrt wiedergeben können. Mir will scheinen, daß der Herr Marschall Ihnen gegenüber mehr als großzügig ist."

„Ich brauche keine Almosen, weder vom Herrn Marschall noch von irgendwem sonst. Aber ich will mir das Recht nicht nehmen lassen, mir meinen Unterhalt zu verdienen, wie und wo ich will. Wenn Sie es mir erlaubt hätten, noch den Sommer über zu bleiben oder doch so lange, bis über diese leidige Angelegenheit Gras gewachsen ist, dann wäre das die einfachste Lösung gewesen; indessen, darüber habe ich ja nicht zu bestimmen. Es ist jedoch wichtig für mich, daß ich einen Empfehlungsbrief von der Herzogin erhalte. Ich glaube, ich habe nach sechs Jahren treuer Dienste ein Anrecht darauf."

„Sie machen es uns sehr schwer." Die kräftigen Finger des Marschalls trommelten auf der Armlehne. „Sehr schwer. Ich möchte Ihnen nochmals den Rat geben, nach England zu fahren. Wollen Sie das nicht erwägen?"

„Nein, Monsieur. Ich ziehe Frankreich vor. Ich bin niemals dafür gewesen, vor einer Schwierigkeit davonzulaufen."

„Nun gut, dann habe ich nichts mehr zu sagen."

„Aber Sie werden, bitte, mit der Herzogin wegen des Briefes reden. Sagen Sie ihr, daß ich morgen das Haus verlassen haben werde. Meine Adresse werde ich noch angeben, damit der Brief mir geschickt werden kann."

Es war schrecklich, da sitzen und handeln zu müssen wie feilschende Bauern auf einem Marktplatz. Henriette war sich jedoch bewußt, daß sie um ihr Recht kämpfte und daß ihre ganze Zukunft auf dem Spiele stand.

„Ich werde mit meiner Tochter sprechen", gab der Marschall zögernd nach. „Aber ich kann nichts versprechen; sie hat schon zu viel erdulden müssen."

„Die Herzogin ist bekannt für ihre Güte", bemerkte Henriette und erhob sich. „Ich bin überzeugt, daß sie mir nicht die paar Worte einer ehrenvollen Verabschiedung vorenthalten wird. Vielleicht ist sie sogar so großzügig, durchblicken zu lassen, daß ich aus freien Stücken gegangen bin."

„Sie gehen zu weit, Mademoiselle", ließ der Abbé sich an Stelle seines Freundes vernehmen. „Es steht Ihnen nicht zu, denen Ihre Bedingungen zu diktieren, die sich schon so lange Ihre Anmaßung und Ihre Überheblichkeit haben gefallen lassen müssen. Mir kommt es so vor, als beteuerten Sie Ihre Unschuld allzu beredt."

Diese kaltblütige Unterstellung des Abbé brachte sie mehr auf, als alle Wutausbrüche der Herzogin es je vermocht hatten. Sie warf den Kopf in den Nacken und sah ihm offen ins Gesicht.

„Das könnte ich gar nicht, Herr Abbé; gegen solche Lügen kann man sich gar nicht beredt genug verwahren."

„Sie sind sehr schnell mit dem Wort ‚Lüge' bei der Hand; aber vergessen Sie dabei nicht, daß es auch Lügen gibt, die nicht ausgesprochen oder niedergeschrieben werden, und für die werden wir auch zur Verantwortung gezogen — so wie Sie sich für das Leid zu verantworten haben werden, das Sie einem anderen Menschen zufügten — einer guten Frau, deren Gebet Sie verhöhnen."

Der Abbé seufzte tief und blickte nach oben; als rufe er himmlische Bundesgenossen zu Hilfe, dachte Henriette. Sie wußte, vor der Macht dieses Mannes konnte sie nicht bestehen, und doch wollte sie ihm nicht das letzte Wort lassen.

„Herr Abbé", sagte sie, „Sie werden vielleicht nicht wissen, daß auch ich einem Beichtvater Rede und Antwort stehen muß, meinem Gewissen nämlich, und ein reines Gewissen vermag ebenfalls Absolution zu erteilen."

Sie erinnerte sich nicht mehr, ob sie sich von den beiden Herren verabschiedet hatte und wie sie aus dem Zimmer gekommen war. Sie hatte keine Vorstellung davon, ob die Unterredung eine Stunde oder nur ein paar Minuten gedauert hatte — klar stand ihr lediglich vor Augen, daß dies das Ende eines Lebensabschnittes für sie bedeutete, und es kam ihr merkwürdig vor, die älteren Mädchen immer noch beim Lampenschein mit ihren Büchern und Handarbeiten beschäftigt zu finden.

„Da sind Sie endlich wieder, Mademoiselle!" Louise sprang der Eintretenden entgegen. „Papa war hier und ist vor wenigen Augenblicken erst fortgegangen. Er hat Ihnen ein paar Zeilen geschrieben und trug mir auf, sie Ihnen bestimmt heute noch zu geben. — Aber ist Ihnen nicht gut, Mademoiselle? Sie sehen so blaß aus, und Ihre Hände zittern ja."

„Nun, ich werde es euch lieber gleich sagen, meine Lieben." Sie ließ sich erschöpft inmitten ihrer kleinen Schar auf einen Stuhl fallen. „Ich habe heute abend schlechte Nachrichten bekommen."

„O Mademoiselle, das tut mir leid. Sie sind doch aber nicht krank?"

„Nein, nein." Sie versuchte mit ihrem Lächeln eine Beruhigung zu übermitteln, die sie selbst nicht spürte, während sie hastig nach einer glaubwürdigen Erklärung suchte. „Mir geht es so gut wie immer; aber mein Großvater ist krank, und ich muß zu ihm."

„Immerhin", verteidigte sie sich in Erinnerung an die Worte des Abbés gegen ihr eigenes Gewissen, „in gewisser Hinsicht trifft es ja zu. Krank ist er wirklich, und es ist nicht meine Sache, mich jetzt mit Einzelheiten abzugeben. Morgen wird es nicht mehr zu meiner Aufgabe gehören, den Mädchen noch irgend etwas zu erzählen."

„Aber Sie kommen doch bald wieder?"

Henriette wich dem fragenden Blick der klaren jungen Augen aus. „Ich weiß noch nicht wann — es kann lange Zeit dauern."

„Aber, Mademoiselle! Wie komisch — ich wußte überhaupt nicht, daß Sie einen Großvater haben. Sie haben uns nie etwas von ihm erzählt."

„Warum sollte ich, Louise? Er interessiert euch doch nicht."

„Doch, Mademoiselle, alles, was Sie interessiert, interessiert uns auch."

Die Teilnahme und Anhänglichkeit der Kinder setzten ihr mehr zu als der Schock des Zeitungsartikels und auch mehr als die Unterredung, die sie gerade hinter sich hatte. Sie konnte es den Mädchen nur mit Mühe ausreden, ihr beim Packen zu helfen. Sie wollten sie auf ihr Zimmer begleiten und noch lange nach Schlafenszeit bei ihr bleiben. Sie brachten sie immer wieder in Verlegenheit durch ihre Fragen nach ihrem Großvater, seiner Krankheit und der voraussichtlichen Dauer ihrer Abwesenheit. Sie antwortete ihnen, so gut sie konnte. Und während diese jungen, unbekümmerten Menschenkinder sie umdrängten und die hellen Stimmen ihr in den Ohren klangen, sagte Henriette sich im stillen, daß nun alles zu Ende sei. Nie wieder würden sie wie jetzt zusammen sein, sich um den Tisch unter der Lampe versammeln, wo sie die Schlachten längst vergangener Armeen noch einmal durchgefochten hatten und auch persönlichere Kämpfe gegen Zahlenreihen und die Tücken der unregelmäßigen Verben. „Zum ersten — zum zweiten — zum dritten!" tickte die alte braune Wanduhr — wie der Hammer eines Auktionators, empfand Henriette. Schließlich war auch die Qual des Gutenachtsagens überstanden, das Schulzimmer aufgeräumt, und endlich war sie in ihrem eigenen Zimmer. Erst dort wagte sie — die Tür gegen jede Störung zugeriegelt — den Brief zu lesen, den Louise ihr gegeben hatte. Abgesehen von zwei oder drei kurzen, unpersönlichen Anweisungen, ihre Arbeit betreffend, hatte der Herzog ihr niemals geschrieben. Dieses Schreiben trug keine Überschrift, und sie sah, daß die Worte hastig mit einem Bleistift auf eine herausgerissene Seite aus einem Schulheft der Mädchen gekritzelt waren.

‚Mein Herz ist übervoll; aber ich weiß nichts zu sagen und nicht, was ich tun soll. Meine Hände sind gebunden, und ich habe nicht die Möglichkeit, Ihnen, meine liebe Freundin, zu helfen, wie Ihre Unterstützung mir oft geholfen hat. Das Unglück hat mich mit seinem Bann belegt, und was ich auch tun mag, ich scheine anderen nur Verderben zu bringen; besonders Ihnen, die ich am meisten zu schonen wünschte. Es ist so, wie Sie sagten — wir können andere nur an unserem Glück teilhaben lassen, nicht an unserem Leid. Und dennoch bin ich mir bewußt, daß ich die Verantwortung trage für das Schicksal, das Sie jetzt allein auf sich nehmen müssen. Aber denken Sie immer daran: auch ich bin allein. Wahrhaftig ein geringer Trost; doch vielleicht können Sie ein wenig Kraft daraus ziehen. Sie sind tapferer als ich. Für Sie fürchte ich nicht so wie für mich selbst.

Lassen Sie meine Töchter ständig wissen, wo Sie sich befinden; Sie können gewiß sein, daß wir Sie besuchen werden. Gute Nacht, und vergeben Sie mir diese armseligen Worte.‘

Das Schreiben trug auch keine Unterschrift; es war nicht schwer zu raten, daß er es selbst an diesem letzten Abend nicht gewagt hatte, sich einem solchen Risiko auszusetzen. Die Schriftzüge verrieten Hast und Erregung; sie waren unausgeglichen, mal heller, mal dunkler, und an einer Stelle schien der Bleistift unter dem Druck der kräftigen Hand abgebrochen zu sein.

Sie saß an ihrem kleinen Schreibtisch und erwog, ob sie ihm vielleicht auf irgendeine Weise eine Antwort zukommen lassen sollte. Aber sie ließ den Gedanken wieder fallen: auch das förmlichste, höflichste Schreiben konnte mißdeutet werden; und überdies hatte der Herzog diesen Impuls vorausgeahnt und ihm zuvorkommen wollen, da er sie so ausdrücklich bat, seine Töchter von ihrem Aufenthalt in Kenntnis zu setzen. Der Arme — er fürchtete weitere Schwierigkeiten. Henriette lächelte verloren. Er hatte sie im Stich gelassen; aber sie konnte ihm keinen Vorwurf machen. Sein Widerstand hätte ihr doch nichts nützen können. Und er war nicht tapfer, wie er selbst zugegeben hatte. Er war wie ein großer Junge gewesen, der sich an ihre Hand geklammert hatte, weil er sich vor der Dunkelheit ängstigte. Sie hatte ihm ihre Hand gereicht, und sie waren in der Gegenwart des anderen zufrieden und glücklich gewesen. Etwas anderes hatte zwischen ihnen nicht bestanden. Und jetzt war auch das vorbei. Es war jetzt Zeit für sie zu gehen.

Nach einer Weile ging sie zum Fenster und öffnete es. Unter ihr lag der Garten dunkel und warm, und sommerlicher Duft stieg aus ihm auf; und aus der Ferne drangen die vertrauten Geräusche der Stadt zu ihr — gedämpftes Pferdegetrappel und das Rollen der Wagen auf den Champs-Elysées. Der Pulsschlag ihres Paris, das sie nie verlassen wollte.

Sie wandte sich wieder ins Zimmer zurück, nahm ihr Nachthemd hervor und blies die Lampe aus. Sie entkleidete sich im Dunkeln, weil sie den Anblick der beiden Räume, in denen sie während der letzten sechs Jahre so verschiedenartigen Gedanken und Gefühlen ausgesetzt gewesen war, nicht mehr ertragen zu können glaubte. Sie wollte nicht sentimental werden angesichts all der Gegenstände, die ihr Leben hier begleitet

hatten — die vergoldete Uhr unter der Glasglocke, der Sekretär, der Maltisch, die Vasen, die niemals ohne Blumen geblieben waren, und der Spiegel, der ihr Gesicht in Augenblicken der Lebensfreude, der Ratlosigkeit und der Furcht gezeigt hatte. Nein, sie wollte all dem, was nun endgültig der Vergangenheit angehörte, nicht nachsinnen.
„Es ist ohnehin schon schwer genug für mich", dachte sie, als sie ihr Gesicht in das kühle Kissen preßte, „da ich hier doch einmal glücklich war."

NEUNZEHNTES KAPITEL

Und wieder in der Rue du Harlay, wieder die schrägen Dachwände und die ungemütliche Enge des „Nadelöhrs". Es kam Henriette jetzt noch winziger und verwahrloster vor, nachdem sie sich an die luxuriösen Zimmer im Palais Praslin gewöhnt hatte und an die Daunenkissen, das zarte Linnen und die weichen Polstermöbel. Sie hatte nicht geahnt, wie solche Bequemlichkeiten unversehens zu einer Lebensnotwendigkeit werden können. Sie hatte sich dagegen gewappnet, sich von Einsamkeit und Niedergeschlagenheit und dem Gefühl, versagt zu haben, überwinden zu lassen, da sie wußte, daß dies alles nach ihrem Fortgang auf sie einstürzen würde; aber sie hätte nie gedacht, daß sie einen derartigen physischen Widerwillen gegen den Lärm, die Hitze und den Schmutz dieses baufälligen Hauses im Quartier Marais empfinden könnte. Die Tatsache, daß sie sich noch glücklich preisen mußte, auch nur diese Zuflucht zu besitzen, wie Madame Le Maire ihr bei jeder Gelegenheit zu verstehen gab, erleichterte nicht ihr Los.
„So", begrüßte die alte Frau sie bei ihrem Einzug, der nun schon einen Monat zurücklag, „da sind Sie ja wieder mit Sack und Pack, ganz wie ich es bereits seit Jahr und Tag erwartet habe. Sie haben länger ausgehalten, als ich dachte; aber es mußte ja so enden, ich habe es Ihnen gleich gesagt."

„Das haben Sie, Madame Le Maire.“ Henriette lächelte müde. „Das muß ich Ihnen lassen.“
„Sehr viel mehr werden Sie mir wohl auch nicht lassen können, wie?“
„Doch, vorläufig reicht's noch. Ein bißchen habe ich sparen können, und ich werde auch zahlen; aber natürlich ist es im Sommer schwierig, eine neue Stellung zu finden, ich werde vielleicht lange warten müssen, und bis dahin —“
„Bis dahin müssen Sie leben; und in Paris gibt es nicht sehr viele Pensionen, deren Türen der berüchtigten Mademoiselle D. offenstehen, nachdem Sie das Haus Praslin hat verlassen müssen. Nein, nein, Sie brauchen nichts zu erklären. Was ich in den Zeitungen nicht gelesen habe, das habe ich aus Albert Remey herausgeholt.“
Henriette stattete Albert wortlosen Dank ab, als sie hörte, er sei schon bei Madame gewesen, um sie vorzubereiten. Er und Marie hatten sie gebeten, zu ihnen zu ziehen; aber Henriette hatte es abgelehnt. Sie wollte die beiden nicht mit ihrem Unglück behelligen; aber das Anerbieten und dieses treue Zu-ihr-stehen hatten sie gerührt. So knapp wie möglich erzählte sie Madame Le Maire jetzt von ihrem Schicksal. Es kam ihr merkwürdig vor, sich selbst bescheiden wie um eine Kostbarkeit um Unterkunft bitten zu hören und um die Erlaubnis, die jungen Mädchen unter den Pensionsgästen unterrichten und auf ihren Ausgängen als Anstandsdame begleiten zu dürfen. Henriette stellte der alten Frau ihre Lage in ruhigen Worten dar, ohne an ihr Mitleid zu appellieren. Sie würde ja für alles zahlen und jede Arbeit annehmen, die sich ihr bot; geschenkt wollte sie nichts haben.
„Nun, Mademoiselle Desportes“, Madame sprach ihren alten Namen mit nachdrücklicher Betonung aus, „jede andere an meiner Stelle würde Sie abweisen. Es handelt sich ja nicht nur um den Skandal, mit dem man Sie früher oder später auch in meinem Haus in Verbindung bringen wird, sondern um Sie selbst: Sie sind nun einmal ein Mensch, der Ungewöhnliches erlebt, und daran wird sich wohl nichts mehr ändern.“
„Kann ich etwas dafür?“ fragte Henriette.

„Das habe ich nicht gesagt, und in einer Weise hat gerade das mir immer an Ihnen gefallen. In meiner Jugend pflegte man zu sagen, daß man nur nach fruchtbeladenen Bäumen mit Steinen wirft."

Aus dieser unwillig hervorgebrachten Anerkennung allein mußte Henriette die Zusicherung entnehmen, daß sie sich der zweifelhaften Geborgenheit jenes so herzlich verabscheuten Zimmers erfreuen durfte. Ein Versprechen, sie dazubehalten, hatte Madame Le Maire nicht abgegeben; und wie die Wochen verstrichen und das Empfehlungsschreiben von der Herzogin immer noch nicht eintraf, fing die alte Frau an zu drängen. Obwohl hierüber nichts schriftlich vereinbart worden war, hatte Henriette bei ihrem Fortgang die feste Zusage erhalten, einen solchen Brief nachgeschickt zu bekommen. Sie hatte der Herzogin geschrieben, um sie daran zu erinnern, und ihre Adresse in der Rue du Harley angegeben. Auch den Herzog hatte sie bei seinen beiden Besuchen daran erinnert.

Diese Besuche waren kurz und ungemütlich gewesen; und die Gegenwart der Kinder, die sich weinend an sie geklammert hatten und gar nicht glauben wollten, daß sie nicht mit ihnen nach Melun fahren würde, trug nicht gerade zur Erleichterung der Unterhaltung bei. Berthe und Raynald konnten sich mit ihrem Fernbleiben nicht abfinden; und das Wiedersehen ließ Henriette jedesmal nur erschöpft und noch verzweifelter zurück. Sie schrieb mehrere Briefe an Louise, Briefe, die ihr Leid widerspiegelten, und die, wie sie hoffte, dem Herzog zu Gesicht kommen würden. Nicht, daß sie auf seine Hilfe gerechnet hätte; aber es erleichterte sie ein wenig, ihrer Einsamkeit Ausdruck zu geben, und es verlangte sie danach, Nachrichten zu bekommen und sich ihrer unverminderten Zuneigung zu vergewissern, um sich über die Zeit bis zum nächsten unbefriedigenden Besuch hinwegzutrösten. Einmal ertappte sie sich dabei, daß sie ihre Gefühle mit sich hatte durchgehen lassen, und sie ließ den Satz, den sie in einer Anwandlung von Schwermut begonnen hatte, unbeendet. Nach wie vor fühlte sie sich verpflichtet, mehr um das Wohl ihrer Zöglinge als um sich selbst besorgt zu sein; Louise sollte im Frühherbst heiraten, und die ehemalige Erzieherin durfte ihr nicht ihren Kummer aufbürden.

In einer erstickend heißen Julinacht lag Henriette schlaflos auf ihrem harten Lager. Der enge Kasten von einem Zimmer hier oben unter dem Dach speicherte tagsüber die Sommerhitze in sich auf und blieb bis zum Morgen heiß wie ein Backofen. Selbst wenn sich je in der Rue du Harlay ein Lüftchen geregt hätte, das schmale Giebelfenster des „Nadelöhrs" würde es wohl kaum gefunden haben, noch hätte es sich gegen die schalen Gerüche aus der Küche und den üblen Dunst der undichten Abflußröhren durchsetzen können. Henriette drückte ein feuchtes Taschentuch an ihre Nase und versuchte, nicht darauf zu achten, wie der Uhrenschlag der vollen und der halben Stunden durch die bedrängende Dunkelheit von draußen hereinklang. Ihre Augenlider fühlten sich heiß und geschwollen an; ihre Lippen waren salzig von stundenlangem Weinen. Aber ihre Tränen waren versiegt, und nur ihr Atem kam noch in schluchzenden Stößen. Sie versuchte sich zu beherrschen, denn die beiden Hausmädchen schliefen nebenan und hatten sich bereits darüber beschwert, daß Henriette sie mit ihrem Hinundherwälzen und ihrem Geweine wachhalte. Madame Le Maire zeigte sich ihr gegenüber schon unfreundlicher; die Geduld der Alten wurde mit jedem Tag, der verging, ohne den Brief der Herzogin zu bringen, immer fadenscheiniger; und gerade an jenem Abend hatte Henriette ihr überdies noch Grund zum Ärger gegeben, weil sie den Abendbrottisch, von einem Schwächeanfall betroffen, hatte verlassen müssen.

Der Nachmittag war nicht dazu angetan gewesen, Henriettes Widerstandskraft zu stärken. Sie hatte ihre früheren Zöglinge und den Herzog zum zweitenmal wiedergesehen; und diese neuerliche Begegnung hatte sie wieder sehr mitgenommen. Sie war mit Marie, Berthe und Raynald zum Zahnarzt gegangen, weil ihre Gegenwart und ihr Zuspruch die Kinder diese qualvollen Stunden leichter überstehen ließ. Es war ihr ganz wie in alten Zeiten vorgekommen, und solange es währte, hatte sie ihren Kummer vergessen. Hinterher waren sie in den Luxembourg-Garten gegangen; der Herzog hatte sich ihnen angeschlossen, und sie hatten Sahnebaisers gegessen und dem Konzert der Kapelle unter den Bäumen gelauscht. Aber es war kein erfreuliches Beisammensein; der Herzog hatte sich düster und verschlossen gezeigt und kaum gesprochen. Sie vermutete, daß er es nicht wagte, das ihm schmerzliche Thema ihres Fortgehens anzuschneiden. Der König hatte Paris verlassen; daher nahm ihn seine Tätigkeit in der Pairskammer gegenwärtig nicht in Anspruch. Sehr schade, dachte sie, denn so blieb ihm zuviel Zeit, um über seine hoffnungslos verwirrte häusliche Lage nachzugrübeln.

In seiner unverhohlenen Besorgnis um sie sprach er von ihrem bleichen und müden Aussehen; er beschwor sie, sich eine kurze Erholungsreise zu gönnen oder doch wenigstens den Praslinschen Hausarzt wegen ihrer Gesundheit zu konsultieren. Henriette aber erwiderte mit gespieltem Gleichmut, das läge nur an der Hitze; sobald es wieder etwas kühler wäre, würde sie auch wieder schlafen können — noch besser wäre es natürlich, wenn sie irgendeine Arbeit finden könnte, um sich abzulenken und zu beschäftigen. Bei dieser Gelegenheit erinnerte sie ihn an den versprochenen Brief der Herzogin. Bisher war er nicht eingetroffen; und Madame Le Maire wurde immer dringlicher in ihren Fragen danach. In der Pension befanden sich verschiedene junge Damen, die englischen Unterricht und Malstunden haben wollten; sie hatte bereits einen kleinen Zirkel angefangen; aber ohne ein gutes Zeugnis von ihrer letzten Stellung würde sie ihn nicht fortführen können, da die jungen Mädchen der besonderen Obhut Madames anvertraut waren. Henriette wartete nun schon einen ganzen Monat, und sie hatte die Herzogin sogar brieflich erinnert; aber nichts war darauf erfolgt.

Dem Herzog war das Blut in die Wangen gestiegen, und in seine Stirn gruben sich tiefe Falten. Es sei unglaublich, daß seine Frau sich nicht an die Abmachung gehalten habe; er würde die Angelegenheit sofort selbst in die Hand nehmen.

„Ich würde nicht so sehr darauf bestehen, Monsieur“, sagte sie, „aber ich glaube das Recht zu haben, wenigstens das von ihr zu erhalten. Für die Herzogin bedeutet es so wenig, und für mich meine ganze Zukunft.“

„Sie sollen Ihren Brief bekommen“, versprach er, wäh-

rend sie zusammen den Garten verließen. „Seien Sie versichert, daß ich dafür sorgen werde, und wenn es selbst meine letzte Tat auf Erden sein sollte."
Die Kinder baten sie, mit ihnen zur Station zu fahren, und gegen ihren Willen gab sie nach. Natürlich kam es zu den unvermeidlichen Tränen, als sie sich am Zug verabschiedeten. Sie selbst war nicht imstande, ihre Tränen zu unterdrücken, als Raynald und Berthe sich so an sie hingen.
„Versuchen Sie, den Mut nicht sinken zu lassen", sagte der Herzog mit einem Händedruck, „es macht mir alles nur soviel schwerer, wenn ich auch Sie unglücklich weiß."
„Ich will mein Bestes tun", entgegnete sie. „Nacht für Nacht liege ich jetzt wach und überlege mir, warum gerade ich in dieser großen Welt glaube, glücklich werden zu dürfen — und doch, aus irgendeinem Grunde lasse ich mich nicht davon abbringen, daß es nur mein gutes Recht sei."
Sie sagten sich auf Wiedersehen, und Henriette drehte sich um und schritt allein den langen Bahnsteig zurück mit schwimmenden Augen, ohne auf ihre Umgebung zu achten. Als sie aus dem Bahnhof trat, stieß sie mit einem Mann zusammen, der zum Zug eilte.
„Verzeihung!" murmelte sie.
Sie erkannte Auguste Charpentier, den Kammerdiener des Herzogs; auch er mußte sie erkannt haben, und sie wünschte, er hätte sie nicht weinen sehen.
Nun, der Nachmittag war vorüber. Kostbare Zeit war mit nutzlosen Tränen und Seufzern vergeudet worden. Mehr würde sie jetzt nicht verschwenden. In der Nähe schlug eine Uhr die dritte Stunde. Sie mußte unbedingt versuchen, etwas Schlaf zu finden. Sie brauchte ihn, wollte sie dem neuen Tag trotzen. Aber ihr Lager war so hart und das Zimmer so heiß. Ruhelos warf sie sich von einer Seite auf die andere. In dieser Stunde vor dem Hellwerden stellten ihre eigenen Gedanken ihr Fallen, floh sie die Hoffnung, verschlang die Dunkelheit ihren Lebensmut. Die kleine Uhr, die ihr die Kinder einmal zu Weihnachten geschenkt hatten, tickte rastlos auf dem Bord, das sie nicht sehen konnte. So trieb die Zeit allnächtlich ihren Spott mit ihr. Sie fürchtete sich davor, an

ihre Vergangenheit und an ihre Zukunft zu denken; beides erfüllte sie jetzt mit Schaudern. Es blieb ihr nur die Gegenwart — und war das etwas, woran sie sich klammern konnte?
Nach einer Weile schlüpfte sie aus dem Bett und ging ans Fenster, wie sie es schon so häufig getan hatte, wenn sie nicht schlafen konnte. Aber keine Kühle empfing sie, als sie sich hinauslehnte und in den dunklen Schacht der Straße unter ihr blickte, wo die Häuser auf der anderen Seite so finster und leblos dastanden und nur eine einzelne Laterne an der Ecke ihr schwaches Licht verbreitete. Hin und wieder huschte eine dunkelgraue Ratte durch den Lichtkreis; selten tauchte eine schlurfende, gebeugte menschliche Gestalt auf und war wieder verschwunden. Sogar in dieser Entfernung überkam sie beim Anblick dieser Wesen ein Gefühl zugleich des Ekels und des Mitleids. Die Ratten von Paris, die ihren heimlichen Geschäften nachgingen, widerten sie weniger an als jene anderen verkommenen Gestalten der Nacht. Wo mochten sie sich wohl bei Tage verborgen halten? Wie hatte ihr Untergang begonnen und wie würde er wohl enden? Und ja — ihr eigenes Ende — wie würde das wohl aussehen?
Alles brachte sie auf diese Frage zurück. Alles, was sie sah und hörte, verschärfte nur das Gefühl von der Sinnlosigkeit ihres Daseins. Sie stützte sich auf das Fensterbrett und vergrub das Gesicht in den Armen, als könne sie dadurch die Vision der sich endlos vor ihr erstreckenden Jahre von ihren Augen fernhalten. Was konnten sie ihr schon anders bringen als einen ewigen Wechsel von Stellung zu Stellung? Kost und Logis als Entgelt für die besten Jahre ihres Lebens; die Kraft ihrer Liebe würde an anderer Leute Kinder verschwendet werden, und sollten diese ihre Zuneigung erwidern, würde sie nur aufs neue Bitterkeit und Mißgunst ernten. Sie würde verblühen und versauern wie die anderen alten Jungfern auch und sich mit der Zeit in Spitzenhäkeln und kümmerliche Erinnerungen verlieren. Gleich ihren Schicksalsgenossinnen würde sie sich mit der spärlichen Würde abfinden müssen, die man einer Erzieherin zugestand. Ein leeres und ödes Alter würde ihr Los sein. All ihr Ankämpfen dagegen hatte den drohenden Schat-

ten nur nähergebracht. Sie spürte ihn schon dicht hinter sich — ja, hier in dieser muffigen Kammer schien er sie bereits eingeholt zu haben.
„Henriette Deluzy, Henriette Desportes, die alte Jungfer!" Immer wieder sagte sie diese Worte vor sich hin mit einer erbarmungslosen Betonung der letzten.
Fünfunddreißig Jahre alt — und allein! Auf diese Art konnte sie weiterleben, bis sie eine alte Frau war. Alten Jungfern ging es oft so. Es blieb ihnen wenig, worin sie aufgehen konnten.
„Mein Gott, dazu laß es bei mir nie kommen!"
Es schüttelte sie bei dem Gedanken, der Schweiß brach ihr auf der Stirn aus und netzte die Falten ihres Nachthemdes; vergeblich rang sie in der stickigen Enge des Raumes nach Luft.
Er hatte gesagt, sie habe Mut — vielleicht war das richtig; aber solchem Schicksal ins Auge zu sehen, dafür reichte ihr Mut nicht aus. Wenn das Leben, das noch vor ihr lag, ein Nichts war, von allem Wünschenswerten entblößt, was konnte Unrechtes oder Böses daran sein, es aufzugeben? Nur nicht mehr sich quälen — nicht immer wieder berechnen und verzichten und dem eigenen Ich alles abschlagen müssen, während die Lebenslust der Jugend im ungeliebten Körper langsam dahinstarb; nur darauf kam es jetzt an! Gott würde sie nicht zu hart verurteilen. Er hatte eine Welt der Schönheit erschaffen und ihren Augen die Fähigkeit gegeben, ihre Wunder zu bejahen. Es konnte nicht seine Absicht gewesen sein, ihr Schicksal so elend zu gestalten. Wenn er wirklich um die Geheimnisse des Menschenherzens wußte, würde es nicht notwendig sein, ihm alles zu erklären.
Die Flasche mit dem Opiat befand sich in der obersten Schublade ihrer Kommode. Sie wußte genau, daß sie sie in dem Kasten mit den Taschentüchern verwahrt hatte. Es war eine kleine, bauchige Flasche und noch beinahe voll. Der Arzt hatte sie ihr während Berthes Krankheit anvertraut und sie darauf aufmerksam gemacht, daß eine zu große Dosis tödlich wirke. Diese Worte waren in ihrem Gedächtnis haftengeblieben, und jetzt waren sie und das Fläschchen selbst da, um ihr aus der Not zu helfen. Die Schublade sperrte sich eigensinnig gegen die Anstrengung ihrer Hände. Fast wie mit menschlicher

Bosheit schien sie sie hindern zu wollen, als Henriette sich abmühte, sie möglichst geräuschlos zu öffnen, um die Hausmädchen im Nebenzimmer nicht zu stören. Sie hörte das Knistern einer Matratze, als eine der Schläferinnen sich regte. Endlich umspannten ihre Finger das Fläschchen; sie stand einen Augenblick still und preßte es fest an sich, während sie sich vergewisserte, daß die Atemzüge hinter der Wand gleichmäßig blieben. Ein merkwürdiger Gedanke, daß schon alsbald jene paar Zoll Gipswand die Lebenden von einer Toten trennen würden. Lautlos schlich sie zu dem Waschtisch unter der schrägen Mauer und tastete nach dem Glas und der Wasserkaraffe ...

Irgend jemand stöhnte auf. Sie wurde sich des langen, bebenden Wehelautes bewußt, bevor ihr klarwurde, daß er aus ihrer eigenen Brust kam. Sie strengte sich an, ihre Lider zu heben; aber ein blendendes Licht und verschwommene Konturen von Gesichtern, die ihr so groß wie Vollmonde vorkamen, ließen sie in einem erneuten Schwindelgefühl die Augen wieder schließen. Ein Brechreiz befiel sie, und der beißende Geruch von Riechsalz und stechende Schmerzen riefen sie wieder ins Bewußtsein zurück.

„Na also!“ hörte sie Madame Le Maires bekannte Stimme wie aus der Ferne durch ihre Betäubung. „Sie hat das Schlimmste überstanden. Pierre braucht nicht mehr zum Arzt zu gehen. Lauf schnell und sag's ihm.“

Wieder schüttelte Henriette ein Krampf; und als der Anfall vorüber war und sie in der Lage war, die Dinge um sich wahrzunehmen, sah sie, in der ungewohnten, wehtuenden Helligkeit blinzelnd, daß sie sich immer noch im „Nadelöhr“ befand. Der Morgenhimmel blickte durchs Fenster und mischte sein Licht mit dem der Lampe neben ihrem Bett.

„Madame“, flüsterte sie, „woher wußten Sie? Warum sind Sie gekommen?“

„Warum?“ kam die Antwort in unfreundlicher Kürze, während die alte Frau sie energisch mit feuchten Tüchern abrieb und ihr das Riechsalz an die Nase hielt. „Haben Sie mir nicht schon genug Mühe gemacht, um auch noch Selbstmord begehen zu müssen? Sie hätten doch wahrhaftig daran denken können, wie eine solche Meldung bei der Polizei meinem Geschäft geschadet hätte. Aber Jeanette hat scharfe Ohren, dem Himmel sei Dank! Sie hörte Sie hinfallen und das Glas zerbrechen, und dann haben wir keine Zeit verloren. So, heben Sie Ihre Arme, damit ich Ihnen ein reines Nachthemd überziehen kann."

Trotz der barschen Worte und Art der Alten wußte Henriette ihre hilfsbereite Güte zu schätzen, mit der sie sie wusch und ihr das Kissen glattstrich und sie dann zwang, schwarzen Kaffee mit einem Schuß Brandy zu trinken. Erschöpft und kraftlos lag sie da und achtete kaum auf das Kommen und Gehen der anderen, wenn sie auch Madame und die Mädchen und den alten Pierre erkannte, die sich darin abwechselten, bei ihr zu sitzen, und sie nötigten, etwas zu essen, und die Fliegen von ihr fortfächelten. Hin und wieder schlief sie ein wenig ein, nur um schweißgebadet aus wirren Träumen wiederaufzuwachen. Gegen Abend wurde ihr Kopf klarer, und ein Sommerregen brachte wohltuende Kühlung und Erfrischung. Sie lehnte sich ermattet zurück und wandte sich mit einem dünnen, um Vergebung heischenden Lächeln an Madame Le Maire.

„Verzeihen Sie mir, Madame, daß ich Ihnen so große Mühe gemacht habe", stammelte sie. „Ich sehe jetzt ein, wie schwach und töricht ich gewesen bin."

„Nun, es ist immerhin schon etwas, wenn man seine eigene Dummheit eingesteht. Jedenfalls sind Sie am Leben geblieben, ob Sie es nun wollen oder nicht."

„Es hat wohl keinen Sinn, etwas erklären zu wollen; ich war eben ganz einfach verzweifelt."

„Das nahm ich an. Ich hatte schon so eine Ahnung, als ich Sie letzten Abend beim Essen beobachtete. Sie haben Ihre Praslins gestern allzu reichlich genossen, daran wird es wohl gelegen haben."

„Vielleicht, Madame. Aber es hat sich nichts ereignet. Sie trifft keine Schuld. Es überkam mich nur wie schon früher, daß es doch zwecklos sei, sich weiter abzuquälen."

„Und dann haben Sie Laudanum genommen. Nun, Sie sind nicht die erste. Aber ganz so leicht ist das nicht, Henriette Desportes! So leicht läßt das Leben sich nicht seine Beute entgehen."

Tränen der Schwäche füllten Henriettes Augen. Das

Sprechen fiel ihr schwer; aber nach einer Weile bezwang sie ihr Schluchzen und sprach weiter.
„Es war verkehrt, ich weiß; aber es gibt Zeiten, in denen der morgige Tag und sogar nur eine einzige Stunde zuviel erscheint, um ertragen werden zu können. Ich konnte nicht schlafen; Sie wissen, wie das ist — man zählt jeden Schlag der Uhr, und mit jedem Schlag wächst die Sorge und die Ratlosigkeit ins Ungeheure, bis man nichts anderes vor sich sieht."
„Natürlich kenne ich das." Madame schüttelte ihr Haupt so nachdrücklich, daß ihr eine Strähne schwarzen Haares über das Auge fiel. „Aber wer kennt das nicht?"
Wieder schwiegen sie eine Zeitlang, und nur das Rufen der Straßenhändler tönte von der nassen Straße herauf.
„Und ich fühlte mich so einsam, verstehen Sie", fuhr Henriette endlich wieder fort. „Wenn ich nur jemanden gehabt hätte, an den ich mich hätte wenden, an dem ich einen Halt hätte finden können."
„Jetzt hören Sie mir mal zu!" Die scharfen, alten Augen blitzten sie aus dem faltenreichen Gesicht streng an. „So jemanden werden Sie niemals finden; also hören Sie lieber gleich auf, Ihre Zeit damit zu vergeuden, nach Schultern Ausschau zu halten, an die Sie sich anlehnen könnten."
„Aber andere Menschen haben doch diesen Trost — warum ich nicht?"
„Weil Sie Schultern haben, an die andere sich lehnen. Sie sind als Stütze geboren und nicht als Ranke. Man kann sich nicht gegen seine eigene Natur auflehnen, wie Sie es gestern abend versuchten. Glauben Sie mir, Mademoiselle, ich weiß, was ich sage; eine Eiche kann sich nicht in ein Erdbeerpflänzchen verwandeln, bloß weil sie Lust dazu verspürt."

ZWANZIGSTES KAPITEL

Es war ein Tag um die Mitte des August, und in der Rue du Harlay war schon fast eine Stunde seit dem Mittagessen bei Madame Le Maire verstrichen. Das heißt, die Tische waren abgedeckt, doch in der Diele, in den Zimmern und von den Vorhängen roch es noch nach Kohl, Zwiebeln, Bratfisch und Kaffee. Henriette, die unter der Stehlampe neben einem Berg von Wäschestoff saß, hielt von Zeit zu Zeit im Nähen und Säumen inne, um die Feuchtigkeit von der Nadel zu wischen, die sie durch die groben Baumwollaken zwingen mußte. Sie hielt sich ihr mit Kölnisch Wasser besprengtes Taschentuch vor die Nase, und der frische Duft ermunterte sie wieder, ein Weilchen mit der Arbeit fortzufahren. Sie saß in Madames kleinem Wohnzimmer, das durch eine Schiebetür vom Salon getrennt war, in dem ein paar Studentinnen einen von den langweiligen Sommerabenden hinzubringen suchten. Es waren zumeist junge Mädchen; und eine bunter zusammengewürfelte und reizlosere Schar glaubte Henriette niemals gesehen zu haben. Die drei männlichen Bewohner der Pension waren gleich nach dem Essen fortgegangen, und ein tödlicher Stumpfsinn hatte sich der Zurückbleibenden bemächtigt. Man las oder schrieb Briefe, stickte und schwatzte, und einige von den Musikalischeren lösten einander am Klavier ab. Aber die Musik, die sie zum besten gaben, vermochte die Stimmung nicht aufzuheitern. Weder waren die Spielenden begabt oder auch nur geübt, noch war das Klavier gestimmt. Henriette bemühte sich, den Lärm aus ihrem Bewußtsein auszuschalten; aber es war unmöglich, nicht zusammenzuzucken, sooft ein falscher Ton angeschlagen wurde oder die Tasten sich weigerten, dem Druck der Finger zu gehorchen.

Im allgemeinen leistete Henriette den jungen Leuten Gesellschaft, spielte die Anstandsdame und half ihnen bei ihren Arbeiten. Aber heute abend war ihr das erspart geblieben. Sie empfand es nahezu als einen Luxus, allein für sich nähen zu können, während sie darauf wartete, daß ihre Besucher angemeldet wurden. Die Fliegen summten unermüdlich um die Petroleumlampe, und es war sehr heiß in dem kleinen Raum; aber sie hatte sich allmählich daran gewöhnt, jetzt, wo sich der Sommer dem Ende zuschleppte. Sie hatte sich an manches gewöhnen müssen, was ihr noch im Juni unerträglich erschienen wäre.

„Nun?“ Madame Le Maire blickte zur Tür herein. „Noch

keine Spur von Ihren Besuchern? Haben Sie sich auch bestimmt nicht geirrt?"
„Nein, Madame." Henriette blickte von der Arbeit in ihren Händen auf. „Louise schrieb ausdrücklich ‚am siebzehnten August'."
„Ich habe Pierre schon gesagt, er soll sie nicht warten lassen, sondern gleich heraufführen. Ich muß noch mit den Mädchen nebenan sprechen; aber ich bin sofort zurück. Es wird weniger peinlich sein, wenn ich bei ihrem Kommen hier schon mit Ihnen sitze."
Die energische alte Frau rauschte davon, und gleich darauf hörte Henriette sie ihre Anweisungen im Nebenzimmer erteilen. Sie lauschte angespannt auf das Geräusch eines vorfahrenden Wagens, das Klingeln der Hausglocke und den Klang der vertrauten Stimmen auf der Treppe. Sie hatte viel durchgemacht in diesen letzten drei Wochen, seit sie Louise und die anderen nicht mehr gesehen hatte. Ihr Selbstmordversuch war an ihrem Gemüt nicht spurlos vorübergegangen, wenn sie auch körperlich keinen Schaden davongetragen hatte dank der Hellhörigkeit von Jeannette und Madames raschem Eingreifen. Aber alle Widerstandskraft hatte Henriette verlassen, wenigstens im Augenblick. Sie war sogar bereit, falls nötig, sich zu einem Kompromiß zu verstehen. Es würde ihr ja auch kaum etwas anderes übrigbleiben, wenn es Madame Le Maire heute abend nicht gelingen sollte, ihre Forderung nach dem Empfehlungsschreiben der Herzogin durchzusetzen.
Den ganzen Tag über hatte sie schon gewartet, unruhig und doch mit einem verhaltenen Tätigkeitsdrang, in dem Bewußtsein, daß sich ihr Schicksal entschieden haben würde, bevor noch dieser Tag herum war. Während sie so die Nadel mit kleinen, genauen Stichen durch den Stoff zog, hatte sie die Vorstellung, daß die Bestimmung über ihre Zukunft ihr aus der Hand genommen war. Madame hatte ihr Ultimatum gestellt, nicht unfreundlich, aber mit einer Entschiedenheit, an der, wie Henriette wußte, nicht zu rütteln sein würde. Sie mußte persönlich eine feste Zusage für das Empfehlungsschreiben erhalten; sie wollte selbst mit dem Herzog sprechen, da Henriettes Bemühungen zu nichts geführt hatten. Henriette war nichts anderes übriggeblieben, als sich

damit einverstanden zu erklären, so sehr ihr auch die Einmischung der alten Frau gegen den Strich ging.
„Strengen Sie sich doch nicht mit diesen feinen Stichen an, die Sie im Kloster gelernt haben", ließ sich Madame vernehmen, als sie sich neben sie setzte. „Diese Laken sind die Mühe nicht wert, die Sie darauf verwenden. Wie spät ist es? Fast neun? Nun, ich muß sagen, Ihre Freunde hätten Ihnen ruhig die Höflichkeit bezeigen können, etwas früher zu erscheinen."
Eine Viertelstunde später hörten sie die Erwarteten endlich eintreffen. Bevor Henriette noch ihre Näharbeit aus der Hand legen konnte, waren die Kinder schon mit eifrigen Rufen nach Mademoiselle Deluzy die Treppen hinaufgelaufen. Berthe und Raynald stürmten als erste mit Blumen in der Hand herein; Louise und Marie folgten, und zuletzt kam der Herzog mit einem Korb voll Obst und einer der berühmten Melunschen Melonen. Wieder war Henriette der Mittelpunkt des kleinen Kreises, und sie mußte sich zusammennehmen, um sich an diesem Abend, von dem soviel abhing, in der Gewalt zu behalten. Sie gab sich so lange wie möglich mit der Begrüßung der Kinder ab, ehe sie sich dem Vater zuwandte.
Als Madame Le Maire vorgestellt war, nahmen sie, so gut es ging, in dem engen Wohnzimmer Platz; die Erwachsenen auf den Stühlen, die Kinder dicht zusammengedrängt auf dem Sofa. Der Raum schien plötzlich viel zu winzig, um diesen Ansturm von Lebensfreude und schönen, elegant gekleideten Menschen zu fassen. Henriette mußte an einen Kessel denken, der jeden Augenblick überkochen kann, und der Kopf schwirrte ihr bei den aufgeregten, sich überstürzenden Fragen der Jugend und bei dem Bemühen, gleichzeitig etwas von dem Gespräch zwischen Madame und dem Herzog zu erhaschen, ohne die beiden anzusehen.
„Oh, diese schönen Rosen und das Heliotrop!" Sie barg ihr Gesicht in den duftenden Sträußen. „Und daß du daran gedacht hast, Berthe, wie sehr ich diese rosa Nelken liebe — das sind die ersten, die ich in diesem Sommer zu sehen bekomme. Und richtige Waldfarne!"
„Aber Früchte auch, Mademoiselle! Wir haben Ihnen die ersten Pfirsiche gebracht, und die Weintrauben sind aus

dem neuen Treibhaus; Erdbeeren gab es leider nicht mehr, und die Brombeeren sind noch zu grün. Aber diese Melone wird noch ausreifen, wenn Sie sie in die Sonne legen. Es war die größte, die wir in den Treibkästen finden konnten."

Durch dieses lebhafte Geschnatter versuchte Henriette etwas von der Unterhaltung der beiden neben ihr aufzufangen. Waren sie schon bei dem heiklen Thema angelangt? Brachte Madame das Gespräch nicht zu taktlos auf den Empfehlungsbrief?

„Sie sehen sehr blaß aus, Mademoiselle", sagte Louise, „und Ihre Augen sehen so aus, als ob Sie —"

„Ach, du hast nur vergessen, wie ich aussehe", unterbrach Henriette sie hastig. Sie wollte nicht danach gefragt werden, ob sie geweint habe.

„Ich habe ein Blumenstilleben gemalt, Mademoiselle, gelbe und weiße Lilien und violette Iris in einem grünen Krug. Die Blumen waren ganz leicht; aber der Krug war schwer, weil beide Seiten gleich aussehen mußten."

„Da bin ich aber mächtig neugierig, Berthe. Vergiß ja nicht, an der See möglichst viele Skizzen zu machen von allem, was du gerade so siehst, Muscheln, Tang und Schiffe. Neulich blätterte ich wieder einmal in meinem alten Skizzenbuch von Olmeto und bekam fast Heimweh danach."

Schwatzen, schwatzen, schwatzen — von Blumen, Muscheln und solcherlei, während ihr das Herz zum Zerspringen klopfte, die Kehle sie schmerzte und die Lippen wie ausgedörrt waren, weil sie all die Worte von Liebe, Heimweh und Sehnsucht zurückdrängen mußte.

„O ja, danke schön, Mademoiselle, den andern geht's gut. Das heißt, außer Mama. Sie kränkelt wieder, seit wir in Melun sind. Neulich mußte der Arzt aus Paris kommen, um sie zu untersuchen; er meinte, sie müsse wieder nach Dieppe fahren; wir haben jetzt dort eine viel größere Villa als früher — erinnern Sie sich noch —"

„Natürlich erinnere ich mich noch", fiel Henriette wieder schnell ein. „Morgen wollt ihr also fahren?"

„Nein, erst übermorgen. Céleste und Amélie sind heute direkt in die Rue du Faubourg Saint-Honoré gegangen, und Mama und die Jungens wollten erst noch zum Buch-

händler gehen, um ein paar Bücher für die Reise zu kaufen."
„So, so. Und was hört ihr von Isabella? Vor vierzehn Tagen schrieb sie mir einen so lieben Brief. Louise, du siehst blendend aus. Ist dein Hochzeitstag nun eigentlich endgültig festgesetzt?"
Hinter der Schiebetür erklang das Sprechen der Pensionäre und gelegentlich ein lautes Kichern. Dann begann das Klavierspiel wieder; man konnte in dem Lärm kaum sein eigenes Wort verstehen. Madame erhob sich und entschuldigte sich für einen Augenblick, um dem Krach nebenan ein Ende zu machen.
„Das ist aber ein komisches kleines Zimmer, das Sie hier haben, Mademoiselle. Wo schlafen Sie denn hier?"
„Scht, Raynald, frag nicht soviel."
„Oh, das macht nichts, Monsieur. Es ist kein Geheimnis. Dies ist das Wohnzimmer von Madame Le Maire. Sie erlaubt mir nur, es zu benutzen, wenn ich Besuch habe, und zum Schlafen klettere ich in mein eigenes Zimmerchen hoch oben unter dem Dach. Die Melone wird da oben schön schnell reifen, fast so gut wie in eurem Treibhaus."
Sie hielt inne, als sie die überraschten, mitleidigen Blicke in den Augen der Kinder sah und erkannte, daß sie zuviel gesagt hatte. Ihre Worte waren eigentlich mehr für den Herzog bestimmt gewesen, und er hatte sie verstanden. Sie bemerkte, wie er unbehaglich auf seinem Stuhl hin und her rückte.
„Mademoiselle Deluzy", er sprach überstürzt und blickte zur Tür, um sich zu vergewissern, daß Madame noch nicht zurückkehrte, „ich mache mir Ihretwegen große Sorgen. Ihre Gesundheit hat gelitten; auch ohne es von Madame gehört zu haben, wäre mir das aufgefallen." Er musterte sie prüfend, und sie wußte, daß er auf ihre Torheit mit dem Laudanum anspielte. „Sie müssen unseren Arzt unverzüglich zu Rate ziehen und mir erlauben, Ihnen eine Erholungsreise zu ermöglichen. Lassen Sie mich Ihnen bitte helfen." Seine Stimme klang beschwörend, und doch vermochte sie seinen Blick nicht auszuhalten. Denn was sie darin sah, erschreckte sie. Schwere, müde Linien durchfurchten sein Gesicht; aber in seinen Augen leuchtete die innere Spannung.

„Nun, Monsieur", sie seufzte und machte eine hoffnungslose Geste mit der Hand, „mir kann nur noch eins helfen; ich nehme an, Madame Le Maire hat es Ihnen schon gesagt."
Er nickte nur, weil Madame in diesem Augenblick wieder eintrat; und Henriette wandte sich von neuem den Kindern und ihren Fragen zu.
„Wie geht es Ihrem kranken Großvater, Mademoiselle? Ist er nicht bald gesund, damit Sie wieder zu uns zurückkommen können?"
„Ich weiß nicht, Liebling; ihr dürft nicht damit rechnen, daß ich zurückkomme."
„Das tun wir aber; wir wollen keine andere Erzieherin. Monsieur Remey kann uns ja unterrichten, bis Sie wieder da sind, bis auf die Malstunden. Davon versteht er gar nichts."
Berthes plötzliches Lachen erfüllte das Zimmer mit ihrer heiteren, unbeschwerten Fröhlichkeit.
Zehn Uhr. Aus der Ferne tönten die Schläge herüber; und der Herzog stand auf, um sich zu verabschieden.
„Gute Nacht, Madame, ich danke Ihnen für Ihr Vertrauen und Ihre Freundlichkeit. Kommt, Kinder, wir müssen wirklich gehen."
„Auf Wiedersehen, Herzog." Madame Le Maire glich in ihrem alten schwarzen Kleid einer aufgeplusterten Krähe, wie sie sich vor ihm verneigte. „Es war sehr gütig von Ihnen, uns zu besuchen, und ich hoffe, Sie besitzen Verständnis für meine Lage."
„Durchaus, Madame; aber — wie ich schon sagte — falls es sich noch ein wenig verzögern —"
„Es hat sich bereits um zwei Monate verzögert. Verstehen Sie mich recht, ich will nicht aufdringlich erscheinen; aber ich bin nun einmal für die anderen verantwortlich, und gerade unter diesen Umständen —"
„Ich verstehe Sie gut, Madame, und ich kann Ihnen nur noch einmal versichern, daß ich mein Bestes tun werde!"
Henriette folgte den fünf bis zum Treppenabsatz. Sie küßte die weichen Gesichter, die sich ihr zuwandten, und stand dann, die Hand am Geländer, und blickte forschend in sein vom flackernden Licht beschienenes Gesicht.
„Nehmen Sie es sich nicht so zu Herzen, was Madame Ihnen sagte, Monsieur", sagte sie zu ihm, „ich kann mich

besser als irgend jemand in die Lage versetzen, in die Sie sich meinetwegen, des Briefes wegen, begeben haben."
„Ich habe mich schon redlich darum bemüht." Er sprach leise und zögernd. „Ich habe alles getan, was in meiner Macht stand; aber ich spiele eine klägliche Rolle in dieser Angelegenheit."
„Die Herzogin hat einen sicheren Weg gefunden, wie sie mich strafen kann; sie kann mich auch hier vertreiben und wird ihren Willen wahrscheinlich durchsetzen."
„Sie hat Sie doch schon aus unserem Haus vertrieben — sollte ihr das nicht genügen?"
„Offenbar nicht, Monsieur. Aber seien Sie bitte vorsichtig, wenn Sie mit ihr reden. Ich werde mich schon auf irgendeine Weise durchschlagen."
Sie wandte sich um und wollte wieder ins Zimmer zurückgehen, er aber ergriff ihre Hand.
„Ich werde noch einen Versuch machen", versprach er. „Vielleicht wird sie Vernunft annehmen, wenn ich jetzt gleich zu ihr gehe und heute nacht noch mit ihr spreche."
„Rechnen Sie nicht damit, Monsieur." Es gelang ihr nicht ganz, ihre Stimme zu beherrschen, als sie fortfuhr: „Gehen Sie um meinetwillen nicht zu weit!"
„Papa, Papa!" riefen die Kinder von unten, „kommst du endlich? Hier unten ist es so dunkel, daß wir die Tür nicht finden können."
„Gleich!" antwortete er. Noch einmal wandte er sich an Henriette. „Kommen Sie morgen um zwei zu uns. Ich kann Ihnen nichts versprechen; aber vielleicht — nun, wir werden sehen. Auf Wiedersehen also bis morgen."
Dann knarrte die Treppe unter seinen Schritten.
„Gute Nacht, Mademoiselle!" riefen die jungen Stimmen herauf.
„Gute Nacht!" rief sie zurück. „Bis morgen um zwei!"
Madame Le Maire sah hoch, als sie wieder eintrat. „Nun?" fragte sie mit jenem Ansteigen des Tonfalls, dessen Bedeutung Henriette nur zu gut kannte.
„Ich soll morgen um zwei Uhr hinkommen, weiter weiß ich nichts. Aber ich verspreche mir nicht zu viel davon."
Sie nahm ihre halbfertige Arbeit wieder auf und fädelte einen neuen Faden ein.
„Das ist wirklich einmal ein stattlicher Mann", bemerkte die alte Frau, nachdem sie eine Zeitlang schweigend ge-

näht hatten. „Kein Wunder, daß die Herzogin ihn sich schon so früh eingefangen hat. Er muß sehr gut ausgesehen haben, als er jung war."
„Er ist auch heute noch nicht so alt." Henriette versuchte leichthin zu sprechen, ohne ihre Arbeit zu unterbrechen. „Zweiundvierzig, das ist noch sehr jung, um Großvater zu werden; aber er wird es bald sein."
„Großvater oder nicht, er soll sich nur in acht nehmen, wo er hinsteuert." Madame biß den Faden mit einem vielsagenden Blick auf Henriette ab und fuhr dann fort: „Die Kinder sind wirklich reizend, und ihr Benehmen macht Ihnen alle Ehre. Ich beneide Ihre Nachfolgerin nicht nach all dem Getue mit ihrer geliebten Mademoiselle Deluzy."
Henriette ließ sich nicht in eine weitere Unterhaltung über ihren Besuch ziehen. Als sie mit dem Nähen fertig war, teilte sie die Blumen und Früchte mit Madame und kletterte zum „Nadelöhr" hinauf. Der Abend hatte sie angegriffen, und doch fühlte sie sich merkwürdig ruhig und gefaßt, als sie die schon matt werdenden Blumen ins Wasser stellte und den Obstkorb mit der Melone auf das Fensterbrett setzte. Die Morgensonne würde diese in ein, zwei Tagen ausreifen lassen, und dann wollte sie die köstliche Frucht Albert und Marie mitbringen. Sie hatten sie erneut gebeten, doch wenigstens für eine kurze Zeit als Logiergast zu ihnen zu kommen, und Henriette sah voraus, daß die Zeit nicht mehr fern war, in der sie dieser Einladung würde folgen müssen.
Dem Herzog würde es ja doch nicht gelingen, seine Frau zu dem Empfehlungsschreiben zu überreden. Es war dumm gewesen, sich so lange an die Hoffnung zu klammern. Die Herzogin sah jetzt die günstige Gelegenheit für ihre Rache, auf die sie schon all diese Jahre gewartet hatte. Es entsprach ihrer korsischen Herkunft, nachtragend zu sein; aber sie war nicht klug genug, um selbst auf einen so listig grausamen Plan zu verfallen. Aus diesem hoffnungslosen Wirrsal, das ihrer aller Leben miteinander verstrickte, war diese Macht ohne ihr eigenes Zutun in die weichen, müßigen Hände der Herzogin gelegt worden. Mit ein paar Federstrichen konnte sie Henriette ihre Unabhängigkeit und ihren guten Ruf zurückgeben; bestand sie dagegen auf ihrer Weigerung,

dann machte sie aus der ehemaligen Erzieherin eine Verbannte und gab sie einem Leben preis, das unweigerlich bergab führen mußte. Nun, irgendeinen Ausweg würde Henriette schon finden. Sie fühlte, daß sie nicht mehr lange gegen Schwierigkeiten würde ankämpfen können, die sie nicht selbst verschuldet hatte. Sie hatte sich seinerzeit allzu zuversichtlich in das tiefe Wasser menschlicher Unberechenbarkeit gewagt. Es war nicht gar so seltsam, daß sie in den wilden Wirbel dieser beiden Menschen geraten war und jetzt blind, schwindlig und zerschlagen versuchen mußte, den Kopf über Wasser zu behalten. Sechs Jahre lang hatte sie gegen diesen tückischen Strudel gekämpft; jetzt fühlte sie wieder Boden unter den Füßen, die Gefahr lag hinter ihr. Noch schwankte der Grund unter ihr; aber allmählich würde er fester werden, wenn sie nur ihren Halt nicht wieder verlor.

„Ich darf die Hindernisse nicht gleich überspringen wollen", ermahnte sie sich selbst. „Ich muß behutsam Schritt für Schritt machen, sonst strauchle ich. Und vor allem darf ich nicht zurückblicken!"

Sie hing heute abend ihr Kleid mit größerer Sorgfalt auf, als sie es sonst seit ihrem Wiedereinzug in die Rue du Harlay zu tun pflegte, und strich die Falten der knisternden blaugestreiften Seide glatt. Es war ein besonders hübsches Kleid, das sie sich erst vor vier Monaten gekauft hatte, und doch schien ihr dieser Tag weit zurückzuliegen. Als sie dann im Nachthemd vor dem trüben Viereck ihres Spiegels stand, mußte sie staunen, daß sie sich äußerlich so wenig verändert hatte. Wohl war ihr Gesicht schmaler und blasser geworden; aber die feinen Schatten unter den Augen entstellten sie durchaus nicht, und ihr langes Haar besaß noch seinen alten Glanz.

Sie blies die Kerze aus und legte sich hin. Draußen war es etwas frischer geworden und das „Nadelöhr" nicht mehr so stickig. Eine große Mattigkeit überkam sie. Besser, damit aufzuhören, an Türen zu klopfen, die ihr doch verschlossen blieben. Morgen würde sie ihren Schwierigkeiten mit neuem Mut begegnen können; sie würde an die Hislops schreiben und sie um ihren Beistand bitten; und sie würde Pastor Monod aufsuchen, wenn er in den nächsten Tagen zurückkehrte, und sich ihm endlich anvertrauen. Vielleicht konnte er ihr sogar in Frankreich Arbeit verschaffen. Und jetzt wollte sie schlafen, wie sie seit Wochen nicht mehr geschlafen hatte. Schon ging ihr Atem regelmäßiger, und ihr Bewußtsein versank in wohltätige Traumlosigkeit.

Sie rührte sich kaum, so tief und fest schlief sie. Die Morgendämmerung kroch durch die Straßen von Paris, durch die Rue du Harlay. Die Milchwagen ratterten über das holperige Pflaster, und die ersten Straßenhändler ließen schon ihren Ruf ertönen. Die Sonne stieg rot über dem Gewirr der Schornsteine empor, ließ sie aufglänzen und entdeckte auch den Obstkorb auf dem Fensterbrett mit der Melone, die ganz reifen sollte. Und immer noch schlief Henriette, obwohl viele Stockwerke unter ihr der alte Pierre eilig zur Haustür humpelte, um nachzusehen, wer dort so stürmisch läutete.

Schritte polterten die Stufen zum „Nadelöhr" hinauf, hastige leichte und dahinter schwerere. Jemand klopfte laut an die Zimmertür und rüttelte heftig an der Klinke. „Henriette, Henriette! Machen Sie auf! Schnell, ich bin's, Albert!" „Stehen Sie auf, Mademoiselle, und lassen Sie uns hinein, ehe das ganze Haus wach wird."

Noch halb schlafend stolperte Henriette zur Tür und schob den Riegel zurück. Mit aufgerissenen Augen stand sie in ihrem langen Nachthemd da, mit wirrem Haar und bloßen Füßen. Madame Le Maire war ebenfalls noch nicht angezogen und hatte sich nur ein Tuch übergeworfen, und zum ersten Male sah Henriette den spärlichen grauen Haarknoten ohne den künstlichen schwarzen Aufputz. Dieser Anblick beunruhigte Henriette mehr als das aufgeregte Gebaren von Madame; die alte Frau mußte schon sehr verstört sein, um das vergessen zu haben.

„Schließen Sie die Tür, Albert!" befahl die Alte. „Und kommen Sie herein. Jetzt ist nicht die Zeit, sich um Anstandsregeln zu kümmern."

„Aber was ist denn? Was machen Sie denn hier, Albert, in dieser Herrgottsfrühe? Ist Marie —"

„Ich bringe schlechte Nachrichten, Henriette. Sobald ich davon hörte, bin ich hergeeilt. Hier!" Er zog sie zum Bett und zwang sie, sich zu setzen, während er mit kreidebleichem, zuckendem Gesicht vor ihr stehenblieb.

„Sie müssen sich auf etwas sehr Schlimmes gefaßt machen. In der Rue du Faubourg Saint-Honoré ist ein Mord geschehen —"
„Mord! Hören Sie!" Madame zitterte am ganzen Leibe wie ein verängstigter Vogel. „Die Herzogin wurde vor zwei Stunden ermordet aufgefunden!"
„Die Herzogin!" Henriette starrte von einem zum anderen, und obwohl ihre Lippen das Wort aussprachen, zeigten ihre ungläubig staunenden Augen, daß sie den Sinn noch nicht erfaßt hatte. „Aber das ist doch unmöglich. Ich soll doch heute um zwei Uhr zu ihr kommen."
„Sie ist tot, sage ich Ihnen." Die Finger der Alten krallten sich in Henriettes Arm. „Sitzen Sie nicht da, als ob Sie noch schliefen. Ganz Paris wird es in einer Stunde erfahren, und was soll dann aus uns werden?"
„Seien Sie ruhig, Madame. Lassen Sie sie erst mal zur Besinnung kommen. Ich werde ihr sagen, was ich in Erfahrung gebracht habe." Albert nahm Henriettes kalte Hände und rieb sie zwischen den seinen, die nur um weniges wärmer waren. Er sprach zu ihr, während Madame unablässig vor sich hinbrabbelte und mit dem Kopf wackelte.
„Ich arbeitete die ganze Nacht an diesem Aufsatz für die Akademie", berichtete er. „Ich konnte dann nicht mehr einschlafen, und als es hell wurde, ging ich etwas spazieren. Das tue ich öfters in der Frühe, um mich nach der Nachtarbeit etwas aufzufrischen. Es war so gegen fünf, glaube ich. Ich ging die Rue du Faubourg Saint-Honoré entlang, und es fiel mir auf, daß auf der Straße ein für diese Stunde ungewöhnliches Treiben herrschte. Leute rannten an mir vorbei, und als ich an der Nummer 55 anlangte, da sah ich, daß sich dort ein Menschenhaufe staute. Da ich dachte, daß die Familie in Melun wäre —"
„Gestern abend sind sie wiedergekommen", flüsterte Henriette.
„Ich konnte mich nicht bis zum Eingang vordrängen. Die Polizei war bereits dort."
„Und gleich wird sie auch hier sein", jammerte Madame. „Sie werden an meine Haustür klopfen und ‚Öffnen Sie, im Namen des Gesetzes!' rufen, nur, weil ich Sie bei mir aufgenommen habe."

Albert stellte sich zwischen Madame und Henriette und versuchte in seinem Bericht fortzufahren.
„Ich fragte einen Arbeiter, was vorgefallen sei, und er sagte mir, die Herzogin sei ermordet worden. In Stücke gehackt, sagte er. Mein Gott, ich konnte ihm nicht glauben, bis ich sah, wie sie die Vorhänge an den Fenstern ihrer Zimmer zuzogen. Die Zeitungsjungen riefen schon die Neuigkeit aus, als ich fortging. Ich bin, so schnell ich konnte, hierher geeilt. Ich habe es noch nicht einmal Marie erzählt. Ich dachte nur daran, Sie darauf vorzubereiten, ehe Sie die Schreckensnachricht unten auf der Straße ausrufen hörten.“ Henriette brachte kein Wort hervor. Ein dumpfes, lähmendes Gefühl hatte Besitz von ihr ergriffen, wie sie dort im Nachthemd auf dem Bettrand saß und mit leerem Ausdruck vor sich hinstarrte. Madame Le Maires verzweifelte Klagen berührten sie sowenig wie ein Regenschauer vor ihrem Fenster.
„Sie werden uns noch alle verhaften“, wiederholte die Alte immer wieder. „Das habe ich davon, daß ich Ihnen Obdach gewährte. O Gott, daß mir das zustoßen mußte!“
„Aber, Madame —“, versuchte Albert sie zu beruhigen. „Ihnen ist ja gar nichts geschehen. Henriette hat doch mit diesem schrecklichen Verbrechen überhaupt nichts zu tun. Sie schlief ja hier ganz ruhig, bevor wir sie weckten. Ich bin nur hergekommen, um sie schonend vorzubereiten. Es liegt gar kein Anlaß vor, sie darin zu verwickeln.“
„Aber man wird sie hineinziehen. Sie werden es schon sehen. Man kann sie gar nicht übergehen. Ich weiß genau, wie es kommen wird, und sie darf keine Stunde länger in meinem Hause bleiben.“
„Aber ich bitte Sie, Madame, nehmen Sie sich doch etwas zusammen! Wir müssen uns vor allem gründlich informieren. Ich werde eine Zeitung holen gehen.“
„Und sie wird mit Ihnen gehen. Bringen Sie sie fort, bevor man sie bei mir sucht.“
„Aber ich muß doch hier sein, wenn man etwas von mir will.“ Henriette hatte endlich wieder die Kraft gefunden, mit einer leisen, fast tonlosen Stimme zu sprechen. „Die armen Kinder! Jetzt brauchen sie mich nötiger als je!“
„In meinem Hause wird die Polizei Sie nicht verhaften!“

Ein trockenes, konvulsivisches Schluchzen schüttelte den Körper der alten Frau. Albert überlegte einen Augenblick, dann nahm er Henriette beim Arm.
„Sie kommen besser mit mir", sagte er. „Bei Marie wird es leichter für Sie sein. Und wenn man wirklich etwas von Ihnen will — obwohl ich nicht einsehe, wieso —, können wir ja hier hinterlassen, wo Sie zu finden sind. Ich werde unten warten, bis Sie sich angezogen haben."
Es gelang ihm nur mit Mühe, Madame Le Maire ebenfalls aus dem Zimmer zu führen. Henriette wartete, bis ihre Schritte auf der Treppe verklangen, dann stand sie auf und begann sich anzukleiden. Mechanisch nahm sie ihre Sachen eine nach der anderen vom Stuhl, wo sie sie gestern hingelegt hatte. Fast gefühllos griffen ihre Finger nach Bürste, Kamm und Schwamm, schlossen Knöpfe, Haken und Schnüre. Nur als sie die Taille ihres blaugestreiften Seidenkleides zumachte und den weiten Rock überzog, fiel ihr ein, daß sie dieses Kleid gestern in Erwartung des Herzogs getragen hatte.
Das ganze Haus war schon wach, als sie schließlich die Treppe hinabstieg, dankbar für das sichere Gefühl des breiten Holzgeländers unter ihrer Hand. Albert und Pierre warteten an der Tür. Der Alte hatte vergessen, seine Jacke anzuziehen und sich zu rasieren. Mit besorgter Miene stand er in seinem blauen Arbeitshemd dort.
„Passen Sie gut auf sie auf", hörte sie ihn Albert ermahnen. „Sie ist den ganzen Sommer nicht mehr die alte gewesen." Und dann, als er ihnen die Tür aufhielt, tippte er sie auf die Schulter, und seine alten Augen blickten sie tröstend an. „Vielleicht stellt sich noch alles als ein Irrtum heraus", flüsterte er ihr ermutigend zu. „Diese Zeitungen stehen immer voller Lügen. Deshalb lese ich auch nie welche. Vorsicht bei den Stufen da, ich habe dort gerade einen Krug Milch verschüttet. Aber das macht nichts; dann hat Madame wenigstens etwas anderes, worauf sie schimpfen kann."
Es war halb sieben, als sie auf die Straße traten, die still und verlassen dalag. Aber von der Ecke hörten sie schon das Schreien der Zeitungshändler. Sogar in dieser Entfernung hörte man den seltsam triumphierenden,

fast tierischen Klang ihrer gellenden Stimmen, nicht vergleichbar mit ihrem sonstigen Ausrufen.

„Blutrausch hat sie gepackt", dachte Henriette und stützte sich in einem plötzlichen Schwächeanfall schwer auf Albert.

„Ich werde einen Wagen holen", sagte er.

Sie schüttelte den Kopf. Er sollte nicht soviel Geld für sie ausgeben, und sie bemerkte jetzt erst, daß sie ihre eigene Börse liegengelassen hatte. Sie schritten schweigend weiter, und Henriette empfand seine schützende Nähe dankbar.

Jeder Mensch, dem sie begegneten, hielt eine Zeitung in der Hand oder war gerade im Begriff, sich eine zu kaufen. Die Gesichter waren so gierig in die Blätter vergraben, daß Henriette und Albert sich in acht nehmen mußten, nicht mit jemand zusammenzustoßen. Sie allein hatten leere Hände; aber die Rufe der Händler folgten ihnen wie Wölfe auf den Fersen.

„Mord in der Rue du Faubourg Saint-Honoré ... Mordfall Praslin ... Ungeheuerliches Verbrechen ... Die Herzogin von Praslin bestialisch ermordet."

Ein Vorübergehender hielt ihnen eine der Extraausgaben unter die Nase, bevor Albert ihn beiseite drängen konnte. Aber jene schwarze Überschrift ließ sich nicht fortschieben.

„Nun ist es nicht mehr weit", sprach Albert ihr Mut zu. „Hören Sie nicht auf das Gerufe, Henriette, und vergessen Sie, was Madame sagte. Sie war nur außer sich vor Aufregung; sie meinte es gar nicht so schlimm."

„Ach, Albert, sie hat ja recht! Irgendwie habe ich auch teil an diesem —", sie brachte das entsetzliche Wort, das von allen Seiten widerhallte, nicht über die Lippen, „fragen Sie mich nicht, wieso, es genügt, daß ich's weiß."

EINUNDZWANZIGSTES KAPITEL

Auf der Ile de la Cité erhob sich der Justizpalast wie ein düsterer Fels gegen den abendlichen Augusthimmel. Wolkenfetzen, zart getönt wie die Federn des Flamingos, trieben dahin und spiegelten sich in der Seine, die an beiden Seiten des Gebäudes entlangfloß. Grau und drohend stand er da, unberührt von Sonnenuntergang und Sonnenaufgang, von Revolutionen und Verschwörungen, von dem steten Wechsel der Jahre und der Männer und Frauen, die er im Namen des Gesetzes in seinen Gewahrsam nahm. Dort hatte Marie Antoinette ihre letzte Nacht auf Erden verbracht; Danton, Madame Roland, Robespierre — diese und zahllose andere waren durch das Tor am Quai de l'Horloge in die Salle des Gardes geschritten. Und heute, am 18. August des Jahres 1847, waren wieder zwei Füße über die abgetretenen Steine des Gefängnishofes gegangen, und noch ein Augenpaar starrte durch eines der vergitterten Fenster.

Henriette leistete keinen Widerstand, als die Polizei sie um acht Uhr verhaftete. Sie bewahrte ihre Ruhe viel besser als die Remeys. Sie versuchte sogar, die beiden zu trösten, als sie zwischen den Gendarmen fortgeführt wurde.

„Weinen Sie nicht, Marie“, sagte sie. „Es handelt sich gewiß nur um eine Formalität. Man will mir einige Fragen stellen. Bitte, Albert, versuchen Sie die Polizisten nicht zu hindern. Sie machen es nur sich und mir schwer. Ich bin bestimmt bald wieder da.“

Aber sie wußte nur allzu gut, daß sie ihren eigenen Worten keinen Glauben schenken durfte.

Und jetzt war es Abend, und immer noch saß sie allein in dem kleinen kahlen Raum, in den man sie gesperrt hatte, den neuesten Ankömmling in der Conciergerie, an der sie so oft gedankenlos vorbeigegangen war. Sie hatte sich niemals überlegt, was es hieß, sich innerhalb dieser Mauern zu befinden. Der Anblick des Käfigs hat keinen Schrecken für den Vogel, der die Gefangenschaft nicht kennt. Aber das Geräusch des Schlüssels, der sich im Schloß drehte und die Tür hinter ihr zusperrte, brachte ihr plötzlich die unerbittliche Wirklichkeit ihrer Lage zum Bewußtsein. Es war, als ob eine Falle zugeschnappt wäre — eine Falle, die fing, aber nicht tötete. In jenem Augenblick empfand sie eine ungeheure Angst, wie sie seit ihrer Kindheit keine mehr empfunden hatte. Ein verzweifelter Impuls, mit den Fäusten an die Tür zu schlagen und ihren sinnlosen Protest hinauszu-

schreien, überkam sie. Sie mußte alle Kraft zusammennehmen, um diese Regung zu unterdrücken, als sie die Schritte im Korridor verklingen hörte.
Zweimal am Tage hatte man ihr Essen gebracht, und die Aufseherin war mit Wasser und einer Decke für ihre Pritsche gekommen. Man hatte sie gefragt, ob sie eine Flasche Wein zum Mittagessen kaufen wollte, aber sie hatte diese Vergünstigung nicht angenommen. Sie mochte nicht sagen, daß sie gar kein Geld bei sich hatte; und sie wagte auch nicht zu fragen, weswegen man sie hier eigentlich festhielt. Sie wußte nur soviel, wie sie aus einem jener Extrablätter am Morgen hatte entnehmen können. Sie hatte es vor Alberts Haustür liegen sehen, aufgehoben und mitgenommen. Man hatte es ihr gelassen, und nun überflog sie in dem schwachen Lichtschein die spärlichen Nachrichten aufs neue. Vielleicht zum hundertsten Male zwang sie ihre schmerzenden Augen, die Worte zu lesen, und zwang sich selbst, an den Inhalt des verschmierten Artikels zu glauben. Es handelte sich ja um einen Menschen, den sie gekannt und in dessen Haus sie die letzten sechs Jahre verlebt hatte. Sie kannte den Bericht schon Satz für Satz auswendig, und immer noch konnte sie ihn nicht in Verbindung mit der Herzogin bringen, mit der üppigen, dunklen Frau, deren Reichtum und Verzweiflung, deren Eifersuchtsausbrüche und Anfälle von Zärtlichkeit sie so gut kennengelernt hatte.
„Die edle Herzogin de Praslin weilt nicht mehr unter den Lebenden . . . Sie tat ihren letzten Atemzug heute morgen irgendwann zwischen halb fünf und fünf, in der Familienresidenz, Rue du Faubourg Saint-Honoré, Nummer 55 . . . Noch ist nichts Näheres bekannt über das gemeine Verbrechen an diesem reichen und gütigen Mitglied des Adels, der Gattin von Charles Laure Hugo Théobald Herzog von Choiseul-Praslin, Mutter von neun Kindern, einziger Tochter des Marschalls Sebastiani . . . Zu der genannten frühen Morgenstunde hörten die entsetzten Bewohner des Hauses und Passanten auf der Straße wilde Hilfeschreie und ein anhaltendes Klingeln aus dem Boudoir der Herzogin. Den ersten Zeugenaussagen zufolge stürzten drei von den Dienstboten — die Jungfer, Marguerite Leclerc, Madame Merville, die

Pförtnersfrau, und Auguste Charpentier, der Kammerdiener des Herzogs — in die Gemächer ihrer Herrin."
Seltsam, diese Namen im nüchternen schwarzen Druck zu lesen und die Menschen dabei so deutlich vor sich zu sehen, mit denen sie tagein, tagaus den Gutenmorgen- und Gutenachtgruß getauscht hatte.
„Diese drei versuchten ins Schlafzimmer einzudringen, fanden die Tür aber verriegelt. Als sie schließlich die Tür aufbrachen, sahen sie das Zimmer in größter Unordnung und die Unglückliche sterbend in ihrem Blute liegen. Offenbar hatte die Herzogin sich heftig gegen den Angriff ihres Mörders zur Wehr gesetzt. Man nimmt an, daß der Täter durch den Garten, der an die Champs-Elysées grenzt, entkommen ist. Nach den Aussagen des Herzogs — —"
Hier war die Zeitung abgerissen, gerade an der Stelle, die sie am brennendsten interessiert hätte. Vergeblich versuchte sie zu erraten, was für eine Erklärung der Herzog wohl abgegeben haben mochte. Aber wie konnte sie das — war es ihr doch nicht einmal gelungen, diese unvorstellbare Tatsache zu fassen. Menschen, die man jahrelang täglich gesehen hat, die man heute noch aufsuchen will, werden doch nicht ermordet. Grauenhafte Sensationen und Verbrechen können uns doch nicht betreffen. Das Leben anderer Menschen mag vielleicht durch solche Gewalttaten erschüttert werden, aber unseres doch nicht. Wir sind gegen dergleichen gefeit.
Die Dämmerung senkte sich auf den Gefängnishof, schlich sich durch die Reihe der gleichförmigen Fenster und vertiefte sich zum Schatten in den Zellen. Aber hier brachte die Dunkelheit einmal keine Erlösung. Lebendiger denn je sah Henriette das volle, blasse Gesicht der Herzogin vor sich mit all den unberechenbaren Launen, die sich darauf abgespiegelt hatten. Sie sah auch das elegante Zimmer in dem wüsten Zustand, in dem es sich seit heute morgen befand. Wie gegenwärtig standen diese Bilder, die der Zeitungsbericht heraufbeschworen hatte, vor ihren Augen.
Sie sah das zerwühlte Bett und die kostbaren, blutbespritzten Gobelins; Stühle und Tische umgeworfen; Bücher und Nippes über den Teppich verstreut, auf dessen hellfarbigem Muster unheimliche Lachen zu

dunklen Flecken eintrockneten. Auf dem Schreibtisch zwischen den Fenstern, an dem die Herzogin so oft ihrem Kummer Ausdruck gegeben hatte mit einer Feder, die schneller über das Papier flog als der Vogel durch die Lüfte, lagen möglicherweise noch unbeendete Briefe. Vielleicht war auch einer darunter, der so begann: „Hiermit empfehle ich Mademoiselle Deluzy, deren vorzügliche Charaktereigenschaften und Geistesgaben ich zu schätzen gelernt habe in den sechs Jahren treuer Dienste als Erzieherin ...“ Es war nicht ausgeschlossen, daß ein solcher Brief während der letzten Lebensstunden der Herzogin entstanden war. Aber Henriette wußte, daß sie ihn niemals zu Gesicht bekommen würde. Und niemals würde er Madame Le Maire oder einer künftigen Brotherrin gezeigt werden.
Jemand schloß die Tür auf. Eine Lampe wurde in einen eisernen Sockel geschraubt. Die Aufseherin sprach sie an; sie legte ein Bündel auf die Pritsche und untersuchte sorgfältig den Inhalt. Henriette erkannte ihren Paisleyschal und andere Gegenstände ihrer Garderobe.
„Ihre Freunde brachten die Sachen soeben“, wurde ihr mitgeteilt. „Sie wollten Sie sehen, aber Sie dürfen noch keinen Besuch empfangen.“
Marie war wohl in die Rue du Harlay gegangen, um ihr das Nötigste zu holen. Niemand sonst konnte daran gedacht haben, und Henriette segnete sie dafür. Diese einfache Geste war alles, was eine Frau für eine Freundin tun konnte; und Henriette fand Trost darin, ihren Schal wieder in der Hand zu halten und Kamm und Bürste und ihre Taschentücher auf das leere Bord legen zu können. Besonders für die Taschentücher war sie Marie dankbar. Sie strömten noch einen schwachen Duft nach Verbenen aus dem Garten von Melun aus. Ein getrocknetes Blättchen lag zwischen den gefalteten Tüchern. Merkwürdig, dieser Geruch an diesem Ort, merkwürdiger, überhaupt noch riechen zu können, den Duft noch wiederzuerkennen, während man doch das Gefühl hatte, in allen Sinnen gelähmt zu sein.
Die Pritsche in der Conciergerie war weniger hart als ihr Lager im „Nadelöhr“, der Raum weniger stickig. Und doch lag Henriette mit weit offenen Augen, in die Dunkelheit starrend, und lauschte in das Schweigen um

sie herum — eine so eindringliche Stille, daß sie nach kurzer Zeit sich nach irgendeinem Geräusch sehnte, das diese unnatürliche Ruhe unterbrechen möge. Es war schon eine Erleichterung, dann und wann in der Ferne eine Uhr schlagen zu hören oder den Schritt des Wächters über den Hof und durch den Korridor. Hier, mitten im Herzen von Paris, schien das Leben gleichsam unterbunden. Ob sie nun schliefen oder, wie sie, wachten, alle jene, die sich innerhalb dieser Mauern befanden, die nicht länger zur Stadt und ihrem geschäftigen Treiben gehörten. Ihr Leben, ihr Lieben, ihr Ehrgeiz, ihr Schicksal waren hier gänzlich dem eigenen Willen entzogen. Dieser Gedanke verfolgte Henriette, während sie dort lag und auf den Morgen und das erste graue Licht am Fenster wartete.
Sie zwang sich, das Brot und den Kaffee zu sich zu nehmen, den man ihr brachte. Sie bat den Wächter, der das Geschirr wieder abholte, um Erlaubnis, eine Morgenzeitung lesen zu dürfen, aber er durfte ihr diese Bitte nicht erfüllen. Er war ein freundlicher und geschwätziger Mann und ließ sich gern dazu herbei, ihr von dem Mord zu erzählen, was er wußte.
Die Zeitungen seien voll davon, sagte er. Es sei das Tagesgespräch von Paris; in jedem Café und Laden, an jeder Straßenecke jagten sich die Berichte über neue Einzelheiten, die die Nachforschungen der Polizei gezeitigt hätten. Die erste Annahme, daß der Mörder von außen in das Zimmer der Herzogin eingedrungen sei, habe sich als unsinnig herausgestellt. Jetzt schien man den Herzog von Praslin selbst zu verdächtigen, obwohl doch so etwas eigentlich undenkbar sei — ein Mann, der sich einer unmenschlichen Tat an seiner eigenen Frau schuldig machen sollte! Die Arme sei an einer Unzahl von Wunden verblutet und müsse überdies noch grausam geschlagen worden sein.
„Nein, nein!“ Henriette vermochte kaum mit ihrem geflüsterten Protest seinen Bericht zu unterbrechen. „Es ist unmöglich! Das hätte der Herzog niemals — Sie wissen nicht, was Sie sagen!“
Aber er zuckte nur vielsagend die Schultern; er wiederhole ja nur, was ganz Paris sage. Zunächst habe sogar die Polizei sich gesträubt, dieser Auffassung Glauben

zu schenken. Aber schließlich hätten sie ja dem Zeugnis ihrer eigenen Augen nicht mißtrauen können. Als sie auf Anraten des Kammerdieners die Zimmer des Herzogs durchsuchten, hätte sich reichlich belastendes Material gegen ihn gefunden. O ja, es sähe nicht gut aus für den Herzog. Er sei unter Bewachung, um nicht Gefahr zu laufen, daß er entwische. Ganz gleich, ob er Pair von Frankreich und nur seinem König verantwortlich sei — das Volk wollte ihn seine Tat büßen sehen wie jeden anderen Verbrecher.

„Und was — sagt man von mir?" fragte Henriette leise. Er entgegnete wieder mit einem Achselzucken und blickte sie neugierig an. Ja, ihr Name sei natürlich auch gefallen, das könne er nicht abstreiten. Manche Leute behaupteten, sie und der Herzog seien — nun, was ein Mann und eine Frau einander manchmal wären. Man habe ja schon früher über die Rolle gemunkelt, die sie im Hause Praslin gespielt habe; es sei ja bekannt gewesen, daß zwischen der Herzogin und der Erzieherin ihrer Kinder keine große Zuneigung bestanden habe; es gingen sogar noch ärgere Gerüchte um. Deshalb habe die Polizei sie auch zur Conciergerie gebracht, um sie auszufragen. Man sei fest entschlossen, diesem gräßlichen Mord auf den Grund zu gehen. Bald würde man sie zum Verhör holen, da erführe sie dann mehr, als er ihr jetzt sagen könne. Nein, wie lange sie noch hierbleiben müsse, könne er ihr nicht sagen. Aber sie solle nur dankbar sein, daß man sie hier festhielt, denn draußen auf der Straße wäre sie jetzt ihres Lebens nicht sicher.

Es war kein öffentlicher Gerichtssaal, in den man Henriette führte, sondern ein kleinerer Raum, in dem sich etwa ein Dutzend Männer versammelt hatten. Ihre Gesichter zeigten eine maskenartige Ausdruckslosigkeit, als sie sich ihnen gegenübersetzte und auf den Beginn des Verhörs wartete. Der Schock bei den Worten des Wärters hatte in ihr dieselbe dumpfe, lähmende Verzweiflung ausgelöst, die sie empfunden hatte, als Albert sie mit der Schreckensnachricht weckte. Sie hatte die Fähigkeit zu denken, mehr noch, zu fühlen verloren. Es überraschte sie, daß sie noch so aufrecht und ohne Schwanken gehen konnte, daß sie sich noch so ruhig auf

den Stuhl setzen konnte, den man ihr dicht an den Tisch des Richters gerückt hatte.
Monsieur Broussais, der Untersuchungsrichter, sah kaum hoch, als sie eintrat. Seine Hände blätterten in zahlreichen Papieren, und er schien sehr vertieft in ein Gespräch mit dem Staatsanwalt. Sie unterhielten sich leise; alle anderen dagegen musterten sie mit unverhohlener Neugierde und tauschten flüsternd Bemerkungen über sie aus. Fliegen summten laut und aufreizend; eine setzte sich ihr ins Haar und kehrte immer wieder, sooft sie sie auch vertrieb. Sie war so beschäftigt damit, das Insekt zu verscheuchen, daß ihr der Beginn der Vernehmung erst zum Bewußtsein kam, als man sie mit Namen anredete. Sie hatte die Empfindung, daß dieser Name jemand anderem gehörte und nichts mit ihr zu tun habe. So fing das erste Verhör von Mademoiselle Henriette Deluzy-Desportes an, fünfunddreißig Jahre alt, ledig, von Beruf Erzieherin, aus Paris gebürtig, zuletzt wohnhaft in der Pension der Madame Le Maire, 9, Rue du Harlay, im Quartier Marais.
Die ersten Fragen, die man ihr stellte, waren mehr formeller Art: Wie lange war sie bei den Praslins in Stellung gewesen? Welches Gehalt hatte sie bezogen? Welches waren ihre Pflichten gewesen? Henriette antwortete so gefaßt und sicher, daß alle sich verwunderten. Aber schon die nächste Frage wurde in einem anderen Ton gestellt. Monsieur Broussais lehnte sich über den Tisch und fixierte sie mit seinen tiefliegenden, unergründlichen Augen.
„Man hat uns bereits mitgeteilt, daß Sie sich eines schweren Unrechts in diesem Hause schuldig gemacht hätten: daß Sie der verstorbenen Herzogin nicht die gebührende Achtung bewiesen, daß Sie die Kinder der Mutter und den Gatten der Frau zu entfremden suchten. Ist das wahr?"
Die anderen beugten sich ebenfalls in ihren Sitzen vor. Henriette spürte förmlich die gespannte Erregung, die diesen Worten folgte, und sie wußte, daß jetzt der Augenblick gekommen war, in dem sie ihre eigenen Worte wohl abwägen mußte. Aller Augen ruhten auf ihr, während man auf ihre Antwort wartete. Sie zwang ihre Stimme, ihr zu gehorchen, wie man einen abgerichteten Jagdhund zum Apportieren zu zwingen vermag.

„Nein, Monsieur." Sie sprach deutlich und ohne Zögern. „Es entspricht nicht den Tatsachen. Als ich zu den Praslins kam, war es bereits um den häuslichen Frieden schlecht bestellt. Eine ganze Reihe von Erzieherinnen waren vor mir dagewesen, und alle hatten sie der Herzogin wegen nicht ausgehalten. Es hatte ständig Unstimmigkeiten wegen der Erziehung der Kinder gegeben."
„Und was war der Grund dieser Unstimmigkeiten, von denen Sie da sprechen?"
„Der Herzog wünschte, daß ich die Erziehung leitete und daß ich nur ihm Rechenschaft darüber ablegen sollte. Ich sollte ganz mit den Kindern leben und alle Mahlzeiten mit ihnen, getrennt von den Eltern, einnehmen. Ich machte den Herzog darauf aufmerksam, wie schwierig eine solche Stellung sei und welche Verantwortung er mir damit übertrug, und daraufhin wurden einige Veränderungen getroffen. Aber es war trotzdem nicht leicht, zumal meine Vorgängerin noch dort war, als ich meine Pflichten aufnahm; und selbstverständlich fühlte sie sich durch meine Gegenwart gekränkt. Vom ersten Tage an hetzte sie die Herzogin gegen mich auf, und die Herzogin konnte es nicht lassen, sich in die Erziehung der Kinder einzumischen, was zu sehr unerfreulichen Folgen führte. Der Herzog war sehr ungehalten und stellte seine Frau zur Rede. So kam es, daß die Kinder und ich uns mehr und mehr für uns hielten; aber ich habe niemals wissentlich versucht, sie ihrer Mutter abspenstig zu machen. Die Unstimmigkeiten zwischen dem Herzog und der Herzogin dauerten fort, und es lag natürlich nicht in meiner Macht, etwas daran zu ändern. Vielleicht beging ich einen Fehler, als ich diese so ungewöhnlich schwierige Stellung annahm, aber ich habe niemals daran gedacht, der Herzogin wehzutun. Wenn ich ihr manchmal eine gereizte Antwort gab, dann nur, weil sie mich selbst ungerechterweise verletzt hatte."
„Und was", nahm das Verhör seinen Fortgang, „war die Ursache für die Entfremdung zwischen dem Herzog und der Herzogin?"
„Auf seiten der Herzogin offenbar der Wunsch, ihre Kinder und vor allem ihren Mann zu beherrschen, während der Herzog dem einen hartnäckigen Widerstand

entgegensetzte, ohne jedoch jemals so heftig zu werden wie seine Frau."

„Ihre enge Zugehörigkeit zu der Familie scheint die Eifersucht der Herzogin besonders gereizt zu haben. Mit gutem Grund?"

„Ich kann nicht leugnen, daß die Herzogin zuzeiten eine gewisse Eifersucht auf mich zur Schau trug, ohne dafür auch nur den geringsten wirklichen Grund zu haben. Zu anderen Zeiten war das Verhältnis zwischen uns weniger gespannt. Wenn sie gut aufgelegt war und mich freundlich behandelte, vergaß ich nur zu gern ihre ungerechten Vorwürfe. Was sollte ich tun, meine Herren, ohne Geld und ohne Freunde? Ich mußte nach Kräften bemüht sein, meine Stellung nicht zu verlieren, wenn es auch oft meine ganze Geduld auf die Probe stellte. Außerdem hatte mir der Herzog eine Rente versprochen, wenn ich den Mut aufbrächte — das waren seine eigenen Worte —, bis zur Heirat seiner älteren Töchter bei ihnen zu bleiben, und ich hatte es ihm zugesagt, so schwer es mir auch wurde."

Die Frage dieser Rente mußte genau erörtert werden: War sie bereits beim Antritt ihrer Stellung festgesetzt worden? War eine bestimmte Summe ausgemacht worden? Konnte sie sich genauer an die Unterredung hierüber erinnern? Eine lange Pause trat ein, während deren Monsieur Broussais sich Notizen machte. Dann räusperte er sich, um seinen nächsten Vorstoß anzukündigen. Das Geräusch hatte in der atemlosen Stille des Raumes einen unheilvollen Klang.

„Trifft es zu", fragte er, „daß die Herzogin, insbesondere in der letzten Zeit, den Verdacht hatte, daß zwischen Ihnen und ihrem Mann eine intimere Beziehung bestand?"

Die alte Verleumdung war also wieder aufgetaucht. Henriette hatte das geahnt, und die Frage traf sie daher nicht unvorbereitet.

„Nein, Monsieur, nein, niemals!" Ihr Nein rief sie laut und hastig, dann sprach sie langsamer weiter, ihre Worte sorgfältig abwägend, da sie sich der Bedeutsamkeit dieser Frage durchaus bewußt war. „Der Herzogin muß bekannt gewesen sein, daß eine solche Beziehung zwischen dem Herzog und mir nie bestanden hat. Sie hat

mich dessen auch niemals beschuldigt. Wenn sie es anderen gesagt haben mag — mir gegenüber nie. In den Zeitungen erschienen allerdings ein paarmal verleumderische Artikel. Vor zwei Jahren, als ich mit den Kindern in Korsika war, erschien ein besonders bösartiger, und ich wollte damals unverzüglich die Praslins verlassen. Aber der Marschall Sebastiani, der Vater der Herzogin, überredete mich zu bleiben. Eine Zeitlang danach behandelte mich die Herzogin sehr kühl und unfreundlich; doch allmählich änderte sie ihr Verhalten mir gegenüber, und den ganzen letzten Winter hindurch war sie sogar ungewöhnlich liebenswürdig zu mir, so daß ich neue Hoffnung schöpfte, ihr eines Tages doch näherzukommen, als ich vor ungefähr zwei Monaten zu meinem grenzenlosen Erstaunen erfahren mußte, meine Anwesenheit sei auch nicht einen Tag länger erwünscht."
Monsieur Broussais verzog während dieses Berichtes keine Miene. Als Henriette geendet hatte, nahm er aus den Papieren vor sich ein Blatt heraus und reichte es ihr hin. Es war ein Bogen von dem Briefpapier der Herzogin, und obwohl es keine Anrede und kein Datum trug, erkannte Henriette in dem Schreiben einen Brief wieder, den die Herzogin an sie selbst gerichtet hatte. Er begann:
„Wir sollen uns nicht zur Ruhe begeben, ohne Frieden mit unserem Nachbarn geschlossen zu haben, und es scheint mir, daß der Beginn eines neuen Jahres uns ganz besonders dazu verpflichtet, allen unseren Hader zu vergessen und alten Streit zu begraben."
Aha, dachte Henriette, als sie auf die bekannten Schriftzüge niederblickte, sie sind also bereits bei Madame Le Maire gewesen und haben die Schatulle aufgebrochen, in der ich meine Papiere verwahre.
„Diesen Brief", erklärte sie, „schrieb mir die Herzogin im vergangenen Jahr. Ich erhielt ihn zusammen mit einem Armband als Neujahrsgeschenk. Ich erinnere mich besonders gut daran, weil sie von diesem Zeitpunkt ab tatsächlich wie umgewandelt war; sie ging mit mir und ihren Töchtern ins Theater und sprach sogar mit mir über deren Heiratsaussichten. Sie bat mich, meinen Einfluß auf den Herzog in dieser Angelegenheit geltend zu machen; aber das mußte ich natürlich ab-

lehnen, weil ich mich nicht in so persönliche Dinge einmischen wollte."
Der Brief wanderte wieder auf den Tisch vor den Untersuchungsrichter, und neue Fragen folgten: über den Grund und das genaue Datum ihrer Entlassung, und ob sie den Herzog danach noch gesehen habe. Dann wieder wollte man wissen, wo und wie sie die Nacht zum 18. August verbracht hatte, auf welche Weise sie zuerst von der Tragödie gehört habe und warum sie nicht mehr bei Madame Le Maire gewesen sei, als die Gendarmen sie dort suchten. Aber die nächste Frage erst ließ sie hochfahren und mit entsetzten Augen den Fragenden anstarren.
„Wissen Sie auch, daß der Herzog eine schwere Anklage zu erwarten hat? Wissen Sie, daß er im Verdacht steht, seine Frau ermordet zu haben?"
„Nein, nein!" Hilfesuchend wandte sich ihr Blick von einem zum andern. „Sagen Sie mir, daß es sich nur um ein unbegründetes Gerücht handelt. Ich kann nicht glauben, daß er es getan hat. Er konnte es nicht einmal ertragen, seine Kinder auch nur an einer geringfügigen Unpäßlichkeit leiden zu sehen. Bitte, sagen Sie mir, daß es nicht wahr ist — was Sie eben sagten!"
Aber niemand antwortete ihr darauf, man beobachtete sie nur, um festzustellen, welchen Eindruck diese Nachricht auf sie machen würde. Das Schweigen verriet ihr, daß es sich hier nicht um irgendein phantastisches Gerücht handelte. Es konnte aber doch nicht wahr sein, und wenn es doch ... Sie mußte ihnen ganz einfach begreiflich machen, welche Rolle sie unwissentlich in dieser Tragödie gespielt hatte. Der Brief! Das durfte sie ihnen nicht verschweigen. Blitzartig kam ihr die Überzeugung, daß sie allein den Schlüssel zu diesem grauenvollen Rätsel besaß. Jenes Empfehlungsschreiben war im wahrsten Sinne des Wortes mit dem Blut der Herzogin geschrieben worden.
Die Knie zitterten ihr; ihre Hände öffneten und schlossen sich wie im Krampf. Sie hörte sich beschwören, stammeln, flehen — nicht anders als Madame Le Maire gestern. „Ich bitte Sie, meine Herren, hören Sie mich an. Er hätte niemals etwas so Entsetzliches tun können ... aber wenn er doch irgend etwas damit zu tun haben sollte — mein

Gott, dann ist es meine Schuld, weil ich zuviel von ihm verlangte ... Ich liebte die Kinder, ich vergötterte sie ... Ich war ein Feigling, weil ich mich nicht in mein Schicksal ergab. Ich schrieb ihnen. Sie können die Briefe selbst sehen. Ich erzählte ihnen, wie unglücklich ich wäre, daß ich nicht länger leben wollte. Ich fürchtete mich vor der Zukunft. Oh, wie unrecht von mir! Ich hätte meinen Kummer für mich behalten sollen und so tun, als hätte ich mich mit allem abgefunden, als wäre ich glücklich in dem Dachzimmerchen. Ich hätte sie bitten müssen, mich zu vergessen und nur mehr an ihre Mutter zu denken. Aber ich hatte nicht den Mut dazu. Ich war verzweifelt und wollte sterben. Ich nahm Laudanum, aber unglücklicherweise wurde ich ins Leben zurückgerufen, und das Leben war mir doch so verhaßt. Nach den sechs glücklichen Jahren mit den Kindern, die ich liebte und die mich liebten, schien mir die plötzliche Leere unerträglich. Jetzt verstehe ich alles, und jetzt ist es zu spät. Er muß zu seiner Frau gegangen sein, um jenen unglückseligen Brief, den sie mir versprochen hatte, von ihr zu fordern. Sie hat es ihm dann abgeschlagen und dann ... Sie sehen, ich bin die Schuldige. Schreiben Sie es dort in Ihre Akten — schuldig!"
Monsieur Broussais' knappe, kühle Stimme unterbrach ihren Ausbruch mit ironischem Tonfall.
„Es scheint kaum glaublich, Mademoiselle, daß ein solcher Gefühlsüberschwang, solch großartige Worte, wie Sie sie eben benutzten, sich auf Kinder beziehen. Haben Sie diese verzweifelten Briefe, von denen Sie sprachen, nur an die Kinder gerichtet?"
„Ja, Monsieur." Sie begegnete freimütig seinem Blick. „Ihnen mag mein Gefühl für die Kinder überschwenglich erscheinen, aber können Sie nicht versuchen, mich zu verstehen? Ich will auch nicht abstreiten, daß sich in meine Liebe zu den Kindern eine aufrichtige Zuneigung zu ihrem Vater mengte, der immer so gut und rücksichtsvoll gegen mich war." Ihre Stimme brach in einem Schluchzen; dann fuhr sie aber fort, und immer schneller und lauter kamen ihre Worte. „Aber ich habe keine Sünde begangen, keinen Ehebruch — denn das ist es doch, woran Sie alle denken. Hätte ich mich dessen schuldig gemacht, würde ich doch niemals wieder die

Kinder haben ansehen können. Ich betrachtete sie fast wie meine eigenen Kinder, aber vielleicht ist es nicht richtig von mir, so zu sprechen. Und doch war es so. Können Sie denn nicht verstehen, daß eine solche Liebe rein und ohne Sünde sein kann?"

Frage folgte auf Frage, und sie hielt diesem Geschoßhagel richterlicher Spitzfindigkeiten unbeirrt stand. Jetzt, nachdem sie sich von ihrem ersten Schock erholt hatte und ihre Geistesgegenwart wiedergekehrt war, zeigte sie sich allen sarkastischen Anzüglichkeiten und Unterstellungen besser gewachsen. Sie begegnete dem Angriff mit erhobenem Kopf und so sicheren, wohlgezielten Worten, daß alle sie überrascht anblickten; und sogar der Untersuchungsrichter hörte ihr wider Willen mit größerer Achtung zu. Sie wußte, daß er nur darauf wartete, sich wie ein Adler auf das erste Wort von ihr zu stürzen, dem ein zweideutiger Sinn untergeschoben werden konnte, um nichts durchzulassen, was sich als ein belastendes Moment gegen sie benutzen ließ. Sie war sich daher durchaus darüber klar, wieviel von ihren Antworten abhing. Es genügte nicht, die Wahrheit zu sprechen und nichts als die Wahrheit; man mußte ebenso klug wie ehrlich sein.

Draußen stand die Mittagssonne hoch über den Dächern von Paris und über der metallisch glitzernden Seine, deren Arme die Ile de la Cité mit dem Justizpalast und der Conciergerie umspannten. In dem engen Zimmer war die Luft stickig geworden, und das unbarmherzige Sonnenlicht stach durch die ungeschützten Fenster. Die Gesichter der Männer glänzten vor Hitze; Monsieur Broussais mußte immer wieder den Schweiß von seiner Stirn und seiner Brille wischen. Henriettes Taschentuch war nur noch ein Knäuel in ihrer Hand; sie schob sich das feuchte Haar aus dem Gesicht und nahm dankbar das Glas Wasser, das ihr ein Gerichtsdiener reichte. Sie durfte nicht einen Augenblick die Herrschaft über ihre Gedanken verlieren. Ganz gleich, wie sehr die Fliegen sie umsummen, wie sehr ihr Kopf und Augen von der Anstrengung, dem Verhör genau zu folgen, schmerzen mochten, ihre Aufmerksamkeit durfte nicht nachlassen. Sosehr sie ihre Sprache auch liebte und wie gern sie sich ihrer bediente, jetzt befand sie sich in ihrer Gewalt. Die

Worte flogen hin und her wie Weberschiffchen, die ein unsichtbares Muster woben. Wenn man doch nur dieses Muster erkennen könnte, das hier in dem heißen Raum entstand, während die Minuten Stunde um Stunde zusammentickten.

Kaltblütig wie ein Chirurg am Operationstisch sondierten die Fragen des Untersuchungsrichters das Leben in der Rue du Faubourg Saint-Honoré, in Melun und in Olmeto bis aufs Mark. Das scharfe Messer seiner Ironie legte kunstgerecht das Gewebe bloß, das Motiv und Ursache umwuchs. Einmal mußte sie sich doch durch eine unvorsichtige Bemerkung fangen lassen. Aber ihre Klinge war nicht minder scharf als die des Fragenden — sie sprach die Wahrheit; sie hatte nichts vor ihm zu verbergen.

Endlich schob Monsieur Broussais seine Papiere mit einer ungeduldigen Bewegung beiseite. Es war offenbar, daß ihn dieses fortwährende Gerede von den Kindern und dem gespannten Verhältnis zwischen ihnen und ihrer Mutter ermüdete. Da war dieses unaussprechlich brutale Verbrechen, das sowohl in gesellschaftlicher wie in politischer Hinsicht von größerer Bedeutung war als irgendeiner seiner früheren Fälle; und hier saß nun dieses selbstbewußte hübsche Frauenzimmer vor ihm und war nicht dazu zu bewegen, das Spiel nach seinen Regeln zu spielen. Sie wagte es, ihn durch Antworten zu verblüffen, die so geschliffen und präzise waren wie seine Fragen, Antworten, in denen er auch nicht die Spur eines Geständnisses wahrnehmen konnte, das er ihr ohne große Mühe zu entlocken gehofft hatte.

„Ich muß doch bitten, Mademoiselle“, sagte er brüsk, „wir müssen bei der Sache bleiben. Wir sind nicht hier, um Verdächtigungen nachzugehen, die nur Sie und die verstorbene Herzogin betreffen, auch nicht den Eifersüchteleien, die schließlich zu Ihrer Entlassung führten, oder diesem Empfehlungsschreiben, das Sie als so wichtig hinstellen wollen. Was uns hier interessiert, dreht sich um das größte Übel, von dem ein Haus betroffen werden kann — um den Unfrieden zwischen Mann und Frau. Sie wurden vom Herzog gegen seine Frau in Schutz genommen. Können Sie das bestreiten?“

„Nein, bei gewissen Anlässen war das wohl der Fall.

Aber wie konnte ich wissen, wie weit das ging und wie sehr es sich zwischen den beiden zugespitzt hatte? Was Ihren besonderen Verdacht anbelangt, Monsieur, so kann ich nur wiederholen, daß mir der Herzog nie etwas anderes als Freundschaft und Achtung bewiesen hat. Ich muß nachdrücklichst noch einmal erklären — da Sie es ja so deutlich hören wollen —: ich bin nie seine Geliebte gewesen."
Die Aufrichtigkeit ihrer Beteuerung war unverkennbar. Aber Monsieur Broussais gab sich noch nicht zufrieden.
„Und doch haben Sie in der kurzen Zeit seit Ihrer Entlassung", drängte er weiter, „verschiedene Briefe abgeschickt, die, wie Sie selbst zugeben, besser ungeschrieben geblieben wären; und Sie erlaubten dem Herzog, Sie zu besuchen, und zwar wenigstens dreimal. Außerdem behaupten Sie, die Absicht gehabt zu haben, gestern die Herzogin wegen dieses Empfehlungsschreibens aufzusuchen, und gestern erlitt sie ihren schrecklichen Tod. Wie erklären Sie sich dieses merkwürdige Zusammentreffen?"
„Das kann ich nicht erklären, Ihnen nicht und mir nicht. Ich kann nur wiederholen, was ich schon gesagt habe, daß zwischen dem Herzog und mir nie etwas Unrechtes gewesen ist und daß wir auch niemals etwas Unrechtes planten."
Sie hielt einen Augenblick inne, um sich zur Beantwortung einer Frage zu sammeln, die ihr noch gar nicht gestellt worden war.
„Ich versichere Ihnen, daß ich in erster Linie immer an die Kinder dachte. Wenn die Herzogin eines natürlichen Todes gestorben wäre und der Herzog mich gebeten hätte, seine Frau zu werden, würde ich im Interesse der Kinder niemals in eine solche Mésalliance eingewilligt haben. Und hätte der Herzog mich geliebt, dann weiß ich nicht — dann hätte ich ihm wohl mein Leben und meinen Ruf geopfert. Aber davon war nie die Rede, und ich habe nie versucht, zwischen ihm und seiner Frau Unfrieden zu stiften. Ich hätte ihr auch nicht ein Härchen krümmen mögen. Ich spreche die Wahrheit, Monsieur, und Sie müssen mir glauben. Können Sie das meiner Stimme nicht anhören?"
Ihre Fähigkeit, einer Frage vorzugreifen und ihre Ant-

worten zu einer entlastenden Aussage zu machen, verlieh ihr eine gewisse Überlegenheit. Ihre Zuhörer konnten sich ihrer Beredsamkeit und ihrem bescheidenen und doch sicheren Auftreten nicht verschließen. Selbst Monsieur Broussais staunte. Noch niemals hatte er eine solche Zeugin verhört. Er durfte sich jedoch in seinem Amt nicht von dieser Bewunderung beeinflussen lassen. Das Verhör war noch keineswegs beendet. Wieder holte er ein paar Schriftstücke hervor, die sie identifizieren mußte.

„Erkennen Sie die Handschrift dieser Briefe als Ihre eigene?" fragte er.

„Ja, Monsieur. Ich schrieb sie vor etwa einem Monat an die zweitälteste Tochter."

„Einer von ihnen enthält einen unvollendeten Satz, dessen Bedeutung nicht ganz klar ist: ‚Du schreibst gar nicht von deinem Vater. Ich hoffe, daß es ihm gut geht und daß er weiterhin den Mut nicht sinken läßt. Ich glaube, ich wäre weniger unglücklich, wenn ich sicher sein könnte, mein Leiden — —' Würden Sie bitte den Satz zu Ende führen?"

Henriettes Herz drohte auszusetzen. Das war dieser Brief, den abgeschickt zu haben sie ständig bereut hatte. Sie hatte ihn an Louise geschrieben an einem Tag, an dem sie es nicht länger in der Rue du Harlay aushalten zu können glaubte. Losgelöst von dem anderen Text und laut vorgelesen nahm der Satz allerdings eine Bedeutung an, die sie ihm nicht hatte geben wollen.

„Ich muß wohl beabsichtigt haben — ‚bliebe ihm erspart' oder vielleicht auch — ‚bliebe euch allen erspart' zu schreiben", erwiderte sie. „Ich weiß nicht mehr, warum ich abbrach, vermutlich deshalb, weil ich es nicht für richtig hielt, dem jungen Mädchen von ihrem Vater zu schreiben."

Monsieur Broussais nickte, als er die Briefe wieder in Empfang nahm. „Da taten Sie ganz recht", bemerkte er trocken, „denn Sie wollten da einem Gefühl Ausdruck geben, über das man einem jungen Mädchen besser keine Mitteilung macht."

Henriette wollte empört aufbegehren, aber nun war das Verhör beendet. Für diesmal hatten Monsieur Broussais und seine Beisitzer keine Fragen mehr zu stellen. Der

Gerichtssekretär begann schon die Notizen, die er von den Fragen und ihren Antworten gemacht hatte, zu einem Bericht zusammenzufassen.
„Gott allein weiß", dachte sie, als sie an seinem Tisch vorbei aus dem Zimmer ging, „wer alles diese Worte noch lesen wird, die ich nun nie mehr ungesagt machen kann." Draußen auf dem Gang verließ sie der Mut völlig, der ihr über diese Prüfung hinweggeholfen hatte. Sie fühlte sich so elend und erschöpft, so kraftlos und verbraucht wie eine ganz alte Frau. Sie war froh, sich auf den Arm des Gendarmen stützen zu können, der sie zu ihrer Zelle zurückführte.
Es war ihr unmöglich, das Essen, das man ihr brachte, anzurühren, und sie schüttelte den Kopf, als man ihr die Erlaubnis gab, eine halbe Stunde lang im Gefängnishof spazierenzugehen. Man ließ sie allein, und den ganzen endlosen Nachmittag saß sie da und versuchte, sich jedes Wort, das sie geäußert hatte, ins Gedächtnis zu rufen. Warum war ihr nicht diese und jene Antwort eingefallen? Hatte sie ihnen die Geschichte mit dem Empfehlungsschreiben genügend klargemacht? Über welchen anderen Briefen von ihr, dem Herzog oder der Herzogin mochten Monsieur Broussais und die Polizeibeamten wohl jetzt brüten? Alle waren sie von der Schuld des Herzogs und von ihrer Mittäterschaft überzeugt. Obwohl sie in jener Nacht nicht einmal in der Nähe der Rue du Faubourg Saint-Honoré geschlafen hatte, glaubten sie alle, daß sie an diesem Mord beteiligt wäre.
„Es kann nicht sein!" wiederholte sie sich, wie sie es schon am Morgen beteuert hatte. „Es kann nicht sein. Er ist nicht fähig, so etwas zu tun."
Sie dachte diese Worte wieder und wieder, und doch konnte sie sich nicht überzeugen. Sie wollte so gern jenem ersten Gerücht glauben, das von einem unbekannten Mörder sprach, der durch den Garten entkommen war, aber sie vermochte es nicht. Sie sah das von einer inneren Spannung umgewandelte Gesicht des Herzogs vor sich, so wie sie es zuletzt auf Madame Le Maires schlecht erleuchtetem Treppenflur gesehen hatte. Sie erinnerte sich plötzlich, wie das Geländer unter seinem festen Zugriff geschwankt hatte. Sie mußte an seine großen, kräftigen Hände denken, die so zärtlich das weiche

Haar seiner Kinder gestreichelt hatten. Und jetzt waren sie blutbefleckt. Sie dachte zurück an jenen Frühlingsabend, an dem er und Louise sie mit ihrer unerwarteten Rückkehr vom Lande überraschten, und wie er damals beim Einschenken etwas Wein verschüttete. Wie sorgfältig hatte er die blutroten Tropfen von seiner weißen Hand gewischt! Das war jetzt mehr als sechs Jahre her ...

„Es kann nicht sein!" wiederholte sie eigensinnig.

Aber im Grunde ihres Herzens kannte sie die Wahrheit, die ihre Lippen verschwiegen. Das tägliche Gift der Eifersucht seiner Frau hatte seine Selbstbeherrschung untergraben. Es kam ihr so vor, als sei eine Eiche, die Stürmen und Holzhauern getrotzt hatte, dem unablässigen Hämmern eines Spechts zum Opfer gefallen.

Ein Schlüssel quietschte im Schloß, und die Tür öffnete sich. Beim Klang der bekannten Stimme riß sie sich aus ihren Gedanken, die Gegenwart ihres Besuchers noch halb bezweifelnd. Und doch war es kein Traum: vor ihr stand Pastor Monod. Die Tränen stürzten ihr aus den Augen, die doch während der langen, schlaflosen Nacht und während des Verhörs am Morgen trocken geblieben waren. Sie war nicht länger allein, und dieses Bewußtsein überwältigte sie.

„Aber wie sind Sie hier hereingekommen?" fragte sie, allmählich ruhiger werdend. „Albert und Marie Remey haben es schon vergeblich versucht, und ich hatte vergessen, daß ich noch andere Freunde in Paris besitze."

Er nahm ihre Hände in die seinen und sprach tröstend auf sie ein. „Ich bin Ihr Freund, Mademoiselle Deluzy oder Mademoiselle Desportes — es ist mir gleichgültig, welchen Namen Sie tragen —, und außerdem bin ich auch Ihr Seelsorger. Man kann Ihnen nicht den Trost der Kirche verwehren, was auch immer die Anklage gegen Sie sein mag."

„Oh, Monsieur Monod, ich weiß ja selbst nicht genau, wessen man mich eigentlich anklagt. Dieses schreckliche Verbrechen — und man sagt, er habe es begangen; und am Abend vorher kam er noch mit den Kindern zu mir —", sie kämpfte bei dieser Erinnerung von neuem gegen ihre Tränen an.

„Sprechen Sie sich ruhig aus", sagte er. „Fürchten Sie

nicht, daß ich Ihr Vertrauen mißbrauchen werde. Ich weiß, was über Sie geredet wird —"

„Aber Sie halten mich doch nicht für schuldig?"

„Nein." Er schüttelte den Kopf. „Aber selbst wenn ich mir im Zweifel darüber wäre, würde ich Sie aufgesucht haben, denn dann hätten Sie meiner doch nur noch mehr bedurft. Ich war verreist, als ich zuerst davon hörte. Die Zeitungen nannten zunächst nicht Ihren Namen, aber ich wußte ja, daß Sie zu jenem Haushalt gehörten, und ich konnte mir denken, wie sehr der Schreck Sie mitgenommen haben mußte. Ich wußte da noch nicht, daß man Sie entlassen hatte. Und erst, als ich heute früh nach Paris zurückkehrte, erfuhr ich, daß man Sie verhaftet hat."

Sie berichtete ihm so ausführlich wie möglich von den Umständen ihrer Entlassung, von dem letzten Besuch des Herzogs und von dem Empfehlungsschreiben, das ihrer festen Überzeugung nach der Anlaß für die Tragödie gewesen war.

„Ja", pflichtete er ihr bei. „Sie mögen recht haben. Goliath erlag auch dem Kieselstein aus Davids Schleuder, und dieser Brief mag sehr wohl den letzten Anstoß gegeben haben. Aber Sie dürfen nicht weiter darüber nachgrübeln. Sie haben Fehler gemacht; aber das tun wir alle, nur sind die wenigsten von uns bereit, es auch zuzugeben."

„Monsieur Monod" — sie blickte ihn durch einen Tränenschleier an, während sie die verwickelte Geschichte dieser letzten sechs Jahre erzählte und die Dämmerung sich über den Hof der Conciergerie hinabsenkte — „ich hätte Ihnen das alles schon viel eher sagen sollen, bevor es zu spät war. Ich hätte Sie um Rat fragen sollen. Aber ich dachte, ich könnte mein Leben ohne Hilfe meistern. Wenn auch überall schmutzige Wäsche gewaschen wurde, meine sollte nicht dabei sein. Ich bildete mir ein, mir könnte nichts zustoßen, weil ich niemandem etwas Böses wünschte. Ich war hochmütig und stolz, weil ich mich meiner selbst zu sicher fühlte."

„Sie sind nicht die erste, die diesen Fehler begeht", antwortete er ernst. „Wir alle glauben, daß unser Leben uns gehört, bis wir eines Tages die Entdeckung machen, daß es mit dem anderer Menschen unlöslich verbunden ist."

„Und ich war der Meinung“, fuhr Henriette fort, „daß mich niemals ein Vorwurf treffen könnte, weil ich nie absichtlich etwas Unrechtes tat. Aber jetzt — es ist furchtbar, denken zu müssen, daß sie diesen Tod erlitt und daß auch ich dafür zur Verantwortung gezogen werde. Ich habe sie nie gemocht; ich habe sie niemals achten können, und selbst jetzt fällt es mir schwer, ihre Fehler und ihre Torheit zu vergessen; aber ich kann nicht vergessen, daß die Arme heute vielleicht noch lebte, wenn ich nicht auf dem, was ich für mein gutes Recht hielt, bestanden hätte. Was ich auch sagen und tun mag — daran werde ich nichts ändern können. Sie ist tot, und Gott weiß, was jetzt aus ihm und den Kindern werden mag.“

Monsieur Monod versuchte gar nicht, es ihr mit banalen Trostworten leichter zu machen, und er dachte auch nicht daran, für sie zu beten, wie andere Geistliche es wahrscheinlich getan hätten.

„Sie sind zu ehrlich, um sich selbst entschuldigen zu wollen“, sagte er. „Sie leiden weit mehr, als Sie es verdienen; denn je intensiver ein Mensch lebt, desto verwundbarer ist er auch. Aber vergessen Sie nicht, daß es keine größere Weisheit gibt, als sich über die eigene Torheit klarzuwerden. Verlieren Sie den Mut nicht, Mademoiselle. Sie werden ihn noch brauchen, einerlei, ob der Herzog die Anklage nun entkräften kann oder nicht.“

Sie bat um Nachrichten über den Herzog, aber er konnte ihr auch nicht mehr erzählen, als sie bereits wußte — daß nämlich der Herzog sich ebenfalls in Haft befände. Jede neue Ausgabe der Zeitungen brachte einen noch sensationelleren Bericht als die vorige. Monsieur Monod teilte ihr alles mit, was er wußte, und verschwieg ihr auch nicht, was für Ausmaße der Fall angenommen habe. Die Aufmerksamkeit des ganzen Landes war geweckt worden, und die Stimmung des Volkes wurde immer erregter. Selbst die Stellung des Königs und die Struktur seines Hofes wurden davon betroffen.

„Das Volk auf der Straße“, sagte Monsieur Monod, „hält den Herzog für schuldig und verlangt, daß man ihm den Prozeß macht wie jedem anderen Verbrecher auch. Aber als Mitglied des Adels kann er nur von seinen Rangoberen zur Verantwortung gezogen werden — vom König und der Pairskammer. Sollte er freigesprochen werden, wird man bestimmt den König der Begünstigung bezichtigen, und sollte er verurteilt werden, dann wird das Ansehen des ganzen Hofes Schaden leiden. Sie wissen ja, wie sehr die Unzufriedenheit schon in der Luft liegt."

Ja, das wußte sie, obwohl sie das bisher nicht in Betracht gezogen hatte. Ihre eigenen Sorgen hatten sie vollständig in Anspruch genommen. Aber jetzt begann sie zu begreifen, was hinter seinen Worten lag. Der König war alles andere als populär und das Volk nur allzu bereit, sich auf alles zu stürzen, was nach höfischer Korruption aussah. Hier konnte sich die Gelegenheit ergeben, auf die man seit langem gewartet hatte, die Macht der Regierung zu erschüttern. Welche Ironie, dachte Henriette, daß sie in einem Prozeß eine Rolle spielen sollte, in den der König und die Pairskammer verwickelt zu werden drohten — sie, die immer die Sache der Republik verfochten und das Haus der Orléans so unumwunden abgelehnt hatte.

„Ich weiß auch, daß die Stimmung gegen mich ist", sagte sie. „Einer der Wächter teilte es mir heute früh mit. Er meinte, hier in meiner Zelle wäre ich sicherer, als wenn ich frei in Paris herumliefe."

Auch jetzt bemühte Pastor Monod sich nicht, die Tatsachen zu mildern.

„Es gehen tolle Gerüchte um", gab er zu. „Bedauerlicherweise nennt man Ihren Namen mit dem des Herzogs in einem Atem. Bekanntlich pflegen sich die Menschen ja immer mehr über eine bestimmte Person zu empören als über ein System. Es ist eben so viel einfacher, einem einzelnen Mann oder einer Frau die Schuld zu geben als einem Regierungssystem. Natürlich ist es schwierig, vorauszusehen, wie es um diese Stimmung in der nächsten Stunde bestellt sein wird. Ich habe die öffentliche Meinung schon so plötzlich umschlagen sehen wie einen Wind, der das Feuer, das er eben erst entfacht hat, wieder ausbläst."

„Das Feuer kann aber auch um sich greifen, Monsieur, bis alle Hoffnung, es zu löschen, dahin ist."

„Der König hat jedenfalls schleunigst seine Rückreise

nach Paris angetreten", berichtete er. „Und er wird es hier nicht nur mit einem einfachen Mordfall zu tun haben. Ich halte es daher für wichtig, daß Sie sich sofort einen guten Verteidiger nehmen. Sie haben ein Anrecht auf gesetzlichen Beistand, und ich werde dafür sorgen, den besten, den wir finden, für Ihre Sache zu gewinnen."
Aber sie schüttelte den Kopf.
„Nein, Monsieur Monod, ich brauche keinen Anwalt. Ich kann alle Fragen selbst beantworten."
„Aber Sie kennen die Gesetze nicht, Kind, und Sie müssen in Ihren Aussagen beraten werden. Eine einzige Unbesonnenheit, eine einzige unüberlegte Bemerkung kann Sie aufs schwerste schädigen."
„Dieses Risiko will ich gern auf mich nehmen. Ich werde ihnen alles sagen, was sie von mir wissen wollen, wie ich es heute schon getan habe."
„Nur nichts übereilen! Wenn Sie nur aus geldlichen Gründen zögern, seien Sie vollkommen unbesorgt. Ich verfüge über genügend Mittel, um Ihnen zu helfen, und besitze überdies einflußreiche Freunde unter den Anwälten. Sie sollen aufs allerbeste beraten werden."
„Sie sind viel zu gut mit mir", unterbrach sie ihn. „Ich weiß eigentlich nicht warum, denn Sie haben doch mir gegenüber gar keine Verpflichtung. Aber ich will nicht nach dem Grund Ihrer Großzügigkeit fragen; ich bin Ihnen nur herzlich dankbar. Ein Anwalt aber würde mich nur verwirren. Ich habe nichts zu bieten als die Wahrheit, und die muß ich auf meine eigene Art sagen können."
Er lächelte ihr zu, wenn er auch nicht einverstanden war.
„Ja, dann halten Sie es, wie Sie wollen", sagte er.
Es klopfte an die Tür, und eine Stimme mahnte den Pastor, daß er seine Besuchszeit bereits überschritten habe.
„Ich habe mit Ihnen nicht gebetet, mein Kind", sagte er, als er sich erhob, „aber ich denke, Sie sind imstande, allein zu beten. Meine Gebete und die meiner Frau sind Ihnen ohnehin gewiß."
„Es tut gut, das zu wissen. Und werden Sie wiederkommen?" fragte sie ihn ängstlich.
„Sooft man es mir erlaubt. Sie sind nicht allein, denken Sie immer daran. Sie haben Freunde. Die Remeys er-

warten mich schon. Soll ich ihnen irgend etwas ausrichten?“

„Sagen Sie ihnen nur von Herzen Dank. Und wenn Sie vielleicht mit meinem Großvater sprechen könnten —“ Sie nannte ihm die Adresse und fuhr hastig fort: „Er hat nie gut von mir gedacht und war sehr dagegen, daß ich diese Stellung annahm. Deshalb hatte ich auch einen anderen Namen angenommen; aber er ist nun einmal mein einziger Verwandter, und in meiner jetzigen Notlage mag er mir vielleicht beistehen wollen.“

„Ich will sehen, was ich tun kann. Ich werde ihn sofort aufsuchen und ihn von allem unterrichten. Haben Sie sonst noch etwas auf dem Herzen?“

„Wenn Sie mir eine Nachricht über die Praslin-Kinder bringen könnten, besonders über die jüngeren, würde es mich sehr beruhigen. Und ja, da ist noch etwas. Sagen Sie doch, bitte, Albert und Marie, sie möchten Madame Le Maire an den Obstkorb auf meinem Fensterbrett erinnern. Es wäre ein Jammer, wenn das Obst verdürbe, und die Melone muß inzwischen schon reif geworden sein.“

ZWEIUNDZWANZIGSTES KAPITEL

Während der Woche vom 18. bis 24. August 1847 hallte ganz Frankreich von Entsetzen und Empörung über die täglichen neuen Enthüllungen in der Mordsache Praslin wider. Und nicht nur in Paris und Marseille, sondern auch in Brüssel, Amsterdam, Berlin, in London und Manchester unterhielten sich Männer und Frauen mit vor Abscheu zitternden Stimmen über dieses Verbrechen und lauerten auf neue Einzelheiten. Sie lasen den ärztlichen Befund über die Leiche der Herzogin, der die genaue Anzahl der Wunden angab, deren jede tief genug gewesen war, um den Tod herbeizuführen. Sie beugten sich über die Pläne des Hauses in der Rue du Faubourg Saint-Honoré 55 und folgten jenen grausigen Federstrichen, welche die blutigen Spuren darstellten, die das Opfer während des wütenden Kampfes auf dem Fußboden, an den Wänden und auf den Möbeln hinterlassen hatte, und den roten Abdrücken der Finger, die so verzweifelt nach der Klingelschnur getastet hatten. Sie verschlangen die Aussagen der Dienstboten, die auf das Klingeln herbeigestürzt waren — diese Aussagen, die sich alle im Bericht über den häuslichen Unfrieden einig waren und in der Behauptung, daß die kürzlich entlassene Erzieherin der Hauptanlaß für den Zwist des herzoglichen Paares gewesen sei. Sie lasen von dem Kammerdiener Charpentier, der der Polizei den schlauen Rat gegeben hatte, den Mörder nicht außerhalb des Hauses zu suchen, sondern lieber den Räumen des Hausherrn ihre Aufmerksamkeit zuzuwenden.

Sie staunten über das fortwährende Leugnen des Herzogs, obwohl er sich so unableugbaren Indizien wie einem blutbefleckten Schlafrock und einem blutigen Hemd gegenübergestellt sah, von den angesengten Fetzen verbrannter Briefe und Papiere in seinem Kamin und jenen Kratz- und Bißwunden an seinen Händen, die er nicht zu erklären vermochte, ganz zu schweigen. Wie konnte er nur angesichts dieser erdrückenden Beweise seiner eigenen Schuld so hartnäckig an der fadenscheinigen Geschichte von einem eingedrungenen Mörder festhalten? Wie konnte überhaupt ein Mann, noch dazu der Sproß einer der vornehmsten Familien Frankreichs, eine so brutale Gewalttat begehen, fragte man sich zu beiden Seiten des Kanals. Überall brandmarkte ihn die öffentliche Meinung einstimmig als den unmenschlichsten Verbrecher seiner Zeit. Vom Staatsmann bis zum Ladenbesitzer und Straßenhändler waren sich alle darüber einig, daß es keiner weiteren Beweise mehr bedurfte, um ihn zu verurteilen, und daß keine Todesart grausam genug wäre, um einen solchen Mann zu richten.

Und diese Mademoiselle Henriette Deluzy-Desportes, die ehemalige Erzieherin, deren Name und Einfluß eine so bedeutende Rolle in jeder einzelnen Version des Verbrechens spielten — was war von ihr zu halten? Auch an ihr ließ man in den verschiedensten Sprachen kein gutes Haar. Es steckt doch immer eine Frau dahinter, sagte man sich, und was für eine Megäre mußte diese Erzieherin sein! Kein Mann war imstande, seine Frau, die

Mutter seiner neun Kinder, auf so bestialische Weise umzubringen, wenn nicht eine andere Frau ihn zur Raserei getrieben hatte. Sie mußte die raffinierteste Verführerin sein, von der man je gehört hatte; und doch — wie konnte das bei einer Erzieherin von mehr als dreißig Jahren möglich sein, die nicht einmal schön war, wie die Zeitungen schrieben. Aber solche Dinge waren eben unerklärlich. Der Herzog hatte sie mit mehreren seiner Kinder noch wenige Stunden vor dem Mord besucht. Soviel und noch mehr hatte sie in einem geheimen Verhör zugegeben. Die Polizei hatte sie in Gewahrsam genommen und ihre Sachen beschlagnahmt. Es war gut, daß das sofort geschehen war; denn bei der allgemeinen Empörung über sie konnte man nie wissen, was der Pöbel sonst mit ihr angestellt hätte.

Bereits am Freitag, dem 20. August, wies ein Leitartikel in der „Times" auf die Tragweite dieses Falles hin:

„Die Pariser Zeitungen vom Mittwoch, die wie gewöhnlich per Expreß bei uns eintrafen, enthalten keine politischen Neuigkeiten von irgendwelcher Bedeutung. ‚Selbst wenn es anders gewesen wäre', erklärt unser Berichterstatter, ‚ist die Öffentlichkeit so schmerzlich von dem Mord an der Herzogin von Praslin bewegt, daß höchstens eine Revolution ihre Aufmerksamkeit abzulenken imstande wäre'."

Am Sonnabend, dem 21. August, brachten die Zeitungen die Mitteilung, daß der Herzog von Praslin am Abend vorher unter strengster Bewachung unauffällig von seinem Wohnsitz ins Luxembourggefängnis übergeführt worden sei. Dort habe ihn, hieß es weiter, eine geheimnisvolle Krankheit befallen, die für genügend ernst erachtet worden war, um die Hinzuziehung seines langjährigen Arztes und den Aufschub seines Verhörs durch den Präsidenten der Pairskammer angezeigt erscheinen zu lassen. Etwas später am Tage begannen beunruhigende Gerüchte über das Befinden des Häftlings umzulaufen, denen zufolge es sehr kritisch um ihn stehe. Mittlerweile war die Pairskammer zusammengetreten, um über die Anklageschrift zu beraten.

Keiner von all denen, die über die Ereignisse jener Woche Berichte abzufassen hatten, konnte auch nur von Stunde zu Stunde voraussagen, welche Entwicklung der

Fall Praslin nehmen würde. Eine noch so wohl verbürgte Nachricht war häufig schon überholt, bevor sie in Satz gehen konnte. Die konservativsten Zeitungen lasen sich wie die billigsten Revolverblätter, und selbst die hervorragendsten Gestalten der literarischen Welt verließen ihren Schreibtisch, um sich bei der ersten öffentlichen Vernehmung auf den Bänken im Gerichtssaal zu drängen und nachher ihre Eindrücke über die Hauptpersonen der Mordsache Praslin niederzuschreiben. Victor Hugo, der in den „Choses Vues" einen täglichen Bericht schrieb, notierte am Sonntag, dem 22. August:
„Gegenwärtig ist in Mademoiselle Deluzys Zimmer im Hause der Madame Le Maire, Rue du Harlay, die Melone, der Blumenstrauß und der Obstkorb im Fenster zu sehen, die der Herzog ihr vom Lande am Abend vor dem Mord mitbrachte. — Der Herzog ist schwer krank; man behauptet, es sei eine Vergiftung."
Nach einer ausführlichen Darstellung ihrer Tätigkeit im Hause Praslin und Auszügen aus ihrem ersten Verhör fuhr er fort:
„Mademoiselle Deluzy befindet sich nach wie vor in der Conciergerie. Jeden Tag macht sie einen zweistündigen Spaziergang im Gefängnishof. Manchmal trägt sie ein baumwollenes, manchmal ein gestreiftes seidenes Kleid. Sie scheint sich bewußt zu sein, daß viele Augen sie aus den Fenstern beobachten. Diejenigen, die sie gesehen haben, erzählen von ihrer tragischen Pose."
Ein anderer Berichterstatter brachte in der „Gazette des Tribunaux" genauere Einzelheiten über ihre Erscheinung auf diesen Spaziergängen:
„Die Beschreibung von Mademoiselle Deluzy in der — entspricht nicht ganz den Tatsachen. Sie ist einfach gekleidet, ermangelt dabei jedoch nicht einer gewissen Anmut und vornehmen Haltung. Ihre Figur besitzt nicht mehr die Schlankheit der ersten Jugend, aber ihre Augen, die jetzt von tiefen Ringen umschattet sind, sprechen deutlich von ihrer Intelligenz. Ihr Gesicht ist blaß und verrät Müdigkeit; ihr kastanienbraunes Haar ist geschmackvoll frisiert. Gestern trug sie ein Baumwollkleid, einen schwarzen Schal und einen Strohhut mit lila Band. Sie ging langsam, die Arme über der Brust gekreuzt und den Kopf gesenkt."

So vergingen Henriette die Tage ohne Unterbrechung, während Schlag auf Schlag im Verfolge der Unglückslawine sie traf. Sie wurde zum zweitenmal verhört, diesmal von dem Präsidenten Pasquier. Hierüber berichtet Victor Hugo, indem er einen seiner Kollegen zitiert:

„Sie werden gleich Mademoiselle Deluzy zu sehen bekommen. Sie ist eine ungewöhnliche Frau. Ihre Briefe sind wahre Meisterwerke von Witz und Stil. Im Verhör hält sie sich großartig. Wenn Sie sie gehört hätten, wären Sie überrascht gewesen. Niemand könnte anmutiger und gleichzeitig gelassener und klüger sein. Falls sie eines Tages anfangen sollte zu schreiben, bei Gott, dann werden wir ihr den Montyon-Preis zusprechen. Übrigens ist sie auch eigensinnig und herrisch, alles in allem eine Frau, die ebenso durchtrieben wie reizend ist."

Henriette war dieser zweiten Prüfung besser gewachsen, wenngleich die Schlaflosigkeit, an der sie litt, und die lange Wartezeit nicht spurlos an ihr vorübergegangen waren. Sie bedurfte nicht der Bestätigung durch einen Spiegel, daß ihre Jugend sie für immer verlassen hatte. Sie besaß nicht mehr die Hoffnung, die ihren Schritt und ihr Herz beschwingt hatte, aber sie begegnete den Fragen mit derselben Furchtlosigkeit wie zuvor. Ihre Antworten kamen Schlag auf Schlag, jedes Wort so treffsicher und wohlüberlegt wie das des Fragenden. Stundenlang währte dieses Wortgefecht.

„Sie haben sich also nicht so sehr darum bemüht, wie Sie es hätten tun sollen, die Kinder ihrer Mutter näherzubringen?"

„Anfangs versuchte ich es wohl, aber es erwies sich als nutzlos; und obwohl die Herzogin nicht in allem mit der Auffassung ihres Mannes von der richtigen Erziehung ihrer Kinder übereinstimmte, schien sie doch bereit zu sein, ihm darin freie Hand zu lassen. Sie gab mir niemals Anweisungen über Pflege und Ernährung der Kinder, höchstens gelegentlich in Kleiderfragen, und sie sprach nur selten mit ihnen. Wenn ich mit ihr allein war, was nicht häufig vorkam, redete sie mit mir über Dinge, die mit den Kindern nichts zu tun hatten. In ihrer Gegenwart wurden die Kinder unruhig und waren daher lieber mit mir allein, und das kränkte ihre Mutter natürlich."

„Machten Sie es sich niemals klar", drang Monsieur Pasquier weiter in sie, „daß eine solche Entfremdung von ihren Kindern für eine Mutter schmerzlich sein muß — daß es auch zu Spannungen zwischen ihr und ihrem Mann führen mußte?"

„Ganz im Gegenteil, Monsieur. Ich bin ehrlich davon überzeugt, daß die Herzogin weit mehr an ihren Mann und an ihre Gefühle für ihn als an ihre Kinder dachte, die sie stets aus dem Zimmer schickte, sobald ihr Mann eintrat — nur, um ihn für sich allein zu haben. Sie versuchte beständig, seine Aufmerksamkeit von den Kindern fort und auf sich zu lenken. Ich habe es erlebt, daß sie plötzlich aus dem Zimmer ging, nur weil der Herzog mit seinen Kindern spielte oder zärtlich zu ihnen war. Bei allen solchen Anzeichen der Liebe zwischen dem Vater und seinen Kindern konnte sie ihre Eifersucht und ihre Gereiztheit nie verbergen. Die Kinder merkten dies natürlich und verdoppelten mit der gedankenlosen Bosheit ihres Alters ihre Zärtlichkeitsbezeigungen für ihren Vater. Ich sah, wieviel Schaden dieser ständige Kampf anrichtete, aber es lag nicht immer in meiner Macht, seine schädliche Auswirkung zu verhindern. Und als mit der Zeit meine Zuneigung zu meinen Zöglingen wuchs, konnte ich nicht mehr diesen täglichen Reibungen gegenüber gänzlich unparteiisch bleiben. Ich konnte ja doch nicht der Herzogin diejenigen wiedergeben, die sie sich wissentlich oder wenigstens achtlos hatte entgleiten lassen." Diese Erklärung konnte Monsieur Pasquier nicht überzeugen. In seinen nächsten Worten und in dem Tonfall, in dem er sie sprach, lag ein deutlicher Tadel.

„Ich muß nach allem, was Sie sagen, annehmen, daß Sie der Herzogin die ganze Schuld aufbürden wollen. Es steht Ihnen kaum zu, sich ein Urteil über solche Dinge zu erlauben, und Ihre Ausführungen lassen mich daran zweifeln, daß Sie auch wirklich alles versucht haben, wie es Ihre Pflicht war, um diesem beklagenswerten Zustand zwischen der Mutter und den Kindern ein Ende zu machen. Nach den Aussagen der Zeugen und nach Briefen, von denen wir Kenntnis haben, steht einwand-

frei fest, daß Sie über diese jungen Menschen eine fast unbeschränkte Macht ausübten. Wir sehen uns daher genötigt anzunehmen, daß Sie sehr weit davon entfernt gewesen sind, sich so zu verhalten, wie die obwaltenden Umstände es erforderten."
Henriette sammelte sich zu einer neuen Entgegnung.
„Ich möchte um nichts in der Welt den Eindruck erwecken, das Andenken der verstorbenen Herzogin zu mißachten", begann sie; „aber Sie wollen die Wahrheit von mir hören, und ich habe geschworen, nach bestem Wissen und Gewissen die Wahrheit zu sagen. Ich will nicht über die Gefühle und die Absichten der Herzogin urteilen, aber ihr Charakter ist eine andere Sache. Sie war eine äußerst schwierige Natur, überaus reizbar und eigensinnig und infolgedessen gar nicht in der Lage, so vielen Kindern von so verschiedenem Alter und Wesen und so verschiedener Veranlagung gerecht zu werden. Es war ihr eben nicht gegeben, Liebe und Vertrauen ihrer Kinder zu gewinnen. Irgendein geringfügiges Vergehen, das Nachsicht verlangte, konnte sie maßlos aufbringen, und dann wieder ließ sie eine wirklich schwerwiegende Verfehlung achtlos durchgehen, obwohl da eine feste Hand am Platze gewesen wäre. Aus diesem Grunde bestand der Herzog darauf, daß sie sich nicht in die Erziehung der Kinder einmischte. Unglücklicherweise reizte es die Herzogin zu sehen, wie gern der Herzog mit seinen Töchtern zusammen war. Wir alle hatten darunter zu leiden."
„Und daher kam es wohl auch, daß die Autorität, die der Herzogin entglitten war, auf Sie überging und daß die Liebe der Kinder sich ebenfalls von ihrer Mutter fort Ihnen zuwandte. Selbst wenn wir Ihnen glauben wollen, daß dies nicht in Ihrer Absicht lag, müssen wir Ihnen doch vorhalten, daß Sie in Ihrer Erkenntnis der Lage die Pflicht hatten vorzubeugen, statt den Dingen ihren Lauf zu lassen. Wir sehen uns daher genötigt, Sie weitgehend für die tragischen Folgen verantwortlich zu machen."
Das Verhör war zur Anklage geworden, aber Henriettes Verteidigung ließ nicht auf sich warten.
„Ich habe mir niemals gesagt: ich will der Mutter die Liebe ihrer Kinder abspenstig machen. Aber ich liebte

die Kinder und ging ganz in ihnen auf. Ihre Freuden waren meine Freuden, ihr Kummer mein Kummer. Sechs Jahre lang habe ich Tag und Nacht über sie gewacht. Sie liebten mich mit der Begeisterungsfähigkeit ihrer Jugend, und ich erwiderte ihre Liebe. Ich besaß keine Verwandten, keine Freunde und lebte daher ganz meinem Beruf, der mir ans Herz gewachsen war. Ich kann Ihnen nichts weiter sagen als dieses: welche Mutter hätte nicht die Herzen ihrer Kinder zu gewinnen vermocht, wenn ihr wirklich darum zu tun gewesen wäre?"

Diese so unbequeme Eigenart von ihr, dem Fragenden seine Frage zurückzugeben, machte sie zu einer höchst aggressiven Zeugin. Wie Monsieur Broussais fand auch Monsieur Pasquier eine mehr als ebenbürtige Gegnerin. Henriette ging jedoch in ihren Bemühungen, sich zu rechtfertigen, niemals zu weit. Sie hielt konsequent die Linie ihrer Verteidigung inne und, obwohl ihre Schlagfertigkeit bisweilen nahe an Überheblichkeit grenzte, bewahrte sie eine ehrerbietige Haltung und Sprache, die Achtung einflößte. Wieder wurde sie über ihre letzte Begegnung mit dem Herzog ausgefragt, und wieder gab sie eine genaue Schilderung von jenem Abendbesuch bei Madame Le Maire und ihrem verhängnisvollen Bestehen auf dem Empfehlungsschreiben. Nur einmal drohte ihr die Stimme zu versagen, als sie seine letzten Worte, die er zu ihr gesprochen hatte, wiederholte: ‚Ich spiele eine klägliche Rolle in dieser Angelegenheit . . . Gute Nacht also bis morgen'.

„Und der Herzog hat nichts gesagt, was in Ihnen den Verdacht hätte wecken können, daß er sich in einem Zustand befand, in dem er zu allem fähig war?"

„Nein, gar nichts!" Sie sprach mit ungewöhnlichem Nachdruck. „Bei allem, was mir heilig ist! Ich weiß nicht, ob es mir erlaubt ist, von Dingen zu sprechen, von denen ich allein Kenntnis habe und die beweisen, daß die Gewalttätigkeit durchaus nicht nur auf seiten des Herzogs war. Ich habe oft gehört, wie die Herzogin damit drohte, sich das Leben nehmen zu wollen, und zweimal wurde ich Zeuge davon, wie sie es versuchte. Das eine Mal in Melun versuchte sie, sich einen Dolch in die Brust zu stoßen, und der Herzog verletzte sich an der Hand, als er ihr die Waffe entwand; und das andere Mal in Dieppe stürzte sie nach einem Zank aus dem Haus in der Absicht, ins Wasser zu gehen. Aber es war typisch für die Unberechenbarkeit ihrer Stimmungen, von der ich Ihnen schon sprach, daß der Herzog sie kurz darauf in einem Laden entdeckte, wo sie allem Anschein nach völlig ruhig ein paar Einkäufe machte."

Sie hatte gehofft, mit dieser Mitteilung Sympathie für den Herzog zu erwecken, aber die Entgegnung Monsieur Pasquiers zeigte ihr, daß er hierin lediglich einen weiteren Beweis für die Verzweiflung sah, zu der die Herzogin getrieben worden war. Das Verhör nahm denselben Verlauf wie das erste, nur wurde Henriette noch eingehender nach allen Einzelheiten des täglichen Lebens im Hause Praslin ausgefragt. Während Monsieur Broussais es vor allem darauf angelegt hatte, ihre angeblichen unerlaubten Beziehungen zum Herzog nachzuweisen, schien Monsieur Pasquier eher geneigt, ihrer Versicherung, daß eine solche Beziehung niemals bestanden habe, Glauben zu schenken. Er war mehr darauf aus, sie eines viel weniger eindeutigen Vergehens zu überführen. Sein Interesse konzentrierte sich jetzt ausschließlich auf ihren übermäßigen Einfluß auf die Kinder und auf die Folgen für das Verhältnis zwischen den Eltern, die er daraus ableitete. Es war eine sehr schlaue Taktik von ihm, das Hauptgewicht auf diese Frage zu verlegen, um sie eines wohlüberlegten Planes, die Kinder der Mutter zu entfremden, beschuldigen zu können. Auf diese Weise konnte er ihre eigenen Aussagen gegen sie ausspielen. Wenn sie ihre Macht über ihre ehemaligen Zöglinge mit der Gleichgültigkeit und Eifersucht der Mutter zu rechtfertigen suchte, dann konnte ihr vorgeworfen werden, daß sie die Schuld einer Toten aufladen wollte, die sich nicht mehr verteidigen konnte. Und wenn sie keine Erklärung für die Zuneigung der Kinder und des Vaters zu ihr anzugeben vermochte, würde sie mehr denn je als die hinterhältige Intrigantin dastehen, als die die öffentliche Meinung sie zu sehen gewillt war. Henriette war sich über ihre heikle Lage zwischen Fels und Abgrund nicht im Zweifel. Ihr einziger Halt, an den sie sich klammern konnte, war die Wahrheit. Das war ihre einzige Waffe gegen diese Beamten in ihren roten Roben, die ihre Worte und Handlungen so sorgfältig sichteten und abwogen, als prüften sie tatsächlich deren wahres Gewicht auf unsichtbaren Waagschalen.

„Nein“, wiederholte sie zum soundsovielten Male im Laufe des endlos sich hinziehenden Verhörs, „ich habe sie ihrer Mutter nicht abspenstig machen wollen. Man kann die Liebe nicht stehlen: sie wird freiwillig gegeben oder überhaupt nicht. Sie müssen mir glauben, wenn ich Ihnen sage, daß ich der Herzogin nichts Böses nachreden will. Sie behandelte mich nicht anders als andere; oft war sie ungerecht und hatte immer etwas an einem auszusetzen, und manchmal wieder konnte sie sehr gütig und freundlich sein. In einem Augenblick quälte und beleidigte sie einen Menschen, und im nächsten war sie die Liebenswürdigkeit selbst. Innerhalb einer einzigen Stunde konnte sie von einem Extrem ins andere fallen; erst warf sie mir dann meinen zu großen Einfluß auf ihre Familie vor, und kurz darauf bat sie mich, gerade diesen Einfluß auszuüben, wenn sie sich irgendeinen Vorteil davon versprach. Sooft sie mich bitter gekränkt hatte, versuchte sie es mit einem Geschenk wiedergutzumachen. Man wußte nie, woran man war.“

Aber die Verhörenden schienen dies nur als eine neuerliche Bestätigung für die Güte der Herzogin aufzufassen. Weitere Fragen folgten, bis Henriette der Kopf schwirrte. Der Saal mit all den Augen, die sie anstarrten, schwamm wie in einem Nebel vor ihr, und das eifrige Kratzen der Federn hielt keinen Augenblick inne.

„Jede Aussage, die Sie machen, enthält irgendeine versteckte Anklage gegen die Herzogin“, warf die Stimme ihr wieder vor.

Tränen der Empörung und Erschöpfung stiegen ihr in die Augen. Sie wischte sie fort und zwang sich zur Antwort, die nach der langen Anstrengung nicht mehr so sicher klang.

„Ich wünschte selbst aufrichtig, ich brauchte nicht zu sagen, was ich sagen muß. Sie ist tot, und wenn ich sie durch das Opfer meines eigenen Lebens wieder lebendig machen könnte, würde ich's gern tun, selbst wenn ich ihr schreckliches Schicksal teilen müßte. Aber ich kann doch nichts ungeschehen machen. In den sechs Jahren lernte ich jede einzelne ihrer Regungen und ihrer wechselnden Launen kennen. Keiner dürfte besser als ich ihre merkwürdige Veranlagung, zwischen Wut und Großmut, zwischen Haß und Güte hin und her zu schwanken, beurteilen können. Ich habe nicht ein einziges Wort gesagt, das unwahr oder ungebührlich gewesen ist. Ich brauche mich nicht zu verteidigen, ich habe mich nur bemüht, Ihnen alles zu erklären."

Das zweite Verhör der Mademoiselle Deluzy-Desportes war zu Ende. Man brachte sie wieder in ihre Zelle zurück.

Am Abend desselben Tages, des 23. August, sprachen die Gerüchte über den Herzog zum erstenmal von der Hoffnungslosigkeit seines Gesundheitszustandes, und nur Henriette erfuhr nichts davon. Im Luxembourg-Gefängnis am anderen Ufer waren sich die Ärzte darüber klargeworden, daß sie dem Gift, das die Lebenskraft des Kranken ständig mehr aufzehrte, machtlos gegenüberstanden. Der Herzog von Praslin lag im Sterben. Nur seiner unbändig kräftigen Natur war es zuzuschreiben, daß er mit dieser Dosis Arsen in seinem Körper überhaupt noch lebte. Die ärztliche Untersuchung hatte ergeben, daß er genug von dem Gift genommen haben mußte, um ein halbes Dutzend Menschen zu töten. Eine kleinere Menge würde bereits binnen weniger Stunden tödlich gewirkt haben, aber die Menge, die der Herzog offenbar in einem unbewachten Augenblick am Tage seiner Überführung ins Gefängnis zu sich genommen hatte, wirkte so stark, daß sie beinahe seine selbstmörderische Absicht vereitelt hätte. Denn die Abwehrkräfte seines Organismus waren dadurch auf den Plan gerufen worden, anstatt von der schleichenden Wirkung einer geringeren Menge überrascht und gelähmt zu werden.

Er hatte die qualvollen Schmerzen zunächst mit stoischem Gleichmut ertragen, doch als er immer mehr dahinsiechte, war sein halb unterdrücktes Stöhnen schrecklich anzuhören; das und die Krämpfe, die ihn von Zeit zu Zeit schüttelten, blieben jedoch die einzigen Anzeichen seines Leidens.

Er war bereits verhört worden, zuerst durch die Polizei am Morgen nach dem Mord und später durch Monsieur Pasquier. Der letztere war in ihn gedrungen, doch ein

volles Geständnis abzulegen, aber der Herzog hatte auf seinem Leugnen beharrt. Von Anfang an hatte er an seiner Version festgehalten, er sei erst durch die Schreie geweckt worden und daraufhin sofort in das Schlafzimmer seiner Frau geeilt. Es sei ihm nicht möglich anzugeben, was er in dem ersten Entsetzen und seiner Verwirrung getan habe. Die Blutflecken auf seinem Hemd und seinem Schlafrock rührten sicherlich daher, daß er die Sterbende in seine Arme genommen hatte; und die Pistole, die man in ihrer Nähe gefunden hatte, gehöre ihm wohl; er habe sie mitgenommen, als er seiner Frau zu Hilfe eilte. Er könne sich's auch nicht erklären, wie das Blut und die Haarsträhne auf die Waffe gekommen seien. Warum habe er denn aber die Blutflecken auszuwaschen versucht? Auf diese Frage entgegnete er, er habe es getan, weil er die Kinder nicht durch den Anblick zu erschrecken wünschte. Was die brennenden Papiere im Kamin anbetraf, so gab er sich gar keine Mühe, eine Erklärung dafür zu finden. Jemand müsse wohl ein Streichholz hineingeworfen haben. Wie solle er sich jetzt noch daran erinnern können, was er in seiner Aufregung getan habe. Er bat, von weiteren Fragen bis zum nächsten Tag verschont zu werden; er fühle sich jetzt zu schwach, um zu antworten.
Aber Monsieur Pasquier blieb unerbittlich. Es würde den Herzog nicht viel Atem kosten, mit einem einfachen Ja oder Nein zu antworten. Woher stammten die Kratzer auf seiner Hand? Die Kratzer, erklärte der Herzog, habe er sich in Melun geholt, als er beim Packen der Koffer und Kisten half. Und die Bisse? Das seien keine Bisse. Die Ärzte seien da anderer Ansicht. Nun, er könne nicht für die Ansicht der Ärzte verantwortlich gemacht werden; im übrigen fühle er sich wirklich zu schwach, um auf solche Einzelheiten einzugehen.
„Sie sprechen immer von Ihrer Schwäche, Herzog. Das ist allerdings nicht verwunderlich, wenn Sie an Ihre Kinder denken und an das schreckliche Verbrechen, das Sie begangen haben.“
„Verbrechen!“ fuhr der Herzog gequält hoch, „ich habe kein Verbrechen begangen, und niemand kann es besser mit seinen Kindern meinen als ich.“

Dann hatte er sein Gesicht in den Händen vergraben und eine Weile geschwiegen.
„Wurden Sie nicht zu dieser Untat von jemandem angestiftet?“ Monsieur Pasquier versuchte, ihm auf diese Weise ein Eingeständnis zu entlocken, aber der Häftling war nicht dazu zu bringen, den Namen von Mademoiselle Deluzy zu nennen. Er weigerte sich nach wie vor zuzugeben, irgend etwas mit dem Mord zu tun zu haben.
„Zu einer solchen Untat wird man nicht angestiftet.“
„Würde es nicht Ihr Gewissen erleichtern, Reue zu zeigen und zu gestehen?“
Und wieder die ausweichende Entgegnung: „Ich fühle mich zu elend, um weiterzusprechen.“
„Wollen Sie wirklich weiterhin behaupten, das Verbrechen nicht begangen zu haben?“
Keine Antwort erfolgte, und die Frage wurde wiederholt.
„Ihr Schweigen antwortet für Sie“, bemerkte Monsieur Pasquier. „Sie sind schuldig, nicht wahr?“
„Sie sind mit der Überzeugung von meiner Schuld hergekommen; nichts, was ich sagen könnte, würde diese vorgefaßte Meinung von Ihnen ändern.“
„Doch, wenn Sie mir einen triftigen Grund anführen könnten, würde ich mich gern überzeugen lassen; aber wenn Sie sich überhaupt nicht dazu äußern, müssen wir Sie eben für schuldig halten.“
„Ich sagte Ihnen doch, ich kann mich nicht konzentrieren; es geht einfach über meine Kraft.“
„Ich weiß, Herzog, daß Sie furchtbare Schmerzen haben müssen, und ich verlange ja auch deshalb von Ihnen nur ein kurzes Ja oder Nein: sind Sie schuldig oder sind Sie nicht schuldig?“
„Auf diese Frage kann ich nicht antworten.“
Von neuem nahm der Herzog seine Zuflucht zum Schweigen, das er bis zum Ende bewahrte. Die Ärzte staunten über seine Zähigkeit. Sie taten, was sie konnten, um seine Schmerzen zu lindern, aber es war ihnen untersagt worden, ihm irgendwelche opiumhaltigen Betäubungsmittel zu geben. Man wollte ihn unbedingt bei Bewußtsein halten, solange noch eine Möglichkeit bestand, ihm ein Geständnis zu entreißen.
Am Dienstag, dem 24., nachmittags um fünf Uhr, tat der

Herzog von Praslin den letzten Atemzug, sieben Tage nach seiner Verhaftung. Über seinen Tod und sein Begräbnis wurde Stillschweigen bewahrt, und die Öffentlichkeit erfuhr erst sehr viel später davon. Victor Hugo schrieb hierüber: „Der Herzog von Praslin muß ein ungewöhnlich stattlicher Mann gewesen sein. Die Ärzte, die die Autopsie vornahmen, sagten, sie hätten einen solchen Körper selten gesehen, und einer soll ausgerufen haben: Was für eine schöne Leiche! Der Praslinsche Hausarzt erzählte mir, er sei ein wahrer Athlet gewesen ... Das Grab, in das man ihn legte, trägt ein bleiernes Schildchen mit der Nummer 1054. Diese Nummer, die der Tote wie ein Sträfling tragen muß, ist die einzige Grabschrift des Herzogs von Choiseul-Praslin."

Aber andere Berichte äußerten sich weniger zurückhaltend. Kaum war die Nachricht einmal ausgegeben, verbreitete sie sich mit Windeseile, und die öffentliche Meinung war sich in ihrer Verurteilung der Unachtsamkeit der Behörde völlig einig. Der Tadel ließ niemanden aus, vom untersten Polizisten bis zum König selbst. Der Mord habe das Volk schon genug aufgebracht, hieß es, auch ohne daß es mitansehen mußte, wie der mutmaßliche Täter sich der Verantwortung für seine Tat entzog. Selbstmord war für einen solchen Verbrecher ein zu einfacher Ausweg. Das Gesetz hätte die Todesstrafe für diesen Mord verhängen müssen, und so habe es sich sein Opfer entgehen lassen. Überall erhitzten sich die Gemüter vor Empörung gegen eine Regierung, die eine solche Flucht vor dem Arm der Gerechtigkeit zuließ.

Den Zeitungsleser interessierte es wenig, ob das Gift dem Herzog absichtlich von seinen Standesgenossen zugeschmuggelt worden war oder ob er es sich selbst in weiser Voraussicht verschafft hatte. Aber über den einen Punkt gab es nur eine Meinung: der Schuldige war nicht wie ein gewöhnlicher Verbrecher gerichtet worden. Wäre er nicht Pair von Frankreich und ein Freund des Königs gewesen, dann lebte er noch und hätte zur Verantwortung gezogen werden können. Was nützten jetzt all die genauen Einzelheiten über die Verhöre, die sorgfältig verfaßte Anklageschrift der Staatsanwaltschaft und die Aussagen der Ärzte und der Dienstboten?

Jetzt war es doch zwecklos, die Spalten der Zeitungen

mit den jammervollen, leidenschaftlichen Tagebuchaufzeichnungen der Herzogin zu füllen oder die Briefe, die der Herzog nicht verbrannt hatte, abzudrucken — herzzerreißende, flehende Bitten um eine Liebe, die doch niemals erwidert worden war und eifersüchtige Ausbrüche gegen diese „Mademoiselle D.". Beide waren sie jetzt stumm, der Mörder und sein Opfer. Sie konnten nicht wieder zum Leben erweckt werden, um den hohen Justizbeamten in ihren roten Roben Rede und Antwort zu stehen. Der Mordfall Praslin bedeutete, was die Gerichtsbarkeit anbetraf, ein klägliches Versagen. Er war nur mehr ein Gespenst — aber Gespenster in königlichen Gemächern verschwinden nicht sang- und klanglos, wie König Louis Philippe nur allzubald erfahren sollte.

Dort drüben in England schrieb ein weitblickender Redakteur in der „Times" folgenden prophetischen Artikel: „Nichts könnte dem Interesse der Regierung zu dem gegenwärtigen Zeitpunkt mehr zuwiderlaufen als der Skandal, den die Affäre Praslin auslöste. Er dürfte einen ungünstigeren Einfluß auf ihr Schicksal haben als langjährige systematische Sabotageakte gegen sie. Die französische Regierung besaß nur die eine Chance, nämlich, den Herzog der Volkswut auszuliefern. Wir sehen voraus, daß diese höchst unkluge Umgehung der Gerechtigkeit sich früher oder später rächen wird. Es liegt nicht in unserer Absicht, die führenden Persönlichkeiten von Paris einer Mitschuld an diesem grauenvollen und rohen Verbrechen anzuklagen. Aber es wäre töricht, leugnen zu wollen, daß die französische Gesellschaft bis ins Mark von einer Demoralisierung betroffen ist. Wir wollen den Selbstmord des Herzogs nicht zum Gegenstand unserer Erörterungen machen. Falls jedoch die französische Regierung daran nicht unbeteiligt sein sollte, wird sie bald allen Grund haben, ihre Kurzsichtigkeit zu bereuen. Wir glauben nicht, daß diese tragische Geschichte ohne weitere Folgen bleiben wird."

Es ist möglich, daß Henriette diesen Artikel las; denn während jener letzten Augusttage hatte sie die Erlaubnis erhalten, sich Zeitungen kommen zu lassen. Man hielt sie noch in der Conciergerie fest; immer noch machte sie ihren täglichen Spaziergang im Gefängnishof, und immer noch mußte sie darauf warten, daß das Gesetz entschied, was aus ihr werden sollte. Es war ein sehr schwieriges Problem. Die eingehendsten Verhöre hatten nichts an den Tag gebracht, was sie einer Mitschuld überführt hätte. Auf die Untersuchungsrichter hatte ihre Haltung einen ausgezeichneten Eindruck gemacht, und doch hielt das ganze Land sie für mitschuldig. Nach dem Herzog war sie der meistgehaßte Mensch in Frankreich, und jetzt, nachdem er tot war, war sie allein übriggeblieben, um den Rachedurst der Menge zu befriedigen. Aus der unbekannten, alleinstehenden und stellungsuchenden Erzieherin war im Laufe einer einzigen Woche die von allen verfluchte, von allen verabscheute, die berüchtigte Mademoiselle D. geworden.

DREIUNDZWANZIGSTES KAPITEL

Die Dächer von Paris glänzten vor Novembernässe. Die Seine strömte schmutziggrau unter den Brücken dahin, und die hohen alten Häuser an beiden Ufern sahen so schwärzlich-düster aus wie der zerwehte Rauch aus ihren Schornsteinen. Die Gärten der Tuilerien und des Luxembourg troffen von nebelgrauer Feuchtigkeit; ihre Bänke standen regennaß und verlassen da; selbst die Spatzen und Bettler, jene anspruchslosen Landstreicher der Großstadt, hielten sich von ihnen fern. Auf den nassen Straßen nur hier und da ein Gefährt oder eine triefende Gestalt unter der Kuppel eines Regenschirms.
In dem Dachzimmer eines Hauses an der Ecke der Rue de Monceau und der Rue de Téhéran saß Henriette und starrte durch die trüben Scheiben auf eine noch trübere Welt. Das Zimmer war nicht viel größer als das „Nadelöhr", aber es war weitaus behaglicher und mit Geschmack eingerichtet. Unmittelbar vor das Fenster war ein Tisch gerückt, auf dem die verschiedensten Gegenstände lagen und standen — Bücher, Nähzeug und eine Vase mit Astern, ein Malkasten, ein Tintenfaß und eine Schreibmappe. Aber Henriette saß untätig da, die Hände müßig im Schoß.
Es klopfte, und auf ihr Herein öffnete eines der Hausmädchen die Tür.

„Madame Monod läßt Mademoiselle Desportes fragen, ob sie nicht mit den Herrschaften unten im Salon eine Tasse Schokolade trinken möchte.“

Aber Henriette schüttelte verneinend den Kopf. „Ich lasse Madame und Monsieur herzlich danken; ich habe jedoch noch zu starke Schmerzen und möchte deshalb auch nicht zum Abendessen hinuntergehen.“

Als das Mädchen wieder gegangen war, blieb Henriette regungslos sitzen, während draußen der Regen sein eintöniges Getrommel auf das Dach fortsetzte. Sie hatte gar kein Kopfweh, sie hatte das nur gesagt, um ihre liebenswürdigen Gastgeber nicht zu kränken. Sie fühlte sich dem Pastor und seiner Frau ohnehin schon allzusehr verpflichtet und wollte sich ihren Bemühungen gegenüber, sie aus ihrem ständigen Brüten und Vorsichhingrübeln herauszureißen, nicht gleichgültig bezeigen. Sie waren die Güte selbst gewesen, diese beiden, die darauf bestanden hatten, daß Henriette ihr Haus als Heim betrachten solle, solange sie in Paris zu bleiben wünschte. An jenem Septembertag, an dem sie entlassen worden war, hatten die Monods sie mit offenen Armen bei sich aufgenommen, und sie war glücklich gewesen, sich in den Schutz dieses so freundlich gewährten Obdachs flüchten zu können. Es blieb ihr ja gar keine andere Wahl — höchstens bei Albert und Marie hätte sie noch Unterschlupf finden können —, denn zu Madame Le Maire zurückzukehren kam natürlich nicht in Frage. Und welches Hotel und welche Pension hätten es gewagt, die berüchtigte Mademoiselle D. noch bei sich aufzunehmen? Ihr Großvater hatte keinen Finger gerührt, um ihr zu helfen, und sie erfuhr von ihren Freunden, die ihn zu einer Rettungsaktion für sie zu bewegen versucht hatten, daß es um die Gesundheit und um die wirtschaftliche Lage des alten Herrn sehr schlecht bestellt sei. Er wohnte jetzt in einem Vorort, vollständig unter dem Einfluß einer berechnenden alten Frau. Ihren einzigen Verwandten konnte Henriette somit jetzt nicht um Beistand gegen die vielfältigen Schwierigkeiten, die sie kommen sah, anrufen.

Sie konnte daher wirklich von Glück sagen, daß Pastor Monod sich ihrer und ihrer Sache angenommen hatte. Er war ein einflußreicher und wohlhabender Verbündeter, ebenso seine beiden Brüder, von denen der eine ein reicher Kaufmann in Le Havre und der andere ebenfalls Geistlicher in Paris war. Die Brüder Monod glaubten nicht nur an ihre Unschuld und bewunderten die Haltung, die sie während ihrer Haft bewiesen hatte, sondern waren auch fest entschlossen, ihre Gemeinden für sie zu gewinnen. Ihr protestantischer Glaube hatte im katholischen Hause Praslin gegen sie gesprochen, und der Mordfall hatte ebenso eine religiöse wie politische Bedeutung erlangt. In einem katholischen Lande wie Frankreich war das unvermeidlich. Die Monods wußten, daß es selbst in ihren kleinen Gemeinden schwerhalten würde, das Vorurteil gegen Henriette zu überwinden. Im Augenblick konnten sie für Henriette nichts anderes tun, als ihr Schutz zu gewähren und zu hoffen, daß früher oder später einmal ihre Glaubensgenossen sich zu ihrer Überzeugung bekehren lassen würden. Sie kannten die Erbitterung der öffentlichen Meinung zu gut, um zu erwarten, daß über Nacht eine Änderung eintrete. Das würde Monate dauern, vielleicht sogar Jahre.

Überall wurde Henriette für die eigentlich Schuldige gehalten. Seit ihrer Freilassung war sie zur Zielscheibe noch heftigeren und maßloseren Hasses geworden, weil sie die einzige Überlebende jenes tragischen Dreiecks war. Die Presse und die Bevölkerung wollten sie noch immer zur Verantwortung gezogen wissen, und nichts wäre ihnen lieber gewesen, als Henriette das Schafott besteigen zu sehen. In ihrem Freispruch erblickten sie nur einen weiteren Beweis für die Unzulänglichkeit des Gesetzes und die zaudernde Haltung der Regierung. Die Herzogin trug bereits den Heiligenschein der Märtyrerin und wurde als das unglückliche Opfer der Betörung ihres Mannes durch eine ränkevolle Rivalin betrauert. Im ganzen Lande verdammten die Mütter und Frauen diese „Mademoiselle D.“ und priesen die Tote als leuchtendes Vorbild aller Tugenden, die nur den einzigen Fehler besessen hatte, ihren Mann und ihre Kinder zu sehr geliebt zu haben. „Laßt uns Frauen von Frankreich diese Gouvernante nur einmal in die Finger bekommen“, hieß es in den Straßen, Häusern und Läden, „dann werden wir ihr schon zeigen, was wir von ihr halten! Mit all ihren schönen Worten vor den Untersuchungsrichtern würde sie bei uns nicht weit kommen. Sie soll ebenso leiden, wie sie die Herzogin hat leiden lassen. Sie hat kein Recht, frei herumzulaufen!"

Deshalb war es notwendig, daß Henriettes Aufenthalt geheim blieb; nur ihre Freunde wußten, wo sie sich verborgen hielt. Aus Furcht vor dem Erkanntwerden und den Folgen, die das haben konnte, durfte sie niemals allein ausgehen, und auch in Begleitung konnte sie es nur unter einem anderen Namen wagen. Obwohl die Monods und die Remeys es bisher sorgfältig vermieden hatten, mit Henriette über ihre Zukunft zu reden, war es doch allen klar, daß sie, wenn überhaupt, ihren Beruf in Frankreich nie wieder würde ausüben können, wo das Gespenst des Skandals ihr von Stellung zu Stellung folgen würde. Von dieser Furcht würde sie sich nie mehr frei machen können. Ein mißtrauischer Blick, ein geflüstertes Wort, eine peinliche Frage, und schon wäre das Gespenst wieder zur Stelle. Sie machte sich darüber keine falschen Vorstellungen, aber noch hatte sie nicht den Mut aufgebracht, mit ihren hilfsbereiten Freunden davon zu sprechen.

Nein, Kopfschmerzen hatte sie nicht. Körperliche Schmerzen konnten ihr überhaupt nichts mehr anhaben; jedes Gefühl war in ihr abgestorben. Eine völlige Abgestumpftheit hielt sie gefangen. Es hatte einmal eine Zeit gegeben, in der sie noch Mut zum Leben besessen hatte — einmal hatte sie sogar den Mut zum Sterben gefunden. Aber nun schien es so gleichgültig, ob man lebte oder tot war. Wohl fuhr sie fort zu atmen, zu schlafen, zu essen und zu trinken, was man ihr vorsetzte — der Mechanismus des Lebens funktionierte noch, aber das war auch alles. Was immer sie tat — nähen, Staub wischen, Predigten und Briefe für Pastor Monod schreiben und seinen Kindern bei den Schularbeiten helfen —, alles tat sie geschickt und zuverlässig wie stets. Sie war froh, sich im Hause nützlich machen zu können, solange man sie sonst in Ruhe ließ.

Sie brachte es sogar fertig, ohne mit der Wimper zu zucken, die Zeitungsberichte über den Fall Praslin zu lesen. Das alles schien sie jetzt gar nichts mehr anzugehen, obwohl sie die Gesichter des Herzogs und der

Herzogin, des alten Marschalls und der Kinder so deutlich vor sich sah, als lebte sie noch mitten unter ihnen. Heute noch, fast drei Monate nach jenem verhängnisvollen Augustmorgen, wühlte die unersättlich neugierige Presse in dem Aschenhaufen dieser Tragödie herum. Henriette konnte keine Zeitung aufschlagen, ohne sich und die damaligen Gerichtssitzungen erwähnt zu finden; und schon jetzt, nach so kurzer Zeit, erzählte man sich die merkwürdigsten Geschichten. Arbeiter, die im Schloß von Melun beschäftigt waren, hätten in den Räumen des Herzogs hinter einem losen Stein des Kamins ein scharlachrotes Teufelskostüm gefunden, das der Herzog auf einem Maskenball getragen hätte. Die Jungfer der Herzogin erinnerte sich daraufhin plötzlich an einen Traum, den ihre Herrin in jenem Jahr gehabt haben sollte: sie habe geträumt, eine furchterregende, blutrote Teufelsgestalt habe drohend an ihrem Bett gestanden; sie habe entsetzt aufgeschrien, und die Erscheinung sei verschwunden. So habe die Herzogin es ihr erzählt, und damals habe sie nicht weiter darüber nachgedacht. Aber nachträglich erhielt nun dieser Traum eine unheilvolle Deutung. Eine so düstere Vorahnung konnte doch nicht nur ein Traum sein. Man wollte wissen, daß eine Zigeunerin in Korsika die Herzogin einmal vor Blut und Gefahr gewarnt habe, und als Braut sollte Fanny Sebastiani das Schicksal herausgefordert haben, indem sie Perlen trug, die doch nach altem Aberglauben bittere Tränen bedeuten. Henriette las diese phantastischen Geschichten ebenso ungerührt wie die verzweifelten Klagen der Toten in ihren abgedruckten Briefen und Tagebüchern:

„Du brauchst Dich nicht zu wundern, mein lieber Théo, daß ich mich fürchte, mit Dir allein zu sein. Wir können niemals wieder zusammenkommen — Du hast es selbst gesagt; ein trauriger Gedanke, der das Gestern stets verdunkeln wird ...

Warum, mein Geliebter, schenkst Du mir nicht länger Dein Vertrauen? Du beraubst unser Leben jeden Zaubers, den nur Liebe ihm verleihen kann ... Ist es Deine Absicht, mir nur noch wie ein Fremder zu begegnen? ... Du weißt, daß es einzig und allein in Deiner Macht steht, mich zu trösten, und doch willst Du mir diesen

Trost vorenthalten ... Laß mich doch an Deinem Leben teilhaben, um es Dir zu verschönern ... Ich möchte Balsam auf Deine Wunden tun, ich will Dir blind gehorchen und Dich auch nie mehr mit meiner Eifersucht quälen. Du hast mich meiner Kinder beraubt und sie der Obhut einer Fremden anvertraut, die unrechtmäßig meinen Platz in unserem Hause einnimmt ... Es ist lange her, seit ich Dir geschrieben habe, und meine Lage ist seitdem immer unerträglicher geworden ... Mademoiselle D. herrscht unumschränkt. Nie zuvor hat es das gegeben, daß eine Gouvernante eine derartige Stellung im Hause bekleidet. Es fällt mir schwer, zu glauben, daß zwischen einem Mann in Deinem Alter und einer jungen Frau wie sie nur freundschaftliche Beziehungen bestehen. Welch ein Beispiel und Vorbild für die Kinder!
Als ich herkam, hoffte ich Frieden zu finden, aber die Hoffnung währte nicht lange. Die Klapptreppe am Wagen war noch nicht heruntergelassen, da sah ich schon an Deinem abweisenden, eiskalten Blick, an den ängstlichen Gesichtern der Kinder und in jenen grünen Augen, die mich über Deine Schulter hinweg musterten, daß mir eine neue Demütigung bevorstehe ... Du sagst, Mademoiselle D. muß unter allen Umständen bleiben ... Aber wie kommt es, daß Du, der es für so einfach hält, eine Mutter zu ersetzen, es für unmöglich erklärst, einen Ersatz für eine Erzieherin zu finden? Wenn Du es so gewünscht hättest, wäre sie vielleicht eine brauchbare Gouvernante geworden, aber Du hast ihr zuviel Rechte eingeräumt ... Wie sollte es ihr nicht den Kopf verdrehen, wenn Dein ganzes Benehmen ihr Tag für Tag deutlicher als Worte zu verstehen gibt: ‚Ich habe zwar eine Frau, aber ich ziehe Ihre Gesellschaft vor‘ ... Aus Liebe zu Dir war ich schwach genug, Dir die Kinder ganz zu überlassen, und Du hast mich hintergangen. Ich hätte eher sterben sollen als Dir dieses Opfer bringen ... Du hast eine vollständige Entfremdung zwischen uns herbeigeführt — wir kennen einander nicht mehr. Es kann so nicht weitergehen ... Du bist schwach, und Du bist jetzt auf einem Punkt angelangt, an dem Du ihr so hörig bist, daß Du nichts mehr ohne sie unternehmen kannst. Sie kannst Du nicht entbehren, und Deine Frau, die Mutter Deiner Kinder, muß allein leben ...

Warum willst Du meine Briefe nicht lesen? Warum willst Du mir nicht wenigstens Dein Vertrauen soweit schenken, um mir den Grund dafür zu erklären? Du hast es mir so deutlich gezeigt, daß Du mich nicht mehr liebst, daß Du nichts mehr mit mir zu tun haben willst...
Du hast ein seltenes Talent dafür, mir alles zu vergiften. Solange Dein Verhalten nur mein Glück beeinträchtigte, schwieg ich still, aber Du kannst mich nicht zwingen, öffentlich oder auch nur hier im Hause das Betragen einer Person zu billigen, die mir zuwider ist. Ich weiß nur zu genau, daß Du mir nicht immer treu gewesen bist und daß Dein Interesse auch jetzt nicht ausschließlich ihr gilt. Aber ihr Benehmen läßt andere darauf schließen. Das ist es, was ich glaube, Dir mit Recht vorwerfen zu dürfen. Ich kann Dich nicht in Deinem eigenen Verhalten und in Deinen Neigungen beeinflussen, aber keine Drohung und keine schlechte Behandlung kann mich davon abhalten, Dich immer wieder darauf hinzuweisen, daß Du einen schrecklichen Fehler begehst, unsere Kinder einer Frau auszuliefern, der ihr eigener Ruf gleichgültig ist, weil sie keine Selbstachtung mehr besitzt...
Wenn Du wüßtest, wie ich unter Deiner Kälte leide, mein Geliebter — ich kann nicht glauben, daß Du mich so für immer verstoßen willst und wir nie mehr zusammen glücklich sein sollen. Das Leben ist kurz, Théo, und wir sind schon so lange getrennt gewesen. Bald werde ich es nicht mehr wagen, Dich zu bitten, da Du mich und meine Zärtlichkeit immer wieder zurückweist... Deine Frau wird vor Kummer sterben, wenn Du nicht zu ihr zurückkehrst. Laß mich doch nicht mehr so allein — mein Kissen ist naß von heißen Tränen."
Seltsam, diese abgehackten Sätze zu lesen, diese Vorwürfe und Anklagen, diese Bitten, die nie erfüllt worden waren. Seltsam, zu denken, daß die Hand, die solches schrieb, nie wieder von Blut, das aus einem haß- und liebeerfüllten Herzen strömte, durchpulst werden würde. Es dämmerte schon stark in dem kleinen Zimmer. Die Worte der Zeitungsspalten verschwammen ihr vor den Augen. Aber Henriette mußte immer weiterlesen — ihre eigenen Antworten auf die Fragen der Richter; die letzten Worte des Herzogs und Brief nach Brief der Herzogin. Sie empfand nichts bei diesem leiden-

schaftlichen Gestammel, obwohl sie hinter dem nüchternen Druck das blaue Briefpapier mit dem Familienwappen und den schweren, weitbogigen Schriftzügen darauf deutlich vor sich sah. Wie gut sie sich noch an jenes erste an sie gerichtete blaue Briefchen erinnerte! Und wie betroffen sie gewesen war, als sie damals entdeckte, daß Raynald das Herz mit einer Schere aus einem fortgeworfenen Schreiben seiner Mutter schnippelte. Damals hatte es sie bedrückt, zur unfreiwilligen Mitwisserin der tiefsten Geheimnisse ihrer Herrin zu werden, und nun waren sie der ganzen Welt preisgegeben.

Es klopfte wieder. Henriette legte die Zeitung aus der Hand, und auf ihr Herein trat der zehnjährige Théodore Monod ein, in der Hand ein Vogelbauer.

„Ich habe Ihnen meinen Stieglitz gebracht, damit Sie etwas Gesellschaft haben", sagte der Junge und setzte das Bauer behutsam auf den Tisch. „Es tut mir leid, daß Sie solche Kopfschmerzen haben."

Henriette dankte ihm für seine Aufmerksamkeit, aber der Junge schien noch etwas auf dem Herzen zu haben und blieb, sie verlegen anstarrend, an der Tür stehen.

„Sie sollten sich Ihre Stirn mit Kölnischwasser betupfen", riet er. „ich weiß, wo Mutters Flasche steht. Soll ich sie Ihnen holen?"

„Nein, danke schön, Théodore; die Kopfschmerzen werden schon auch ohne Kölnischwasser vorbeigehen. Wie ist es dir denn heute in der Schule ergangen?"

Selbst in ihrem jetzigen Zustand der Abgestumpftheit konnte sie sich aufrichtig für das Kind interessieren, das sich gern von ihr ausfragen ließ; auch seine älteren Schwestern waren bereits Henriette zugetan, obwohl die Geschwister strenge Anweisungen erhalten hatten, den Gast nicht zu stören.

„Meine Rechenaufgaben habe ich alle richtig gelöst", antwortete der Junge, „und meinen Aufsatz über die Muscheln, bei dem Sie mir geholfen haben, hat der Professor der ganzen Klasse vorgelesen. Nur im Latein ist es mir schlecht gegangen. Die Verben fallen mir so schwer. Ich mußte nachsitzen und hundertmal ‚exeunt omnes' schreiben. Wissen Sie, was das bedeutet, Mademoiselle Desportes?"

„Alle gehen fort", übersetzte sie und wandte sich ab, „ja, ich weiß, was das bedeutet."
Bald darauf erschien Pastor Monod selbst, und Théodore wurde wieder hinuntergeschickt.
„Ich dachte mir schon, daß er hier steckt." Der Hausherr verweilte noch ein wenig, nachdem sein Sohn gegangen war. „Sie üben auf Kinder eine Anziehungskraft aus wie ein Honigtopf auf Fliegen; aber Sie dürfen sich nicht von ihnen belästigen lassen. Es tat meiner Frau und mir sehr leid, daß Sie wieder von Ihren Kopfschmerzen geplagt werden. Wir hatten nämlich eigentlich heute abend auf Ihre Hilfe gerechnet."
„Heute abend?"
„Ja, haben Sie vergessen, daß wir eine kleine Gesellschaft geben?" Es war ihr ganz entfallen, und jetzt schüttelte sie nur den Kopf und bat Pastor Monod, oben bleiben zu dürfen.
„Es kommt aber wirklich niemand, vor dem Sie Angst zu haben brauchen", beharrte der Pastor und sah ihr besorgt ins Gesicht. „Nur mein Bruder Adolphe mit seiner Familie und noch ein paar Freunde. Meine Nichte hat versprochen, uns einige Lieder zu singen, und wir dachten, Sie würden vielleicht so nett sein und sie begleiten."
„Oh, bitte, Pastor Monod, verlangen Sie nicht von mir, daß ich schon unter Menschen gehe. Ich fühle mich dem einfach noch nicht gewachsen."
Er seufzte und legte ihr begütigend die Hand auf die Schulter. „Je länger Sie es hinausschieben, liebes Kind, um so schwerer wird es Ihnen später fallen. Sie können sich doch nicht für immer von der Welt verschließen. Allmählich müssen Sie sich wieder an Menschen gewöhnen, und heute abend werden Sie bestimmt keiner aufdringlichen Neugierde ausgesetzt sein. Es sind alles Ihre Freunde, die mit Ihnen fühlen —"
„Aber das ist es ja gerade!" fiel sie ihm ins Wort, „gerade vor diesem Mitgefühl fürchte ich mich."
„Das dürfen Sie nicht, meine liebe Henriette, Sie dürfen die Zuneigung nicht ausschlagen, die Ihnen entgegengebracht wird. Sie waren so tapfer in den schweren Tagen; Sie können doch jetzt, nachdem alles vorbei ist, nicht mehr mutlos werden!"

„Ich bin so müde“, entgegnete sie. „Ich habe gar keinen Mut mehr.“
„Da unterschätzen Sie sich selbst. Ich bitte Sie, heute abend mit uns und unseren Gästen zusammenzusein, mir zuliebe!“
„Wenn Sie mich so bitten, kann ich natürlich nicht länger nein sagen. Ich bin Ihrer Frau und Ihnen schon so verpflichtet. Aber ich wünschte, Sie würden es mir ersparen.“
„Wir werden es verstehen und Sie gern entschuldigen, wenn Sie sich nach der Musik wieder zurückziehen wollen, aber ich denke, daß Sie vielleicht gern länger bleiben werden. Es kommen nämlich Amerikaner, und Sie wissen ja, wie große Schwierigkeiten unsere Sprache denen macht. Sie sprechen fließend englisch, daß es mir eine Beruhigung sein würde, wenn Sie ein wenig Dolmetscher spielen wollten. Höchstwahrscheinlich werden sie noch niemals etwas von Ihnen gehört haben, und ich werde Ihren Namen nicht nennen. Sie brauchen sich also nicht vor einer Vorstellung zu fürchten.“
„Aber, Pastor Monod, Sie wissen ja gar nicht —“
„Ich weiß, daß Sie sich Mühe geben werden.“ Er lächelte ihr ermunternd zu. „Denken Sie daran: nach einer gewonnenen Schlacht gibt es keinen Rückzug!“
An der Tür wandte er sich noch einmal um.
„Mademoiselle Deluzy geht uns nichts mehr an. Sie gehört der Vergangenheit an. Aber für eine gewisse Mademoiselle Desportes hege ich die größten Hoffnungen.“
Nachdem er gegangen war, blieb Henriette noch lange Zeit im Zwielicht sitzen, bevor sie sich dazu aufraffte, die Lampe anzuzünden und sich ein Kleid für den Abend herauszusuchen. Es kostete sie nicht wenig Überwindung, an den Schrank und an die Kommode zu gehen, in denen fast jeder Gegenstand, den sie berührte, irgendeine schmerzliche Erinnerung wachrief. Ihre Wäsche roch noch immer nach den Verbenen aus dem Garten von Melun. Kein Kleid, das nicht eine Bemerkung von Louise, Berthe oder Raynald heraufbeschworen hätte oder die bewundernden Blicke des Vaters. In ihrem kleinen Schmuckkästchen mit dem karneolbesetzten Deckel lagen das Armband und die Emailbrosche von der Herzogin und auch die Kamee, die Raynald ihr ausgesucht und geschenkt hatte. Sie war ja nach seinen eigenen An-

gaben gefaßt und trug auf der goldenen Rückseite seinen Namen und das Datum seines Geburtstages eingraviert. Sie nahm sie heraus und hielt sie unter die Lampe: „Raynald, 18. Juni 1847" stand dort. Aber selbst diese Erinnerung vermochte nicht das Eis in ihrem Herzen aufzutauen. Wie eine Schlafwandelnde ging sie an den Schrank und nahm ihr bestes Kleid heraus, das moosgrüne Moiré mit der rostbraunen Schärpe und den kleinen bronzenen Knöpfen, die zu den Abendschuhen paßten, die sie von ihrer Seidenpapierhülle befreite. Wie begeistert Louise damals über diese Schuhe gewesen war, als sie sich sie auslieh, um in dem alten Schulzimmer eine Polka zu tanzen! Wie ausgelassen sie getanzt hatte! Und heute — wo mochte dieses leichtfüßige Menschenkind jetzt sein? Ob alle Schwestern in düsteres Schwarz gekleidet gingen? Waren ihre klaren Augen rot geweint von allzu vielen verzweifelten Tränen oder von einem dumpfen Entsetzen verschleiert? Wo war Berthe, mit ihrem Haar und ihrem Lächeln und ihren Bewegungen — das Ebenbild ihres Vaters? Wo Raynald, der zärtliche, liebebedürftige, der seinen Geburtstag mit seiner Mademoiselle teilte? Sie würde niemals erfahren, wie es ihnen allen ging; sie würde sie nie wiedersehen. Vielleicht war es besser so, vielleicht waren ihre Herzen und Gedanken jetzt vergiftet von all dem Bösen, was sie von ihr gehört haben mußten. Nein, sie hätte es nicht ertragen können, Vorwurf und Enttäuschung aus jenen strahlenden Augen lesen zu müssen, die ihr einstmals voller Liebe und Vertrauen zugewandt gewesen waren. „Exeunt omnes", dachte sie bitter, während sie sich langsam ankleidete.

Es war halb zehn, als sie den großen altmodischen Salon betrat, in dem schon an die zwanzig Gäste waren. Sie war unauffällig aus dem Studierzimmer des Pastors hineingeschlüpft und hatte sich zu der kleinen Gruppe um Adolphe Monod gesellt, die sie zum Teil kannte. Wie sie da stand und redete, ohne recht zu wissen, worüber, erblickte sie sich plötzlich in dem hohen Wandspiegel und mußte staunen, daß sie eigentlich noch genau so aussah wie vor einem halben Jahr, als sie das grüne Kleid zum letztenmal getragen hatte. Etwas blasser und schmaler war sie wohl geworden, und in ihren Gesichts-

zügen prägte sich ein größerer Ernst aus. Aber das war auch die einzige äußere Veränderung, die sie feststellen konnte. Ihr Haar lockte sich immer noch und hatte nichts von seinem Glanz verloren. Ihre Stirn war so glatt und ungefurcht, ihre Lippen so schön geschwungen und voll wie je. Wie ging es nur zu, dachte sie, daß sie keine sichtbaren Zeichen der inneren Zerstörung trug?
Die Menschen waren liebenswürdig zu ihr — viel zu liebenswürdig, entschied sie schon nach einer halben Stunde. Ihre deutlichen Bemühungen, ihr unvoreingenommen zu begegnen, waren ihr viel peinlicher als die unverhohlene Neugierde, der sie in der Conciergerie ausgesetzt gewesen war. Diejenigen, die sie bereits kannte, begrüßten sie herzlich, vermieden es jedoch auffällig, sie mit Namen anzureden. Sie sprachen hastig von den belanglosesten Dingen und wichen ihrem Blick angelegentlich aus. Sie verstand die Gründe für diese vorgetäuschte Unwissenheit sehr gut. Auch sie hatte ja manchmal in derselben Weise so zu tun versucht, als ob sie die Blindheit im Auge, die Narbe auf der Wange eines anderen nicht sähe. Aber niemals wieder — das schwor sie sich jetzt inmitten des überfüllten Raumes, würde sie sich einer solchen betonten Freundlichkeit schuldig machen. Lieber noch einen verkrüppelten Körper oder ein entstelltes Gesicht mit offener Neugierde ansehen, besser noch dieses unverblümte Anstarren als der höflich verstohlene Seitenblick.
Sie empfand es als eine Erleichterung, ihre Aufmerksamkeit nun dem Klavier und den bereitliegenden Noten zuwenden zu können. Glücklicherweise waren ihr die Lieder schon bekannt, da Madame Monod sie erst unlängst gebeten hatte, ihr und ihren Töchtern die meisten davon vorzuspielen. Die junge Sängerin hatte eine angenehme, frische Stimme, und ihr Auftreten war kindlich bescheiden. Sie bildete sich nicht ein, es der schwedischen Nachtigall, deren Kunst ganz Europa im Sturm erobert hatte, gleichtun zu können. Sie wußte, sie war keine zweite Jenny Lind, und gab sich damit zufrieden, ihrer Familie und den Freunden zu gefallen und einfach, ohne Triller und Tremolo, richtig zu singen.
Henriette nahm auf der Bank vor dem Klavier Platz, dankbar dafür, daß es so stand, daß ihr Rücken dem

Zimmer zugekehrt war, dem die Sängerin das Gesicht zuwandte. Als ihre Augen den Noten folgten und ihre Finger über die Tasten glitten, vergaß sie für eine Weile die Gezwungenheit, die ihre Gegenwart über die Anwesenden gebracht hatte.
Sie hatte die Absicht gehabt, sich nach dem musikalischen Intermezzo zurückzuziehen, aber es war nicht so leicht, sich unbemerkt zu entfernen. Inzwischen waren noch mehr Besucher gekommen. In einer Gruppe, die etwas abseits stand, erkannte sie die Gäste aus Amerika. Es waren fünf, zwei Frauen und drei Männer, nicht modisch gekleidet und sicher im Auftreten wie ihre anderen Landsleute, die man in den Geschäften und auf den Boulevards gelegentlich sah. Sie wußte, daß sie sich eigentlich zu ihnen gesellen sollte, um ihnen das Gefühl des Fremdseins zu nehmen. Aber sie fühlte sich gar nicht dazu aufgelegt, sich um diese Ausländer zu bemühen. Sie machte es ihnen beinahe zum Vorwurf, daß sie überhaupt da waren. Warum waren sie nicht jenseits des Atlantik geblieben, wo sie hingehörten? Warum mußten sie in ihren merkwürdigen Kleidern hierherkommen, um mit ihren wahrscheinlich noch merkwürdigeren Stimmen die englische Sprache zu verhunzen?
Wie ein kleiner Vogelschwarm kamen sie ihr vor, der sich verflogen und auf einem fremden Aste niedergelassen hatte und sich dort höchst ungemütlich fühlte. Und dann, ganz unerwartet, verließ einer der Männer die Gruppe und eilte auf sie zu. Sein lächelndes Gesicht trug eine unbefangene Neugierde zur Schau, und seine Augen blickten mit einem Aufleuchten plötzlichen Erkennens direkt in die ihren. Zwar versuchte Henriette, sich abzuwenden, doch selbst wenn sie an den verschiedenen Gruppen hätte vorbeikommen können, würde das lebhafte Interesse in jenen Augen sie festgebannt haben. Obwohl es ihr so lästig war, daß sie fast eine Art Zorn empfand, fühlte sie sich gleichzeitig gezwungen, von diesem jungen Amerikaner, der da auf sie zukam, Notiz zu nehmen. Wenngleich sie ihn nicht einmal mit einem Wimpernzucken ermutigte, eilte er unbeirrt auf sie zu — eine unauffällige kleine Gestalt in tabakbraunem Rock, die von einer unerklärlichen Begeisterung vorwärtsgetrieben schien. Jetzt war er neben ihr und redete sie

an mit einer Stimme, die zu ihrer Überraschung gar nicht den hohen, nasalen Klang besaß, den alle Yankees ihrer Vorstellung nach haben mußten.
„Sie sind Mademoiselle Deluzy-Desportes", begann er ohne Einleitung, „ich hätte Sie überall erkannt, auch ohne das Hütchen mit den lila Bändern."
Die taktvolle Zurückhaltung ihrer Bekannten hatte sie früher am Abend verlegen gemacht; nun konnte sie die unvermittelte Offenheit eines unbekannten jungen Mannes kennenlernen. Seinem Aussehen nach war er kaum mehr als ein Student, aber immerhin war er für eine solche Ungeschliffenheit eigentlich schon zu alt. Auf eine gewisse Taktlosigkeit war man ja bei diesen Amerikanern gefaßt, aber diese war schon nicht mehr zu übersehen.
„Ach so", antwortete sie kühl, „Sie haben offenbar die Zeitungen gelesen."
Sie zuckte leicht mit den Schultern, und in ihren Worten klang ironische Schärfe. Aber ihre Mißbilligung machte überhaupt keinen Eindruck auf ihn. Er fuhr fort, sie freimütig mit seinen blauen Augen anzustarren, ohne irgend jemanden sonst zu beachten.
„Ja, gewiß habe ich die Zeitungen gelesen", gab er zu, und ein plötzliches entwaffnendes Lächeln verklärte sein etwas alltägliches Gesicht. „Ich lese französisch besser, als ich es jemals werde sprechen können, fürchte ich. Die Zeitungen haben sich ja alle mit Ihnen beschäftigt. Ich las zwar jedes Wort, aber sie sagten mir doch lange nicht alles, was ich wissen wollte. Denn, wissen Sie, seitdem ich in Frankreich landete —"
Das ging wirklich zu weit! Sie würde ihn unhöflich behandeln müssen, obwohl er ein Gast des Hausherrn war. Sie runzelte die Stirn und schnitt ihm den Wortschwall, zu dem er sich anschickte, scharf ab.
„Es ist wirklich ganz überflüssig, mir erzählen zu wollen, daß Sie seit Ihrer Ankunft von nichts anderem als dem Fall Praslin gehört haben. Wahrscheinlich sind Sie sogar besser darüber unterrichtet als ich."
„Ich weiß jedenfalls, daß Sie sich im schlimmsten Mißgeschick tapfer und standhaft gehalten haben und daß Sie allen Angriffen ehrlich und beredt begegnet sind. Ist es denn da ein Wunder, wenn ich von Ihnen —"

„Bitte!“ Wieder fiel sie ihm ins Wort. „Nichts mehr davon, bitte! Und wenn Sie mich jetzt entschuldigen wollen — ich war gerade im Begriff zu gehen.“
Er dachte jedoch gar nicht daran, ihr höflich auszuweichen; er trat sogar noch einen Schritt näher und versperrte ihr den Weg. „Oh, das dürfen Sie mir jetzt nicht antun“, fuhr er fort, ohne zu merken, daß er ihren Unwillen erregt hatte, „ich wollte Ihnen gerade sagen, daß mich Ihr Schicksal seit meiner Ankunft sehr beschäftigt hat.“
„S i e beschäftigt, Monsieur —“
Er nickte ein nachdrückliches Ja.
„Ich muß gestehen“, sie kam einem erneuten, impulsiven Wortschwall zuvor und sprach schnell weiter, „ich muß gestehen, daß es mir nicht einleuchten will, warum das der Fall sein sollte. Habt ihr Amerikaner nicht genügend eigene Schwierigkeiten, daß ihr noch in Europa danach auf Jagd gehen müßt?“
„Zweifellos“, pflichtete er ihr einfach bei, wieder ohne sich um ihre Bitterkeit zu kümmern, „wir haben selbst genügend Schwierigkeiten, wie Sie sagen, aber Ihr Schicksal liegt mir nun einmal sehr am Herzen. Das ist auch der Grund, weshalb, als ich Sie im Hof der Conciergerie gesehen habe, und jetzt wieder heute abend —“
„— konnten Sie Ihrer Neugierde nicht länger widerstehen. Sie dachten wohl, ein paar Fragen mehr oder weniger machen nichts aus, da man mir ja schon so viele an den Kopf geworfen hat.“ Es gelang ihr, eisige Kälte in die Stimme zu legen, aber sie fühlte, wie das Blut ihr vor Zorn in die Wangen stieg.
„Es tut mir leid“, sagte er, „daß ich mich so mißverständlich ausgedrückt habe. Als ich Sie ein so fehlerloses Englisch sprechen hörte, hatte ich gehofft, mich Ihnen mühelos verständlich machen zu können. Aber das fällt in allen Sprachen mitunter schwer. Ich habe nämlich in meinem Beruf viel mit Worten zu tun, müssen Sie wissen, deshalb weiß ich auch, daß sie nicht immer ganz zuverlässig das wiedergeben, was wir fühlen.“
„Sie sind Schriftsteller?“
Sie hätte sich ja denken können, daß seine Beharrlichkeit auf etwas Derartiges zurückzuführen war. Ein junger Reporter aus Amerika — vermutlich hatte er im

Auftrage seiner Zeitung über den Fall Praslin berichten sollen. Vielleicht beabsichtigte er außerdem, ihre Lebensgeschichte zu schreiben und sie mit eigenen Zutaten auszuschmücken. Je eher sie dem einen Riegel vorschob, desto besser.
„Nur zum Teil", erläuterte er. „Ich schreibe nur hin und wieder einen Artikel, wenn meine Predigten mir Zeit dazu lassen."
„Predigten?" Jetzt war es an ihr, das jungenhafte Gesicht vor ihr neugierig anzustarren. „Sie sind Geistlicher? Aber nein, das halte ich für ausgeschlossen."
„Aber ich bin es wirklich", bestätigte er lächelnd. „Man braucht doch nicht wie ein Prophet aus dem alten Testament auszusehen, um das Evangelium zu predigen, nicht wahr?"
„Nein", sah sie sich gezwungen zuzugeben. „Ich vermute, es gibt sehr verschiedene; nur bin ich noch niemals einem Geistlichen, wie Sie es sind, begegnet."
„Und ich bin niemals einem Menschen wie Ihnen begegnet — darin geben wir also einander nichts nach."
„Sie predigen also tatsächlich von der Kanzel?" wiederholte sie und sah ihn dabei halb belustigt, halb bewundernd an. „Es ist wirklich kaum zu glauben; Sie sehen so jung aus."
„Ich bin fünfundzwanzig", entgegnete er, „und seit zehn Jahren predige ich schon ziemlich regelmäßig."
„Dann läßt man also in Amerika schon die Kinder auf die Kanzel?"
„Ich war bereits fünfzehn", sagte er erklärend, „und halb mit dem Seminar fertig. Übrigens ist mein Vater auch Pfarrer; es liegt also wohl in der Familie. Ich werde aber", hier lächelte er ihr wieder zu, „niemals meine erste Predigt vergessen in einer kleinen Dorfkirche, wo wir jungen Theologen oft den Gottesdienst abhalten mußten."
„Und was hatten Sie sich zum Thema genommen?"
„Wie Christus die Wucherer aus dem Tempel treibt. Aber als ich meine Gemeinde von lauter Bauern sah, kamen mir plötzlich Zweifel, ob meine Wahl sehr weise war. Aber sie schienen sich nicht daran zu stoßen und auch nicht daran, daß ich keinen Talar trug. Sehen Sie, meine Familie war sehr arm", vertraute er ihr an, „und ich mußte einen Anzug eines meiner Brüder tragen, der

sehr viel größer ist als ich. In diesem zurechtgestutzten Rock kann ich kaum sehr eindrucksvoll gewirkt haben, als ich da die Kanzel bestieg. Nach den ersten Sätzen ging es ganz leicht, aber der Anfang hat mich um Jahre altern lassen. Ich weiß das genau, denn auf der Rückfahrt mußte ich ein volles Billett bezahlen, und noch auf dem Hinweg ließ man mich zum halben Preis durch." Er schaute so betrübt drein im Gedanken an seine damalige Qual, daß Henriette wider Willen lachen mußte.
„Ja", sagte er und musterte sie mit noch sichtlicherem Gefallen als zuvor, „ich dachte mir, daß Sie so aussehen müßten, wenn Sie lachen."
Sie erwiderte nichts darauf, und er schien das auch nicht zu erwarten. Die anderen Gäste befanden sich in ständiger Bewegung; hin und wieder streifte die beiden ein wehender Kleiderrock, oder es stieß sie jemand an, aber sie blieben ruhig beisammen stehen, als bildeten sie eine Insel in einem dahintreibenden Menschenstrom. Dann aber erfaßte der Strom auch sie und trennte sie. Zuerst belegten Marie und Albert Henriette mit Beschlag, und dann mußte sie im Nebenzimmer der Hausfrau bei den Erfrischungen helfen. Während der nächsten Stunde bot sich Henriette keine weitere Gelegenheit, mit dem Amerikaner zu reden; doch dann und wann sah sie sein Gesicht, das mit jenem erwartungsvollen Ausdruck auf sie gerichtet war, der sie so eigentümlich verwirrte. Sie wünschte, er würde bald gehen wie andere auch; aber er blieb, eine kleine, energische Gestalt, die sich von den angeregt plaudernden Gästen etwas abseits hielt. Seine Schweigsamkeit hob ihn aus den anderen heraus, obwohl seine äußere Erscheinung keine nennenswerten Vorzüge aufwies. Vielleicht wirkte er dadurch so würdig, weil er nicht wie die anderen gestikulierte, wenn er sprach. Aber nein, dachte Henriette, es mußte einen tieferen Grund haben. Von der Nähe gesehen, mochte er durch seine unscheinbaren Züge, seine beinahe kindliche Begeisterungsfähigkeit und den fremdartigen Schnitt seines Anzuges einen falschen Eindruck erwecken. Doch in einer gewissen Entfernung kam seine Eigenart besser zur Geltung, wie eine Bergspitze, die sich zuerst nicht von anderen unterscheidet, aus der richtigen Entfernung gesehen ihre wuchtige

Charakteristik erkennen läßt. Die Künstlerin in ihr nahm dies wahr, und die Frau in ihr empfand das Lautere seiner Persönlichkeit. Er fiel in dieser Gesellschaft auf; nicht nur, weil er einer anderen Rasse angehörte, sondern vor allem durch seine Unbefangenheit und unaufdringliche Sicherheit, die ihm so natürlich war, daß er sich selbst der Macht, die sie ihm gab, nicht bewußt wurde.
„Kein Wunder", dachte sie und mußte über sein Geständnis lächeln, „kein Wunder, daß jene Bauerngemeinde nicht über ihn zu lachen wagte."
Sie verspürte plötzlich Gewissensbisse, als sie daran dachte, wie unfreundlich sie ihm vorgekommen sein mußte, weil sie seine Aufrichtigkeit für Aufdringlichkeit gehalten und seine Begeisterung mit Dreistigkeit verwechselt hatte. Sie hätte wirklich nicht so unhöflich zu sein und ihm eine solche Abfuhr zu erteilen brauchen, nur weil sie überempfindlich geworden war. Aber andererseits konnte man ja nicht von ihr erwarten, daß sie von vornherein solchen ungehemmten Überschwang amerikanischer Gäste richtig einzuschätzen vermochte, zumal wenn sie gleich in ihren ersten Worten bis zur Ungehörigkeit persönlich wurden.
Die Gesellschaft lichtete sich merklich. Bald würde sie unauffällig ihr Zimmer aufsuchen können. Aber da kam er wieder auf sie zu mit seinem zuversichtlich strahlenden Blick. Offenbar gedachte er auch den letzten Gast noch zu überdauern; denn er schien gar keine Ahnung zu haben, wie spät es war, trotz der über seiner Weste hängenden goldenen Uhrkette.
„Jetzt können wir uns endlich unterhalten", begann er, bevor er noch neben ihr stand. „Ich wurde schon ungeduldig. Sie waren so beschäftigt. Sagen Sie mir —"
„Erst müssen Sie mir etwas sagen, Monsieur — wie Sie heißen."
„Field", sagte er, „und mein erster Vorname ist ganz einfach Henry. Und dann in der Mitte Martin."
„Henry", wiederholte sie, „Henry — und dann in der Mitte Martin — Field."
„Zu Hause hat noch kein Mensch meinen Namen so schön ausgesprochen", meinte er voll Bewunderung. „Sie würden bei uns Henrietta genannt werden."

„Field", dachte sie. „Ich hätte es mir denken können, daß es so ein kurzer, schlichter Name sein würde. Er paßt zu ihm — schlicht und anspruchslos und doch voll tiefer Bedeutung."
„Ich mag Ihren Namen, Monsieur Field, er paßt gut zu Ihnen", hörte sie sich sagen.
„Er ist eins von den wenigen Dingen, auf die wir stolz sein müßten, pflegte mein Vater immer zu sagen", erzählte er. „Wir sind nämlich eine ziemlich große Familie", fügte er hinzu. „Ich habe noch zwei Schwestern und sechs Brüder."
„Deren Anzüge Sie bisweilen tragen", scherzte sie.
„Aber nicht mehr, seitdem ich das Williams College hinter mir habe." Er lachte. „Ja, es ist eine Strafe, der kleinste und jüngste zu sein. Ich werde Ihnen die Geschwister mal der Reihe nach aufzählen: David Dudley, Emilia Ann, Timothy Beals, Matthew Dickinson, Jonathan Edwards, Stephan Johnson, Cyrus West, Mary Elizabeth und ich."
Er holte tief Atem.
„Hören Sie auf, hören Sie auf!" protestierte sie. „Heute abend kann ich mir doch nur Henry Martin merken."
„Ich werde meinen Geschwistern von Ihnen schreiben", fuhr er fort. „Gleich in meinem nächsten Brief."
„Aber bitte —", fing sie an, doch sie konnte nicht fortfahren, da jetzt die beiden Brüder Monod zu ihnen traten.
„Es freut mich sehr, daß Sie mir Ihr Empfehlungsschreiben brachten", redete Adolphe den Gast freundlich an. „Wir hätten es sehr bedauert, wenn Sie heute abend nicht bei uns gewesen wären."
„Und ich hätte die Gesellschaft heute abend nicht um meine ganze Europareise missen mögen, obwohl ich auch bereits in England und Schottland gewesen bin."
„Und morgen wollen Sie nach Brüssel fahren?"
„Ja, und dann nach Deutschland und Österreich und vielleicht auch nach Petersburg, wenn mein Geld reicht. Ich habe für diese Reise fünf Jahre lang gespart."
„Was ihr Amerikaner doch für Globetrotter seid!" Frédéric Monod schüttelte in lächelnder Verwunderung den Kopf. „Unser junger Freund hier muß mit dem

Wandertrieb auf die Welt gekommen sein, meinen Sie nicht auch, Henriette?"
„Ja, das scheint mir auch so", stimmte sie zu. „Ich habe mir oft überlegt, wenn ich die Touristen von drüben so müde herumlaufen sah, warum sie von so weit herkommen, nur um sich so vielen Unbequemlichkeiten auszusetzen."
„Darauf müßten Sie antworten können, Monsieur Field."
„Nun, ich glaube, damit verhält es sich so." Er wurde plötzlich ernst, und strich sich eine Strähne von seinem braunen Haar aus der Stirn. „Die wenigsten Menschen haben an einem Buch genug, und manchem von uns genügt auch ein Leben nicht. Wir haben den Drang, mehr Erfahrungen zu sammeln, als es uns in siebzig oder selbst achtzig Jahren möglich ist. Ich mag vielleicht zu gierig sein, aber ich möchte die Bedeutung von vielen Leben an verschiedenen Orten ergründen können. Ich möchte gern ausfindig machen, was sich unter den Strohdächern der Bauernhäuser und hinter den Mauern von Palästen und Hotels abspielt. Ich möchte zwischen Ruinen und in modernen Städten wandeln. Ich möchte überall die Menschen beobachten, ob ich nun ihre Sprache verstehe oder nicht. Mein Ziel ist vielleicht zu weit gesteckt; aber ich möchte hinter die Gesichter von Männern und Frauen blicken und fühlen, was sie bewegt." Er brach ab und seufzte. „Verstehen Sie, was ich meine?"
„Ja", Henriette antwortete, bevor die beiden Brüder noch etwas sagen konnten. „Ich habe Sie verstanden."
„Eines Tages müssen Sie ein Buch darüber schreiben für die, die reisen können, und auch für jene, die zu Hause bleiben müssen."
Frédéric Monod nickte dem jungen Menschen zu.
„Ja, Monsieur Field", fiel Adolphe ein, „Sie besitzen die richtige Auffassung vom Reisen, und ich hoffe, daß Sie in mehr als einer Hinsicht gut fahren."
Als der Besucher sich mit den letzten Gästen zum Gehen anschickte, streckte Henriette ihm die Hand hin.
„Eine gute Reise und gesunde Heimkehr!" sagte sie. „Gute Nacht!" Als er gegangen war, unterhielten sich die beiden Monods noch ein Weilchen über ihn mit Henriette. Ein höchst ungewöhnlicher junger Mann, sogar

für einen Amerikaner, fanden sie. Vielleicht ein wenig übereifrig; aber mit dem Herz auf dem rechten Fleck und großer Intelligenz. Die Einführungsschreiben von seinen amerikanischen Freunden priesen alle seinen Verstand und seinen Charakter. Es hieß in den Briefen, daß er drüben bereits als hervorragender Gelehrter und insbesondere als Kenner des Griechischen, des Hebräischen und der klassischen Philosophie gelte und daß die ungewöhnliche Eignung für seinen Beruf noch viel von ihm erwarten lasse. Er stamme aus einer alten puritanischen Familie, erzählte der Hausherr, obwohl doch sein Benehmen gewiß nichts von puritanischer Kälte und Zurückhaltung verrate. Ja, wenn man sich an seine naive Offenheit gewöhnt hätte, würde einem klar, wie klug und verständnisvoll er sei und daß er sogar eine Art ungehobelten natürlichen Charmes besitze — sei Henriette nicht auch der Ansicht? Auf jeden Fall sei es sehr freundlich von ihr gewesen, sich seiner so anzunehmen. Der Hausherr dankte ihr für die große Hilfe, die sie ihm gewesen sei, und hoffte, die Gesellschaft habe sie nicht zu sehr ermüdet.

Als Henriette die Treppe zu ihrem Zimmer hinaufstieg, sah sie den kleinen Amerikaner mit der unverhüllten Bewunderung in seinen Augen vor sich. Sie hatte seine Begeisterung und seine Ritterlichkeit geweckt, und so groß war die Kraft seines Glaubens an sie, daß sie ihr Leben nicht mehr als ganz sinnlos empfand. Während all dieser letzten Wochen hatte sie versucht, sich hinter einer selbsterrichteten Mauer zu verstecken und sich von allem abzuschließen aus Furcht, noch einmal durchmachen zu müssen, was sie erlitten hatte. Bisher hatten alle diesen Schutzwall respektiert, und auch die Monods hatten in ihrer Rücksichtnahme nur leise angeklopft. Aber dieser Amerikaner hatte es besser gekonnt. Man sagte, eine Mauer müsse erklettert werden — er jedoch hatte die ihre mit einem Satz übersprungen.

VIERUNDZWANZIGSTES KAPITEL

Die sich überstürzenden Ereignisse jenes Winters 1847/48 ließen Henriette bald die Abendgesellschaft fast ver-

gessen; und doch hatte diese eine umwälzende Veränderung in ihrem Leben zur Folge.
Ihre Gefühllosigkeit wich, und mit der neu erwachten Empfindlichkeit begann sie wieder unter ihren Erinnerungen zu leiden. Bis dahin hatte die Katastrophe sie völlig überwältigt; aber wie das Blut mit schmerzenden Stichen wieder in gelähmte Glieder eindringt, so quälten noch grausamere Schmerzen ihr Gedächtnis. Schlafend oder wachend wurde sie von diesen Erinnerungen heimgesucht, die um so bitterer waren, als sie die Wirklichkeit einstmals so beglückt erlebt hatte. Auf Schritt und Tritt folgten sie ihr, ob sie nun irgend etwas von ihren Sachen in die Hand nahm oder durch eine Straße ging, in der die Vergangenheit noch lebte. Unvermittelt konnte das Gespenst des „Es war einmal" sie unterwegs überfallen: ein Straßenmusikant, ein Laden, ein Plakat, das ein Auftreten der großen Rachel ankündigte, der Geruch von Bratäpfeln, Zigarrenrauch, Kindern mit leuchtenden Augen, die Plakate trugen oder Weihnachtslieder sangen, die Notre-Dame im Flockenwirbel — allem war sie auf Gnade und Ungnade ausgeliefert.
Irgendeine zufällige Bemerkung des kleinen Théodore und seiner Schwestern konnte plötzlich einen Tränenschleier über ihre Augen ziehen und ihre Lippen zusammenpressen, weil die Erinnerung ihr das Herz abzuschnüren drohte. Die Gestalt eines großen Mannes, der mit weit ausholenden Schritten an ihr vorbeiging, machte sie noch lange hinterher zittern, weil sie bei diesem Anblick an den Herzog denken mußte. Allmählich träumte sie, der Herzog lebe noch und alles sei ein Irrtum — dieses Grauen von Blut und Gewalttat und Schande, das doch so wahr und wirklich geschienen hatte. Und dann wachte sie auf, und der kurze, tröstliche Spuk verflog. Fröstelnd und einsam lag sie da, gegen ihren Willen die ganze Tragödie noch einmal durchdenkend, jedem Umstand, der zu diesem furchtbaren Ende geführt hatte, unbarmherzig nachspürend.

Frau, gestorben ist dein Liebster,
tot und längst dahin —

Wie ging es doch weiter? Sie zermarterte sich das Gehirn, bis es ihr schließlich einfiel:

sein Haupt bedeckt das Gras,
ein Stein bedeckt die Füße.

Aber nein, selbst das hatte man ihm verweigert. Irgendwo hatte man ihn heimlich und lieblos eingescharrt. Nicht einmal sein Name kennzeichnete den Ort.

Sie allein in der ganzen Welt haßte ihn nicht und verfluchte ihn nicht. „Wir beurteilen andere nur nach dem, was sie uns gewesen sind“, dachte Henriette. Wie schwach und unbeherrscht er auch gewesen sein mochte — ihr hatte er niemals ein Leid zufügen wollen. Vom ersten Tag ihrer Begegnung an hatte er sich ihr nur von seiner besten Seite gezeigt. Deshalb hatte er auch ein Recht darauf, daß sie sich seiner so erinnerte. Immer war er gerecht und großzügig ihr gegenüber gewesen, und nichts sollte ihr dieses Andenken trüben.

„Ich spiele eine klägliche Rolle in dieser Angelegenheit!“ Seine letzten Worte fielen ihr wieder ein, die in der Erinnerung so schwer wogen.

Nur Gott und sie wußten, was sich hinter jenem letzten sinnlosen Ausbruch blinder Raserei verbarg. Sie war nicht allwissend wie Gott; aber sie wußte genug von dieser Ehe, um kein Urteil zu fällen. Sie selbst lebte, das Gesetz hatte sie freigesprochen — aber würde sie sich jemals von seiner Gegenwart befreien können, die sechs Jahre lang ihr Leben erfüllt hatte? Sie würde niemals erfahren, was er für sie empfunden hatte. Vielleicht war es Liebe gewesen, vielleicht auch nur das Verlangen nach Mitgefühl, das sie für ihn verkörperte. Sie hatten so wenig voneinander haben wollen, und doch war dieses Wenige noch zu viel gewesen. Sie hatte nicht seiner Welt angehört und er nicht der ihren. Eine übermächtige Gewalt hatte sie beide ergriffen und sie dem sicheren Verderben preisgegeben. Warum hatte sie sich nicht losgerissen, bevor der Abgrund sich vor ihr auftat? Warum hatte sie nicht auf die Sturmsignale geachtet, bevor das Unwetter losbrach? Das tage- und nächtelange Grübeln gab ihr keine Antwort auf diese Fragen.

„Wenn ich eines Tages den Verstand verlieren sollte“, hörte sie ihn sagen und sah wieder den gleißenden Sonnenschein von Korsika und das endlose Blau des Meeres vor sich, „dann werden Sie wissen, daß ge-

kritzelte Worte auf blauem Papier mich wahnsinnig gemacht haben."
Die Monods mußten etwas von der Verfassung, in der sie sich befand, erraten haben, denn sie versuchten niemals, sich in ihr Vertrauen zu drängen. Sie enthielten sich klüglich aller guten Ratschläge und sorgten dafür, daß Henriette niemals ohne Beschäftigung war. Stundenlange Schreibarbeiten für den Pastor, gelegentliche Näharbeiten, die Beaufsichtigung der Kinder bei ihren Schularbeiten, Vorlesen im abendlichen Kreis, Malen und Klavierspielen füllten ihre Tage aus. Aber ihre neu erwachte Tatkraft verlangte nach kräftigerer Kost. Jetzt brauchte sie schwere, anregende Arbeit, wie sie ihrer niemals zuvor bedurft hatte, zumal die Weihnachtsferien vorüber waren und die lichtlosen Wintertage sich vor ihr ausdehnten.
Die Remeys taten, was sie konnten, um sie zu zerstreuen. Henriette besuchte sie bisweilen, obwohl sie niemals ihre Dachwohnung betreten konnte, ohne aufs neue an die Tragödie erinnert zu werden, die ihrer aller Leben so getroffen hatte. Albert war es gelungen, ein paar Schüler zu bekommen; aber dieser Unterricht warf nicht viel ab, und er vermißte die regelmäßigen Einkünfte seiner Hauslehrerstellung bei Praslins. Henriette wußte das, und es bedrückte sie, ihn so ängstlich mit jedem Frank und Sou rechnen zu sehen. Auch mit Madame Le Maire traf sie manchmal zusammen; und obwohl die alte Frau ihrer hysterischen Anschuldigungen am Morgen nach dem Mord nie wieder Erwähnung tat, waren diese Begegnungen doch zu sehr mit unausgesprochenen Gedanken belastet, um als erfreulich empfunden zu werden.
In der kleinen Schar ihrer Freunde gab es nur einen Menschen, mit dem Henriette völlig unbefangen sprechen und schweigen konnte. Dem alten Diener Pierre gegenüber sprach sie aus, was sie in Gegenwart der anderen nicht sagen mochte. Er besaß die ungekünstelte Natürlichkeit aller jener, die von ihrer Hände Arbeit leben und sich, von Bücherwissen unbelastet, einen klaren Kopf und unertrüglichen Instinkt bewahrt haben. Die bedingungslose Anhänglichkeit eines treuen, alten Hundes blickte sie aus seinen Augen an, und mehr als ein-

mal schüttete Henriette ihm in einem kleinen Café nahe der Rue du Harlay ihr Herz aus. Dort war es zwar nicht sehr sauber, aber der Kaffee wurde stets frisch gemacht und war gut und stark, und nachmittags konnte Pierre leicht einmal auf eine halbe Stunde dorthin kommen, um mit seiner geliebten Mademoiselle eine Tasse zu trinken.

„Sie werden sich noch zu Tode grübeln", sagte er einmal zu ihr und blickte sie mißbilligend über seine erhobene Tasse hinweg an. „Habe ich Ihnen nicht schon gesagt, daß Sie zusehen müssen, soviel Schlaf zu bekommen wie nur irgend möglich?"

„Ja, das haben Sie wohl gesagt, Pierre", bestätigte sie, „aber es ist eben leichter gesagt als getan."

„Ich weiß, Mademoiselle, es ist schwer, wenn der schwarze Hund hinter uns her ist."

„Der schwarze Hund?"

„Das ist so ein Ausdruck für die Sorgen. Ja, ja, der macht uns manchmal viel zu schaffen; aber er wird schon wieder weggehen. Wenn es erst Frühling ist, werden Sie bald vergessen haben, daß er überhaupt da war."

„Aber bis zum Frühling ist es noch lange Lin, Pierre."

„Das sagen mir meine alten Knochen auch", antwortete er darauf und versuchte, seine steifen Knie zu strecken. „Aber gleichviel, einmal muß der Frühling doch kommen, und er wird Ihnen Gutes bringen, das weiß ich genau."

„Ach, Piere, was kann er mir schon Gutes bringen nach allem was geschehen ist? Sie wissen doch, in Paris kann ich nie wieder unterkommen — überhaupt in ganz Frankreich nicht mehr."

„Dann müssen Sie eben übers Meer fahren, um Ihr Glück zu suchen, Mademoiselle, vielleicht sogar bis nach Amerika."

Henriette setzte ihre Tasse hin und starrte sprachlos in sein runzliges Gesicht. Er mußte tatsächlich ihre Gedanken lesen können, die sie bisher noch niemandem mitgeteilt hatte. Sie hatte es sich ja selbst kaum erlaubt, ihnen weiter nachzuhängen.

„Wie kommen Sie gerade auf Amerika?" fragte sie verwundert.

„Weil das der richtige Platz für Sie wäre", behauptete

er zwischen Schlürfen und Schlucken. „In Paris braut sich was zusammen, ich kann das fühlen, wie ich das schlechte Wetter vorausspüre, während noch die Sonne scheint. Passen Sie auf, was ich Ihnen sage, lange wird es nicht mehr dauern."
Komischer alter Kerl, dachte sie, krächzt hier wie ein richtiger Unglücksrabe!
„Ich würde auch gern nach Amerika gehen", fuhr er fort. „Vielleicht lassen Sie mich rüberkommen, wenn Sie dort eine reiche Dame geworden sind."
„Aber ich habe ja nicht die Absicht, nach Amerika zu gehen; und selbst wenn ich es täte, Sie haben doch da nichts verloren!"
„Nun, ich bin wie ein alter Hund, der nichts dagegen hat, noch ein paar neue Kunststückchen zu lernen, neue Kunststückchen in einer neuen Welt — und vielleicht kann ich denen da drüben sogar noch mit meinen alten imponieren." Er lachte verschmitzt vor sich hin und stippte seine Brioche in den süßen Kaffeerest. „Legen Sie den Ozean zwischen sich und all das Böse, das Sie durchgemacht haben", riet er ihr ernsthaft. „Fahren Sie, solange Sie noch jung sind."
„Ich bin gar nicht mehr jung", vertraute sie ihm an, „und dieses Böse werde ich doch immer mit mir herumschleppen, drüben nicht anders als hier."
Aber er schüttelte den Kopf, während er sich schwerfällig erhob. „Trotzdem hat es was für sich, erst das Brot essen zu müssen", meinte er, „dann freut man sich um so mehr auf den Kuchen. Vergessen Sie mich nicht, Mademoiselle, falls ein paar Krumen abfallen. Auf Wiedersehen, Mademoiselle, Madame schreit sich wahrscheinlich schon seit zehn Minuten heiser nach mir."
Sie blickte ihm nach, wie er mit langsamen Schritten fortging, und zuckte die Achseln über die Torheit des Alten, von einer neuen Welt zu träumen.
Aber bereits im Februar teilte fast ganz Paris die bösen Vorahnungen des alten Pierre. Unruhe und Spannung lagen in der Luft.
„Macht", sagt der Dichter Béranger, „gleicht einer Glocke, deren Klang diejenigen, die sie zum Tönen gebracht haben, daran hindert, irgend etwas anderes zu hören." So erging es König Louis Philippe und seinem

Außenminister Guizot. Das Läuten jener Glocke, deren Klöppel sie so lange in Schwingung gehalten, übertönte nun ein unheilvolles, immer näherkommendes Brausen. „Bereichert euch!“ dröhnte die Staatsglocke mit der lauten, selbstgefälligen Stimme Guizots, aber selbst seine Anhänger unter der Bourgeoisie wurden diesem Refrain gegenüber allmählich mißtrauisch. Wie sollte man sich denn bereichern können unter einem Regime von Untätigkeit und politischer Korruption, von immer höheren Steuern im Namen einer vorgetäuschten Wohlhabenheit? Der Fall Praslin war noch keineswegs abgeschlossen. Man hatte es einem Pair von Frankreich ermöglicht, sich der Justiz zu entziehen, und das ließ die Stimmen, die nach Vergeltung riefen, nicht schlafen. Die Empörung des Volkes hatte den Funken gegeben, und, einmal entzündet, schlug die Flamme der allgemeinen Unzufriedenheit bald lichterloh empor. Niemand hatte sich träumen lassen, am wenigsten der ahnungslose siebzigjährige Monarch, wie rasch die Sparren und Balken des morschen Staatsgebäudes Feuer fingen. Tagelang hatte es schon geregnet, über ganz Paris hing dicker, rauchiger Nebel. Man schrieb den zweiundzwanzigsten Februar, und seit dem frühen Morgen lagen die Straßen entweder völlig verödet da, oder sie wimmelten von einer zu allem entschlossenen, durchnäßten Menschenmenge. Théodore Monod war mittags von einem älteren Schüler nach Hause gebracht worden, der berichtete, die Massen hätten sich dicht vor der Madeleinekirche gestaut. Männer in Arbeitskitteln und alten Mänteln, Bettler, Straßenjungen und selbst Frauen hatten stundenlang im strömenden Regen gewartet, wenn auch keiner recht zu wissen schien, worauf. Jemand hatte gerufen: „Nieder mit Guizot!“ und andere hatten das Trutzlied der Girondisten anzustimmen versucht. Der Junge wollte sogar eine rote Fahne über den Köpfen gesehen haben und eine besonders zerlumpte Gestalt, die ein Plakat mit den von der Nässe fast unleserlich gewordenen Worten: „Recht auf Arbeit!“ trug.

Pastor Monod bestätigte diesen Bericht, als er in der Dämmerung heimkehrte.

„Niemand scheint sich darüber klar zu sein, was eigentlich los ist“, erwiderte er auf die ängstlichen Fragen

seiner Frau. „Aber in den Champs-Elysées ist es zu einer Schießerei gekommen. Die Gendarmerie der Polizei ist alarmiert worden. Ich sah, wie man auf den Straßen Bänke zerschlug und anzündete und die Laternenpfähle umriß. Ein Mann erzählte mir, daß mehrere Läden geplündert worden seien; ein Waffengeschäft sei vollkommen ausgeraubt."
„Dann haben wir Revolution." Henriette hörte sich das so ruhig sagen, als habe sie eine Bemerkung über das Wetter gemacht. Die volle Bedeutung dieser Worte ging ihr erst auf, als sie sah, wie Madame Monod plötzlich totenblaß wurde und die ganze Familie unwillkürlich näher aneinanderrückte. Aus ihren Gesichtern sprach die Furcht, und auf einmal wurden sich alle der drohenden Gefahr bewußt.
In den Straßen kampierten in jener Nacht Truppen um große Feuer. Durchnäßt und zitternd suchte die Menge wieder ihre Behausungen auf, während der Regen unaufhörlich herniederströmte. Der König ließ sich nicht aus der Ruhe bringen und war überzeugt, daß er das Wetter auf seiner Seite hätte. Die Pariser, meinte er zu seiner Umgebung, seien nicht daran gewöhnt, im Winter Revolution zu machen. Aber schon am Abend darauf war Louis Philippe der Humor vergangen. Diese anhaltenden Wolkenbrüche vermochten die Flammen des Aufruhrs nicht zu löschen. Die Stimmung der Menge war bösartig und verbissen. Scharen von Studenten zogen durch die Straßen mit Schmährufen auf Guizot: „Nieder mit Guizot! Es lebe die Reform! Es lebe die Republik!"
Die anderen Minister und Staatsbeamten vernahmen diese Rufe und warteten gespannt auf Guizots Erwiderung. Um halb zwei Uhr erschien er in der Deputiertenkammer, schmächtig, aber von entschlossenem Auftreten und — wie ein Ausländer ihn einmal beschrieb — dem Aussehen nach eine Kreuzung von einem Schullehrer und einem Schauspieler. Er behielt auch jetzt den Kopf oben, obwohl er gekommen war, um seinen Rücktritt bekanntzugeben. Seine Worte fielen wie Hammerschläge auf die Ohren seiner Anhänger. „Wir sind verraten worden!" riefen sie aus, während die siegreiche Linke sie niederschrie und das Volk draußen die Nachricht mit Stürmen der Begeisterung empfing.

„Die royalistische Regierung ist gestürzt", berichtete Pastor Monod, als er am späten Nachmittag nach Hause kam. „Guizot ist zurückgetreten, und Gott allein weiß, wer sein Nachfolger sein wird. Bisher ist noch kein Blut geflossen, aber die Nationalgarde ist jetzt ebenfalls mobilisiert worden."

„Aber die Garde und die Gendarmerie stehen sich doch feindlich gegenüber", fiel Henriette ein. „Wird das nicht zu Kämpfen führen?"

„Ich fürchte, ja. Unter den Truppen beginnt sich schon Disziplinlosigkeit bemerkbar zu machen."

In Paris schliefen nur wenige in dieser Nacht. Die Menschenmassen wälzten sich durch die windgepeitschten, nassen Straßen und boten mit ihren zerlumpten Mänteln und Uniformen im Schein der Fackeln ein seltsames Bild. Um neun Uhr drängte sich der Mob auf dem Boulevard des Capucines, wo sich das schwerbewachte Außenministerium befand. Aber als die erregten Scharen gegen das Tor vorbrandeten, wurden sie mit aufgepflanztem Bajonett empfangen. Ein Schuß fiel, und gleich darauf krachte eine Salve und wieder eine.

Vor Tagesanbruch kam es auf der Place de la Concorde zu einem weiteren Gemetzel. Auf Karren aufgebahrt, paradierten die Toten unter schiefergrauem Himmel, von einem brüllenden Haufen, Männern und Weibern, umschwärmt. Neue Abteilungen Militär wurden losgeschickt, um die Ordnung wiederherzustellen; aber als sie auf dem Boulevard Bonnes Nouvelles und anderen wichtigen Verkehrsadern der Stadt anlangten, sahen sie sich Barrikaden aus Pflastersteinen und Lehm gegenüber, die dort über Nacht aufgebaut worden waren. Nasse rote Fahnen und ebenso trübselig herunterhängende Trikoloren schlossen Brüderschaft, als eine Kompanie Soldaten nach der anderen ins Stocken geriet, sich auflöste und dann schnell zerstreute. Überall wurde der Gehorsam verweigert, und die Soldaten schlossen sich den marschierenden Arbeitern an, die sie mit der Waffe in der Hand hatten vertreiben sollen.

Im Schloß herrschte ein unbeschreiblicher Wirrwarr. Ohne Guizot an seiner Seite glich der König einem steuerlos dahintreibenden Schiff. Befehle wurden ausgegeben, nur um durch Gegenbefehle im nächsten Augenblick widerrufen zu werden. Reform oder schärfste Unterdrückung — bald entschloß sich der König für das eine, bald für das andere. Später sagte man von ihm, er habe in diesen kritischen Tagen gleichsam seine rechte Hand ausgestreckt und mit seiner linken Faust gedroht.

Man durfte keine Zeit mit langen Diskussionen verlieren, wollte sich das Haus Orléans gegen die neue revolutionäre Regierung behaupten, die bereits im Rathaus gebildet wurde. Um elf Uhr früh, am 24. Februar, rief Louis Philippe seine beiden Söhne zu sich und bereitete sich auf sein letztes Auftreten als König vor. Er hatte sich endlich entschlossen, persönlich an sein Volk zu appellieren und vor dem Schloß die Parade des Wachregiments abzunehmen. Es war eine Eliteformation der Bürgerwehr, deren Uniform er trug, und sie repräsentierte das mächtige Bürgertum, auf dessen Ergebenheit er sich immer verlassen hatte.

Aber als er an diesem nieselnden Tag an ihren Reihen entlangritt, begrüßte ihn kein spontaner Jubel. Nur ein paar vereinzelte, unsichere Hochrufe lieferten die Probe aufs Exempel. Er fühlte die feindliche Atmosphäre und wußte, daß er ausgespielt hatte. Unvermittelt wandte er sein Pferd zum Schloß zurück. Eine Stunde darauf hatte er bereits seine Abdankung unterzeichnet. Er vertauschte die Uniform mit bürgerlicher Kleidung und kehrte mit seiner Familie einem Paris, das nicht mehr seine Hauptstadt war, den Rücken.

Die Tatsache der Abdankung und der Flucht der königlichen Familie wurde erst nach und nach bekannt. In der Nachbarschaft des Monodschen Hauses hatte es weniger Unruhe gegeben als am Tag vorher, und Henriette, die sich nach dem langen Eingesperrtsein hinter verriegelten Türen und geschlossenen Fensterläden nach frischer Luft sehnte, freute sich, als sich ihr eine Gelegenheit bot, hinauszukommen. Die Familie hatte die Nachricht erhalten, daß ein Mitglied von Pastor Monods Gemeinde ernstlich erkrankt und hilfsbedürftig sei, und da der Pastor nicht zu Hause und auch nicht zu erreichen war, hatte Henriette sich erboten, den Kranken zu besuchen, zumal Madame Monod ihre Kinder nicht allein lassen wollte.

„Nein, ich fürchte mich nicht im geringsten“, hatte sie

den Zurückbleibenden noch an der Tür lächelnd versichert, „es scheint jetzt alles ruhig zu sein, und es regnet auch nicht mehr."

Sie gelangte ohne Schwierigkeit zu der Wohnung des Kranken, indem sie nach Möglichkeit stille Seitenstraßen wählte. Von großem Nutzen konnte sie allerdings nicht sein; sie vertröstete die Familie des Schwerkranken auf den baldigen Besuch des Pastors und richtete die Grüße von seiner Frau aus. Als sie wieder auf der Straße stand, vermochte sie nicht der Versuchung zu widerstehen, bei der Heimkehr einen Umweg zu machen.

Die Straßen waren noch naß, aber die Sonne war wieder durch die Wolken gebrochen. Henriette ging auf die Champs-Elysées zu und kam bald in bekanntere Gegenden. Hier herrschte mehr Leben. Menschen hasteten an ihr vorbei, alle in derselben Richtung auf die Tuilerien zu, und in der allgemeinen Eile achtete niemand auf die unauffällige Frau mit dem Tuch um die Schultern. Erst als sie plötzlich ihren Weg durch Barrikaden versperrt und sich einer erregten Menschenmenge gegenüber sah, bereute Henriette die Unüberlegtheit, die sie zu diesem Umweg verleitet hatte. Sie wandte sich bestürzt, um zurückzueilen, aber hinter ihr stauten sich die nachdrängenden Menschenmassen. Zu spät erkannte sie, daß sie von allen Seiten eingeschlossen war. Die Menschen preßten sich so dicht aneinander wie schwärmende Bienen. Es blieb Henriette nichts anderes übrig, als darauf zu achten, daß sie nicht unter die trampelnden Füße geriet. Es bedurfte ihrer ganzen Kraft, sich auf den Beinen zu halten. Etwas anderes zu denken oder zu fühlen war einfach nicht möglich — nur sich nicht von dieser rohen, rücksichtslosen Masse zerdrücken und zertreten lassen!

Die nächste Stunde erschien ihr später stets als ein wüstes Durcheinander von Gesichtern, Lärm und Schmutz, so unwirklich wie ein böser Traum. Einzelne Bilder prägten sich ihr für immer ein, jedoch nicht wie eine Szene, der sie leibhaftig beiwohnte, sondern wie das ständig wechselnde, bunte Muster eines Kaleidoskops. „Vive la réforme!" „Vive la république!" schrien die Stimmen, die tiefen der Männer und die hellen der Frauen. Das Schreien rollte wie dumpfer Donner über

die Köpfe, bis es plötzlich durch das scharfe Knattern von Gewehrfeuer und rasch sich näherndes Pferdegetrappel unterbrochen wurde. Eine Abteilung Kavallerie bog im Trab in die Straße ein, und die Menge stob panikartig vor den schlagenden Hufen und blanken Klingen auseinander.
Henriette ergriff blindlings einen Arm, um nicht umgerissen zu werden, als die Reiter vorübergaloppierten. So dicht ging die Attacke an ihr vorüber, daß ihr der Straßenkot ins Gesicht spritzte. Der Mann, an dessen Arm sie sich klammerte, war ein Arbeiter. Sie fühlte das grobe Tuch seiner Bluse unter ihren Fingern. Sein Gesicht war von Schweiß und Schmutz verschmiert, und über einem Auge klaffte eine Wunde. Er fluchte derb und drohte hinter den Reitern in der Uniform der Gendarmerie mit erhobener Faust her. Eine Frauenstimme gellte auf, und dann schloß sich der Menschenstrom um eine Gestalt, die regungslos auf dem Weg ausgestreckt lag, den die Reiter sich durch die Menge gebahnt hatten.
„Da ist jemand verletzt worden, vielleicht sogar getötet!" rief Henriette entsetzt den Umstehenden zu. „Wir müssen dorthin! Lassen Sie mich durch!"
Aber niemand antwortete ihr und niemand machte ihr Platz. Ihre Stimme machte soviel Eindruck wie das Zirpen einer Grille neben einem tosenden Wasserfall.
Die Straße hinauf und hinein in eine Seitenstraße, um weiteren Barrikaden und aufgepflanzten Bajonetten auszuweichen — Henriette fühlte sich wie von einem reißenden Sturzbach erfaßt. Ihre Füße berührten kaum den Boden, und ihre Arme hielten, sie wußte nicht, wen, auf ihrer rechten und linken Seite umschlungen. Sie kam sich mehr wie ein Stück Treibholz vor als wie ein menschliches Wesen, das ohne ihr Zutun dahintrieb. Aber sie verspürte keine Furcht. Ein eigentümlicher Rausch der Begeisterung verzauberte ihre Gedanken wie Wein.
Auf einmal tauchten die Tuilerien vor ihr auf. Die kahlen Äste der Bäume zeichneten sich über den Köpfen der Masse vom Himmel ab. Wieder teilte sich der Strom vor einem riesigen Scheiterhaufen brennender Bänke und Möbelstücke, der den Weg versperrte. Henriette konnte den Rauch riechen, ehe sie die Flammen sah. Rußflocken

und Funken wirbelten in dem blauen, bitteren Rauch empor, der ihre Kehle beizte und ihre Augen tränen machte. Sie konnte nicht mehr sehen, wohin es ging, aber sie fühlte, wie jemand sie mit sich fortzog. Sie kam erst wieder zur Besinnung, als sie sich inmitten kauernder Menschen auf den steinernen Stufen eines Ladens in dem Bogengang der Rue de Rivoli wiederfand.

„Wir bleiben lieber hier, solange es geht", sagte ein abgerissen aussehender Student zu ihr. „Sie haben das Schloß gestürmt, und es wird noch eine wilde Schießerei geben."

Bevor er noch ausgesprochen hatte, hörte sie wieder Gewehrschüsse in der Ferne, und die Straße war im Nu von Fliehenden verstopft.

Man hatte die Tuilerien geplündert. Henriette sah Frauen mit wirrem Haar und leuchtenden Augen vorbeilaufen, die irgendein Beutestück aus dem königlichen Haushalt an sich preßten — eine Nippesfigur, eine Porzellanvase, ein goldbesticktes Kleid, das im Straßenschmutz nachschleifte; Männer, die verschiedenartigste Trophäen triumphierend hochhielten. Ihre Taschen waren zum Platzen gefüllt; Silberlöffel fielen vor stolpernde Füße und verschwanden in dem trüben Wasser der Gosse.

Eine Horde Straßenjungen stolzierte in der phantastischen Pracht scharlachroter, goldverbrämter Uniformen vorüber. Eine Gruppe Männer schlug sich um eine Flasche, bis sie dem einen aus der Hand glitt und an den Stufen, auf denen Henriette stand, zerschellte. Augenblicklich verbreitete sich ein scharfer Schnapsgeruch. Ihre Ohren dröhnten von all den gleichzeitig erhobenen Stimmen, die alle etwas anderes brüllten. Hin und wieder verstand Henriette ein Wort: „Guizot — Reform — Thiers — Lamartine — Republik — Praslin!" Sie war ganz sicher, diesen Namen gehört zu haben. Es konnte nicht nur die Stimme in ihrem Innern gewesen sein. „Praslin!" Da war es wieder, und ein Mann in ihrer Nähe spuckte bei diesem Wort verächtlich aus.

„Mein Gott!" dachte sie und zog ihr Tuch fester um sich. „Wenn sie meinen Namen wüßten! Wenn sie eine Ahnung hätten, wer neben ihnen steht, würden sie kurzen Prozeß mit mir machen!" Da erst schoß es ihr durch

den Kopf, daß sie sich im Strudel einer Revolution befand, zu deren Ausbruch auch sie indirekt ihr Teil beigetragen hatte. Aber sie spielte nicht freiwillig eine Rolle in diesem Drama, das Paris erschütterte. Sie war ihr aufgezwungen worden. Ihr eigenes Leid und die Katastrophe, die ihr Leben bis ins Mark getroffen hatte, waren unlöslich mit dem Schicksal eines französischen Königs verknüpft, der seinem Thron entsagte, und auch mit dem Schicksal dieser rasenden Männer und Frauen, die ihre Ideale über dieser Stunde jauchzender Entfesselung vergessen zu haben schienen.
Dieser Gedanke ernüchterte und erschreckte sie. Wie konnte sie es nur jemals gewagt haben, von Reform und Revolution zu sprechen wie ein naseweises Kind, das Dinge daherschwatzt, von denen es nichts versteht? Sie hatte sich eine Revolution als einen Machtwechsel vorgestellt, der sich in würdigen Formen vollzog, als einen ritterlichen Sieg einer Regierung über eine andere und nicht als dieses hemmungslose Gieren nach silbernen Löffeln und bunten Uniformen, nicht als Männer und Weiber, die sich gegenseitig in den Straßenkot traten und sinnlos sinnlose Worte schrien.
„Eine Revolution ist wie der Tod", dachte Henriette. „Wir sprechen darüber, aber wir glauben niemals, daß er uns eines Tages begegnen wird."
Schließlich fand sie nach Hause zurück. Als die Menge sich etwas verlaufen hatte, schlich sie dicht an den Häusermauern entlang. Schritt für Schritt nur wagte sie sich weiter, bis sie endlich wieder in ruhigere Straßen kam. Ihren Hut hatte sie verloren, ihr Tuch hing ihr in Fetzen um die Schultern; sie war blaß und beschmutzt, aber im übrigen unversehrt. Sie blieb sogar ein Weilchen an einem kleinen Platz stehen, um einem ärmlich gekleideten Manne zuzusehen, der ein Stück Brot mit einem schilpenden Spatzenvolk teilte. Da stand er, mit ausgestreckten Händen inmitten der flatternden Flügel so unbekümmert, als bebte nicht die Erde unter seinen Füßen, als sei es allem Aufruhr zum Trotz immer noch wichtig, Sperlinge zu füttern. Henriette empfand ein überwältigendes Glücksgefühl beim Anblick dieser symbolischen Geste.
Als sie endlich bei den Monods ankam, empfing die

ganze Familie sie mit erleichterten Ausrufen an der Tür. Man hatte das Schießen in der Ferne gehört und für ihre Sicherheit gefürchtet. Madame Monod machte sich die bittersten Vorwürfe, daß sie Henriette erlaubt hatte, sich allein einer solchen Gefahr auszusetzen; und der Pastor hatte in anderen Stadtvierteln selbst genügend Beispiele von Gewalt und Roheit gesehen, um zu wissen, wie leicht ihr etwas hätte zustoßen können. Dann lauschten sie entsetzt ihrem Bericht über die letzten beiden Stunden. Erst später am Nachmittag fiel es Pastor Monod wieder ein, daß er ihr einen Gruß auszurichten hatte.

„Wen meinen Sie wohl, traf ich heute nachmittag bei meinem Bruder? Diesen Field, diesen jungen Geistlichen aus Amerika. Erinnern Sie sich noch, Henriette?"

„Ach, der kleine Amerikaner mit seiner Leidenschaft für's Reisen — ja, an den erinnere ich mich. Er ist also rechtzeitig wieder hergekommen, um eine Revolution mitzuerleben!"

„Sprechen Sie bitte das Wort nicht aus", bat Madame Monod. „Es gibt mir jedesmal einen Stich ins Herz, wenn ich es höre." „Nun", fuhr ihr Mann fort, „er wird auf jeden Fall mehr erlebt haben als die meisten Reisenden. Er wollte ja immer dahinterkommen, was Menschen denken und fühlen, und jetzt wird er dazu reichlich Gelegenheit finden. Übrigens", er wandte sich Henriette wieder zu, „er bat mich, Sie zu grüßen und Ihnen zu bestellen, daß er noch immer an Sie denkt."

ZWEITES BUCH

MADEMOISELLE HENRIETTE DESPORTES

1849—1851

FÜNFUNDZWANZIGSTES KAPITEL

Wieder stand Henriette an einem frühen Morgen allein auf dem Deck eines Schiffes und sah zu der fernen Küste hinüber, deren Umrisse im Schein der aufgehenden Sonne zunehmend deutlicher wurden. Staten Island, hatte der Steward gestern abend gesagt, als die „Celtic" nach einer fast vierwöchigen Überfahrt endlich Anker warf. September 1849 — achteinhalb Jahre seit jenem anderen Morgen, an dem sie so ungeduldig und selbstbewußt darauf gewartet hatte, an Land gehen zu können und dem unbekannten Abenteuer die Stirn zu bieten. Aber Le Havre lag Tausende von Seemeilen hinter ihr, und sie hatte inzwischen gelernt, das Unbekannte mit Mißtrauen zu betrachten. Man stieß in der Welt auf genügend Schwierigkeiten, man brauchte ihnen nicht nachzulaufen. Nur wenige von den zwei Dutzend I.-Klasse-Passagieren waren schon auf. Henriette hatte die fünf Frauen, mit denen sie die Kajüte teilte, schlafend oder packend zurückgelassen. Wie eng ihr der Raum an dem Tag, an dem sie an Bord ging, vorgekommen war! Und jetzt fürchtete sie sich beinahe, sich von ihm trennen zu müssen. Diese abgeschiedene kleine Welt aus Planken und Segeltuch, die ungehindert in der weglosen, graugrünen Wasserwüste schwamm, hatte auf ihre von den plötzlichen Entschlüssen und dem schmerzlichen Auseinandergehen mitgenommenen Nerven beruhigend gewirkt. Während dieses kurzen Zwischenspiels hatte die Zeit aufgehört, von Bedeutung zu sein. Wohl hörte man das Schlagen der Schiffsglocke oder das Rufen der Wache bei Nacht, aber es gab keine Vergangenheit mehr, die einem zu schaffen machte, weil sie hinter dem weißen Gischt des Kielwassers verschwunden war, und keine Zukunft; denn noch wies der triefende Bug auf einen unversehrten Horizont.

„Bisher konnte ich niemals den Begriff der Ewigkeit erfassen", hatte sie vor kurzem in ihr Tagebuch geschrieben. „Ich weiß nicht, ob ich überhaupt an einen solchen Zustand glaube, aber nach diesen Wochen auf hoher See habe ich eine Ahnung davon erhalten, was Ewigkeit vielleicht ist. Man spürt, wie der Geist sich in dem starken Sonnenlicht und in der salzigen Luft weitet. Der Nebel umhüllt das Schiff mit der sanften Kühle der Unendlichkeit. Das Leuchten der Sterne gewinnt eine ganz andere Bedeutung, wenn man weiß, daß unser Kurs sich nach ihnen richtet; und es ist sonderbar, wie anders sich die Menschen in der Einsamkeit des Ozeans geben. Ihre Stimmen klingen weniger laut und aufgeregt, und sie sprechen ernst und ohne Anmaßung vom Leben und vom Tode mit irgendeinem Fremden und manchmal sogar von Gott."

Und nun lag die „Celtic" im Hafen von New York vor Anker. Ihre Schaufelräder mahlten nicht länger durch die Wellen, und ihr salzgebeizter Bug hatte das ferne Ziel hinter dem Horizont — die Neue Welt — erreicht. Amerikas hastige Geschäftigkeit begann sich schon um Henriette zu regen. Die Luken standen bereits offen; unter Kettengerassel und dem Stöhnen der Ankerspille wurden Ballen und Fässer aus dem Laderaum hochgewunden. Möven stritten sich kreischend um die Abfälle aus der Kombüse. Ihre Schreie mischten sich mit dem lärmenden Treiben auf Deck und unter Deck, und vom Zwischendeck tönte erregtes Stimmengewirr in allen Zungen herauf.

Henriette sah zu, wie die Auswanderer aus ihren dunklen Quartieren herausquollen wie Scharen riesiger Ratten, die das Schiff verlassen wollten. Dicht aneinandergepreßt, füllten sie die spärliche Fläche ihres Decks, drängten sich an die Reling, um einen ersten Blick auf das gelobte Land zu tun, stoßend, gestikulierend und schnatternd. Henriette beobachtete sie, wie sie da warteten, und staunte über die nahezu greifbare Hoffnungsfreudigkeit, die diese Menschen belebte. Gespannte Erwartung und die Helligkeit des frühen Morgens ließen ein seltsames Leuchten von den Gesichtern ausgehen, Gesichtern, denen sie während der Reise oft begegnet war und die sie bei sich als alt, häßlich, stumpf und dumm bezeichnet hatte, aber jetzt völlig verwandelt vor sich sah. Unwillkürlich kamen ihr die Tränen, als sie diesen Ausdruck wahrnahm. Sie beneidete diese Menschen — was besaßen die, was sie nicht besaß?

„Glauben“ — so erinnerte sie sich, in der Bibel gelesen zu haben — „ist die Wirklichkeit dessen, was man sich erhofft, und die Gegenwart dessen, was man nicht sieht.“ Diese Auswanderer standen in kleinen Gruppen beisammen, offenbar durch ein gemeinsames Band des Blutes oder der Freundschaft oder der Sprache miteinander verbunden. Vergebens suchte sie unter ihnen nach irgendeinem, der, wie sie, einsam war. Doch, eine Frau stand allein, eine Frau von unbestimmbarem Alter, ärmlich gekleidet, ein buntes Tuch um den Kopf, zu ihren Füßen ein schweres Bündel. Sie hatte etwas unverkennbar Französisches an sich; ihre Gestalt und Haltung verrieten die Bäuerin. Über die Reling gelehnt, rief Henriette die Frau an und begrüßte sie auf französisch. Die andere lächelte hinauf und antwortete in bretonischem Dialekt.

„Endlich sind wir nach all den langen Wochen angekommen, Madame, und, Gott sei gelobt, die Sonne scheint.“

„Sie sind allein hier?“ fragte Henriette.

Aber die Frau schüttelte den Kopf. Nur noch kurze Zeit, bedeutete sie ihr. Ihr Mann erwarte sie. Nein, nicht in New York, viel, viel weiter weg. Sie zeigte auf ein weißes Pappschild an ihrem Kleid und versuchte, den daraufstehenden schwierigen Ortsnamen auszusprechen. Auch andere, bemerkte Henriette jetzt, trugen stolz solche Schildchen. Auf sie alle wartete wohl jemand, mochte ihr Reiseziel auch noch so fern sein.

„Gute Weiterreise!“ wünschte Henriette der Frau und schritt langsam das Deck entlang.

Sie hörte eine Geige eine übermütige Melodie spielen. Während der ganzen Reise hatte dasselbe Instrument nur herzzerreißend geschluchzt, und volltönende irische Stimmen hatten klagend von ihrem Heimweh nach den grünen Küsten Eires gesungen. Nun klang die heitere Weise frohlockend über das Wasser. Die Tränen auf den Gesichtern der jungen Männer und Mädchen waren beim Anblick der neuen fremden Küste getrocknet. Henriette jedoch wurde von dieser Fröhlichkeit nicht berührt. Sie empfand keine freudige Erregung, wie sie da auf und ab ging. Sie war allein, einsamer als je in den siebenunddreißig Jahren ihres Lebens.

Der morgendliche Dunst hatte sich jetzt geklärt, und die

Küste bot sich ihrem Blick nun deutlicher dar. Sie konnte braune Felder unterscheiden und Wälder in buntleuchtendem, herbstlichem Blätterschmuck. Als sie Frankreich verließ, war es noch Sommer gewesen, und sie hatte auch auf der anderen Seite des Atlantik das saftige Grün der heimatlichen Landschaft zu sehen erwartet — nicht diese rostfarbene, ungezähmte Wildnis, nur von vereinzelten Blockhäusern unterbrochen. Diese regellos zusammengezimmerten Holzbauten bedrückten sie; sie vermißte das wohlgegründete, feste Gefüge von Stein und Ziegel. Diesen Blockhütten haftete eine Vergänglichkeit an, die sie an Raynalds immer wieder einstürzende Kartenhäuser gemahnte.

„Lieber Gott", dachte sie erschauernd, „so weit hergekommen zu sein — und wofür?"

Einige von ihren Mitreisenden gingen an ihr vorüber und grüßten sie. Eine Familie — Vater, Mutter, Sohn und Tochter —, die mit ihr an einem Tisch gesessen hatte, blieb stehen, um sich von ihr zu verabschieden. Ihre Gesichter strahlten vor Glück, wieder in der Heimat zu sein.

„Es gibt kein anderes Land", sagte der Mann mit einem breiten Lächeln, „und wir haben doch bestimmt die schönsten Plätze gesehen, die sie drüben haben. Ja, M'am, wenn ich nur Amerika habe, dann will ich Ihnen die ganze übrige Welt schenken."

„Aber, Papa, so darfst du nicht zu Mademoiselle Desportes sprechen", entschuldigte sich seine Frau. „Aber es ist wohl nur natürlich, ein bißchen an dem Land zu hängen, aus dem man stammt. Also vergessen Sie nicht: wenn Sie jemals in die Nähe von Cherry Valley kommen, müssen Sie uns unbedingt besuchen!" Wie freundlich sie waren, diese Amerikaner, und wie freigebig mit ihrer Gastfreundschaft! Sie kamen Henriette wie eine Nation von großen Kindern vor mit ihrem Interesse an der Alten Welt, ihrem Stolz auf ihr Vaterland und ihrer unverblümten Redeweise. Vielleicht würde sie sich mit der Zeit an ihre unvermittelte Art gewöhnen können, aber an ihre Stimmen — so gekünstelt hochgepreßt und nasal — würde sie sich gewiß niemals gewöhnen. Sie verdrehten die englische Sprache auf eine höchst merkwürdige Art; sie betonten in einem Wort plötzlich eine Silbe mit so närrischem Nachdruck, wo es ganz unangebracht war. Und eines Tages machten sie Henriette mit einem süßsauren Eingemachten bekannt, das sie „pickles“ nannten; und am nächsten Tag erzählten sie, daß irgendein Mißgeschick sie „schön in die pickles gesetzt“ habe. Das genaue, reine Englisch, auf dessen Beherrschung sie so stolz war, hatte bei den amerikanischen Reisenden oft eine verständnislos fragende Miene hervorgerufen, gerade wenn sie glaubte, sich besonders deutlich ausgedrückt zu haben.

„Nun denn auf Wiedersehen, Miß Desportes! Hat uns riesig gefreut, Sie kennenzulernen, riesig.“

Sie mußte noch mehrere Abschiedsgrüße tauschen, als die Passagiere sich versammelten, um die Ankunft der Barkasse zu erwarten, die sie an Land bringen sollte. Es war ein kleiner Flußdampfer mit rußgeschwärztem Schornstein, einer lärmenden Sirene und einem stumpfnasigen Bug.

„Hier, M'am.“ Ein großer, bärtiger Amerikaner, mit dem sie während der ganzen Reise kaum ein Dutzend Worte gewechselt hatte, redete sie plötzlich an. „Bleiben Sie lieber an meiner Seite, wenn wir übersteigen. Ich kann Ihren Koffer noch gut tragen, und wir werden ja wohl alle mit der ersten Ladung mitkommen.“ Sie versuchte zu lächeln, als sie ihm dankte. Die amerikanischen Männer, überlegte sie, hatten eigentlich kein Benehmen, wie man es in Frankreich verstand, aber sie waren sehr höflich. Sie behandelten die Frauen mit einer natürlichen Achtung, ganz anders als die etwas berechnende Bewunderung der europäischen Männer. Ihre Redeweise und ihre Manieren mochten linkisch und ungehobelt sein, aber sie schienen es für selbstverständlich zu halten, daß man einer Frau behilflich war, ob sie allein reiste oder nicht. In Frankreich konnte man sich nicht von einem fremden Manne helfen lassen, geschweige denn sich auf seinen Arm stützen. Aber hier dachte niemand an ungehörige Vertraulichkeit und noch weniger daran, sich mit seiner Hilfsbereitschaft der Frau gegenüber ein Recht auf Zudringlichkeit zu erwerben. Henriette gefiel diese unzweideutige Freundlichkeit der Amerikaner ebensosehr, wie ihr ihre Vorliebe für Kautabak und die Un-

sitte mißfielen, ihn wie rostige Springbrunnen in hohem Bogen auszuspucken.
Es erhob sich eine frische Brise, als die Barkasse von der „Celtic“ abfuhr. Henriettes Hutbänder flatterten, und ihr langer, weiter Rock blähte sich. Es blieb ihr nichts anderes übrig, als sich den weiblichen Passagieren in der stickigen Kajüte zuzugesellen. Dicht an ein Fenster gepreßt, erhielt sie ihren ersten Eindruck von Manhattan. Ein ganzer Wald von Masten säumte das Ufer längs den mit unansehnlichen Speichern bestandenen Kais, und dahinter erstreckte sich ein unübersehbares steinernes Häusergewirr. Das war also New York, die Perle der Neuen Welt! Henriette, die jene eindrucksvollen Gebäude und Brücken von Paris, die düstere Würde Londons so gut kannte, fühlte sich tief enttäuscht. Wenn auch diese Häuser stabiler waren als die Holzbauten weiter hinten an der Küste, schienen sie doch genau so wenig dauerhaft zu sein. Sie wirkten ebenfalls plump und unfertig; und vergeblich hielt Henriette nach Parkanlagen und grünen Flächen Ausschau, die die Eintönigkeit der engen Straßen unterbrachen.
„Nur die Schiffe sind schön“, dachte sie, als sie einen Klipper anmutig vorübergleiten sah, „und die bleiben ja nicht hier. Wahrhaftig, selbst Marseille ist dagegen eine malerische Stadt.“
Es heiterte sie etwas auf, als sie eine Anzahl Kirchtürme entdeckte, die über den Dächern und Schornsteinen aufragten. Mehr als zwölf konnte sie unterscheiden, als sie sich dem Land näherten, und jetzt erblickte sie einen runden Steinbau an der Spitze der Insel, von Rasenflächen und Bäumen umgeben — wie eine Festung sah es aus.
„Castle Garden“, hörte sie einen Mann ausrufen. „Das ist jetzt ganz hübsch bevölkert, gar nicht mehr wie zu Großvaters Zeiten. Muß ein nettes, kleines Städtchen gewesen sein damals — aber jetzt ist es mir zu groß; sechshunderttausend Einwohner hat es schon, und es werden immer mehr. Ich möchte gern wissen, wo das noch hinführen soll mit all diesen Ausländern, die sich auf unseren Straßen breitmachen.“
„Ja“, stimmte ein anderer zu, „mit denen wird es nachgerade eine richtige Plage. Ich finde, die sollten bleiben,

wo sie hergekommen sind." Henriette wandte sich ab. Eine solche Unterhaltung war nicht geeignet, ihr an ihrem ersten Morgen in Amerika Mut zu machen. Wenn sie auch nicht als Auswanderin im Zwischendeck gekommen war, so war sie doch auch nur einer mehr von „diesen Ausländern". Anstatt immer deutlicher hervorzutreten, als die Barkasse nun auf den Anlegeplatz zusteuerte, verschwammen ihr die Gebäude plötzlich vor den Augen. In dieser großen Stadt von sechshunderttausend Seelen kannte sie auch nicht einen einzigen Menschen, nicht einen einzigen, der sie willkommen heißen würde. Von ganzem Herzen wünschte sie jetzt, sie wäre dort geblieben, woher sie gekommen war.

Aber dann rief sie sich wieder ins Gedächtnis, daß das Land, das sie verlassen, sich nicht bemüht hatte, sie zu halten. Frankreich befand sich nach der Revolution immer noch in einem Zustand der Unruhe und Unordnung. Der neue Herrscher, Louis Napoleon, war zwar mit einem aus verzweifelter Hoffnung geborenen Jubel begrüßt worden — aber würde es ihm gelingen, aus dem wirtschaftlichen Chaos Wohlstand und Zufriedenheit zu zaubern? Würde er den entmutigten, verbitterten Menschen, die gleich ihr die Existenzmöglichkeit verloren hatten, Brot und Arbeit verschaffen können? Sie selbst würde nun hier Arbeit finden, in irgendeiner dieser Straßen, die sich da vor ihr in der Septembersonne hinzogen. Es gab dort jemanden, der gewillt war, über den Makel des Skandals, der ihr in ihrem eigenen Lande ewig anhängen würde, hinwegzusehen. An diese einzige Sicherheit mußte sie sich anklammern und dankbar dafür sein.

Sie versuchte, sich daran zu erinnern, als sie zusammen mit den anderen Ausländern im Einwandererdepot darauf wartete, daß ihre Papiere geprüft wurden. Die Zeit kam ihr endlos vor. Nie zu vergessen waren diese kahlen Wände mit dem einzigen Schmuck gedruckter Bestimmungen und Erlasse; diese zusammengepferchten Männer, Frauen und Kinder, die durch die Fragen der überlasteten Beamten gereizt und ängstlich wurden; und draußen vor den Fenstern das Mastengewirr gegen den Herbsthimmel.

Henriette fühlte sich verloren und unsicher in all dem

Durcheinander um sie her. Umsonst sah sie sich nach einem Gepäckträger um; sie mußte sich gedulden, bis ihr von irgendwoher Hilfe wurde. Mittlerweile war sie froh, sich auf ihrer von Tauen umwundenen Kiste sitzend ausruhen zu können. Mehr als eine Stunde saß sie da und hielt die Tasche mit ihren Einreisepapieren, der kleinen Summe amerikanischen Geldes, dem Kreditbrief auf eine New Yorker Bank und ihrem Anstellungsvertrag krampfhaft fest. Der vertraute Anblick ihrer Sachen trug nur dazu bei, die Fremdartigkeit der Welt, in die sie sich versetzt sah, noch mehr hervorzuheben. Der Regenschirm, die Hutschachteln, das bunte Reiseplaid, der messingbeschlagene Koffer — wie rührende Überbleibsel aus ihrer Vergangenheit sahen die Sachen aus. Der Koffer war besonders mitgenommen, die Ecken abgestoßen, die Messingknöpfe stumpf. Sie beugte sich nieder und legte ihre Hand auf das zerkratzte Leder, als wäre es etwas Lebendiges, ein treuer Hund, der sie in die Verbannung begleitet. Die langen Jahre, die sie gemeinsam miteinander verbracht hatten, waren nicht spurlos an ihnen vorübergegangen, und jetzt galt es wieder, sich an neue Menschen, andere Sitten zu gewöhnen.
Während des Wartens kamen ihr auch aufs neue die ermutigenden Worte der Freunde, die sie zurückgelassen hatte, in den Sinn. Albert und Marie hatten sich so liebevoll gezeigt, so unerschütterlich in ihrem Glauben, daß es der Freundin gelingen würde, sich jenseits des Ozeans ein neues Leben aufzubauen. Auch Madame Le Maire hatte die Vergangenheit ruhen lassen und beim Abschied ein paar Tränen vergossen. Der alte Pierre hatte geweint und war sich dann mit seinem groben Ärmel über die Augen gefahren, während er ihr versicherte, wie sehr er sie um ihre Fahrt nach Amerika beneide.
„Sie werden dort drüben Ihr Glück finden, Mademoiselle Henriette", hatte er immer wieder gesagt, „ich weiß, es hält schon Ausschau nach Ihnen."
Und die Brüder Monod — wo wäre sie heute ohne deren Hilfe und praktischen Ratschläge? Sie hatten sich an alle ihre einflußreichen Freunde hüben und drüben mit der Bitte gewandt, Henriette doch eine Stellung zu verschaffen. Sie wiederholten, wie fest sie an ihre Unschuld

glaubten, und sie bäten im Namen ihres gemeinsamen Glaubens, ihr zu helfen. Anfangs hatte es hoffnungslos ausgesehen; aber sie hatten nicht einen Augenblick ihre Zuversicht verloren, im Gegenteil, sie verdoppelten nur ihre Bemühungen. Und als dann das Wunder geschah und ihr angeboten wurde, in einer vornehmen Mädchenschule die Töchter der reichen New Yorker zu unterrichten, hatten die beiden Brüder in jeder Hinsicht dafür gesorgt, daß sie es auf dieser langen Reise so bequem wie möglich hatte.

Als Frédéric Monod ihr in den Zug half, klammerte sie sich in einer plötzlichen Anwandlung von Mutlosigkeit an ihn. Durch ihre Tränen konnte sie kaum sein gütiges männliches Gesicht erkennen; aber seine Abschiedsworte blieben um so deutlicher in ihrer Erinnerung haften.

„Sie werden tapfer sein, Henriette", sagte er. „Sie werden es immer sein, denn Sie sind tapfer geboren."

„Ich will es versuchen", schluchzte sie, „aber ich habe Angst. Ich habe das Gefühl, daß es leichter war, mich vor dem Untersuchungsrichter zu behaupten, als allein so weit wegfahren zu müssen."

Sie versuchte vergebens, ihre Tränen zu unterdrücken; aber er machte ihr diese Schwäche nicht zum Vorwurf.

„Wer mit Tränen säet, wird mit Freuden ernten!" erinnerte er sie. „Ich hoffe, ich werde Ihre Ernte erleben, Henriette, und ich zweifle nicht, daß es eine gute sein wird, wohin auch immer Ihr Weg Sie führen mag. Als ich gestern meinem Jungen bei seiner lateinischen Arbeit half, stieß ich auf einen Satz, der mir wie dazu geschaffen schien, Ihnen als Wahlspruch zu dienen: Qui transtulit, sustinet — wer sich verpflanzt hat, wird überdauern! Schrecken Sie nicht davor zurück, in der neuen Erde Wurzel zu fassen, dann werden Sie dort wachsen und glücklich werden!"

Er hatte ihr die Worte aufgeschrieben, und jetzt, an der Schwelle zu der Neuen Welt, sprach sie sie wieder vor sich hin: Qui transtulit, sustinet.

Endlich waren die Formalitäten erledigt. Sie verstaute ihre Sachen und sich selbst in einer offenen Droschke, und bald klapperte das Gefährt über das New Yorker Pflaster. Der Kutscher — mit seiner gutherzigen Redseligkeit und seinem singenden irischen Dialekt — schien fest entschlossen, der Fremden alles zu zeigen, was es zu zeigen gab. Fortwährend drehte er sich zu ihr um und wies mit seiner Peitsche auf diese oder jene Sehenswürdigkeit.

Der City Hall Park glich zu ihrer Überraschung einer wohlgepflegten englischen Gartenanlage. Das Rathaus selbst fiel ihr durch seine edlen Proportionen und seine hochgewölbte Kuppel auf. An der anderen Seite des Parks prahlte Astor House mit seinen sechs Stockwerken. Die breite Treppe und die Marmorsäulen verfehlten ihren Eindruck nicht, und die Läden im Erdgeschoß glänzten mit prächtigen Auslagen. Auf Barnums Museum und das riesige Gebäude von Stewards Kaufhaus, die beide am Park lagen, wurde sie ebenfalls von ihrem freiwilligen Fremdenführer aufmerksam gemacht, der sie ohne Unterlaß mit Erklärungen und Auskünften überschüttete, während sie durch eine belebte Straße fuhren, die sich Broadway nannte. Zu dieser Stunde wimmelte es dort von Vehikeln aller Art; des öfteren mußte der Kutscher das Pferd anhalten, um einen Zusammenstoß zu vermeiden; und häufig gerieten sie in ein unentwirrbares Durcheinander von Omnibussen, vornehmen Sportwagen, schweren Reisekutschen und anderen öffentlichen Beförderungsmitteln. Auf dem unebenen Kopfsteinpflaster schwankte und schaukelte die Droschke so heftig hin und her, daß Henriette meinte, auch auf dem kleinsten Schiff bei stärkstem Seegang könnte es nicht ärger sein. Vom Rinnstein und von ausgefahrenen Löchern spritzte Schmutz auf. Der Lärm und die Bewegung, der ganze Wirrwarr um sie her betäubte Henriette und machte sie schwindlig.

Eine Unzahl von Eindrücken war auf sie eingestürzt, bevor ihre Fahrt noch zu Ende war. Sie fühlte sich geradezu erschlagen von der Massigkeit dieser Straßen. Nur ganz selten unterbrach ein noch unbebautes Grundstück die dichten steinernen Reihen, in denen jedes dieser hohen Gebäude dem nächsten den Platz streitig zu machen schien. Fast alle trugen Reklameaufschriften; riesige Plakate priesen die verschiedenartigsten Waren an. Dadurch wurde das unfertige Aussehen der Stadt nur noch deutlicher — als ob sie, dachte Henriette, aus irgendeiner Laune heraus von Kindern erbaut worden wäre, die dann ihr Werk mit allerlei bunten Bildchen spielerisch ausgeschmückt hatten. Dann gab es da noch die Märkte und die Handkarren zu sehen, die mit Gemüsen und Früchten überladen waren. Henriette staunte über diese verschwenderische Fülle; sie staunte auch über diese Atmosphäre selbstbewußter Unabhängigkeit und ungehemmter Tatkraft, die gleichsam in der Luft lag, die sie einatmete. Selbst einem oberflächlichen Betrachter wäre es aufgefallen, wie wenig die Menschen, die da so geschäftig vorüberhasteten, sich voneinander unterschieden: Bettler waren kaum zu sehen, und auch elegant gekleidete Müßiggänger erblickte man selten. Jeder schien einem besonderen Ziel zuzustreben, und alle schritten schneller und energischer aus, als europäische Menschen es zu tun pflegten. „Zeit ist Geld" schien das naturgegebene Motto der Amerikaner zu sein.

Kirchen, Läden, Hotels und Theater — Henriette versuchte vergeblich, sich die Namen all der Gebäude einzuprägen, die ihr unermüdlicher Führer ihr nannte. In ihrem Kopf entstand eine heillose Verwirrung — Niblos Garden, das Bowery-Theater, die Astor Place Oper, die St.-Nicholas-Kirche und das Amerika-, das Irving-, die Prescott-Hotels — es war nicht zu behalten. Der Union Square, der mit Bänken und Blumenbeeten und Bäumen und seinem hohen Fahnenmast inmitten vornehmer Villen lag, wirkte nach all dem Getriebe der Geschäftsstraßen wie eine Erholung. Endlich bogen sie in eine ruhige Seitenstraße ein, in der einfache, gemütliche Häuser langgestreckte Gartenanlagen umstanden, wo Kindermädchen ihre spielenden Zöglinge beaufsichtigten.

„Gramercy Park", verkündete der Kutscher mit einem Peitschenknall, und Henriette seufzte erleichtert auf.

Der Wagen hielt vor einem Backsteinhaus, das ebenso wie seine Nachbarn einen freundlichen, weißgestrichenen Eingang mit Türgriff und Klopfer aus glänzendem Messing besaß, zu dem ein paar Stufen hinaufführten. Henriette vergewisserte sich noch einmal mit einem Blick auf den Brief in ihrer Handtasche, daß die Nummer stimmte. Zehn — ja, dieses Haus neben der Kirche war

das Ziel ihrer langen Reise, und da stand ja auch auf dem blankpolierten Messingschildchen: „Miß Haines' School."
Sie folgte dem Hausmädchen in ein geräumiges, kühles Wohnzimmer, das durch heruntergelassene Jalousien vor den Sonnenstrahlen geschützt wurde. Das dämmrige Licht verlieh den Gegenständen ein undeutliches, verschwommenes Aussehen, und Henriette fand kaum Zeit zu bemerken, daß der Raum sparsam und geschmackvoll mit schweren Mahagonimöbeln eingerichtet war. Das Sofa und die Stühle trugen Bezüge zum Schutz gegen Staub und Licht, und eine schlichte Bastmatte lag auf dem Fußboden. Da trat bereits Miß Haines ein, Henriette erhob sich und ergriff die ausgestreckte Hand.
„Herzlich willkommen, Mademoiselle Desportes! Haben Sie die Reise gut überstanden?"
Henriette war angenehm berührt von der Erscheinung dieser nicht mehr jungen Dame in ihrem streng geschnittenen grauen Kleid mit dem weißen Kragen, den weißen Manschetten und der schwarzen Taftschürze. Die Sauberkeit und die gewählte Sprache der Schulleiterin gefielen ihr. Es lag eine ruhige Autorität in ihrer Stimme und auch in dem Ausdruck ihrer klaren Augen, die trotz der kleinen Fältchen jugendlich wirkten. Henriette war sich sofort darüber klar, daß diese Frau Geist und Tradition besaß, und sie wußte, ihr gegenüber würde sie immer offen sein können.
„Ich bin freilich etwas müde und durcheinander von der Reise", gestand sie ein, „aber Sie wissen gar nicht, wie dankbar ich Ihnen bin, daß ich hier sein darf, und wie sehr ich mich Ihnen verpflichtet fühle, daß Sie mich so ohne jedes Vorurteil bei sich aufnehmen wollen."
„Sie müssen sich mir nicht verpflichtet fühlen." Miß Haines saß ihr kerzengerade gegenüber und strich sich die Schürze glatt. „Ich habe mich dazu erst nach reiflicher Überlegung und eingehenden Erkundigungen entschlossen."
„Ich bin sehr froh, daß Sie alle Einzelheiten des tragischen Geschehens, in das ich verwickelt worden bin, kennen. Das macht es mir so viel leichter, als wenn ich Ihnen alles erst erzählen müßte."
„Doch, ich bin über den Fall Praslin genau unterrichtet.

Unsere Zeitungen waren voll davon, und von unserem Pastor erfuhr ich dann noch Näheres über Ihr Unglück. Nach den Briefen, die er von den Monods erhielt, gewannen wir die Überzeugung, daß Sie ein Opfer der Umstände geworden waren. Von den Monods erfuhr ich auch, wie sehr Sie drüben unter Ihrer Religion gelitten haben. Das hat mich eigentlich mehr als alles andere bewogen, Ihnen beizustehen. Einige meiner Vorfahren sind hierher ausgewandert, um der Glaubensverfolgung zu entgehen — mütterlicherseits stamme ich aus einer Hugenottenfamilie. Daran mußte ich denken, als ich von Ihnen hörte."

„Ich werde mein Bestes tun", sagte Henriette, „Sie sollen Ihren Entschluß niemals zu bereuen brauchen."

„Allerdings habe ich anfänglich doch gezögert", fuhr Miß Haines fort, „Sie hatten zwar so ausgezeichnete Zeugnisse und wurden mir so warm empfohlen; aber Sie werden mich verstehen — in einer Schule wie der unserigen, in der die Töchter der angesehensten Familien der Stadt meiner Obhut anvertraut sind, schien es gewagt, Sie kommen zu lassen. Schließlich muß ich ja auch an meinen eigenen Ruf und an meine Verantwortung den Eltern gegenüber denken."

„Das verstehe ich sehr gut. Dazu bin ich selber lange genug Lehrerin gewesen."

„Sie dürfen es wirklich als eine glückliche Fügung betrachten, daß Mr. Field mich besucht hat —"

„Mr. Field?" wiederholte Henriette überrascht, „ich wußte gar nicht, daß er hiermit etwas zu tun hat."

„Aber ja, unser Pastor brachte ihn kurz nach seiner Rückkehr von Europa zu Besuch mit, und seine persönliche Schilderung von Ihnen überzeugte mich mehr als alle Empfehlungsschreiben. Ein so hohes Lob von einem jungen Menschen seiner Herkunft und seines Charakters fiel natürlich schwer ins Gewicht. Er verbürgte sich dafür", der Anflug eines Lächelns umspielte dabei ihre Lippen, „daß Sie nicht nur allen Anforderungen entsprächen, sondern auch jedem Haus, in das Sie kämen, zur Zierde gereichen würden."

Henriette errötete. Sie hatte die eifrige Bewunderung dieses hartnäckigen kleinen Amerikaners schon fast vergessen, und jetzt mußte sie die Entdeckung machen, daß sie es eigentlich ihm verdankte, hier angekommen zu sein. Eine zufällige Begegnung vor anderthalb Jahren hatte sie in dieses kühle Wohnzimmer gebracht. Sie hatte ihn damals unfreundlich behandelt, und er hatte ihr mit dieser Münze heimgezahlt! Wie merkwürdige Wege das Schicksal doch ging und wie wenig man voraussehen konnte! Man trifft sich, man spricht miteinander, man trennt sich, geht wieder seinen verschiedenen Beschäftigungen nach — nur, um wieder zusammengeworfen zu werden. Ein einziges Wort, ausgesprochen oder ungesagt, kann das ganze Leben plötzlich verändern. Henriette hatte niemals gedacht, daß sie den jungen Geistlichen mit den offenen blauen Augen und dem stürmischen Wesen je wiedersehen würde, und doch, hier war er und half dem Schicksal, ihren Faden zu spinnen.

„Ich fürchte", bemerkte sie mit einem kleinen verlegenen Achselzucken, „Mr. Field hat sich von seiner Begeisterungsfähigkeit allzusehr mitreißen lassen. Hat er Ihnen auch gesagt, daß wir uns nur einmal getroffen haben?"

„Dieses eine Mal scheint ihm genügt zu haben, um sich ein Urteil zu bilden. Und nun, Mademoiselle Desportes, wollen wir uns über Ihre künftigen Pflichten unterhalten, bevor wir nach oben gehen. Die Ferien sind in der nächsten Woche zu Ende; es bleibt Ihnen also genügend Zeit, sich auszuruhen und einzugewöhnen."

Es stellte sich heraus, daß Miß Haines sehr bestimmte Grundsätze in der Leitung ihrer Schule hatte; aber Henriette fand diese durchaus vernünftig. Sie sollte den französischen Unterricht in allen Klassen geben und außerdem die Malstunden der älteren Schülerinnen übernehmen. Weiterhin sollte es ihre Aufgabe sein, mit noch zwei anderen im Hause wohnenden Lehrerinnen die Mädchen auf ihren täglichen Spaziergängen zu begleiten — auf die Miß Haines großen Wert legte, weil sie das viele Stillsitzen für ungesund hielt. Aber auch nach Schulschluß gab es noch dieses und jenes zu tun, da ein paar von den Mädchen Interne waren. Den größten Teil der Arbeit hatte sich jedoch Miß Haines selbst vorbehalten.

„Und jetzt werden Sie gewiß auspacken und sich ausruhen wollen." Miß Haines erhob sich, von diesem ersten

Gespräch offenbar zufriedengestellt. „Wir haben bereits zu Mittag gegessen; aber ich werde Ihnen noch etwas hinaufschicken. Zu Abend essen wir um halb sieben, und heute wird uns dabei nur Fräulein Schmidt, die Deutsch und Mathematik unterrichtet, Gesellschaft leisten. Ich glaube, es ist schon ein Brief für Sie gekommen, ich lasse ihn mit Ihren Sachen hinaufbringen."

Wieder befand Henriette sich in einem kleinen Zimmer hoch oben in einem Haus. Die Schule bestand aus zwei nebeneinander liegenden Gebäuden, die vereinigt worden waren. Die Küche, die Zimmer der Dienstboten und der Speisesaal lagen im Erdgeschoß, die Wohnräume und Klassenzimmer direkt darüber. Miß Haines wohnte im obersten Stockwerk des einen Hauses und die internen Lehrerinnen und Schülerinnen in dem anderen. Henriettes Zimmer besaß zwei Fenster, die auf die kleine Gartenanlage und die gegenüberliegenden Häuser hinausgingen. Es tat wohl, das frische Grün der Bäume vor den Fenstern zu haben und die frische Brise zu spüren, die die weißen Vorhänge leise bewegte. Der Raum war sehr einfach möbliert, aber tadellos sauber, und man hatte sich offensichtlich Mühe gegeben, ihn so behaglich wie möglich auszustatten.

Und doch — die schmucklosen, kahlen Wände erinnerten sie an ihre Schulzeit im Kloster. Sie setzte sich auf einen der harten, steiflehnigen Stühle und suchte sich der Niedergeschlagenheit zu erwehren, die sie zu überkommen drohte. Die verschiedenen Aufregungen des Morgens, die verwirrenden neuen Eindrücke — das alles hatte sie doch sehr mitgenommen. Wie so oft, wenn sie sich erschöpft fühlte, empfand sie eine seltsame Losgelöstheit von ihrem eigenen Ich. Sie sah sich allein und unbeachtet auf ihrer Kiste in einer Ecke des Einwandererdepots sitzen, sah, wie ihr Mantel ihr von der Schulter herabgerutscht war, wie armselig sich ihre Koffer ausgenommen hatten. Dieses Bild ihrer Einsamkeit an der Pforte zu dem fremden Land hatte sich ihr unauslöschlich eingeprägt. Eines Tages würde sie diese Szene — jene Frauengestalt, die paar Habseligkeiten und die zerfetzten Anschläge an den grauen Wänden — auf die Leinwand oder zu Papier bringen. Ihr Pinsel oder ihre Zeichenstifte würden die Erinnerung zu einer Wirklich-

keit machen. Aber jetzt mußte sie danach trachten, zu vergessen, wie wirklich das alles gewesen war.
Als ihr Gepäck heraufgetragen worden war, erhielt das Zimmer gleich eine viel persönlichere Note, und kurz darauf klopfte das Mädchen an, das ihr etwas zu essen und den Brief brachte. Henriette hielt ihn, bevor sie ihn öffnete, eine Weile in der Hand und besah ihn erwartungsvoll. Die Handschrift verriet ihr nicht, wer der Absender war; aber ein Irrtum konnte es nicht sein, denn ihr Name und ihre Adresse waren deutlich zu lesen. „St. Louis, Missouri", entzifferte sie auf dem Poststempel und erbrach dann den Brief, um ihrer Spannung ein Ende zu machen.
„Meine liebe Mademoiselle Desportes", begann der Brief, „darf ich mir erlauben, Sie als erster durch diesen Brief zu begrüßen am Tage Ihrer Ankunft in einem Land, in dem Sie, wie ich hoffe, sehr glücklich sein werden. Von meinen gütigen Freunden Adolphe und Frédéric Monod erfuhr ich von Ihrer Absicht, Ihre frühere Tätigkeit wiederaufzunehmen, und ich rechne es mir als eine Ehre an, daß ich der Dame, in deren Schule Sie unterrichten werden, von Ihnen sprechen durfte. Ich bin sicher, daß Sie beide sich gut verstehen werden, und ich beneide die jungen Menschen, die das Glück haben, von Ihnen erzogen zu werden.
Ich bedaure aufrichtig, daß es mir nicht möglich war, Sie bei Ihrer Ankunft persönlich willkommen zu heißen; aber, wie Sie sehen, befinde ich mich viele hundert Meilen von New York entfernt. Mein Vater, mein Bruder Stephen und ich waren letzten Sommer zusammen in London; aber ich bin vor ihnen abgereist, da es mir ratsam erschien, noch ein paar Monate zu meinem alten Pastorat zurückzukehren. Meine Brüder Cyrus und David leben beide mit ihren Familien in New York und haben mich schon oft gebeten, bei ihnen ein paar Wochen zu verbringen. Ich hoffe daher mit Bestimmtheit, Sie in nicht zu ferner Zeit in Gramercy Park aufsuchen zu können.
Ich habe unsere Unterhaltung nicht vergessen, und auch Sie könnte ich nicht vergessen, selbst wenn ich es wollte, was durchaus nicht der Fall ist. Ihr Wohlergehen liegt mir sehr am Herzen, und ich erwarte ungeduldig eine

Nachricht, die mich darüber beruhigen soll, daß Sie gut angekommen sind und sich in Ihrer neuen Heimat wohlfühlen.
Sie werden bald auch auf dieser Seite des Atlantik viele Menschen zu Ihren Freunden zählen, aber Sie werden darüber hoffentlich nicht vergessen, daß ich Sie in unserm Land willkommen hieß, bevor Sie es noch betreten haben.
Darf ich mich Ihnen heute empfehlen, liebe Mademoiselle Desportes, in dankbarer Erinnerung an unsere erste Begegnung und in freudiger Erwartung unseres baldigen Wiedersehens —

Ihr ergebener
Henry Martin Field."

Henriette hielt später mitten im Auspacken inne, um den Brief ein zweites Mal durchzulesen. Wie charakteristisch er für den Absender war! Diese impulsive Liebenswürdigkeit und Bewunderung, die sich hinter den etwas banalen Worten verbargen; diese verblüffende Selbstverständlichkeit, mit der er ein Wiedersehen für abgemacht hielt! Und die rührende Art, in der er seine Hoffnung aussprach, sie möge sich in seiner Heimat wohlfühlen.
„Ach, Mademoiselle", sie erinnerte sich, wie Louise damals dieses Land und seine Bewohner obenhin abgetan hatte, „da wohnen ja doch nur komische Leute! Sie würden doch auch nicht gern in Amerika leben, nicht wahr, Mademoiselle?"
Seltsam, daß ihr diese Worte nach so langer Zeit wieder einfielen. „Eh bien, komisch oder nicht, ich bin nun einmal hier", sagte sie zu sich, als sie ihren ersten amerikanischen Brief in ihre Schreibmappe legte, um bei nächster Gelegenheit darauf zu antworten. „Jedenfalls tut es gut, hier einen Freund zu haben. Ich mag diesen kleinen Pastor gern, diesen Henri — und dann in der Mitte Martin — Field!"

SECHSUNDZWANZIGSTES KAPITEL

Sechsmal rund um den Gramercy Park, dann nordwärts auf der Lexington Avenue, so weit wie das Pflaster glatt

blieb, und wieder zurück; Henriette schätzte diese vormittäglichen Spaziergänge mit den ihr anvertrauten dreizehn Mädchen durchaus nicht. Sie waren alle im schwierigen Backfischalter, und obwohl sie mit einigen von ihnen allein gut fertig wurde, stellten sie alle zusammen ihre Geduld auf eine harte Probe. Dieses tägliche Sichbewegungmachen war ihr unter all ihren Pflichten am unangenehmsten. Sie hatte dafür zu sorgen, daß die Mädchen zu Paaren hintereinander tüchtig ausschritten, daß keine zurückblieb oder sich auffallend benahm; vor allem mußte sie darauf achtgeben, daß sie nicht die Aufmerksamkeit irgendeines vorübergehenden Mannes auf sich zogen, und das war gar nicht so einfach. Aber Miß Haines bestand auf der strikten Beachtung einer Anstandsregel, deren Formulierung so treffend die strengen Grundsätze zum Ausdruck brachte, denen die Schule ihren guten Ruf verdankte: „Eine junge Dame soll es sich zu jeder Zeit und besonders in der Öffentlichkeit angelegen sein lassen, sich durch eine gerade Haltung und ein untadeliges Benehmen auszuzeichnen und fremden Dingen keinerlei Beachtung zu schenken."
Die Wendung „fremde Dinge" war, wie Henriette bald herausfand, in Miß Haines' Schule zu einem doppelsinnigen Begriff geworden. Er umfaßte das ganze männliche Geschlecht und insbesondere die jungen Männer der Nachbarschaft, die sich natürlich ein Vergnügen daraus machten, in kleinen Gruppen die Töchter der reichsten Familien Manhattans bei diesem Exerzieren zu beobachten. Henriette ging in der Mitte ihrer kleinen Schar, aber wenn es ihr durch kluge Strategie gelungen war, die ersten drei Paare an der männlichen Gefahrenzone vorbeizumanövrieren, ließ das Verhalten der anderen hinter ihrem Rücken unweigerlich zu wünschen übrig; wenn sie dagegen ihre Aufmerksamkeit der Nachhut zuwandte, machten sich womöglich die Vorausgehenden eines Verstoßes gegen die Etikette schuldig. An einem Februartag des Jahres 1850 befand sie sich, als sie mit ihren Zöglingen aufbrach, in besonders trüber Stimmung. Zu ihrer großen Enttäuschung hatte sie mit den letzten Schiffen aus Frankreich keine Briefe erhalten, und außerdem war das Wetter düster und bedrückend. Nach den schweren Schneefällen im Januar hatte es getaut, und

dann hatte neuer Frost die Straßen mit einer Eiskruste überzogen. Von den Flüssen her wehten rauhe Winde herüber, die jeden, der sich hinauswagte, bis ins Mark auskühlten. Im Haus war es nicht viel besser. Diejenigen, die in der Nähe der offenen Kaminfeuer in den Klassenzimmern saßen, bekamen von der starken Hitze rote Wangen und schwere Köpfe, während die anderen auf den unmittelbar dahinterstehenden Bänken, mit klammen Fingern und Zehen vor Kälte zitterten. Ein zweites Paar Wollstrümpfe und mehrere Flanellunterröcke boten zwar etwas Schutz, aber Henriette empfand die Kälte als sehr störend, wie sie da zwischen ihren Schülerinnen auf und abging und sich damit plagte, die Aufmerksamkeit der Mädchen wachzuhalten. Sie waren zwar begabt, diese vornehmen jungen Damen der New Yorker Gesellschaft, gaben sich aber nicht die geringste Mühe, und Henriette mußte ihre ganze Energie daranwenden, sie zum Arbeiten zu bringen. Sie hatte seit kurzem unter den Mädchen der höheren Klassen eine mehr als gewöhnliche Unruhe und eine heimliche Erregung wahrgenommen. Sie flüsterten noch mehr als sonst miteinander und steckten sich kleine, dreieckig gefaltete Zettel zu. Auch fiel es Henriette auf, daß sie sie neuerdings mit verstohlener Neugierde betrachteten und sich bedeutsame Blicke zuwarfen. Das ging nun schon eine ganze Woche lang so, wenn sie auch so tat, als hätte sie nichts davon bemerkt.

Als sie nun die Mädchen an diesem Vormittag ausführte, wurde sie sich dieser Heimlichkeiten noch stärker bewußt. Daß diese sich irgendwie auf sie selbst bezogen, war ihr klar. Gewiß, die Mädchen waren von Anfang an unruhig und schwierig gewesen, aber bisher hatte sie nie das Gefühl gehabt, der Mittelpunkt ihrer Aufmerksamkeit zu sein. Irgend etwas mußte die Mädchen gegen sie eingenommen haben. Sie spürte geradezu, wie eine Welle von Feindseligkeit ihr entgegenschlug, als die kleine Prozession sich zu Paaren ordnete.

„Marianne van Horn, Sie werden bitte mit Kate Delancy gehen, Isabelle Lorillard mit Agnes Brevoort und Rebecca Jay mit Ellen de Peyster.“ Sie versuchte wie unabsichtlich die lebhafteren voneinander zu trennen. „Louise Jumel, Sie werden bitte jetzt an meiner Seite

gehen und tauschen nachher auf dem Rückweg mit Lucie Schuyler. Die übrigen bitte hinter uns anzutreten. Emily Delavan, bitte, knöpfen Sie Ihren ‚Pelzkragähn' zu!"
Im allgemeinen machte es ihr nichts aus, daß ihre Zöglinge sich darüber lustig machten, wenn sie einmal ein Wort falsch betonte, aber heute ärgerte sie dieses verhaltene Gekicher. Es lag ihr auf der Zunge, sie zurechtzuweisen, aber sie verbiß es sich. Sie würde anordnen, daß während des Spaziergangs nur französisch gesprochen werden durfte, und das würde ihren Übermut schon dämpfen. Wieder zerbrach sich Henriette den Kopf, um eine Erklärung für dieses Betragen zu finden, aber es wollte ihr kein Grund für diese Unart einfallen.
„Aber ich sage dir doch, ich weiß es ganz genau", hörte sie plötzlich hinter sich tuscheln, „Mutters Jungfer, die Céleste, hat all die Zeitungen aufbewahrt, und ich habe es selbst gelesen. Stell dir vor, er war ein Lord oder ein Herzog oder so was Ähnliches, und er ermordete —"
Die letzten Worte entgingen Henriette, weil gerade ein Schlitten mit lautem Geklingel an ihnen vorbeifuhr. Sie zwang sich, mit dem Mädchen an ihrer Seite höflich französische Konversation zu machen, während sie die Ohren spitzte, um möglichst viel von dem Gespräch hinter ihr zu erlauschen.
„Meinst du wirklich, daß sie in einen Mord verwickelt war? O Emily, wenn das wahr ist, dann ist das die aufregendste und romantischste Geschichte, die ich je gehört habe! Und ausgerechnet bei Miß Haines ist sie gelandet!"
„Es ist wirklich wahr! Ich habe mir die Zeitungen geliehen, und Ellen und Louise wollen mich heute nach Hause begleiten, um sie auch zu lesen. Aber so romantisch finde ich das gar nicht, und ich glaube, Mama wird das auch nicht tun, wenn sie nächste Woche aus Baltimore zurückkommt und erfährt, was wir für eine Französischlehrerin haben."
„Pst, Emily, sie dreht sich um, sag rasch was auf französisch zu mir. Qu'est-ce que c'est, s'il vous plaît?"
„O la la, prenez garde de tomber ici. Cet eisige — wie heißt bloß Bürgersteig auf französisch? So, das genügt schon, sie redet wieder mit Louise. Aber warte nur ab, Rebecca, was ich anstellen werde. Staunen wirst du. Ich will natürlich keinen Krach heraufbeschwören, aber

wenn sie mich noch einmal wegen meiner Aussprache vor der ganzen Klasse bloßstellt, werde ich ihr gerade ins Gesicht sehen und sie auch was fragen!"
„Ach, Emily, das wagst du ja doch nicht!"
„Und ob! Ich frage sie einfach, wie man Praslin und Conciergerie ausspricht, und dann wollen wir mal sehen, was sie tut."
Auf dem Rückweg trennte Henriette die beiden Mädchen. Sie nahm Emily Delavan an ihre eigene Seite und ließ Rebecca Jay direkt vor sich gehen. Für den Augenblick wenigstens hatte sie das Geflüster zum Schweigen gebracht; aber sie wußte genau, daß bald jedes Mädchen in der Schule irgendeine verworrene Version ihrer Geschichte zu hören bekommen würde. Als sie dann später ein wenig in ihrem Klassenzimmer aufräumte, fand sie unter einem Pult ein gefaltetes Zettelchen.
„Warte bloß ab, bis du die furchtbare Geschichte gehört hast, die Emily über Mademoiselle D. herausgekriegt hat", stand da von ungeschickter Mädchenhand geschrieben.
„Mademoiselle D.", dachte Henriette verbittert, „die ist also auch übers Meer gekommen, und ich hatte gehofft, sie auf immer in Frankreich zurückgelassen zu haben."
Am Abend fragte sie Miß Haines, ob sie in einer sehr wichtigen Angelegenheit mit ihr sprechen könne. Sie traf die Vorsteherin am Kohlenfeuer ihres kleinen Wohnzimmers sitzend an, Bücher und Briefe vor sich auf dem Tisch.
„Ich hoffe, Sie fühlen sich wohl bei uns, Mademoiselle Desportes." Miß Haines legte das Buch aus der Hand und sah ihre Besucherin prüfend an. „Sie sind mir in den letzten Tagen etwas müde vorgekommen. Hoffentlich sind unsere amerikanischen Winter nicht zu streng für Sie!"
Henriette verneinte das. Der Grund ihres Besuches habe nichts mit dem Wetter zu tun. Sie versicherte wieder, daß ihr der Unterricht Freude mache. Die Lehrtätigkeit in einer ganzen Klasse wäre ihr ja neu gewesen, aber sie empfände das als sehr anregend. Bis vor kurzem habe sie sich auch mit ihren Schülerinnen gut verstanden, aber in der letzten Woche habe sich das Benehmen

der älteren Mädchen völlig geändert. Sie sei sich bis zum heutigen Tage im unklaren darüber gewesen, woran das wohl läge, doch jetzt habe sie die Ursache entdeckt. Sie teilte Miß Haines die Gesprächsbrocken mit, die sie auf dem Spaziergang mit angehört hatte und zeigte ihr den zerknitterten Zettel.

„Emily Delavan, so, so", bemerkte Miß Haines nachdenklich. „Das ist recht ungünstig, denn sie ist eine Führernatur, und ihre Familie ist sehr einflußreich. Aber ich dachte mir schon, daß es früher oder später einmal dazu kommen mußte."

„Ja, da haben Sie wohl recht", pflichtete Henriette ihr bei. „Ich habe mir schon überlegt, wie wir die Sache am besten anpacken, aber ich wollte nichts unternehmen, bevor ich nicht mit Ihnen und Ihrer Schwester gesprochen hatte."

„Ein Teil der Eltern ist schon von Ihrer Rolle in der Tragödie Praslin unterrichtet", fuhr Miß Haines fort, „ich habe mich mit ihnen beraten, bevor ich Ihnen die Stellung anbot. Sie stimmten mit mir darin überein, daß in Ihrem Fall die Vergangenheit vergessen sein soll, und ich hoffte, daß Ihnen als Mademoiselle Desportes jede unliebsame Neugierde erspart bleiben würde, da Sie ja in der Presse fast ausschließlich Deluzy genannt wurden."

„Das hatte ich auch gehofft, aber junge Mädchen sind sehr schlau im Aufspüren von Geheimnissen."

„Ja, ich weiß. Wir müssen uns also auf allerlei Ärger und vielleicht sogar auf Beschwerden seitens der Eltern gefaßt machen. Selbstverständlich halte ich zu Ihnen, aber ich muß Ihnen offen gestehen, daß mir ein Besuch von den Delavans oder den van Horns oder der alten Mrs. de Peyster nicht sehr angenehm wäre."

„Ja, es sind sehr lebhafte Mädels", meinte Henriette, „besonders diese Emily Delavan. Aber herzlos ist sie ebensowenig wie die anderen. Wenn ich ihnen alles erzählen könnte, wie es sich wirklich zugetragen hat, glaube ich —"

„Sie wollen ihnen doch nicht etwa all die sensationellen Einzelheiten des Mordes erzählen und was — was Ihre eigene Rolle dabei war?" Miß Haines war erstaunt und offensichtlich entsetzt.

„Aber morgen werden sie ja schon alle jene alten Zeitungen gelesen haben", wandte Henriette ein, „und dann werden sie sowieso all die skandalösen Einzelheiten erfahren, auf die sie anspielen. Aber wenn ich selbst ihnen von meinem Gesichtspunkt aus die Geschichte erzähle, glaube ich, mir ihre Achtung erhalten zu können. Ich wäre Ihnen sehr dankbar, wenn Sie mir Ihre Einwilligung dazu geben würden."

„Und angenommen, Sie haben damit kein Glück — was tun wir dann, Mademoiselle?"

„In diesem Fall würde ich Sie durch mein Bleiben nicht länger in Verlegenheit bringen. Sie werden gewiß eine andere Französischlehrerin finden können, und ich werde mir eben eine neue Stellung suchen müssen. Ich sehe wirklich keinen anderen Weg, dieser Schwierigkeit zu begegnen."

„Vielleicht haben Sie recht; aber es kommt mir doch etwas merkwürdig vor, diesen wohlbehüteten jungen Mädchen eine Geschichte wie die Ihre zu erzählen."

„Aber es sind doch lebendige Menschen wie wir, und in ein paar Jahren werden sie das Lieben und Leiden auch kennenlernen. Die Wahrheit kann ihnen meiner Ansicht nach nichts schaden. Es ist sicherlich besser, sie hören sie von mir, als daß sie sie verzerrt aus den Zeitungen und von den Dienstboten erfahren. Wenn Sie es also erlauben, werde ich mich den Mädchen morgen ruhig anvertrauen. Die Folgen will ich gern auf mich nehmen."

„Es scheint mir aber doch sehr gewagt." Miß Haines zögerte noch.

„Vielleicht ja, aber man muß manchmal etwas wagen. Wenn ich nicht den Mut aufbringe, mich den Mädchen anzuvertrauen, würde immer das Unausgesprochene zwischen uns stehen, unsere Zusammenarbeit könnte niemals ersprießlich sein."

„Nun, Mademoiselle Desportes, wenn Sie also dieses Risiko eingehen wollen —"

„Ich danke Ihnen. Morgen in der Zehnuhrstunde werde ich der Klasse also meine Geschichte erzählen."

„Aber Sie werden sich den Mädchen gegenüber bitte nichts vergeben?"

„Seien Sie unbesorgt. Und wenn der Versuch mißlingt,

sind Sie natürlich von jeder Verpflichtung, mich hier zu behalten, entbunden. Gute Nacht."

In dieser Nacht lag Henriette noch lange wach, nachdem sie die Hefte mit der französischen Klassenarbeit korrigiert und das Licht gelöscht hatte. Im Zimmer war es eiskalt. Der Wind, der vom East River herüberkam, rüttelte an den Fensterläden, und von den frostigen Straßen erklang das scharfe Klappern und Rattern später Gefährte. Trotz aller Wolldecken und der Wärmflasche zu ihren Füßen fror sie, wie sie dalag und sich den Plan für den morgigen Tag zurechtlegte. Obwohl sie sich einsam fühlte, genau wie sich eine unverheiratete Lehrerin von bald achtunddreißig Jahren fühlen mußte, blickte sie der Zukunft unverzagt entgegen. Sie wußte wohl, wieviel davon abhing, daß sie sich ihrer heiklen Aufgabe erfolgreich entledigte, aber sie blieb ruhig.

„Ich habe schon zuviel durchgemacht", dachte sie, „um dem, was andere Menschen von mir denken, übermäßig viel Gewicht beizumessen. Ich werde mich niemals mehr zu Kompromissen herbeilassen, nur um anderen einen Gefallen zu tun. Von jetzt an werde ich immer frei heraus sagen, was ich denke und fühle. Das jedenfalls habe ich in der Conciergerie gelernt. Für nichts und wieder nichts geht man nicht durch Blut und Tränen und Schande!"

Am nächsten Morgen verwandte sie besondere Sorgfalt auf ihre Toilette. Es paßte sich nicht für eine amerikanische Lehrerin, die frivolen Löckchen der Pariser Frisuren zu tragen, diese Erfahrung hatte sie schon gemacht; aber sie bürstete ihr Haar so lange, bis es ihr weich und glänzend das Gesicht umrahmte, und zog ein blaues Kaschmirkleid an, das ihr besonders gut stand. Den Kragen steckte sie sich mit der drachenköpfigen Emailbrosche fest. Sie hatte dieses Schmuckstück an so vielen kummervollen Tagen getragen, daß sie jetzt eine fast abergläubische Anhänglichkeit dafür empfand. So, jetzt war sie bereit, den Fehdehandschuh aufzunehmen.

In der ersten Stunde unterrichtete sie die unterste Klasse, doch eilten ihre Gedanken schon zur nächsten voraus. Alle möglichen Überlegungen und Redewendungen gingen ihr durch den Kopf, während sie die Kinder leichte Gedichte niederschreiben und aufsagen ließ.

Je suis le petit Pierre
du Faubourg Saint-Marceau,
messager ordinaire,
facteur et porteur d'eau . . .

Ihre drolligen hellen Stimmen leierten die vorgesprochenen Worte in eintönigem Singsang nach. Es war eine Qual, anhören zu müssen, mit welch unbekümmerter Hartnäckigkeit sie die Worte immer wieder falsch aussprachen. Aber wie reizend sie aussahen — mit ihren runden, rosigen Bäckchen, den unschuldigen, klaren Augen und diesen kleinen, vollkommenen Körpern in den adretten Kleidchen und gestärkten Schürzen darüber. Ein kleiner Blondkopf erinnerte sie an Berthe — an Berthe, die ihrem Vater so ähnlich war.

„Merci, Mademoiselle, je vous remercie."

„Au revoir, Mademoiselle, und bitte, ich habe mein Taschentuch verloren."

„Mon mouchoir, chérie", belehrte Henriette sie und reichte ihr ein sauberes aus ihrem Pult.

Fort waren sie, die Kleinen, und die älteren Mädchen strömten in die Klasse und nahmen ihre Plätze ein. Sie beobachtete sie unter gesenkten Lidern, während sie sich angelegentlich mit dem Klassenbuch zu schaffen machte. Eine Atmosphäre von unverkennbarer Widerspenstigkeit erfüllte den Raum. Die Mädchen da vor ihr platzten förmlich vor geheimnisvoller Wichtigtuerei; Emily Delavan warf trotzig den Kopf zurück und flüsterte mit Marianne van Horn, und beide nickten sich bedeutsam zu.

Henriette war aufs neue von dem auffälligen Hervortreten der rassischen Merkmale verblüfft, die die Mädchen trotz des gemeinsamen amerikanischen Typs voneinander unterschieden. Diese Abkömmlinge der ersten Pioniere verleugneten ihre Abstammung nicht. Die holländischen van Horns, Brevoorts, Schuylers und de Peysters waren alle untersetzt, schwerfällig und blond. Die englischen Delancys, Jays und Wards hatten die gleiche helle Haut, waren aber von viel zierlicherem Wuchs. Das lebhafte dunkle französische Blut offenbarte sich in den Lorillards, Jumels, Delavans und de Rhams, alles alte Hugenottenfamilien. Merkwürdig, wie sich die Erbmasse auf fremdem Boden erhalten hatte!

„Bonjour, Mesdemoiselles", begann Henriette, als die Schulglocke läutete. „Wir werden die heutige Stunde ausnahmsweise nicht in der französischen Sprache abhalten. Sie können Ihre Bücher und Hefte beiseite legen, denn ich möchte Ihnen etwas erzählen. Ich bitte Sie nur, gut aufzupassen, damit Sie antworten können, wenn ich irgendwelche Fragen stelle. Ich werde Ihnen eine wahre Geschichte erzählen, und es ist wichtig, daß Sie mir genau folgen. — So, kann ich jetzt beginnen?"

Ein unruhiges Rücken und Bänkeknarren erhob sich nach dieser Ankündigung. Fragende Blicke wurden getauscht. Etwas in Mademoiselle Desportes' Stimme ließ die Mädchen vermuten, daß dies kein gewöhnlicher Vortrag werden würde. Dann legte sich Totenstille über das Zimmer. Blaue, braune und graue Augen wandten sich voller Erwartung zum Pult der Lehrerin.

„Gut, wir wollen heute nach Paris gehen und ein großes, schönes Haus in der Rue du Faubourg Saint-Honoré besuchen, den Wohnsitz einer vornehmen Familie namens Praslin —"

Wieder bemächtigte sich der Klasse eine allgemeine Unruhe. Emily Delavan rutschte auf ihrem Platz hin und her und sah völlig verdutzt zu Rebecca Jay hinüber.

„Der Herzog und die Herzogin von Praslin hatten viele Kinder", fuhr die ruhige Stimme da vorn unbeirrt fort, „Söhne und Töchter im verschiedensten Alter. Und daher war es nötig, daß eine Erzieherin ins Haus kam. Von dieser Erzieherin möchte ich Ihnen jetzt erzählen."

Nun sie einmal den Anfang gefunden hatte, saßen die Mädchen alle mäuschenstill. Nur hin und wieder vernahm man einen tiefen Atemzug oder das Rascheln eines Kleides, wenn sich die eine oder andere gespannt vorbeugte. Ein Bleistift fiel zu Boden, aber niemand dachte daran, ihn aufzuheben. Diese Erzählung durfte nicht unterbrochen werden. Schon nach den ersten Sätzen war Henriette sich der vollen Aufmerksamkeit ihrer Schülerinnen bewußt. Aber damit gab sie sich noch nicht zufrieden. Sie mußte auch ihre Teilnahme wecken, und um das zu erreichen, bot Henriette ihre ganze Beredsamkeit und Überzeugungskraft auf. Sie fand Worte, wie kaum damals im Kreuzverhör vor Monsieur Broussais und Monsieur Pasquier, obwohl sie es hier schwerer hatte, weil sie sich der englischen Sprache bedienen mußte und sich vor diesen jungen Dingern nichts vergeben durfte. Sie näherte sich jetzt dem schwierigsten Kapitel ihres Berichtes.

„Und da" — sie neigte sich vor, und ihre Worte kamen noch leiser und eindringlicher — „und da, gerade als sie dachte, daß es endlich Frieden im Hause geben würde, daß die Zeitungen aufhören würden, ihre Lügen über den Herzog und die Aufmerksamkeiten, die er der Erzieherin erwies, zu verbreiten, da erschien wieder ein solcher Artikel, nur viel verleumderischer noch als alle anderen. Sie wurde sofort entlassen, und es blieb ihr nichts anderes übrig, als ihre Sachen zu packen und das Haus zu verlassen, in dem sie so glücklich gewesen war."

„Eine Schande finde ich das, eine richtige Schande!" Agnes Brevoorts Wangen glühten vor Empörung, als sie unwillkürlich damit herausplatzte.

„Scht!" flüsterten die anderen Mädchen.

„Es wurde ihr sehr schwer gemacht, wieder eine Stellung zu finden", sprach Henriette weiter. „Ihr werdet ja selbst wissen, wie sehr eure Mütter auf den guten Ruf eurer Angestellten achten. Ohne ein Zeugnis von der Herzogin, was konnte sie da tun? Und obwohl man es ihr versprochen hatte, kam und kam dieses Zeugnis nicht. Einen Monat lang wartete sie, und ihr könnt euch gewiß nicht vorstellen, wie verzweifelt sie war. Aber es sollte noch schlimmer kommen, noch weit schlimmer!"

Die Schuluhr hatte bereits halb geschlagen, und immer noch hingen die Augen der Mädchen ihr an den Lippen, daß ihnen auch nicht ein einziges Wort entginge; heute dachte keine daran, zu kichern, wenn sie gelegentlich ein Wort falsch betonte.

„Die Untersuchung war abgeschlossen. Das Gericht verkündete ihre Unschuld, und endlich durfte sie wieder die Conciergerie verlassen. Aber wohin sollte sie sich wenden? Was tun? Dieses grauenvolle Verbrechen hatte ganz Frankreich aufgewühlt, und viele Menschen waren nach wie vor davon überzeugt, daß diese Erzieherin doch etwas mit dem Mord zu tun hatte. Sie hatte keine Verwandten mehr, an die sie sich wenden konnte; aber eine gütige, befreundete Familie nahm sie in ihrem Heim auf. Dort mußte sie sich monatelang verborgen halten; denn sie wäre vielleicht ihres Lebens nicht sicher gewesen, wenn sie sich allein auf der Straße gezeigt hätte. Sie fühlte sich sehr elend in dieser Zeit, und sie wünschte sich oft den Tod herbei; aber das Schicksal hatte es anders bestimmt. Doch wie sollte sie weiterleben? Immer mochte sie ihren Freunden nicht zur Last fallen. Wohin nur konnte sie gehen?"

„Nach Amerika!" Dieses Mal kam der Ausruf von Lucie Schuyler. „Sehr schön, ja, was aber, wenn ihr all dieses Schreckliche, das sie so sehnlichst zu vergessen wünschte, nach Amerika folgen sollte? Selbst angenommen, daß sie das Geld für die Überfahrt aufbringen und in dem fremden Land Arbeit finden konnte — würde es ihr auch gelingen, diesen Teil ihrer Vergangenheit für immer zu begraben? Menschen sind in einem Land ebenso unbarmherzig wie im anderen. Sie stöbern in alten Zeitungen und rühren auf, was am besten vergessen bliebe. Sie tauschen heimliche Blicke und flüstern miteinander. Und wenn sie vielleicht dabei auch an gar nichts Böses denhen: das häßliche Gerücht wächst und wächst, bis ihres Bleibens nicht länger ist — nicht einmal in Amerika."

„Bitte, Mademoiselle, sprechen Sie nicht weiter!" Ein braunlockiger Mädchenkopf hatte sich gesenkt, und in der Stille wurde plötzlich ein Schluchzen hörbar.

„Ich höre gleich auf; ich will nur noch wenige Worte sagen." Henriette hatte sich erhoben. Hier und da wurde jetzt verräterisches Schluchzen und Schlucken laut, aber aller Augen, auch die tränenverschleierten, waren auf sie gerichtet, als sie wieder anhub:

„Ihr sollt mir selbst das Ende der Geschichte erzählen. Aber erst will ich euch eine Frage stellen, und ich bitte euch, sie mir aufrichtig zu beantworten. Sind Sie, meine jungen Damen, der Ansicht, daß diese Erzieherin es verdient hat, ihr Leben lang zu leiden, oder finden Sie, daß sie ein Recht darauf besitzt, ihrer Arbeit in einem Lande, in dem schon so viele Menschen eine Zuflucht gefunden haben, unbehindert nachzugehen?"

Henriettes Sieg war vollständig. Die jungen Mädchen scharten sich um sie.

„Oh, Mademoiselle, das war herrlich! Ich meine, so wie sie da vor den Richtern stand und sich verteidigte."
„Natürlich soll sie nicht mehr leiden, und derjenige, der je wieder darüber spricht, müßte — müßte — nun, er darf es einfach nicht!"
„Famose Person! Die hat aber mal was los gehabt! Verzeihen Sie, Mademoiselle, ich meine, die hat den Kerlen aber mal gezeigt, was eine Harke ist!"
„Was ist das, Lucy? Was hast du da gesagt?"
„Ach, ich meine nur, auf uns können Sie sich verlassen. Wir werden nie ein Sterbenswörtchen davon weitersagen!"
Henriette lächelte über diesen Enthusiasmus. „Ich danke euch allen. Aber Sie, Emily Delavan, Sie sagen ja gar nichts. Das überrascht mich. Ich dachte, gerade Sie würden mich etwas fragen wollen."
Das Mädchen hob seinen Kopf; seine hellen, sonst so trotzigen Augen waren verschleiert, als sie Henriettes Blick begegneten.
„Ich habe nichts zu fragen, Mademoiselle", stotterte sie, und ihre Lippen bebten verdächtig.
„Nanu! Und ich dachte, Sie würden gern den Namen der Erzieherin wissen wollen. Ich will ihn Ihnen gern sagen."
„Nein." Der dunkle Kopf wurde nachdrücklich geschüttelt. „Sie brauchen uns nichts mehr zu sagen. Sie werden schon wissen, wie wir uns alle vorkommen. Wir sind alle — wir haben uns ganz einfach wie Schweine benommen."
„Aber Emily!" Die anderen sahen die Freundin erschrocken an. „Wenn Miß Haines dich eben gehört hätte, würdest du Knall und Fall aus der Schule fliegen."
„Aber es stimmt doch, und mir ist es ganz egal, wer mich hört. Ich werde zu Hause sofort all die alten Zeitungen verbrennen, und ich werde nie wieder hierüber sprechen, solange ich lebe. Kommt, wir wollen alle ein Kreuz schlagen, und der Blitz soll uns treffen, wenn wir unser Wort nicht halten!"
„Aber nein, so etwas müßt ihr nicht tun", fiel Henriette hastig ein. „Ich werde euch vertrauen, und ihr müßt mir vertrauen. Wir verstehen uns jetzt, mehr ist nicht notwendig. Und morgen werden wir die französischen Ar-

beiten durchnehmen, die Sie für heute geschrieben haben. Die Stunde ist heute nicht verschwendet gewesen, weil sie mir gezeigt hat, wie gut ich daran getan habe, nach Amerika zu kommen, um neue Freunde zu finden. Beeilen Sie sich jetzt, mes chères, es ist schon höchste Zeit für unsern Spaziergang."

Wieder setzte sich die kleine Prozession zu ihrem täglichen Marsch in Bewegung. Der stumpfe graue Himmel hing tief über den entlaubten Bäumen des Gramercy Parks, und es sah nach Schnee aus. Doch eine neu gewonnene Harmonie beseelte die junge Schar. Die gemeinsame Begeisterung schloß sie fester denn je zusammen. Mademoiselle Desportes war eine Heldin. Bisher war sie nur ihre Französischlehrerin gewesen, die ihre Aussprache berichtigte, ihnen Grammatik beibrachte und sie auf diesen lästigen Spaziergängen begleitete. Aber jetzt umwob sie ein romantischer Schimmer, obwohl sie in genau demselben braunen Mantel, mit der gleichen Pelzklappe auf dem Kopf wie gestern zwischen ihnen ging. Heute erblickten sie in ihr eine der Gestalten, um die Legenden gesponnen werden, Jeanne d'Arc, Marie Antoinette und Charlotte Corday — ihr Schicksal verblaßte zu einem Nichts im Vergleich mit den Leiden und dem Triumph über die Ungerechtigkeit i h r e r Mademoiselle Desportes. Sie hatte sie ihres Vertrauens gewürdigt; sie hatte zu ihnen nicht wie zu Kindern, sondern wie zu Gleichalterigen gesprochen. Sie hatte ihr Geheimnis vor ihnen gelüftet, und sie würden es niemals preisgeben.

Henriette erwärmte sich an dem Widerschein dieser glühenden Begeisterung. Ihr Sieg beschwingte ihren Schritt, und die natürliche Anständigkeit der Mädchen beglückte sie zutiefst. Von der Jugend verehrt zu werden, war süß und rührend zugleich. Wie eifrig sie alle um sie herum schwatzten und sie immer wieder in ihre Unterhaltung zogen! „Nicht wahr, Mademoiselle? Hab' ich nicht recht, Mademoiselle?" Unzählige Fragen mußte sie auf englisch und französisch beantworten. Sie lächelte den strahlenden Gesichtern freundlich zu und dankte Gott, daß sie ihre Macht über junge Herzen noch nicht verloren hatte.

SIEBENUNDZWANZIGSTES KAPITEL

Der Frühling kam in diesem Jahr früh nach Manhattan. Die letzten schmutzigen Schneereste waren kaum geschmolzen, als auch schon allenthalben das erste junge Grün sich hervorwagte. Knospen sprangen auf, wo immer ein Baum oder ein Strauch in diesem Häusermeer hatte Wurzel fassen können; und auf dem Union Square und im Gramercy Park lag die zarte Farbe wie ein Hauch über den noch winterkahlen Zweigen. Hinter allen Fenstern blühten Stiefmütterchen, Hyazinthen und Geranien, Fensterläden und Türen erglänzten im neuen Anstrich, und in allen Häusern, die etwas auf sich hielten östlich und westlich der Fifth Avenue, feierte man wahre Orgien im Großreinemachen.

Ende April kamen die Mädchen in neuen Kleidern zur Schule, sommerlich hell mit bunten Mustern und Streifen. Die jungen Menschen sahen so duftig und lieblich aus wie die Blumensträuße, die sie ihrer Lehrerin auf das Pult stellten — Narzissen und Tulpen und die ersten Apfelblüten von den Landsitzen ihrer Eltern in Spuyten Duyvil oder Harlem oder dem Vorort Bloomingdale. Es war nicht leicht, die Aufmerksamkeit auf die Schulaufgaben zu richten angesichts dieser Blumenpracht, deren Wohlgeruch das Klassenzimmer verwirrend füllte. Henriette sehnte sich bisweilen nach den Gärten, den Wiesen und Wäldern von Melun zurück. Hin und wieder wurde sie übers Wochenende von Emily Delavan oder Rebecca Jay oder Lucie Schuyler auf den elterlichen Landsitz eingeladen. Sie genoß diese Ausflüge von ganzem Herzen und war von der üppigen, wilden Schönheit der Landschaft dort draußen vor der Stadt überrascht. Auch die Häuser in ihrem schlichten, behäbigen Baustil gefielen ihr sehr. Diese Landsitze am Hudson und am East River hatten es ihr angetan. Die weißen Holzbauten mit den glatten Säulen davor fügten sich so gut in die Umgebung, wie sie da inmitten gepflegter Gärten und Parks mit hohen, alten Bäumen lagen und das saftige Grün der Rasenflächen sich vom Fluß, in dessen geschützten Buchten Segelboote ankerten, bis unmittelbar vor ihre Veranden hinaufzog.

Seitdem die Tage länger wurden, unternahm Henriette auch häufiger Spaziergänge durch die Stadt mit Fräulein Schmidt oder einer anderen Lehrerin. Frauen konnten in New York ungefährdet ohne männliche Begleitung umhergehen, bis die Dunkelheit hereinbrach und die Laternenanzünder mit ihren Leitern und Fackeln ihre Runde durch die Stadt machten. Danach zeigten sich die Damen der Gesellschaft nicht mehr allein auf der Straße, wohl aber an warmen Abenden am offenen Fenster oder auf der kleinen Veranda. Henriette hatte eine wahre Leidenschaft dafür, bis in die tiefsten Winkel und Gassen von Manhattan einzudringen. Auch Fräulein Schmidt fand Gefallen an diesen Forschungsreisen, falls Henriette in ihrer Neugierde die Grenzen der Schicklichkeit nicht allzu weit überschritt wie bei dem Ausflug nach Dutch Hill.

Dieses, das zu den nördlichen Vororten New Yorks am East River gehörte, nannte sich zwar Dorf, erwies sich jedoch als ein heilloses Durcheinander von Lehmhütten und Bretterbuden. So schmutzig es war, so malerisch war es auch, und Henriette war von dieser Siedlergemeinde und ihren bellenden Fixkötern, wühlenden Schweinen, neugierigen Ziegen und den Schwärmen zerlumpter, lärmender Kinder sehr angetan. Sie hätte gern mit den verwahrlosten Frauen, die sich da aus riesigen Müllhaufen Flaschen, Knochen und Stoffetzen heraussuchten, ein Gespräch angeknüpft, aber Fräulein Schmidt war zu entsetzt über diesen Anblick und zog sie mit sich fort.

„Es ist ein Skandal!“ rief sie schaudernd aus. „Kommen Sie bloß hier weg, Mademoiselle Desportes, sonst holen wir uns noch die Cholera!“

Fräulein Schmidt bevorzugte bei weitem ihre ruhig gesitteten Spaziergänge im vornehmen Stuyvesant-Viertel, wo sie an den säulengetragenen Villen der Eltern vieler ihrer Schülerinnen vorüberkamen. Hatten sie einmal den ganzen Nachmittag frei und es war besonders schönes Wetter, schlenderten sie südwärts über Fifth Avenue bis zum Washington Square oder nordwärts bis zu dem gewaltigen Steinbau des Croton-Wasserturms. Fräulein Schmidts Begeisterung war das Waddell-Haus, eine Nachahmung spätgotischer Archi-

tektur — in ihren Augen der einzig wirklich vornehme Wohnsitz in ganz New York. Henriette dagegen konnte sich mit dieser — wie sie sagte — billigen Imitation europäischer Kunst nicht anfreunden. Auf die Dauer langweilten sie Fräulein Schmidts konventionelle Ansichten mehr als der provinzlerische Geschmack der Amerikaner, die sie bisher kennengelernt hatte. Sie sehnte sich nach einem unternehmungslustigeren Gefährten, als sie in diesem ersten Frühling in New York ihre Streifzüge durch die Stadt machte. Und eines Tages ging dieser Wunsch auch in Erfüllung.
An einem schönen Maimorgen, kurz vor Beginn der Sommerferien, erhielt sie zwei Briefe sehr verschiedenen Inhalts. Der eine kam aus Paris mit der Nachricht vom Tode ihres Großvaters. Er war gestorben, ohne ihr zu verzeihen, und obwohl der Testamentsvollstrecker ihren Anspruch auf das Erbe geltend gemacht hatte, hatte sich die Frau, die ihn während der letzten Jahre pflegte, seines allerdings geringfügigen Nachlasses einfach bemächtigt. Weiterhin erzählte der Brief, daß Frankreich immer noch nicht zur Ruhe gekommen sei. In der jetzigen Regierung unter Louis Napoleon herrschte fast die gleiche Uneinigkeit wie unter seinem Vorgänger. Henriette habe nur gut daran getan, bei der amerikanischen Republik Gastfreundschaft zu suchen, da die Anhänger der Republik in Frankreich ständig an Macht verloren; es sähe ganz danach aus, als ob sich ein zweites Kaiserreich bilden würde.
In dem anderen Brief teilte Henry Field ihr mit, er habe seine Arbeit in St. Louis abgeschlossen und sei auf dem Wege nach New York, wo er nicht viel später als sein Brief einzutreffen hoffe. Er wollte dort bei seinem Bruder David Dudley wohnen und die früheste Gelegenheit ergreifen, um sie aufzusuchen. Henriette legte diesen Brief mit gemischten Gefühlen aus der Hand; denn einerseits fürchtete sie sich vor dem Besuch, andererseits freute sie sich darauf. Es würde ihr nicht leicht fallen, diesem jungen Menschen, der mit jenem unseligsten Jahre ihres Lebens so eng verbunden war, wieder zu begegnen; das leiseste Rühren an kaum verheilte Wunden konnte sie wieder aufbrechen lassen. Und doch stimmte die Aussicht auf seine Gesellschaft

sie froh; bisher hatte sie in New York wenig Männer kennengelernt, und sie war das oberflächliche Geschwätz ihrer weiblichen Bekannten nachgerade leid. Im Laufe ihres Briefwechsels mit Henry Field hatte sie die Überzeugung gewonnen, daß er nicht nur ein belesener und gelehrter Kopf war, sondern auch einen vielseitig interessierten und überlegenen Geist besaß. Bei all seinem Bücherwissen hatte er sich die Fähigkeit bewahrt, mit einem unvoreingenommenen, klaren Blick die Welt um sich zu betrachten. Er teilte mit ihr das gleiche Interesse, die gleiche Neugierde für seine Mitmenschen. Sein unbestechliches Urteil und seine natürliche Begabung, alles, was er fühlte und dachte, in Worte kleiden zu können, hatte immer wieder Eindruck auf sie gemacht.

Als er dann wenige Tage später vor ihr stand, wußte sie sogleich, daß ihre Furcht vor diesem Wiedersehen unbegründet gewesen war. Er zählte jetzt achtundzwanzig Jahre, war aber trotz einer gewissen Reife, die ihm seine ausgedehnten Reisen verliehen hatten, eigentlich genau so jungenhaft geblieben wie zuvor. Sie hatte die Offenheit seiner blauen Augen und das lebhafte Mienenspiel, das seine Gedanken widerspiegelte, vergessen — und auch seine gelegentliche Geistesabwesenheit. Er war mit einem Fliederstrauß in der Hand, den er wohl unterwegs für sie gekauft hatte, gekommen; aber es dauerte eine gute halbe Stunde, bevor es ihr unauffällig gelang, ihn daran zu erinnern.

„Ach ja“, sagte er lächelnd und überreichte ihr die Blumen. „Ich wußte, daß ich irgend etwas vergessen hatte. Der Flieder duftet hier nicht so stark wie bei uns zu Hause auf dem Lande. Aber in Berkshire blüht er erst in zwei Wochen. Stockbridge wird Ihnen gefallen, Mademoiselle, und Sie werden dort vielerlei Motive für Ihren Malkasten finden.“

Die Selbstverständlichkeit, mit der er ihren Besuch in seinem Elternhaus voraussetzte, belustigte und rührte sie. Sie hatte die Großzügigkeit amerikanischer Gastfreundschaft bereits kennengelernt, aber dies war mehr. Er wollte sie an allem teilnehmen lassen, was ihn bewegte und begeisterte, und das war nicht eben wenig. Besonders von seinen Brüdern mußte er ihr erzählen:

von David Dudley, der auf dem besten Wege war, der geachtetste und gesuchteste Jurist in den Staaten zu werden; von Cyrus und seinen geschäftlichen Erfolgen in der Papierindustrie. Cyrus war erst dreißig Jahre alt, leitete aber trotzdem schon seine eigene Gesellschaft. Und dann Stephen! Henry brannte darauf, ihr von den Abenteuern dieses Bruders an der Westküste des amerikanischen Kontinents zu erzählen: er habe ebenfalls Jura studiert und sei Teilhaber von Davids Praxis gewesen; aber als in Kalifornien Gold entdeckt wurde, habe er all seine Ersparnisse zusammengekratzt und sich nach der Landenge von Panama eingeschifft; von dort sei er unter unendlichen Mühen an die Pazifische Küste gelangt und nach San Franzisko gesegelt. Erst in letzter Zeit habe die Familie Nachricht von dem fernen Bruder erhalten.

„Nein, das Goldwaschen lockte ihn nicht", antwortete Henry auf ihre Frage. „Er hatte es sich nur in den Kopf gesetzt, der erste Anwalt in Kalifornien zu werden. Er kam mit zehn Dollar in der Tasche in San Franzisko an; aber er schreibt, er habe nur sein Schild herauszuhängen brauchen, um sofort von Klienten überlaufen zu werden. Da draußen zahlt man mit reinem Gold."

„Und ist es wahr, was ich gelesen habe, daß sie dort alle Streitfragen mit dem Revolver austragen?" erkundigte sie sich.

„Darüber schreibt Stephen nichts, doch ist er selbst immer ein Raufbold gewesen. Er sagt, Kalifornien sei das schönste Land, das er je gesehen habe, mit Bergen wie die Alpen, und die Bucht von San Franzisko erinnere ihn an Griechenland."

„Kennt er denn Griechenland?"

„Aber gewiß, und auch die Türkei. Meine älteste Schwester ist mit einem Missionar verheiratet, und die beiden nahmen Stephen mit, als er noch ein kleiner Junge war. Er spricht heute noch fließend griechisch und führt sein Tagebuch auch in Griechisch, um es nicht zu verlernen. Zur Zeit hat er seinen ganzen Ehrgeiz darangesetzt, für Kalifornien ein Gesetz auszuarbeiten. Gegenwärtig geht es da noch drunter und drüber zu, und er ist der Ansicht, daß sie da nichts Besseres tun können, als Davids New Yorker Gesetzentwurf zu übernehmen."

„Dieser Stephen will also das Familiengesetz in ganz Amerika verbreiten.“ Henriette lächelte. „Was ihr doch für gute Brüder seid!“ „Nun“ — er lachte auch —, „wir haben alle von klein auf zusammengehalten. Und gerade jetzt weiß ich nicht recht, was ich tun soll. Stephen möchte nämlich gern, daß ich auch nach Kalifornien gehe, weil es dort noch so wenig Geistliche gibt, und gleichzeitig habe ich einen Ruf an eine Kirche in Neu-England erhalten. Wozu würden Sie mir raten, Mademoiselle Desportes?“

„Wie soll ich Ihnen da raten können? Ich sehe Sie doch heute erst zum zweitenmal, und wenn wir auch Briefe miteinander gewechselt haben, so habe ich Sie doch noch niemals predigen gehört.“ „Dazu haben Sie schon übermorgen Gelegenheit“, sagte er. „Ich bin gebeten worden, in der Kirche in East Ninth Street einen Amtsbruder zu vertreten. Meinem Bruder David und seiner Frau wird es ein Vergnügen sein, Sie um ein Viertel vor zehn abzuholen, und es würde mich sehr stolz und glücklich machen, Sie in meiner Gemeinde zu wissen.“

Henriette erwartete den Bruder in Miß Haines' Empfangszimmer; sie trug ihr grünes Popelinekleid mit dem schwarzseidenen Umhang, und obwohl der Rock nicht so weit war, wie die Mode es gerade vorschrieb, besaß es doch ‚das gewisse Etwas‘ Pariser Schneiderarbeiten. Sie war überzeugt, daß der große, vornehm aussehende Mr. Field, der ihr in den Wagen half, und seine schöne Frau von ihrer Erscheinung einen vorteilhaften Eindruck hatten. Auf der Fahrt über die Fifth Avenue wurde sie von beiden mit wohlerzogener Zurückhaltung gemustert, während man höflich Fragen und Antworten wechselte.

„Henry hat uns schon viel von Ihnen erzählt, Mademoiselle Desportes“, sagte David. „Wir haben uns seit langem darauf gefreut, Ihre Bekanntschaft zu machen, und wir wollten Sie schon im Winter einmal aufsuchen; aber mein Beruf zwingt mich, häufig von New York abwesend zu sein.“

„Ich hatte auch sehr viel zu tun“, entgegnete Henriette, „und ich denke, es war viel netter so, durch Ihren Bruder Henry miteinander bekannt zu werden.“

„Sie sehen jünger aus, als ich annahm", bemerkte Mrs. Field. „Ich hatte Sie mir überhaupt ganz anders vorgestellt."
„Damit wollen Sie wahrscheinlich sagen, daß Sie mich nicht ohne weiteres für eine Lehrerin halten würden; und vielleicht wundert es Sie, daß meine Pariser Zeit keine tieferen Spuren zurückgelassen hat."
„O nein!" fiel Mr. Field schnell ein. „Das wollte meine Frau gewiß nicht sagen; aber nach allem, was Henry —"
„Ja", unterbrach sie ihn lächelnd, „ich kann mir gut vorstellen, daß seine Begeisterungsfähigkeit mit ihm durchgegangen ist. Ihr Bruder Henry wirft sich sicherlich gern zum Verteidiger eines Menschen oder einer Sache auf, nicht wahr?"
In der Kirche saß sie an der Ecke der Bank und beobachtete, wie die modisch gekleideten Frauen am Arm ihrer Männer den Mittelgang heraufgeschritten kamen. Eine Schar Waisenkinder in ihrer grauen Tracht füllte mehrere Bänke im Seitenschiff, und hier und da saßen vereinzelt ärmlich aussehende Menschen; aber zum größten Teil setzte sich die Gemeinde aus den reichsten der alteingesessenen Familien New Yorks zusammen. Henriette überlegte sich im stillen, was wohl ein Geistlicher einer solchen Versammlung zu sagen haben könne, und sie versuchte, sich die jugendliche Gestalt Henrys auf der schweren, reichgeschnitzten Kanzel vorzustellen. Doch als sie ihn die Stufen hinaufgehen und sich oben an die Brüstung lehnen sah, staunte sie über seine würdevolle und sichere Haltung. Das war kein unerfahrener Anfänger, sondern ein Mann, dem die Berufung zu diesem Amt auf dem Gesicht geschrieben stand, wie er sich da vorbeugte und die Verse des ersten Liedes ansagte:

Wach auf, mein Herz, und singe,
dem Schöpfer aller Dinge,
dem Geber aller Güter,
dem frommen Menschenhüter.

Henriette kannte das Lied nicht. Sie bemühte sich, die Worte so auszusprechen, wie sie es die Stimmen um sich her tun hörte, die nun wie eine Klangwelle emporbrandeten.

Heut', als die dunklen Schatten
mich ganz umfangen hatten,
hast Du, o Gott, gewehret,
daß mich kein Leid versehret.

Während sie so sang, empfand sie betroffen die persönliche Bedeutsamkeit dieser Worte. Sie hätten geradezu für sie allein geschrieben sein können. Hatte Henry das Lied einzig für sie in der ganzen Gemeinde ausgesucht? Sie hob ihre Augen vom Gesangbuch und begegnete seinem festen Blick. Es war nicht der Ort und nicht die Zeit, um einander zuzulächeln; weder sie noch er zuckten auch nur mit der Wimper; und doch hielten sie beide über die Bänke hinweg stumme Zwiesprache.

Heut', als die dunklen Schatten
mich ganz umfangen hatten —

Und dann neigte sich ihr Kopf zum Gebet. Sie hörte seine Stimme; aber seine Worte wurden von denen des Liedes übertönt. „Die dunklen Schatten" — die anklagenden Gesichter des Pariser Gerichtssaales standen plötzlich mit solcher Klarheit vor ihr, daß sie nur mit Mühe ein Beben unterdrücken konnte. Nur er und sie von all den Menschen hier konnten wissen, was diese Worte bedeuteten, was sie in ihrem Leben bedeutet hatten.

hast Du, o Gott, gewehret,
daß mich kein Leid versehret.

Ein starkes Gefühl der Dankbarkeit durchflutete ihr Herz. Es war nicht leicht, seinen Weg zu gehen, ohne zurückzublicken. Nein, das würde niemals leicht sein; aber sie wußte, daß es von heute an nicht mehr ganz so schwer sein würde.

Der Klingelbeutel war herumgegangen; ein zweites Lied war gesungen worden, und die Gemeinde bereitete sich darauf vor, der Predigt zuzuhören. Henriette empfand mit einem Mal Besorgnis um den jungen Pastor, auf den aller Augen gerichtet waren. Er wirkte so klein hinter dem hohen Pult mit der großen, aufgeschlagenen Bibel. Aber sein bartloses junges Gesicht sah ernst und feierlich über die Gemeinde hin, und seine Stimme

klang hell und stark, als er den Text der Predigt aus dem ersten Korintherbrief vorlas:
„Wenn ich mit Menschen- und mit Engelzungen redete und hätte der Liebe nicht, so wäre ich ein tönend Erz oder eine klingende Schelle.
Und wenn ich weissagen könnte und wüßte alle Geheimnisse und alle Erkenntnis und hätte allen Glauben, also daß ich Berge versetzte, und hätte der Liebe nicht, so wäre ich nichts."
Diese Stelle war ihr seit langem vertraut; aber so, wie er sie an jenem Sonntag sprach, lernte Henriette sie erst richtig verstehen; und als dann die Predigt begann, hatte sie zunächst den Prediger ängstlich und kritisch zugleich beobachtet; sie hoffte, er würde sich seiner Aufgabe ehrenvoll entledigen, war aber zur selben Zeit bereit, ihm für jeglichen Mangel seines Vortrages seine große Jugend zugute zu halten. Doch bald erkannte sie, daß er nicht nur eine wohlformulierte, tiefempfundene und kluge Auslegung der Schrift zu geben vermochte, sondern daß er auch eine innere Kraft besaß, die die Aufmerksamkeit seiner Hörer erzwang. Was man gemeinhin unter einer Redegabe versteht, war ihm nicht eigen; aber seine Natürlichkeit und Herzensgüte verliehen seinen Worten Gewicht. Ihn predigen zu hören, dachte Henriette, das war, wie wenn man durch das klare Wasser eines tiefen Sees blickte, dessen ungetrübter Spiegel den Grund erkennen ließ.
Aber sie beschäftigte sich nicht lange damit, sich über sein großes Können Gedanken zu machen. Fast vergaß sie, daß er ihr Freund war. Das, was er sagte, ließ sie nicht länger daran denken, unter welchen Umständen sie sich kennengelernt hatten. Barmherzigkeit, die Liebe der Heiligen Schrift, war ihr bis heute nicht als eine Tugend erschienen, um die man sich bemühen mußte. Sie hatte darauf hinabgesehen wie auf ein Zeichen der Schwäche. Es war eine Eigenschaft, die einen auf Gnade oder Ungnade dem herablassenden Wohlwollen anderer preisgab. Und jetzt zeigte er ihr, wie sehr sie sich geirrt hatte. Sie verstand plötzlich, daß Barmherzigkeit mehr Charakterstärke erforderte als alle oberflächlicheren Tugenden, deren sie sich befleißigt hatte. Sie, die so stolz und anmaßend, so selbstherrlich in ihrem Tun und

Denken gewesen war, hatte dieser größten aller Tugenden ermangelt. Wohl hatte sie von anderen Barmherzigkeit erwartet; aber war sie selbst bereit gewesen, barmherzig zu sein? Sie hatte nur ihrer Unabhängigkeit, ihrem Ehrgefühl und den Gaben, mit denen sie geboren worden war, einen Wert beigemessen — aber Barmherzigkeit hatte sie für nichts erachtet. Keinen Gedanken hatte sie darauf verwendet. Hätte sie es getan, dann wäre vielleicht die Tragödie in der Rue du Faubourg Saint-Honoré ungeschehen geblieben.

Sie und Henry fanden kaum Gelegenheit, nach dem Gottesdienst allein miteinander im Hause seines Bruders, wohin Henriette zum Essen eingeladen worden war, zu sprechen. David Field bewohnte ein großes Haus unweit der Fifth Avenue, und Cyrus, der andere Bruder, und dessen Frau waren von ihrem in der Nähe gelegenen Heim zu Tisch gekommen. Henriette betrachtete diese drei Brüder aus einer Neu-England-Familie voll geheimer Neugierde. So verschieden sie auch in ihrem Aussehen und in ihrem Wesen waren, so eng verband sie das gemeinsame Blut und ihr Familiensinn. Fraglos war David, der älteste, der eigenwilligste und begabteste von den dreien und besaß auch bei weitem die vielseitigsten Neigungen. Mühelos und verständnisvoll sprach er über internationale Tagesfragen. Henriette fand sein Wissen um europäische Angelegenheiten anregender als alles, was sie seit ihrer Ankunft in Amerika gehört hatte. Gerade eine solche Unterhaltung hatte sie entbehren müssen, und ihr eifriges Fragen und seine Antworten beherrschten bald das Tischgespräch.

Cyrus war kein Intellektueller; aber da er ausgedehnte Reisen in Europa unternommen hatte, wußte er vieles über die politischen und sozialen Veränderungen auf der anderen Seite des Atlantik zu erzählen. Sein Hauptinteresse konzentrierte sich jedoch auf sein Geschäft. Er machte den Eindruck eines nüchternen, willensstarken Menschen, der nicht leicht zu übervorteilen sein würde. Wie sein Bruder David war er eine Herrennatur, und seine Größe, seine Adlernase, sein rotes Haupt- und Barthaar ließen ihn überall auffallen. Hinzu kam, daß seine grauen Augen tief unter buschigen Brauen lagen,

was das Raubvogelartige seiner Züge noch betonte; seine Energie schien er aus einem unerschöpflichen Kraftspeicher zu schöpfen. Dieser Bruder strahlte eine wilde, unerschütterliche Entschlossenheit aus, die Henriette sofort gespürt hatte, als er das Zimmer betrat.
„Ich möchte nicht im Bösen mit ihm zu tun haben", dachte sie. „Er kennt bestimmt keine Rücksicht. Wenn er sich einmal zu etwas entschlossen hat, gibt es für ihn kein Zurück mehr. Ja, er entspricht mehr dem Bild, das ich mir von den Yankees gemacht hatte — hartgekocht, wie sie hier sagen — aber auch weitblickend. Henry gleicht keinem von diesen Brüdern. Sie sind beide sachlicher und herrischer als er. Er muß sich anstrengen, will er nicht von ihnen in den Schatten gestellt werden."
Henry war wie eine kleinere, weniger festgebundene Ausgabe des Familienbuches. Seine Züge waren nicht so scharf geschnitten, sein Auge milder; sein Mund verriet eine größere Güte; aber auch eine größere Nachgiebigkeit. Der Wille und das Zielbewußtsein der beiden anderen hatte sie bereits in eine feste Form gegossen, während Henry noch biegsam war wie ungeformter Ton.
„Sie sind Henry zwar von Herzen zugetan", urteilte sie; „sie stehen ihm zur Seite und unterstützen ihn, weil er von ihrem Fleisch und Blut ist; aber ich glaube, sie nehmen ihn nicht ganz ernst. Für sie ist er noch der kleine Bruder, der in ihren abgelegten Anzügen zur Schule ging. Aber er wird ihnen schon zeigen, was in ihm steckt. Er muß es ihnen zeigen!"
Als sie ihn so über den Tisch hinweg beobachtete, empfand sie plötzlich den Wunsch, diesen jüngsten Bruder all die reichen Gaben, die sie in ihm erkannte, zur höchsten Vollkommenheit entwickeln zu sehen — andere Gaben als die seiner erfolgreichen Brüder, die sich nun in eine lebhafte Diskussion über den fernen Westen und seine Möglichkeiten vertieften. Sie ahnte die verborgene Kraft in Henry; aber sie erriet auch seine Schwächen. So reizend seine knabenhafte Bescheidenheit auch war, sie durfte nicht in einen Mangel an Selbstbewußtsein ausarten. Diese Freude, die er an großen Geistern hatte, durfte nicht dazu führen, den eigenen Geist zu vernachlässigen. Er sollte nicht bei-

seite treten und anderen den Vorzug lassen, nur weil er so vertrauensvoll und idealistisch veranlagt war. Ja, er befand sich an einem Punkt seiner Entwicklung, an dem der Weg ebenso leicht aufwärts wie abwärts führen konnte.

„Ich könnte ihn schon zu einem erfolgreichen Menschen machen“, dachte sie. „Er braucht jemand, der sein Lebensschiffchen in den richtigen Wind steuert.“

Sie errötete, als sie sich bei diesem Gedanken ertappte, und wandte sich hastig von ihm ab.

Nach der Mahlzeit zogen sich die Brüder in die Bibliothek zurück, während sie mit der Gesellschaft der beiden Frauen vorliebnehmen mußte. Wie sehr hätte sie nicht die Unterhaltung der Männer diesem Hausfrauenduett vorgezogen! Die Interessen der beiden Schwägerinnen überschritten selten den engen Kreis häuslicher Angelegenheiten, und ihr Geplauder von Kleidern, Essen, Wohnungssorgen und Dienstboten langweilte Henriette doppelt, weil sie ja nichts dazu beisteuern konnte. Sie konnte es nicht als eine Staatsaffäre ansehen, daß der Preis für Bettwäsche und Tischtücher wieder gestiegen war oder daß ein irisches Hausmädchen frisch vom Einwandererschiff die Unverschämtheit besessen hatte, außer freier Station noch zwei Dollar wöchentlich zu verlangen. Sie fühlte instinktiv, daß die beiden Frauen sie mit Zweifeln und Mitleid betrachteten; sie mißbilligten zweifellos den regen Anteil, den sie am Tischgespräch genommen hatte. Frauen sollten ihrem Haushalt vorstehen und die Politik ihren Männern überlassen. Und wenn sie es gar noch nicht zu einem Mann gebracht hatte, dann sollte sie sich einer besonderen Zurückhaltung befleißigen und es vermeiden, sich dem Vorwurf eines undamenhaften Benehmens auszusetzen. Wieviel Henry ihnen von ihrer Vergangenheit erzählt hatte, konnte Henriette nicht wissen. Aber offenbar waren sie nicht gewillt, sie in die Intimität ihrer weiblichen Welt aufzunehmen. Wäre sie eine unverheiratete Schwester gewesen, die in der Obhut der Familie lebte, jedem Blick und Wink ihrer Eltern gehorsam, von den verheirateten Geschwistern, von Neffen und Nichten ausgenutzt, würden sie sie als ein vom Schicksal benachteiligtes Wesen ihres Geschlechts nicht ausgeschlossen haben. Sie aber zeigte in Kleidung und Sprache viel zu wenig Bescheidenheit und viel zu viel Selbstbewußtsein infolge ihrer Unabhängigkeit, als daß man ihr uneingeschränkt trauen konnte.

Henriette atmete auf, als die Herren sich ihnen wieder zugesellten und Henry sich schließlich erbot, sie nach Hause zu bringen.

Es war zu schönes Wetter, um mit einem der überfüllten Pferdeomnibusse zu fahren, und als ihr Begleiter eine Droschke nehmen wollte, überredete sie ihn, den Weg zu Fuß zu machen. Es wimmelte draußen von Spaziergängern, die gleich ihnen auf der schattigen Seite der Straßen entlang bummelten; und die kräftige Maisonne hatte mehr Wagen als gewöhnlich an einem Sonntag in Manhattan hervorgelockt; Hufgeklapper und Räderquietschen bildeten den Hintergrund zu ihrem Gespräch. Aber das störte die beiden nicht. Sie waren glücklich, nebeneinander gehen zu dürfen. Henry freute sich, daß seine erste Predigt in New York hinter ihm lag, und war froh, daß Mademoiselle Desportes auf seine Brüder einen so vorteilhaften Eindruck gemacht hatte. Trotz seiner ausschließlichen Beschäftigung mit geistigen Dingen entging ihm nicht, wie vornehm und anmutig Henriette sich trug. Er hätte nicht sagen können, was für ein Kleid sie anhatte; aber er wußte, daß er den Blick nicht von der Gestalt in fließendem Grün und Schwarz abwenden konnte, von diesem Gesicht, das ein dunkler Spitzenschleier beschattete, und von dem seidenweichen Haar, das unter dem Hutrand hervorsah. Und er wußte, daß er es als ein Geschenk empfand, in ihrer Nähe zu sein.

„Ihre Brüder gefallen mir sehr gut“, sagte sie ihm. „Aber am besten hat mir Ihre Predigt gefallen.“

Er errötete vor Freude über ihr Lob und sah mit einmal so vergnügt aus, daß es sie nicht gewundert haben würde, wenn er sich seinen hohen Sonntagshut vom Kopf gerissen und ihn wie ein Schuljunge hoch in die Luft geworfen hätte.

„Das ist nett, daß Sie das sagen“, erwiderte er. „Als ich sie niederschrieb, fand ich sie auch gut; aber als ich dann zu sprechen begann, hatte ich das Gefühl, meinem Thema nicht gewachsen zu sein, fast als wäre es eine Anmaßung von mir, die Worte des Apostels auslegen zu wollen.“

„Sie haben ihnen nichts von ihrer Schönheit genommen", versicherte sie. „Und was Sie über die Barmherzigkeit sagten, bewegte mich besonders, denn Sie ließen mich erkennen, wie sehr es mir daran gemangelt hat."
Sie waren bereits am Tor des Gramercy Parks angelangt; aber weder er noch sie dachten daran, vor dem Haus Nummer zehn stehenzubleiben. In dem kleinen Park befanden sich nur wenige Menschen. Der alte Parkwächter, der ihnen das Tor öffnete, grüßte Henriette. Er kannte sie, wie er jeden kannte, der das Recht hatte, den Park zu benutzen. Sie setzten sich auf eine Bank unter einem Kastanienbaum, dessen fünffingerige Blätter einen reizvollen Schatten auf Henriettes weiten grünen Rock warfen.
„Diese Stelle im ersten Korintherbrief wird sehr verschieden ausgelegt", erläuterte Henry, „man ist sich nicht ganz einig darüber, ob Paulus ‚Liebe' oder ‚Barmherzigkeit' meinte. ‚Liebe' ist natürlich der umfassendere Begriff; aber gerade deswegen zögerte ich, ihn anzuwenden. Und außerdem ist mir dieses Wort —" er brach verwirrt ab; als habe er sich auf eine zu schwierige Definition eingelassen.
„Ja", entgegnete Henriette, ohne sich anmerken zu lassen, daß ihr seine Verlegenheit nicht entgangen war. „‚Liebe' bedeutet heute so viel mehr, als der Apostel wahrscheinlich damit ausdrücken wollte."
Er lächelte sie dankbar an und legte seinen Hut neben sich auf die Bank. Es schien das Natürlichste auf der Welt zu sein, daß sie da im Schutze des dunkelgrünen Schattens saßen und sich über den abstrakten Begriff ‚Liebe' unterhielten, den die Spatzen in den Zweigen über ihnen so unbekümmert lärmend zum Ausdruck brachten.

ACHTUNDZWANZIGSTES KAPITEL

Der Mai war vorüber, und die langen Sommerferien hatten begonnen. Die Schülerinnen hatten sich mit ihren Eltern vor dem Lärm und der Hitze der Stadt auf ihre Landsitze geflüchtet, und die Schule am Gramercy Park war plötzlich mit den leeren, hallenden Klassenräumen sehr still und groß geworden. Nur Miß Haines, Fräulein Schmidt, Henriette und die Dienstboten waren noch dageblieben. Henriette stand es frei, den ganzen Sommer dort zu verbringen, und sie wollte das auch tun bis auf einige kurze Einladungen aufs Land, die sie von ein paar Schülerinnen erhalten hatte. Aber sie waren erst für den August geplant, und der Juni und der Juli gaben ihr genügend Muße, um sich von dem anstrengenden Winter zu erholen. Auf diese Zeit hatte sie sich schon lange gefreut. Sie nahm sich vor, wieder ihre Malerei zu pflegen, ihr vernachlässigtes Tagebuch weiterzuführen und ihren Freunden in der Heimat ausführliche Briefe zu schreiben. Aber der Sommer ging vorbei, ohne daß sie einen ihrer Vorsätze ausgeführt hatte, denn während jener Monate war Henry Field ein täglicher Besucher gewesen.

Er hatte inzwischen weitere Predigten in New York gehalten und war sich noch immer nicht schlüssig geworden, ob er nun zu seinem Bruder in den Westen gehen oder den Ruf nach Neu-England annehmen sollte. Er hatte ebenfalls reichlich freie Zeit, und anfangs hatte er für sein häufiges Erscheinen den Vorwand benutzt, Henriettes Meinung über dieses oder jenes einholen zu müssen. Doch neuerdings hatte er selbst diese durchsichtigen Ausreden fallen lassen. Jeden Nachmittag tauchte er pünktlich mit dem Glockenschlag auf, aus dem offensichtlichen Grund, weil er nicht wegbleiben konnte. Bisweilen nahmen er und Henriette dann einen Pferdeomnibus bis zur Endhaltestelle; manchmal bummelten sie in den halb bebauten Gegenden an der Küste umher oder in den rauhen, noch ungerodeten Siedlungen jenseits des Wasserturms; und an besonders heißen Tagen gingen sie nur über die Straße in den kleinen Park oder saßen im kühlen Wohnzimmer, dessen Läden die brütende Hitze fernhielten. Miß Haines drängte den Gast oft, doch über den Abend und zum Essen dazubleiben, und Henriette konnte diesem Vorschlag der Schulleiterin ja nicht gut widersprechen. Miß Haines billigte die Freundschaft ihrer Französischlehrerin mit dem jungen Geistlichen von ganzem Herzen. Er versah die abendliche Tischrunde mit dem männlichen Element, das ihr bislang gefehlt hatte, und die vier Menschen versammelten sich immer in der aufgeräumtesten Stimmung zum gemeinsamen Mahl. Es hatte fast den Anschein, als ob Miß Haines irgendwo eine romantische Ader besaß, die sie jedoch ihren Schülerinnen und auch sich selbst gegenüber nie eingestanden hätte. Fest stand jedenfalls, daß sie die Zerstreutheit ihres Gastes mit einer ungewöhnlichen Nachsicht übersah, wenn er statt Butter Senf auf seinen Toast strich oder sich Salz auf die Erdbeeren tat, während er Henriette nicht aus den Augen ließ, die ihm, den sanften Schein der untergehenden Sonne im Haar, gegenübersaß. Miß Haines häufte ihm seinen Teller voll und füllte immer wieder seine Tasse nach, als habe sie einen unersättlichen Schuljungen neben sich. Doch fragte sie ihn über alles Mögliche um seine Meinung und lauschte seinen Ausführungen mit aufmerksamer Achtung.

„Ein sehr seltener junger Mensch", bemerkte Miß Haines dann wohl nach einem solchen Besuch. „Es ist wirklich eine Beruhigung, jemanden zu kennen, der sich seine guten Manieren und Ideale noch bewahrt in dieser Zeit, in der alles nach dem Westen strebt und nichts als Gold und Grundstückspekulationen und Geldverdienen im Kopfe hat."

Henriette wollte ihr nicht ihre Illusionen rauben, indem sie ihr erzählte, daß auch er die Möglichkeit erwog, nach Kalifornien zu gehen. Aber wenn sie mit Henry allein war, erörterten sie des längeren das Für und Wider einer derartigen Veränderung. In jenen Wochen rührte ihre Unterhaltung an die verschiedensten Themen. Es war erstaunlich — wurden sie nicht müde, sich immer wieder zu sagen —, daß sie in allen Dingen und Fragen zwischen Himmel und Erde so völlig übereinstimmten, obwohl sie doch unter so verschiedenen Umständen geboren und aufgewachsen waren.

„Ich wußte, Sie würden mir beistimmen." Henry nickte zufrieden, ob es sich nun um Louis Napoleon und die französische Politik, um die Sklaverei in den Südstaaten oder um ihre gemeinsame Abneigung gegen Löwenzahnsalat handelte. „Ich wußte, was Sie darüber denken würden, bevor Sie noch anfingen, zu sprechen."

Seit jenem Sonntag im Mai auf der Bank im Gramercy Park waren sie sich sehr nahegekommen. Henry untersuchte nicht länger den Unterschied zwischen den Worten ‚Liebe' und ‚Barmherzigkeit' im ersten Korintherbrief, da er vollauf damit beschäftigt war, sich eine eigene Meinung über die Liebe zu bilden; und das Ergebnis, von dem seine Augen so unverhüllt sprachen, begann Henriette zu beunruhigen. Die ersten Anzeichen hatte sie einfach nicht wahrhaben wollen. Für seine täglichen Besuche, sein Bedürfnis, sich ihr anzuvertrauen, und das Gefühl der Zufriedenheit, das sie beide in der Gesellschaft des anderen empfanden, hatte sie eine nüchterne Erklärung bereit. Sie sagte sich, daß er einsam sei, daß er wenig Freunde besitze, die seine Neigungen teilten, daß er außerhalb des Familienkreises nur wenig Frauen kennengelernt habe. Das entsprach zwar alles der Wahrheit, gab aber keine befriedigende Antwort auf die Frage, warum sein Gesicht jedesmal so aufleuchtete, wenn er sie wiedersah. Henriette fürchtete sich vor der Liebe und hatte ihr entschlossen den Rücken gekehrt. Sie wollte sich diese Freundschaft, die so erstaunlich rasch zwischen ihnen aufgeblüht war, erhalten; sie wollte sie nicht gerade in dem Augenblick verlieren, in dem sie ihr eine Lebensnotwendigkeit geworden war. Und deshalb bemühte sie sich, der Unterhaltung jedes persönlichere Thema fernzuhalten. Sie versuchte, alles das zu übergehen, was sie nicht zu sehen und zu hören wünschte. Gelegentlich machte sie Andeutungen, von denen sie hoffte, sie würden sein Zuviel an Begeisterung etwas dämpfen, ohne jedoch ihre gegenseitige Zuneigung zu beeinträchtigen. Aber ihre Bemühungen waren keineswegs erfolgreich — Henry Field beachtete sie überhaupt nicht.

„Es ist wirklich nicht zu glauben, daß mir die Liebe hier drüben eine Falle stellen will, wo ich mich doch vor ihr sicher wähnte", seufzte sie, nachdem er sie verlassen hatte und sie in der Stille des Hauses allein war. „Ich muß dem sofort ein Ende machen. Ich möchte ihm um alles in der Welt nicht weh tun; aber ich darf mir auch nicht von ihm weh tun lassen."

Wenn aber dann der nächste Tag kam und sich ihr Besucher mit jenem Ausdruck heimlichen Glücks und blinden Vertrauens zu ihr wieder einstellte, brachte sie es nicht übers Herz, ihren Entschluß in die Tat umzusetzen.

Ein Tag mehr dieses beglückenden Gefühls der Zusammengehörigkeit konnte keinen Schaden anrichten, redete sie sich ein. Morgen würde sich vielleicht eine Gelegenheit bieten, dieses Band zu zerreißen, das sie immer enger aneinander fesselte. Denn auch sie fühlte sich glücklich, wenn es auch ein anderes Glück war, als sie es zuvor empfunden hatte. Das wilde Singen aufgewühlten Blutes, diese quälende Unruhe, dieses lustvolle Leiden — das war es einmal gewesen. Was sie jetzt empfand, war etwas Sicheres und Starkes und Stilles, das so unmerklich von ihr Besitz ergriffen hatte, daß sie seiner Gegenwart erst gewahr wurde, als es zu spät war, um sich dagegen zur Wehr zu setzen.
„Liebe kann es doch nicht sein, was ich jetzt fühle", wollte sie sich selbst überreden, „dazu ist es ein zu ruhiges und einfaches Gefühl. Mein Gott, wenn ich es immer behalten dürfte! Aber nein, für ihn wäre es nicht genug. Er ist so jung und unerfahren, und ich weiß zu viel, weil ich durch eine Hölle gegangen bin."
Sie sah sich selbst als ein ausgebranntes Haus; nur die rauchgeschwärzten Mauern standen noch. Im Laufe der Zeit mochten Efeu und Wein sie mit ihrem Grün verdecken; aber das war auch alles, was sie erhoffen durfte. Das Haus würde immer leer bleiben. „Ja", sagte sie sich, „das ist meine Strafe für das, was ich aus meinem Leben gemacht habe."
Und dann im Juli machte er ihr eines Tages die Eröffnung, daß er verreisen würde — nicht weit weg, erklärte er, er wolle nur ein paar Wochen bei seinen Eltern in Stockbridge verbringen. Und er hoffe, sie würde ihn dort besuchen. Henriette schüttelte den Kopf und versuchte, Ausflüchte zu machen, die ihn jedoch durchaus nicht überzeugen konnten.
Es war ein warmer Nachmittag, aber ein Lüftchen wehte vom East River herüber, als sie ihren wohlvertrauten Weg die Fifth Avenue entlang gingen. Croton Cottage, ein kleines Restaurant am Wasserturm, gegenüber dem Armenfriedhof gelegen, war fast menschenleer. Sie ließen sich an einem Ecktisch nieder und bestellten Ingwerbier und Mohnkuchen.
„Warum wollen Sie mich mit diesen Ausreden abspeisen?" griff er das Thema wieder auf, das sie mit ihren

Einwänden abzutun gehofft hatte. „Warum sagen Sie, es wäre Ihnen unmöglich, nach Stockbridge zu kommen, wo Sie doch wissen, daß es mein sehnlichster Wunsch ist?"
„Aber es ist doch unmöglich, Henri." Sie seufzte und zuckte leicht die Schultern — eine Angewohnheit, die ihn immer so entzückte. „Warum bestehen Sie darauf, daß ich mich Ihren Eltern aufdrängen soll? In ein paar Wochen sind Sie wieder hier, und Sie tun gerade so, als ob Sie wenigstens nach Kalifornien fahren wollten."
„Ob ich nach Kalifornien gehe oder nicht, hängt ausschließlich von Ihnen ab." Er beugte sich über den Tisch und sah ihr eindringlich ins Gesicht. „Alles hängt von Ihnen ab!" fügte er fast heftig hinzu.
„Aber, Henri, wie können Sie das sagen!"
„Weil es wahr ist und ich es sagen muß. Ich wollte es schon seit Wochen tun, Sie müssen das doch gewußt haben. Sie müssen es doch erraten haben."
Ein Frösteln überrann sie, obwohl es doch zum Ersticken heiß war. Unversehens war es gekommen; sie hatte es nicht zu verhindern gewußt, und jetzt konnte sie nichts mehr tun, um ihn vom Sprechen abzuhalten. Das erste Wort war gesagt, und die weiteren strömten nach — die stammelnde, törichte Sprache der Liebe, die zu hören sie so lange hatte warten müssen. Zu spät, sagte sie sich, zu spät. Und doch trank sie sie in sich hinein wie verdurstete Erde den Regen, und die tiefen Wurzeln ihrer Einsamkeit und ihrer Sehnsucht tranken, allen Warnungen, die ihr Verstand ihr zurief, zum Trotz. Die Liebe kam wie ein Wunder über sie, um so wunderbarer, als sie niemals geglaubt hatte, sie hier zu finden, ihre uralte Sprache im Tonfall der neuen Welt zu hören. „Du bedeutest mir alles auf der Welt!" Seine Augen ließen sie nicht aus ihrem Bann. „Alles, was mir jemals gut und schön und erstrebenswert erschienen ist — in dieser Welt, und — und in der anderen."
„O Henri, bitte! Selbst Sie wissen nichts von der anderen Welt, aber ich weiß sehr viel mehr als Sie von dieser. Sie dürfen nicht weitersprechen, denn jedes weitere Wort macht — macht alles nur noch schwerer."
Die Tränen stiegen ihr in die Augen. Sie sah sein Gesicht nicht mehr, aber sie empfand den Druck seiner Hand, die sich warm und fest auf die ihre legte.

„Sieh mich an, Henriette!"
Sie vermochte nicht, sich seinem ruhigen Befehl zu widersetzen. „Ja", sagte er, „ich wußte, wie du aussiehst, wenn du weinst, obgleich ich noch niemals Tränen in deinen Augen gesehen habe. Jetzt kenne ich dich in allen deinen Stimmungen, und ich liebe dich in allen."
Vor langer Zeit, am Abend ihrer ersten Begegnung, hatte sie diese selbe Empfindung gehabt: dieses Gefühl des Einsseins mit einem anderen. Damals hatten sie sich in einer großen Gesellschaft befunden, jetzt waren sie allein. Damals hatte sie sich inmitten all der vielen Menschen auf einer Insel mit ihm allein gewähnt — und die Insel war Wahrheit geworden. Aber sie mußte sich losreißen, solange sie noch die Kraft dazu verspürte. Sie durfte der Verlockung nicht nachgeben, Liebe mit Liebe zu erwidern.
„Henri!" Sie sprach mit aller Festigkeit, deren sie mächtig war. „Du mußt mich anhören. Du bist unvernünftig, und deshalb muß ich für uns beide vernünftig sein."
Wie dieses Wort sie verfolgte! „Wir müssen vernünftig bleiben", hörte sie sich dem Herzog, dem Marschall, sagen. Und jetzt, an diesem neuen Wendepunkt ihres Lebens, kam ihr dieses verhängnisvolle Wort wieder über die Lippen.
„Du hast mir schon viel gegeben, Henri", fuhr sie fort, „deinen Beistand, als ich seiner am meisten bedurfte, dein Vertrauen und deine Freundschaft und jetzt auch deine Liebe. Du bittest mich, deine Frau zu werden, und ein Mann kann einer Frau keine größere Ehre antun. Du beschämst mich so sehr, daß es mir schwerfällt zu sagen, was ich sagen muß. Aber, Henri, was du willst, ist nicht möglich nach allem, was mir widerfahren ist."
„Was dir widerfahren ist, dem verdanke ich, daß du heute hier sitzt. Vergiß das nicht über der bitteren Vergangenheit. Oh, Liebe, wenn ich dich fühlen lassen könnte, was ich fühle, würdest du nicht glauben, daß du einen zu hohen Preis gezahlt hast."
Aber sie schüttelte nur den Kopf.
„Ich denke nicht an mich, ich denke an den Preis, den du zahlen müßtest. Ich danke Gott, daß ich dir meine Geschichte nicht mehr zu erzählen brauche, daß du sie in allen Einzelheiten bereits kennst. Aber es gibt andere,

die sie nicht kennen, die sie aber ausfindig machen werden. Sie wird mich immer verfolgen, wohin ich auch gehen mag und welchen Namen ich auch trage. Du verkennst die Schwierigkeiten, Henri, obwohl du sie mit mir teilen willst."
„Ad astra per ardua", sprach er vor sich hin.
Henriette lächelte. Wie sehr es ihm doch glich, selbst in einem solchen Augenblick sein Latein nicht zu vergessen.
„Wir stehen nicht allein in der Welt", erinnerte sie ihn, „jedenfalls du nicht. Wir haben nicht das Recht, deine Familie mit meiner Vergangenheit zu belasten."
„Meine Familie wird die Frau lieben, die ich liebe, dessen bin ich ganz sicher."
„Vielleicht — ihr haltet ja sehr zusammen. Aber Familienbande dürfen nicht überspannt werden. Ich gehöre einer anderen Rasse an als ihr, und selbst, wenn wir beide uns darüber hinwegsetzen können — deine Familie würde es niemals tun. Und dann ist da noch ein anderer Grund —"
„Ich werde ihn mir nicht anhören", unterbrach er sie.
„Er besteht aber, ob du nun zuhörst oder nicht; es ist ein mathematischer Grund." Sie versuchte zu lächeln, aber es mißlang ihr kläglich. „Frauen haben für Zahlen nichts übrig, besonders wenn es ihr Alter betrifft. Trotzdem muß ich dich daran erinnern, falls du vergessen hast, was in den französischen Zeitungen stand — daß ich zehn Jahre älter bin als du."
„Als ob Jahre etwas mit uns zu schaffen hätten!"
„Aber das haben sie, wenn sie sich, wie in unserem Fall, falsch verteilen; wenn du mir um diese zehn Jahre voraus wärst, dann sähe es schon anders aus."
„Herzen sind wichtiger als Kalender!"
„Die Zeit können wir niemals betrügen", beharrte sie. „Nur Dummköpfe bilden sich das ein, und was wir, du und ich, auch immer sein mögen, Henri, Dummköpfe sind wir nicht. Du bist gerade achtundzwanzig, und das heißt, daß ich bald vierzig bin. Deine besten Jahre liegen noch vor dir, und wie das bei Frauen nun einmal ist — meine sind schon vorüber. Es fällt mir nicht leicht, dir das zu sagen. Aber du hast ein Recht darauf, in deiner Ehe all das Glück zu finden, das ein Mann sich wünschen kann, und vielleicht könnte ich dir das nicht geben—."

Sie hielt inne, zwang sich dann aber, zu Ende zu sprechen. Ich meine Kinder, Henri — hast du daran gedacht?"
Er errötete bei ihren Worten und sah verlegen aus. Keine unverheiratete Amerikanerin oder Engländerin hätte jemals daran gedacht, von einem ungeborenen Kind anders als von einem Geschenk des Himmels zu reden. Ihre französische Offenheit machte ihn betroffen, merkwürdigerweise gefiel sie ihm aber auch. Er sah, daß ihre Augen sich wieder mit Tränen füllten, und daß sie zu bewegt war, um weitersprechen zu können. Er räusperte sich unsicher.

„Ich kann nur daran denken, daß ich immer mit dir zusammensein möchte", entgegnete er, „solange wir leben und das Füreinander fühlen, das wir jetzt fühlen."

Sie sammelte sich zu neuen Einwendungen, aber er ließ sie nicht mehr zu Worte kommen. Er schien plötzlich älter und sicherer geworden, wie er sich da weigerte, sich von seinem Entschluß abbringen zu lassen. Er wollte jetzt nicht auf ihrer Antwort bestehen; im Augenblick bäte er sie nur, sich von allen Bedenken und vorgefaßten Meinungen über eine Ehe frei zu machen. Er verlange nichts anderes von ihr, als daß sie ganz ihrem Gefühl folge und sich nur von ihm leiten lasse. Dem Spruch ihres Herzens würde er sich beugen, aber nicht dem ihres Verstandes. Bevor sie sich jedoch entscheide, solle sie unbedingt den Besuch bei seinen Eltern machen. Schließlich ließ Henriette sich überreden, wenn sie auch nur zögernd nachgab.

„Gib mir eine Woche Zeit, damit ich mich darauf vorbereiten kann, Henri", sagte sie zu ihm. „Es wird doch wohl besser sein, wenn du ohne mich vorausfährst. Erzähle ihnen alles, was sie noch nicht von mir wissen, und laß dich nicht von deinen eigenen Gefühlen verleiten, meine Rolle im Fall Praslin zu beschönigen. Sage ihnen, daß wir viel zusammengewesen sind, daß wir aber über die Zukunft noch nichts beschlossen haben. Und, Henri", machte sie ihn aufmerksam, „der Kellner sieht schon andauernd zu uns her; er möchte wohl, daß du zahlst."

Seit diesem Nachmittag war nun eine Woche vergangen, und sie war fast am Ziel ihrer langen und staubigen Reise angelangt. Sie war um acht Uhr morgens aufgebrochen und von ihrem Platz in der polternden Post-

kutsche an der kleinen Station im Westen der Stadt in die Eisenbahn umgestiegen. Von Anfang an war die Hitze drückend gewesen, mittags war es in den Wagen so heiß wie in einem Backofen, und durch die offenen Fenster kam fortwährend Rauch und Ruß herein. Henriette fühlte sich auf der heißen Bank sehr unbehaglich, obwohl sie sich alle Mühe gab, nicht zu sehr daran zu denken. Sie löste die Kinnbänder ihres Strohhutes und hätte gern mehr abgelegt als nur die durchbrochenen Spitzenhandschuhe und das seidene Brusttuch. An Schlafen war nicht zu denken bei diesem ständigen Gerüttel und Geratter des Zuges und der Zudringlichkeit der Fliegen, die sie immer wieder von ihrem Gesicht verscheuchen mußte. Zuerst hatte die Landschaft draußen ihre Aufmerksamkeit auf sich gezogen, je mehr sie in spärlicher bevölkerte Gegenden vordrangen; eine Landschaft, die immer grüner und anmutiger wurde, aber schließlich zwang sie der Sonnenglanz, von den vorübergleitenden Wiesen, Höfen und Wäldern, den geschäftigen Kleinstädten und stillen Dörfern, die sich um die weißen Holzkirchen gruppierten, wegzuschauen.
Der Kopf tat ihr weh von dem ununterbrochenen Stampfen der Lokomotive, und außerdem hatte sich das Gefühl der Angst vor ihrem Besuch in Stockbridge in den letzten Tagen und Nächten noch verstärkt. Sie war der Entscheidung, die Henry von ihr erwartete, noch um nichts nähergekommen. Obwohl sie schon Schlimmeres durchgemacht hatte, graute ihr vor dem Urteilsspruch dieser Familie.
„Ach, warum steht er nicht allein in der Welt?" dachte sie immer wieder, während die Räder knirschend auf endlosen Schienensträngen dahinrollten. „Warum muß er acht Geschwister haben und noch dazu so ehrgeizige Brüder und anspruchsvolle Schwägerinnen? Und sein Vater — zweifellos ein Puritaner der alten Schule, der von mir bestimmt nur Schlechtes denken wird. Ob unsere Liebe mit solchen Hindernissen fertig werden kann?"
Sie wußte jetzt, daß sie ihn liebte, aber sie war sich keineswegs sicher, ob das allein genügen würde. Es war ihr gelungen, nach all dem Mißgeschick, das sie betroffen hatte, im Leben aufs neue festen Fuß zu fassen. Sie hatte sich im harten Kampf ihre alte Unabhängigkeit, ihren

alten Stolz wiedererrungen; doch wenn sie auch als Lehrerin ihre Tüchtigkeit bewiesen hatte, so war sie sich doch bewußt, daß sie von der Verantwortung und den Pflichten einer Ehefrau keine klare Vorstellung besaß. Sie liebte den idealistischen und ungestümen Henry viel zu sehr, um Gefahr laufen zu wollen, ihn vielleicht enttäuschen zu müssen. Einst wäre sie ebenso schnell dabeigewesen wie er, sich in das aufregende Abenteuer der Ehe zu stürzen, aber inzwischen war sie nicht nur älter, sondern auch einsichtiger geworden, und diese Einsicht hatte sie sich in schwerer Mühe erworben. Trotzdem sehnte sie sich nach einer Ehe mit ihm, um so mehr, als sie sich nach langem innerem Kampf um das Für und Wider dazu durchgerungen hatte. „Nur das Herz allein kennt seine eigenen Grenzen." Irgendwann hatte sie das einmal gelesen, und es war tröstlich, sich dieser Worte jetzt zu erinnern. Vielleicht, dachte sie, unterschätzt sogar das eigene Herz die Macht der Liebe.

Am späten Nachmittag stieg sie auf eine Seitenstrecke um, die in der Richtung von Stockbridge weiterlief. Henry hatte versprochen, ihr auf halbem Wege mit dem Einspänner entgegenzukommen. Er hatte ihr genau gesagt, wann und wo sie nach ihm Ausschau halten sollte, und der Schaffner, der ihr beim Einsteigen mit ihrem Gepäck behilflich war, schien von diesem Plan genau unterrichtet zu sein. Nur noch eine kurze Zeit, sagte sie sich, dann würde sie Henry wiedersehen mit jenem Ausdruck in den Augen, der sie zugleich mit Furcht und mit inniger Freude erfüllte.

Die Luft war inzwischen frischer geworden, und als der Zug jetzt quer durch hügeliges grünes Land fuhr, lebte Henriette wieder auf. Dies also war das Neu-England, aus dem Henry und seine Brüder stammten. Schon bei ihrer ersten Begegnung hatte sie es gespürt, daß er hier verwurzelt war, aber nun war sie dessen mehr denn je gewiß. Hier gehörte er hin, in diese bewaldeten Hügel, diese steinigen, halb gerodeten Weiden, wo das Vieh zwischen Farnen und Wacholderbüschen graste; in diese Felder, die sich zu den schmalen Flüssen hinabsenkten oder in der Ferne in grünen und braunen Flecken aufleuchteten. Die Höfe waren kleiner, als sie es sich vorgestellt hatte; die Wohnhäuser standen wie schmucklose kleine Kästchen neben den großen roten Scheunen, die sie riesenhaft überragten. Die strenge Einfachheit des Baustils gefiel ihr, und auch die viereckigen Schornsteine und das säuberlich geklafterte Brennholz fand sie schön. Sie bewunderte die gepflegten Obstbäume und die kleinen, bunten Gärten mit ihren Sonnenblumen, mit Phlox und Eisenhut, den blauen Glyzinien und den roten Bohnenranken an den Küchentüren. Es war ein Land, das es seinen Söhnen nicht leicht machte — diese Fruchtbarkeit war der Erde mit Mühe abgerungen worden, und selbst im Hochsommer schien eine Andeutung von Frost in der Luft zu liegen wie ein Mollakkord, der in einer heiteren Melodie mitschwingt.

Auf allen Wiesen mähte man das Gras; überall schritten sensenschwingende Männer einher, andere schichteten das Heu zu gelblichen Haufen, die auf blauen Wagen zur Scheune gefahren wurden. Die sonnenwarme Luft roch würzig und kräftig. Henriette atmete tief und zufrieden und winkte einer Kinderschar zu, als der Zug an einer Landstraßenkreuzung langsamer fuhr.

An der verabredeten Station stieg sie aus, einem ländlichen, kleinen Güterbahnhof, auf dessen hölzerner Plattform Kisten und Ballen aufgestapelt waren. An einem Pfosten war ein altes Pferd mit einem Wägelchen angebunden, und daneben stand Henry. Angesichts der neugierigen Blicke aus den Zugfenstern begrüßten sie sich mit Zurückhaltung; doch auch, als der Zug bereits weitergefahren war, fiel ihnen das Sprechen schwer. Nach der siebentägigen Trennung hatten sie sich zuviel zu sagen.

Er verstaute ihr Gepäck, half ihr in den Wagen und breitete ihr eine Wolldecke über die Knie.

„Dann wirst du nicht so staubig“, erklärte er ernsthaft, während er sich neben sie setzte und die Zügel in die Hand nahm. „Hüh, Boney!“

„Boney?“ fragte sie, als der Schimmel mit überraschend munterem Trab, den man dem alten Tier gar nicht zugetraut hätte, in einen Seitenweg einbog.

„Eigentlich Bonaparte“, erzählte er lächelnd. „Man hatte sie bereits so getauft, bevor sie zu uns kam, aber für eine Stute fanden wir den Namen nicht sehr geeignet. Boney paßt jedenfalls besser zu ihr, meinst du nicht auch?“

„Viel besser", stimmte Henriette ihm zu. „Sie scheint mir zwar nicht mehr ganz jung, aber sie macht einen sehr klugen Eindruck."

„Es gibt keinen Weg hier herum, den sie nicht kennt. Als Vater noch die Mitglieder seiner Gemeinde zu besuchen pflegte, konnte er sie auf dem Heimweg getrost sich selbst überlassen und sich den Text für seine nächste Predigt überlegen — sie brachte ihn immer heil nach Hause, was für Mutter sehr beruhigend war. Boney ist auch schon in ganz Connecticut herumgekommen; aber seitdem Vater das Predigen in Haddam aufgegeben hat, ist sie nicht mehr soviel unterwegs wie früher."

„Dein Vater predigt nicht mehr jeden Sonntag?"

„Nein, er vertritt nur gelegentlich einmal einen Amtsbruder, wenn sich das in der Nachbarschaft als nötig erweist. Jetzt, nachdem er sich zur Ruhe gesetzt hat und David, Jonathan und Cyrus die alte Pfarre herrichten ließen, hat er genügend Muße, um seine Predigten druckfertig zu machen. Es sind schon mehrere veröffentlicht worden, und weitere sollen demnächst erscheinen. Ich habe übrigens gerade einen Artikel über gewisse Aspekte des Katholizismus beendet und würde ihn dir gern vorlesen, um deine Meinung zu hören, bevor ich ihn der Redaktion des ‚Evangelisten' einreiche."

„Und dein Buch über die irische Rebellion? Arbeitest du noch daran?"

„Ja, aber ich hatte gerade Lust, gewisse Argumente für und gegen den katholischen Glauben niederzuschreiben, weil mir der Zeitpunkt dafür besonders geeignet erschien. Hoffentlich nehmen sie den Artikel! Sieh mal!" Er deutete mit der Peitsche auf einen Berg. „Da drüben liegt Bear Town Mountain. Aber du brauchst keine Angst zu haben, Bären gibt es dort nicht mehr."

„Wie schön dieses Land doch ist! Du hattest mir gar nicht erzählt, daß es so grün ist und daß hier alles so schön riecht."

„Das tut es immer während der Heuernte. Ich habe gestern meinem Bruder Jonathan beim Wenden geholfen, und da ich das seit vier Jahren nicht mehr getan hatte, fühlte ich mich heute ziemlich steif. Mary Elizabeth hat mich schon gewarnt, ich würde noch an meinem

Schreibtisch festwachsen, wenn ich mir nicht mehr Bewegung machte."
„Ist das deine jüngste Schwester?"
„Ja, sie ist genau ein Jahr jünger als ich und die einzige, die noch zu Hause lebt. Jonathan und seine Familie wohnen aber ganz in der Nähe der Eltern, und David besitzt nicht weit davon entfernt ein kleines Sommerhäuschen. Du wirst noch eine ganze Menge von uns hier in Neu-England zu sehen bekommen."
„Neu-England!" wiederholte sie. „Ja, es gleicht England mehr als Frankreich, und doch glaube ich, daß ich mich hier wohlfühlen könnte."
Er drückte ihre Hand. Seine hoffnungsfrohe Erregung wirkte ansteckend, obgleich beide sich noch scheuten, ihren Gefühlen Ausdruck zu geben. Es war für den Augenblick Glück genug, nebeneinander im ächzenden Wägelchen hinter der alten Stute entlang zu kutschieren. Die Abendsonne strich mit langen goldenen Fingern über Hügel und Felder und die Baumstämme am Wegrand. „Bist du müde, Liebe?" unterbrach er ihr Schweigen. „Ist dir die Reise sehr lang vorgekommen?"
„Doch, sehr lang, aber ich wünschte, dieser letzte Teil jetzt würde noch länger dauern." Sie lehnte sich zurück und seufzte zufrieden. „Je suis très contente."
„Moi aussi", antwortete er mit einer Wärme, die sie seine komische Aussprache überhören ließ.
Als sie an einem Gehöft vorbeifuhren, begegnete ihnen ein schlaksiger junger Bursche, der die Kühe heimtrieb.
„'n Abend, Henry!" grüßte er.
„'n Abend, Seth!" erwiderte Henry und winkte mit der Peitsche. „Einer von den Wellsjungen", erklärte er Henriette. „Ein alter Freund von mir."
„Ein alter Freund, Henry?" wandte Henriette ein, „du meinst wohl, ein Jugendfreund?"
„Ja, du hast recht." Er lächelte. „Ein alter Jugendfreund."
Die Sonne verschwand gerade hinter den Hügeln, die das Housatonic Tal umschlossen, als sie nun in die mit riesigen Ulmen bestandene Dorfstraße einbogen. An ihrem Ende erhob sich über den Baumwipfeln die schlanke weiße Kirchturmspitze, und rechts und links lagen gepflegt und behäbig die Landhäuser inmitten ihrer weiten Rasenflächen und Gärten, vom rosigen

Schein des westlichen Himmels überhaucht. In der Ferne schlug eine Uhr sechsmal, und der köstliche Duft frischgebackenen Brotes hieß sie willkommen, ehe sie noch den breiten Backsteinbau des Pfarrhauses erreicht hatten. Boney, die zuletzt nur noch schläfrig dahingetrottet war, fiel wieder in Trab, und Henriette hatte sich noch gar nicht klargemacht, daß sie am Ziel ihrer Reise angelangt war, als der Einspänner schon in den Hof ratterte. Das Wiedersehen mit Henry, die Schönheit um sie her und das Gefühl wunschloser Zufriedenheit, das auf dieser Wagenfahrt zu zweit Besitz von ihr ergriffen hatte, hatten sie ihre Müdigkeit, ihre Zweifel und ihren Kleinmut vergessen lassen. Jetzt, in Erwartung des ersten Zusammentreffens mit der Familie, von dem so viel abhing, erwachten sie aufs neue. Ihr selbst würde es nichts ausmachen, wenn sie auf Ablehnung stoßen sollte; sie war in ihrem Leben schon zuviel Feindschaft begegnet, um nicht dagegen gewappnet zu sein. Aber um Henrys willen war ihr daran gelegen, einen guten Eindruck auf seine Familie zu machen. Er blickte sie so zärtlich und rührend besorgt an, daß sie ihm keine Unehre machen durfte.

Ein Mädchen in blauem Baumwollkleid stand im Garten und beugte sich über ein Blumenbeet. „Da ist Mary Elizabeth", sagte Henry. Beim Geräusch der heranrollenden Räder setzte sie ihre Gießkanne hin und kam mit ausgestreckten Händen herbeigeeilt. Sie war jung und blond; unter ihrem glatten, in der Mitte gescheitelten Haar wölbte sich eine hohe Stirn, und aus ihren klaren, klugen Augen leuchtete warme Herzlichkeit.

„Ein lieber und gescheiter Mensch", urteilte Henriette, als sie sich begrüßt hatten und zusammen den Steinpfad zwischen Lilien und Phlox auf das Haus zugingen. „Wir werden Freunde sein."

Submit Dickinson Field, Mutter von sieben Söhnen und zwei Töchtern, erwartete sie in der Tür — eine kleine Frau von bald siebzig Jahren, in einfachem Kattunkleid und einem Tuch um den Kopf. In ihrer Jugend mußte sie sehr schön gewesen sein, und noch jetzt im Alter war es eine Freude, dieses feine Gesichtchen mit seinen gesunden, durch ein Leben voll Arbeit nur wenig verblaßten

Farben anzusehen. Ihre Augen blickten mild und gütig, und ihren Mund umspielte ein freundliches Lächeln. „Ich habe dem Leben mein Bestes gegeben", schien dieses strahlende Altfrauenantlitz zu sagen, „und es hat mir sein Bestes wiedergegeben." Henriette spürte an dem Druck der Hand, die die ihre umschloß, wie aufrichtig sie willkommen geheißen wurde. „Treten Sie ein", sagte die alte Frau, während sie den Gast unbefangen musterte. „Kommen Sie herein und ruhen Sie sich aus. Mein Gott, daß ein so kleiner Mensch den weiten Weg übers Wasser zu uns gefunden hat!"

„Aber ich bin ja nicht übers Meer geschwommen", erwiderte Henriette lächelnd.

„Meine Kinder sind auch alle weit gereist", fuhr die sympathische Stimme fort. „Emilia Ann hat zehn Jahre in der Türkei gelebt; Stephen ist in Kalifornien; und David und Cyrus und Henry sind schon in den verschiedensten Ländern gewesen; und Timothy —" Sie verstummte und wandte sich ab. Sie konnte von diesem Sohn niemals sprechen, ohne daß ihr die Tränen kamen; denn Timothy war seit fünfzehn Jahren irgendwo in südamerikanischen Gewässern verschollen.

„Ja", begann sie wieder, „alle zieht es in die Ferne, nur mich nicht. Ich habe mich damit begnügt, zu Hause zu bleiben und die anderen statt meiner in die weite Welt reisen zu lassen."

„Und Ihre Kinder haben Ihnen die weite Welt ins Haus gebracht", sagte Henriette, während Henry seine Mutter und sie glücklich ansah.

„Soweit ist alles gut gegangen", dachte Henriette später, als sie sich umzog und die Haare bürstete. „Aber die Begegnung mit seinem Vater steht mir noch bevor."

Das Zimmer, das sie erhalten hatte, war so einfach eingerichtet, daß es fast kahl wirkte, aber die Vorhänge und das Bettzeug waren von schneeigem Weiß und die handgewebten Matten und Decken von hellen, freundlichen Farben. Das Bett, die Kommode, der Waschtisch und die beiden Stühle waren aus Ahorn- und Kirschbaumholz und bildeten eine angenehme Abwechslung nach den Mahagoni-, Nußbaum- und Rosenholzmöbeln der Stadtwohnungen. Einen Schrank gab es nicht, nur eine Reihe Holzhaken für ihre Kleider, und der Spiegel war sehr klein. Offenbar spielte die weibliche Eitelkeit in diesem Hause keine große Rolle. Und doch waren sowohl Mutter wie Tochter geschmackvoll und sauber gekleidet, und eine von ihnen mußte sich die Mühe gemacht haben, die Blumen in der Vase auf der Kommode liebevoll zu ordnen. Henriette befestigte eine Teerose an ihrem weißgrünen Waschkleid, bevor sie dem Ruf der Glocke zum Abendessen folgte. Henry erwartete sie am Fuß der Treppe, um sie zu seinem Vater zu führen. Er blickte sie ermunternd an, aber sie merkte, daß auch er etwas aufgeregt war.

Der Pastor David Dudley Field war eine Persönlichkeit, die das Haus mit einer alttestamentarischen Würde erfüllte, obwohl er nicht so groß war und nicht so gebieterisch aussah, wie sie es sich vorgestellt hatte. Als er sich von seinem Stuhl erhob, um sie zu begrüßen, war Henriette von der aufrechten Haltung des alten Mannes und von dem Ebenmaß seiner scharf gemeißelten Züge überrascht. Das silbrige Haar, das ihm fast bis zu den Schultern reichte, ließ eine hohe, durchgeistigte Stirn frei, die das ganze Gesicht beherrschte. Die forschenden Augen lagen tief in den Höhlen; erst später stellte Henriette fest, daß ihre Bläue Güte wie auch Kraft ausstrahlen konnte, aber jetzt bemerkte sie nur ihren dunklen, fast fanatischen Ausdruck, mit dem er sie unter den buschigen, eisgrauen Brauen hervor ansah. Im übrigen zeichnete sich sein Gesicht durch eine große, lange, gerade Nase aus, durch hohe Backenknochen, ein energisches Kinn und einen schmallippigen Mund. Eine düstere Strenge umhüllte ihn wie ein Mantel, und hinter jenem harten, alten Gesicht konnte man die Flamme des Geistes fast brennen sehen. So — dachte Henriette — müßten die alten Propheten ausgesehen haben. Auch er würde ohne Zögern und Zagen ausführen, was sein Gott ihm zu tun befahl. Man konnte ihm beinahe zutrauen, gleich Abraham seinen Sohn dem Willen Gottes zu opfern. Aber er nickte seinen Kindern liebevoll zu und begrüßte den Gast mit freundlich-ernsten Worten.

„Mrs. Field“ — er benutzte seiner Frau gegenüber diese förmliche Anrede, als näherten sie sich nicht dem fünfzigsten Jahrestag ihrer Hochzeit —, „laßt uns jetzt zum Essen gehen, denn Henry und ich müssen noch vor dem Dunkelwerden die jungen Melonenpflänzchen aufdecken."

Henriette stand mit gesenktem Kopf vor ihrem Platz, während der Hausherr das Tischgebet sprach. Er schien, dachte sie, gleichsam zu einem anwesenden Freund zu sprechen, dem er ebenso seine kleinen Sorgen von Haus und Hof wie auch seine gewichtigeren Gedanken über seelische Fragen mitzuteilen pflegte.

Die Abendmahlzeit in diesem Neu-England-Haushalt entzückte sie durch ihre schlichte Vollkommenheit. Auf dem weißgedeckten Tisch mit dem zartgemusterten Porzellan sah Henriette frisches Brot, Butter und selbstgemachten Käse; einen Teller mit kaltem Fleisch, einen Krug Milch und eine Schüssel mit Erdbeeren. Ein Bauernmädchen, das in der Küche half, aß mit ihnen und beteiligte sich unbefangen am Gespräch.

„Diese Erdbeeren verdanken wir Jonathan", verkündete Mrs. Field stolz. „Er hat uns auch für bald ein Maß Erbsen versprochen. In New York hat es wahrscheinlich schon lange welche gegeben. Hier in Berkshire sind wir eben mit allem etwas später dran. Jonathan ist aber mit seinem Garten sehr zufrieden. Er wird ihn Ihnen bestimmt zeigen, Miß Desportes."

Mary Elizabeth interessierte sich fast ebensosehr wie Henry für das, was draußen in der Welt vorging. Sie hatte Cyrus und dessen Frau auf ihren Reisen begleitet und bewies in ihren Fragen und Erzählungen eine ungewöhnliche Beobachtungsgabe und Einsicht. Sie hatte ein Institut in Albany besucht und widmete sich jetzt unter der Anleitung ihres Vaters dem Studium der Literatur. Sie drückte sich gewandt aus, und Henriette erfuhr, daß sie schon eine ganze Reihe von Aufsätzen über ihre Reiseerlebnisse für verschiedene Zeitungen geschrieben hatte. Es war sehr unterhaltsam, ihre Eindrücke von den europäischen Städten vergleichen zu können und die neuesten Nachrichten aus Frankreich, England und Italien zu erörtern. Mary Elizabeth stand offenbar ihrem Vater besonders nahe. Wenn er sich auch nur selten an dem Gespräch beteiligte, so hörte er doch interessiert zu, und Henriette fiel es auf, wie zärtlich er seine jüngste Tochter dabei ansah. Nur einmal richtete er das Wort an den Gast, und es überraschte sie, ihn von Paris reden und ihren Namen richtig aussprechen zu hören. „Ich habe eine gute Erinnerung an Paris, Mademoiselle Desportes“, sagte er. „Ich fand dort zwar große Gegensätze zwischen Armut und Laster einerseits und Verschwendung und Pracht andererseits, aber sehr viel schlimmer als in anderen Hauptstädten ist es dort wohl auch nicht; und die Franzosen gefielen mir sehr mit ihrer Lebhaftigkeit und Sparsamkeit und ihren guten Manieren.“

Henry und Mary Elizabeth tauschten einen belustigten Blick.

„Wir machten uns niemals Sorge um Vater, wenn er sich so allein auf den Straßen von Paris herumtrieb“, sagte Henry. „Irgend jemand fand sich immer, der ihn wieder sicher ins Hotel brachte, wenn er sich einmal verirrt hatte.“

Henriette dachte, es sei kein Wunder, daß dieser ehrwürdige alte Herr den Parisern eine solche hilfsbereite Achtung abgenötigt hatte. Und doch konnte sie sich in seiner Gegenwart nicht eines Gefühls erwehren, das jenem glich, das sie den Untersuchungsrichtern gegenüber empfunden hatte. Es war, als ob seine Güte sowohl wie seine Strenge die Menschen dazu zwang, ihr eigenes Gewissen zu erforschen, und Henriette hatte die Empfindung, daß dieser Diener Gottes nicht nur auserwählt war, um die Gläubigen anzuhalten, auf dem rechten Wege zu bleiben, sondern auch mit einer fast übernatürlichen Macht ausgestattet, um mit den Versuchungen Satans zu ringen. Ihr eigener Wert würde mit dem untrüglichen Maßstab seines unbestechlichen Urteils geprüft werden — und wehe ihr, wenn sie vor seinen Augen nicht bestand! Die Tischrunde wurde aufgehoben. Henry und sein Vater gingen in den Garten hinaus, Mary Elizabeth und die Hausgehilfin in die Küche, um das Geschirr abzuwaschen, während Henriette mit der Hausfrau ins Wohnzimmer zurückkehrte. Dort holte Mrs. Field einen überfüllten Nähkorb hervor und setzte sich ganz nahe ans Fenster, um das letzte Tageslicht noch auszunutzen. Henriette betrachtete sie, wie sie sich da über ihr Strickknäuel beugte und die Nadeln so flink handhabte, daß der wollene Strumpf unter den fleißigen alten Fingern zusehends länger wurde.

„Ja", sagte die alte Frau aufblickend und lächelte sie an, „Strümpfe kann ich wahrhaftig mit geschlossenen Augen stricken, bis auf die Fersen. Alle meine Söhne tragen noch gern von mir selbst gestrickte Strümpfe. Als ich jünger war, habe ich auch viel gesponnen und gewebt; aber jetzt, wo die großen mechanischen Spinnereien so gute Stoffe liefern, macht es sich kaum mehr bezahlt, das alles selbst zu machen. Nur die Hemden meines Mannes webe ich noch selbst und wasche und stärke sie auch, genau wie seine Kragen. Diese hier sind für Stephen in Kalifornien", fügte sie hinzu und hob den halbfertigen Strumpf hoch, „aber Gott weiß, wie lange es dauern mag, bis das Paket in seine Hände gelangt!"
Henriette erbot sich, ihr beim Ausbessern zu helfen, aber Mrs. Field wollte davon nichts hören.
„Nein, nein, Sie bleiben hübsch stillsitzen und ruhen sich aus. An diesem ersten Abend ist es nur Ihr gutes Recht, die Hände in den Schoß zu legen. Morgen können Sie mir dann ein wenig zur Hand gehen bei einer Steppdecke, die unbedingt geflickt werden muß, wenn Sie Lust dazu haben und Henry keine Einwände macht. Vielleicht wird er mit Ihnen seine Freunde besuchen wollen. Er hat schon unseren sämtlichen Bekannten hier von Ihnen erzählt."
„Henry ist zu gut und großherzig, Mrs. Field", entgegnete Henriette. „Ich fürchte, er sieht manchmal die Fehler nicht bei denen, die er —" sie unterbrach sich, um nicht zuviel zu sagen.
„Ja, ich weiß, er glaubt von jedem nur das Beste. Schon als er klein war, hielt er Gänse immer für Schwäne, und nun er erwachsen ist, hat er sich darin gar nicht geändert. Natürlich soll sich das nicht auf Sie beziehen", fügte sie mit ihrem klugen, entwaffnenden Lächeln hinzu.
„Henri hat — hat Ihnen alles von mir gesagt?"
„Ich kann mich gar nicht daran gewöhnen, wenn Sie seinen Namen so französisch aussprechen; ich denke dann immer, Sie sprechen von irgendeinem Fremden; aber er selbst hört es wohl gern, wenn Sie ihn so nennen. Er hat überhaupt alles gern, was Sie tun und sagen, das habe ich schon lange gemerkt. Ja, er hat uns viel von Ihnen und allem, was Sie durchgemacht haben, erzählt. Sie haben wirklich mehr als Ihr Teil zu tragen ge-

habt, aber nun dürfen Sie ja auch hoffen, daß es überstanden ist."

„Ich danke Ihnen." Das aufrichtige Mitgefühl der alten Frau tat Henriette wohl. „Hier in Ihrem Haus, das einen solchen Frieden und solche Heiterkeit atmet, scheint alles Häßliche nur ein böser Traum gewesen zu sein. Und ich möchte Ihnen diesen Frieden nicht zerstören; denn so glücklich ich auch sein würde, mich zu Ihrer Familie zählen zu dürfen, habe ich vielleicht doch kein Recht dazu — nach allem, was geschehen ist. Man hat mir das Schlimmste nachgesagt, Mrs. Field, Dinge, die ich Ihnen gegenüber nicht einmal andeuten kann. Bis zu meinem Tode wird diese Tragödie mich verfolgen. Ich kann mein verstricktes Leben nicht einfach wieder von vorn anfangen, wie man es mit einem schlecht gestrickten Strumpf tun kann."

„Ich glaube, es gibt wohl keinen Menschen, der nicht ein paar fallengelassene Maschen aufzunehmen hätte", antwortete die freundliche Stimme, während die Nadeln in dem immer dunkler werdenden Zimmer eifrig klapperten. „Nein, Sie sind nicht die erste, die manches in der Vergangenheit ungeschehen machen möchte, und Sie werden nicht die letzte sein, wenn Ihnen das ein Trost ist. Aber ich meine doch, man soll niemals seine Vergangenheit zwischen sich und die Zukunft stellen. Wenn Henry Sie liebt und Sie lieben ihn auch, dann liegt die Entscheidung einzig und allein bei Ihnen beiden."

„Oh, Mrs. Field, Ihr Leben ist so rein, gut und schön gewesen und so ganz ohne dunkle Schatten — das spüre ich genau, und daher wissen Sie vielleicht auch nicht, wie schlecht die Welt über einen sprechen und denken kann. Nehmen Sie einmal an, ich hätte wirklich ein großes Unrecht begangen — würden Sie dann immer noch wollen, daß Ihr Sohn eine solche Frau heiratet?"

„Ich würde es lieber sehen, wenn mein Sohn eine Frau heiratet, die ihn liebt" — das Klappern hörte einen Augenblick auf, und die sanfte Stimme fuhr dann in der Stille überzeugt fort: „Ja, das wäre mir lieber, selbst wenn sie vom rechten Wege abgeirrt sein sollte, als wenn er ohne Liebe heiratete. So, jetzt wissen Sie, wie ich darüber denke; aber Sie dürfen mich nicht wieder so drängen, und lassen Sie niemals meinen Mann wissen,

daß ich so etwas gesagt habe. Er würde es vielleicht für gottlos halten; aber wir Frauen haben ein Wissen um Dinge, von denen ein Mann bei all seiner Gelehrsamkeit nichts versteht."
Hier fand die Unterhaltung ein Ende, denn Mary Elizabeth kam gerade in diesem Augenblick ins Zimmer. Sie stellte eine Petroleumlampe auf den Tisch und holte dann die große Bibel, die sie daneben bereitlegte.
„Vater und Henry sind mit ihrer Gartenarbeit fertig", sagte sie zu ihrer Mutter. „Sie waschen sich nur eben in der Küche die Hände und werden gleich zur Abendandacht kommen."
Kurz darauf erschienen auch die beiden Männer und die junge Hausgehilfin und nahmen ihre Plätze am Tisch ein. Mrs. Field legte ihre Arbeit weg und rückte ihren Stuhl heran. In dem kühlen Zimmer herrschte völlige Stille, nur das schläfrige Rufen einiger Vögel klang von den Bäumen vor dem Fenster herein. Die Lampe warf ihr warmes Licht über die andächtige, kleine Schar, und von draußen drang mit der milden Abendluft der schwere, süße Duft der Rosen in den Raum.
„Wir wollen heute etwas aus dem Buch der Sprüche hören." Der Pastor schlug die Bibel auf und blätterte die vergilbten Seiten um. Tief und klar wie der Ton einer Glocke erklang dann seine Stimme durch das Schweigen. ‚Wem ein tugendsam Weib bescheret ist, die ist viel edler denn die köstlichsten Perlen. Ihres Mannes Herz darf sich auf sie verlassen, und Nahrung wird ihm nicht mangeln. Sie tut ihm Liebes und kein Leides sein Leben lang. Sie tut sich um nach Wolle und Flachs und schafft mit arbeitslustigen Händen. Sie ist wie ein Kaufmannsschiff, das seine Nahrung von ferne bringt. Sie steht auf, wenn's noch Nacht ist, und gibt Speise für ihr Haus ....'
Henriette hielt ihre Augen auf die gefalteten Hände in ihrem Schoß gesenkt. Sie wagte nicht, sie zum Lesenden zu heben oder zu Henry, dessen hoffnungsfrohen Blick sie jetzt nicht hätte ertragen können. Sie konnte nur mit wildklopfendem Herzen zuhören, denn sie wußte, daß der Text eine Mahnung an sie sein sollte.
‚Von ihrer Hände Frucht pflanzt sie einen Weinberg...', hieß es weiter. ‚Ihre Leuchte verlöschet des Nachts nicht. Ihre Hände streckt sie nach dem Nocken aus, und ihre

Finger greifen die Spindel. Ihre Hand reckt sie dem Elenden hin, und ihre Arme streckt sie dem Dürftigen entgegen. Sie fürchtet nichts für ihr Haus vom Schnee ...' Ein großer grauer Nachtfalter umflatterte die Lampe. Aber die Stimme ließ sich nicht beirren. Aufblickend sah Henriette die Hand, die das Insekt verscheuchte. Die langen Finger erinnerten sie an die feierlich aufragenden Türme der Neu-England-Kirchen. ‚Angesehen ist ihr Gemahl in den Toren, wenn er Sitzung hält mit den Vornehmen des Landes ... Kraft und Hoheit ist ihr Gewand, und so lacht sie des künftigen Tages. Ihren Mund tut sie mit Weisheit auf, und liebreiche Unterweisung ist auf ihrer Zunge. Sie überwacht das Tun und Treiben ihres Hauses, und Brot der Faulheit ißt sie nie. Ihre Söhne treten auf und preisen sie glückselig; ihr Gemahl tritt auf und rühmt sie: gar viele Frauen haben sich tugendsam erzeigt, du aber übertriffst sie alle. Lug ist die Anmut und ein vergänglicher Hauch die Schönheit: ein Weib, das den Herrn fürchtet, das soll man rühmen. Gebt ihr von der Frucht ihrer Hände, und in den Toren müssen ihre Werke ihr Lob verkünden.'
Als die Abendandacht längst vorüber war und sie sich alle zur Nacht getrennt hatten, lag Henriette in der Dunkelheit noch wach, und in ihr tönten die Worte der Bibel nach. Von fernher erklang das näselnde Quaken der Frösche in irgendeinem Tümpel und von den Bäumen das Zirpen der Grillen — dieser hörbare Pulsschlag des Sommers. Ja, sie wußte, warum Henrys Vater diese Bibelstelle gewählt hatte. Sie und er verstanden einander gut, mochten auch Abgründe der Jahre, der Erziehung und der Ansichten sie trennen.
„Ergründe dein Herz, du fremde Frau", hatte er ihr sagen wollen, „und prüfe dich, ob du meinem Sohn dies alles sein kannst!"

NEUNUNDZWANZIGSTES KAPITEL

Jene Tage in Stockbridge waren für Henriette in vieler Hinsicht eine Offenbarung. Jeder Atemzug, den sie tat, flößte ihr neues Leben ein, und nicht weniger belebte sie das Zusammensein mit den bemerkenswerten Menschen, die sich in diesem versteckten Berkshiretal angesiedelt hatten. Sie hatte bisher den Grundsatz ‚einfach leben — vornehm denken' nicht gekannt; aber hier sah sie ihn in jedem Haus, das sie mit Henry besuchte, verwirklicht. Er strahlte vor unverhohlenem Stolz, als er sie der Reihe nach zu allen Freunden in der von Ulmen beschatteten Dorfstraße brachte oder mit ihr zu den weiter abgelegenen Landsitzen hinausfuhr. Jedes Heim stand ihnen gastlich offen, und die Dwights, die Cannings, die Williams, die Sedgwicks, und wie sie alle hießen, boten ihr ein nachbarliches Willkomm; zunächst, weil der Sohn ihres alten Pastors sie einführte, und später, weil sie fast augenblicklich das Gemeinsame ihrer Interessen und Anschauungen herausspürten. Sie kannten die Welt, diese Männer und Frauen Neu-Englands, die so viel gelesen hatten und so weit herumgekommen waren und die über die letzten Ereignisse in Europa genau so gut Bescheid wußten wie über die Begebenheiten in der Nachbarschaft. Henriette nahm daher an, daß sie sich auch darüber nicht im unklaren waren, wer sie war und welche Rolle sie im Fall Praslin gespielt hatte. Aber ob sie ihr nun daraus einen Vorwurf machten oder nicht, ihrer Herzlichkeit tat das keinen Abbruch. Einige unterhielten sich sogar auf Französisch mit ihr, und der Klang ihrer Muttersprache in diesem ungewohnten Rahmen entzückte und erstaunte sie stets von neuem.

Da war jener denkwürdige Tagesausflug, den sie zu zwölft nach Monument Mountain machten. Sie fuhren, soweit der Weg es zuließ, im Wagen und kletterten dann das letzte Stück zu Fuß hinauf, und oben rasteten sie und aßen aus dem Picknickkorb. Unter ihnen breitete sich das Land, kreuz und quer von dem blassen Band des Housatonic durchzogen. Ein anderes Mal machten sie einen abenteuerlichen Abstecher in die lichtlose Tiefe der Eisgrotten, wo die Damen sich nur mit Mühe unter viel Gelächter in ihren weiten Röcken durch die engen Felshöhlen zwängen konnten. Und dann wieder veranstaltete man eine Fahrt zum Stockbridgesee, die Henriette durch eine besonders lebhafte Unterhaltung im Gedächtnis haftenblieb. Von Lenox waren die Sedgwicks herübergekommen und mit ihnen Miß Catharine Sedgwick, die Verfasserin von ‚Hope Leslie' und ‚The Linwoods' — diesen anschaulichen Schilderungen des Alltags in Neu-England. Henriette fand die Gesellschaft der untersetzten, einfach gekleideten Sechzigerin mit ihrem Witz und klugen Urteil sehr anregend. Sie unterhielt sich mit ihr über Thackerays letztes Buch ‚Pendennis', und sie tauschten ihre Meinungen über Elizabeth Barret Brownings kürzlich erschienene ‚Portugiesische Sonette' aus. Beide bewunderten die Dichterin sehr; aber dann mußte Henriette gestehen, daß sie die Werke Hawthornes nicht kannte, den Miß Sedgwick den bedeutendsten Schriftstellern Europas an die Seite stellte. Mit der Schwägerin Elizabeth Sedgwick sprach Henriette über Erziehungsfragen, denn deren Töchterschule in Berkshire hatte sich einen hervorragenden Ruf erworben. Später hörte sie voll Interesse zu, wie Richter Sedgwick und David Dudley sich über eine juristische Streitfrage fast in die Haare gerieten, und sie bestätigte und ergänzte den Bericht, den Henry über jene Revolutionstage in Paris, als die Straßen verbarrikadiert und die Tuilerien erstürmt worden waren, zum besten gab. Und dann war da noch ein gewisser Sumner, ein Rechtsanwalt aus Boston, dessen Worte Funken sprühten, wenn er auf die Sklaverei zu sprechen kam. Es war unausbleiblich, daß dieses Thema aufgeworfen wurde, denn die Erregung über Henry Clays Sklavenfluchtgesetz war allgemein. Henry hatte angefangen, davon zu reden; aber erst Sumners flammende Entrüstung weckte auch ihre Empörung. Mit Kompromissen, rief er aus, würde man niemals zum Ziel kommen. Daß man Kalifornien als selbständigen Staat anerkannt habe, sei nur ein höchst kümmerliches Zugeständnis an die gefühlsseligen Nordstaaten. Damit könne man dieses weitaus größere Zugeständnis an den Süden nicht im entferntesten aufwiegen — dieses unwürdige Sklavengesetz, das nicht nur verbot, flüchtigen Sklaven zu helfen, sondern auch von freien Bürgern freier Staaten forderte, die Flüchtigen zu ergreifen und ihren Besitzern wieder auszuliefern. Wer könne wohl ein solches Gesetz befolgen, fragte er, ohne sich gegen jede Auffassung von Recht und Freiheit der Menschen — ob weiß oder schwarz — zu vergehen? Sein feuriger Protest ging ihr zu Herzen. Sie

hätte niemals gedacht, daß ihr die Angelegenheiten eines fremden Landes so nahegehen könnten.
Am späten Nachmittag erst brach man auf, und noch während des Heimwegs stritt und ereiferte man sich.
„Du hast mir gar nicht gesagt, Henri", wandte sich Henriette mit scherzhaftem Vorwurf an ihn, bevor man auseinanderging, „daß ich hier einen neuen Parnaß finden und aus der Kastalischen Quelle trinken würde."
Die Gesellschaft fühlte sich geschmeichelt, daß sie ihren Berg mit dem alten Sitz der Musen verglich. Ihre Begeisterung wirkte ansteckend, und auch diejenigen, die skeptisch gewesen waren und ein Vorurteil gegen sie gehegt hatten, wurden durch ihre klugen Bemerkungen und ihre unerwartete Schlagfertigkeit entwaffnet. Ihr Witz und ihre Lebhaftigkeit riß die anderen mit, und wenn sie auch etwas befremdet, um nicht schokiert zu sagen, sahen, wie Henriette ihren Rock etwas höher hob, als der Anstand es hier zuließ, um einen Mückenstich zu kratzen, so enschuldigten sie es damit, daß sie ja eine Französin sei und man ihr daher eine gewisse Ungezwungenheit zugestehen müsse.
„Diese Mücken", bemerkte sie unbefangen und gab sich einen nachdrücklichen Klaps auf das Bein, „beißen aber tüchtig."
Henry konnte in ihrer Natürlichkeit nichts Unpassendes sehen. In seinen Augen war alles, was sie sagte oder tat, vollkommen. Wie in einem seligen Traum wandelte er an ihrer Seite, und war er einmal von ihr getrennt, wartete er ungeduldig, bis er sie wiedersah. Seine Bewunderung und sein Stolz auf sie erfüllten seine Tage und Nächte und machten ihn noch zerstreuter als je. Seine Mutter lächelte, und seine Schwester schüttelte den Kopf über seine Vergeßlichkeit; aber sein Vater zeigte sich ihm gegenüber nicht so nachsichtig. Seine Nähe warf einen tiefen, störenden Schatten über die sonnige Unbeschwertheit jener Tage. Henriette war sich bewußt, daß dieser harte alte Mann trotz aller höflichen Gastlichkeit sich nicht mit ihrer Gegenwart aussöhnen konnte.
In gewisser Hinsicht achtete sie ihn gerade deswegen nur um so mehr. Seine Zurückhaltung und Unnachgiebigkeit entsprachen durchaus dem inneren Gesetz, dem er sich unterworfen hatte. Er besaß eine größere Kraft und

Selbstzucht als die ganze übrige Familie, und da sie aus eigener, bitterer Erfahrung gelernt hatte, selbst hart und unnachgiebig zu sein, verstand und verehrte Henriette ihn. Bisweilen, wenn seine Lippen sich zusammenpreßten und es in seinen sonst so ernst blickenden Augen plötzlich aufflammte, hatte sie die Empfindung, daß sich unter seiner äußeren Ruhe ein Kampf abspielte, ein Kampf, der das Fundament seines Wesens bewegte wie das Beben eines verborgenen Vulkans. Er hatte seinen Frieden nicht leicht gewonnen, und sie glaubte, ihm anzumerken, daß er noch immer mit den Mächtigen des Bösen ringen mußte, um den endgültigen Sieg über den Teufel davonzutragen. Nein, Henriette lächelte nicht über seinen Glauben an Feuer und Schwert, den ihre freier denkende Generation nicht teilen konnte. Sie verurteilte ihn nicht wegen seiner Härte, weil sie sich dazu durchgerungen hatte, Härte zu achten. Sie hielt den alten Pastor nicht für engstirnig oder bigott, sondern erkannte in ihm einen Menschen, der sich selbst die strengsten Verpflichtungen und Lebensregeln auferlegt hatte. Noch hatte er sie nicht in den Kreis jener aufgenommen, die sein Bluterbe fortführen sollten. Sie mußte ihn erst von ihrem Recht darauf überzeugen. Nun, sie konnte warten, bis er ihr von sich aus ein Zeichen gab; und Henry mußte sich eben wohl oder übel gedulden, so schwer es ihm auch fallen mochte.
Jonathan Edvards lebte mit seinen Kindern in einem einstöckigen Blockhaus am Ende der Straße. Seine Frau war vor einem Jahr gestorben, und es ging das Gerücht, daß er sich wieder verheiraten wollte. Mit diesem Bruder schloß Henriette rasch Freundschaft. Wie alle älteren Brüder der Familie war er ein großer, kräftiger Mann mit rötlichem Haar und gesunder Gesichtsfarbe. Er hatte bei seinem Bruder Dudley gelernt und später selbst eine Anwaltspraxis in Michigan aufgemacht, und nun hatte er sich der Politik zugewandt, um die Interessen der Bauern wahrzunehmen. Das Land, an dem sein Herz hing, hatte ihn zurückgerufen. Henriette ging fast täglich zu ihm hinüber, half beim Beerenpflücken und im Gemüsegarten und wurde bald zur erklärten Vertrauten seiner stämmigen Söhne und hübschen Töchter.

David Dudley war auf den Hügel hinaufgezogen, einen steilen, grünen Hang, der sich unmittelbar an die Dorfstraße anschloß. Seine Felder waren im weiten Umkreis durch ihre gute Bestellung und ihren reichen Ertrag bekannt; und auch das flache, langgestreckte Wohnhaus, das einen auffälligen Gegensatz zu den gedrungeneren, alten Bauten im Tal bildete, wurde in seiner neumodischen Pracht allgemein bewundert. Sein Sohn und seine Tochter waren kürzlich von einer Europareise zurückgekehrt und freuten sich sehr, sich mit einer geborenen Pariserin über ihre Erlebnisse unterhalten zu können.
In dieser ländlichen Umgebung gaben sich Dudley und seine Frau weniger steif und förmlich als in New York. Die Natur war die einzige Erholung des vielbeschäftigten Anwalts, und Henriette traf sich mit ihm in ihrer gemeinsamen Bewunderung dieser Landschaft, die er liebte. Henry sah in einem Baum nur einen Stamm mit einer Anhäufung von grünem Laub darüber, während für seinen ältesten Bruder jedes Blatt und jeder Zweig, die Zeichnung der Rinde und die Gliederung der Äste ein aufregendes Erlebnis war. Er machte Henriette auf die Vielfalt der heimatlichen Flora aufmerksam und freute sich über ihr Künstlerauge, das so schnell die mannigfachen Formen unterscheiden lernte und niemals einen Ahorn für eine Ulme ansah oder eine Birke mit einer Esche oder Buche verwechselte. Am Rand seines Anwesens befand sich eine kleine, rohgezimmerte und verwitterte Blockhütte, der bei aller Schlichtheit eine ganz eigene Würde anhaftete. Vor mehr als hundert Jahren waren in der Wildnis, die damals noch dort herrschte, die Eichen gefällt worden, um dieses Missionshaus zu bauen. Es hatte John Sergeant beherbergt, jenen Mann von seltenen Gaben und ungewöhnlicher Gelehrsamkeit, der dem Ruf gefolgt war, der ihn das Evangelium zu den Stockbridge-Indianern bringen hieß; und solange er lebte, schloß Dudley seine Erzählung, sollte es unversehrt stehenbleiben als Wahrzeichen des Segens, der sich von hier über das Tal ausgebreitet habe.
„Ja“, bestätigte Henriette, strich mit der Hand über die massige Holztür und beugte sich zu der ausgetretenen Schwelle hinab, auf die die Füße so vieler Männer, Bleichgesichter und Rothäute, getreten waren. „Der Se-

gen ist noch nicht verflogen; man kann es einem Ort anmerken, ob Gutes oder Schlechtes an ihm gewirkt wurde. Ich könnte mir nichts Schöneres denken, als in einer solchen Hütte zu leben."

Von Dudleys Haus aus machten sie und Henry oft Spaziergänge über den Kamm des Hügels, wo der Weg zwischen Weideland und abschüssigen Feldern hinführte, die sich bis zu den ersten Häusern des Dorfes senkten.

„Falls es in der Welt noch einen schöneren Blick geben sollte", sagte Henry auf einem dieser Spaziergänge zu ihr, „dann habe ich ihn noch nicht zu sehen bekommen. Vielleicht empfinde ich das nur so, weil ich hier aufgewachsen bin. Wenn Vater uns vom Heiligen Berg vorlas, dann stellte ich ihn mir immer genau so vor wie unseren Hügel."

Er wies sie auf einen großen Granitblock hin, der sich hoch auf dem Kamm erhob und von dem man weit über das Tal hinaus bis zu den bläulichen Bergen in der Ferne schauen konnte. Irgendeine Naturkatastrophe der Urzeit hatte den Felsen gespalten, und in dem Spalt hatte ein Ahorn Wurzel gefaßt und war zu wuchtiger Höhe gewachsen.

„Ich habe hier manchmal stundenlang gesessen", gestand er halb verlegen, „und habe über all die Dinge nachgedacht, über die man als Junge nachdenkt. Unter diesem Baum habe ich das griechische Alphabet gelernt, und einmal, als ich noch sehr klein war, hielt ich hier ganz allein eine Predigt. Eine Finkenfamilie waren meine einzigen Zuhörer, und ich glaube, sehr beeindruckt habe ich sie nicht."

Henriette lächelte über das Bild, das er entwarf.

„Ach, mein kleiner Henri", sagte sie, „so jung hast du dich schon berufen gefühlt? Ich hätte dich damals gern sehen mögen; aber ich kann mir dich gut vorstellen, wie du vor den Vögeln predigtest. Komm, wir wollen zu deiner ersten Kanzel hinaufsteigen."

Sie saßen eine lange Zeit auf dem Felsblock im Schatten des zähen Ahorns, der sie vor der heißen Nachmittagssonne beschirmte. Unten die Felder lagen schon im Dunkeln. Das silberne Band des Flusses glänzte hell, und von den Schornsteinen der Häuser, die sie nun schon alle kannte, stieg ein zartblauer Rauch auf. Fast unmittelbar unter ihnen grüßte der leuchtend weiße Kirchturm. Das alte Gotteshaus mußte in Henry schon lange, bevor er selbst darum wußte, einen Diener seines Herrn erkannt haben.

„Woran denkst du, Henriette?“ Er beugte sich vor und sah sie zärtlich an. Sein Gesicht wirkte noch immer so knabenhaft wie bei ihrer ersten Begegnung, obwohl sie inzwischen erfahren hatte, welchen Reichtum an Stimmungen es widerspiegeln konnte. „Du bist so still.“

„Ich habe an dich gedacht, Henri und ein wenig auch an mich, und wie merkwürdig es doch ist, daß wir hier beisammen sind. Fast überwältigt es mich, wenn ich daran denke, und ich mag nicht glauben, daß es ein Zufall war, der uns hierher geführt hat, zu diesem Stein, der älter ist als alles hier ringsum und der auch uns beide lange überdauern wird. Es ist wie ein Zeichen —“

Sie brach ab und legte ihre Hand liebkosend auf das bemooste, sonnenwarme Gestein.

„‚Das Haus auf Fels gebaut.‘“ Henry ergriff ihre Hand und schmiegte sich an sie. „Wir wollen unser Heim auch so fest bauen. Nein, du Liebe, es war kein Zufall, der mich den weiten Weg über den Ozean zu dir finden ließ, und es war auch kein Zufall, der dich über das Wasser hierher zu mir geführt hat. Wir dürfen uns von dem Gedanken daran nicht überwältigen lassen, wenn wir es auch mit unserem Verstand nicht begreifen können. Nur Toren zweifeln an der göttlichen Vorsehung, und dieser Felsen soll uns ein Zeichen sein, wie du sagtest.“

„Aber Henri, daß die göttliche Vorsehung gerade uns von allen Menschen ausersehen haben sollte! Ich kann es nicht fassen —“

„Ja, es ist auch nicht zu fassen!“ wiederholte er leise.

An diesem Nachmittag küßte er sie zum ersten Mal, und die Hügel und das Tal, der graue Felsen und der Ahorn und der Schatten seiner Kindheit waren Zeugen. Sie schloß die Augen und ließ Vergangenheit, Gegenwart und Zukunft in einem unsäglichen Glücksrausch versinken. Über die Liebenden wehte der frische, würzige Sommerwind, und den Schlag ihrer Herzen begleitete das Summen der Bienen.

Bis zu diesem Augenblick hatte Henriette in dem Geliebten nur den Jungen gesehen; aber nun sagten ihr sein Kuß und seine Umarmung, daß er ein Mann war, der nach ihr verlangte, wie sie es ersehnt und nicht mehr zu hoffen gewagt hatte. Die langen, einsamen Jahre fielen von ihr ab wie die letzten, welken Blätter unter dem Ansturm des Frühlings. In seligem Erstaunen erfuhr sie das Wunder, das dem harten Winter das schönste Blühen folgen läßt. Sie spürten kaum den Weg unter ihren Füßen, als sie unter dem glühenden Abendhimmel wieder ins Dorf hinabstiegen. Erst als sie des Pfarrhauses wieder ansichtig wurden, unterbrach er das Schweigen.

„Bitte, laß mich es ihnen heute abend noch sagen."

„Nein, Henri, noch nicht."

„Aber warum nicht? Wir werden unser Glück doch nicht verheimlichen können."

Doch Henriette schüttelte den Kopf.

„Dein Vater!" erinnerte sie ihn. „Er ist noch nicht bereit, mich aufzunehmen. Nein, versuche nicht, mich zu überreden; ich weiß es besser." Zögernd gab er nach, so schwer es ihm fiel, seinen Gefühlen diesen Zwang auferlegen zu müssen.

Sie nahmen hastig ihr Abendessen ein, da David Dudley mit seiner Familie sie abholen wollte, um mit ihnen nach Lenox zu den Sedgwicks zu fahren, die sie alle eingeladen hatten. Die Gesellschaft wurde zu Ehren der berühmten Schauspielerin Fanny Kemble gegeben, die den Sommer in einem benachbarten Landhaus verbrachte. Henriette kleidete sich um wie im Traum, und als sie sich dann im Spiegel sah, um sich zu überzeugen, daß das Mullkleid mit dem spitzen Ausschnitt richtig saß, war sie überrascht, welch verändertes Gesicht ihr da zwischen den herabhängenden Locken entgegenblickte. Es lag nicht nur daran, daß ihre Augen ungewöhnlich glänzten und ihre Wangen mehr Farbe hatten als sonst, sondern ein inneres Leuchten hatte ihre Züge verwandelt, so daß sie eine Fremde vor sich zu sehen glaubte. Bei anderen hatte sie diesen Widerschein des Glücks schon wahrgenommen; aber sie hatte nie geglaubt, daß sie selbst einmal so glücklich aussehen würde.

Auch Henry, der sie in der Diele erwartete, sah strahlend aus; sie hakte sich bei ihm ein, und er drückte ihr die

Hand und führte sie mit zärtlichem Stolz zum Wagen. Die lange Fahrt durch den lauen Sommerabend war zauberhaft. Henriette merkte kaum, was die anderen sagten oder was sie antwortete, während die Pferde munter ausgriffen. Henry saß schweigend neben ihr; aber es war ein Schweigen, das zu ihr sprach. In der hereinbrechenden Dunkelheit hielten sich ihre Hände umschlungen, nicht weil sie sich unsicher fühlten, sondern weil diese Berührung sie so beseligt die Nähe des anderen spüren ließ.

Das hellerleuchtete Sedgwickhaus begrüßte sie schon von weitem; von allen Seiten kamen die Gäste herbei und stiegen die Steintreppe hinauf, während die Wagen im Hof sich immer dichter drängten. Es war ein festliches Bild, das die Laternen vor dem Haus beschienen.

Und es war auch ein festlicher Abend von dem Augenblick an, in dem sie die Schwelle überschritten, bis zu der späten Nachtstunde, in der die letzten Wagen durch das schlafende Land davonrollten. Die Sedgwicks hießen ihre Gäste mit einer Liebenswürdigkeit willkommen, die zwischen ländlichen Nachbarn, Freunden aus der Stadt und den Ehrengästen des Abends keinen Unterschied machte. Henriette wurde bald in eine angeregte Unterhaltung gezogen, an der sich nicht nur Charles Sumner, sondern auch der Präsident vom Williams College, Mr. Hopkins, und der bejahrte Dichter William Cullen Bryant, der mit seinem bärtigen Gesicht an einen Kopf von Michelangelo erinnerte, beteiligten. Henry hatte voller Ehrfurcht von diesem großen Schriftsteller gesprochen und von dem Einfluß, den er als Mitherausgeber der New York Evening Post ausübte; aber Henriette ließ sich durch seine würdevolle Erscheinung und durch seinen Ruhm nicht im geringsten einschüchtern. Im Gegenteil, der freundliche alte Herr lauschte ihren Worten voll Interesse.

„Mademoiselle Desportes", sagte er zu ihr, als sie einander vorgestellt wurden, „es ist schon lange ein Wunsch von mir gewesen, Ihnen einmal die Hand drücken zu dürfen."

„Hier haben Sie sie, Monsieur Bryant", erwiderte sie. „Ich schätze mich glücklich, die Hand schütteln zu dürfen, die der Welt so viele Verse geschenkt hat. In Frankreich mußte ich einmal ein Gedicht von Ihnen für meine Schüler ins Französische übersetzen; und dadurch habe ich Sie eigentlich erst als Dichter kennengelernt." „Bitte, sagen Sie mir doch, wie Ihre Übersetzung lautete", bat er sie. „Nicht hier vor den vielen Leuten. Aber ich will sie Ihnen gern aufschreiben, wenn Sie mir versprechen, nicht kritisch zu sein." Er versprach es, ganz entzückt von ihrer Lebhaftigkeit.

„Sie sprechen englisch viel besser als ich französisch", meinte er. „Ich kann es wohl lesen — aber meine Aussprache!" Er seufzte in komischer Verzweiflung. „Mein Geist ist willig genug, aber die Zunge ist schwach."

Beide lachten herzlich. „Aber ich sprach in vollem Ernst", fuhr er dann fort. „Ich habe Ihnen schon immer meine Bewunderung ausdrücken wollen über Ihr tapferes Verhalten während Ihrer schweren Prüfungszeit. In meiner Eigenschaft als Redakteur habe ich Ihre Aussagen genau verfolgt, und nun ich Sie kennengelernt habe, freut es mich, zu sehen, wie berechtigt meine Bewunderung war. Ich hoffe, Amerika wird Sie nicht mit der Zukunft, die es Ihnen bieten kann, enttäuschen."

„Ich danke Ihnen!" sagte sie nun doch verlegen. „Da Sie so viel von meiner Vergangenheit wissen, werden Sie verstehen können, warum ich nur in der Zukunft leben möchte — und in der Gegenwart", fügte sie mit einem schelmischen Lächeln hinzu, „die ich mir nicht schöner vorstellen könnte."

Eine Weile sprachen sie noch so miteinander. Er erzählte ihr, daß er in Neu-England aufgewachsen sei, und war begierig, ihre Eindrücke von Amerika zu erfahren. Als Henry zu ihnen trat, unterhielten sie sich schon wie gute Freunde.

„Ich glaube, du kennst ihn nach zehn Minuten besser als die meisten Menschen in zehn Jahren", flüsterte er ihr zu. „Er gilt allgemein als sehr ernst und zurückhaltend, und ich war ganz überrascht, ihn eben lachen zu hören. Aber komm jetzt, Mrs. Kemble wird im hinteren Zimmer vorlesen, und du darfst dir kein Wort und nichts von ihrem Mienenspiel entgehen lassen."

Henry hatte die große Künstlerin schon einmal vortragen hören; aber Henriette war im letzten Winter

niemals dazu gekommen, einen ihrer Rezitationsabende zu besuchen. Sie konnte es kaum glauben, daß sie erst in dieses abgelegene Dörfchen eingeladen werden mußte, um die berühmte Tochter der berühmten englischen Schauspielerfamilie zu hören. Aber da war sie — eine strahlende, eine hinreißende Persönlichkeit, die durch ihre bloße Gegenwart das Zimmer, in dem sie sich befand, zur Bühne machte und deren Stimme in ihrem Wohlklang an die der unvergeßlichen Siddons erinnerte. Man übersah eine gewisse Schwerfälligkeit der Züge, wenn diese dunklen Augen blitzten, wenn dieser gefühlvolle Mund zuckte, diese feinen Nasenflügel bebten. „Sie ist mehr als schön", sagte Henriette leise zu Henry, während die Schauspielerin an einem Tisch vor dem Erkerfenster Platz nahm. „Sie funkelt wie ein Brillant." Sie war sehr neugierig gewesen, diese Frau zu sehen, zu der sie sich durch die Ähnlichkeit ihrer Schicksale eigentümlich hingezogen fühlte. Wie alle anderen, die sich hier bei den Sedgwicks versammelt hatten, kannte auch Henriette Fanny Kembles tragisches Geschick und den Mut, mit dem sie es überwunden hatte. Jedermann kannte ihren meteorhaften Aufstieg zur berühmtesten Schauspielerin ihrer Zeit diesseits und jenseits des Ozeans, ihren Abschied von der Bühne auf der Höhe ihres Ruhmes, um den reichen Philadelphier Pierce Butler zu heiraten, den Zerfall der Ehe — nicht zum wenigsten durch die Meinungsverschiedenheit über die Behandlung seiner Sklaven, und schließlich den demütigenden Scheidungsprozeß, der mit der Trennung von ihren beiden Töchtern geendet hatte. Auch Fanny Kemble hatte allein der Verleumdung Trotz geboten. Sie hatte alle ihre Hoffnungen, auf die sie gebaut hatte, in Trümmer sinken sehen und hatte nicht gewankt, als ihre Welt zerbrach. Hochmütig, großherzig, taktlos und gottbegnadet — Fanny Kemble, die lebensprühende, unberechenbare, erhob ihr stolzes, dunkles Haupt, und Schweigen fiel über die guten Neu-England-Bürger.
Henriette ließ sich keine Betonung, keine Modulation dieser zauberischen Stimme entgehen. Jetzt beschwor sie Titania herauf, dieses Sinnbild aller törichten, getäuschten Frauen; und jetzt rührte Ophelia alle zu Tränen: „Und hier ist Rosmarin, das ist zum Erinnern ..."

Selbst in der Geborgenheit ihres neuen Glückes riefen Stimme und Mienenspiel einer anderen Frau den alten Schmerz wieder wach. Auch sie mußte Rosmarin bis an ihr Lebensende mit sich tragen.
Und dann erschien Macbeth vor ihnen in seiner Begegnung mit den drei Hexen auf der schottischen Heide. Henriette bemerkte, wie Henry unruhig auf seinem Stuhl rückte, als die Mordszene herannahte. Sie sah, wie Miß Sedgwick ängstlich zu ihr herüberschaute und verschiedene Gäste bedeutungsvolle Blicke tauschten. Sie ließ sich nicht aus der Fassung bringen, obwohl es ihr ebenso wie ihrer freundlichen Gastgeberin und Henry lieber gewesen wäre, Fanny Kemble hätte dieses Drama nicht ausgesucht.

Duncan ging in sein Grab,
sanft schläft er nach des Lebens Fieberschauern;
Verrat, du tatst dein Ärgstes: Gift noch Dolch,
einheim'sche Bosheit, fremder Anfall, nichts
kann ferner ihn berühren.

Urplötzlich stand die Vergangenheit vor ihr und drohte, sie zu überwältigen. Sie sah nicht mehr die liebenswürdigen Gesichter um sich, sie hörte nicht mehr das Zirpen der Grillen, das in der ländlichen Abendstille durch die Fenster hereindrang. Sie war wieder in Paris und hörte die Rufe: „Mord! Mord!" an ihre Ohren hallen.

Kannst nichts ersinnen für ein krank Gemüt?
Tiefwurzelnd Leid aus dem Gedächtnis reuten?
Die Qualen löschen, die ins Hirn geschrieben?
Und mit Vergessens süßem Gegengift
die Brust entlasten jener gift'gen Last,
die schwer das Herz bedrückt?

Sie erbebte bei diesem Weheruf, der einst der ihre hätte sein können.
Später am Abend wurde sie Fanny Kemble vorgestellt. „Oh, Mrs. Kemble", sagte sie, „Sie werden heute abend von vielen Lob hören; aber vielleicht kann nur ich allein von allen hier Versammelten die Größe Ihrer Kunst voll würdigen — denn ich habe ein ähnliches Drama

miterleben müssen. Ich habe beinahe Angst, mich Ihrem Macbeth wieder auszusetzen."

In dieser Nacht schlief sie nicht gut. Zu viele gegensätzliche Empfindungen waren am Abend auf sie eingestürmt; und als die Sonne das östliche Fenster ihres Zimmers erhellte, stand sie auf und kleidete sich an. Heute war der letzte Tag ihres Besuches, und sie wußte, daß er bis auf die letzte Minute ausgefüllt sein würde. Sie wollte Henrys Eltern gern ein Abschiedsgeschenk machen, und sie hatte beschlossen, nach einer kleinen Skizze eine Zeichnung vom Pfarrhause anzufertigen. Sie wollte jetzt hinausgehen und daran arbeiten, bevor man im Hause wach wurde. Mit ihren Stiften und dem Skizzenbuch in der Hand stahl sie sich die Treppe hinunter. Hier in Stockbridge verschloß man die Türen nicht, und so schlich sie ungehindert in den frischen Morgen hinaus.

Der kühle Tau netzte ihre Knöchel, als sie über den Rasen hinwegschritt. Die harten Bällchen unreifer Äpfel, die von einem alten Baum heruntergefallen waren, schimmerten silbern im Grase. Nur die Finken bemerkten ihr Kommen, als sie ihre Sachen auf einer schattigen Bank neben den Gemüsebeeten ausbreitete. Diesen Blick zwischen den Bäumen auf das behäbige Haus liebte sie besonders. Ihre Hände bewegten sich schnell und sicher, führten den Umriß der flachen Farbflecke aus und gingen dann zum Schattieren über. Sie war schon einige Zeit bei der Arbeit, als die Dorfuhr sechs schlug. Sie fühlte die Sonnenstrahlen auf ihren Schultern wärmer werden und sah aus dem Schornstein des Pfarrhauses ein bläuliches Rauchfähnchen emporsteigen. Es mußte schon jemand in der Küche sein, wenngleich die Familie sich erst um sieben Uhr zum Morgengebet und zum Frühstück zu versammeln pflegte. Bis dahin hoffte sie mit ihrer Zeichnung fertig zu sein.

In diesem Augenblick trat jemand aus der Tür, und sie erkannte die hagere Gestalt und das weiße Haupt des alten Pastors. Er trug ein paar Gartengeräte und einen Korb in der Hand und kam nun zwischen den Kartoffelbeeten und Bohnenranken auf sie zu. Seine Augen waren auf die Hügelkette gerichtet, und als er nur mehr einen Steinwurf weit von ihr entfernt war, legte er Rechen und

Hacke auf die Erde, faltete die Hände und senkte den Kopf. Seine Lippen bewegten sich, und wenn Henriette auch kein Wort vernahm, so wußte sie doch, daß er betete. Er hatte sie schon fast erreicht, als ihr Gruß ihn verwundert aufblicken ließ.

„Ja, es ist wirklich ein schöner Tag“, stimmte er ihr bei. „Ich habe gerade Gott dafür gedankt. Und Sie üben Ihr Talent schon zu so früher Stunde. Das ist recht. Wer den Tag so fleißig beginnt, wird die Zukunft zu nützen wissen.“

„Sind Sie immer um diese Zeit schon auf, Mr. Field?“

„Um diese Zeit arbeitet es sich im Garten am besten“, gab er ihr zur Antwort, „denn auch er ist ein Stück unserer Welt, und man muß sich ohne Unterlaß mühen, auf daß das Böse durch gute Werke überwunden werde.“

„Meinen Sie mit dem Bösen auch das Unkraut, das Ihre Pflanzen zu überwuchern droht?“

„Freilich Unkraut und diese Raupen und Kartoffelkäfer, sie alle sind doch gewißlich Werkzeuge des Bösen, wenn ich mich so ausdrücken darf.“

Mit einem fast grimmigen Gesicht beugte er sich nieder, um einen der Schädlinge von einer Kartoffelpflanze abzulesen. Bei einem anderen Menschen hätten diese Worte lächerlich geklungen, aber dieser alte Patriarch verlor selbst dem Gartengeziefer gegenüber nichts von seiner Würde.

„Aber, Herr Pastor“, wandte sie ein, „Raupe und Käfer sind sich doch nicht bewußt, daß sie etwas Böses anrichten. Ziehen Sie das auch in Betracht, wenn Sie sie vernichten?“

Ein schwaches Lächeln erhellte sein Gesicht.

„Die Gesetze des Lebens sind schwer zu erklären“, sagte er, „aber wir dürfen nicht den Glauben daran verlieren, daß unsere Kraft zum Guten größer ist als die der Insekten im Grase.“

Sie legte ihre Arbeit aus der Hand und blickte ihm unvermittelt gerade in die Augen.

„Ich habe noch eine andere Frage, Mr. Field“, begann sie, „eine Frage, die ich schon seit meiner Ankunft in Ihrem Heim an Sie stellen wollte. Sie billigen doch nicht die Liebe Ihres Sohnes zu mir und meine Liebe zu ihm. Tun

Sie das, weil Sie glauben, daß ich nicht alles das bin, was eine gute Frau sein sollte?"
„Warum fragen Sie mich etwas, was Ihnen nur Ihr eigenes Gewissen beantworten kann?"
„Weil das nicht genug ist. Es ist mir klargeworden, daß eine Familie wie die Ihre einem Baum gleicht, dessen Äste wohl nach verschiedenen Richtungen auseinanderstreben mögen, aber doch eine gemeinsame Wurzel haben. Ich würde Sie nie von Ihrem Sohn trennen wollen, denn dadurch würden ja Ast und Wurzel gleich tief getroffen. Ich muß aus Ihrem eigenen Munde hören, ob Sie sich mit dem Gedanken an eine Ehe von uns versöhnt haben."
„Ich weiß wohl, daß Sie viel gelitten haben." Er setzte sich neben sie auf die Bank, doch seine Stimme blieb ernst und unpersönlich. „Henry hat mir von dem bösen Geschick erzählt, das Ihnen beschieden war, und er sagte mir auch, daß Sie Ihre Unschuld beweisen konnten."
„Aber solange ich Sie nicht davon überzeugen kann, muß ich in Ihren Augen noch schuldig dastehen."
„Ich sehe schon, Sie halten mich für einen harten Menschen." Seine Augen blickten sie aus ihren tiefen Höhlen prüfend an. „Vielleicht bin ich es auch, obwohl ich mir stets vorhalte: ‚Richtet nicht, auf daß ihr nicht gerichtet werdet!'"
„Dann will ich die Frage anders stellen. Nehmen wir einmal an, daß ich auf meinem Wege einen dicken Stein beiseite stoße und dadurch eine ganze Lawine ins Rollen bringe. Würden Sie die Hand oder den Fuß, die das Unglück verursachten, dafür verantwortlich machen? Müssen wir für das Unheil büßen, das wir durch eine bloße Unachtsamkeit angerichtet haben?"
Er schüttelte den Kopf.
„Sie verlangen eine Entscheidung, Miß Desportes, die die Weisheit eines Salomo auf die Probe stellen würde, und ich, ich bin leider nicht so weise."
Sie schwiegen lange, und nur das Zwitschern der Vögel und ein ferner Hahnenschrei unterbrachen die Stille.
„Wollen wir zusammen beten?" fragte er schließlich.
„Ja, bitte!"
Sie faltete die Hände, schloß die Augen und lauschte seiner Stimme, die nun ruhig anhub:

„Allmächtiger und gnädiger Gott, der du das Geheimnis aller Herzen kennest, ob sie nun Gutes oder Böses in sich bergen, schau hernieder auf diesen deinen Diener und diese deine Tochter, da sie zu dir rufen im Schatten deiner Berge. Denn durch deinen Rat ist sie von ferne gekommen über die stürmischen Meere des Leides und der Verzweiflung. Mache du sie frei von ihren Zweifeln und ihrer Betrübnis, daß sie in Kraft und Freude sich der Gaben bediene, mit denen du sie in deiner Gnade überschüttet hast. Segne du sie nun zu neuem Leben und erhalte ihr und ihm, den du auch gesegnet hast, deine unendliche Güte. Möge ihr Tun vor deinen Augen gefällig sein und dein heiliger Geist bei ihnen wohnen jetzt und allezeit! Amen!"

Er erhob sich, blieb jedoch noch zögernd stehen, offenbar bemüht, noch etwas zu sagen. Henriette vermutete, daß es ihm leichter fiel, seinen Gefühlen im Gebet Ausdruck zu verleihen als in den weniger gewichtigen Worten der Alltagssprache.

„Ich wäre glücklich, wenn auch Sie mir Ihren Segen geben wollten."

„Sie haben ihn schon." Er ergriff die Hand, die sie ihm hinhielt, und wieder entspannte sich sein strenges Gesicht in einem Lächeln, als er hinzufügte: „Ich glaube, Sie sind ganz gut allein imstande, für Ihre Fragen die Antwort zu finden, meine Tochter."

„Ach —", ihre Stimme bebte ein wenig vor Erleichterung, „nennen Sie mich so, weil Sie ein Diener Gottes oder weil Sie Henris Vater sind?"

Er blickte sie gütig an.

„Henrys Vater und der Diener Gottes werden immer eins sein, hoffe ich", erwiderte er und wandte sich wieder seinem Garten zu.

DRITTES BUCH

MRS. HENRY M. FIELD

1851—1875

DREISSIGSTES KAPITEL

An einem trüben Herbsttage des Jahres 1851 führte der Pastor Henry Martin Field seine Frau in ihr neues Heim zu West Springfield in Massachusets. Strahlend vor Freude preßte er zärtlich ihren Arm, als sie die leere Diele betraten.

„Das gehört uns, Liebste", flüsterte er. „Unser erstes Heim, und du wirst die Schönheit hineinbringen."

„Ja, mein kleiner Henri." Ihre Hände waren kalt, und sie hoffte, er würde das Frösteln nicht bemerken, das sie unter ihrem Kaschmirschal überlief. „Ich will es versuchen, aber du darfst keine Wunder von mir erwarten."

„Du hast schon so viele vollbracht, daß ich jetzt immer welche von dir erwarte."

Auf seinem Gesicht lag noch immer ein Leuchten, und er schien nur Henriette zu sehen und nicht die enge Diele, von der man in vier düstere leere Zimmer blickte. Sie hatten im Mai geheiratet, und der Sommer war schnell vorübergegangen. Noch konnten sie das Glück des Zusammenseins nicht fassen — das Wunderbare gemeinsamer Tage und Nächte, die von keiner künftigen Trennung beschattet wurden; die Offenbarung gemeinsamen Denkens und Fühlens.

Von dem Pfarrdienst, den Henry im vergangenen Winter in der Connecticut River Gemeinde übernommen hatte, während Henriette bis zum Schluß des Semesters in der Schule am Gramercy Park geblieben war, hatte er sich im Frühjahr beurlauben lassen. Nach ihrer stillen Hochzeit und einigen Reisewochen hatten sie dankbar Davids Einladung angenommen, den Sommer in dem ehemaligen Missionshause auf dem Hügel zu verbringen. Dort war das Leben einfach und idyllisch gewesen. Die Tage und Nächte hatten sich vor ihnen entfaltet, so ruhig wie das Blühen der Blumen draußen in Wald und Feld. Es war Henriette leichter gefallen, als sie erwartet hatte, sich in diesen großen geschlossenen Familienkreis einzufügen. Zwar waren die Brüder Field und mehr noch ihre Frauen anfangs von diesem Zuwachs nicht gerade

begeistert gewesen, aber nachdem Henry sie einmal von seiner Entschlossenheit überzeugt hatte, diese Frau zu heiraten, die ihnen in Sprache und Wesen so fremd war und mit deren Leumund es nicht zum besten stand, hatten sie das Unvermeidliche hingenommen und sich freundlich gezeigt. Wenn sie auch insgeheim diese Heirat bedauerten, nach außen hielten sie zu ihr; und zwischen dem alten Pfarrer und seiner französischen Schwiegertochter war das Einvernehmen vorzüglich.
Henriette war in jenem Sommer sehr glücklich, wenn es auch Tage gab, an denen sie sich des Gedankens nicht erwehren konnte, daß eine Ehe mit einem Mann ohne Eltern und Geschwister ihre Vorteile haben müßte. Dennoch ging sie ganz in ihren zahlreichen Neffen und Nichten auf, die zu den unmöglichsten Tageszeiten mit den unmöglichsten Anliegen an ihre neue Verwandte — an ‚Tante Henrietta' — im Blockhaus erschienen. Sie genoß die Fahrten zu den entfernter wohnenden Freunden und Verwandten, die Gesellschaften, die ihr zu Ehren gegeben wurden, und die Ausflüge in die Stadt, um Einkäufe für ihr neues Heim zu machen. Und auch die überströmend herzlichen Briefe, die sie von Übersee erhielt, trugen nicht wenig zu ihrem Glück bei. Die Brüder Monod ließen sie wissen, wie sehr sie sich über die Heirat freuten, für die sie sich alles Verdienst zuschreiben wollten. Albert und Marie sandten ihr mit jedem zweiten Schiff ihre Segenswünsche, und aus England kam eine Einladung von der anhänglichen Nina Hislop, sie doch einmal zu besuchen. Aber das Echo, das ihre Heirat in der Rue du Harlay weckte, war höchst eigener Art.
Henriette hatte Madame Le Maire von ihrem Glück berichtet und einen Brief an den alten Pierre beigefügt. Von Zeit zu Zeit hatte sie ihm von ihren Ersparnissen kleine Geldbeträge zukommen lassen, und dieses Mal hatte sie ihm in einer verschwenderischen Anwandlung fünfzig Dollar geschickt. Henry hatte sich über ihre Großzügigkeit gefreut, und sie hatten sich beide ausgemalt, welche Annehmlichkeiten diese Summe wohl für den alten Hausdiener bedeuten mochte, der seinen Posten gewiß nicht mehr lange ausfüllen konnte. Als Henriette daraufhin nichts von ihm hörte, hatte sie sich weiter

keine Gedanken darüber gemacht, da sie ja wußte, daß Briefeschreiben nicht zu seinen stärksten Seiten gehörte. Und dann kam eines Tages wie aus heiterem Himmel eine Nachricht von Miß Haines, der alte Pierre sei in New York eingetroffen und was sie mit ihm anfangen solle? Das junge Paar starrte sich entgeistert an, als es sich so unvermittelt seinem ersten häuslichen Problem gegenüber sah.

„Aber wie sollte ich wissen, daß er sich alles Geld aufsparen würde, um sich eine Schiffskarte nach New York zu kaufen?" Henriette seufzte. „Das hab' ich doch wahrhaftig nicht beabsichtigt!"

„Der arme Kerl denkt wahrscheinlich, du habest einen reichen Mann geheiratet. In den Augen eines französischen Hausdieners schwimmen alle Amerikaner im Gelde. Aber mach dir nichts daraus. Ich werde einem der Schreiber in Cyrus' Büro schreiben, er soll ihn sicher auf einem der Küstenschiffe nach Hudson verfrachten. Wir können uns Wagen und Pferd von Vater ausleihen und ihn dort abholen."

„Ja, aber was dann? Ich glaube, er kennt kaum ein Dutzend englischer Worte, und mit seinem Rheumatismus wird er uns eher hinderlich als nützlich werden. Und ich schrieb ihm doch, er solle sich von dem Geld in irgendein Soldatenheim auf dem Lande einkaufen. Selbst wenn wir ihm kein Gehalt zahlen, können wir es uns doch nicht leisten, uns einen Hausdiener zu halten."

Und so tauchte der alte Pierre in Berkshire auf, steifer in den Knochen denn je und noch unbeirrbarer in seiner Anhänglichkeit. Sein Stolz auf ‚seine Mademoiselle', wie er Henriette unentwegt nannte, war rührend, aber seine Anwesenheit wuchs sich zu einem immer schwierigeren Problem aus, als der Sommer fortschritt. Henriettes Befürchtungen erwiesen sich als berechtigt. Er sprach kein Englisch, und da er etwas schwerhörig war, bestand kaum eine Aussicht, daß er es noch lernen würde. Außer den Jahren in der napoleonischen Armee hatte er sein ganzes Leben in der Stadt verbracht und hatte von der Eigenart des Landlebens keine Ahnung. Gemüse und Früchte waren Eßwaren, die man in Läden oder von Karren kaufte, nicht aber etwas, das man jäten und pflegen mußte. Es war hoffnungslos, ihm das Melken beibringen zu wollen, und beim Heuen war er auch nicht zu verwenden. Seine Hände waren für irgendwelche Tischlerarbeit oder Bastelei im Hause zu ungelenk. Wenn er die Vögel aus den Feldern scheuchen sollte, zertrampelte er selbst mehr von der Saat, als er rettete, und zog man ihn zur Gartenarbeit heran, brach er unweigerlich irgendein Gerät entzwei oder riß zugleich mit dem Unkraut die schönsten Blumen aus. Er wünschte sich nichts Besseres, als in seinem blauen Arbeitskittel an der Haustür Wache zu stehen und sie den Besuchern mit einer schwungvollen Geste zu öffnen. Aber da hier auf dem Lande die Türen im Sommer ohnehin offenzustehen pflegten und jeder Besucher auch unangemeldet willkommen war, wurde auch dieser Posten bald hinfällig. Pierre nannte sich selbst den ‚Kammerdiener von Monsieur', obwohl er von den Pflichten dieses Berufes einen ebenso unklaren Begriff hatte wie von denen eines Gärtners. Henrys Langmut kannte keine Grenzen, aber die anderen waren durchaus nicht so geduldig, und ehe noch der Sommer herum war, wußte Henriette sich keinen Rat mehr.

Vergeblich hatte sie auf den Alten eingeredet, doch vernünftig zu sein und jetzt zu Anfang der kalten Jahreszeit wieder nach Frankreich heimzukehren. Eigensinnig wies er jedes noch so taktvoll vorgebrachte Anerbieten in dieser Richtung zurück.

„Ich habe immer gesagt, daß Sie es in Amerika zu etwas bringen würden", war sein ständiger Einwand, „und jetzt, nachdem ich recht behalten habe, ist es mein einziger Wunsch, Ihnen bis an mein Lebensende zu dienen, Mademoiselle. Ein Plätzchen am Ofen, ein Stück Brot, ein wenig Wein und Kaffee — mehr brauche ich nicht, da mein sehnlichster Wunsch, hier bei Ihnen in Amerika sein zu dürfen, in Erfüllung gegangen ist. Für Sie und Monsieur wird der alte Pierre noch unentbehrlich werden, und wenn es so weit ist, dann werde ich auf Ihre Kinder aufpassen."

Sooft Henriette sich auch vornahm, sich nicht erweichen zu lassen, die bedingungslose Treue und Bewunderung in seinen Augen entwaffneten sie stets. Sie konnte es ihm nicht vergessen, wie er während ihrer schweren Zeit zu ihr gestanden hatte, und so fand sie immer wieder eine kleine Beschäftigung für ihn, damit er sich nicht zu überflüssig vorkam, während sie im stillen hoffte, er werde doch einmal Vernunft annehmen. Und dann genoß sie es ja eigentlich auch, sich mit ihm in ihrer Muttersprache unterhalten zu können, obwohl sie ihn häufig zurechtweisen mußte, wenn er sich über die merkwürdigen Angewohnheiten dieser Amerikaner lustig machte. Die Schärfe seines französischen Witzes, mit der er über Leute und Dinge urteilte, machte ihr im Grunde jedoch Spaß, da seine Bemerkungen ihr nicht selten wie aus der Seele gesprochen waren. Allen Einwänden zum Trotz hatte er es durchgesetzt, sie nach West Springfield zu begleiten; und im Augenblick war er gerade damit beschäftigt, die Hälfte der Gegenstände, die er ins Haus tragen wollte, fallen zu lassen und den Transportarbeitern, die die Möbel von dem Leiterwagen luden, im Wege zu sein.

Henriette erinnerte sich später immer mit einem kleinen Lächeln und einem Seufzer an ihre Ankunft in dieser kleinen Stadt am Ufer des breiten Connecticut River. Im Vergleich zu West Springfield hatte Stockbridge die Ausmaße einer Weltstadt, nach der sie sich mit jedem Augenblick mehr zurücksehnte, als sie am Fenster stand und auf die eintönige Reihe Holzhäuser dieser so ganz anderen Dorfstraße starrte. Im sommerlichen Grün würde sie wohl nicht so kahl und unfreundlich aussehen; aber der Herbstregen hatte die Blätter von den Bäumen gepeitscht, und der erste Frost hatte überall den Rasen schon braun gefärbt. Sie gab sich Mühe, Henry es nicht merken zu lassen, wie häßlich und trostlos sie hier alles fand, und wie sehr sie gewünscht hätte, die beiden Wohnzimmer zu seiten der Diele wären nicht in diesem niederdrückenden Gelbgrün gestrichen, das sich mit dem dunklen Rotbraun ihrer Möbel beißen würde. Am liebsten hätte sie über den unförmigen Kanonenofen, der sich mitten im Eßzimmer breitmachte und dessen langes Rohr mit einem scharfen Knick an der rußgeschwärzten Decke entlangführte, über die eisigen Schlafzimmer und den ungemütlichen dunklen Treppenflur geweint.

Ein Mißgeschick nach dem anderen befiel sie in jenen ersten Tagen ihres Einzuges. Da war zunächst diese unangenehme Geschichte mit Pierre und den Johannisbeersträuchern gewesen. Damit er den Männern, die

die Möbel nach ihrer Anweisung in die verschiedenen Zimmer trugen, nicht im Wege stand, hatte Henriette ihm gesagt, er solle sich im Garten beschäftigen; und Pierre, dem diese abgestorben aussehenden Sträucher als unschön aufgefallen waren, war in bester Absicht mit dem Gartenmesser auf sie losgegangen. Aber seinem Bestreben, den Garten zu verschönen, wurde ein schnelles Ende bereitet; er hatte kaum den ersten Strauch umgelegt und sich an den zweiten gemacht, da umringte ihn schon eine aufgeregt auf ihn einredende Weiberschar. Sie zeterten schrill in ihrer Sprache, und Pierre entgegnete noch wortreicher in der seinen. Worte flogen wie Geschosse hin und her, und der alte Mann schwang drohend sein Messer und wich sowenig von der Stelle wie die hingemetzelte Schweizer Garde von Versailles. Es bedurfte erst einer energischen Erklärung Henriettes, um ihm in seiner zerstörerischen Arbeit Einhalt zu gebieten, und Henrys Überredungskunst und seines ganzen Taktes, um die Damen seiner Gemeinde zu beschwichtigen.

„Aber Henri, wie konnten wir auch wissen, daß diese kümmerlichen Sträucher für eine solche Kostbarkeit angesehen werden?“ klagte Henriette, nachdem die murrende Schar sie endlich verlassen hatte.

„Natürlich konntest du es nicht wissen“, tröstete er sie, „aber diesen Frauen sind eben ihre Johannisbeersträucher ihr ein und alles. Vermutlich sahen sie schon ihre Geleetöpfe leer auf den Schränken stehen.“

„Ja, so verzweifelt und erbittert sahen sie auch aus; ich habe mich jetzt so schlecht eingeführt, und ich wollte doch um deinetwillen so gern einen guten Eindruck machen.“

Henriettes Bemühungen, den Schaden durch Liebenswürdigkeit wiedergutzumachen, hatten einen geradezu verheerenden Erfolg, da ihre neuen Nachbarn offenbar gar keinen Sinn für Humor besaßen. Wohl war Henriette auf einen endlosen Strom von Besuchern gefaßt gewesen, aber nicht auf die endlosen Kuchenberge, unter deren Last sich sämtliche Borde in Küche und Speisekammer bogen. Kein Besucher kam mit leeren Händen, im Gegenteil, die meisten brachten sogar zwei oder drei verschiedene Sorten dieses volkstümlichen Gebäcks

an. Apfel, Dreifrucht, Melone, Kürbis, Vanille und Zitrone — jede Sorte war vertreten, und ebenso hatte jede nur erdenkliche Art von Beeren herhalten müssen. Henriette nahm diese Gaben zuerst mit einer staunenden Dankbarkeit entgegen und dann mit krampfhaft lächelnder Fassung, da Henry ihr erklärte, die Frauen wollten ihr damit eine Ehre erweisen. Nach drei Tagen jedoch war sie nahe daran, zu schreien, anstatt sich zu bedanken, wenn ihr immer wieder noch eine von diesen runden Formen, sauber in eine Serviette gehüllt, dargebracht wurde. Und immer noch hörte es nicht auf.
„Oh, Henri!" ließ sie endlich ihrer Verzweiflung freien Lauf. „Wird es mit diesen Kuchen denn nie ein Ende nehmen? Das wird ja geradezu eine ägyptische Plage!"
Henry lachte sie aus und aß soviel Kuchen, wie er nur konnte. Aber selbst seine neu-englische Erziehung versagte, als morgens, mittags und abends Kuchen auf den Tisch kam.
„Ich möchte mich ja den weiblichen Mitgliedern meiner Gemeinde gegenüber nicht undankbar erweisen", stöhnte er eines Tages, „aber es wäre schon sehr schön, wenn Cassie uns heute abend einen Reispudding machen könnte."
Cassie war als Hilfe für die Küche ins Haus gekommen, und obwohl sie Henriette bisher nichts anderes als Kratzbürstigkeit und Mißbilligung gezeigt hatte, war die Hausfrau doch froh, alle Arbeit im Haushalt in die geschickten Hände dieser tüchtigen Hilfskraft legen zu können. Cassie war ihr als fleißig und zuverlässig empfohlen worden, und das war sie auch, aber Henriette wünschte doch, sie würde nicht ganz so sehr einem in Kaliko gekleideten Baumstamm ähneln. Als Cassie ihre Stellung antrat, hatte sie Henry im Kampf mit dem rauchenden Herd und Henriette ratlos vor zwei steinhart gekochten Eiern angetroffen.
Das war kein sehr glücklicher Anfang gewesen, doch Cassie war mit Eifer an die Arbeit gegangen; aber ihre Haltung hatte ungläubiges Entsetzen und Verachtung ausgedrückt, und daran hatte sich inzwischen auch nichts geändert. Vergebens hatte Henriette ihren Charme ins Feld geführt; es hatte nicht den geringsten Eindruck auf diese rührige, schweigsame Frau mit dem unbeweglichen

Gesicht und dem eckigen Körper gemacht, deren selbstverständliche Geschicklichkeit die Anstrengungen ihrer Herrin so kindisch und unbeholfen erscheinen ließ. Cassie würde bestimmt nicht damit einverstanden sein, all die vielen Kuchen, die noch übrig waren, unnütz verkommen zu lassen. Aber irgend etwas, dachte Henriette, mußte jetzt damit geschehen.

Die Lösung fiel ihr ein, als sie eines Tages am Gartentor stand und Henry nachsah, der mit dem Arzt zu einem Kranken aufbrach. Ihr Blick wurde plötzlich unwiderstehlich von der Dachrinne des Hauses und einem schmalen Vorsprung unterhalb des kleinen Dachfensters angezogen. Im Nu stand ihr wieder ein Bild aus einem Märchenbuch vor Augen: ein kleines Häuschen im Walde, unter dessen Giebel sich ein Fries von Pfefferkuchen entlangzog. Warum sollte sie diese Wirkung nicht auch einmal ausprobieren? Kuchen genug besaß sie ja zu diesem Zweck, und Cassie hing gerade im Hof Wäsche auf; sie würde sich also nicht auf lange Erklärungen einzulassen brauchen. Es hätte ja noch mehr Spaß gemacht, wäre ein junger Mitverschwörer dagewesen, mit dem sie diesen Streich gemeinsam hätte ausführen können. Mit welcher Begeisterung hätten Berthe und Raynald wohl mitgemacht oder einer ihrer neuen Neffen. Jetzt fehlte ihr das übermütige junge Lachen und die strahlenden Blicke, die sie in Kinderaugen zu zaubern verstand. Die Bodentreppe war schmal und steil, und ihre weiten Röcke machten die Expedition dort hinauf sehr beschwerlich. Aber Henriette ruhte nicht eher, bevor sie nicht achtzehn Kuchen von der Speisekammer nach oben getragen hatte. Die runde Dachluke klemmte; und als es ihr endlich gelang, sie zu öffnen, war sie über und über mit Staub bedeckt. Sie mußte sich aufs äußerste recken: zweimal wäre sie beinahe hinausgefallen, und ihre Arme schmerzten sie. Doch nahmen sich die Kuchen auf dem vorspringenden Balken gut aus, und sie achtete darauf, den Fries durch Abwechslung etwas zu beleben: auf einen weißgezuckerten folgte einer mit brauner Kruste, auf eine dunkle Fruchtsorte eine helle. Endlich hatte sie sie alle verteilt und ging in ihr Zimmer hinunter, um sich zu säubern.

Zu töricht, dachte sie, als sie vor dem Spiegel stand, den Morgen mit solchen Albernheiten vertan zu haben. Doch fühlte sie sich jung und ausgelassen, fast so wie einstmals in der Schule, wenn sie irgendeinen Unfug ausgeheckt hatte. Ihre Augen glänzten, ihre Wangen glühten, und ihr Haar hing ihr wirr im Gesicht. Neununddreißig Jahre alt, sagte sie zu sich selbst, und dabei fühlte sie sich so jung — jünger noch als in ihren Mädchenjahren. Es hatte eine Zeit gegeben, da war ihr ein Alter von vierzig als äußerste Lebensgrenze erschienen, als das Ende des Weges, der vor ihr lag. Aber Wege enden nicht immer dort, wo man es vermutet. Sie verschwanden nur manchmal hinter einem Hügel oder zweigten in Seitenpfade ab, die ins Unbekannte führten. Jahre bedeuteten nichts, wenn man sich so stark und lebensfroh fühlte. Sie liebte und wurde wiedergeliebt. Unglück und Schande lagen so weit zurück, daß sie auf ihren Weg nur noch selten einen Schatten warfen. Sie war in dieses fremde Land gekommen, fest entschlossen, das Beste aus ihrem verfahrenen Leben zu machen, und unversehens war das Leben mit dem Besten, das es zu bieten hatte, zu ihr gekommen und hatte in ihre Hände gelegt, was sie sich nur je zu erträumen gewagt hatte. Nun — alles vielleicht doch nicht; alles wäre auch zu viel gewesen; aber so viel, so viel, wo einstmals so wenig gewesen war. Sie preßte ihre Hand aufs Herz, denn in Augenblicken wie diesen glaubte sie, daß es vor Glück zerspringen müßte.
Henrys Strümpfe sahen anklagend aus dem Nähkorb hervor; eigentlich sollte sie sie jetzt stopfen und die Tasche von Henrys Mantel ausbessern, und dann waren da auch noch die Tischtücher, Servietten und Handtücher zu säumen. Aber nein, sie war zu glücklich, um sich mit solch läppischer häuslicher Arbeit abzugeben. Sie eilte zu ihrem kleinen Maltisch aus Rosenholz, in dem ihre seit langem vernachlässigten Pinsel, der Aquarellblock und die Pastellstifte lagen. Sie wollte ein Bild malen, um den häßlichen Wasserfleck in einem der Wohnzimmer zu verdecken — ein Stilleben mit Blumen, wie sie sie im Garten von Stockbridge gepflückt hatte: Moosröschen, ein paar samtene Stiefmütterchen, weiße Klematis vor einem blauen Hintergrund und die roten hängenden

Blüten eines Fuchsiazweiges. Bis Henry wiederkam, wollte sie fertig sein. Sie würde Cassie sagen, sie brauche ihr heute kein Mittagessen zu machen. Sie würde sich mit einem Stück Brot begnügen, vielleicht sogar mit einem Stück Kuchen, so erfüllt war sie von dem Eifer, ihrem Glück sichtbaren Ausdruck zu geben.

Als Henry am späten Nachmittag heimkehrte, fand er eine Versammlung entrüsteter Kuchenspenderinnen vor seinem Haus, und den Rest des Tages brachte er damit zu, überall in der Gemeinde Besuche zu machen, um seine Frau zu entschuldigen. Sie sei eine Fremde und eine Künstlerin, machte er geltend, und der Stolz, den er dabei empfand, ließ ihn seine Verstimmung schnell vergessen. Man dürfe sich daher nicht daran stoßen, sagte er, wenn sie andere Sitten und Gewohnheiten habe. Sein liebenswürdiges Wesen und die Achtung, die er genoß, trugen nicht wenig dazu bei, die Kränkung rasch in Vergessenheit geraten zu lassen. Henriette aber vergaß ihren mißverstandenen Kuchenfries nicht so bald.

Doch alle diese kleinen Mißhelligkeiten vermochten nicht die Seligkeit jener ersten Wochen in ihrem eigenen Heim zu beeinträchtigen. Henriette hatte ein besonderes Talent dafür, einen Raum wohnlich einzurichten. Sie konnte einem Zimmer ein völlig anderes Aussehen geben, indem sie ein Bild aufhing oder eine Decke über den Tisch legte, eine Lampe auf einen anderen Platz rückte oder einen Spiegel entfernte. Das eine der Schlafzimmer verwandelte sie in ein Atelier, und das eine der Wohnzimmer wurde Henrys Arbeitsraum — der Neid und die Bewunderung aller Besucher mit seinem Mahagonischreibtisch, dem Ledersessel, der Bibliothek, die bis zur Decke reichte, der großen Standuhr und dem messingverzierten Ofen, in dem jederzeit das Holz sorgfältig aufgeschichtet lag, so daß man es nur anzuzünden brauchte. Und wie gemütlich waren die Abende in seinem Zimmer, wenn keine Betstunde abzuhalten, keine Predigt vorzubereiten war, wenn die roten Vorhänge zugezogen wurden, um die kahle Winterwelt dort draußen auszuschließen, und Henry und sie vor ihrem Kaffee in den neuen französischen Porzellantassen saßen.

Selbst Cassies unwirsche Miene konnte ihnen den Genuß dieser Stunde nicht verderben.

„Die mit ihren fremdländischen Sitten!“ schien die Haltung ihrer Schultern auszudrücken, wenn sie das Tablett hereintrug. „Warum können sie ihren Kaffee nicht beim Abendbrot trinken wie gewöhnliche Menschen?“
Henry in seiner Harmlosigkeit entging diese Mißbilligung, und Henriette nahm einfach keine Notiz davon. In der Küche und in der Speisekammer mochte Cassie eigenmächtig schalten und walten, aber auf das übrige Haus durfte sie ihren Machtbereich nicht ausdehnen, entschied Henriette.
„Henri, rühr doch bitte erst deinen Kaffee um; vielleicht genügen dir die drei Löffel Zucker, die ich dir schon hineingetan habe“, neckte sie ihn zärtlich, als er nach der Zuckerschale griff. Und er lächelte über seine Zerstreutheit und lehnte sich wieder behaglich zurück. Er hatte nie geglaubt, daß ein solches körperliches Wohlbefinden und so viel geistige Anregung von der Nähe eines und desselben Menschen ausgehen konnten. Sogar ihre Fehler verliehen jedem Tag einen neuen Reiz. Diese europäische Sitte, den Kaffee am Kamin einzunehmen, lange nachdem das Mittagessen vorüber war, entzückte ihn. Er vermochte ebensowenig wie Henriette die Größe seines Glückes zu fassen. Täglich staunte er wie über ein Wunder, daß diese Frau, die ihn von ihrer ersten Begegnung an so gefesselt hatte, hier neben ihm saß. Ihre Gegenwart gab jedem Gedanken und jeder Handlung eine tiefere Bedeutung, denn ihre Energie und ihre Persönlichkeit übertrugen sich auf alles, was mit ihr in Berührung kam. Er liebte es, von seinem Schreibtisch aufzusehen und sie zu betrachten, wie sie da im Lampenschein über ein Buch oder eine Handarbeit gebeugt saß — wie jede andere Frau auch, sagte er zu sich selbst, obwohl er doch fest davon überzeugt war, daß auf der ganzen Welt nicht eine ihr glich.
Er benutzte jeden Vorwand, um sie etwas zu fragen. Ob es sich nun um ein Problem in seiner Arbeit handelte oder um eine häusliche Angelegenheit, immer wandte sie der Frage ihre ganze Aufmerksamkeit zu, ihre Antwort sorgfältig abwägend, den Kopf zur Seite geneigt wie ein nachdenklicher Vogel. Bisweilen antwortete sie nur mit einem Lächeln ihrer vollen Lippen oder mit ihrem kleinen Achselzucken, oder vielleicht sagte sie

etwas, das dann immer scharf und treffend wie ein Pfeil von dem gespannten Bogen ihrer unbestechlichen Urteilskraft schnellte.

Er konnte es ihr niemals mit Worten sagen, was er an jenem Sonntag empfunden hatte, an dem er sie zum erstenmal von der Kanzel aus auf der Bank hatte sitzen sehen, die den Angehörigen des Pfarrers vorbehalten war. Er hatte bereits im vergangenen Jahr mehrere Monate lang den Gottesdienst in dieser Gemeinde abgehalten, aber damals war diese Bank immer leer geblieben — so leer, wie sein Leben gewesen war, bevor sie es mit ihrer Liebe erfüllt hatte. Als er ihrem zuversichtlichen Blick begegnete, überkam ihn eine so starke Regung von Dankbarkeit und Freude, daß er am liebsten das Hohelied vorgelesen hätte statt des weniger feurigen Textes vom Prediger, den er für diesen Sonntag gewählt hatte.

„Mein kleiner Henri“, dachte Henriette unten auf der Bank, „wie jung er aussieht und wie gut er ist, viel zu gut für diese Welt und diese alte Kirche!“

Draußen war die Erde schon hart gefroren, und obwohl es erst Oktober war, erfüllte die Luft eine eisige Vorahnung von Schnee. Drinnen erhob sich sichtbar der Atem der Gemeinde mit ihren Stimmen zum ersten Lied:

Warum darf ich auf Daunen weich
mich froh gen Himmel schwingen,
da andere nur mit blut'gem Streich
sich diese Gunst erringen?

Was wußten diese Menschen um sie her von ‚Daunen weich‘, dachte Henriette, als sie die Worte mit vor Frost klappernden Zähnen zu singen versuchte. Sie sah vor sich die vergoldeten Schnörkel und Füllhörner, die verführerischen Liebesgötter und die geschnitzten Girlanden jenes Schlafzimmers in der Rue du Faubourg Saint-Honoré. Es schauderte sie, als sie sich seiner Pracht erinnerte und der blutigen Gewalttat, die es gesehen hatte. Was würden wohl alle diese braven Familienväter und Hausfrauen hier sagen, wenn sie wüßten, wer in ihrer Mitte saß? Wieder drohte die alte Furcht sich ihrer zu bemächtigen, und es drängte sie, das Gesangbuch von sich zu werfen und aus der Kirche hinauszu-

laufen. Aber es dauerte nur einen Augenblick. Der trübe Schleier schwand, als sie nun ihren Kopf hob und das ruhige Gesicht ihres Mannes auf der Kanzel ihr zugewandt sah.
Seiner Liebe durfte sie sicher sein, und es hatte nur wenige Dinge bisher in ihrem Leben gegeben, deren sie sicher sein durfte. Nichts sollte jemals zwischen sie kommen und ganz gewiß nicht mehr die Vergangenheit, die sie wie ein beflecktes Kleid abgestreift hatte.

EINUNDDREISSIGSTES KAPITEL

„Aber, Henri, das ist doch unmöglich! Du hast sie sicherlich nicht richtig verstanden!“
Henriette schob den angefangenen Brief an die Monods beiseite und sah ihren Mann ratlos an.
„Ich fürchte, ich habe ganz richtig gehört. Dr. Willard und der Küster hätten es mir nicht gesagt, wenn es nicht wahr wäre, und ich bin so schnell, wie ich konnte, nach Hause geeilt, um dich darauf vorzubereiten.“
Er wiederholte, was er bei einer zufälligen Begegnung mit zwei mitfühlenden Gemeindemitgliedern erfahren hatte — daß nämlich an diesem Nachmittag an die zwanzig Frauen des Dorfes ohne vorherige Ankündigung die Frau Pastorin aufsuchen wollten und erwarteten, einen üppig gedeckten Teetisch vorzufinden. Diese barbarische Sitte, jede neu zugezogene Hausfrau im Kirchspiel auf die Probe zu stellen, ob sie tüchtig genug sei, sich dieser Lage gewachsen zu zeigen, war ein alter Brauch. Als Junggesellen war Henry im vorigen Jahr diese Prüfung erspart geblieben, da es sich hierbei nur um eine Angelegenheit der Frauen untereinander handelte, die von den Alteingesessenen mit großer List ins Werk gesetzt wurde. Wurden die unerwarteten Gäste willkommen geheißen und vor einen brechend vollen Tisch gesetzt, dann konnte die überraschte Hausfrau für alle Zukunft der Achtung ihrer Nachbarinnen gewiß sein. Bestand sie die Probe jedoch nicht, war die Bewirtung unzureichend oder gar ärmlich, dann hatte sie bewiesen, daß

sie der ersten Tugend einer Hausfrau Neu-Englands ermangelte, die darin bestand, stets eine wohlgefüllte Vorratskammer zu besitzen. Glücklicherweise hatten zwei Ehemänner von dem Plan Wind bekommen, rechtzeitig genug, um ihren Pastor zu warnen und seiner Frau eine Galgenfrist von einer Stunde zu geben.

„Es ist schon ein übler Scherz, finde ich", hatte der Arzt hinzugefügt, als er Henry Mitteilung davon machte. „Aber Sie wissen ja, wie Frauen in derlei Dingen sind. Und da Ihre Frau sich in unseren Sitten und Gebräuchen ja noch nicht auskennen kann, dachten wir, wir müßten es Ihnen doch mitteilen. Sagen Sie Mrs. Field, daß ihre unerwarteten Gäste gegen vier Uhr eintreffen werden, und Ihnen möchte ich den guten Rat geben, sich dann unsichtbar zu machen. So eine Teeschlacht ist nichts für einen Mann — und noch eins: verraten Sie um Himmels willen nicht, daß wir aus der Schule geplaudert haben!"

So schnell Henry auch sonst etwas vergaß, angesichts einer solchen Nachricht verflog seine Zerstreutheit, und es wurde ihm klar, wie kritisch die Lage war. Viel helfen konnte er seiner Frau hierin ja nicht; aber er lief mit fliegenden Rockschößen nach Hause wie weiland Paul Revere, als ihm die Engländer auf den Fersen waren. Es schlug gerade drei, als er atemlos in Henriettes Zimmer hineinstürmte, und es dauerte einige Minuten, bis er sich verständlich gemacht hatte.

„Aber warum kommen sie denn eigentlich her, obgleich ich sie doch gar nicht eingeladen habe?" fragte sie erstaunt und ärgerlich zugleich. „Haben sie denn nicht genug in ihrem eigenen Haus zu essen und zu trinken?"

Henry mußte zugeben, daß auch ihm der Sinn dieses Überfalls völlig entging; aber er sei überzeugt, meinte er, daß sie sich bestimmt ehrenvoll aus der Affäre ziehen würde. Henriette war durchaus nicht überzeugt davon, als sie sich in die Küche begab. „Zunächst mal fehlt es uns an Sahne. Der Herr Pastor muß schon so nett sein und zu den Blodgetts rübergehen und fragen, ob die uns was abgeben können. Da!" Cassie reichte Henry einen Krug hin. „Sie können die noch am ehesten überreden, uns etwas zu überlassen. Aber machen Sie bitte schnell!"

Cassie hatte die Zügel ergriffen. Als Henry gegangen war, lief sie vom Holzstapel zum Herd, von der Speisekammer zum Eßtisch mit der Entschlossenheit eines Generals, der seine letzten Anweisungen vor dem Angriff des Feindes trifft. Und während sie Mehl siebte, Eier zerschlug und Zucker abmaß, erteilte sie Henriette kurze und bündige Befehle.

„Sie übernehmen das Porzellan, dafür habe ich keine Zeit. Hier ist ein Geschirrtuch. Wischen Sie lieber Tassen, Teller und Gläser noch einmal gründlich ab, denn denen entgeht bestimmt nichts. Und geben Sie mir die beiden Kuchenschüsseln heraus, die Sie da oben hingestellt haben, und alle Marmeladendosen, die Sie finden können."

„Aber was nützen uns die Dosen, wenn wir keine Marmelade haben?" stammelte Henriette an der Tür.

„Das überlassen Sie nur ruhig mir. Ich habe das schon kommen sehen; aber ich dachte nicht, daß sie so rücksichtslos sein würden, sich diesen Montag auszusuchen, an dem wir die ganze Wäsche noch auf der Leine hängen haben. Aber das hilft nun einmal nichts. Hier haben Sie das Putztuch für das Silber. Zum Putzen ist keine Zeit mehr; aber Sie können die Bestecke wenigstens noch etwas blank reiben."

Henriette befolgte diese Anordnungen gehorsam, ohne irgendwelche Fragen zu stellen. Sie erkannte das schöpferische Feuer in Cassies Augen und beugte sich der Überlegenheit dieser Frau, deren Wille Glut in den Herd, knusprige Bräune auf den Kuchen und versteckte Schätze von eingemachten Pfirsichen und Birnen aus dunklen Ecken zauberte.

„Ich habe sie vorige Woche von meiner Schwester mitgebracht", erklärte sie auf Henriettes ungläubig staunenden Blick. „Dachte mir schon, sie würden uns eines Tages zupaß kommen; aber so bald hätte ich es nicht erwartet. Stellen Sie die Tee- und Kaffeekannen lieber hierher, und dann brauche ich noch einen Teller für die Butter."

„Ach!" seufzte Henriette, als sie diesen Befehlen nachkam. „Hätte ich doch all die Kuchen aufgehoben! Jetzt geht mir endlich ein Licht auf, wozu solche Geschenke nützlich sein können!"

„Denen brauchen Sie nicht weiter nachzutrauern; Sie hätten den Leuten doch nicht ihre eigenen Kuchen wieder auftischen können. Und jetzt geben Sie mir mal die große Platte für den Schinken!" „Schinken, Cassie?" Henriette glaubte ihren Ohren nicht zu trauen. Aber da lag er schon, als sie zurückkam: ein großer, gekochter Schinken, den Cassie in rosige, dünne Scheiben schnitt.

„Wie — woher —?" japste Henriette.

„Ich habe ihn gespart", war alles, was sie aus Cassie herauslocken konnte, „für schlechte Zeiten, na, und ich meine, die haben wir heute!"

Henriette fragte nicht weiter. Wäre der Erzengel Gabriel in ihrer Küche erschienen mit einem hölzernen Löffel statt seiner Posaune und hätte sich darangemacht, den Teig zu rühren, hätte sie nicht dankbarer an ein Wunder glauben können.

„Halb vier", sagte Cassie, „es wird Zeit, daß Sie raufgehen und sich etwas fein machen, oder — warten Sie mal", sie strich sich das Haar aus der Stirn und unterzog Henriette einer kritischen Musterung. „Zu fein dürfen Sie auch wieder nicht aussehen, sonst haben sie das gleich spitz, daß Sie gewarnt worden sind. Das Grünseidene ist ja Ihr Schönstes; aber ich glaube, Sie ziehen lieber das bedruckte Baumwollkleid an mit den blauen Streifen, damit gehen Sie ganz sicher. Sie können sich dann noch ein bißchen entschuldigen, daß Sie so einfach angezogen sind, das macht sich immer gut."

„Soll ich einen Spitzenkragen nehmen oder einen einfachen Pikee?" erkundigte sich Henriette fast schüchtern.

„Spitze ist wohl doch ein bißchen zu fein. Besser, Sie nehmen den Pikee. Aber Sie können sich ruhig eine Brosche anstecken und etwas Kölnisch Wasser aufs Taschentuch träufeln."

Als Henriette in ihr Zimmer ging, um sich, wie geheißen, umzuziehen, mußte sie von neuem über Cassie staunen. Sie hätte nie gedacht, daß Cassie darauf achtete, was sie trug, oder daß Cassie sich überhaupt für Kleider interessierte. Aber offenbar kannte sie jeden Gegenstand in ihrem Kleiderschrank und wußte genau, was sich schickte. Zum erstenmal in den drei Wochen seit Cassies Ankunft hatten sie miteinander nicht wie Herrin und Magd, sondern von Frau zu Frau gesprochen. Cassie verachtete sie also doch nicht ganz, und sie brauchte diesem gefürchteten Ansturm ungebetener durstiger

Tee- und Kaffeeschwestern nicht allein zu begegnen. Zusammen würden sie der Gefahr trotzen und sie siegreich überwinden.

„Bien!“ urteilte sie über ihr Spiegelbild, bevor sie wieder hinuntereilte. „Cassies Rat war gut; ich wäre nie auf das baumwollene gekommen.“

„So, jetzt sehen Sie aber wirklich aus wie neu gebügelt“, lobte Cassie. „Ich habe eben noch rasch im Wohnzimmer Staub gewischt und das Holz im Kamin aufgeschichtet. Sie haben doch hoffentlich in Ihrem Schlafzimmer keine Unordnung gemacht, denn die bringen es glatt fertig, im ganzen Hause herumzuschnüffeln.“ Was für seltsame Worte fielen da von den sonst so verschwiegenen Lippen! Henriette hörte sie wie eine fremde Sprache während jener letzten, überstürzten Minuten, bevor der Türklopfer erklang. Cassies Genie war ihrem Wortschatz weit überlegen; aber sie verstanden einander, wie nur zwei Frauen einander verstehen können, die sich gegen eine feindliche Übermacht verbunden haben.

„Ich habe den Tisch ausgezogen, und so können zehn auf jeder Seite und je eine oben und unten sitzen“, rief Cassie vom Eßzimmer. „Wenn noch mehr kommen sollten, werden wir die auch noch unterbringen. Würden Sie mir mal hier mit dem Tischtuch helfen? Ein Glück, daß Sie noch eins im Schrank hatten, das groß genug ist.“

Aber als das glatte Damasttuch über den Tisch gebreitet war, sahen Cassie und Henriette sich betroffen an. Mitten auf dem Tuch prankte ein riesiger Rostfleck. Wie er dorthin gekommen sein mochte, wußte Henriette sich nicht zu erklären, jedenfalls war er nicht mehr zu entfernen. Und alle ihre anderen Tischtücher waren zu klein oder noch naß, und der Fleck war so groß, daß man ihn unmöglich mit einer Blumenvase oder einer Obstschale verdecken konnte. Selbst Cassies Findigkeit wußte sich zunächst keinen Rat. „Wir werden eben ohne Tischtuch auskommen müssen oder vielleicht zwei nebeneinander legen“, sagte Henriette seufzend.

Aber Cassie schüttelte energisch den Kopf.

„Da könnten wir ebensogut den Tee ohne Zucker und Sahne anbieten“, behauptete sie. „Man würde es Ihnen Ihr Leben lang vorhalten. Nein, da können wir uns nur mit einem Schwindel helfen!“ Henriette erkundigte sich nicht weiter, wie Cassie das anstellen wollte, und sie deckten den Tisch schweigend zu Ende. Dann wurde Pierre gerufen und ihm nachdrücklich eingeschärft, wie er sich beim Türöffnen zu verhalten habe: er solle weder auf französisch noch auf englisch irgend etwas sagen, sondern sich nur mit Anstand verbeugen und sich überhaupt bemühen, einen guten Eindruck auf die Damen zu machen, die er seinerzeit mit seinem Angriff auf die Johannisbeersträucher so aufgebracht hatte. Pierre strahlte vor Stolz und Freude — auf diese Gelegenheit hatte er schon gewartet; aber warum habe Mademoiselle ihn nicht schon am Morgen verständigt, dann hätte er sich doch noch seinen Schnurrbart wichsen und den Rock etwas gründlicher ausbürsten können. Henriette kehrte wieder in die Küche zurück, während Pierre gespannt durch das Fenster nach dem ersten Gast Ausschau hielt.

„Sie müssen jeden Augenblick kommen", sagte sie zu Cassie. „Was machen wir bloß mit dem Tischtuch?"

Cassie zog ein Blech mit lecker braunen Plätzchen aus dem Backofen, bevor sie antwortete. Sie stand neben dem Herd, wo der Wasserkessel auf dem rotglühenden Eisenring summte. In dem aufsteigenden Dampf wirkte Cassies feuchtglänzendes, hageres Gesicht verschwommen wie ein abnehmender Mond, der hinter stürmischen Wolken hervorlugt. Breitbeinig stand sie auf ihren großen Füßen da und wischte sich die Hände an der blauen Ärmelschürze ab. Wie eine alte Wahrsagerin, dachte Henriette, die, über ihren Zauberkessel gebeugt, ihre warnenden Sprüche verkündet.

„Nun hören Sie mal zu", begann sie, während sie die Eisenringe hin- und herschob. „Tun Sie genau, was ich Ihnen sage, und die Sache geht in Ordnung. Jetzt steht die Küchenschüssel auf dem Fleck, und wenn Sie die da wegnehmen, müssen Sie furchtbar angeben und ärgerlich tun. Jawohl, Sie müssen ordentlich Krach machen, daß es auch alle hören können. Sie zeigen darauf, und dann fahren Sie mich richtig an. ‚Cassie', sagen Sie, ‚was fällt Ihnen eigentlich ein, mich so vor unserm Besuch zu blamieren, wie konnten Sie bloß dieses fleckige Tuch hier aufdecken!' Verstehen Sie, so müssen Sie reden und wütend tun wie eine Wespe."

„Aber es ist doch gar nicht Ihre Schuld, Cassie; es geht doch nicht, daß Sie das auf sich nehmen!"

Doch Cassie duldete keinen Widerspruch.

„Machen Sie sich meinetwegen keine Sorgen", schnob sie. „Sie haben schon genug auf dem Buckel. Also vergessen Sie nicht, ordentlich hochzugehen, wenn es so weit ist, und jetzt machen Sie um Himmels willen, daß Sie aus der Küche rauskommen, ehe Sie sich noch was auf das Kleid schütten und wir uns noch über einen zweiten Fleck aufregen müssen!"

Henriette tat, wie ihr befohlen. Die Würze der Kuchen, die Cassie im Ofen hatte, stieg ihr in die Nase, und ihr Herz und ihre Augen flossen über vor Dankbarkeit. Ihr Ärger, im eigenen Heim vor solcher Zudringlichkeit der Nachbarn nicht sicher zu sein, verflog angesichts dieses überraschenden Beweises von Cassies Ergebenheit. Wo außer in Amerika, fragte sie sich, konnte so etwas vorkommen? Aber man konnte diesem Land seine Ungeschliffenheit verzeihen, da sie durch solche Treue ausgeglichen wurde.

Die ‚unvorbereitete' Teegesellschaft verlief ohne Zwischenfall, und der Zank wegen des Tischtuches wurde mit schauspielerischer Vollendung in Szene gesetzt. Cassie machte ihrer undankbaren Rolle alle Ehre, und Henriettes Vorwürfe wurden mit einem Pathos vorgebracht, dessen sich die Comédie Française nicht hätte zu schämen brauchen. Die Gäste waren entschieden beeindruckt und erörterten den Vorfall noch am Gartentor, bevor sie sich endlich trennten, um durch den frostigen Novemberabend nach Hause zu gehen. Diese kritischen Hausfrauen waren sich darüber einig, daß die Bewirtung über jeden Tadel erhaben gewesen sei und daß Henriette ein gutes Haus führe, wenn man nach dieser Teegesellschaft urteilen dürfe. Wenn die Sache mit dem Tischtuch nicht gewesen wäre, hätte man beinahe annehmen können, die Frau Pastorin habe von ihrem Kommen schon vorher Wind bekommen. Aber sie schien so ehrlich darüber empört gewesen zu sein, daß das Mädchen ein fleckiges Tuch aufgelegt hatte, daß sie nicht daran zweifelten, ihre Überrumpelung sei vollkommen gelungen. Kein Wunder, daß es ihr so peinlich gewesen war! Du liebe Zeit, wie hatte sie sich doch aufgeregt,

und wie sie dann losgelegt und mit all diesen komischen ausländischen Worten und Gesten getobt hatte — richtig Angst hätte man kriegen können, meinten sie alle, als sie ihre Ansichten darüber austauschten. Der nette Herr Pastor war wirklich gar nicht so übel dran mit dieser Frau, wenn es schon einmal eine Ausländerin hätte sein müssen.
Die Damen wären nicht wenig verblüfft gewesen, wenn sie hätten sehen können, wie ihre Gastgeberin nach ihrem Fortgang mit ausgestreckten Armen in die Küche eilte.
„Cassie, Sie waren geradezu himmlisch!" rief sie aus. Und in einer Aufwallung von Dankbarkeit küßte sie das Mädchen nach französischer Sitte auf beide Wangen. „Einfach großartig waren Sie! Das kann man gar nicht anders sagen. Und die wunderbaren Plätzchen und der Kuchen! Haben Sie gesehen, wie sie auch keinen einzigen Krümel übrigließen? Und haben Sie gehört, wie sie die eingemachten Pfirsiche und Birnen lobten?"
„Jetzt können Sie sich aber beruhigen, nachdem alles vorüber ist", entgegnete Cassie stolz und verlegen zugleich. „Gehen Sie bloß wieder raus mit Ihrem guten Kleid. Da kommt der Herr Pastor schon zurück; machen Sie ihm lieber die Tür auf. Sagen Sie ihm, ich hätte für sein Abendbrot noch was aufgehoben. Sie können es ihm ja in sein Arbeitszimmer bringen, während ich drinnen abdecke."
Aber Henriette blieb noch, weil sie Cassie unbedingt von ihrer Dankbarkeit überzeugen mußte.
„Sie waren so großmütig, alle Schuld auf sich zu nehmen. Ich war Ihnen ja so dankbar, und dann mußte ich Sie so anschnauzen!"
„Du meine Güte, das war doch gar nichts! Das hat ja gerade Spaß gemacht, daß nur wir beide Bescheid wußten. Sie haben ja mächtig gewettert; eine Minute lang hätte ich es fast für Ernst halten können."
„Mein Mann wird es sicher nicht gutheißen, denn schließlich haben wir ja eigentlich gelogen."
„Sie sagen ihm aber nichts davon. Ich meine, gewisse Dinge gehen uns Frauen nur alleine an. Wir haben es den Frauenzimmern mit gleicher Münze heimgezahlt, und beim Jüngsten Gericht will ich gern die Folgen auf

mich nehmen. Aber jetzt verstehen Sie doch, daß es ganz gut ist, auf alle Fälle 'nen Schinken im Haus zu haben."

„Aber ja, ja. Sie haben ganz recht. So etwas werde ich Ihnen in Zukunft immer überlassen. Wenn ich es nur gelernt hätte, Mehl und Eier so gut zu verrühren, wie ich Farben mischen und Klavier spielen kann."

Aber Cassie war anderer Ansicht.

„Kochen ist gar nichts Besonderes", erklärte sie. „Sehen Sie sich doch all die Frauen an, die das können. Ich würde sofort den Herd mit einem Klavier vertauschen; aber mir würde das ja nichts nützen."

Sie schaute mit einem Seufzer auf ihre plumpen Hände.

„Sie möchten gern Klavier spielen?" Henriette bemühte sich, ihre Verwunderung nicht zu zeigen. „Aber warum haben Sie mir das nicht schon eher gesagt?"

Cassie errötete bis unter die Haarwurzeln und machte sich angelegentlich mit dem Geschirr zu schaffen.

„Sie haben wohl nie das Sprichwort gehört: ‚Wenn Wünsche Pferde wären, würden alle Bettler reiten'?" bemerkte sie mit verlegenem Grinsen. „Ich sollte es mir wohl lieber aus dem Kopf schlagen; aber ich wäre ja schon froh, wenn ich nur ein einziges Stück spielen könnte!"

„Ja, warum denn nicht? Das bringe ich Ihnen bestimmt bei. Wenn Sie nicht zu müde sind, gebe ich Ihnen noch heute abend eine Klavierstunde."

Henry war voller Verständnis, als sie ihm von diesem Plan erzählte, und vor dem Einschlafen plauderten und lachten sie noch eine ganze Weile in dem großen Mahagonibett über die Ereignisse des Tages.

„Dieses Essen und Trinken — warum wird das eigentlich so wichtig genommen?" fragte sie. „Natürlich ist es notwendig, und man sollte es nicht vernachlässigen; aber wozu all diese Zeremonien — dieses Getue darum?"

„Das sagst du als Französin? Wo doch deine Landsleute als Feinschmecker berühmt sind?" neckte er sie.

„In Frankreich ist es eben eine Frage des Geschmacks und nicht der Moral. Ich verurteile doch auch keinen Menschen, weil er unmusikalisch ist. Warum sollte man mich scheel ansehen, wenn ich nur einfach Brot und Tee anbiete oder auch keinen Tee?"

Henry lächelte im Dunkeln und mußte zugeben, daß er keine Antwort darauf wisse.
„Aber", fügte er hinzu, „wir dürfen nicht vergessen, wie viele Wunder in der Bibel sich auf Speise und Trank beziehen — aus Wasser wird Wein, und wenige Fische und Brotlaibe sättigen Tausende."
„Ach, Wunder!" griff sie das Wort auf. „Das ist doch ganz was anderes. Was mich so anödet, ist dieser kleinliche Küchenwettstreit der Hausfrauen untereinander."
„Schon recht, Liebe, du darfst nur nicht vergessen, weil du ein so vielseitiges Leben geführt hast und mit deinen Talenten so reich bist, daß die meisten Frauen gar keine Gelegenheit haben, über den Horizont ihrer Küche hinauszuschauen."
„Ja, das sehe ich ein, Henri; es war sehr töricht von mir, so zu reden", sagte sie in jenem jähen Stimmungsumschwung, der ihn jedes Mal aufs neue entzückte. „Wie dumm von mir, nicht zu begreifen, daß diese Obstkuchen und Marmeladen in ihrer Art nicht weniger Meisterwerke sind als die des Raffael und Michelangelo — bloß weil sie so schnell gegessen und vergessen werden. Und was Cassie heute nachmittag geleistet hat, ist wirklich ein Wunder. Was aus dem Mehl, der Butter, dem Zucker und den Eiern in meinen Händen geworden wäre — daran mag ich gar nicht denken!"
„Deine Gaben sind mir lieber — ich möchte dich gar nicht anders." „Da habe ich aber Glück, Henri." Sie schmiegte sich enger an ihn mit einem tiefen Seufzer, der bei aller Zufriedenheit auch ein wenig entschuldigend klang. „Ich bin nur oft zu unduldsam, weil mir ihre Wesensart und ihre Sitten so fremd sind. Aber wahrscheinlich komme ich ihnen genau so fremd vor. Erst heute morgen habe ich Cassie ganz falsch beurteilt. Ich dachte, sie wäre wie eine dieser Pflanzen, die ihr hier Disteln nennt, so spitz und stachlig. Und heute abend entdecke ich, daß es ihr sehnlichster Herzenswunsch ist, ‚die letzte Rose' auf dem Klavier spielen zu können."

ZWEIUNDDREISSIGSTES KAPITEL

Der kommende Winter versprach streng zu werden. Alle prophezeiten es und machten auf gewisse unfehlbare Anzeichen aufmerksam. Die Eichhörnchen waren ungewöhnlich emsig beim Nüssesammeln; die Wildgänse waren früher als sonst südwärts geflogen; und allen Katzen des Dorfes wuchs ein besonders dichtes Fell. Es hatte schon den ersten Frost gegeben, und noch vor dem Bußtage begann es zu schneien.

Henriette blickte vom Fenster ihres kleinen Ateliers in den Schnee hinaus, und alte Lust und alter Schmerz regten sich in ihrer Brust, als sie dem Wirbeln der Flocken zusah. Wo er auch fiel, war der Schnee derselbe, ob er die Silhouette der Notre-Dame und die grauen Häuser am Seineufer verschleierte oder die roten Scheunendächer der neuenglischen Landschaft weiß anstrich. In jedem Jahr würde es so sein, solange sie Augen zum Sehen und ein Herz zum Fühlen besaß — ja, immer würde sie beim Anblick des ersten Schneefalls erbeben, nicht, weil jetzt lange Monate der Kälte vor ihr lagen, sondern weil die Erinnerungen wieder auf sie einstürmen und sie so dicht umschwärmen würden wie die blendend weißen Flocken da draußen. Es war ihr zumute wie einem verirrten Wanderer, der noch einmal in das Unwetter gerät, das er gerade überstanden zu haben glaubte — es ging ihr genau so wie dem Figürchen in dem gläsernen Briefbeschwerer, den sie mit übers Meer genommen hatte.

Die wenigen Gegenstände, die sie aus Frankreich mitgebracht hatte, waren alle auf ihrer Kommode und dem Kaminsims aufgebaut — alle, bis auf dieses Andenken an die Rue du Faubourg Saint-Honoré und an einen gewissen verschneiten Silvesterabend. Dieser kleine Briefbeschwerer rief zuviel schmerzliche Ergriffenheit herauf, als daß sie ihn täglich hätte vor sich sehen oder ihn gar ihrem Mann hätte zeigen können. Eines Tages würde sie wohl soweit sein, ihn ungerührt zu betrachten, aber dieser Tag war noch nicht gekommen. Und doch empfand sie heute ein Bedürfnis, den Briefbeschwerer in der Hand zu halten. Ihre Finger zitterten, als sie die kleine Glaskugel aus der Umhüllung nahm und der Miniaturschneesturm bei ihrer Berührung die kleine rotgekleidete Gestalt umwehte.

„Mein Gott!“ dachte sie, „daß dies alles sein soll, was von jenen Jahren mit ihrer Süße und Bitterkeit übrigblieb! Dies zerbrechliche Glas ist noch unversehrt, und der Geber — —“

Sie brach ab. Obgleich schon vier Jahre seit jenen Augusttagen vergangen waren, vermochte sie noch immer nicht, an den Herzog als an einen Toten zu denken. Unmöglich, sich vorzustellen, daß jemand, der so lebendig, so stark und schön gewesen war, jetzt gehaßt und gemieden in einem Grab lag, das nur eine Nummer kennzeichnete. Selbst seine Kinder, die er so liebte, hatten wohl inzwischen gelernt, mit seiner Schande auch ihn zu vergessen. „Und auch ich“, sprach sie zu sich selbst, „ich, die ihn vielleicht besser kannte als irgend jemand sonst, mußte den Ozean zwischen jene Vergangenheit und diese Gegenwart legen. Es ist, als wäre auch ich gestorben und wieder auferstanden von den Toten.“

Der alte Pierre kam die Treppen heraufgeschlurft. Henriette vernahm seinen schweren, langsamen Schritt, der erwartungsvoll vor ihrer Tür anhielt. Das war eine lästige Angewohnheit, die er neuerdings angenommen hatte; er wollte ihr damit zu verstehen geben, daß er sich einsam fühlte an diesem fremden Ort, wo niemand sich um ihn kümmerte und nur sie allein sich seiner annahm und ihn verstand. Seine völlige Abhängigkeit von ihr hatte immer größere Schwierigkeiten zur Folge, besonders da er täglich steifer und unbeholfener wurde und starrer in seinem Eigensinn. Fast allabendlich sprach sie mit Henry darüber, was wohl am besten mit dem alten Pierre zu tun sei, aber bislang hatten sie noch keine Lösung gefunden, die den Alten nicht gekränkt hätte.

„Entrez, Pierre!“ Henriette konnte der stummen Bitte hinter der Tür nicht widerstehen.

„Regardez la neige!“ platzte Pierre herein und zeigte mit seiner Hand zum Fenster. „La neige, Mademoiselle!“

Sie nickte und wandte sich wieder ihrer Staffelei und der Skizze zu, die sie nach dem Gedächtnis von den Bücherständen am Seinekai, einen Bogen des Pont-Neuf

und die Ile de la Cité im Hintergrund, zeichnete. Er stellte sich neben sie und sah die Zeichnung aufmerksam an.
„C'est bon, très bon“, lobte er nach längerer schweigender Betrachtung. „Ich kenne die Stelle; genau so sieht der Kai aus. Ich rieche richtig den Flußnebel und höre das Wasser unter der Brücke rauschen. Ach, wenn ich so schön malen könnte!“
Er seufzte und sah unverwandt zu, wie sie ein helles Blau für den Himmel auflegte und sich eine Farbe für das Steinpflaster mischte. Unversehens fiel ihr Blick auf sein Gesicht, und sie legte die Pinsel beiseite: jetzt erst fiel ihr auf, wie sehr er seit seiner Ankunft in Amerika gealtert war. Seine Mundwinkel waren herabgezogen und seine Schultern gebeugt; die Arme hingen ihm schlaff herunter, und seine Beine waren vom Rheumatismus gekrümmt. Denselben verlorenen Ausdruck im Gesicht hatte sie bei den ausgewanderten Bauern gesehen, die fern ihrer Heimat im Depot von New York gewartet hatten. Ja, Pierre war zu alt gewesen, um seine Heimat zu verlassen, wenn er das auch niemals zugeben würde, nicht einmal sich selbst.
„Pierre!“ Sie faßte impulsiv nach seiner Hand und hielt seine steifen alten Finger in ihren warmen. „Ich bin kein so großer Künstler, wie Sie meinen. Nein, glauben Sie mir schon, ich kenne mich gut genug. Ihre Sehnsucht läßt Sie in dieser Zeichnung etwas sehen, was nur in Ihrem Herzen ist. Sie verwechseln Ihr Heimweh mit meinen Farben — habe ich nicht recht?“
„Nein, nein, Mademoiselle“, wehrte er sich. „Sie sind eine große Künstlerin. Sie haben mir unser Paris auf dem Papier wiedergegeben. Ich will nicht leugnen, daß ich oft daran zurückdenke und mir überlege, wie es jetzt wohl in der Rue du Harlay aussehen mag und in all den anderen Straßen, in denen ich zu Hause war. Aber glauben Sie nur nicht, daß ich wieder zurück möchte. Ich will dieses Dorf hier gar nicht schlechtmachen, aber mir scheint nur, Sie und Monsieur hätten vielleicht besser daran getan, in der Stadt zu bleiben.“
Henriette unterdrückte ein Lächeln und versuchte es auf eine andere Weise.

„Es ist ja kein Verbrechen, sich nach seiner Heimat zu sehnen und zu ihr zurückkehren zu wollen“, sagte sie. „Sehen Sie nur, wie es dort draußen schneit. Und so wird es noch monatelang sein, Pierre; der Schnee wird immer höher liegen, und es wird immer kälter werden, viel kälter, als Sie es jemals erlebt haben. Ich würde Sie sehr vermissen, wenn Sie nicht mehr hier sind, aber ich wäre auch glücklicher, wenn ich Sie wieder zu Haus in Paris wüßte, wo Sie nun einmal hingehören.“

„Ich gehöre zu Ihnen.“ Hartnäckig hielt er an seinem alten Einwand fest, aber seine Augen konnten sich nicht von der Staffelei losreißen.

„Es gibt ein altes Sprichwort“ — Henriette ließ nicht locker — „‚die Augen sprechen, was das Herz denkt‘, und Ihre Augen verraten mir mehr, als Ihr Mund jemals sagen wird. Sie fühlen sich hier einsam. Sagen Sie mir die Wahrheit: ist es nicht so?“

„Fühlen Sie sich nicht manchmal hier auch einsam?“ fragte er dagegen.

„Manchmal schon, aber ich habe hier meinen Mann, den ich liebe, und für eine Frau ist das die Hauptsache. Wo man liebt, ist man niemals ganz fremd. Bei Ihnen, Pierre, ist das etwas anderes.“ „Sie meinen —“ Er runzelte die Stirn, um seine Bewegtheit zu verbergen, und sah zum Fenster hinaus. „Sie meinen, der alte Hund hat doch keine neuen Kunststückchen lernen können?“

„Nein, ich meine, der alte Hund braucht sich nicht zu schämen, weil er immer noch an seinem alten Haus hängt.“

Und so wurde Pierre überredet, nach Frankreich zurückzukehren. Henriette opferte ihre letzten Ersparnisse, um ihm eine Schiffskarte dritter Klasse zu kaufen, und schrieb den Monods, sie möchten ihn doch bei sich unterbringen, bis er in dem Altersheim für ehemalige Soldaten bei Passy Aufnahme fände. Und als er dann abgereist war, fehlte er ihr mehr, als sie Henry oder sich selbst eingestehen mochte. Jetzt war niemand mehr da, der ihre französischen Ausbrüche verstehen konnte, niemand, der sie ‚Mademoiselle‘ nannte und sie an Paris erinnerte. Er war ihr oft eine Last gewesen, aber mit ihm verlor sie noch ein Glied, das sie an die alte Heimat kettete.

Allmählich lernte sie die verschiedenen Mitglieder von Henrys Gemeinde näher kennen und unterscheiden. Sie konnte mit den Männern besser zurechtkommen als mit den Frauen, die schon der Zahl nach so überwältigend waren: Ehefrauen, Witwen, Großmütter, alte Jungfern und nur wenige junge Mädchen. Mit diesen freundete sie sich am schnellsten an, denn mit der Jugend verstand sie sich nach wie vor am besten. Die älteren Frauen verharrten in ihrer Zurückhaltung, und die jüngeren verheirateten waren selbstzufrieden und mißtrauisch und hatten außerhalb ihres eigenen Haushaltes kaum andere Interessen. Versuchte Henriette, sich mit ihnen gut zu stellen, verschlossen sie sich noch mehr, und hinter ihrem Rücken hieß es dann, die französische Frau von dem Herrn Pastor tue so herablassend und halte sich für Gott weiß was. Und hielt sie sich ihrerseits zurück und wartete ab, daß die anderen den ersten Schritt machten, dann wurde abfällig über ihren Hochmut gesprochen.

„Sie sind alle so steif und unnatürlich", klagte sie ihrem Mann nach einem Nachmittag, an dem sie im Kirchspiel Besuche gemacht hatten. „Sie sind fast so ungemütlich wie ihre harten Roßhaarsofas, und sie gehen mit ihrem Lächeln so sparsam um wie die Eichhörnchen mit ihrem Wintervorrat."

„Verlier nur nicht den Mut", tröstete er sie. „Mit der Zeit werden sie dir schon zeigen, wofür sie es aufsparen."

Henry sollte recht behalten; aber es erforderte Henriettes ganze Geduld. Ihm hatte sie es auch zu verdanken, daß sie nach Cassie ihre zweite Eroberung in der Gemeinde machte.

„Dr. Willard hat mir gesagt, daß es Ora Newton wieder schlecht geht", erzählte er ihr eines Tages nach dem Mittagessen. „Sie lebt mit ihrer Mutter zusammen und ist ein armes junges Ding, das von allen möglichen Gewissenszweifeln geplagt wird. Wenn du sie einmal aufsuchen wolltest, könntest du, glaube ich, mehr für sie tun, als ich vermag."

Ora Newton war, wie Henriette später von Cassie erfuhr, das einzige Kind einer Witwe, die am Ende des Dorfes lebte. Die beiden konnten nur mit größter Mühe ihr Auskommen finden, indem sie für die Frauen im Dorf nähten, und häufig mußten ihre wohlhabenden

Nachbarn ihnen durch den Winter helfen. Ora war sechzehn Jahre alt und der Augapfel ihrer Mutter, die sich sehr grämte, weil das Mädchen bereits von der Schwindsucht gezeichnet war.

„Man konnte es ihr schon als Kind ansehen", erläuterte Cassie. „So was hat man gleich weg. Auch die kleine Bates sieht mir schon so verdächtig aus. Denken Sie an mich, wenn die stirbt, bevor sie sie unter die Haube bringen können. Ja, gehen Sie nur ruhig zu der Ora hin. Ziehen Sie das violette Kaschmirkleid an und tragen Sie Ihren Muff. Der Ora tut es nur gut, wenn sie von ihren Gedanken an die andere Welt hin und wieder mal abgelenkt wird."

Henriette war entsetzt und neugierig zugleich.

„Aber, Cassie, Sie wollen doch nicht im Ernst sagen, daß dieses junge Mädchen weiß, daß es sterben muß?"

„Du liebe Güte, natürlich weiß sie das. Sie denkt ja kaum an etwas anderes; und warten Sie erst mal ab, wenn die anfängt, von ihren Sünden zu reden. Hier, ich werde Ihnen diesen Korb vollpacken, damit Sie ihr etwas mitbringen können. So eine Gabe kommt den Newtons immer zupaß."

Henriette machte sich mit einem leichten Unbehagen auf den Weg. Sie war Cassies Rat gefolgt und hatte das Kaschmirkleid angezogen und einen passenden Hut dazu aufgesetzt. Aber trotz ihres warmen Pelzmantels und Muffs war sie völlig durchgefroren, bevor sie noch das Ende des Dorfes erreicht hatte. Der Winter war ihr auf den Fersen. Sie fühlte seine eisigen Finger nach ihr greifen, als sie über den harten, unebenen Weg vorwärts eilte. Die Landstraße war noch befahrbar, aber die Hügel in der Ferne und die Wiesen trugen schon eine leichte weiße Decke. Dort unten der Connecticut River war bereits zugefroren bis auf die Fahrrinne in der Mitte, die sich stahlgrau dahinzog wie der Leib einer riesigen, sich windenden Schlange. Die Weiden an seinen Ufern ächzten unter dem Ansturm des schneidenden Windes, der Henriettes weite Röcke ergriff und aufblähte. Sie war froh, als endlich ihr Ziel in Sicht kam: ein kleines, rotes Haus hinter zwei großen, dunklen Tannen.

Als der Winter übers Land gekommen war. hatte Henriette begriffen, warum die Bauern in Neu-England alle Gebäude rot anstrichen. Dadurch wehrten sie sich gegen die Eintönigkeit der langen, farblosen Wintermonate. Sie nahm sich vor, Henry zu bitten, daß er dem Nähzirkel den Vorschlag mache, die neuen Bezüge für die Kissen der Kirchenbänke leuchtend rot zu färben. Wenn der Vorschlag von ihm kam, würde man ihn schon beherzigen; wenn sie selbst dagegen etwas Derartiges anregte, würden sich die Frauen sicherlich für ein praktisches Braun entscheiden, so langweilig wie die alten Bezüge.
Mutter und Tochter empfingen sie mit offenen Armen. Das Herz ging ihr auf bei diesem Empfang, wie er ihr bisher im Dorf noch nie zuteil geworden war. Sie hingen an ihren Lippen, und jeder Knopf, jede Schleife ihres Kleides wurde mit lebhaften Ausrufen bewundert. Während sie sprachen, blieben ihre Finger nicht müßig — die Mutter säumte einen Rock, und Ora umstickte eine Schürze. Sie pflegte ihrer Mutter bei den leichteren Arbeiten zur Hand zu gehen, wenn sie sich wohl genug fühlte, und ihre schmalen, fast durchsichtigen Finger waren außerordentlich flink und geschickt.
„Komm, ich werde dir einen Stich zeigen, den ich als Kind in der Klosterschule gelernt habe", erbot sich Henriette und nahm einen Flicken auf. „Siehst du, so. Und wenn du die Kette dann schließt, dann wird es ein Rosenmuster."
Mutter und Tochter waren begeistert, und unter Henriettes Anleitung lernten sie den Stich sehr schnell.
„Ist das die Möglichkeit!" rief die Witwe erstaunt aus. „Ich hätte niemals gedacht, daß Nonnen sich auch mit Handarbeiten abgeben. Es paßt ja sehr schön, daß Sie gerade heute kommen; ich muß nämlich noch zu den Weeks mit einem Kleid hinüberlaufen, und ich hätte Ora nicht gern allein gelassen."
Die Mutter eilte hinaus und ließ ihre Tochter mit Henriette in der Küche allein. Da das junge Mädchen heiß und fiebrig aussah, nahm Henriette ihr die Arbeit ab und stickte an der Schürze weiter. Auf dem Herd summte der Kessel gemütlich, und die Uhr auf dem Tisch tickte munter den Takt dazu. Ora lehnte sich in ihre Kissen

auf dem Schaukelstuhl zurück und sah ihren Gast erwartungsvoll an. Henriette fühlte, daß etwas Besonderes von ihr erwartet wurde, und war zum erstenmal in ihrem Leben um einen Gesprächsstoff verlegen.

„Mein Mann hat mir von dir erzählt", fing sie an, „und er bat mich, dir zu sagen, daß er dich bald selbst besuchen wird. Er mußte heute nachmittag nach Springfield, und deshalb bin ich gekommen. Häkelst du ebenso gern wie du stickst?"

Ora nickte und fuhr fort, Henriette anzustarren.

„Dann werde ich dir ein andermal Wolle mitbringen, damit du dir einen Schal häkeln kannst. Rote — was meinst du dazu? Ich finde, rot ist so eine hübsche Farbe für den Winter und wird dir gewiß gut stehen."

Ja, dachte sie, rot wäre bestimmt besser als dieses fade Grau, das die trügerische Farbe auf dem schmalen Gesicht so deutlich hervortreten ließ.

„Das ist doch eigentlich ganz egal", kam die mutlose Antwort. „Bald werde ich doch da sein, wo es nichts mehr ausmacht, was ich anhabe."

„Ich wünschte, du würdest nicht so sprechen. Du bist noch viel zu jung, um dich nicht an schönen Farben und Kleidern zu freuen."

Ora sah sie erstaunt an und zupfte an ihrem Kleid.

„Sie reden aber merkwürdig", sagte sie schließlich, „von Ihnen hätte ich das gar nicht erwartet."

„Und was erwartest du von mir?" fragte Henriette mit einer Offenheit, die das Mädchen verblüffte.

„Na ja, ich dachte, Sie wären gekommen, um mit mir über das Jenseits zu sprechen. Sie sind doch die Frau vom Pastor, da wäre es doch nur ganz natürlich, wenn Sie mit mir über meine Seele reden wollten."

Erschrocken legte Henriette die Schürze aus der Hand und blickte dem Mädchen voll ins Gesicht.

„Das überlasse ich meinem Mann", sagte sie. „Und um dir die Wahrheit zu sagen, ich muß gestehen, vom Jenseits und von seelischen Dingen weiß ich nicht viel."

Das Mädchen riß die Augen in ungläubigem Erstaunen weit auf, aber Henriette ließ sich dadurch nicht beirren. Sie beugte sich vor und strich über das blonde Haar, das so unvorteilhaft straff aus der Stirn gebürstet war.

„Du hast so schönes Haar“, sagte sie bewundernd. „Richtiges Gold, und wenn du nur ein ganz klein wenig nachhilfst, wird es sich sehr hübsch locken.“
„Ich habe keine Zeit mehr, um an Locken zu denken“, gab Ora mit leichtem Tadel zur Antwort. „Wessen Tage auf Erden gezählt sind —“
Henriette fiel ihr rasch ins Wort.
„Um so mehr Grund hättest du, so hübsch wie möglich aussehen zu wollen, damit deine Mutter vergißt, daß es dir nicht gut geht. Glaubst du, Gott hätte die Welt mit Schönheit erfüllt, wenn er nicht auch wollte, daß wir uns an ihr freuen?“
„Möglich“, zögerte Ora, „das kann ich nicht sagen. Aber der Pastor, den wir vor Mr. Field hier hatten, sagte immer, ich müsse zuerst an mein Seelenheil denken, und außerdem werde ich ja doch nicht heiraten.“
Der schwermütige Ton dieser Mädchenstimme rührte Henriette. Sie erhob sich und holte Kamm und Bürste aus der benachbarten Schlafkammer und begann ohne ein weiteres Wort das weiche Haar anders zu frisieren.
„Verstehen Sie“, sprach Ora weiter, während sie sich das Kämmen ruhig gefallen ließ, „ich habe noch nicht die richtige Frömmigkeit erworben, und wenn ich das nicht tue, bevor ich sterbe —“
Wieder unterbrach Henriette sie energisch.
„Ora“, sagte sie, „mußt du denn immer vom Sterben sprechen? Kannst du denn nicht einen Augenblick an etwas anderes denken?“
„Aber ich muß doch sterben. Ich weiß das schon furchtbar lange.“
„Das müssen wir alle —“ Henriette trat einen Schritt zurück und betrachtete prüfend, wie Oras Profil sich mit Locken ausnahm, „alle Menschen in der Welt müssen einmal sterben; ich weiß gar nicht, warum gerade du davon sprechen mußt, als wärest du allein dafür ausersehen.“
„Na, immerhin, der Doktor von Springfield hat Mutter gesagt, er würde sich wundern, wenn ich den Winter überlebte.“
„Scht!“ Henriette unterstrich ihren Unwillen durch einen kleinen Klaps mit der Bürste. „Ich will nichts mehr davon hören. Ich werde dir jetzt auch die andere Seite

schön machen und dir dann den Spiegel bringen, damit du sehen kannst, ob du dir gefällst."

Ora schwieg eine Weile, und Henriette frisierte sie weiter.

„Wahrscheinlich sind Sie so, wie die anderen sagen, so oberflächlich", sagte das Mädchen schließlich wieder.

„Nun gut!" Henriette zupfte die letzte Locke zurecht und nickte zufrieden. „Also oberflächlich soll ich sein. Na, es gibt Schlimmeres in dieser Welt. Eine Frau soll zwar nicht eitel sein, aber sie darf sich auch nicht vernachlässigen. So, und jetzt sag mir mal, ob du das nicht schön findest?"

Sie hielt dem Mädchen einen kleinen Spiegel vor.

„Ja", Oras strenger Ausdruck hellte sich etwas auf, „ich erkenne mich ja kaum wieder, aber —"

„Keine Aber mehr, wenn du mir einen Gefallen tun willst. Ich erwarte von dir, daß du genau dieselbe Frisur trägst, wenn ich dich wiedersehe; und ich werde auch meinen Mann fragen, wie ihm deine Locken gefallen, wenn er dich das nächste Mal besucht hat."

Sie setzte sich hin und nahm ihre Stickerei wieder auf. Ihr Herz blutete vor Mitleid mit diesem zarten, vergrübelten Kind, und sie fühlte einen Zorn in sich aufsteigen gegen diese unbarmherzigen Lehren, mit denen Henrys Vorgänger Ora den Kopf verwirrt hatte. Es war schon grausam genug, daß dieses junge Menschenleben der schleichenden Krankheit zum Opfer fallen mußte, auch ohne daß die Gedanken des Mädchens durch solche Ängste und Zweifel vergiftet wurden. Henriette gab sich keiner Täuschung darüber hin, daß die Tage der Kranken tatsächlich gezählt waren. Das konnte man allzu deutlich von dem unschuldigen jungen Gesicht ablesen. Aber gerade das machte sie nur noch entschlossener, in diese letzten Monate etwas Frohsinn und Heiterkeit zu bringen.

„Ich muß ihr diese törichte Furcht ausreden", schwor sie sich; „wenn es mir nur gelingt, ihr dann und wann ein Lächeln zu entlocken und ihre Gedanken vom Sterben abzulenken, dann ist schon sehr viel gewonnen."

Die Dunkelheit kroch über die beschneiten Felder heran und umfing das kleine Haus und brach in die Küche ein, in der Henriette und Ora miteinander redeten. Die beiden Stimmen vermengten sich, trennten sich und schwiegen dann wieder eine Weile, während das unermüdliche Ticken der Uhr Gespräch und Schweigen begleitete. Henriette hatte die seltsame Empfindung, als müsse ihr Wille gegen eine unsichtbare Macht ankämpfen, um das Mädchen zu schützen. Cassie hatte recht, Ora war bereits gezeichnet, der Schatten des Todes hatte sie schon berührt, als sie noch ein Kind gewesen war.

„Vor dem Tod selbst fürchte ich mich gar nicht", gestand Ora, „nur wenn ich ans Sterben denken muß, dann kann ich nachts nicht schlafen."

Henriette gab es einen Stich. Einen Augenblick lang preßte ihr die Erinnerung an das „Nadelöhr" das Herz zusammen. Ja, sie kannte diese Angst, nachts wach zu liegen und nur das schwarze Nichts vor sich zu sehen.

„Ich bin wohl nicht sehr tapfer", seufzte das Mädchen.

„Ich war auch nicht tapfer, Ora, als ich mich von meinen Freunden trennen und alles hinter mir lassen und ganz allein übers Meer in ein fremdes Land fahren mußte." Sie nahm die schmalen Hände in die ihren, als hoffte sie, durch diese Berührung der anderen etwas von ihrer Lebenskraft übertragen zu können. „Ich glaube nicht, daß das sehr anders war", fuhr sie fort, „denn ich dachte auch, ich würde es nicht überleben. Ich wußte nicht, was meiner jenseits des Ozeans wartete, wo die Menschen anders sprachen als ich und vielleicht sogar anders fühlten. Aber es dauerte gar nicht lange, da wurde ich hier sehr glücklich, und deshalb meine ich, mußt du dich auch nicht fürchten, selbst wenn du nachts nicht schlafen kannst."

„Glauben Sie denn" — die fiebrig glänzenden Augen sahen sie hoffnungsvoll an —, „daß es im Himmel vielleicht so sein wird wie in Amerika?"

„Das sollte mich gar nicht wundern, aber mein Mann wird dir davon mehr erzählen können", fügte sie rasch hinzu.

„Vielleicht komme ich aber gar nicht in den Himmel?" Oras Zweifel meldeten sich wieder. „Wissen Sie, ich bin eine so große Sünderin gewesen, und mir ist noch nicht das Heil der Erlösung widerfahren."

So groß Henriettes Mitleid war, jetzt nahm ihre Ungeduld überhand, und sie widersprach dem Mädchen fast schroff.

„Ora, hör' endlich auf, solch schreckliche Sachen zu sagen. Du weißt genau, daß du keine Sünderin bist."

„O doch, ich bin eine! Mrs. Field, Sie ahnen ja gar nicht, wie verworfen ich gewesen bin!"

Henriette konnte nur mit Mühe ein erregtes Lachen unterdrücken. Sie dachte an Zeitungen mit schreienden Schlagzeilen, in denen ihr Name zu lesen war, an die anklagenden Worte der Richter, Worte, die sie nie vergessen konnte; und an die trüben Wasser des Skandals, durch die sie allein hatte waten müssen. Und hier saß sie in der Geborgenheit einer kleinen Küche in Neu-England und hörte den Selbstanklagen dieses armen Kindes zu, das sich einredete, sich mit seinen Sünden das Himmelreich verscherzt zu haben.

„Aber welches Unrecht kannst du denn schon begangen haben?" hörte sie sich fragen. „Wie kannst du eine Sünderin sein, Ora, die du doch niemals aus diesem Dorf herausgekommen bist?"

Nachher auf dem Heimweg durch den winterkalten Abend stiegen Zweifel in ihr empor, ob sie nicht vorschnell gesprochen hatte. Was hatten die Grenzen eines Dorfes mit diesem Forschen in den geheimen Winkeln eines Menschenherzens zu tun?

Die Fenster in den schlichten, niedrigen Häusern zu beiden Seiten der Dorfstraße waren erhellt; Henriette konnte in die Küchen hineinsehen, wo die Frauen sich über den Herd beugten und die Familien sich zum Abendbrot versammelten. Draußen begegneten ihr die Männer, die von der Arbeit nach Hause eilten, und vor dem Krämerladen standen ein paar junge Leute zusammen und lachten über einen Scherz mit dem halb unterdrückten, gurgelnden Lachen, das verriet, daß der Witz für Frauenohren nicht geeignet gewesen wäre. Ein Einspänner rumpelte auf der vereisten Straße an ihr vorüber, und sie erkannte Dr. Willards zusammengekauerte Gestalt auf dem Sitz. Der scharfe Trab konnte nicht einem der erleuchteten Häuser hier im Ort gelten; der Doktor fuhr wohl hinaus auf das düstere Land, um seinen Kampf gegen den Schmerz zu führen, der dort in einem

einsamen Gehöft ebenso ausgefochten werden mußte wie hier in West Springfield, wie in Paris und überall in der Welt.
Gewalt und Opferbereitschaft, Liebe und Haß — sie spürte es förmlich, wie die Dunkelheit um sie her von all diesen Leidenschaften erfüllt war. In all den Häusern, an denen sie vorbeiging, wüteten sie oder blühten sie. In den Küchen ihrer Nachbarn hausten sie und hinter jenen noch dunklen Fenstern im Obergeschoß, die später Lampenschein oder Kerzenlicht zu schwach blinzelnden Augen des Hauses verwandeln würde — was mochte sich dort nicht an Bitternis oder an Glückseligkeit verbergen? Jene kalten Schlafzimmer — sie konnten um das Glück der Erfüllung wissen und konnten auch Zeuge sein von den finstersten Geheimnissen, nicht anders wie die Conciergerie.
„Du Törin!“ schalt sie sich selbst, während sie ihre Schritte beschleunigte und auf das vertraute Haus neben der Kirche zueilte. „Du Törin, zu glauben, daß Gut und Böse geographische Begriffe sind!“

DREIUNDDREISSIGSTES KAPITEL

„Sie fragen mich, liebe Freunde, nach Henris und meinen Ansichten über dieses viel erörterte Problem der Sklaverei.“
Henriette tauchte ihre Feder ein und begann eine neue Seite des dünnen Schreibpapiers, das sie sich für ihre Briefe nach Übersee angeschafft hatte. Endlich hatte sie die Muße gefunden, den letzten Brief des Ehepaars Monod zu beantworten; ihre Feder flog unermüdlich über das Papier und füllte es mit den französischen Worten, die sie nur noch so selten sprechen konnte. Im Pfarrhaus war es ganz still, und da Henry am Tag zuvor zu einer Kirchenversammlung nach Hartford gefahren war, hatte sie es sich an seinem Schreibtisch bequem gemacht und sich den Luxus eines prasselnden Feuers im Kamin geleistet. Sie erwartete ihren Mann erst am späten Abend zurück, und sie freute sich schon auf all die Neuigkeiten,

die er zu erzählen haben würde. Sicherlich würde er ihr auch ein Geschenk mitbringen, vielleicht ein neues Buch oder ein Paar Handschuhe. Es war niemals gewiß, welcher Gegenstand seinen Blick gefangennehmen und ihm geeignet erscheinen würde, ihr eine Freude zu machen. Er hatte sie überreden wollen, ihn zu begleiten, wie sie es schon auf verschiedenen Fahrten in die Nachbarstädte getan hatte, wo er sie dann voller Stolz seinen alten Freunden und neuen Bekannten vorstellte. Sie hätte auch diesen Ausflug nach Hartford genossen, aber solche Reisen waren nicht billig; und seitdem Henriette die Haushaltskasse verwaltete, wußte sie, daß jede überflüssige Ausgabe rücksichtslos gestrichen werden mußte.

„Ja, man muß uns wohl zu den Gegnern zählen, da wir uns mit aller Überzeugung gegen die Sklaverei wenden. Seit meiner Ankunft in Amerika hat der Streit um das sogenannte Sklavenfluchtgesetz nicht einen Augenblick aufgehört, und hier im Norden, vor allem in Neu-England, schlägt die Empörung darüber besonders hohe Wellen. Können Sie sich vorstellen, daß Sie gezwungen werden, einen entflohenen Sklaven, so schwarz er auch sein mag, von Ihrer Tür zu weisen, einen Sklaven, dessen armer Rücken vielleicht noch Spuren der Kette und der Peitsche trägt? Und das Gesetz verbietet uns nicht nur, einem Flüchtling Obdach zu gewähren, sondern verlangt auch noch von uns, daß wir ihn wieder seinen Peinigern ausliefern. Wie ist es möglich, fragt man sich, daß eine solche Ungerechtigkeit in einem freien Lande geduldet wird? Ich weiß, daß ich mich nicht an das Gesetz gebunden fühlen würde, falls ich auf die Probe gestellt werden sollte — was mir hoffentlich erspart bleiben wird.

Aber sogar Henri gibt zu, daß das Problem noch eine andere Seite hat. Ein entlaufener Sklave ist nur das Symbol für etwas, an das man nicht rühren kann, ohne die Verfassung unserer Republik und das ganze wirtschaftliche System der Südstaaten in Frage zu stellen. Gerade dieses letztere — meint Henri — ist der eigentliche Kernpunkt des Streites; und er macht ein sehr besorgtes Gesicht, wenn ich ihn frage, wie das alles enden wird. Denn wie Sie wissen, brauchen sowohl England wie Frankreich Baumwolle, und offenbar ermöglicht nur

die Sklavenarbeit ein Schritthalten des Angebots mit der Nachfrage. Was ist da also zu tun? Die Gegner der Sklaverei sind der Ansicht, daß es gar keine andere Wahl gibt, als die Sklaven freizulassen, selbst wenn das den Bankrott der Südstaaten bedeutete. Die Südstaaten wiederum wollen sich keine Vorschriften machen lassen und drohen sogar mit Austritt aus dem Staatenverband. Deswegen auch diese ganze Aufregung und Agitation über den neuen Staat Kansas, ob man ihn als Sklavenstaat oder als freien Staat zulassen soll. Jede Partei macht ihren Anspruch geltend. Mir kommt das alles so vor wie der Streit von zwei Hunden um einen Knochen. Wirklich ein sehr beklagenswerter Zustand.
Sie haben wahrscheinlich auch von Kossuths Empfang in Amerika gelesen. Er ist gegenwärtig der Held des Tages, und man hört viel über ungarischen Patriotismus reden. Aber alle diese Fragen, die unsere neue Welt hier erschüttern, erscheinen Ihnen wohl ziemlich unwichtig angesichts der Krise, die Frankreich jetzt durchmachen muß. Louis Philippe ist tot, und die Revolution, die wir erlebten und von der wir uns soviel erhofften, ist also wirklich in dem neuen imperialistischen Regime vergessen. Es fällt mir schwer, alles zu glauben, was Sie in Ihren Briefen schreiben. Thiers' Einfluß ist also im Schwinden begriffen, und dieser neue Napoleon schielt schon wieder nach dem Thron! Ich weiß nicht, was ich sagen soll, wenn ich mir überlege, was in den letzten fünf Jahren alles geschehen ist. Der Kopf schwirrt mir von dem schnellen Wechsel der Parteien und Personen."
Henriette erhob sich und zündete die Arbeitslampe an, legte neues Holz in den Kamin und zog die Vorhänge zu. Sie brauchte nicht zu befürchten, durch einen Ruf zum Abendbrot gestört zu werden, denn Cassie war zu ihrer kranken Schwester gegangen und würde erst später wiederkommen. Es tat gut, einmal allein zu sein, ohne von den häuslichen Dingen des Alltags in Anspruch genommen zu werden. Und doch war sie froh, diese ständigen Pflichten zu haben, wie sie für alles dankbar war, was sie an Henry und sein Leben band. Sie lächelte im Gedanken an seine Rückkehr, an seinen raschen Schritt und an den Wortstrom, mit dem er sie begrüßen würde, an das glückliche Aufleuchten in seinen Augen,

wenn er sie wiedersah. Sie setzte sich und nahm die Feder wieder auf und überließ sich von neuem dem Rhythmus ihrer französischen Sprache, die wie ein unterirdischer Quell nur selten zutage trat.

„Hier sitze ich, ruhig und zufrieden in einer Welt, die Sie nicht kennen, während das Paris, dem ich einst angehörte, von neuen Erschütterungen bewegt wird. Erst Revolution und jetzt ein zweites Kaiserreich, wenn Ihre Voraussagen eintreffen. Ich bin eine zu überzeugte Republikanerin, um mich über die Wiederkehr der Monarchie freuen zu können. Mein Großvater hingegen wäre gewiß glücklicher gestorben, hätte er gewußt, daß wieder ein Napoleon über Frankreich herrschen würde. Aber was man über diesen Louis hört, flößt mir kein Vertrauen ein. Offenbar ist er weder ein Aristokrat noch ein guter Patriot; mir scheint er lediglich ein Dummkopf zu sein, dem der Zufall hold gewesen ist.

Ach, meine lieben Freunde, wie sehr muß sich das Paris, das wir kannten, verändert haben! Ich habe beinahe das Gefühl, als lebten Sie in einer anderen Welt und nicht ich, die so weit gereist ist. Sie fragen, wie es mir geht. Das ist schnell erzählt. Mein kleiner Henri ist die Liebe und Großzügigkeit in Person, und ich kann nur immer wieder sagen, daß er mir alles Gute im Leben tausendfach vervielfältigt und alle Schwierigkeiten mit mir teilt. In kirchlichen Kreisen ist sein Ansehen ständig im Wachsen begriffen, aber — ganz im Vertrauen — ich meine, daß das Tätigkeitsfeld, das die Kirche ihm bietet, ihm zu enge Grenzen setzt. Seine Begabung liegt mehr noch im Schriftstellerischen als im Predigen. Ich habe bemerkt, daß er immer viel glücklicher und zufriedener ist, wenn er am Schreibtisch sitzt und seine Predigten abfaßt, als wenn er sie nachher halten muß. Aber die Gemeinde hier hängt mit großer Liebe und Achtung an ihm.

Ich für mein Teil mache noch vieles falsch; doch Henri verliert nie die Geduld mit mir, und ich bemühe mich, seiner würdig zu sein. Selbstverständlich besuche ich jeden Gottesdienst und jede kirchliche Veranstaltung und empfange und erwidere die Besuche der Frauen hier. Außerdem mache ich Krankenbesuche und bin Mitglied des Nähzirkels und des Missionsvereins —“

„Mein Gott!“ Sie warf die Feder hin und ließ den Brief unbeendet liegen. „‚Das kleine Fest!‘ Das hätte ich beinahe vergessen.“
Zu ihrer Erleichterung sah sie, daß es erst ein Viertel nach sechs war. Sie hatte sich also noch so rechtzeitig erinnert, daß ihr die Peinlichkeit eines Zuspätkommens und einer Entschuldigung bei Mrs. Weeks, bei der die Veranstaltung stattfand, erspart blieb. Die Einladung war schon vor mehreren Tagen gekommen, aber sie hatte ganz vergessen, Henry vor seiner Abreise etwas davon zu sagen. Zu schade, daß er sie nicht auf das Fest begleiten konnte! Sie seufzte — die gesellschaftlichen Veranstaltungen in West Springfield bargen für sie noch immer so viele ungewohnte und verblüffende Eigenheiten, daß sie Henrys Schutz bestimmt sehr vermissen würde. Aber sie wollte trotzdem hingehen. Und sie würde besondere Sorgfalt auf ihre Toilette verwenden und aus ihrer Garderobe das Beste heraussuchen, was sie besaß, als ob es sich um einen Opernbesuch oder einen Abendempfang in Paris handelte. Man sollte Mrs. Henry Field nicht nachsagen können, daß sie der Gesellschaft von West Springfield nicht die nötige Achtung zollte!
Obwohl es in ihrem Schlafzimmer so kalt war, daß sie zitterte, summte sie fröhlich vor sich hin, als sie die Lampe auf ihren Frisiertisch stellte. ‚Kleines Fest‘ — das klang vielversprechend, beinahe europäisch, dachte sie, während sie sich frisierte. Sieben Uhr war ja eine sehr ungewöhnliche Stunde, für eine Soiree zu früh, aber von Essen war nicht die Rede gewesen. Sie wunderte sich schon lange nicht mehr, zu welchen Zeiten die Menschen hier aufstanden, aßen und zu Bett gingen. Es war nur dumm, daß sie nicht daran gedacht hatte, sich bei Cassie zu erkundigen, was unter einem ‚kleinen Fest‘ zu verstehen sei, denn Cassies Rat hatte sich bereits mehr als einmal bewährt. Schade auch, daß Cassie nun nicht dieses erste öffentliche Auftreten des flaschengrünen Taftkleides miterleben konnte, mit dem tiefen Ausschnitt und dem schwarzen Spitzenüberwurf auf dem Rock, in den mehr Meter Stoff verarbeitet waren als in irgendeine andere Krinoline im ganzen Kirchspiel. Cassie hatte oft andächtig vor dem Kleid gestanden, während es dort im Schrank auf seine große Gelegenheit gewartet hatte.

Sie hatte vergessen, wie gut es ihr stand! Die leuchtende Farbe und der Glanz der Seide brachten ihre Erscheinung vorteilhaft zur Geltung; sie unterstrichen die Weiße ihrer Schultern und Arme, den rötlichen Schimmer ihres Haares und das grüne Licht in ihren Augen. Die schwarze Spitze gab dem weiten glockenförmigen Rock eine anmutige Eleganz, wie sie zufrieden feststellte, als sie sich vor dem geneigten Toilettenspiegel drehte. Sie streifte sich ein paar schwarze Emailarmbänder über, benetzte ihr Taschentuch mit dem Verbenenparfüm und eilte hinunter. Sie seufzte über die lästigen Galoschen und Pulswärmer und den großen Wollschal, mit dem sie ihren Kopf vor der Kälte schützen mußte, aber alle diese Hüllen würde sie bald ablegen, so, wie der Schmetterling aus dem unansehnlichen Kokon schlüpft.

Ihre Stimmung war erwartungsfroh und gespannt, als sie das Haus verließ und sich auf den Weg machte. Dieser Gang durch die abendliche Dunkelheit, deren Schweigen nur durch den knirschenden Schnee unter ihren Füßen und das Geklingel vorüberfahrender Schlitten unterbrochen wurde, kam ihr heute wie ein besonderes Vergnügen vor. Über ihr wölbte sich der hohe klare Nachthimmel; diesen tiefblauen Dom, dachte sie oft, mußten Riesen einstmals errichtet haben. Sie wußte, wo sie den Orion und die Plejaden finden konnte und wo der große Bär am Himmel stand. Die Sterne erstrahlten an diesem Abend besonders hell, fast so scharf gezackt wie die aus Silberpapier, die sie mit Berthe und Raynald ausgeschnitten und über der Weihnachtskrippe befestigt hatte. Aber die beiden würden sich heute nicht mehr mit so etwas abgeben. Sie waren nicht länger die Kinder, die sich an sie geschmiegt und ihr ihre kleinen Geheimnisse anvertraut hatten. Berthe war wahrscheinlich längst verlobt, vielleicht bereits verheiratet, und Raynald war jetzt sicherlich schon über den Stimmwechsel hinaus und stand dicht vor seinem Hochschulstudium.

Der Gedanke an die Weihnachtszeit erfüllte sie mit glücklicher Vorfreude, denn dies würde der erste Heilige Abend sein, den sie mit Henry in ihrem eigenen Heim verleben würde. Bald würde würziger Pfefferkuchenduft aus Cassies Küche durch das Haus ziehen,

und sie würde mit ihren neuen kleinen Freunden, den sommersprossigen Dorfkindern, in den Wald gehen, um Tannengrün zu holen und jene stachligen Zweige mit den blanken, blutroten Beeren, die auf dem hartgefrorenen Moor wuchsen. Sie würde die Fenster und die Türen damit schmücken und einen großen Kranz flechten, den sie in der Kirche an die Kanzel hängen wollte. Und überall würden Weihnachtslieder erklingen, andere, als sie kannte, aber auch ihre Worte würden nur dasselbe ausdrücken: ‚Friede auf Erden und den Menschen ein Wohlgefallen!' Und Henry würde die große Bibel aufschlagen und mit seiner ernsten Stimme von den Weisen aus dem Morgenlande und den Hirten auf dem Felde und dem Stern über Bethlehem lesen: ‚Und das habt zum Zeichen: ihr werdet finden das Kindlein in Windeln gewickelt und in einer Krippe liegend ...'
Das Wunder, das hinter diesen Worten lag, ergriff sie schmerzlich — dieses Wunder neuen Lebens, das sie überall erblickte. Wenn sie doch nur dessen gewiß sein könnte, daß bis zum nächsten Weihnachtsfest ... Sie sehnte sich so sehr nach einem Kind, daß sie heimlich oft darum betete wie jene Frauen aus dem Alten Testament. Ihre Gebete waren erhört worden — durfte sie nicht auch hoffen, daß das Wunder sich ihr und Henry, der es ebenso ersehnte wie sie, nicht versagen würde? Ja, sie brauchte nur Henrys Gesicht anzusehen, wenn ihm ein Täufling in den Arm gelegt wurde, um seine Gedanken zu erraten, die er niemals vorwurfsvoll würde laut werden lassen. Aber wie sie da durch die Kälte dem ‚kleinen Fest' entgegeneilte, warm in ihrer Zuversicht und dem Wissen, daß Henry stolz auf sie sein würde, wenn er zurückkehrte, konnten die Zweifel sie lange bedrücken.
Als sie sich dem Hause der Weeks näherte, überholte sie mehrere andere Gäste: Mrs. Deane und ihre Tochter Rebecca; Miß Annie Stillwell und ihre Schwester Jane; und Mrs. Holden und ihre beiden Töchter Hattie und Ruth. Es wunderte sie ein wenig, daß sie alle nicht in männlicher Begleitung waren, aber dann überlegte sie sich, daß es vielleicht doch nicht so seltsam sei, da die beiden Stillwells ja unverheiratet waren und Mrs. Holdens Mann an Rheuma litt. Und Mrs. Deane war ja Witwe und lebte nur noch mit ihrer jüngsten Tochter

zusammen, denn ihre zahlreichen anderen Kinder waren alle verheiratet. Sie war eine stattliche Frau, die an ihrer Jüngsten mit einer Leidenschaft hing, die Henriette überraschte. Aber es war ihr schon ein paarmal hier begegnet, daß eine robuste Mutter in ihrer zarten Tochter eine Stütze sah.

„Armes Ding!" dachte sie, als sie sah, wie die schmächtige Rebecca dort am Arm ihrer dicken Mutter den Kiesweg auf das Haus zuschritt. „Sie gleicht einer Weinranke, die einen Baum stützen will. Das kann doch die Natur wahrhaftig nicht beabsichtigt haben; aber vielleicht sind ein paar junge Männer auf dem Fest, die das Mädchen unterhalten werden."

Die Damen blieben stehen, um Henriette zu begrüßen und ihr mitzuteilen, wie kalt es sei.

„Wir haben ja meistens weiße Weihnachten, aber wir rechneten doch nicht damit, daß es schon vor Januar unter null Grad ist. Aber es kann ja nichts schaden, wenn man sich rechtzeitig daran gewöhnt."

„Mir macht Kälte nichts aus", beruhigte sie die Damen. „Wenn es so klares schönes Wetter ist, fühle ich mich immer besonders wohl. Vorgestern bin ich zum erstenmal gerodelt. Ihr kleiner Enkel, Mrs. Deane, war sehr ritterlich und lieh mir seinen Schlitten. Henry wollte es mir unbedingt beibringen."

„Ja, wir hörten es schon." Eine Welt von Mißbilligung lag in diesen Worten. Henriette entging das nicht, und sie fuhr hastig fort: „Mein Mann ist trotz seines Berufes noch ein großer Junge geblieben; Ihr Enkel war ganz erstaunt, den Herrn Pastor so sicher den Hügel hinuntersteuern zu sehen. Es tut mir sehr leid", fügte sie hinzu, als sie vor der Haustür angelangt waren, „daß Henry heute abend nicht mitkommen konnte, er mußte zu einer Kirchenversammlung fahren. Es ist wirklich sehr schade, daß er diese kleine Festlichkeit verpaßt."

Sie sah, wie ihre Worte erstaunte Blicke hervorriefen. Was hatte sie nur gesagt, daß sie mit einem Male alle so verwundert aussahen? Sie hatte doch nur Henrys Abwesenheit entschuldigt. Nun, einerlei — sie unterdrückte einen Seufzer und folgte den anderen in die Diele. Es war ein sehr geräumiges Haus, denn Mrs. Weeks hatte ein großes Vermögen von ihrem Mann geerbt. Sie war eine der Säulen der Kirche und wurde als ebenso fromm wie freigebig gerühmt. Ihre Spenden für den Nähzirkel und den Missionsverein hatten viel dazu beigetragen, die Gemeinde von ihren Geldsorgen zu befreien; auch hatte sie sich Henrys in einer besonders freundlichen Weise angenommen, als er als Junggeselle hier gepredigt hatte.

Henriette begrüßte ihre Gastgeberin, die in ihrem grauen Alpakakleid mit den schwarzen Blenden einen ebenso ruhigen und wohlhabenden Eindruck machte wie ihr Haus. Mit einem leichten Neigen des Kopfes und nur der Andeutung eines Lächelns erwiderte sie Henriettes Gruß. In dem Wohnzimmer, in dem die Gäste sich versammelten, war es merkwürdig still.

„Komisch“, dachte Henriette, als sie eintrat, „sie flüstern, als ob ein Toter im Hause läge. Aber das hätte ich doch bestimmt erfahren. Henri wird doch immer als erster von einem Todesfall benachrichtigt.“

Im Zimmer herrschte Grabeskälte, und Henriette fröstelte es mit ihren bloßen Schultern. Sie hatte erwartet, ein lustig prasselndes Feuer im Kamin vorzufinden und den Kronleuchter im hellen Lichterglanz erstrahlen zu sehen. Statt dessen sah das hohe Zimmer eher wie ein Kellergewölbe aus, so spärlich wurde es von einer trüben Petroleumlampe und zwei dünnen Kerzen beleuchtet. Bei ihrem Eintritt hatte sie die deutliche Empfindung, als ob alle Anwesenden den Atem anhielten. Die Frauen starrten sie, steif auf ihren Stühlen sitzend, an, und das Getuschel, das sich nun erhob, klang in ihren Ohren viel unheilvoller als ein Donnerschlag.

„Oh, Mutter!“ hörte sie die junge Cora Weeks aufgeregt ihrer Mutter zuflüstern. „Sieh doch bloß!“

Henriette fand einen leeren Platz in der Stuhlreihe, die im Halbkreis aufgestellt war. Als ihre Augen sich an das trübe Licht gewöhnt hatten, bemerkte sie erst, daß nur die Frauen der Gemeinde anwesend waren. Alle, ohne Ausnahme, waren so streng und hochgeschlossen angezogen wie sonntags in der Kirche, und alle hielten ihre Hände im Schoß gefaltet, während sie schweigend dasaßen. Ihre Augen wandten sich ihr immer wieder neugierig und mißbilligend zu, und Henriette fand es sehr beunruhigend, nicht zu wissen, ob sie diesen Blicken nun begegnen oder sie nicht beachten sollte. Dieses Verhalten der Frauen entsprach so gar nicht dem gesellschaftlichen Benehmen, das sie gewöhnt war. Endlich schritt Mrs. Weeks in die Mitte des Zimmers, wo ein rundes Tischchen mit der Lampe stand.

„Eine spiritistische Sitzung!" Plötzlich war ihr diese Erklärung eingefallen. „Das hätten sie mir aber vorher sagen können. Na, wenigstens ist das mal etwas anderes." Solche Sitzungen waren in Paris vor ihrer Abreise die letzte Mode gewesen. Sie hatte mit den Remeys einer solchen beigewohnt; und so wenig ihr diese Dinge lagen, war sie doch von gewissen Phänomenen und den vorgeblichen Botschaften aus dem Jenseits beeindruckt gewesen. Sie hatte keine Ahnung gehabt, daß die Damen von West Springfield sich für Okkultismus interessierten, aber das bewies ihr nur wieder, wie wenig sie eigentlich von ihnen wußte. Es war nur merkwürdig, daß auch Henry ihr niemals etwas von dieser seltsamen Neigung gesagt hatte, und sie bezweifelte sehr, daß er so etwas in seiner Gemeinde gern sah. Nun, im Augenblick blieb ihr nichts anderes übrig, als stillzusitzen und alles über sich ergehen zu lassen. Mrs. Weeks nahm jetzt ein kleines schwarzes Buch in die Hand und schickte sich an, die Sitzung zu eröffnen. „Wir sind heute abend hier zusammengekommen", begann sie feierlich, „wie wir es schon seit langem zu tun pflegen, um unser kleines Fest des Gebets zu begehen."

Als Henriette zwei Stunden später nach Hause kam, brannte im Studierzimmer Licht. Henry war also wieder da! Sie tastete nach dem eisigen Türknauf, und ohne erst abzulegen, lief sie gleich in sein Zimmer und flog ihm um den Hals.

„Ach, mein kleiner Henri!" Sie preßte ihre kalte Wange an sein Gesicht, ihre warmen Lippen auf seinen Mund. „Oh, Henri, was für ein Abend! Und du warst nicht da, und ich wußte wieder einmal nicht Bescheid, und alle Frauen —"

Er hatte sich schon Sorgen gemacht, als er sie bei seiner Rückkehr nicht zu Hause antraf. Und als sie jetzt so plötzlich auftauchte, eine Erscheinung voll Farbe und Leben, und ihn mit ihren hervorsprudelnden Worten überschüttete, stieg sie ihm zu Kopf wie Champagner.

Sie hielten sich umschlungen, als ob sie jahrelang getrennt gewesen wären, und es gelang Henry erst nach vielen Fragen, sich ein Bild von dem zu machen, was bei Mrs. Weeks vorgefallen war.
„Was sagst du da, Liebste?“ Er vermochte sich kaum auf ihre Worte zu konzentrieren, so liebreizend sah sie aus, in diesem grünen Abendkleid, mit ihren bloßen Schultern und der Lockenfülle um ihre glühenden Wangen. „Wo bist du gewesen? Und was erzählst du da von einem kleinen Fest?“
„Ach, Henri! Ich nahm doch an, es handele sich um eine Abendgesellschaft, und deshalb habe ich mich auch so fein gemacht, nur, um dir keine Unehre zu machen, und ich dachte gar nicht daran, daß der Ausschnitt vielleicht zu tief sein könnte.“
„Der Ausschnitt — na ja, ein bißchen zu tief ist er schon, aber er steht dir gut. Und weiter?“
„Und dann, als sie da alle so still und andächtig in dem düsteren Zimmer saßen — dachte ich, sie würden vielleicht eine spiritistische Sitzung abhalten wollen. Aber das war es auch nicht. Sie beteten bloß. Oh, Henri, was haben wir gebetet! Es war — ich kann es dir gar nicht sagen —“
Ihre Augen sahen ihn tragisch an, ihre Arme hielt sie in einer beschwörenden Geste ausgebreitet, und um ihren Mund zuckte es wie bei einem Kind, das nicht weiß, ob es lachen oder weinen soll. „Sag mir doch nur, warum du so erregt bist“, drang Henry mit zärtlicher Neugierde in sie. „Hat sie vielleicht dein Kleid schokiert? Die Gebete können dich doch nicht so aufgeregt haben?“
„Aber Henri, für mich haben sie ja gebetet, alle, wie sie da waren, der Reihe nach. Erst fielen sie auf die Knie und beteten für alles Mögliche, aber bevor sie Amen sagten, beteten sie für mich.“ „Aber das ist doch nicht möglich, Liebste, wie kommst du auf den Gedanken? Was sagten sie denn?“
„Sie beteten für die arme Heidin, die in ihr Land gekommen war. Nein, ich habe mich bestimmt nicht geirrt. Ich mußte ja die ganze Zeit zuhören, bis die Reihe an mich kam.“
„An dich? Du hast also auch gebetet?“

„Was konnte ich denn anderes tun, sie erwarteten es doch von mir.“
In Henrys Herz stritten sich Zorn über diese törichten Frauen und zärtliches Mitleid mit seinem schutzbedürftigen Weib. Er hatte an so manchen Gebetsfesten teilgenommen und konnte sich daher die Szene so genau vorstellen, als wäre er dabeigewesen: Henriette auf den Knien in ihrem weiten, knisternden Taftkleid, ihre nakten Schultern in dem gedämpften frommen Licht schimmernd, ihre klare Stimme mit ihrer fremdländischen Betonung, wie sie mit unbekümmertem Freimut Worte aussprach, an deren Inhalt er nicht zu denken wagte.
„Was — was hast du denn dann gesagt?“ fragte er zögernd.
„Ich habe auch für die arme Heidin gebetet“, erwiderte sie schlicht.
Er starrte sie einen Augenblick lang sprachlos an. Dann begann es auch um seine Lippen zu zucken, und plötzlich brach er in ein befreiendes Lachen aus. Nur Henriette, dachte er voll Stolz, und seine Befürchtungen waren mit einem Schlage verschwunden, konnte eine solche Herausforderung annehmen und sie auf diese Weise beantworten!
„Aber meine Liebe“, seufzte er ganz erschöpft von seinem Lachanfall, „hättest du mich doch nur nach dem ‚kleinen Fest‘ gefragt! Ich verstehe gar nicht, daß du dir nicht denken konntest, was es damit auf sich hat.“
„Aber wie konnte ich das denn, Henri“, protestierte sie. „Ich weiß ja, daß ihr Amerikaner gern betet, aber daß ihr das als Fest bezeichnet, das hätte ich mir wirklich nicht träumen lassen!“

VIERUNDDREISSIGSTES KAPITEL

Wenn Henriette später an diese Jahre am Connecticut River zurückdachte, glaubte sie wieder den Klang der Glocke zu hören, die die Gemeinde zur alten weißen Kirche rief, das Klappern der Wagenräder und Pferdehufe auf der langen Brücke nach Springfield und Cassies

Stimme, deren munteres Trällern all ihre Geschäftigkeit in Küche und Keller begleitete. In Gedanken erlebte sie wieder das Wunder des Frühlings, wenn das Eis zerbarst und in Schollen den Fluß hinabtrieb und das Wasser silberklar die Wiesen der Niederung überflutete. Und sie erlebte wieder das Entzücken an den jungen Weidenkätzchen, die ihr die Nachbarskinder brachten, und an den ersten Storchschnäbeln, Lederblümchen und Anemonen mit ihren unwahrscheinlich weißen und rötlichen Blüten, die aus dem vorjährigen Laub im Dorfwäldchen hervorlugten.

Henry hatte ihr davon den ersten Strauß gebracht und war ganz erstaunt gewesen über die Begeisterung, mit der sie diese duftigen Kinder der neuenglischen Erde empfing.

„Henri", sagte sie, als sie sich über die rosigen Knospen und weißen Sternchen neigte, die in ihren Händen lagen, „einen süßeren und zugleich würzigeren Duft kann es in der Welt nicht geben — so kühl und doch eindringlich. Es liegt darin eine solche Ursprünglichkeit und Unberührtheit, daß mir fast die Tränen kommen."

Es gab so vieles, was sie in diesen Frühlingstagen durch das Ungewohnte und Unerwartete seiner Schönheit bis ins Innerste ergriff. Da gab es plötzlich die Fülle von gelben Primeln an den dunklen Bächen und die Unmengen von Löwenzahn, dessen Blüten wie goldene Dukaten im jungen Gras schimmerten. Und wenn sie und Henry mit dem Wagen im Kirchspiel Besuche machten, grüßte ihre Augen das sanfte Rotblau des Lungenkrauts auf dem Waldboden. Und dann gab es die herrlichen Morgenstunden, in denen sie mit den Kindern auf Entdeckungsreisen ging und mit durchnäßten Schuhen und Röcken und einem Korb voll Farnen und wilden Veilchen nach Hause kam, die sie dann in ihren Garten pflanzte.

„Wir haben gerade ein Blaukehlchen gesehen", rief sie Henry durchs Fenster zu. „Es blitzte in der Sonne wie der reinste Kobalt. Katy und Jane Whitcomb sagten mir, man müsse sich beim ersten Blaukehlchen im Frühling etwas wünschen, das ginge dann in Erfüllung. Wußtest du das schon, Henri? Nein? Nun, ich habe mir etwas für uns beide gewünscht!"

Ihr Wunsch blieb sich immer gleich. Er lag ihr so sehr am Herzen wie ihm, ob sie nun darüber sprachen oder nicht. Daß sie sich so offenkundig ein Kind wünschte, befremdete mitunter ihre verschlosseneren Nachbarinnen, die jedoch von Henriettes unverhohlenem Neid auf große Familien und von ihrer Bewunderung fremder Kinder stets wieder entwaffnet wurden.

„Es heißt die Vorsehung herausfordern, wenn man sich so unmäßig nach einem Kindchen sehnt", pflegte Cassie gelegentlich warnend zu sagen. „Es kommt viel eher eins, wenn man sich nicht so darum barmt. Aber ich kann ja eigentlich nicht mitreden." „Ach, Cassie, es ist doch bitter, wenn man all die Frauen sieht, die so viel mehr haben, als sie eigentlich wollen."

„Ja, ich weiß schon, das kommt einem ungerecht vor."

„Meine ganze Jugend habe ich an anderer Leute Kinder verschenkt, und jetzt, wo ich endlich hoffen darf, selbst —"

„Nun ja, es ist 'ne Plage mit Kindern, und es ist auch 'ne Plage ohne sie — aber das ist nun einmal unser Los — ich meine, bei uns Frauen."

In diesen ersten Jahren ihrer Ehe wandte sie sich oft an Cassie und unterhielt sich manchmal stundenlang mit ihr. Cassie hatte vieles mitzuteilen — wie man es verhindern müsse, daß das Fruchtgelee trübe würde, wie man am besten das Wollzeug wüsche, und dann und wann sprach sie auch von ihrer ärmlichen Kindheit und den wohlgehüteten Geheimnissen ihres Herzens. So erfuhr Henriette nach und nach, warum Cassie niemals geheiratet hatte.

„Er war schon mit einem anderen Mädchen in seiner Heimatstadt versprochen, bevor er zu seinem Onkel in die Mühle kam", erklärte sie. „Ich arbeitete bei der Wirtin, wo er wohnte, sonst hätten wir uns wohl nie auch nur einen guten Morgen gewünscht. Er benahm sich so nett und sprach immer leise und freundlich, niemals so grob und großmäulig wie die anderen, und kein Mann hätte besser aussehen können als er, wenn er sonntags zur Kirche ging. Ich habe seitdem zwar öfter Gelegenheit gehabt; aber er hat mir irgendwie den Geschmack an all den anderen verdorben. Nun, es ist schon etwas wert, einmal richtig geliebt zu haben, selbst wenn auf dieser Welt nichts daraus wurde."

In dieser steten Aufeinanderfolge von Obstblüte, von Sommergrün und -wärme, von herbstlicher Farbenpracht und winterlicher Weiße wurde Henriette auch besser mit ihren Nachbarn bekannt und begann an ihren Schicksalen teilzunehmen. Als Ora Newton auf den Tod lag und die arme Mrs. Newton sich härmte, daß sie sich nicht den Luxus einer Daguerreotype leisten konnte, machte Henriette eine Pastellzeichnung des Mädchens als bleibende Erinnerung für die Mutter. Als bei Will Hardy Haus und Scheune bis auf die Grundmauern niederbrannten, nahm sie die Hardyzwillinge auf einen Monat zu sich, bis sich ein neues Haus für die Familie fand. Sie gab der lahmen Ellen Riggs Zeichen- und Handarbeitsstunden und erlaubte den älteren Mädchen, auf ihrem Klavier zu üben. Als ‚Onkel Toms Hütte' erschien und sie als einzige im Dorf das Buch besaß, behielt sie es nicht nur für sich allein. Jeder, der darum bat, durfte es borgen, und als sie es schließlich wiederbekam mit losen Seiten, Fingerabdrücken und Tränenspuren, beklagte sie sich nicht über den Schaden.

„Bücher sind zum Lesen da", sagte sie. „Mrs. Stowe würde sich sicherlich herzlich freuen, dieses Exemplar zu sehen."

Ja, man war sich allgemein einig darüber, daß sie großzügig und gutherzig sei, nachdem man sich einmal an ihre fremdländische Art gewöhnt hatte. Und Henriette ihrerseits gelangte dahin, die Zurückhaltung der anderen zu respektieren, wenn sie sie auch nicht verstand. Es war eine kleine Welt; aber als sie allmählich in sie hineinwuchs, wurde sie ebensosehr in den ständigen Wechsel von Geburt, Heirat und Tod, Erfolg und Mißgeschick hineingezogen wie einstmals in Paris — genau so zwangsläufig, wenn auch nicht so verhängnisvoll.

Und dann waren da die Reisen nach Stockbridge und New York; nach Williamstown, wo Henry seine Universitätsjahre verbracht hatte, nach Haddam, wo sie sein ehemaliges Elternhaus besichtigten, und nach anderen Städtchen am Connecticut River. Auch unternahmen sie häufig Ausflüge nach dem nahegelegenen Springfield, einer aufblühenden Stadt jenseits des

Flusses, die in ihrer Geschäftigkeit fast großstädtisch wirkte im Vergleich zu dem westlichen Dorf gleichen Namens. Dort konnte sie gelegentlich einen Vortrag oder ein Konzert besuchen, und dort fand sie auch eine zwanglosere und anregendere Geselligkeit vor. Der ‚Springfield Republican' war eine Zeitung, die nicht nur angesehen war, sondern auch einen starken Einfluß ausübte, und ihr Herausgeber, Samuel Bowles, war der Mittelpunkt eines großen und bedeutenden Freundeskreises. Henry Field und seine lebhafte französische Frau waren hier genau so willkommen wie in dem Heim des bekannten J. G. Holland. Dieser im schnellen Aufstieg begriffene Dichter und Essayist wurde ihnen bald bevorzugter Gastgeber und Freund. Er war entzückt von Henriettes treffenden Bemerkungen, ihrem Humor und ihrem romanischen Charme. Sie blühte geradezu auf in dieser kultivierten und gastfreundlichen Atmosphäre. Hier beschränkte sich die Kenntnis von der Welt nicht nur auf das Connecticut-Tal — diese Männer und Frauen Neu-Englands hatten Sinn für ihre Wesensart und ihre geistvolle Schlagfertigkeit. Sie hörten zu, wenn sie ihre Meinung vorbrachte, und Henriette ihrerseits nahm alles, was sie von ihnen über einheimische und auswärtige Fragen erfuhr, begierig in sich auf. Einmal mochten sie über die Wiederherstellung des französischen Kaiserreiches unter Louis Napoleon diskutieren, ein andermal von dem bevorstehenden Amtsantritt des demokratischen Präsidenten Franklin Pierce sprechen oder das brennend aktuelle Thema der Sklaverei und Sezession erörtern. Die Worte flogen dann so flink hin und her wie Weberschiffchen, während die Speisen auf den Tellern vor ihnen erkalteten. Henriette zweifelte nicht, daß die meisten unter ihren neuen Bekannten über ihre Geschichte und ihre Rolle im Fall Praslin genau informiert waren; aber trotzdem war ihnen bei diesen Zusammenkünften nicht die geringste Spur von Neugier oder Hemmungen anzumerken. Bei allen fand Henriette vorurteilsloses Entgegenkommen als die Frau des benachbarten und befreundeten Pastors, dem sie tiefe Zuneigung und hohe Achtung bezeigten.

An schönen Sommertagen begleitete sie Henry des öfteren auf den Vertretungsreisen, die er für seine Amtsbrüder in die Nachbarschaft unternahm. Diese Ausflüge machten ihr große Freude. Sie genoß die langen Fahrten hinter gemietetem Pferd außerordentlich. Es war vergnüglich, auf unbekannten Wegen durch diese schönen Landstriche zu kutschieren, die Henry seit langem kannte und liebte. Selbst wenn er sich allzu eifrig über einen neuen Artikel oder seine nächste Predigt ausließ und sie sich plötzlich verirrten und sich meilenweit entfernt von ihrem Bestimmungsort fanden, wurde ihr dieses Erlebnis zum spannenden Abenteuer; und die Farmer und ihre Familien erwiesen sich in solchen Fällen immer hilfreich und gastlich. Als sie einmal nach Amherst fuhren, wo Henry vor den Studenten des dortigen College predigte, einer Schar breitschultriger, langbeiniger junger Leute, fühlte sich Henriette von dem Ernst dieser jungen Menschen besonders bewegt. So alt, dachte sie, mußte Raynald jetzt sein. Wie mochte er jetzt wohl aussehen? In jedem nachdenklichen, dunkeläugigen Gesicht unter den Studenten glaubte sie seine vertrauten Züge zu erblicken. Nach der Predigt waren sie von dem hervorragendsten Bürger der Stadt, einem angesehenen Anwalt namens Dickinson, zum Essen eingeladen. Henriette war von der Vornehmheit dieses Hauses mit seinen großen, schönen Räumen, der umfangreichen Bibliothek und den geschmackvollen Möbeln sehr beeindruckt — und mehr noch von der bestechenden Anmut und dem vergeistigten Wesen der ältesten Tochter Emily, einem Mädchen von kaum mehr als zwanzig Jahren. Ihr Haar und ihre Augen waren von dem vollen Rostbraun des herbstlichen Eichenlaubs, und ihre Haut war so zart und weiß wie die Rose, die sie beim Abschied Henriette überreichte. Diese Geste und die fast durchsichtige Schönheit dieses Mädchens sollten ihr unvergeßlich bleiben, besonders als sie Jahre später gerüchtweise hörte, jene Emily Dickinson sei schwermütig und menschenscheu geworden und husche nur noch durch Haus und Garten in weißen Schleiergewändern wie ein fahler Nachtschmetterling. Seltsam, wenn sie in der Erinnerung daran dachte, wie lebhaft das Mädchen an jenem Tage gewesen war und wie aufmerksam es ihr gelauscht hatte, als sie ihm von Paris erzählte.

Und so vergingen die Monate. Es war das Jahr 1853, und sie und Henry waren nun schon bald drei Jahre verheiratet. Im Oktober würden der alte Pastor David Dudley Field und seine Frau Submit ihre goldene Hochzeit feiern, und ihre Kinder und Kindeskinder wollten sich zu diesem Festtag im alten Pfarrhaus zu Stockbridge versammeln. Kaum einer aus der Familie würde dabei fehlen, und Henriette sah dieser Zusammenkunft mit sehr gemischten Gefühlen entgegen. Nicht, daß sie sich lieber davon ferngehalten hätte; sie war den alten Eltern ihres Mannes sehr zugetan, und sie wußte, daß auch sie in ihren Herzen einen besonderen Platz innehatte. Aber sie würde doch immer nur ein Außenseiter in dieser so eng in sich verbundenen Familie sein. Wohl hatte sie sich mit ihren Schwägern und deren Frauen angefreundet und auch mit Emilia Ann, die mit ihrem Mann, dem Missionar, aus dem Fernen Osten heimgekehrt war und jetzt in Connecticut lebte. Vor allem mit Mary Elizabeth verstand sie sich gut; diese jüngste Tochter hatte vor einem Jahr geheiratet und erwartete im kommenden Winter ein Kind. Matthew kannte sie noch nicht, obwohl er und seine Familie nach seiner jahrelangen Tätigkeit als Brückenbauer im Süden nun auch wieder in der Heimat lebte. Nur Stephen, der es sich in Kalifornien wohl sein ließ, und der verschollene Bruder Timothy würden abwesend sein. Nein — wovor Henriette sich fürchtete, das war der Gedanke an die Enkelkinder, die das alte Pfarrhaus mit Lärmen und Toben gesunder Jugend erfüllen würden. Wie konnte sie es ertragen, dieser Woge jungen Blutes zu begegnen, da sie sich doch immer vorhalten mußte, daß sie und Henry keinen Teil daran hatten? Wie sollte sie ihr Herz so verhärten, um diese Prüfung lächelnd auf sich nehmen zu können?

Sie bemühte sich, Henry nichts von diesen Gedanken merken zu lassen, als sie sich auf die Reise machten. Er war so ausgelassen wie ein Junge, der in die Ferien fährt. Fast glaubte sie zu spüren, daß er sich von ihr entfernte„ obwohl er doch so dicht neben ihr saß — so sehr nahm die Vorfreude auf das langersehnte Wiedersehen ihn gefangen. Aufs neue wurde Henriette sich der Stärke der Familienbande bewußt. Sie mußte wieder wie bei ihrem ersten Besuch in Stockbridge denken, daß diese Geschwister sich immer wie Zweige desselben Baumes fühlten, ganz gleich, wie weit sie sich in alle Winde zerstreuen und wie verschieden sie auch denken mochten. Sie versuchte nicht, sich gegen dieses Gefühl der Zusammengehörigkeit aufzulehnen; aber sie vergaß nicht, daß sie nur ein aufgepfropftes Reis war. Erst wenn sie Frucht trug, durfte sie sich als ein mit dem Ganzen verwachsener Teil betrachten. Sie wußte, daß sie sich in diesem Kreise morgen einsam und traurig fühlen würde.

„Wenn doch nur Stephen auch gekommen wäre", sagte Henry immer wieder. „Ich weiß, daß er an uns denken wird; aber wenn die Sonne morgen über Kalifornien scheint, dann wird die goldene Hochzeit schon halb vorüber sein. Hoffentlich haben David und Cyrus den Anbau rechtzeitig fertig bekommen. Hast du daran gedacht, die Bücher einzupacken, die ich Vater leihen wollte? Ich glaube, ich hatte sie neben meine Predigt auf den Tisch gelegt; aber ich weiß nicht genau —"

„Doch, Henri, sie liegen zuunterst im Koffer, und ich habe auch die beiden letzten Nummern von Harpers Bazaar mitgenommen, weil deine Mutter so viel Spaß daran hat."

„Das war nett von dir; ich hätte es bestimmt vergessen. Du bist heute so still, Liebste; was ist denn mit dir?"

„Ich höre dir einmal zu, ohne selbst etwas zu sagen, mein kleiner Henri." Sie lächelte und legte ihre Hand auf die seine. „Du freust dich sehr, wieder nach Hause zu fahren, nicht wahr? Es werden dort so viele von euch sein, daß ich mir ein wenig wie — wie ein fremder Vogel vorkommen werde, der sich in euer Nest verirrt hat."

Henry lachte.

„Ich würde mich gar nicht so freuen, unser eigenes kleines Nest verlassen zu müssen", versicherte er ihr, „wenn es sich nicht nur um ein paar Tage und um diesen besonderen Anlaß handeln würde. Stell dir doch vor, fünfzig Jahre verheiratet zu sein und es zu erleben, wie deine Kinder und Enkel aus allen Himmelsrichtungen herbeigereist kommen und sich um dich versammeln."

„Ja", erwiderte sie und wandte sich rasch zum Fenster, damit er die Tränen in ihren Augen nicht glitzern sähe.

„Ja, ich kann es mir vorstellen, und ich freue mich für deine Eltern."
„Fünfzig Jahre!" wiederholte sie im stillen, während der Zug durch die leuchtende Pracht eines Neu-England-Herbstes fuhr. „Ich bin schon über vierzig. Henri und ich müssen uns glücklich schätzen, wenn wir auch nur halb so lange zusammenbleiben dürfen."
Sie rückte unwillkürlich näher an ihn heran. Seine Worte verloren sich in dem Rattern und Stampfen der Räder; aber sie waren auch nicht wichtig — wichtig war allein, daß er hier neben ihr saß. Die Zahl der Jahre hatte nur wenig zu bedeuten; aber was man in ihrem Zeitraum gemeinsam erlebte — das zählte.
An einer kleinen ländlichen Bahnstation hatten sie eine Stunde Aufenthalt. Der Bahnsteig lag verlassen da, nur sie selbst gingen auf und ab, und ein Hund lag faul ausgestreckt in der Sonne. In der Ferne pfiff ein Mühlwerk die Mittagspause ein, und von den niedrigen Holzhäusern jenseits des Bahndammes drang der würzige Geruch eines Holzfeuers herüber und mischte sich mit dem herbstlichen Duft der wilden Trauben, der Äpfel und der späten Blumen in den Gärten. Sie fanden eine schattige Bank unter einem Ahorn, auf der sie sich niederließen, um ihren Reiseproviant zu verzehren. Vor ihren Füßen lärmten die Grillen im ausgedörrten, braunen Gras, und über ihnen schien die Sonne durch das matte Gold der Baumkrone. Dann und wann löste sich ein welkes Blatt von seinem Zweig, schwebte schwankend hernieder und fiel ihnen in den Schoß. Henriette griff nach einem und hielt es zwischen den Fingern hoch. „Es stirbt in Schönheit, da seine Zeit jetzt um ist", sagte sie. „Wie es auch deinen Eltern beschieden war, goldene Vollkommenheit zu erreichen. Ich glaube, das muß die Natur nicht nur den Bäumen, sondern auch den Menschen zugedacht haben."
„Wie hübsch du das gesagt hast", entgegnete er, „ja, so müßte es immer sein. Darf ich deine Worte morgen bei meiner Tischrede verwenden?"
Sie sah ihn mit einem innigen Lächeln an.
„Mein kleiner Henri, wenn wir so wie jetzt zusammensind, dann scheint es so gleichgültig, wer von uns beiden etwas denkt oder spricht; wir sind so sehr eins, und die

Welt ist so schön, fast zu schön, um ertragen werden zu können."

Bevor er etwas erwidern konnte, wurde ihre Aufmerksamkeit auf einen Menschen gelenkt, der über die Schienen auf den Bahnhof zukam. Es war ein großer Mann, mehr als sechs Fuß hoch, mit breiten Schultern und einer kräftigen Gestalt unter seinem lose umgehängten Mantel. In den Händen schlenkerte er nachlässig seinen Hut und eine Reisetasche. Sein dichtes Haar leuchtete kupfrig in der Nachmittagssonne. Bei seinem Anblick sprang Henry mit freudig überraschtem Ruf auf.

„Matthew — das ist Matthew!"

„Henry!" ertönte dröhnend die Antwort, und die langen Beine beschleunigten den Schritt.

Dies war also der Bruder, von dem Henriette schon so viel gehört hatte, dieser Selfmademan, dieser Erfinder und Brückenbauer! Henriette beobachtete lächelnd, wie die beiden sich stürmisch begrüßten.

„Diese Fieldbrüder!" dachte sie, während sie darauf wartete, wann Henry sich wohl erinnern würde, daß er seine Frau da auf der Bank hatte sitzenlassen. „Wie sehr sie doch aneinander hängen!"

Sie würde Matthew überall sofort als einen Field erkannt haben. Nicht nur war die Familienähnlichkeit unverkennbar, sondern dieser Bruder vereinigte in sich auch viele Merkmale der anderen: er besaß Jonathans Gestalt und dessen gesunde Gesichtsfarbe; Cyrus' buschiges, rotes Haar; Dudleys hohe Stirn und das offene, strahlende Lächeln Henrys. Als sie nun auf sie zukamen, der ältere Bruder den jüngeren um mehr als Haupteslänge überragend, hatte sie die Empfindung, daß Matthew fester auf der Erde stand als seine Geschwister. Sein federnder Gang verriet, daß er mit dem physikalischen Gesetz der Erdenschwere auf gutem Fuße stand. Wenn er seine Augen zur Sonne hob, wußte man, daß er gut Freund mit ihr war und keiner Instrumente bedurfte, um ihren Lauf zu messen. Die Elemente mußten ihn als ihresgleichen erkennen. All sein Wissen hatte er seinem scharfen Auge und seinem untrüglichen Instinkt zu verdanken. Man konnte tatsächlich glauben, dachte sie, als sie ihn so betrachtete, daß er bereits als Brückenbauer auf die Welt gekommen sei, so wie auch die Biber ihre Dämme bauen, ohne diese Kunst aus Büchern erlernt zu haben. Und es paßte zu der Urwüchsigkeit dieses Menschen, daß seine Schuhe ungepflegt waren und sein Mantel an den Ellenbogen durchgescheuert war. Aus seinen tiefliegenden Augen sprach warme Herzlichkeit und aus seinem festen Händedruck das Vertrauen, das er anderen entgegenbrachte. Aber trotz seiner kraftvollen Erscheinung und dem wettergegerbten, sonnenverbrannten Gesicht spürte Henriette sofort, daß er weder David Dudleys geistige Überlegenheit noch Cyrus' zielbewußten Ehrgeiz besaß.

„Matthew gefällt mir", entschied sie, „aber ich glaube nicht, daß er es zu etwas Besonderem bringen wird. Er wird wohl immer liebenswürdig, ein wenig abgerissen und optimistisch bleiben."

Während sie sich nun zu dritt über ihren Proviant hermachten, beantwortete Matthew Henrys Fragen und erzählte abwechselnd von seinen nächsten Plänen und von seiner Familie. Ja, sie hätten nun Kentucky und Tennessee endgültig den Rücken gekehrt, erklärte er, und Clarissa, seine Frau, hoffe, sie würden nun endlich in ihrem alten Farmhaus in Southwick zur Ruhe kommen und alle Kinder wieder bei sich haben können. Sie seien ja auch schon lange genug getrennt gewesen, und ihr Jüngster, der doch erst im Juli geboren worden sei, sei zwar ein prächtiger Junge, aber doch noch sehr zart. Dieses ewige Herumzigeunern von Ort zu Ort und die Malaria und die Moskitos da unten im Süden seien nicht gerade das Richtige für Kinder.

„Ihr werdet euch wundern, wenn ihr die Rangen erst reden hört", sagte der Vater lachend. „Sie sind soviel mit den Schwarzen zusammen gewesen — Vater und Mutter werden wahrscheinlich kaum die Hälfte von dem verstehen, was sie reden. Sie sind schon gestern alle nach Stockbridge gefahren. Caty ist zwar schon alt genug, um auf das Baby aufzupassen, aber Clarissa wird trotzdem im Winter alle Hände voll zu tun haben, wo wir auch immer landen werden."

Später im Zug sprach er über die Zustände im Süden. Man sollte hier oben im Norden die Sklavenbesitzer nicht in Bausch und Bogen verdammen, meinte er. Es

verhalte sich mit ihnen wie mit allem anderen in der Welt: ein Teil sei gut, ein Teil sei schlecht. Aber dort unten habe ein Neu-Engländer jetzt nichts zu suchen. In den letzten Jahren sei die Stimmung sehr bitter geworden, und dieses Buch, ‚Onkel Toms Hütte', habe ein wahres Wespennest an Feindseligkeit aufgerührt. Clarissa habe versucht, es in Charleston zu kaufen, und sei beinahe gelyncht worden, als sie den Namen aussprach. Nun, er habe zwar seine Brücken in Nashville und Frankfort gebaut, gäbe sich aber nicht der Hoffnung hin, daß sie sehr lange stehenbleiben würden, denn Brükken und Bahndämme seien ja immer das erste Angriffsziel, wenn es zum Kampfe käme; und nach allem, was er gehört und gesehen habe, steuere man geradenwegs auf einen Krieg zu.
„Wir werden es vielleicht nicht mehr erleben", war seine Ansicht; „aber meine Söhne werden ihn wohl mitmachen müssen."
Henriette hörte zu und beteiligte sich an dem Gespräch. Aber sie konnte sich nicht dazu bringen, auch nur an die entfernte Möglichkeit eines Krieges zu glauben. Angesichts dieser heiteren, friedlichen Landschaft, durch die der Zug sie trug, schien es ihr, als seien Sicherheit und Fruchtbarkeit die einzigen Wirklichkeiten dieser Welt. Die Abendsonne füllte das Housatonic-Tal mit ihrem milden Glanz, und die vertrauten Hügel in der Ferne verschwammen in zartem Dunst. Jeder einzelne Baum stand wie eine lodernde Fackel da, und Henriette befiel beim Anblick all dieser Schönheit eine unerklärliche Schwermut.
„Da sind sie!" rief Matthew, als das alte Pfarrhaus vor ihnen auftauchte und eine übermütige Schar herausstürzte, um sie zu begrüßen. Henriette erkannte Matthews drei älteste Kinder, zwei Jungen und ein Mädchen, die seit ein paar Jahren in der Nähe von Stockbridge ein Internat besuchten. Die anderen waren ihr fremd. Matthews Frau Clarissa war eine zierliche Frau mit einem müden, sanften Gesicht. Sie hielt ihr Baby auf dem Arm, und zwei kleine Kinder drängten sich schüchtern an sie. Das eine war ein etwa siebenjähriger Junge, rothaarig und kräftig wie sein Vater, das andere ein

kleines Mädchen, dessen Haar genau so rotgolden schimmerte wie die Ringelblümchen vor dem Haus.
„Ah, la belle petite!“ entfuhr es Henriette unwillkürlich beim Anblick dieses schönen Kindes. „Es ist zu viel“, dachte sie, „so viel Schönes an einem einzigen Tag!“
Das Mädchen war noch keine drei Jahre alt und besaß noch den ganzen Liebreiz kindlicher Unschuld. Seit Berthe damals so leicht wie ein Blatt in das Boudoir ihrer Mutter getanzt war, seit Raynald sich vertrauensvoll an sie geschmiegt hatte, hatte Henriette sich nicht mehr so stark zu einem Kinde hingezogen gefühlt. Unter den schweren Locken sah sie Augen, so klar braun wie ein dem Moor entspringender Quell, und ein Gesichtchen, das bei aller Weichheit schon den edlen Schnitt der Züge verriet. Diese rührende Zutraulichkeit in dem offenen Kinderblick — Henriette griff es ans Herz, und sie konnte sich nicht von der Kleinen abwenden. So standen sie und sahen sich ernsthaft an, während das Stimmengewirr um sie immer lebhafter wurde.
Und plötzlich, fast als sei ein geheimes Zeichen zwischen ihnen gewechselt worden, lösten sich die winzigen Finger von der Schürze, an die sie sich bisher geklammert hatten. Henriette rührte sich nicht von der Stelle, sondern blieb ruhig stehen und ließ das kleine Mädchen, das da jetzt über den Rasen entschlossen auf sie zuging, nicht aus den Augen. Sie fühlte ihre Kehle trocken werden und vermochte nur noch mit Mühe zu atmen. Vergeblich versuchte sie den Aufruhr in ihrem Herzen zu beschwichtigen, mit jedem Schritt fühlte sie sich dem kleinen Wesen mehr ausgeliefert.
„Das ist Clara“, hörte sie jemand sagen.
Aber sie achtete gar nicht darauf, wer diese Worte gesprochen hatte, sie war sich nur der Wärme der weichen Kinderhand bewußt. Der ganze Familienkreis verlor auf einmal seine Bedrohlichkeit, und ihr Zweifel und ihre Besorgnis verschwanden in diesem Augenblick, an den sie bis an ihr Lebensende immer zurückdenken würde. Hand in Hand folgten sie den anderen ins Haus, und miteinander feierten sie am nächsten Tag die goldene Hochzeit.
Es wurde ein Tag der Wiedersehensfreude und des Feierns. Emilias, David Dudleys und Jonathans Fami-

lien waren da, und auch Cyrus, gerade von einer Reise nach Südamerika zurückgekehrt, war mit den Seinen vollzählig erschienen. Die Nachbarn kamen und brachten Geschenke; und Briefe wurden geöffnet und vorgelesen; das Mittagessen wurde an einer langen Tafel eingenommen, an der die beiden Reihen glücklicher Gesichter den beiden Menschen zugewandt waren, die vor fünfzig Jahren zum erstenmal den Segen über diesen Tisch gesprochen hatten. In der Mitte waren Berge von Äpfeln, Kürbissen und Maiskolben aufgeschichtet, diese alten Symbole des Überflusses, die seit alten Zeiten hier in jedem Haus in Ehren gehalten wurden. Der Daguerreotypkünstler, den man aus der Stadt hatte kommen lassen, um dieses Familienfest im Bilde zu verewigen, hatte es gewiß nicht leicht; er entledigte sich seiner schwierigen Aufgabe jedoch mit bemerkenswertem Geschick; schon nach wenigen Proben gelang es ihm, die große Schar von Söhnen und Töchtern und Enkeln bildgerecht um das greise Paar zu gruppieren. Die Sonne lachte, die Grillen zirpten um die Wette mit dem fröhlichen Geplauder der Menschenstimmen; und die Tür des Pfarrhauses stand allen, die eintreten wollten, offen. Es war ein Fest, das an Pracht und Großartigkeit eines alttestamentarischen Patriarchen würdig gewesen wäre. Henriette, die diesem Tag doch mit einer gewissen Besorgnis entgegengesehen hatte, war von dem Anblick der drei Generationen, die das Haus mit ihrer überströmenden Lebenskraft erfüllten, aufs tiefste ergriffen. Hier, dachte sie, trafen sich für einen kurzen Augenblick Vergangenheit und Zukunft wie Erfüllung und Verheißung. Morgen würden sie alle wieder auseinandergehen; heute aber erhoben sie gemeinsam ihre Stimmen zum Preise Gottes und neigten andächtig ihre Köpfe, als der alte Pastor sich erhob, um sie zu segnen.

„Und seine Güte offenbaret sich in Kindern und Kindeskindern." Nicht nur der fromme Geistliche, sondern auch der stolze Vater und Großvater sprach diese Worte mit feierlichem Ernst.

Und die ganze Zeit über empfand Henriette beglückt die Nähe des kleinen Mädchens an ihrer Seite, das sich müde an sie lehnte, als die Festlichkeit sich ihrem Ende näherte und Henry aufstand, um das Abendgebet zu sprechen.

Henriette saß am äußersten Ende des Tisches; aber sie fühlte sich von dem Kreis nicht länger ausgeschlossen, wie sie es gefürchtet hatte. Sie sah stolz zu Henry hinüber, dessen Antlitz den warmen Schein der Abendsonne widerspiegelte. Sein übervolles Herz sprach aus ihm, als er nun aus der Familienbibel vorlas.

„Der Herr hat mich reich gesegnet und ließ meine Ernte wohlgeraten."

Henriette nahm das schläfrige Kind auf ihren Schoß und bettete das Köpfchen, das für den zarten Hals zu schwer geworden war, behutsam in ihren Arm. Das seidenweiche Haar lag wie ein Goldgespinst auf ihrem Kleid, und die kleine Brust hob und senkte sich in gleichmäßigen, ruhigen Atemzügen.

„Lasset uns beten!" hörte sie Henrys Stimme sagen.

Sie vernahm es wie aus der Ferne, von einem plötzlichen Glücksgefühl wie von einem dichten Schleier umhüllt. Gestern noch wäre sie wie die anderen auf die Knie gesunken; aber jetzt gehörte sie zum erstenmal zu den Müttern, die nur ihren Kopf neigten, um nicht die schlafenden Kinder in ihren Armen zu stören. Dies war die Bestimmung, für die eine Frau von Anbeginn aller Zeiten ausersehen worden war. Vielleicht war es nicht so wichtig, ob es das eigene Kind war, das man in den Armen hielt.

Henry und sie schliefen in dem Dachzimmer, das er als Knabe bewohnt hatte. Bis tief in die Nacht hinein sprachen sie von dem Fest und von all dem Segen, der während des verflossenen halben Jahrhunderts dieser Heimstatt zuteil geworden war. Dann hatten sie eine Weile geschwiegen, bevor Henriette auf etwas zu sprechen kam, was nur sie persönlich anging.

„Henri", begann sie, „ich habe mich heute einer Sünde schuldig gemacht. Ich habe ein Gebot übertreten."

Er sah sie sprachlos an, und sie fuhr hastig fort:

„Ja, ja, du weißt, welches ich meine. Ich habe deines Bruders Kind begehrt."

Er fühlte, wie sie von einem Schluchzen geschüttelt wurde.

„Es gibt Gesetze der Natur, die älter sind als die der Bibel", erinnerte er sie, „und du bist heute einem solchen gefolgt. Und mir scheint, du hast durch dein Vergehen gegen eines der zehn Gebote ein anderes erfüllt: ‚Liebe deinen Nächsten wie dich selbst' heißt doch auch, sein Kind lieben."

„Oh, Henri, immer verstehst du, mich zu trösten. Gut zu sein, ist unter deiner Führung nicht eine schwierige Tugend, sondern eine Freude."

Und dann sagte er, als habe er ihre Frage geahnt, die sie nicht zu stellen wagte, daß es vielleicht eine Erleichterung für Clarissa und Matthew sein würde, wenn sie die kleine Clara für einige Zeit zu sich nach West Springfield nähmen.

FÜNFUNDDREISSIGSTES KAPITEL

Der kleine Wandschrank in der Diele konnte kaum noch die vielen Manuskripte von Henrys Predigten fassen, und doch verbrachte er immer mehr Zeit schreibend an seinem Arbeitstisch. Es hatte nur eines kleinen Anstoßes von Henriette bedurft, um ihn zu veranlassen, seine wichtigeren Predigten noch einmal zu überarbeiten und sie an verschiedene Zeitungen und religiöse Wochenschriften in Springfield, Boston und New York zu schikken. Nur wenige von diesen sorgfältig in seiner flüssigen, leicht lesbaren Schrift abgeschriebenen Aufsätzen kamen wieder zurück. Im Gegenteil, man bat ihn um weitere Beiträge, und mit der Zeit trafen sogar kleine Honorarzahlungen ein, die sogleich auf das Sparguthaben in der Springfielder Bank eingezahlt wurden. Henriette verwaltete dieses ebenso wie die Haushaltskasse; denn obwohl sie noch immer keine perfekte Köchin geworden und auch sonst in Dingen des Haushalts nicht sehr beschlagen war, besaß sie doch einen ausgesprochenen Sinn für Sparsamkeit. Unter ihrer umsichtigen Leitung konnte von Henrys bescheidenem Gehalt nicht nur verhältnismäßig großzügig gewirtschaftet, sondern auch noch etwas beiseite gelegt werden.

„Wir müssen an die Zeit nach Connecticut Valley denken, Henri", hielt sie ihm vor, wenn sie über Geldinge sprachen. „Du wirst nicht dein ganzes Leben lang ein

Landpastor bleiben. Du wirst einmal ein größeres Tätigkeitsfeld haben, und dann werden wir jeden Cent brauchen können. Ach, richtig, vergiß doch, bitte, nicht, den Redakteur, der deinen Artikel über das neue Rom veröffentlicht hat, daran zu erinnern, daß du dein Honorar noch nicht erhalten hast."

Solche Mahnbriefe zu schreiben, fiel dem großzügigen und vergeßlichen Henry viel schwerer als einen neuen Artikel zu verfassen. Er für seine Person war sehr anspruchslos. Dann und wann ein Buch oder eine kleine Reise, von der er seiner Frau stets ein Geschenk mitbrachte, waren der einzige Luxus, den er sich leistete. Geld an sich war für ihn nur etwas, was immer auf eine rätselvolle Weise aus seinen Taschen verschwand. Ständig mußte Henriette darauf bedacht sein, ihn daran zu hindern, mehr fortzugeben, als ihren Verhältnissen entsprach.

„Einer von uns muß doch vernünftig sein", sagte sie sich. „Und es sieht so aus, als ob ich derjenige sein muß."

Ihrem Vorschlag war es zu verdanken, daß er das Tagebuch seiner Europareise in den Jahren 1847/48 in Buchform herausgab. Sie arbeiteten es gemeinsam durch und erlebten dabei noch einmal jene Zeit des Aufruhrs und Umbruchs. Es berührte Henriette merkwürdig, seine Aufzeichnungen über den Fall Praslin, seine erste Erwähnung einer gewissen Mademoiselle D. und seine Eindrücke von ihr im Gerichtssaal zu lesen und nachträglich Zeuge der Begeisterung zu sein, mit der er über seine erste Begegnung mit ihr bei den Monods geschrieben hatte.

„Manchmal", sagte sie und wandte ihm ihre Augen zu, in denen Tränen schimmerten, „manchmal kann ich gar nicht glauben, daß diese Frau, von der du hier berichtest, ich selbst gewesen sein soll."

„Auch ich habe mich verändert", entgegnete er. „Du hast mir so viel von dir geschenkt."

Während sie Abend für Abend jene engbeschriebenen Seiten durchlasen, kam ihr deutlicher denn je zum Bewußtsein, welch ungewöhnliche Begabung er dafür besaß, nicht nur das Aussehen, die Farbe und die Atmosphäre eines Ortes in Worten festzuhalten, sondern auch die Menschen zu zeichnen, denen er dort begegnet war.

Bisweilen verblüffte sie geradezu die Schärfe, mit der er einen Charakter analysierte, und die Leuchtkraft seiner Schilderungen. Er war der vollkommene Reisende in fremden Ländern mit seiner umfassenden klassischen und geschichtlichen Bildung, mit seiner warmen Menschlichkeit, die ihn alles zugleich mit den Augen des einfachen Mannes und denen des Gelehrten sehen ließ. Henry erkannte überall die Vergangenheit, die durch die Gegenwart hindurchschimmerte und sie färbte. Ihm gelang es mühelos, zwischen dem Einst und dem Jetzt die Beziehung herzustellen, die sowohl dem einen wie dem anderen gerecht wurde.

„Henri", sagte sie voll ehrlicher Überzeugung, „dein Tagebuch darf nicht in deiner Schublade liegenbleiben, bis es verstaubt und vergilbt ist. Du solltest die wichtigeren Abschnitte ausziehen und sie mit den nachfolgenden Ereignissen durch einen verbindenden Text in Zusammenhang bringen. Auf diese Weise wirst du genügend Material sammeln, um ein Buch daraus zu machen. Es ist wirklich erstaunlich, daß einem Menschen wie dir, der regelmäßig seinen Schirm stehenläßt und es bestimmt nicht merken würde, wenn ein Taschendieb ihn ausplünderte, auch nicht die geringste Einzelheit einer Szene oder eines zufälligen Gespräches entgeht!"

Er lächelte und stimmte ihr zu, daß dieser Widerspruch merkwürdig sei; aber er griff den Gedanken auf, den sie ausgesprochen hatte. Er entdeckte plötzlich ebenfalls die Möglichkeit einer literarischen Auswertung seines Tagebuches; und während des ganzen Winters war er damit beschäftigt, seine Aufzeichnungen zu überarbeiten und den einen oder anderen Abschnitt neu zu schreiben, der ihm bei seiner jetzigen größeren Erfahrung unreif und teilweise auch durch die Ereignisse der letzten Jahre überholt erschien.

„Nein, Liebling", sagte Henriette mit erhobenem Zeigefinger, wenn Klein-Clara sich der verbotenen Tür zum Studierzimmer nähern wollte, „Onkel Henri muß arbeiten; wir dürfen ihn jetzt nicht stören."

Claras Besuch war von Woche zu Woche verlängert worden. Erst hatte es Schwierigkeiten bei der Wiederinstandsetzung des Farmhauses in Southwick gegeben, und dann war ständig irgendeines der anderen Kinder krank gewesen. Matthews verschiedene Pläne machten häufige Geschäftsreisen nach Springfield, New Haven, Boston und New York notwendig. Wenn möglich, nahm er dann für ein paar Tage bei seinem Bruder Henry Aufenthalt, und bei jedem seiner Besuche stand Henriette stets von neuem Angst aus, er könne Clara mit sich fortnehmen wollen. Und jedesmal, wenn er wieder ohne das Kind abfuhr, atmete sie erleichtert auf, weil ihr noch eine Gnadenfrist gewährt worden war. Sie bemühte sich redlich, ihre Liebe zu diesem dritten Mitglied ihrer kleinen Familie nicht in einen Anspruch auf Besitz ausarten zu lassen. Clara — hielt sie sich täglich mindestens ein Dutzend Male vor — war ihnen nur für eine kurze Zeit geliehen worden; mehr durfte sie von den Eltern nicht verlangen. Sie sprach mit dem Kind von seinem Vater und seiner Mutter und den Geschwistern und begnügte sich selbst mit dem „Tante", so sehr sie sich auch nach dem „Mutter" gesehnt hätte. Aber wenn sie diesen festen, kleinen Körper abends entkleidete und badete, wenn sie die großen Augen erstaunt in die Welt blicken sah und den Kindermund ein neuerworbenes Wort so drollig aussprechen hörte, konnte sie das Gefühl nicht unterdrücken, dies sei ihr eigenes Kind. Das junge Menschlein erfüllte das Haus mit Leben, und während Cassie in ihrer Küche Pfefferkuchenmännchen ausschnitt, schneiderte Henriette kleine Kleider und fertigte aus ihrem alten Sealmuff eine Pelzkappe, um diesen rotblonden Lockenkopf und die frostglühenden kleinen Bäckchen vor Kälte zu schützen.

Schon in diesem zarten Alter besaß Clara einen sehr ausgeprägten Charakter und einen sehr eigenen Willen. Nicht nur in ihrem Äußeren war sie schon eine typische Field, sondern sie verriet ihre Zugehörigkeit zu der Familie auch durch ihr entschlossenes, unabhängiges Wesen und durch das Ungestüm ihrer Zärtlichkeit. Kein Kind hätte sich mehr als sie ihrem Temperament und ihrer Begabung nach von den jungen Praslins unterscheiden können. Mit der raschen Auffassungsgabe von Kindern verstand sie genau, was Henriette ihr auf Französisch sagte. Aber sie antwortete immer mit einem unverkennbar neu-englischen Akzent, der von Tag zu Tag deutlicher Cassies Schule verriet. Auch Henry hatte seine

Freude an ihr und verkündete eines Tages stolz seine Entdeckung: Clara sei eine richtige Field.

„Ja", bestätigte Henriette, „und sie hat das Temperament ihrer roten Haare. Gestern konnte sie es auch gut gebrauchen, als die Nachbarskinder sie auf einen Schlitten setzten und ihr einen Schubs gaben, so daß sie ganz allein den steilen Abhang hinuntersauste. Sie weigert sich, das kleine französische Lied auswendig zu lernen, das ich ihr für Weihnachten beibringen will, und dann wieder kann sie so rücksichtsvoll und still sein, wenn ich Kopfschmerzen habe, und sie ist zu allen Menschen, die an die Tür kommen, höflich und nett, sogar zu dem alten Lumpenhändler mit seinem wilden schwarzen Bart."

Nie zuvor war ein Weihnachtsfest so schön gewesen wie dieses Jahr. Die Tannenzweige erfüllten die Zimmer mit ihrem würzigen Duft, und die roten Beeren der Stechpalmen schmückten Türen und Fenster wie sonst; aber dieses Jahr huschten nackte Füßchen in den frühen Morgenstunden über den Fußboden, und ein neugieriges Kinderköpfchen lugte um die Tür, um nachzusehen, ob Sankt Nikolaus etwas in den Strumpf gesteckt habe; und am Kamin stand ein Liliputstuhl, in dem gerade eine Dreijährige Platz hatte, und darin saß eine wunderschöne Anziehpuppe mit einem täuschend lebendigen Gesicht. Henriette hatte ihre ganze Kunst und ihre besten Farben daran gewendet, und Claras jubelnde Begeisterung war ihre schönste Weihnachtsfreude.

Eines Tages, spät im Januar, tauchte Matthew unangemeldet auf der Durchreise von New York bei ihnen auf. Es herrschte eine grimmige Kälte, und er hatte sich durch tiefe Schneewehen vom Bahnhof zu ihnen durchkämpfen müssen. Müde streckte er seine langen Beine zum Feuer und schlürfte dankbar den Kaffee, den Henriette ihm einschenkte. Aber sein starkes, flammendes Haar schien mit Energie geladen zu sein; seine Augen leuchteten, und seine innere Erregung teilte sich dem ganzen Raum mit.

„Matthew trägt sich wieder mit einer neuen Erfindung", hatte Henry vorausgesagt, nachdem sie ihn begrüßt hatten. „Ich kenne diese Anzeichen!"

Und offensichtlich bewegte ihn auch eine Idee, der er ungeheure Bedeutung beimaß, und es dauerte nicht lange, da machte er seinem übervollen Herzen Luft.

„Ich traf Gisborne in New York", fing er an. „Reiner Zufall, daß wir uns vor dem Astorhaus begegneten, und ein glücklicher Zufall für uns beide."

„Gisborne?" sagte Henry fragend.

„Ja, dieser englische Erfinder. Du hast wahrscheinlich noch nichts von ihm gehört, aber er hat es auf seinem Gebiet schon recht weit gebracht. Er versteht von der Elektrizität und der Telegraphie mehr als irgendwer sonst, außer vielleicht Morse selbst. Er war gerade von Neufundland heruntergekommen, wo er an der neuen Telegraphenlinie arbeitete. Nun, wir kamen ins Gespräch, und mit einemmal war unser neuer Plan auch schon geboren. Ich sage euch, wenn die Sache klappt — und ich weiß nicht, warum sie nicht klappen sollte —, dann wird das die ganze Welt auf den Kopf stellen. Komisch, ich hatte in letzter Zeit selbst schon mit dem Gedanken gespielt, und daher dauerte es nicht lange, bis wir uns gefunden hatten."

Henry beugte sich gespannt vor, und sein Kaffee wurde kalt, während er zuhörte. Henriette schob ihre Tasse beiseite, machte aber keine Miene, nach ihrem Nähkorb zu greifen. Matthews Stimme hob und senkte sich in dem stillen Zimmer, und jedes Wort war von einer Überzeugung getragen, die seine beiden Zuhörer gebannt lauschen ließ. Das ganze Dorf dort hinter den zugezogenen Vorhängen hätte abbrennen können, keiner von den dreien wäre es gewahr geworden.

Matthew hatte einen Sinn für das Praktische. Was man auch sonst über ihn sagen mochte, das stand fest. Wenn er seine Brücken baute, überließ er nichts dem Zufall. Ihre Bögen waren auf den Millimeter genau errechnet und solide und dauerhaft gebaut. Wenn er eine Bahnstrecke anlegte, entsprach sie sämtlichen Anforderungen. Seine Begeisterungsfähigkeit mochte grenzenlos sein; aber er hatte sie noch nie mit seinem gesunden Menschenverstand durchgehen lassen. Doch was sollten Henry und Henriette jetzt denken — was konnten sie anderes tun, als ihn mit offenem Mund ungläubig anstarren, wenn er dasaß und behauptete, daß es gar keinen Grund gäbe, warum eine Telegraphenlinie nicht ebensogut auch unter dem Ozean gelegt werden könnte wie über der Erde!

„Es ist ganz einfach", beteuerte er. „Morse hat den Beweis an Land gebracht, und wir werden ihn auch für die See erbringen. Wenn ihr mir nicht glauben wollt, dann fragt Cyrus. Er ist schon ganz Feuer und Flamme."

Und dann erklärte er weiter. Gisborne hatte eine Konzession aufgenommen, um neue Telegraphenlinien in Neuschottland und Neufundland zu legen. Weite Strekken davon mußten unter Wasser in wasserdichten Kabeln geführt werden. Die Arbeit war erfolgreich begonnen worden; aber er hatte aufhören müssen, weil seine Mittel nicht mehr ausreichten. Deswegen war er auch nach New York gekommen, um dort einen Geldgeber zu finden. Matthew hatte die Überzeugung gewonnen, daß Geld darin gut angelegt sein würde, und hatte sogleich an Cyrus gedacht, der unlängst seine Papierfabriken mit einem großen Gewinn verkauft hatte und sich schon wieder nach einem neuen Unternehmen umsah, in das er sein Kapital investieren könnte. Also waren er und Gisborne zu Cyrus in sein neues Haus am Gramercy Park gegangen und hatten dort stundenlang mit ihm verhandelt. Anfänglich war Cyrus von der Idee nicht sehr überzeugt gewesen; schließlich war er ein Geschäftsmann und verstand nicht viel von Wissenschaft und Erfindungen. Nein, das Projekt des Neufundlandtelegraphen hatte bei ihm kein großes Interesse erweckt, und erst später waren ihm die großen Möglichkeiten dieses Planes aufgegangen: warum sich eigentlich mit der kurzen Linie zwischen den Inseln da oben im Norden zufrieden geben? Warum nicht ein Atlantikkabel zwischen Europa und Amerika?

„Ja", fuhr Matthew selbstlos und voll Stolz auf den Bruder fort, „ich muß Cyrus den ganzen Ruhm überlassen; denn Gisborne und ich haben nicht weiter als bis zu unseren Nasenspitzen sehen können — allerdings hätten wir es uns auch nicht leisten können", fügte er mit einem kleinen Lächeln hinzu.

„Aber, Matthew", warf Henry immer noch zweifelnd ein, „selbst wenn die Theorie dir recht gibt, wie willst du sie jemals in die Praxis umsetzen? Samuel Morse hat doch den Telegraphen schon so weit entwickelt, wie es überhaupt nur möglich ist."

„Keine Rede davon, daß er das hat. Morse selbst ist von unserem Plan begeistert. Er hat schon vor Jahren behauptet, daß es möglich wäre; aber damals hat es niemand aufgegriffen. Nun, ihr kennt ja Cyrus, wenn es bei ihm zu brennen anfängt."

„Ja, ich dachte, ich kenne Cyrus ziemlich gut; aber dieses — dieses Schloß im Mond sieht mir gar nicht nach dem nüchternen Geschäftsmann in unserer Familie aus."

„Warte, bis du ihn gesprochen hast. Cyrus packt eine Sache entweder ganz groß an, oder er läßt die Finger davon. Bei ihm gibt es kein kleinliches Getüftel. Als Gisborne und ich um Mitternacht von ihm fortgingen, war ich nicht gerade hoffnungsvoll; aber ich beschloß doch, mich noch ein paar Tage in New York herumzutreiben, falls sich irgend etwas ereignen sollte."

Die Scheite im Kamin waren zu einem glühenden Aschenhäufchen niedergebrannt. Unversehens war es im Zimmer so kalt geworden, daß Henriette fröstelnd zusammenfuhr und mit einer bittenden Handbewegung auf den Holzkasten wies. Matthew unterbrach seine Erzählung lange genug, um das Feuer wieder anzufachen, und fuhr dann fort:

„Ich sollte recht behalten. Cyrus war mir schon früh am nächsten Morgen auf der Spur. Ich glaube, er ist nach unserem Weggehen noch lange in seiner Bibliothek sitzengeblieben und hat seinen großen Globus hin- und hergedreht, bis ihm plötzlich die Erleuchtung kam. Er sagte, er sei noch stundenlang auf- und abgegangen, weil er so stark von der Idee durchdrungen war und weil er wußte, daß er das Kabel zwischen den beiden Erdteilen legen würde."

Aber selbst Matthew war von dem Eifer, mit dem Cyrus die Idee aufgriff, überrascht gewesen. Er hatte nicht geahnt, daß eine Lawine so schnell ins Rollen geraten konnte. Der nächste Tag war noch nicht herum, da hatten er und Gisborne bereits ihre ganze Erfahrung als Ingenieure Cyrus zur Verfügung gestellt. Cyrus hatte sich sogleich mit Morse in Verbindung gesetzt, um dessen fachmännischen Rat einzuholen, und auch mit dem Staatssekretär der Marine und mit Leutnant Maury von

der nationalen Wetterwarte. Alle drei hatten ihm unverzüglich ihre uneingeschränkte Unterstützung zugesichert. Das letzte Problem, das in Angriff genommen werden mußte, war die Geldfrage, und Cyrus sprach bereits von Summen, die sie alle schwindeln machten. David Dudley war als Rechtsbeistand hinzugezogen worden; man wollte sich nicht der Gefahr aussetzen, später, wenn die Gesellschaft gegründet worden war, in Prozesse und Forderungen verwickelt zu werden.
Henry holte tief Atem und rückte erregt auf seinem Stuhl hin und her.
„David auch", sagte er leise, „und Cyrus nennt schon Zahlen — dann ist es ernst. Aber, Matthew, diese gewaltigen Aussichten übersteigen einfach mein Vorstellungsvermögen. Zwei Erdteile sollen durch ein Kabel von mehreren tausend Meilen —"
„Ja, das ist es, gewaltig!" Matthew griff das Wort eifrig auf. In sprachlichen Dingen erkannte er die Überlegenheit seines jüngeren Bruders durchaus an. „Und damit ist ja noch nicht alles gesagt. Stellt euch doch nur vor, innerhalb einer Stunde werden wir wissen können, was in London und Paris soeben geschieht."
„Ich kann es noch gar nicht begreifen", Henriette sprach zum erstenmal. „Es ist großartig; aber es ist auch schrecklich."
Matthews Stimme klang heiser vor Bewegung. „Ich sage euch ja, die ganze Welt wird Kopf darüber stehen! Wir brauchen uns nie mehr mit Neuigkeiten abzugeben, die schon längst überholt sind, bis sie uns erreichen."
„Ja; aber auch schlechte Nachrichten werden wir dann schneller erhalten."
Die beiden Brüder lachten über ihren Einwand.
„Das ist echt Frau", meinte Matthew, „Cyrus' Frau hat fast genau dasselbe gesagt, als sie davon hörte, und ich müßte mich sehr irren, wenn meine Clarissa sich euch nicht anschließen wird, sobald ich es ihr erzähle. Könnt ihr Frauen denn nicht ein einziges Mal weiter als bis zu eurer eigenen Haustür sehen?"
„Das ist es nicht, Matthew, ich wehre mich gar nicht gegen diese Erfindung", versuchte sie zu erklären. „Es erschreckt mich nur, wenn ich daran denke, was sie alles zur Folge haben kann."

Sie fühlte das Blut in ihre Wangen steigen und sprach nicht weiter, weil sie ihnen doch nicht hätte sagen können, woran sie gerade dachte. Sie hatte in Gedanken die beiden Männer hier im stillen Pfarrhaus allein gelassen und war die Jahre zurück nach Paris gegangen und hörte wieder die Zeitungshändler ‚Mord! Mord!' und ihren Namen rufen. Innerhalb einer Stunde, hatte Matthew gesagt, würde eine solche Nachricht die Erde umkreist haben. Aber das lag ja alles hinter ihr; was hatte sie denn noch von diesem lebendigen Metallband zu fürchten, das den Herzschlag der alten und der neuen Welt unter dem rastlosen Meer in Einklang bringen würde?
Lächelnd erhob sie sich und sah auf die beiden nieder.
„Im allgemeinen trinken wir ja keinen Alkohol, wie du weißt", sagte sie zu ihrem Schwager; „aber heute ist ja kein gewöhnlicher Abend, und ich meine, wir sollten ihn feiern. Findest du nicht auch, mein kleiner Henri, daß wir auf die Zukunft dieses Seeungeheuers von Cassies Kirschwein trinken sollten?"
Als sie aus der Küche mit drei kleinen Gläsern und einem Teller Kuchen wiederkehrte, waren Henry und Matthew immer noch eifrig in ihr Gespräch vertieft.
„Und wie stark wird das Kabel sein?" fragte Henry.
„Ungefähr so wie meine Faust, vielleicht noch etwas dünner. Aber es wird eine Unzahl von feinsten Leitungsdrähten enthalten."
Henry pfiff erstaunt und starrte ungläubig auf seine eigene Faust.
„Wir müssen den Toast stehend ausbringen", bestimmte Henriette. „Ich fände es nicht passend, wenn wir sitzend auf den Erfolg eines so großen und gefahrvollen Unternehmens anstoßen würden."
„Das war mal ein Wort, Henriette!" Matthew strahlte sie an und sprang auf. „Den Toast muß Henri ausbringen. Worte, das ist seine Sache!"
Sie erhoben ihre Gläser, und der hausgemachte Fruchtwein leuchtete rubinrot im Lampenschein. Henry runzelte im angestrengten Nachdenken die Stirn.
„Einfach Telegraph können wir es nicht nennen", sagte er. „Auf welchen Namen wollen wir es taufen?"
Matthew schüttelte den Kopf. „Daran wird Cyrus noch nicht gedacht haben", gab er zu. „Aber nenn es, wie du

willst, Henry, nur der Atlantische Ozean muß darin vorkommen."
„Also dann —" Henrys Gesicht nahm einen feierlichen Ausdruck an — „auf das Atlantikkabel!"
Die Gläser klangen zusammen, und Henriette schien es, wie sie da zwischen den beiden Männern stand, daß es sich um sie wie von prophetischem Raunen und Rauschen bewegte.
„Ja, an den heutigen Abend werden wir immer denken", sagte sie ernst. „Ich fühle das Bedeutsame dieser Stunde."
Es schlug Mitternacht, als sie die Treppe zu ihren Zimmern emporstiegen. Sie schlichen den Flur auf Zehenspitzen entlang, um das kleine Mädchen nicht zu wecken.
„Matthew wird bald eine große Rolle in diesem Unternehmen spielen", meinte Henry, als sie oben allein in ihrem Schlafzimmer waren. „Wenn die Pläne ausgearbeitet sein werden und die Gesellschaft gegründet ist, wird man einen so begabten Ingenieur nicht entbehren können. Er erzählte mir, er glaube, Cyrus wolle ihn am Neufundlandende verwenden."
Henriette erhaschte einen Anflug von Bedauern in seiner Stimme. So deutlich hatte Henry noch niemals einem Gefühl von Neid Ausdruck gegeben. Sie trat vor ihn hin.
„Sieh mich an, Henri!" befahl sie. „Nein, versuch dich nicht zu verstellen, ich kann deine Gedanken gut lesen: du möchtest auch Teil daran haben, ebenso wie deine Brüder, nicht wahr? Und warum solltest du es auch nicht wünschen?"
Er lächelte verlegen. „Ich darf nicht vergessen", entgegnete er, „daß ich kein Mann der Tat, sondern ein Mann der Schrift bin. Aber heute abend, als ich Matthew zuhörte, hätte ich vieles drum gegeben, wenn es anders wäre."
„Du wirst auch noch das deine zum Gelingen beitragen" erwiderte sie überzeugt. „Ich bin dessen ganz sicher!"
„Vielleicht hast du recht — aber bis jetzt ist dies ja alles nur ein Traum."
„Aber wenn eine solche Idee von den Menschen Besitz ergreift, zumal von einem Mann mit so unbeugsamem Willen wie Cyrus, dann ist sie durch die Kraft seines Glaubens schon halb verwirklicht. Es mag Jahre dauern; aber ich weiß, daß wir beide es noch erleben werden!"

„Und doch schienst du anfangs dagegen zu sein", erinnerte er sie.
„Nicht gegen die Erfindung", sagte Henriette. „Es kam nur plötzlich über mich, wie anders mein Leben jetzt vielleicht aussehen würde, wenn dieses Atlantikkabel dir die Nachricht von der Tragödie in der Rue du Faubourg Saint-Honoré gebracht hätte, bevor du deine Reise antratest. Ich mußte daran denken, daß du dann vielleicht nicht gekommen —"
Er zog sie an sich, als sie abbrach.
„Meine Liebste!" Seine warmen Lippen spendeten ihr Trost. „Kannst du dir denn nicht vorstellen, daß ich dann nur um so eher gekommen wäre?"

SECHSUNDDREISSIGSTES KAPITEL

Während des ganzen Frühlings 1854 war die Luft voll von neuen Plänen. Die Knospen der Weidenkätzchen und Schneeglöckchen begannen gerade im Walde hinter West Springfield hervorzulugen, als Henry seinen zweiunddreißigsten Geburtstag feierte. Zu Ehren dieses Tages fuhren er und Henriette auf eine Woche nach New York — ihr erster Besuch in der Hauptstadt seit vielen Monaten. Sie wohnten bei David Dudley, dessen neues großes Haus unmittelbar neben dem von Cyrus an der Nordostseite des Gramercy Parks lag. Man hatte zwischen den beiden Häusern eine Verbindungstür geschaffen, so daß die Brüder und ihre Familien freundschaftlich beieinander aus- und eingehen konnten. Sie waren alle sehr geschäftig, und man sprach nur noch von dem faszinierenden, neuen Unternehmen, das seit jenem Abend, an dem Matthew ihnen davon erzählt hatte, sehr weit gediehen war. Cyrus hatte mit seiner Beredsamkeit auch Peter Cooper, einen anderen Nachbarn am Gramercy Park, gewonnen. Cooper war nicht nur einer der reichsten Männer des Landes, sondern auch New Yorks bedeutendster Philanthrop. Mit seiner Unterstützung und der von anderen wohlhabenden Freunden, mit Hilfe von Dudleys juristischen Kenntnissen und zahlreichen wissenschaftlichen Mitarbeitern war Cyrus dabei, seine eigene Tiefseetelegraphengesellschaft zu organisieren. Er bereitete sich schon für die Reise an die winterliche Küste Neufundlands vor, wohin er bei Einsetzen günstigeren Wetters fahren wollte. Er brannte vor Ungeduld, sich persönlich von dem Stand der Dinge an dieser nördlichen Operationsbasis zu überzeugen und festzustellen, wie weit die Telegraphenlinie dort bereits gelegt war.

Als Henriette und Henry wieder nach Connecticut Valley zurückkehrten, wußten sie über das Unternehmen erstaunlich gut Bescheid. Aber ihr Aufenthalt in New York war noch in einer anderen persönlicheren Beziehung von großer Bedeutung. Henry hatte die Herausgeber mehrerer Zeitschriften, für die er schon Beiträge geliefert hatte, aufgesucht. Unter anderem war er auch in der Redaktion des ‚Evangelisten' gewesen, einer religiösen Wochenschrift, die mehrere Artikel von ihm abgedruckt hatte. Der Einfluß und die Qualität dieser Zeitschrift waren ständig im Wachsen begriffen, und ihr Leserkreis wurde immer größer. Man sah sich nach einem neuen Herausgeber für sie um, einem Manne von presbyterianischer Erziehung, von literarischen Fähigkeiten und fortschrittlichen Anschauungen. Henrys Alter, seine Anlagen, seine Erfahrung und sein Weitblick schienen wie geschaffen für diesen Posten, und man bot ihm die Stellung an. Nur eine Voraussetzung fehlte ihm: es war erforderlich, daß er die Aktienmehrheit der Zeitschrift übernahm.

Als er Henriette von dem Angebot erzählte, lag ein bedauerndes Lächeln auf seinem Gesicht. Wenn er doch das Kapital hätte, um einen solchen Posten übernehmen zu können! Aber das lag natürlich außerhalb jeder Möglichkeit. Es würde mehr Geld kosten, als zu ihrer Verfügung stand. Außerdem würde das Gehalt zunächst sehr klein sein, bis sich die Erweiterung und Umstellung der Zeitschrift erfolgreich erwiesen haben würde; und New York war ein teures Pflaster im Vergleich mit einem Neu-England-Städtchen. Nein, Henry fürchtete, er würde das Angebot ausschlagen müssen, so leid es ihm auch tat — denn eine solche Chance würde sich ihm nicht so leicht wieder bieten, und nach einem solchen Tätigkeitsfeld hatte er sich schon immer gesehnt.

„Aber selbstverständlich nimmst du an!" Henriette hatte in ihrer romanischen Lebhaftigkeit beide Arme erhoben. „Du hast doch noch nicht endgültig nein gesagt? Sehr gut — das ist wirklich ein Geschenk des Himmels. Nein, hör nur auf mit diesem törichten Wenn und Aber. Wann soll denn die Umstellung stattfinden? Jetzt gleich?"

Obwohl er gewiß nicht sehr praktisch veranlagt war, hatte sich Henry diesmal doch über alle Einzelheiten genau informiert. Der gegenwärtige Redaktionsstab würde wie bisher den Sommer über weiterarbeiten. Er würde seinen Dienst erst im September anzutreten haben. Das würde ihm genügend Zeit lassen, seine Entlassung in West Springfield zu beantragen, und bis dahin würde die Gemeinde auch mühelos einen Nachfolger für ihn finden können. Seine Leitartikel und anderen Beiträge konnte er ja einstweilen mit der Post einsenden. Das machte weiter gar keine Schwierigkeiten; aber wie sollte er nur das Geld aufbringen?

Henriette hatte auch hierauf eine Antwort. Manchmal mußte man eben ein Risiko auf sich nehmen, und in solchen Fällen war es auch gerechtfertigt, Geld zu borgen. Sie wußte, daß Henry jetzt am Scheidewege stand, und war sich mehr als er darüber klar, daß sein Erfolg und sein Lebensglück in hohem Maße von dieser Entscheidung abhingen.

„Henri", sagte sie mit einer Bestimmtheit, die keinen Einwand zuließ, „du wirst diesen Posten annehmen. Das ist das Allerrichtigste, und du wirst dich auch als Herausgeber bewähren, weil du mit ganzem Herzen bei der Sache bist. Ich habe es schon längst gewußt, daß du ein breiteres Tätigkeitsfeld brauchst. Zwar haben wir keine Kinder, und offenbar steht es nicht in unserer Macht, etwas daran zu ändern; aber in dieser Sache liegt die Entscheidung bei uns. Sei unbesorgt und freue dich über diese Gelegenheit, die sich dir geboten hat, weil du imstande bist, sie zu ergreifen — alles andere überlasse nur ruhig mir."

Am Sonntag darauf verlas Henry von der Kanzel der alten weißen Kirche sein Rücktrittsgesuch. Bevor er begann, warf er noch einen raschen Blick auf seine Frau. Ihre Augen blickten ihn beruhigend an, als er dann der Gemeinde von dem Entschluß Mitteilung machte, der ihrer beider Leben so grundlegend ändern sollte.

„Zu diesem Schritt habe ich mich erst nach reiflicher Überlegung entschlossen", sagte er seinen überraschten Zuhörern. „Und daß ich mein Amt hier niederlege, bedeutet nicht, daß ich die Bande zerschneiden will, die mich an euch, an diese Kirche und die anderen knüpfen, in denen ich das Wort Gottes predigen durfte unserem Glauben gemäß, wie schon mein Vater und mein Großvater es getan haben. Es ist mir nur um eine größere Gemeinde zu tun — denn eine bessere und anhänglichere als diese, der ich nun schon drei Jahre lang diene, kann ich mir nicht denken. Ich verlasse euch nicht, um eine andere Tätigkeit aufzunehmen. Ich will nur einer größeren Schar dienen und mich mit der Feder auch an alle jene wenden, die ich mit meiner Stimme nicht erreichen kann."

Henriette spürte die Aufrichtigkeit in seinen Worten. Ihre Liebe und ihr Stolz wuchsen, als sie ihm zuhörte; und als sie später an seiner Seite auf der Kirchentreppe stand, war sie gerührt von dem Bedauern, das viele Mitglieder der Gemeinde ihrem Mann gegenüber ausdrückten, bevor sie durch den sonnigen Frühlingsmorgen ihrem Heim zugingen. Einige von ihnen hatten Henry oft kritisiert, vielleicht nicht ganz ohne Berechtigung. Er war zwar in grundsätzlichen Dingen über allen Vorwurf erhaben und war in allen Fragen, die die Kirche betrafen, immer ehrlich bemüht gewesen, klug und recht zu handeln; aber als Mensch — dessen war sie sich bewußt — hatte er gelegentlich falsch geurteilt. Beide mochten sie wohl das eine oder andere Gemeindemitglied gekränkt haben. Manche seiner Pflichten waren ihm lästig gewesen, und sie hatte ihm sicherlich nicht immer in diesen leidigen Zwistigkeiten, wie sie nun einmal in einem Kirchspiel nicht zu vermeiden sind, so beigestanden, wie eine Frau, die selbst aus diesem Milieu stammte, es hätte tun können. Aber dieser Lebensabschnitt lag ja nun hinter ihnen. Henry hatte seiner Gemeinde treu und redlich gedient. Die Männer und Frauen hier sahen ihn ungern scheiden. In den Monaten, die seinem Rücktritt folgten, nahm Henriette alle Kräfte zusammen, um der Verantwortung, die sie auf sich genommen hatte, gerecht zu werden. Henry hatte jetzt doppelte Arbeit zu leisten: er mußte weiterhin seinen kirchlichen Pflichten genügen, bis sein Nachfolger ernannt war, und gleichzeitig die wöchentlichen Artikel für den ‚Evangelisten' schreiben. Die Schwierigkeiten, die sich durch das Geldproblem und ihre bevorstehende Übersiedlung nach New York ergaben, mußte Henriette allein bewältigen. Sie machte eine genaue Aufstellung ihrer Ersparnisse und stellte fest, daß dieses Geld, das sie dank ihrer umsichtigen Wirtschaftsführung hatte beiseite legen können, zusammen mit einer Anleihe, die sich freilich mehr auf persönliches Vertrauen als auf greifbare Gegenwerte stützte, für den Ankauf der nötigen Aktien der Zeitschrift ausreichen würde. Nachdem sie hierüber Klarheit gewonnen hatte, ging sie daran, die Haushaltungskosten so niedrig wie möglich zu gestalten. Sie setzte eine lange Liste auf von Dingen, die im Haushalt nötig waren, und fragte Cassie stundenlang darüber aus, wie man mit einem Minimum an Ausgaben die günstigsten Ergebnisse erzielen könne. Und Cassie beriet sie auf das beste über sparsamen Einkauf. Das alternde Mädchen war ihr zwar mit allem Eifer behilflich; aber wenn das Gespräch auf die immer näherrückende Abreise kam, vergoß Cassie regelmäßig ein paar Tränen. Der Gedanke, sich von diesen drei Menschen, denen sie mit einer geradezu fanatischen Anhänglichkeit ergeben war, trennen zu müssen, war ihr unerträglich.

„Es ist schlimm genug, daß Clara über den Sommer zu ihren Leuten mußte", seufzte sie dann wohl, während sie in den Kohlen stocherte. „Ich kann keinen Pfefferkuchen mehr ins Gesicht schauen oder an der Tür von dem kleinen Zimmer oben vorbeigehen, ohne daß mir ganz traurig zumute wird; aber wenn ich erst daran denke, daß auch noch ein anderer Pastor mit seiner Familie hier ins Haus kommt, gerade wo wir alles so hübsch gerichtet hatten, und daß Sie und der Herr Pastor in die große Stadt wollen, und ich bin nicht einmal dabei, um für Sie zu sorgen — wahrhaftig, dann könnte ich mich auf der Stelle niedersetzen und einfach verzweifeln. Ich muß schon sagen, es geht mir gegen mein Gewissen, daß ich hierbleiben und nicht mitkommen soll!"

Aber Henriette mußte ihr diese Großmut ausreden. Sie wußte genau, Cassie würde in New York so unglücklich sein wie eine Ente in der Wüste Sahara. Überdies hatte sie eine verheiratete Schwester, die oft kränkelte und deren große Kinderschar dann der Aufsicht bedurfte. Obgleich Henriette des öfteren versucht war, Cassie wenigstens für den Einzug mitzunehmen, widerstand sie diesem Wunsch und blieb fest.

„Nein, Cassie!" Sie schüttelte den Kopf und versuchte das betrübte Gesicht vor sich aufzuheitern. „Wir müssen vernünftig sein. Es gibt immer irgendwelche Veränderungen im Leben, und ich kann wirklich schon von Glück sagen, daß ich Sie alle diese Jahre bei mir haben durfte. Es ist gar nicht auszudenken, was ich ohne Ihre Hilfe und Ihren Rat angefangen hätte. Hoffentlich mache ich meiner Lehrerin nun auch Ehre. Sie finden bestimmt jemanden, der Sie ebenso nötig braucht wie ich."

„So jemanden wie Sie und den Herrn Pastor finde ich doch nie wieder." Cassie vergrub ihre Finger in den Brotteig, den sie gerade durchknetete, und wandte ihr Gesicht mit einem verdächtigen Schlucken ab. „Ich glaube, ich werde es nie wieder übers Herz bringen, das Stück, das Sie mir beigebracht haben, zu spielen, selbst wenn hier wieder ein Klavier ins Haus kommt."

„Aber, Cassie, ich bitte Sie! Das dürfen Sie mir aber wirklich nicht antun", sagte Henriette mit freundlichem Vorwurf. „Nein, Sie müssen es gerade so oft spielen, wie Sie nur können, und immer daran denken, wie glücklich wir hier zusammen waren. Ich glaube ja, manche Menschen sind vom Schicksal dazu bestimmt, gerade dann in unser Leben zu treten, wenn wir einen Freund am nötigsten haben. Das weiß ich ganz gewiß, Cassie; denn es hat Zeiten gegeben, wo ich sonst einfach nicht weitergekonnt hätte —"

Sie brach ab und stand einen Augenblick ganz still und starrte aus dem Fenster auf den blütenschweren Fliederbusch, in dem die Bienen emsig summten. Ihre Gedanken wandten sich wieder der Reihe von Jahren zu, die von der fast bizarren Mannigfaltigkeit so verschiedener

Menschen erfüllt waren — sie sah sie alle wieder vor sich: die hochgewachsene Gestalt des Herzogs, so vornehm und elegant, im Kreise seiner Kinder; Albert und Marie Remey, herzensgut und liebenswert und Hand in Hand durchs Leben schreiten; Frédéric Monod und seinen Bruder, die ihr zur Hilfe eilten; Madame Le Maire, bissig und lebensklug; den alten Pierre im verschossenen blauen Kittel; Miß Haines, wie sie sie in ihrer Schule am Gramercy Park willkommen hieß — und Henri — ja, Henri, der eine ganze Welt von Liebe und Güte und Verständnis für sich war.
Dann riß sie sich aus ihren Gedanken und wandte sich wieder ihrer unmittelbaren Umgebung, der Küche, und Cassies neugierig bewunderndem Gesicht zu.
„Wenn Sie so dastehen und so aussehen", sagte Cassie, als habe sie Henriettes Gedankengang folgen können, „dann weiß ich, daß Sie sich so im stillen das eine oder andere zurechtlegen. Ich meine, daß Sie von so weit her gekommen sind und jetzt hier sind. Sie haben allerhand durchgemacht, das habe ich gleich gemerkt. Aber als ich Sie das erstemal zu Gesicht bekam, da sagte ich mir: ‚Das ist eine, die sich nicht unterkriegen läßt.' Ja, und wie ich schon gestern sagte, Sie lassen mich am besten einen ordentlichen Vorrat Gurken einlegen, und sobald die ersten Pfirsiche reif sind, wollen wir lieber auch davon eine Menge einmachen. Sie werden gar nicht genug Eingemachtes mit nach New York nehmen können, damit Sie im nächsten Winter was haben."
Henriette hatte Miß Haines ihre Pläne mitgeteilt und hatte umgehend eine ermutigende Antwort von ihr erhalten. Sie sei entzückt von der Aussicht, sie wieder in New York zu sehen. Sie habe zwar eine Französischlehrerin für das kommende Schuljahr angestellt; aber es gäbe immer genügend Schülerinnen, die Nachhilfeunterricht brauchten, und es wäre durchaus möglich, daß einige von den älteren Mädchen sich in französischer Konversation und auch im Malen und in der Literatur noch vervollkommnen wollten. Sie würde selbstverständlich den Mädchen empfehlen, sich dieser ihr gut bekannten, tüchtigen Lehrerin anzuvertrauen. Und die praktische Miß Haines schrieb weiter, sie habe in letzter Zeit mehrere Anfragen von auswärtigen Eltern erhalten,

die ihre Töchter gern in ihre Schule schicken würden, wenn sie sie in irgendeiner Familie unterbringen könne, da ihr Internat ja schon vollauf besetzt sei. Sie glaube, es würde sich für Henriette reichlich bezahlt machen, wenn sie in der Nähe ein Haus mieten würde und diese Mädchen als zahlende Gäste aufnähme.

„Aber, Henri, wir dürfen das nicht so ganz von der Hand weisen", hatte sie seine ersten Einwände abgetan, „ich würde es auch lieber sehen, wenn wir unser Heim nicht mit Fremden zu teilen brauchten; aber es handelt sich doch nur um ein, höchstens zwei Jahre und bedeutet finanzielle Sicherheit für uns und Ruhe zum Arbeiten für dich. Ich muß zugeben, bei älteren Pensionären würde ich es mir auch lange überlegen; aber du weißt ja, daß ich mich mit dem jungen Volk gut verstehe. Und ich verspreche dir, ich werde schon dafür sorgen, daß du ungestört bleibst und sich an unserem Leben weiter nichts ändert."

Es war nicht ganz einfach, ein Haus zu finden, das allen ihren Anforderungen, was Lage und Miete betraf, entsprach; aber nach langem, entmutigendem, vergeblichem Suchen fand sie schließlich eins. Henry und sie waren in den letzten, erstickend heißen Augusttagen in New York eingetroffen; aber er mußte noch einmal nach West Springfield zurückkehren und ließ sie bei David zurück, um die Wohnungssuche allein fortzusetzen. Immer mehr Familien waren in der letzten Zeit von dem alten Viertel am Washington Square in diese Gegend gezogen, die noch vor ein paar Jahren beinahe ländlich gewesen war. Die Häuser waren wie Pilze aus der Erde geschossen, und die Nachfrage war groß. Ein Haus, das unmittelbar am Park gelegen war, überstieg ihre Verhältnisse; aber Henriette war fest entschlossen, möglichst nahe der Schule zu mieten. Die Häuser in dem langen Wohnblock der East Eighteenth Street unterschieden sich in nichts voneinander. Alle waren sie gleichförmig braun und schmal, alle in demselben Stil gebaut mit der Küche im Kellergeschoß, mit spitzen Giebeln und drei Stockwerken, ein jedes mit drei Fenstern nach vorn und nach hinten. Nur die Hausnummer und die Farbe der Türen und Fensterläden verliehen ihnen ein etwas individuelles Gepräge. Aber kaum hatte

Henriette von dem Hausbesitzer die mäßige Monatsmiete erfahren, ergriff sie auch schon in Gedanken Besitz von dem Haus Nummer 102. Zwar hatte es einige offenkundige Nachteile: die Treppen waren schmal und steil, und die Küche war dunkel und unbequem; die Öfen waren verrostet und teilweise unbrauchbar; die sanitären Anlagen — soweit überhaupt vorhanden — bedurften dringend der Instandsetzung, und der Putz im oberen Stockwerk legte beredtes, wenn auch stummes Zeugnis von einem undichten Dach ab. Aber die Wohnräume waren groß und durch Schiebetüren miteinander verbunden, und die Kamine aus weißem Mamor gaben selbst den leeren Räumen einen Anstrich von Vornehmheit. Ein kleines Zimmer, das etwas für sich lag, war für Henry als Arbeitszimmer wie geschaffen. Sie sah die Zimmer schon im Glanz neuer Tapeten und neuer Farbe, bevor sie noch dem Eigentümer die Zusage abgerungen hatte, die Kosten dafür zu übernehmen. „Ich werde schon darauf achten, daß er sein Wort hält", schrieb sie an Henry nach einem ausgelassen glücklichen Bericht über ihren Fund. „Sobald alles fertig ist, werde ich zurückeilen, und dann kann der große Umzug beginnen. Miß Haines ist über die günstige Lage auch sehr erfreut und hat bereits an eine Familie nach Chikago geschrieben, die ihre Tochter auf ihre Schule schicken will. Cyrus ist gerade von einer Geschäftsreise in Verbindung mit dem Projekt wiedergekommen: er sieht müde und abgespannt aus und hat sich noch nicht von dem Schlag erholt, den der Tod seines kleinen Sohnes ihm zugefügt hat. Seine anfänglich so überschwengliche Begeisterung hat, scheint mir, einer verbissenen Entschlossenheit Platz gemacht. Er las mir Matthews letzten Bericht über seine Arbeit an der Neufundlandbasis des Kabels vor, und — wenn ich es recht verstanden habe — man hätte kaum einen trostloseren und ungünstigeren Ort dafür finden können. Aber daran ist nun nichts mehr zu ändern. Als Cyrus dasaß und, mit seiner Hand auf dem Globus, redete, schoß es mir durch den Kopf, daß derselbe Funke in den Augen von Christopher Columbus geleuchtet haben mag, als er in See stach, um zu beweisen, daß die Erde rund sei.
Die Hitze ist immer noch qualvoll; aber ich ertrage sie

jetzt besser, seit ich weiß, daß wir im Winter ein Dach über dem Kopf haben werden. Möge es uns auch vor Regen schützen, ist mein ständiges Gebet, während ich mich mit dem Besitzer herumstreite und, mit Zollstock und Bleistift bewaffnet, durch die leeren Räume gehe. Gestern entdeckte ich in einem Fenster in der Fourteenth Street einen Kupferstich von der Kaiserin Eugenie. Ihre Eleganz und ihre Schönheit sind nicht zu leugnen, und ihre Haltung verrät Selbstbewußtsein und Stolz. Sie geben ein seltsames Paar ab, diese beiden. Man muß sich nur fragen, wie das zweite Kaiserreich unter der Herrschaft dieses Abkömmlings der korsischen Bauernfamilie und seiner anglo-spanischen Kaiserin fahren wird. In demselben Geschäft erstand ich mir auch Victor Hugos bemerkenswerte Streitschrift ‚Napoleon le Petit' über die ich mich gern näher mit Dir unterhalten möchte. Die Zeitungen waren hier neulich wieder voll von der Predigt, die Dein Freund Beecher am vergangenen Sonntag in Brooklyn hielt. Er hat sich wieder in einer flammenden Rede dafür eingesetzt, Kansas nicht zum Sklavenstaat zu machen. Ich wünschte, wir hätten ihn hören können. Du hast gut daran getan, sich seiner Feder für den ‚Evangelisten' zu versichern. Vielleicht gelingt es Dir sogar, seine Schwester, Mrs. Stowe, zu überreden, einige Aufsätze beizusteuern. Was für Rosinen wären das für Deinen redaktionellen Kuchen!
Gute Nacht, mein kleiner Henri! Hör nicht auf, Dich so nach mir zu sehnen, wie ich mich nach Dir sehne; aber mach Dir keine Gedanken mehr über den Winter. Wir werden in unserem neuen Heim sehr fleißig und glücklich sein, und möge die Tür, die bald Dein Namensschild tragen wird, allen Menschen mit weitem Blick und fortschrittlicher Gesinnung offenstehen.

In Liebe Deine Henriette."

Diese letzten Worte, die an einem schwülen Spätsommerabend hastig niedergeschrieben wurden, enthielten mehr eine Prophezeiung als einen Wunsch. Jenes schmale, braune Haus in der East Eighteenth Street wurde bald zum Sammelplatz eines großen Freundes- und Bekanntenkreises. Nicht zufällig hatte Henriettes Feder ‚fortschrittliche Gesinnung' geschrieben. Dies war eine Eigenschaft, die sie zuerst bei ihren Gästen suchte. Eine innerliche Gradheit, ein empfänglicher Geist und eine unermüdliche Wißbegierde, die Welt und ihre Bewohner zu erforschen, waren die Schlüssel zu ihrer Freundschaft. Ob sie diese in einem jungen Menschen, der sich erst noch durchsetzen mußte, oder in einer schon anerkannten Persönlichkeit fand, sie alle konnten einer gleich herzlichen Aufnahme gewiß sein. Der empfindliche Fühler ihres Unterscheidungsvermögens und ihr tiefes menschliches Verständnis spürten stets auch in einem überfüllten Raum die ihr verwandte Wesensart, die ihr gewachsene Begabung heraus. Sie liebte Witz, aber nicht auf Kosten der Klugheit. Sie liebte es, Menschen um sich zu haben, und genoß eine anregende Unterhaltung, aber sie ließ sich nur selten von oberflächlicher Geistreichelei täuschen. „Ja, gewiß", stimmte sie zu, wenn Henry oder jemand anderes ihre Ansicht über irgendeinen Schwätzer herausforderte. „Er ist so eifrig damit beschäftigt gewesen, maßgebliche Urteile anderer zu sammeln, daß ihm offenbar keine Zeit geblieben ist, sich ein eigenes zu bilden."

Die langen Jahre ihrer Selbstzucht hatten ihre Ungeduld mit schwerfälligen Köpfen und weniger schlagfertigen Zungen gemildert. Ihr eigenes Schicksal hatte sie Nachsicht üben gelehrt und ihr ein feineres Empfinden für menschliche Werte gegeben als den meisten Frauen ihrer Zeit. Die Angriffe und Verleumdungen, denen sie ausgesetzt gewesen war, hatten das ihr angeborene Bedürfnis nach Unabhängigkeit noch verstärkt. Sie war ein zu ausgeprägter Charakter, um sich zu einem Kompromiß herbeizulassen, wenn sie sich einmal eine Meinung gebildet hatte. Aber die Liebe und die Nachsicht ihres Mannes und seine Großherzigkeit hatten ihre Härten abgeschliffen und sie duldsamer gemacht.

„Das ist meine Ansicht", konnte sie nach einem vernichtenden Urteil abschließend sagen, „aber Henri sagt, ich zeichne das Bild in zu grellen Farben. Er behauptet, daß ich mit dem Pinsel der Voreingenommenheit male, und darin hat er wohl auch recht."

„Und trotzdem bist du überzeugt, daß du recht hast, meine Liebe", rief ihr Henry mit unverhohlenem Stolz lächelnd über den langen Tisch zu, an dem sich immer mehr Gäste einfanden. Geselligkeit als ein Mittel zu betrachten, um die gesellschaftliche Rangleiter emporzuklettern, lag ihnen beiden fern. Ein Ausdruck wie ‚die oberen Fünfhundert' rief bei ihnen nur ein Kopfschütteln und ein Lächeln hervor. Ihre Gastlichkeit hatte nichts gemein mit den prunkvollen Empfängen und Diners jenes abgeschlossenen Kreises reicher und aristokratischer Familien, die sich in der New Yorker Gesellschaft für tonangebend hielten. Soviel Verständnis Henriette auch für menschliche Schwächen und Fehler aufbrachte, konnte sie doch niemals ihre tief eingewurzelte Verachtung unterdrücken, die sie für jeden Menschen empfand, der sich auf Grund seines Reichtums oder seiner Herkunft für etwas Besonderes hielt. Nein, Henry und sie waren nicht mit irgendeinem gesellschaftlichen Ehrgeiz oder mit der Absicht, ein großes Haus zu machen, nach New York gezogen. Das einzige, woran sie in jenen ersten Jahren dachten, war, daß er seine ganze Kraft seiner Arbeit widmen konnte, daß die Zeitschrift unter seiner Leitung sich entwickelte und daß sie sich wirtschaftlich einigermaßen über Wasser zu halten vermochten. Henriettes Geschmack gab dem Haus eine persönliche Note. An seinen Nachteilen war nichts zu ändern, aber seine Vorzüge und seine Wohnlichkeit wurden in ein helleres Licht gerückt: Niemand, der dort zu Gast gewesen war, vergaß die Gemütlichkeit der an den Kamin gerückten Sessel, die wohlgeordneten Blumen in den französischen Vasen, das warme Rot der Vorhänge, den großen Wandspiegel, der die Bücher und Bilder verdoppelte. Wohl aber vergaß man, falls man es überhaupt wahrnahm, die abgewetzten Stellen im Teppich, die unebenen Dielen und die billigen Tapeten.

Kaum einer, der von einer Abendgesellschaft in jenem Hause erzählte, sprach von der schmalen, dunklen Treppe, die zum Eßzimmer im Kellergeschoß hinunterführte; dagegen sprach er von dem schön gedeckten Tisch unter der beschirmten Hängelampe. Er erinnerte sich bestimmt an jedes Wort der Unterhaltung, aber daß das Essen, das ein junges irisches Mädchen auftrug, besonders einfach gewesen wäre, war ihm nicht aufgefallen. Das Mahl begann gewöhnlich mit einer dampfenden Suppe;

danach wurde eine kalte Fleischplatte gereicht oder gelegentlich auch Fisch mit einer französischen Soße, die den faden Kabeljau oder Schellfisch etwas schmackhafter machte. Als Gemüse gab es unweigerlich Kartoffeln, Zwiebeln, Karotten und im Winter auch Steckrüben und bisweilen hinterher als besonderen Leckerbissen eingemachte Früchte in kleinen Glasschalen oder ein kleines Omelett. Kaffee war stets im Überfluß vorhanden, genug, um die Tassen wieder und wieder zu füllen, und sein appetitlicher Duft kündigte ihn bereits verheißungsvoll lange vor seinem Erscheinen an. „So muß Kaffee sein", wehrte Henriette das Lob ab, das dieses köstliche Getränk immer wieder auslöste. „Wenn man die Tasse zum Munde hebt, sollte man dieselbe gespannte Erwartung empfinden wie im Theater vor dem Aufgehen des Vorhanges oder beim Aufschlagen der ersten Seiten eines neuen Buches."
Nein, sie nahm es mit ihren hausfraulichen Pflichten nicht so schwer wie die anderen Frauen ihrer Bekanntschaft. Sie weigerte sich, den halben Tag damit zu verschwenden, sich den Kopf über den Küchenzettel zu zerbrechen oder sich über die Ungeschicklichkeit ihrer Einwandererköchin zu ärgern. Dagegen ließ sie sich die Mühe nicht verdrießen, in den kleinen Läden weit im Osten einzukaufen, wo die Frauen mit einem Tuch über dem Kopf und der Markttasche am Arm um den Preis von Eiern, Zucker und Butter feilschten. Jede Woche an zwei Vormittagen ging sie dorthin in Begleitung eines Jungen aus der Nachbarschaft, der ihr die Körbe nach Hause trug. Jeder Cent, den sie dann weniger ausgab als vorgesehen, wanderte unverzüglich in die Sparbüchse. Sie lehrte die unerfahrenen jungen Mädchen, die direkt vom Auswandererschiff zu ihr kamen, was Cassie ihr beigebracht hatte. Sie erklärte ihnen die einfachsten Grundregeln des Servierens, und damit ließ sie es auch bewenden. Sie besaß volles Verständnis für diese jungen Dinger, ihr Heimweh und ihre Unbeholfenheit in der neuen Umgebung. Ungeschicklichkeiten und Irrtümern gegenüber drückte sie ein Auge zu, aber Verschwendung und Ungehorsam duldete sie nicht. Sie kamen und gingen, wie es ihre Art ist — willig und gutlaunig die meisten, aber alle versessen darauf,

baldmöglichst zu heiraten oder eine besser bezahlte Stellung in reicheren Häusern anzunehmen.
Es belustigte Henriette in jener ersten Zeit, als sie noch so genau rechnen mußte — als die französischen Stunden, die sie gab, und die junge Pensionärin, die das beste Schlafzimmer im Haus bewohnte, ihr kaum eine freie Minute übrigließen —, es belustigte sie, die anderen Frauen immer wieder über ihre häuslichen Schwierigkeiten schwatzen zu hören. Wie wichtig nahmen sie ihre kleinen Probleme, als ob es etwas ausmachte, ob man gekochten Fisch mit einer Eiersoße oder mit zerlassener Butter anrichtete. Sie hatte dann immer Lust, sie daran zu erinnern, daß die Sonne pünktlich wie immer aufgegangen war und die Sterne unverändert im Weltenraum kreisten, obwohl der gestrige Pudding in der Mitte eingefallen war oder der Schlachter ihnen einen zähen Sonntagsbraten verkauft hatte. Und wenn ihre Schwägerinnen oder eine neugierige Freundin sich erstaunt über die große Anzahl hervorragender Zeitgenossen unter ihren Gästen äußerten, dann lächelte sie nur.
„Aber zu uns kommen sie doch nicht, um gut zu essen", sagte sie in aller Aufrichtigkeit. „Glaubt ihr denn, Mr. Bryant weiß, was er auf seinem Teller hat, wenn er sich mit Henri über eine Stelle im Homer unterhält?"
Die anderen Hausfrauen konnten ihre Gleichgültigkeit nicht begreifen, aber es war nicht zu bestreiten, daß das Haus hinter dem Gramercy Park immer mehr bedeutende Männer und Frauen zu Gast sah. Seitdem der Sonntag nicht mehr Henrys arbeitsreichster, sondern sein müßigster Tag in der Woche war, war es ihm zur Gewohnheit geworden, Freunde und Besucher von auswärts für den Nachmittag einzuladen. Seine Gastlichkeit kannte keine Grenzen, und es verstand sich von selbst, daß jeder, der kam, auch gebeten wurde, doch zu einem einfachen Abendessen zu bleiben. Als der Freundeskreis im Laufe der Zeit beträchtlich angewachsen war, mußte sogar eine so unkonventionelle Gastgeberin, wie Henriette es war, für diese improvisierten Sonntagabende Vorsorge treffen. Sie unterschätzte die Wichtigkeit eines zufriedengestellten Appetits nicht, und sie wußte, daß es sich am gut gedeckten

Tisch gut plauderte. Ihren Gästen immer einen Braten anzubieten, das konnte sie sich nicht leisten, und deshalb griff sie auf Cassies Rat, stets einen Schinken zu Hause zu haben, zurück. Durch äußerste Sparsamkeit während der Woche war es ihr möglich, am Sonntag mit solchem kalten Aufschnitt nicht zu geizen. In New York war damals Kartoffelsalat nur wenig bekannt, aber in Frankreich wußte man seinen Wert bereits zu schätzen, zumal man ihn beliebig strecken konnte, wenn unerwartete oder späte Gäste sich einstellten. Toast konnte jederzeit im Nu neu gemacht werden. Wenn eine Kanne Kaffee leer war, stand schon die nächste bereit. Da Henriette ihrem Mädchen ‚für alles' den noch nie dagewesenen Luxus eines freien Wochentages gönnte, konnte sie an diesen Sonntagabenden auf volle Unterstützung rechnen, zumal sie außerdem nichts dagegen hatte, wenn das Geschirr erst am nächsten Morgen abgewaschen wurde.

Sie wußte niemals im voraus, wie viele Menschen sich bei ihnen einfinden würden. War es ein regnerischer Abend oder schneite es, dann saß wohl manchmal nur ein halbes Dutzend um den Tisch unter der Lampe; aber es kam nicht selten vor, daß der Messingklopfer nicht zur Ruhe kam und daß jene, die fertig gespeist hatten, ihre Plätze den Neuangekommenen überließen und sich einen Stuhl außerhalb der Tafelrunde heranzogen, um das unterbrochene Gespräch, in das sie vertieft gewesen waren, fortzusetzen. Bisweilen blieben sie bis tief in die Nacht an dem abgedeckten Tisch sitzen, über der lebhaften Unterhaltung Zeit und Ort vergessend; oder sie saßen im stummen Zuhören versunken, wenn einer der Anwesenden ins Feuer geriet und mit seiner Begeisterung die anderen in Bann schlug. Henriette war klug genug, einen kleinen Kreis, der sich gefunden hatte, nicht zu stören und den feinen Faden geistigen Austausches nicht zu zerreißen. Sie gehörte nicht zu den Hausfrauen, die sich bemüßigt fühlen, ihre Gäste den ganzen Abend lang nicht zur Ruhe kommen zu lassen.

„Ich halte es für eine höchst barbarische Sitte", schalt sie, „seine Gäste immer wieder zu mischen und zu verteilen, als seien sie ein Pack Karten, mit dem man Whist spielen will."

Henry gab ihr recht. Er liebte seinen großen Freundeskreis. Der Umgang mit Menschen erfrischte ihn wie ein tiefer Quell, dessen Ursprung nur Henriette kannte. Er erwartete nicht soviel von den Menschen wie seine Frau und war schneller bereit, Freundschaften zu schließen Nicht umsonst hatte seine Familie über seine rasch entflammte Begeisterung gelächelt und sich daran erinnert, daß seine Schwäne sich häufig als Gänse entpuppt hatten. Aber mit der Erfahrung und dem nüchternen Urteil Henriettes an seiner Seite irrte er sich jetzt weniger in den Problemen, die ihm die menschliche Natur aufgab; und seine schriftstellerische Arbeit gewann aus der Berührung mit den hervorragendsten Köpfen seiner Zeit neue Schwungkraft und innere Bereicherung.

Bei Henriette verhielt es sich anders. Sie blieb stets die liebenswürdig bescheidene Gastgeberin und aufmerksame Zuhörerin und war doch der Mittelpunkt ihres Hauses. Sie war mit einem Übermaß an schöpferischer Energie geboren, das jetzt seinen Ausgleich in der Pflege ihrer Freundschaften fand. Von Menschen umgeben, übte sie die geheimnisvolle Kraft aus, die die Wünschelrute in der Hand einiger weniger sich bewegen und den Ort anzeigen läßt, wo eine Wasserader verborgen ist. Mit demselben Instinkt suchte sie stets durstig nach den verborgenen Quellen in den Herzen der Menschen. Wissentlich oder unwissentlich sprachen sie alle auf sie an: Peter Cooper, der exzentrische Millionär, William Cullen Bryant, der Dichterphilosoph und Verleger, Samuel Morse, Erfinder und Künstler, die Geschwister Beecher, der glänzende Kanzelredner und die berühmte Verfasserin von ‚Onkel Toms Hütte', Bowles und Holland und Gilder, der Historiker Fiske, der Wissenschaftler Youmans, Bayard Taylor, Edmund Clarence Stedman, Eastman Johnson, der bekannte Porträtmaler.

Sie alle trafen sich in dem Haus in der East Eighteenth Street oder in den anderen Häusern, die Henry und Henriette später bewohnten. Wohin sie auch in jenen Jahren bis kurz nach dem Bürgerkrieg ziehen mochten: es war ein beständiges Kommen und Gehen, Stühle wurden vor den Kamin gerückt, Teller und Tassen aufgedeckt, und der Duft frischgebrauten Kaffees stieg

von der Küche zu den Wohnräumen empor. Viele von den Menschen, die diese gastliche Schwelle überschritten, sollten in die Geschichte des Landes eingehen als Politiker, Wissenschaftler, Künstler und Schriftsteller; andere wieder lebten und starben unbeachtet. Aber noch nach Jahren, als sich der Freundeskreis in alle Winde zerstreut hatte und jenes gastliche Haus nur mehr eine Erinnerung war, diente es als liebenswürdige Einleitung einer Bekanntschaft: „Sind wir uns nicht schon einmal an einem Sonntagabend bei den Henry Fields begegnet?"
Es war zu einem Paßwort geworden — und hätte Henriette darum gewußt, ihr wäre so warm ums Herz geworden wie ihren Gästen damals, wenn sie von ihr mit ihrem strahlenden Lächeln begrüßt wurden.

SIEBENUNDDREISSIGSTES KAPITEL

Die Rachel in New York! Unter den grellen Fanfarenklängen Barnumscher Superlative würde sie im Herbst dieses Jahres 1855 ihr Amerikagastspiel mit Corneilles Tragödie ‚Les Horaces' in dem größten New Yorker Theater beginnen.
Henriette las die Anzeige, die dieses Ereignis ankündigte, mit einem Gefühl, das sie nicht einmal mit Henry teilen konnte. Nein, sie hätte ihm nicht erklären können, warum sie in dem Gewimmel der Fourteenth Street in der sengenden Nachmittagssonne stand und jedes Wort des Plakats am Eingang der Musikakademie verschlang. Die vertrauten französischen Namen wühlten sie auf, als wären es Steine gewesen, die, in den tiefen Brunnen ihres Unterbewußtseins geworfen, unruhige Kreise schlugen. In wenigen Wochen würde die Rachel also in diesem Hause auftreten, das nur wenige Straßen von ihrem eigenen entfernt war.
Wie weit lag es schon zurück, daß sie mit dem Herzog und Louise in jener vornehmen Loge gesessen hatte! Damals hatten sie nicht ahnen können, während sie der magischen Stimme lauschten und dem Mienenspiel zu-

sahen, das jede kleinste Regung so klar wie Blitze, die den gewitterfinsteren Himmel erhellen, erkennen ließ — damals hatten sie nicht ahnen können, daß auch sie in einer Tragödie würden spielen müssen! Vierzehn Jahre waren seitdem vergangen, aber heute noch weckte der Name dieser großen Künstlerin in Henriettes Herz ein Echo vergangenen Aufruhrs.
Bevor sie sich wieder zum Gehen wandte, sah sie sich neugierig nach der Tür um, durch die die Schauspieler das Theater betraten. „Bühneneingang" las sie auf dem unauffälligen Schildchen, und sie blickte durch die kleine vergitterte Scheibe in der Tür, hinter der sich ein langer, dunkler Gang erstreckte. Der Gegensatz der beiden Eingänge erschien ihr wie ein Symbol — das Schicksal ließ diejenigen, die in ihren Mitmenschen die Flamme zu entfachen wußten, selbst erst durch solche engen, düsteren Gänge gehen. Wie viele solcher kleinen versteckten Türen mochte nicht die Rachel schon durchschritten haben!
Dieser Yankee, Barnum, war als Unternehmer ein Genie. Eine solche Reklame, wie er sie in Szene setzte, hatte die Welt noch nie gesehen. Ob er nun den Zwerg General Däumling über Nacht zu einer nationalen Figur machte oder das amerikanische Publikum in eine Raserei von tosender Begeisterung über Jenny Lind versetzte, daß es sich darum riß, zehn, zwanzig und gar dreißig Dollar bezahlen zu dürfen, um die schwedische Nachtigall singen zu hören — er ließ niemanden darüber im Zweifel, daß er ein neues Weltwunder entdeckt habe. Aber auch dem mit allen Wassern gewaschenen Barnum konnten Fehler unterlaufen. General Däumling, war das unglückliche Opfer der launenhaften Natur, ein menschliches Wesen in Miniatur, das man mit hemmungsloser Neugierde bestaunen konnte; und eine Stimme wie die der Jenny Lind verzauberte ungehindert durch die Schranken der Sprache noch die Menschen auf den entferntesten Galeriesitzen. Aber die Kunst der Rachel war in ihrer Wirkung viel weniger einfach und unmittelbar. Die feineren Schwingungen ihrer Musik setzten bei ihren Zuhörern ein feineres Ohr voraus. Und wie konnte sie ein Publikum mitreißen, von dem kaum ein Fünftel verstand, was sie sagte? Ver-

gebens entfaltete sie ihr begnadetes Talent vor diesen Amerikanern, die zu erobern sie so weit gereist war. Sie verausgabte sich bei jeder Vorstellung bis zur Erschöpfung und steigerte sich über sich selbst hinaus. Das Feuerwerk der Sprache eines Racine und eines Corneille fiel wie Perlen — zwar nicht vor die sprichwörtlichen Tiere, aber vor ein verständnisloses, immer spärlicher werdendes Publikum. Wohl jubelte eine kleine Schar von Theaterbesessenen ihrer Größe zu, auch priesen die Zeitungen die unvergleichliche Tragödin, und darin fand Henriette eine kleine Genugtuung; aber sie schämte sich für New York und seine Gleichgültigkeit und für Mr. Barnums plumpe Marktschreierei. Seine Mitteilung an die Tagespresse, die Rachel würde mit ihren Juwelen im Werte von einigen zweihundertvierzigtausend Dollar, Geschenken ihrer Verehrer, auftreten, war überaus geschmacklos. Und doch las sie jede Notiz, jeden Bericht über die Künstlerin und ihre Truppe und warf sich bei der geringsten Andeutung einer Kritik zu ihrer Verteidigerin auf.

„Na, ich muß schon sagen, Mrs. Field, ich konnte wirklich nichts Besonderes an ihr finden", bekam sie manchmal zu hören. „Wenn sie in Frankreich so beliebt ist, dann weiß ich nicht, warum sie nicht dort geblieben ist. Die Fanny Kemble war zwar eine Engländerin, aber wenigstens konnte man verstehen, was sie sagte." „Man kann eine Schauspielerin schwerlich für die Begabung ihrer Zuhörer verantwortlich machen", entgegnete Henriette dann nicht ohne Schärfe. „Wenn das Publikum eine solche Kunst nicht zu würdigen versteht, dann ist es sein eigener Schaden. Ein Taubstummer wird in der Jenny Lind auch nichts anderes gesehen haben als eine blonde Frau, die sich ans Klavier lehnt und ihren ziemlich großen Mund immer auf- und zumacht."

Während des ganzen September kämpfte Henriette gegen die Versuchung an, die Rachel noch einmal spielen zu sehen. Nicht, daß Henry etwas dagegen einzuwenden gehabt hätte, im Gegensatz zu den meisten seiner Amtsbrüder hegte er kein Vorurteil gegen das Theater. Er wäre gern mit ihr hingegangen, wenn sie den Wunsch geäußert hätte, ihre große Landsmännin zu sehen. Aber sie brachte es nicht übers Herz, ihm davon zu sprechen, wenn auch die Sehnsucht, ihre Muttersprache von jener unvergeßlichen Stimme zu hören, fast zu einer Besessenheit wurde. Sie hätte vielleicht diesen Kampf mit sich selbst siegreich bestanden, wenn das Gastspiel der französischen Truppe in der benachbarten Musikakademie nicht in derselben Woche begonnen hätte, in der Henry zu einem kurzen Besuch nach Stockbridge gefahren war. Die Gesundheit seiner Mutter hatte in letzter Zeit zu wünschen übriggelassen, er wollte nach ihr sehen und gleichzeitig einige geschäftliche Angelegenheiten in Verbindung mit seiner Zeitschrift erledigen. Er hatte schon lange nach Concord fahren wollen, um Ralph Waldo Emerson aufzusuchen, der an einer Essayreihe arbeitete, die er ‚Lebensführung' nennen wollte. Auf dem Rückwege beabsichtigte er, in Southwick Station zu machen und einige Tage mit Matthews Familie zu verbringen. Clara war den Sommer über dort in Southwick geblieben, sollte jetzt aber für den Winter mit Henry wieder nach New York zurückkehren. Wenn auch keine besondere Abmachung darüber getroffen worden war, daß dies ein Dauerzustand sein sollte, war das Kind immer enger mit dem Leben seiner Tante und seines Onkels verwachsen. Die Zeit, die es bei seiner Mutter zubrachte, glich mehr langen Besuchen, und Matthew und seine Frau waren viel zu ehrlich, um nicht zuzugeben, daß Clara durch dieses stillschweigende Übereinkommen Vorteile genoß, die sie ihr zu Hause niemals hätten bieten können.

„Gib nur gut auf Claras Sachen acht", ermahnte Henriette ihren Mann, als er abreiste, „und laß das Kind nicht aus den Augen, wenn ihr auf dem Bahnsteig warten müßt. Grüße deine Eltern und auch Clarissa, und ich hoffte, Matthew würde bald wieder nach Hause kommen können. Einmal werde ich dir bestimmt schreiben, und laß du auch von dir hören."

Nachdem er abgefahren war, beschäftigte sie sich soviel wie möglich, um ihre Gedanken nicht zu oft in die Fourteenth Street entwischen zu lassen. Sie machte Miß Haines einen Besuch und sprach mit ihr über drei Schülerinnen, die bei ihr Nachhilfestunden nehmen sollten, und den ersten Abend verbrachte sie damit, ihrer Pensionärin aus Chikago beim Umräumen und Neuordnen ihres Zimmers zu helfen. Am nächsten Tag begann sie ein Aquarell, mit dem sie sich in Gedanken schon lange beschäftigt hatte. Es sollte eine Studie von einem Einwanderermädchen werden, das, von seinen paar Habseligkeiten umgeben, im Depot auf seine Papiere wartete. Obzwar es gar nicht in ihrer Absicht lag, ein Selbstporträt daraus zu machen, konnte sie es doch nicht vermeiden, daß sie sich selbst und ihre Empfindungen damals zum Ausdruck brachte. Einstmals war ihr eigenes Schicksal zu eng mit dem Thema verwoben gewesen, als daß sie die Einzelheiten und die Atmosphäre mit ihren Pinseln hätte zu Papier bringen können. Aber nun hatte sie den genügenden Abstand gewonnen, um das Heimweh und die Hoffnung in jener kauernden Gestalt deutlich zu machen, die dort wartete, so wie sie gewartet hatte, mit ihrem alten Lederkoffer neben sich und dem Mastenwald der Segelschiffe im Hintergrund.

„Es ist gut geworden", sagte sie, als es zu dunkel wurde, um weiterzuarbeiten. „Ich glaube, ich habe die Haltung und die Stimmung getroffen. Morgen werde ich das Passepartout dazu schneiden." Nach dem Abendessen schaute Peter Cooper herein, fragte nach Henry und leistete dann Henriette eine Stunde Gesellschaft. Sie unterhielten sich über das Kabelprojekt und die neuesten Schwierigkeiten, die sich Cyrus entgegenstellten. Sie hatte das Aquarell ins Wohnzimmer mitgenommen, um seine Wirkung bei künstlichem Licht zu begutachten, und Mr. Cooper betrachtete es voller Interesse. Es gefiel ihm sehr, was er in seiner unverblümten Art auch zum Ausdruck brachte.

„Ich kann nicht einsehen", sagte er, „warum es nur den Männern vorbehalten sein soll, gute Arbeit zu leisten. Ich gehöre natürlich nicht zu den Leuten, die von Frauenrecht und ähnlichem Unsinn faseln; eine richtige Frau kommt stets zu ihrem Recht. Aber ich freue mich darüber, wenn auch ein Mädchen sein Talent richtig anzuwenden versteht."

Henriette nickte und hörte interessiert zu, wie der exzentrische, menschenfreundliche alte Millionär seine Theorien über Jugend und Arbeit entwickelte. Man pflegte ihn wegen seines Reichtums und seines geschäftlichen Weitblicks zu bewundern, doch spottete man auch ein wenig über den Sonderling mit seiner ausgefallenen Rede- und Denkweise. Er hatte als einer der ersten die Möglichkeiten erkannt, die in einer besseren Auswertung der Eisenerze lagen, und hatte damit sein Vermögen begründet. Er hatte selbst Erfindungen von so verschiedener Art gemacht wie Lokomotiven und Nähmaschinen einerseits und einer Vorrichtung andererseits, die gleichzeitig eine Wiege schaukelte, die Fliegen abwehrte und eine eingebaute Spieldose auslöste. Aber Henriette lächelte niemals hinter Peter Coopers Rücken über seine seltsamen Pläne. Sie sah in ihm einen sehr geistreichen Menschen und wußte ihn als treuen Freund zu schätzen.

„Ich will eine Schule gründen", vertraute er ihr an, „und zwar nach meinen eigenen Ideen, ohne all dies klassische Zeugs. Für Männer wie Ihren Henry mag das ja ganz schön und gut sein, aber ich denke bei meiner Schule an eine ganz andere Sorte junger Leute. Ich will sie dazu erziehen, nicht nur ihre Köpfe, sondern auch ihre Hände zu gebrauchen. Wollen Sie mir nicht dabei helfen und vielleicht den Mädchen, die eine Anlage dafür mitbringen, Malunterricht geben?"

„Aber natürlich", willigte sie ein. Sie würde ihm sehr gern helfen. Auch sie sei der Ansicht, daß New York einer solchen Einrichtung dringend bedürfe. Wo gäbe es wohl noch einen Ort, in dem so viele junge Menschen in Armut und Elend aufwuchsen und die Gaben und die Tradition, die sie aus ihrer Heimat mitgebracht, ungenutzt brachliegen lassen mußten, wie hier auf dieser übervölkerten Insel Manhattan?

„Gut, dann kann ich also auf Sie zählen", sagte er, als er aufbrach, um auf seinem Heimweg noch nach den Bäumen zu sehen, die er im Gramercy Park hatte pflanzen lassen. „Ich will mir die Sache noch ein bißchen beschlafen; ich habe da noch ein Dutzend anderer Pläne, die mir durch den Kopf gehen."

Henriette nahm ihn nicht zu ernst. Als er gegangen war, ging sie zu Bett und dachte an Henry und versuchte, nicht an den erleuchteten Eingang der Musikakademie zu denken und an jene kleine Tür, durch die bald eine schmächtige, vermummte kleine Frauengestalt schreiten würde.

Sie blieb bis zum dritten Abend standhaft, doch dann vermochte sie der Versuchung nicht mehr zu widerstehen. Heute abend sollte die Rachel die Phädra spielen, eine ihrer Glanzrollen. Henriette nahm ein hastiges Abendbrot zu sich, half der Pensionärin bei ihren französischen Schulaufgaben, wies ihr Mädchen an, bis zehn Uhr aufzubleiben und dann die Haustür abzuschließen, und eilte nach oben in ihr Schlafzimmer. Mit fliegenden Händen machte sie sich fertig. Sie zog sich von Kopf bis Fuß um und frisierte sich neu. Dann traf sie sorgfältige Auswahl unter ihren Kleidern und entschied sich für ihr grünes Taftkleid mit dem schwarzen Spitzenüberwurf. Das pflaumenfarbene Popelinkleid war zwar moderner, aber nicht ausgeschnitten, und Henriette war der Ansicht, daß für diese festliche Gelegenheit eine große Abendtoilette angebrachter war. Sie war dankbar, daß ihr dunkler Mantel so wenig auffällig wirkte und daß sie ihn bis dicht unters Kinn schließen konnte. Über den Kopf warf sie einen Spitzenschleier und in der Hand trug sie ihre kleine Perlentasche. Dann fiel die Tür hinter ihr ins Schloß, und sie machte sich auf den Weg. Ehrbare, verheiratete Frauen pflegten nach Einbruch der Dunkelheit nicht allein auszugehen; sie wußte, daß sie gegen diese Anstandsregel verstieß und hoffte nur, sie würde keinen Bekannten begegnen. Sie hatte Glück, bald tauchten die Lichter der Fourteenth Street auf, und die Musikakademie lag vor ihr.

Männer und Frauen in Abendkleidung schritten über den roten Läufer, den Mr. Barnum vom Rinnstein bis zum Eingang hatte legen lassen. Henriette reihte sich in die Schlange vor dem Billettschalter ein, die einzige Frau inmitten all der Männer; ihre neugierigen Blicke glitten an ihr ab, doch war sie froh, als sie endlich vor dem Schalter stand, ihr Billett ausgehändigt erhielt und sich in das Foyer begeben konnte. Sie nahm ihren Schleier ab und öffnete ihren Mantel. Während sie das tat, wurde ihre Aufmerksamkeit auf einen Platzanweiser gelenkt, der sich mit einem aufgeregt gestikulierenden, französisch sprechenden Mann zu streiten schien.

Der Platzanweiser wollte ihn nicht hineinlassen, weil der Alte eine Karte für die Galerie hatte. Um dorthin

zu gelangen, müsse er wieder hinausgehen und die Treppe benutzen, die von der Straße aus hinaufführte. Der Alte konnte ihn aber nicht verstehen, er glaubte, sein Billett sei ungültig. Sein ratloses, verzweifeltes Gesicht erinnerte Henriette an Pierre. Ohne Zögern kam sie dem alten Mann zu Hilfe und machte ihm auf Französisch seinen Irrtum klar.
„Merci, Madame, je vous remercie."
Seine überströmenden Dankesworte trafen ihr Ohr wie Tau, der die schmachtende Erde erfrischt. Sie hatte den Klang mehr vermißt, als sie es sich selbst eingestanden hatte.
„Adieu, Monsieur, und viel Vergnügen!" verabschiedete sie sich von ihm. „Die große Rachel wird heute abend wenigstens zwei Zuhörer haben, die sie verstehen können."
Der kleine Zwischenfall versetzte sie in eine noch gespanntere Erwartung, und sie bedauerte nur, daß sie dem Alten nicht auch einen Orchesterplatz hatte kaufen können. Sie saß etwas an der Seite, hatte aber einen ungehinderten Blick auf die Bühne. Die Logen waren nicht alle besetzt, und auch in den hinteren Parkettreihen gähnten große Lücken; aber es war doch besser besetzt, als sie nach den Berichten in den Zeitungen angenommen hatte. Das Publikum setzte sich vorwiegend aus den reicheren Schichten zusammen; es freute Henriette, so viele Männer in dem kleidsamen Schwarz-Weiß des Abendanzugs und so viele Frauen in der nicht minder kleidsamen Buntheit ihrer Seidentoiletten zu sehen und das Schimmern entblößter Arme und Schultern im hellen Gaslicht. Selbst das unterdrückte Stimmengewirr um sie her machte ihr Spaß. Verkäufer der englischen Fassung des Stücks schritten zwischen den Reihen auf und ab und fanden reißenden Absatz für ihre Heftchen. Offenbar beabsichtigte jeder außer ihr selbst, den Ablauf des Dramas an Hand des englischen Textes zu verfolgen. Ein älterer Herr zu ihrer Rechten las mit einem Eifer darin, als hinge sein Leben davon ab, und das junge Mädchen in Blau mit dem betäubend duftenden Tuberosenstrauß links neben ihr blätterte in ihrem Heftchen, ohne auch nur einen Augenblick mit ihrem Geplapper aufzuhören.

„Mama hat es gar nicht gerne gesehen, daß ich hierher gegangen bin“, verkündete eine schrille Mädchenstimme hinter ihr, „du weißt ja, was sie über Schauspielerinnen denkt, und sie war ganz entsetzt, als sie in der Zeitung las, wieviel Verehrer die Rachel gehabt hat und Gott weiß was noch!“
„Scht, nicht so laut! Sonst bringt Tante May uns schon vor Schluß des ersten Aktes wieder nach Hause. Ich habe sie nur dadurch überreden können, uns zu begleiten, indem ich ihr klarmachte, es würde unserer französischen Aussprache sehr gut tun. Ah, sieh mal, die Vandercamps sind gerade gekommen, dort in der zweiten Loge. Ich möchte gern wissen, ob Ellen wirklich mit Will Leonard verlobt ist. Das ist der, der da neben ihr sitzt, und ich finde, die beiden sehen ein bißchen —“
Henriette war erleichtert, als das Orchester endlich einsetzte. Das Jubeln der Geigen schwang sich empor, während die ernsteren Celli und Kontrabässe die Melodie sicher und ruhig begleiteten. Kannte sie die nicht? Ja, es war eine Polka, so ansteckend in ihrem Rhythmus, so sehr ein Teil der Vergangenheit, daß Henriette der Atem stockte, als sie sich der Anmut der jungen Mädchengestalten in ihren hellen Sommerkleidern und des hochgewachsenen, blonden Mannes entsann, die damals in jenem Salon in Dieppe getanzt hatten.
Die Rampenlichter leuchteten auf, der Vorhang teilte sich vor der etwas primitiven Bühnendekoration, die bereits die abfällige Kritik der New Yorker Theaterbesucher herausgefordert hatte. Henriette dagegen legte keinen besonderen Wert auf kunstvoll gemalte Kulissen. Sie wartete gespannt auf die ersten Worte, um sich von ihnen über Raum und Zeit hinweg in eine andere Welt versetzen zu lassen. Und als sie dann von den Lippen selbst der unbedeutenderen Schauspieler fielen, hätte sie in Tränen ausbrechen können vor der Vollkommenheit der Sprache, der Schönheit und dem Rhythmus der Verse. Im Zuschauerraum herrschte noch Unruhe, und in regelmäßigen Abständen wurden die Stimmen der Schauspieler von dem Rascheln übertönt, wenn Hunderte von Seiten gleichzeitig umgeblättert wurden. Aber auch diese Ablenkung konnte Henriette nicht länger stören, als der Auftritt der Rachel herannahte.

Endlich stand sie auf der Bühne in langwallendem griechischen Gewand, dessen weiße Falten das Schwarz von Haar und Augen noch tiefer erscheinen ließen.
„Ah, sie ist alt geworden!" Das war Henriettes erster Gedanke, während sie so heftig applaudierte, daß ihr die Handflächen weh taten. „Wir sind beide nicht jünger geworden, die Rachel und ich." Ihre Gesichtszüge waren nun ein wenig schärfer, als habe ein Kameenschneider zu lange an seinem Werk gefeilt. Die Augen glühten in einem intensiveren Glanz aus ihren tiefen Höhlen; das einst so edle Oval ihres Gesichts war spitz geworden, und unter dem weiten Gewand erschien der Körper noch schmächtiger, als sie ihn in Erinnerung gehabt hatte. Aber die Stimme! Henriette entging es nicht, daß der Ton nicht mehr die alte Klangfarbe und Fülle besaß; aber welch bezaubernde Kraft und welche Musik lag noch in ihr!
Lange bevor der Vorhang nach dem ersten Akt zusammenrauschte, war Henriette wieder ganz ihrem Bann erlegen. Schon einmal hatte die Kunst der Rachel ihr ans Herz gegriffen; aber heute, als sie allein inmitten dieses zurückhaltenden Publikums saß, wurde sie auf eine andere Art bewegt. Damals war sie jung und unerfahren gewesen; aber heute war sie eine reife Frau, die die Bitternisse des Lebens kennengelernt hatte. Und je mehr man gelebt und gelitten hatte, je mehr Schmerz und Freude einem zuteil geworden war, desto vielfältiger mußte das Echo im Inneren eines Menschen sein, wenn ein Künstler es überhaupt zu wekken verstand. Henriette beugte sich vor und wagte kaum zu atmen aus Furcht, es könnte ihr auch nur ein einziger Blick jener Augen, eine einzige Silbe von jenen Lippen entgehen. Die Rachel übertraf sich selbst. Aber für e i n e n Menschen im Zuschauerraum war das Spiel auf der Bühne mehr als nur vollendetes Theater. Für Henriette war es gleichsam eine Erneuerung ihrer selbst, die die Kunst einer anderen an ihr bewirkte. Jede Bewegung, jeder Blick, jede Modulierung jener Stimme riefen wieder vergangene Leidenschaft, vergangene Verzweiflung in ihr wach, als ob die große Schauspielerin von ihnen gewußt und sie absichtlich geweckt hätte. Die

Gegenwart entglitt Henriette wie der Spitzenschal von ihren Schultern.

„Bravo! Bravo!“ rief sie aus, als der Akt zu Ende war. Die neugierigen Blicke, die ihre Begeisterung bei den Umsitzenden hervorrief, bemerkte sie gar nicht. Als die junge Dame in dem blauen Seidenkleid sich erhob, um mit ihrem Begleiter ins Foyer zu gehen, fiel ihr Strauß Henriette zu Füßen. Ganz benommen hob sie ihn auf. „Sie haben Ihre Veilchen verloren, Mademoiselle“, sagte sie.

Erst das erstaunte Gesicht des Mädchens brachte sie wieder in die Wirklichkeit zurück. Sie hatte französisch gesprochen und die Tuberosen Veilchen genannt! Die Erinnerung an das violette Sträußchen, das damals in Paris während der Vorstellung auf ihrem Schoß gelegen hatte, war lebhafter vor ihren Augen erstanden als die Blumen, die sie in der Hand hielt. Einen größeren Triumph konnte sich keine Schauspielerin wünschen, dachte sie.

So verging die Zeit, bis Henriette, als das Drama sich seinem Höhepunkt näherte, so vollkommen in seinen Bann geraten war, daß sie nicht einmal reagiert hätte, wenn ihr eigener Name im Theater erschollen wäre.

Sie erbebte, als Phädra ihrem gequälten Herzen vor Hippolyte Luft machte:

Misérable! Et je vis! Et je soutiens la vue
De ce sacré soleil dont je suis descendue ...

Sie war von dem gleichen Gefühl bis ins Innerste erschüttert.

Und ich lebe!
Ich Elende! Und ich ertrag es noch,
zu dieser heiligen Sonne aufzublicken,
von der ich meinen reinen Ursprung zog.
Den Vater und den Oberherrn der Götter
hab' ich zum Ahnherrn; der Olympos ist,
der ganze Weltkreis, voll von meinen Ahnen.
Wo mich verbergen?

Als der Vorhang zum letzten Male fiel, strömten die hellen Tränen über Henriettes Wangen. Aber sie wischte

sie nicht fort. Ihrem leidenschaftlichen Beifall war es zu verdanken, daß sich der Vorhang noch zweimal hob.
„Wie gern möchte ich ihr sagen, daß kein anderer Mensch in dieser Stadt von ihrer Kunst so tief ergriffen sein kann wie ich", dachte sie, als sie mit den anderen Zuhörern im Foyer stand.
Wenn Henry oder ein anderes Mitglied der Familie bei ihr gewesen wäre, würde sie den Impuls, der diesem Gedanken folgte, unterdrückt haben. Aber sie war ja allein. Es war keiner da, um sie darauf aufmerksam zu machen, daß es schon unüberlegt von ihr gewesen sei, unbegleitet ins Theater zu gehen; und nun gar noch eine Schauspielerin von so schlechtem Ruf wie die Rachel aufsuchen zu wollen!
Doch plötzlich fand sie sich am Bühneneingang, wo mehrere Männer sie prüfend musterten.
„Was wünschen Sie, Madame? Was suchen Sie hier?" fragte der eine sie barsch.
„Ich möchte zu Mademoiselle Rachel", sagte sie mit einer Stimme, deren Ruhe sie selbst überraschte. „Hier ist meine Karte, würden Sie bitte die Güte haben, sie ihr zu bringen und mir bitte eben Ihren Bleistift zu leihen?"
Er gab ihn ihr ohne ein weiteres Wort. Ihr Auftreten hatte ihm imponiert. Frauen ihrer Art ließen sich selten an einem Bühneneingang blicken. Diese Frau war eine Dame und sprach mit einem leicht französischen Akzent. Es war zwar gegen seine Anweisungen, aber er würde den Bruder der Künstlerin rufen, damit er sich mit der Besucherin auseinandersetzte.
„Mrs. Henry M. Field" stand in zierlicher Gravierung auf der Karte; aber darunter war hastig mit Bleistift geschrieben: „née Deluzy-Desportes."
Kurz darauf ging Henriette hinter dem Mann den dunklen Gang entlang. Er führte sie hinter die Bühne, wo die Kulissen bereits zusammengeschoben wurden, die ihr in dieser Beleuchtung fremd vorkamen, obwohl sie sie vorhin im Rampenlicht gesehen hatte. Sie stieß an einen künstlichen Orangenbaum und an eine Bank, auf der Phädra eben noch ihre verzweifelten Tränen geweint. Ein dunkelhaariger, ziemlich auffallend gekleideter Mann empfing sie. Sein anmaßendes und eitles Wesen mißfiel ihr; aber er sprach ein ausgezeichnetes

Französisch, als er sich ihr nun als der Bruder und Manager der Rachel vorstellte.
„Eine wundervolle Aufführung!“ beeilte sich Henriette ihm zu versichern. „Ich möchte so gern Ihrer Schwester als Landsmännin meine Bewunderung persönlich ausdrücken.“
„Meine Schwester will Sie auch empfangen“, erwiderte er und führte sie über die verdunkelte Bühne. „Sie fühlt sich gar nicht wohl“, fuhr er fort, „und ist ganz unglücklich über den Empfang, den man ihr hier in New York bereitet.“
„Ich weiß es, Monsieur, und bedaure es sehr. Darum wollte ich ja gerade heute abend meiner Dankbarkeit Ausdruck geben, was mir in Paris wohl nicht eingefallen wäre. Aber wenn Ihre Schwester zu müde ist, will ich ihr natürlich nicht lästig fallen.“
„Nein, nein, sie wünscht ausdrücklich, Sie zu sehen.“
Er blickte sie mit so offenkundiger Neugier an, daß sie die Augen niederschlug und ohne ein weiteres Wort beiseite trat, während er an eine Tür klopfte. Eine Garderobenfrau öffnete sie, und nach einem kurzen Flüstergespräch durfte Henriette eintreten. Ihr erster Eindruck war der einer großen Unordnung. Das Zimmer schien überfüllt von Kostümen und Blumenkörben, deren Duft sich mit dem Geruch von Puder und Schminke mischte. Dann erst bemerkte sie die Frau, die hier herrschte. Die Rachel lag, in einen feuerroten Wollmantel gehüllt, auf einem Diwan. Ihr Gesicht sah unter der Schminke ganz erschöpft aus, und kein Fünkchen glomm in dem düsteren Schwarz ihrer Augen. Aus solcher Nähe waren die welken Linien dieses Gesichts, die tiefen Höhlen in den Wangen und der faltige Hals nicht zu übersehen. Aber der volle rote Mund lächelte, und eine schlanke, fast durchsichtige Hand streckte sich Henriette zum Gruß entgegen.
„Sie sind Mademoiselle Deluzy-Desportes?“
Die Frage wurde nur geflüstert. Offenbar schonte die Rachel ihre Stimme vor jeder überflüssigen Anstrengung.
„Ich war es“, antwortete Henriette einfach.
Bis zu diesem Augenblick hatte sie keinen Gedanken daran gewandt, was sie der berühmten Schauspielerin eigentlich sagen wollte, und als sie sich ihr hier nun in

dieser Theatergarderobe fern von der Heimat gegenübersah, verlor sie ihre Sicherheit, obwohl sie in ihrer Muttersprache weitersprach, die ihren Lippen so natürlich war.
„Sie haben jene Mademoiselle D. heute abend wieder ins Leben zurückgerufen“, erklärte sie. „Morgen wird sie nicht mehr da sein. Aber ich hielt es nur für recht und billig, daß sie — daß ich, daß wir beide Ihnen persönlich unseren Dank abstatteten.“
„Ich kann es kaum glauben“, entgegnete die Rachel. „Von allen seltsamen Begegnungen in meinem Leben kommt mir diese am seltsamsten vor. Daß wir beide uns hier treffen sollten, im fremden Lande —“
„Ich bin jetzt hier zu Hause“, sagte Henriette. „Mir ist das Glück zuteil geworden, hier in der neuen Welt Frieden zu finden. Hier ist es mir gelungen, die Tragödie, in die ich verwickelt wurde, zu vergessen.“
„Ach, Madame!“ Die Rachel sah sie lange forschend an. „Auch Sie haben Tragisches erlebt. Wir haben jeder in seiner Art das Drama kennengelernt, aber im Vergleich zu dem, was Sie erlebt haben, müssen meine Rollen Ihnen ja wie ein Kinderspiel vorkommen.“
Henriette nickte. „Der Geist des Trauerspiels hat uns beide heimgesucht, nur bescherte er mir ein Joch und Ihnen die Flügel der Kunst.“
Die Rachel seufzte. „Diese Reise über den Ozean war viel zu weit für meine Flügel. Ich fühlte sie schon ermatten.“ Sie machte eine hoffnungslose Geste, und der Mantel glitt zurück, so daß Henriette bemerkte, wie schmächtig und zart der kleine Körper geworden war.
„Leben Sie wohl, Mademoiselle“, sagte sie. „Ich werde stets Ihr Genie verehren!“
Die Audienz war beendet. Henriette eilte den dunklen Gang entlang und durch die menschenleeren Straßen nach Hause — eine Frau, die der Geborgenheit ihres Heims zustrebte. Nur für einen einzigen Abend hatte sie die Welt des Scheins betreten, wo der Geruch der Schminke selbst den Duft der Blumen übertäubte. Sie tastete nach dem Hausschlüssel in ihrem Täschchen. Als sie die Treppe hinaufstieg, gewann die Gegenwart wieder Gewalt über sie, und sie schüttelte die Vergangenheit von sich ab.

Im Rückblick auf die Jahre 1855 bis 1858 wurde es Henriette erst klar, wie sehr das Kabel oder der atlantische Telegraph, wie es damals noch hieß, ihrer aller Gedanken beherrscht hatte. Nicht nur Cyrus, der völlig hypnotisiert von seiner elektrischen Seeschlange war; nicht nur Matthew, der sich an der Küste Neufundlands mit den Elementen herumschlug — nicht nur diese praktisch tätigen Brüder, nein, auch Henry, der Gelehrte der Familie, war von dieser erträumten Verbindung zweier Welten besessen.

„Ich glaube, es ist nur ein Glück", dachte Henriette, als diese Monate der Spannung zu Jahren erbitterter Anstrengung wurden, „daß Henry und ich nicht die Mittel haben, uns an diesem Unternehmen zu beteiligen, sonst wären wir schon längst an den Bettelstab gebracht."

Es begann bereits ein Gerücht umzugehen, daß Cyrus am Rande des Bankrotts stehe. Er hatte seine ganzen Effekten, seinen Grundbesitz und sein Privatvermögen verpfändet, um die Gesellschaft, deren Vorstand er war, zu stützen. Das ursprüngliche Kapital von anderthalb Millionen Dollar, das die erste kleine Interessentengruppe gezeichnet hatte, war fast im Nu verbraucht worden — es war nur ein Tropfen im Eimer gewesen. Allein die Überlandverbindungen der Linie hatten mehr als eine Million gekostet, und von dieser Summe hatte Cyrus über zweihunderttausend beigesteuert. Es war daher nicht verwunderlich, daß seine Frau ängstlich auszusehen begann, als weiterhin Tausende über Tausende dahinschwanden, um neuen Forderungen zu genügen, und sich eine Schwierigkeit nach der anderen herausstellte. Es gab sogar Zeiten, in denen Henriette ihren impulsiven Toast auf das Abenteuer bedauerte.

Henry aber war in seinem Glauben nicht zu erschüttern. Cyrus würde das Wunder schon fertigbringen. Es war lediglich eine Frage der Zeit. Er hatte sich die Aufgabe gestellt, das Fortschreiten der Unternehmung von Anfang bis Ende historisch zu schildern. Sein Beitrag würde zwar nicht so aufsehenerregend sein, aber wenn erst das Ziel erreicht wäre, würde er seine Geschichte für die Öffentlichkeit beendet haben. Unermüdlich machte er sich Aufzeichnungen über alles, was Cyrus und Matthew ihm von ihrer Tätigkeit berichteten; geduldig kopierte und ordnete er alle Briefe und Dokumente, die künftig für das Werk von Bedeutung sein konnten. Überdies war er selbst Augenzeuge von dem ersten Experiment im Kabellegen zwischen Neuschottland und Neufundland gewesen. Eine Gesellschaft, die sich außer Cyrus und Henry noch aus Peter Cooper, Samuel Morse und anderen, die an der Unternehmung interessiert waren, zusammensetzte, hatte auf einem Dampfer New York verlassen. Aber der Versuch schien von vornherein dazu bestimmt, fehlzuschlagen. Der Kapitän des Dampfers brachte für eine solche Operation nicht die nötige Erfahrung mit. Er erwies sich als eigensinnig, und die heikle Aufgabe, die Barke, von der aus die vielen Meilen Kabel gelegt werden sollten, zu schleppen, mißlang ihm vollkommen. Inmitten der St.-Lawrence-Bucht drohte ein heftiger Sturm, beide Schiffe zu versenken. Die schwer beladene Barke und auch der Schleppdampfer befanden sich in solcher Gefahr, daß man sich gezwungen sah, das Kabel zu kappen. Über vierzig Meilen waren schon gelegt worden, und das Gesamtergebnis dieser Fahrt bestand nur in entmutigendem Verlust. Die Gesellschaft kehrte mit viel geringerer Zuversicht zurück, als sie bei der Ausfahrt gehabt hatte.

„Ja, es war ein schwerer Schlag, als der Befehl, das Kabel zu kappen, erging", hatte Henry zugegeben. „Aber vielleicht war diese Erfahrung notwendig, um es Cyrus einwandfrei zu beweisen, daß Segelschiffe für diesen Zweck untauglich sind. Jetzt ist es ihm klar, daß das Kabel nur von einem Dampfboot aus gelegt werden kann, auf dem die Geschwindigkeit und die Gleichmäßigkeit zu regulieren sind."

Doch auch Henrys angeborener Optimismus war etwas ins Wanken geraten, als sich die Telegraphengesellschaft den Verlusten dieses fatalen Experiments gegenübersah. Dies bedeutete mindestens einen Aufschub von einem Jahr, denn Monate würden vergehen, ehe ein neues Kabel fertig war, und dieses konnte erst im folgenden Sommer ohne Risiko ausgelegt werden. Man mußte neues Kapital zusammenbringen und ein Kabel

aus noch mehr und noch stärkeren Leitungsdrähten herstellen. Ohne Zögern schiffte sich Cyrus nach England ein, um dort die nötigen Schritte zu unternehmen.
Er blieb fast während des ganzen Jahres 1856 drüben und verhandelte mit englischen Wissenschaftlern und Finanzleuten. Brett, der das erste Kabel über den Kanal gelegt hatte, und Bright, ebenfalls ein Pionier der Ozeantelegraphie, berieten und unterstützten ihn. Aber all die bisher gelegten Kabel waren knappe hundert Meilen lang gewesen, während bei dem Neufundland—Irland-Projekt mit Tausenden von Meilen gerechnet werden mußte. Die vorherrschende Meinung in England sowohl wie in Amerika war die, daß Cyrus Field ein unpraktischer Phantast sei. Sein Plan sei von vornherein zum Scheitern verurteilt, und alle, die töricht genug seien, ihm ihr Geld anzuvertrauen, verdienten gar nichts Besseres, als es nutzlos in der Tiefe des Atlantik verschwinden zu sehen.
Es war nicht gerade erfreulich, in jenen Tagen mit anhören zu müssen, was die Leute über Cyrus dachten. Henriette bekam fast Angst davor, seinen Namen auch nur zu erwähnen. Nicht, daß sie den Glauben an ihn und sein Werk verloren hätte; sie vertraute nach wie vor seiner Energie und seinem unbeugsamen Willen, der, wenn je einer, Berge hätte versetzen können. Nein, ihre Angst galt der Wirkung, die dieser Zweifel, dieser Spott und diese Kritik auf Henry haben würden; denn er hatte sich sofort zum Anwalt seines Bruders gemacht. Bei all seiner Güte und Duldsamkeit besaß Henry doch das gleiche Temperament wie seine Brüder. Er hatte sich mit der gleichen Zähigkeit wie Cyrus in die Überzeugung von der Durchführbarkeit des Planes verbissen. Er rieb sich beinahe auf in seinem hartnäckigen Bemühen, die vielen Skeptiker zu bekehren, so daß Henriette sich um seine Gesundheit und seine schriftstellerische Tätigkeit ernstlich Sorge machte. ‚Der Evangelist‘ hatte unter seiner Leitung an Ansehen und Verbreitung erheblich gewonnen, und sein wöchentlicher Leitartikel wurde von einem großen Leserkreis mit Spannung erwartet und viel zitiert. Er dürfe seine Loyalität gegen seinen Bruder und seine privaten Ansichten nicht mit seiner Arbeit verquicken, mußte sie

ihn häufig ermahnen, wenn sein Enthusiasmus mit ihm durchging. Und oft mußte sie ihn davon abhalten, mit einem scharfen Artikel auf einen Vorwurf, Cyrus vergeude Millionen auf ein offensichtliches Hirngespinst, zu antworten.

„Onkel Cyrus ist doch nicht verrückt, nicht wahr?“ fragte Clara eines Tages ängstlich, als sie vom Spielen mit den Nachbarskindern vor der Tür wieder ins Haus kam.

„Aber nein, gewiß nicht“, beeilte sich Henriette ihr zu versichern. „Wer hat dir denn das in den Kopf gesetzt, Liebling?“

„Die Kinder haben es mir gerade gesagt. Ich sagte auch ‚nein‘, aber Mary und Sam und Lucy wollten mir nicht glauben. Sie sagten, sie hätten gehört, wie ihr Vater zu ihrer Mutter sagte, Onkel Cyrus sei es doch, weil er verrückte Ideen hat.“

„Du mußt nicht darauf achten, was sie sagen, und du darfst Onkel Henry so etwas nie weitererzählen, weil es ihn sehr traurig machen würde.“

„Nein, das will ich auch nicht. Aber als ich ihnen sagte, daß mein Vater Onkel Cyrus hilft, lachten sie alle und zeigten mit ihrem Finger auf die Stirn.“

Ihr dicker kleiner Zeigefinger machte die unmißverständliche Geste nach.

„Denk nicht mehr daran“, sagte Henriette zu ihr. „Hol deine Mütze und dann kannst du mich zu Mrs. Popes Laden begleiten, wo wir Zimt und Rosinen kaufen wollen und vielleicht auch eine Tüte Pfefferminzplätzchen, die du und Onkel Henry ja so gern eßt.“

„Und Mr. Bryant auch“, meinte Clara, als sie sich auf den Weg machten. „Vier Stück hat er das letztemal gegessen.“

„Das ist aber nicht höflich, aufzupassen, wieviel ein Gast ißt“, schärfte Henriette dem Kind ein. „Und du hast gar nicht daran gedacht, deinen Knicks zu machen, als Mr. Bryant neulich bei uns war. Ich fürchte, du hast dein gutes Benehmen ganz vergessen.“ „Ich hasse gutes Benehmen“, entgegnete Clara unbekümmert, während sie sich sorgfältig bemühte, nicht auf die Ritzen zwischen den Pflastersteinen zu treten.

„Du wirst seinen Wert schon eines Tages schätzen ler-

nen, mein Liebling. Warum hüpfst du so von Stein zu Stein?"
„Das ist unser Spiel, und dabei darf man niemals auf eine Ritze treten."
„Siehst du, gutes Benehmen ist auch wie ein Spiel. Und ich nenne dir nur die Regeln der Höflichkeit, damit du das Spiel gut beherrschst und keine Fehler machst, wenn du erwachsen bist."
„Ist Höflichkeit wie Damespiel?" Clara war immer sehr gründlich, wenn ihr Interesse einmal geweckt worden war. „Meine Brüder spielen Dame immer auf einem rot und schwarz karierten Brett."
„Ja, auch ein bißchen wie Dame, aber vielleicht mehr noch wie ein anderes schwierigeres Spiel, das Schach heißt. Also in Zukunft vergiß nicht, höflich zu sein, wenn Mr. Bryant oder ein anderer von unseren Freunden mit dir spricht. Du darfst dir heute auch die Plätzchen selbst aussuchen."
Henry lächelte, als sie ihm später diese Unterhaltung wiedererzählte.
„Es wird schwerhalten, Clara an Formen zu gewöhnen", meinte er. „Ihre natürliche Liebenswürdigkeit widersetzt sich den althergebrachten Regeln."
„Ja, sie hat die Gabe, mit Menschen umzugehen, aber sie muß jetzt doch allmählich die gesellschaftlichen Anstandsregeln lernen. Höflichkeit muß ihr einfach eine Selbstverständlichkeit werden." „Mir scheint, ich kann mich an eine Gelegenheit erinnern, bei der dir diese Selbstverständlichkeit entgangen sein muß, Liebste", sagte er mit einem zärtlichen Blick. „Wenn ich nicht darüber hinweggesehen hätte, wer weiß —"
„Ah, mein kleiner Henri, ich glaube tatsächlich, meine Unhöflichkeit an jenem Abend ist dir eine liebe Erinnerung! Kannst du nicht so großmütig sein und mir diese Unterlassungssünde verzeihen, nachdem wir nun schon fünf Jahre verheiratet sind?"
Henriette hatte jedesmal ein unangenehmes Gefühl, wenn die Post von Übersee bei ihnen eintraf. Cyrus' Familie war ihm nach Europa gefolgt, und Mary Elizabeth hatte sie begleitet. Sie war schon kurz nach ihrer Hochzeit Witwe geworden und kränkelte seitdem beständig. Die Nachricht von ihrem Tode in Paris brachte

tiefe Trauer über die ganze Familie. Aber Cyrus mußte seine Verhandlungen weiterbetreiben; er hatte keine Zeit zu trauern, nachdem er gerade eine englische Regierungsstelle überredet hatte, Schiffe für ein zweites Experiment mit dem Tiefseekabel zur Verfügung zu stellen, und der Regierung das Versprechen abgerungen hatte, für ihren offiziellen Nachrichtendienst ausschließlich sein Kabel zu benutzen, falls seinem Unternehmen der erwartete Erfolg beschieden sein sollte. Das Britische Reich hatte die Vorteile und Möglichkeiten eines Atlantiktelegraphen schneller erkannt als sein eigenes Land. Eine neue Gesellschaft werde soeben gegründet, schrieb er den Geschwistern in einem Brief, der in jeder Zeile neue Zuversicht verriet.

Diese Gründung sollte auf einer bedeutend breiteren Basis erfolgen als die erste; dreihundertfünfzig Aktien zu je tausend Pfund waren ausgeschrieben worden. Seltsam, fügte Cyrus in einer Nachschrift an Henry hinzu, daß er — ein waschechter Yankee — sich als Präsident einer Gesellschaft wiederfinden sollte, die vorwiegend englische Mitglieder zählte.

Am Weihnachtstag war er in New York zurück; der zweite Versuch stand kurz bevor, und immer noch waren über sechzig Aktien, für die er vorläufig die Bürgschaft übernommen hatte, nicht gezeichnet. Wenn es gelänge, den Kongreß zu überreden, nicht hinter England zurückzustehen und seine Pläne zu unterstützen, sei er von dem Erfolg fester denn je überzeugt, sagte er. „Er ist schon wieder nach Neufundland abgedampft, und bei diesem Wetter!" Cyrus' Frau seufzte tief, als sie ihren Hut abnahm, den Schnee von ihrem Schal schüttelte und sich dicht an den Kamin in Henrys Wohnzimmer setzte.

„Aber er versprach doch, Neujahr mit dir und den Kindern zu feiern, Mary?" entgegnete Henry erstaunt. „Er hat es mir noch vorgestern selber gesagt."

„Ja, aber die letzten Nachrichten, die er von dort oben erhielt, beunruhigten ihn. Ich versuchte, sie ihm möglichst lange vorzuenthalten, denn ich fürchte, daß die kalte, stürmische Fahrt dort hinauf seinem Husten nicht guttun wird. Aber er ist ja doch nicht zu halten, einerlei, was auch geschehen mag."

„Nein, er wird niemals aufgeben." Henrys Stimme klang stolz, obwohl auch er besorgt den Kopf schüttelte. „Und wenn er mit seinem Leben dafür bezahlen muß."

„Nicht doch, Henry, bitte! Das ist kein guter Trost für Mary", warf Henriette ein. „Wenn dieses Seeungeheuer ihn umbringen wollte, dann hätte es das gewiß schon längst getan."

Mit Cyrus' Frau war sie niemals sehr befreundet gewesen. Sie hatten zu wenig gemeinsame Interessen außer ihrer Familie. Aber Henriette versagte nie einem Menschen die Anerkennung, die ihm gebührte, und sie bewunderte Mary wegen der Tapferkeit, mit der sie alles ertrug.

„Jedenfalls wird es 1857 sein, bevor wir's uns versehen", meinte Mary später, als sie sich zum Gehen anschickte, „und was das neue Jahr uns bringen wird, daran mag ich gar nicht denken."

„Hoffentlich alles, was Cyrus sich erwünscht", sagte Henry tröstend. „Darum müssen wir aus ganzem Herzen beten."

„Ach, Henry, ich habe solche Angst, daß meine Gebete nichts nützen werden. Ihr wißt ja nicht, was es heißt", rief sie aus und fuhr dann, zu Henriette gewandt, fort, „und ich hoffe, du wirst es auch niemals erfahren — daß die Leute den Kopf schütteln, wenn vom eigenen Mann die Rede ist oder wenn deine Freunde dich beiseite nehmen und behaupten, er sei nicht ganz richtig im Kopf und sollte besser einen — einen Arzt konsultieren."

Henry sah ernst aus, als er wieder ins Zimmer kam, nachdem er seine Schwägerin nach Hause begleitet hatte.

„Arme Mary!" sagte er. „Ihre Standhaftigkeit wird auf eine harte Probe gestellt. Ich wünschte ja auch, Cyrus würde sich jetzt nicht diesem nördlichen Nebel aussetzen, aber ich fürchte, er wird in Washington einen noch undurchsichtigeren Nebel antreffen, wenn er den Kongreß dazu bewegen will, ihm die notwendige Unterstützung zu gewähren."

„Ja", pflichtete Henriette ihm bei, „wenn ich zwischen diesen beiden Übeln wählen müßte, würde ich auch Neufundland vorziehen."

Das Jahr 1857 sollte Henriette stets in besonders lebhafter Erinnerung bleiben. Im fernen Westen wurde Stephen Field, der einzige Bruder, den sie noch nicht kannte, zum Obersten Richter von Kalifornien gewählt, während Cyrus in Washington — so erschöpft er durch Krankheit und Überarbeitung auch war — seinen Feldzug um die siebzigtausend Dollar Staatssubsidien begann. Wie ein ruheloser Geist wanderte er von Zimmer zu Zimmer im Kapitol und versuchte die Senatoren und Kongreßmitglieder von dem Wert des vorgelegten Gesetzentwurfes zu überzeugen. Wenn England — betonte er immer wieder — für eine solche Anleihe stimmte, dann sei es doch nicht zu viel verlangt, daß die Vereinigten Staaten sich auch mit einem gleichen Betrag an dem Unternehmen beteiligten. Aber allerorts begegnete er Anfeindungen oder Gleichgültigkeit. Das Räderwerk der politischen Maschinerie hinderte ihn auf Schritt und Tritt. Von dem Büro seiner Zeitschrift aus verfolgte Henry den Weg der Gesetzesvorlage und wagte kaum zu hoffen, daß Cyrus sie durchbringen würde.
„Das Atlantikkabel", schrieb Henry später von diesem kritischen Zeitpunkt, „hat manchen Knick erhalten, aber niemals schien es sich mehr verwickelt zu haben als damals, da es in die Hände der Politiker geriet."
Kongreß und Senat stritten hin und her. Die Abgeordneten vom Süden, die mehr auf die Rechte ihrer Staaten und näherliegende Fragen wirtschaftlicher Art bedacht waren, widersetzten sich der Vorlage, während Cyrus' wenige Anhänger, vor allem Mr. Seward, der einflußreiche New Yorker Senator, sich fest entschlossen zeigten, sie nicht im Wirrwarr der letzten Sitzungen untergehen zu lassen. Es war schon Mitte Februar, als das Gesetz mit der knappsten Majorität angenommen wurde.
„Der Präsident ist auf unserer Seite", versicherte Cyrus seinen Angehörigen auf einem seiner hastigen Besuche. „Wenn wir es jetzt nur noch sicher durch den Senat bringen, können wir im Sommer die Arbeit wiederaufnehmen."
Henry wiederholte seiner Frau, was Cyrus gesagt hatte.
„Glaubst du, daß es eine Chance hat durchzukommen?" fragte Henriette ihn geradezu.
„Jetzt, da Senator Seward dahinter steht, ja. Immerhin

bleiben ihnen kaum vierzehn Tage, um sich durchzusetzen."

Erst am vierten März erfuhren sie, daß auch der Senat es trotz heftigster Anfeindungen mit einer einzigen Stimme Mehrheit angenommen hatte. Präsident Pierce hatte es noch wenige Stunden vor Ablauf seiner Amtszeit unterzeichnet.

In jenem Frühjahr sahen Henry und Henriette im Metropolitan Theater eine bemerkenswerte Vorstellung von ‚Richard II.', in der ein junger Schauspieler namens Edwin Booth die Titelrolle spielte. Sie hatten Ehrenkarten und waren hingegangen, ohne von dem Hauptdarsteller mehr zu wissen, als daß er der berühmten Schauspielerfamilie angehörte und daß sein Vater Junius Brutus Booth gewesen war.

„Er ist noch sehr jung, und dies ist sein Debut in New York", hatte Henry zu seiner Frau gesagt, während sie auf das Aufgehen des Vorhanges warteten. „Einige Erfahrung hat er wohl schon in einer Wandertruppe hinter sich, aber wir dürfen nicht zu viel von ihm erwarten."

Und dann hatten sie in dem nur spärlich besetzten Theater staunend vor dem Wunder dieses Genies gesessen, das sich ihnen in dem schlanken, erst vierundzwanzigjährigen, dunkeläugigen Mann offenbarte. Als der Vorhang nach dem ersten Akt fiel, wandten sie sich begeistert einander zu.

„Oh, Henri!" rief Henriette aus. „Dieser junge Booth ist ja schon einer der ganz Großen! Was für ein Hamlet wird das eines Tages sein!"

Den ganzen Sommer über, durch die heißen Juli- und Augusttage, hing schon eine bedrückende Ungewißheit über dem Land, obwohl das Wetter der Finanzkatastrophe erst im September losbrach. Henriette war froh, als Henry vorschlug, die letzten Augustwochen in Stockbridge zu verbringen. Der greise Pastor und seine Frau waren seit ihrer goldenen Hochzeit sehr gealtert. Man merkte ihnen an, wie sehr sie von dem Tod ihres jüngsten Kindes mitgenommen waren und von dem qualvollen Warten auf Nachricht von Matthew im Norden und Cyrus in englischen Gewässern, wo der neueste Kabellegeversuch unternommen wurde.

In der Stille und landschaftlichen Schönheit von Stockbridge fiel es ihnen leichter, auf das Ergebnis dieses zweiten Versuches, zwei Welten miteinander zu verbinden, zu warten. Dieses Mal wollte Cyrus von Irland aus mit dem Schraubendampfer ‚Niagara' starten. „Jetzt müssen sie schon ein weites Stück vorangekommen sein", sagte Henry jeden Tag aufs neue, nachdem er Cyrus' letzte Briefe und die neuesten englischen Zeitungen studiert hatte.

„Ihre Schnur geht aus über die Erde und ihre Worte bis ans Ende der Welt", murmelte der alte Field vor sich, wenn er unter den Ulmen der Dorfstraße einherging, allein mit seinen Gedanken, die viele tausend Meilen weit schweiften.

Erst nach drei Wochen hörten sie, daß die Expedition noch einmal fehlgeschlagen war. Nach vier Tagen, nachdem fast vierhundert Meilen gelegt worden waren, war das Kabel plötzlich ohne jeden ersichtlichen Grund gerissen. Cyrus und seine Mitarbeiter hatten hilflos an Bord der ‚Niagara' zusehen müssen, wie eine halbe Million Dollar und die saure Arbeit von zwei Jahren auf den Meeresboden sank.

„Wieder vergebens!" Mehr brachte Henry nicht über die Lippen, als er die Hiobsbotschaft erfuhr.

„Er kann einfach nicht den Mut haben, noch einen Versuch zu wagen", sagte Henriette später, als sie allein waren. „Einmal muß es doch mit Cyrus' Geld zu Ende sein, wenn nicht gar mit seinem Selbstvertrauen."

Aber Henry schüttelte den Kopf. „Ich weiß zwar nicht, wie er es erreichen will, aber ich weiß, er wird es erreichen!"

Zwei Tage später kehrten sie nach New York zurück, wo eine neue Furcht sich von den überfüllten Straßen im Börsenviertel ausbreitete durch die langen Kanäle des Broadway und der großen Hauptstraßen bis in die gesicherte Wohlhabenheit von Stuyvesant Square und Gramercy Park. Die schillernde Seifenblase des Zuges nach dem Westen und der Spekulation in Eisenbahnen war geplatzt. Die Ohio Life and Trust Company war die erste Bank, die ihre Schalter schloß, und fünftausend andere folgten ihrem Beispiel — ein Zyklon hätte nicht vernichtender wirken können. Überall herrschte Panik-

stimmung: in New York, Neu-England, Philadelphia, in den Baumwollzentren des Südens und in den neueren Städten von Ohio und Kansas, in den Häfen an den Großen Seen bis weit in den Westen nach San Franzisko. „Nein", mußte Henriette ihrem Mädchen immer wieder geduldig klarmachen, „dieses Jahr werden wir keine Pfirsiche und Birnen einkochen. Die Zeiten sind schwer; wir müssen mit Butter und Eiern und Zucker sparen. Wir wissen nicht, was uns noch bevorsteht."
Henry behielt seine Ruhe. Er verstand wenig von Börsenströmungen und überentwickelter Wirtschaft. Aber er wußte, was es bedeutete, wenn die Banken ihre Zahlungen einstellten; wenn die Inhaber alter, angesehener Firmen und die Präsidenten kapitalstarker Eisenbahngesellschaften plötzlich verschwanden oder sich lieber eine Kugel in den Kopf schossen, als ihren Gläubigern gegenüberzutreten; wenn an den reichen Häusern in ihrer Nachbarschaft mit einemmal das Schild ‚zu vermieten' oder ‚zu verkaufen' hing. Er und Henriette schauderten und rückten enger zusammen, wenn draußen Scharen abgerissener Männer an ihrem Hause vorbeizogen, ostwärts zum Tompkins Square, wo die Hungerkundgebungen der Arbeitslosen abgehalten wurden. „Genau so war es in Paris, kurz nach —" sagte Henriette erschrocken mehr als einmal zu Henry während jener ersten nassen, kalten Novemberwochen. „Wo soll das nur enden, Henri, für die Welt und für uns?"

NEUNUNDDREISSIGSTES KAPITEL

Man schrieb den Juni 1858. Das Jahr der Sorge und des Elends, das man irgendwie gemeistert hatte, lag hinter ihnen, und die grüne Schönheit Englands lockte weit voraus über den Wassern, die der Bug des Dampfers ‚Amazon' durchpflügte. Henriette starrte hinüber zum Horizont, um die Alte Welt auftauchen zu sehen, so wie sie vor neun Jahren nach der Küste der Neuen Welt Ausschau gehalten hatte. Trotz des Bankenkrachs und aller Unsicherheit waren sie auf dem Wege zu dem lang

erhofften und lang geplanten Besuch in England. Es sollte nicht nur eine Erholungsreise werden, rief Henriette sich wieder ins Gedächtnis, während sie einen geschützten Platz an Deck aufsuchte, wo der Wind nicht mehr sein ungestümes Spiel mit dem bauschigen Rock ihres neuen Reisekleides treiben konnte. Nein, Henry sollte eine ganze Serie von Reiseberichten für seine Zeitung und auch für andere schreiben, und er wollte seinen Lesern außerdem noch über die Ereignisse in den Hauptstädten Europas in Leitartikeln berichten. Der ‚Evangelist' hatte die schwere Zeit überstanden, und wenn das Blatt auch niemals mit ‚Harper's Bazaar' und dem ‚Atlantic Monthly' konkurrieren konnte, so konnte es doch auf einen ständigen Zuwachs an Abonnenten zurückblicken. Henrys Mitarbeiter waren fähige und zuverlässige Menschen, und er selbst hatte sich mit seinen klugen Aufsätzen über religiöse und politische Tagesfragen einen Namen gemacht. Henriettes Voraussage war eingetroffen, und jetzt sollte ihr großer Wunsch in Erfüllung gehen, beider Beobachtungsgabe zu gemeinsamer Arbeit vereint zu sehen.
Sie beobachtete seine kleine, energiegeladene Gestalt, wie er da mit eiligen Schritten das Deck entlanglief, so ungeduldig das Ende der Fahrt herbeisehnend, wie er sich auf ihren Beginn gefreut hatte. Sein Reisehunger konnte niemals gestillt werden. Und gar seine Begeisterungsfähigkeit! Sie ließ niemanden aus, ob es sich nun um einen inkognito reisenden Minister eines fremden Landes handelte oder um den Kapitän oder um einen alten Seebären auf Wache. Wie jung er noch aussah, wie er da mit federndem Gang auf sie zukam, ein Lächeln auf dem Gesicht!
„Ja", dachte sie zärtlich, „meinem kleinen Henri sieht man seine sechsunddreißig Jahre bestimmt nicht an."
Sie bedauerte es nicht, daß er noch immer so jugendlich aussah, obwohl dadurch bisweilen ihr Altersunterschied deutlicher in Erscheinung trat. Sie wußte sich jedoch nicht ganz frei von einer kleinen Eitelkeit. Sie scheute sich zwar nicht davor, mit offenen Augen in den Spiegel zu sehen und prüfend die Linien zu betrachten, die sich an ihren Augen eingegraben hatten, und den Bogen von Wange und Kinn, der sich nicht mehr in so sanfter Run-

dung spannte. Aber ihr Haar war noch voll und wies noch keine silbrigen Fäden auf, und der Zug um ihre weichen Lippen verriet noch immer keine Lebensmüdigkeit. In wenigen Monaten würde sie ihren sechsundvierzigsten Geburtstag feiern. Nun, solange die Jahre so mit Liebe, Freundschaft und Arbeit ausgefüllt waren, hatten sie keinen Schrecken für sie. Um nichts in der Welt hätte sie gewünscht, daß Henry älter aussähe, nur weil ihr das mehr schmeicheln würde.

„Gute Neuigkeiten, meine Liebe", rief er ihr zu. „Der Lotse ist gerade an Bord gekommen und hat erzählt, daß die ‚Niagara' noch vor Falmouth liegt. Wir werden also noch rechtzeitig ankommen, um Cyrus zu sehen."

Sie landeten in Plymouth, und Henriette wäre gar zu gern ein Weilchen in diesem freundlichen Hafenstädtchen geblieben mit seinen schmucken, grauweißen Häusern inmitten der üppig grünen Gärten, die sich bis an die schroffen Felsklippen hinzogen, gegen die das stürmische Meer anbrandete. Aber Henry hielt es hier nicht; er mußte weiter nach Falmouth, wo Cyrus die letzten Vorbereitungen für die nächste Expedition traf. Sie fanden ihn im Hotel Royal, tief im Gespräch mit anderen Direktoren seiner Gesellschaft. Im Nu riß sie der Strudel der Vorbereitungen mit sich fort, als er sie begrüßte und sie mit einem wahren Schwall von wissenschaftlichen Erläuterungen überschüttete, daß es ihnen fast den Atem verschlug. Das kleine englische Gasthaus zitterte förmlich vor Spannung, und im Hafen wartete das ‚Drahtbataillon' auf Order zum Auslaufen.

„Diesmal kann es uns nicht mißlingen", versicherte Cyrus. „Wir haben aus vergangenen Fehlern gelernt und wissen jetzt, worauf es ankommt. Dieses Mal werden die ‚Niagara' und die ‚Agamemnon', beide mit einem Begleitschiff, das Kabel bis zu einem Punkt auf hoher See — etwa in der Mitte zwischen den beiden Kontinenten — bringen und dann in entgegengesetzter Richtung, die ‚Niagara' nach Neufundland und die ‚Agamemnon' nach Irland, mit dem Auslegen beginnen. Wir haben eine neue Vorrichtung, von der die Bremsen automatisch betätigt werden und jeder Druck und Zug auf das Kabel ausgeglichen wird. Wenn wir sie schon vor einem Jahr besessen hätten, dann wäre das Kabel niemals gerissen.

Und außerdem haben wir das Kabel jetzt schwerer gemacht."
Er zog ein Stück Kabel aus seiner Tasche und legte es vor sie auf den Tisch. Seine mageren, nervigen Finger strichen liebevoll darüber hin, als er auf die Kupferdrähte wies, die das lebende Mark innerhalb des Schutzmantels aus einer dicken Schicht von Hanf, Eisendraht und Guttapercha darstellten.
Auf Henriettes Gesicht malte sich ungläubiges Erstaunen, als sie das Stück in die Hand nahm.
„Aber es ist ja so klein!" rief sie aus. „Nein, ich kann mir das nicht denken, daß dies den Stürmen auf dem Atlantik und dem Gewicht des Wassers Widerstand leisten kann."
„Es ist widerstandsfähiger, als es aussieht, Henrietta" —, Cyrus sprach mit fast väterlichem Stolz —, „dieses neue Kabel wiegt dreimal mehr als das alte. Nicht daß das Gewicht soviel ausmachte, es kommt auf die Zug- und Bruchfestigkeit an, wenn wir mit dem Legen beginnen. Unsere Versuche haben ergeben, daß es sein elffaches Gewicht tragen kann, ohne zu zerreißen; und da die Strecke, die wir gewählt haben, durchschnittlich zweieinhalb Meilen tief ist, dürfte es keiner zu großen Belastung ausgesetzt werden."
„Das mag ja alles sein", dachte sie, während sie Cyrus' ausgemergeltes, glühendes Gesicht betrachtete und seiner erregten Stimme lauschte, „aber wird der Mensch diese Belastung aushalten?"
Er glich einem Besessenen; er schien kaum mehr zu schlafen und zu essen, und seine Augen leuchteten wie die eines Fanatikers.
„Ich kann seinen Blick nicht ertragen", sagte sie zu Henry, „er erschreckt mich. Mir kommt es vor, als wäre auch er mit elektrischem Strom geladen."
Sie besuchten die Kabelschiffe und wohnten am Sonntag vor der Ausfahrt dem Gottesdienst an Bord bei. Offiziere und Mannschaften standen mit entblößtem und gesenktem Kopf, während Henry betete und die bekannten, bedeutungsschweren Worte des 107. Psalms vorsprach:

Die auf Schiffen das Meer befuhren,
auf großen Wassern Handel trieben,

die haben die Werke des Herrn geschaut
und seine Wunder in der Tiefe!

Henriette hörte unter Tränen zu, als die Männer ihre Stimmen im Gesang erhoben:

Beschirme du, o Herr und Gott,
den Seemann vor Gefahr und Tod!

Die Tränen liefen ihr noch über die Wangen, als ihr die Matrosen in die Barkasse halfen.
„Überschwemmen Sie uns nicht mit Ihren Tränen, Madame", ermahnte sie eine freundliche Stimme. „Wir werden schon noch genug Seewasser übernehmen, bevor wir unsere lange, schöne Kabeldame sicher an ihren Ort gebracht haben. Sie ist wie alle Frauen: man muß sie mit Vorsicht behandeln!"
Und dann waren Henry und sie wieder in Paris! Es war fast wie ein Traum; aber da waren sie, die bekannten Straßen und Läden, die Geräusche und Gerüche der Stadt und die Musik ihrer Muttersprache in ihren Ohren. Sie weinte und lachte und saß unter der Last ihrer Erinnerungen schweigend da und hörte kaum, was Henry neben ihr auf englisch sagte. Er hatte ein neues Hotel ausgesucht, nicht zu nah am Faubourg Saint-Honoré und doch wieder nicht zu weit von den vertrauten Stätten der Vergangenheit entfernt. Ihre Wohn- und Schlafzimmerfenster sahen auf grüne Kastanienbäume hinaus und auf die gepflegten Rabatten der Tuilerien.
„Ach, Henri", sagte sie ihm immer wieder im Überschwang der ersten Tage, „es ist zuviel, wieder hier sein zu dürfen und ein so glückliches Wiedersehen zu feiern."
„Ich hoffte, daß das Wiedersehen dich glücklich machen würde, und doch war ich etwas besorgt, ob nicht die Erinnerungen —"
„Aber nein", beruhigte sie ihn, „ich sehe Paris jetzt ganz mit deinen Augen, und da kann mir die Vergangenheit nichts mehr anhaben."
Von den alten Freunden fehlten manche, um sie zu bewillkommnen. Pierre und Madame Le Maire hatten das Zeitliche gesegnet, und der Tod Adolphe Monods hatte erst kürzlich eine Lücke in jenen gastlichen Kreis gerissen. Aber Frédéric Monod und seine Frau umarmten sie wie eine heimgekehrte Schwester, und ihre Zunei-

gung zu Henry hatte sich verdoppelt. Abend für Abend saßen sie zusammen und redeten in jenen Zimmern, in denen jedes Möbelstück noch genau auf demselben Fleck stand — das Sofa zwischen den hohen Fenstern, die vergoldete Marmoruhr unter dem Spiegel auf dem Kaminsims, die silberne Kaffeekanne auf dem Seitenbord. Es lag etwas Beruhigendes in der Beständigkeit dieser toten Sachen, fast nicht minder als in der Wiedervereinigung mit den alten Freunden. Sie unterhielten sich Stunden um Stunden, und ob sie von dem Heute oder dem Damals sprachen, immer wieder kam man auf dieselbe Frage zurück: ‚Erinnern Sie sich noch?' — Diese vier einfachen Worte hatten sie einander wieder nahegebracht und würden sie immer miteinander verbinden. Mit Albert und Marie Remey erging es ihr nicht anders. Sie waren noch geradeso zufrieden und heiter in ihrem bescheidenen Wohlstand wie seinerzeit, als sie sich noch durch das Leben darben mußten. Marie war etwas rundlicher geworden und leicht ergraut; aber ihre Augen blickten noch so taubenhaft wie zu ihrer Brautzeit. Albert ging gebückter und mußte eine schärfere Brille tragen, doch sonst schien auch er unverändert, obwohl er jetzt vor überfüllten Sälen Vorlesungen hielt und sein Wort in der akademischen Welt, in der er seinen Platz einnahm, etwas galt. Sie konnten sich nun ein gewisses Wohlleben leisten, wohnten in einer schönen, geräumigen Wohnung nahe der Sorbonne und hatten ein Dienstmädchen.

„Aber das Kochen wage ich ihr doch noch nicht ganz zu überlassen, vor allem bei einer Gelegenheit wie der heutigen nicht", vertraute Marie ihren Gästen an, als sie zu Tisch gingen. „Sehen Sie, wir haben den Korb, den Sie uns damals an dem schönen verschneiten Silvesterabend brachten, aufgehoben und ihn wieder mit Früchten gefüllt. Und da steht der Kuchenteller, den Sie uns zu unserem ersten Hochzeitstag schenkten. Ich wasche und trockne ihn immer selbst ab."

Diese Erinnerungsstücke, von ihren Besitzern so hoch in Ehren gehalten, weil es die ersten Geschenke in ihrer jungen Ehe gewesen waren, riefen Henriette die Vergangenheit mit fast schmerzhafter Deutlichkeit ins Gedächtnis: der längst vergessene Korb — und sie sah wieder die kräftige, schlanke Hand, die ihn im Schneegestöber vom Wagen gehoben hatte; die schreiend roten Rosen auf dem Porzellanteller — und sie hörte den Lärm der Revolution und erlebte noch einmal die Geburt des neuen französischen Kaiserreiches. Gedanken, die sie nicht einmal mit Henry teilen konnte, drangen auf sie ein wie eine Schar unsichtbarer Vögel.

„Und sehen Sie sich das an, Monsieur Field", fuhr Marie fort, „diese Zeichnung hat sie in Korsika gemacht und dieses Blumenstilleben in Pastell im Palais Praslin —"

Verwirrt brach sie ab, und Albert brachte das Gespräch schnell auf ein anderes Thema. Später zog Henriette ihn jedoch beiseite. „Erzählen Sie mir alles, was Sie von den Kindern wissen, Albert", bat sie ihn, während Henry und Marie die Aussicht vom Balkon bewunderten. „Ich möchte so gern wissen, was aus ihnen geworden ist."

Er erzählte ihr das wenige, das er selbst aus kärglichen Zeitungsnotizen und vom Hörensagen wußte. Der älteste Sohn führe jetzt den Titel, und alle Töchter seien verheiratet. Bisweilen läse er eine Geburtsanzeige aus jenem Familienkreis.

„Und Raynald?" Henriettes Gesicht nahm einen zärtlichen Ausdruck an, als sie diesen Namen aussprach. „Er muß jetzt schon erwachsen sein. Wenn wir uns auf der Straße begegneten, würden wir vielleicht aneinander vorbeigehen, ohne uns zu erkennen. Das ist doch ein trauriger Gedanke, wenn man bedenkt, wie lieb ich ihn hatte."

„Ja", stimmte Albert zu, „aber seine Kindheit wird immer mit Ihnen verknüpft bleiben. Sie machten ihn zu einem glücklichen Kind, vergessen Sie das nicht, Henriette."

„Ich möchte gern denken können, daß er und Berthe sich eine weniger bittere Erinnerung an die alte Zeit bewahren als die anderen. Geben Sie mir bitte immer Nachricht, wenn Sie etwas Neues von ihnen erfahren."

„Gewiß will ich das", versprach er. „Ich dachte nur immer, es würde Ihnen weh tun, wenn ich an alte Wunden rührte."

„Nein, das habe ich überwunden. Oh, Albert, Sie wissen nicht, wie schön es ist, wenn all die trüben Erinnerungen ihre Macht über einen Menschen verloren haben."

Aber trotzdem gab es Straßen und Plätze, die sie ungern passierte. Die Knie zitterten ihr, als sie an dem kleinen Juwelierladen vorüberging, in dem Raynald an seinem Geburtstag die Kamee gekauft, und wo die Zeitung mit dem verhängnisvollen Artikel auf dem Ladentisch gelegen hatte. Und sooft ihr Weg sie in die Nähe des grauen Steingebäudes der Conciergerie führte, blickte sie geflissentlich zur Seite. Auch bedauerte sie nicht, daß Napoleon III. beim Umbau verschiedener Stadtteile den größten Teil der Rue du Harlay hatte abreißen lassen. Sie war froh, daß dieses häßliche Haus mitsamt dem ‚Nadelöhr' für immer verschwunden war.
An ihrem letzten Nachmittag in Paris bekam sie zum erstenmal das kaiserliche Paar zu Gesicht. Sie war gerade zum Einkaufen unterwegs und kehrte, beladen mit Geschenken für die Verwandten in Amerika, in ihr Hotel zurück, glühend vor Stolz und Zufriedenheit, wie jede Frau, die etwas gut und preiswert eingehandelt hat. Sie hatte soeben die Rue Castiglione überquert und schritt die Rue de Rivoli hinunter, als sie aus der Ferne Lärm hörte — Hochrufe und Pferdegetrappel. Die berittene Schloßwache in ihren glänzenden Uniformen kündigte das Nahen des Kaisers und seiner Gemahlin an.
„Es lebe der Kaiser! Es lebe die Kaiserin!"
Vereinzelte Rufe mengten sich in das Hufgetrappel und das Knirschen der Wagenbremsen, als das kaiserliche Gefährt am Rinnstein, an dem Henriette mit ihren Paketen neugierig stehengeblieben war, anhielt. Für einen Augenblick sah sie sich Louis Napoleon und Eugenie allein von Angesicht zu Angesicht gegenüber. Sie war ihnen so nahe, daß sie einen schwachen Duft von dem Parfüm der Kaiserin zu spüren glaubte, die nach allen Seiten grüßend und winkend für die Huldigung dankte. Napoleon sah in Wirklichkeit weniger stattlich aus als auf den Bildern, die überall in den Läden aushingen. Er hatte die ungesunde Gesichtsfarbe eines Magenkranken, und sein waagerechter Schnurrbart und seine schweren Augenlider verliehen ihm einen schläfrigen Ausdruck. Aber Eugenie übertraf alle Bilder, die Henriette bisher von ihr gesehen hatte. Nur dem deutschen Maler Winterhalter war es gelungen, in seinem Porträt ein wenig von ihrem Esprit und ihrer Schönheit festzuhalten.

„Ja, sie ist eine wirkliche Königin“, mußte Henriette zugeben, als sie den reinen kühnen Schnitt jenes Gesichts betrachtete, „ob sie nun der spanische Emporkömmling ist, wie man es ihr nachsagt, oder nicht.“
Alles an ihr war vollkommen — die Anmut ihrer Haltung in dem faltenreichen, blauen Kleid mit der schmalen Taille, die flammende Bronze ihres Haares unter dem kleinen Federhut, dessen Mode sie kreiert hatte, die leuchtende Weiße ihrer Haut und die Klarheit ihrer Augen, die eine Sekunde lang auf Henriette ruhten. Kühle, unpersönliche Augen, dachte sie, aber von dem tiefen Blau des Enzians.
Ein Peitschenknall, und der Wagen mit dem kaiserlichen Wappen setzte sich wieder in Bewegung. Von neuem erschollen Hochrufe, als er auf die Tuilerien zurollte. Während sie ihm nachsah, mußte Henriette an jene anderen Rufe denken, die vor zehn Jahren hier erklungen waren, als das Schloß gestürmt wurde und die damalige königliche Familie durch verbarrikadierte Straßen hatte fliehen müssen. Zu der Zeit war Napoleon III. ein Gefangener gewesen ohne große politische Aussichten und Eugenie nichts weiter als ein ungewöhnlich schönes Mädchen, das eine ehrgeizige schottische Mutter und einen spanischen Vater besaß, der ihr nur einen unbedeutenden Titel vererbt hatte. Vor zehn, elf Jahren — wer hätte damals ahnen können, wie alles kommen würde?
„Wäre der Fall Praslin nicht gewesen“, hieß es im Volk immer noch in der Erinnerung an Louis Philippes jämmerliches Ende, „dann würde es heute vielleicht kein zweites Kaiserreich geben.“
Auch Henriette war das zu Ohren gekommen. Der Mord in der Rue du Faubourg Saint-Honoré hatte die allgemeine Unzufriedenheit emporlodern lassen, die sonst vielleicht jahrelang in den Tiefen weitergeschwelt hätte, ohne jemals zur Flamme zu werden. Bei solchen Gelegenheiten wie dieser stellte Henriette sich oft Fragen, auf die es keine Antwort gab. Wäre sie in England geblieben und hätte eine andere Erzieherin ihre Stelle im herzoglichen Haushalt eingenommen, würden dann diese schöne Frau und dieser plumpe Mann korsischer Abstammung auch mit solchen Hochrufen begrüßt worden

sein? Was hätten die beiden Insassen der kaiserlichen Kutsche wohl gedacht, hätten sie gewußt, wer die Frau mit den vielen Paketen am Arm hier am Rand der Straße war? Nun, einerlei. Sie zuckte die Achseln und setzte ihren Weg fort. Mrs. Henry M. Field wollte ihren Mann nicht warten lassen. Sie waren diesen Abend zum Essen eingeladen, und morgen schon ging die Reise nach Dänemark weiter.

„Sieh mal!" Als sie noch in der Nacht ihre Koffer packten, hielt Henriette einen vergilbten Stich von der Rachel hoch. „Ich mochte das Bild nicht dort auf dem Stand am Kai dem Wind zum Zerreißen lassen. Sie ist erst sechs Monate tot, und schon hat Paris sie vergessen. Weißt du, Henri", fügte sie hinzu, „heute habe ich ein klein wenig Heimweh nach Amerika verspürt."

„Nun, das ist doch eigentlich ganz natürlich", meinte er. „Und wenn wir wieder zu Hause sind, wirst du dich auch ein bißchen nach Paris zurücksehnen."

„O nein, nicht mehr nach Paris", sagte sie sehr bestimmt. „Meine Heimat ist jetzt Amerika."

„Ich glaube, du denkst mehr daran als ich." Er lächelte und umarmte sie inmitten der verstreut umherliegenden Sachen. „Du hättest nichts sagen können, was mich glücklicher gemacht hätte."

„Ich wußte nicht, daß ich mich so nach Amerika sehnen würde", fuhr sie fort. „Wenn es auch nicht das Land ist, in dem ich geboren bin, so habe ich doch an ihm teil. Nein, Henri, du gehörst zu jenem Boden, und auch ich habe durch dich dort Wurzel gefaßt. Ich werde nicht traurig sein, wenn es wieder von Europa Abschied nehmen heißt."

Sie befanden sich gerade in der Schweiz, als sie im August die Nachricht erreichte, daß das Atlantikkabel gelegt worden sei. Henry konnte vor innerer Bewegung zunächst nicht sprechen, und sie wagten kaum, an die Wahrheit des Gerüchtes zu glauben. Aber es entsprach wirklich den Tatsachen. Es hatte Verzögerungen gegeben, und das Kabel war zunächst noch einmal gerissen. Die Schiffe waren aber bald nach dem Mißgeschick ein zweites Mal ausgelaufen, ohne daß jemand Notiz davon genommen hätte, so mißtrauisch und skeptisch war sogar das verständnisvollere englische Publikum dem

Unternehmen gegenüber geworden. Dieses Mal hatte man programmäßig die verabredete Stelle auf hoher See erreicht, und die beiden Dampfer hatten sich dann getrennt und waren in entgegengesetzter Richtung nach Osten und Westen gefahren, um das Kabel auszulegen. Die ‚Niagara', auf der Cyrus sich befand, war ohne weitere Zwischenfälle in Trinity Bay, Neufundland, eingetroffen. Dort hatte man das Kabel an die Telegraphenlinie angeschlossen, und bald darauf war die Verbindung mit Irland, wo die ‚Agamemnon' ebenfalls glücklich gelandet war, hergestellt. An jenem Augustmorgen lief zum erstenmal ein elektrischer Strom zwischen Amerika und Europa. Von Neufundland bis San Franzisko flog die Nachricht von dem Wunder. Boston feuerte einen Freudensalut, und New York veranstaltete ein großes Feuerwerk; die Fabrik- und Schiffsirenen heulten, die Kirchenglocken läuteten, und in jedem Dorf brannten Riesenfeuer. London, Paris, Berlin und Rom hallten wider von Berichten über den Triumph. Und am Abend überquerte die Glückwunschbotschaft der Königin Victoria den Atlantik, und Präsident Buchanan erwiderte ihre Wünsche. Cyrus war über Nacht zu einer internationalen Berühmtheit geworden.

„Hör doch, hör doch, Henriette! Sie sprechen wieder von Cyrus und dem Kabel!"

Henry strahlte. Wohin sie auch immer kamen, hörten sie den vertrauten Namen. Auf französisch, italienisch, deutsch, mit jedem möglichen Akzent und jeder möglichen Betonung wurde er ausgesprochen.

„Ach, wenn wir doch jetzt zu Hause wären!" seufzte Henry bei jedem neuen Begeisterungssturm, dessen Zeuge er wurde.

Selbst seine Reiselust konnte ihn nicht dafür entschädigen, daß er dem Empfang New Yorks zu Ehren seines Bruders fernbleiben mußte. Soviel Anteil an den Vorbereitungen und den vielen Rückschlägen genommen zu haben und nun abwesend zu sein, wo der Erfolg endlich da war — das schmerzte ihn tief. Er hätte den erstbesten Amerikadampfer zur Rückreise genommen, wenn Henriette ihn nicht davon abgehalten hätte. Sie machte ihm klar, daß er doch unmöglich rechtzeitig zu den Feierlichkeiten eintreffen würde; und außerdem könne er es sich

doch nicht leisten, seine Pläne umzuwerfen und die versprochenen Berichte für die Zeitungen einfach ungeschrieben lassen. Und überdies — erinnerte sie ihn — sei seine Aufgabe ja die, die Geschichte des Atlantikkabels zu schreiben, und jetzt sei Cyrus gewiß noch viel zu sehr mit Feiern und Gefeiertwerden beschäftigt, um ihm genaue Einzelheiten über die letzten Tage vor der Vollendung seines Werkes geben zu können.
Sie setzten also ihre Reise fort. Nach drei Wochen erfuhren sie zu ihrer Bestürzung, daß der Kabelstrom auf einmal schwächer geworden sei, während die Festlichkeiten sich gerade auf ihrem Höhepunkt befanden. Die Ingenieure an der neufundländischen und irischen Basis hatten verzweifelt nach der Ursache geforscht, aber alle ihre Bemühungen waren vergebens. Der Strom war noch eine Zeitlang vernehmbar gewesen und dann erloschen.
„Das Atlantikkabel ist tot!"
Sie hörten das, als sie in Le Havre das Schiff bestiegen, das sie nach New York zurückbringen sollte. Die Reaktion der Öffentlichkeit war unmißverständlich: Verachtung und Hohn traten an die Stelle der jubelnden Begeisterung. „Die Menschen schämten sich plötzlich ihres ersten Überschwangs", schrieb Henry später von diesem ernüchternden Rückschlag, „und trachteten danach, sich in ihrer Enttäuschung an denen zu rächen, die sie damals vergöttert hatten."
Henriette versuchte ihren Mann von einer Gruppe fortzuziehen, die sich um die neuesten Ausgaben der französischen Zeitungen drängte, die noch kurz vor Abgang des Schiffes an Bord kamen. Die Bestürzung in seinem Gesicht, als er die Schlagzeile las, die den neuen Fehlschlag bestätigte, schnitt ihr ins Herz. Sie war nur dankbar, daß Henry dem schnellen Französisch der Umstehenden nicht so gut folgen konnte wie sie.
„Laß mich doch!" wehrte er ab. „Ich will wissen, was sie sagen."
„Bitte, Henri", beschwor sie ihn. „Laß mich es nicht wiederholen!"
„Ich muß es wissen!"
„Nun wohl", sagte sie zögernd, „sie behaupten, daß es mit dem Kabel ein für allemal vorbei sei."

„Das ist nur eine Zeitfrage! Bald wird es wieder in Betrieb sein; was einmal funktioniert hat, wird auch wieder funktionieren. Aber übersetze mir, was sie von Cyrus sagen, ich hörte sie gerade seinen Namen nennen."
„Ach, Henri! Sie sagen so schreckliche Dinge von ihm. Sie behaupten, das Ganze sei ein aufgelegter Schwindel, und Cyrus habe seine Aktien schleunigst zu einem phantastischen Preis verkauft, solange die Verbindung noch bestand. Und jetzt glauben sie, daß er sein eigenes Projekt im Stich gelassen habe. Natürlich ist das alles erlogen; aber, Henri, zwing mich nicht fortzufahren. Nein, bitte, hör auf mich. Laß uns auf die andere Seite gehen und noch einmal nach Frankreich hinübersehen. Unsere Ferien sind ja fast vorüber. Schenk mir noch diese letzten Tage. Du wirst die Wahrheit noch früh genug erfahren."

VIERZIGSTES KAPITEL

Henry klopfte sich den Schnee von den Schuhen und seufzte zufrieden auf, als er seinen Hut und Mantel abgelegt hatte und ein lustig prasselndes Feuer im Kamin seines Studierzimmers vorfand. Den ganzen Tag hatte es geschneit, und die Pferdedroschke, mit der er nach Hause gefahren war, konnte sich nur mühsam durch Wind und Schneewehen und die zahlreichen anderen Fuhrwerke hindurchkämpfen. Er war durchfroren und müde und hörte kaum, wie ihn die jetzt neunjährige Clara stürmisch begrüßte. Er hatte einen schweren Tag hinter sich und fühlte sich völlig erschöpft. Seine Augen schmerzten von seiner langen Schreibarbeit, die er bei Gaslicht hatte beenden müssen, damit sie noch rechtzeitig in die Druckerei kam; und die Redaktionskonferenz, auf der sie über neue Mitarbeiter und die Stellung der Zeitschrift bei dem bevorstehenden Wahlkampf für den neuen Präsidenten verhandelt hatten, war lang und anstrengend gewesen. Selbst ein religiöses Blatt konnte sich nicht gänzlich von der Politik fernhalten, die ja unlöslich mit dem Leben und dem Wohlergehen des Staates verbunden war. Niemand, der das Geschehen in den Zeitungen verfolgte und sich seine Gedanken darüber machte, konnte im unklaren sein, daß die innerpolitische Lage sehr ernst war und täglich ernster wurde. Alle die Männer, auf deren Urteil Henry etwas gab — Bowles von dem ‚Springfield Republican', Bryant von der ‚Evening Post', Greeley von der ‚Tribune', Peter Cooper, Henry Ward Beecher, seine Brüder David Dudley und Cyrus am Gramercy Park und Stephen im fernen Westen — waren sich darüber einig, daß dem Staatenverband eine der schärfsten Krisen seit seiner Gründung bevorstand. Es gab sogar Stimmen, die einen Bürgerkrieg prophezeiten. Das hieß allerdings seiner Ansicht nach den Pessimismus zu weit treiben; aber die beständig sich erweiternde Kluft zwischen dem Norden und dem Süden war eine unleugbare Tatsache, und jedermann war sich darüber klar, daß diese Lage einen Präsidenten von der Größe eines Washington und von dem genialen Weitblick eines Jefferson verlangte, sollte die Nation die nächsten vier Jahre überstehen können. Und wo sollte ein solcher Mann gefunden werden?

Henry ließ sich in seinen Ledersessel am Kamin fallen. Es tat gut, die Beine etwas gegen das Feuer strecken zu können, ohne nach der Abendzeitung greifen zu müssen, die er sich auf dem Heimweg gekauft hatte. Er seufzte noch einmal tief auf. Diese unsicheren Zeiten wuchsen ihm fast über den Kopf. Einst hatte ein Geistlicher sich nur um das Wohlergehen der ihm anvertrauten Seelen zu kümmern brauchen; aber heute konnte man sich der Politik nicht fernhalten, ob man nun von der Kanzel predigte oder theologische Aufsätze schrieb. Es genügte nicht länger, an Gott zu glauben und wie ein guter Christ zu leben und sich zu bemühen, seinen Nächsten wie sich selbst zu lieben. Die Nächsten jenseits von Mason und Dixon legten keinen Wert auf Liebe und zeigten sich durchaus nicht bereit, ihrerseits zu lieben. Jener rohe Überfall auf Charles Sumner im Kapitol war ein deutlicher Beweis für die gespannte Stimmung.

John Browns Körper liegt schon lang im Grab,
John Browns Körper liegt schon lang im Grab,
doch sein Geist ficht mit uns mit
um Ruhm, Ehre, Preis und Sieg!

Clara stürmte laut singend die Treppe herunter; jedes Wort war zu hören, hell und unschuldig und gedankenlos. Armer John Brown mit deinem unglückseligen Überfall auf Harpers Ferry! Henry wurde nicht gern an diesen irregeleiteten Märtyrer erinnert.

Um Ruhm, Ehre, Preis und Sieg!

„Onkel!" Der Gesang brach plötzlich ab.
„Ja, Clara? Sing doch bitte ein anderes Lied. Du weißt doch, was ich von dem da halte."
„Oh, ich vergaß. Tante läßt dir sagen, sie wird gleich herunterkommen. Das Essen wird bald fertig sein. Es gibt heute früher Abendbrot, weil ihr zur Versammlung geht."
„Versammlung? In was für eine Versammlung?"
Aber Clara war schon wieder weitergeeilt und hörte seine Frage nicht mehr. Er hoffte, er habe sie falsch verstanden. Dies war doch nicht der Abend, an dem Henriette die Malklasse in Peter Coopers neuer Schule unterrichtete, und andere Schüler hatte sie nicht mehr, seit sie alle ihre Schulden bezahlt hatten und sein Gehalt erhöht worden war. Er sehnte sich nach einem Abend allein mit ihr, hier am Feuer, ohne Störungen von der aufgeregten Welt dort draußen. Vielleicht könnte er vor dem Schlafengehen noch ein wenig in dem neuen Buch „Adam Bede" lesen, das ihm sehr empfohlen worden war. Henriette war so von der dramatischen Gewalt und der tiefen Menschlichkeit darin ergriffen gewesen, daß sie ihn gebeten hatte, einmal von seiner Gewohnheit, ihr das Lesen belletristischer Werke zu überlassen, abzuweichen.
„Henri!" hörte er sie rufen und vernahm das leise Rauschen ihrer Röcke, als sie durch die Diele in sein Zimmer eilte. „Was für ein Wetter! Bist du nicht ganz durchfroren?"
„Nein, Liebste, ich bin schon fast wieder aufgetaut; aber es war ein anstrengender Tag, und ich bin hundemüde. Ich habe mich schon den ganzen Heimweg über darauf

gefreut, mit dir heute abend allein zu Hause bleiben zu dürfen."
Aber sie schüttelte den Kopf und beugte sich zu ihm hinunter und küßte ihn.
„Hast du vergessen, daß wir heute abend diesen Mann aus dem Westen reden hören wollten? Du weißt doch, der, von dem David und Mr. Greeley so begeistert sind."
„Bei dem Wetter?"
„Du hast es Mr. Bryant versprochen. Er hat heute morgen schon die Eintrittskarten geschickt, und er wird selbst den neuen Redner einführen; er heißt sehr komisch — Abraham Lincoln." Sie betonte die letzte Silbe nach französischer Art.
Henry lachte trotz seiner Müdigkeit.
„Ich nehme an, der ‚ehrliche Abe', wie sie ihn draußen in Illinois nennen, würde sehr erstaunt sein, wenn er hörte, wie du seinen Namen aussprichst. Nun, es deckt sich zwar durchaus nicht mit meiner Vorstellung von einem ruhigen Abend, aber ich würde Mr. Bryant nie wieder ins Gesicht sehen können, wenn wir heute zu Hause blieben."
„Und David Dudley auch nicht. Er will uns auf dem Weg zur Cooper Union abholen, und wir dürfen ihn nicht warten lassen, denn er gehört auch mit zum Versammlungsausschuß, der diesen Westerner aufgefordert hat."
„Ja, und David ist nicht nur deswegen an dem Mann interessiert", sagte Henry. „Er ist der Meinung, dieser Lincoln habe eine gute Chance, im nächsten Sommer von den Republikanern als Präsidentschaftskandidat aufgestellt zu werden. Es scheint eine ziemlich ausgefallene Idee zu sein; aber David hörte ihn vor zwei Jahren einmal gegen Stephen A. Douglas sprechen, und er hat es nie vergessen können. Irgend etwas muß schon an dem Lincoln dran sein, sonst würden sich nicht David, Greely und Bryant so für ihn einsetzen."
„Aber Cyrus nicht", warf Henriette ein. „Die Brüder Field sind diesmal gar nicht darüber einig, wer der nächste Präsident werden soll."
„Nun, es ist ja begreiflich, daß Cyrus für Seward ist", erwiderte Henry. „Ohne Seward wäre damals die Gesetzesvorlage für die Subsidien des Kabelprojekts nie-

mals durchgegangen, und wenn er gewählt wird, dann kann Cyrus weiter auf seine Unterstützung rechnen. Es ist nicht schön, seine Neigungen so teilen zu müssen. Natürlich würde ich Seward gern im Weißen Haus einziehen sehen, da das für Cyrus und seine Pläne von so großer Bedeutung wäre. Aber David und Bryant wollen ebenfalls nur das Beste für unser Land. Ich glaube, da bleibt uns wirklich nichts anderes übrig, als unseren Abend zu opfern und uns diesen Bohlenhacker einmal anzusehen."

„Bohlenhacker?" fragte sie verwundert. „Du kannst nicht von mir verlangen, daß ich euren politischen Slang beherrsche."

Henry lächelte belustigt und bot ihr seinen Arm, um sie zu Tisch zu führen. „Der Ausdruck hat nichts mit Politik zu tun, Liebste. Dieser Abraham Lincoln hat in seiner Jugend irgendwo in den großen Wäldern im Westen Baumstämme zu Bahnschwellen zurechtgehackt. Was er kann und weiß, hat er sich alles selbst beigebracht. Studierte die Juristerei, indem er sie praktisch ausübte. Ich glaube nicht, daß du einem solchen Menschentyp jemals begegnet sein wirst. Und er wird wahrscheinlich noch niemals vor einem Publikum wie heute abend gesprochen haben."

„Falls sich bei diesem Sturm überhaupt ein Publikum einfinden wird! Hör doch nur, wie der nasse Schnee gegen die Scheiben gepeitscht wird. Ich bin froh, daß David uns abholen wird, man würde sonst schwer eine Droschke auftreiben können."

Die Cooper Union, zu der sie bald darauf in einem bequemen Privatwagen fuhren, war das Ergebnis des vagen Planes, den Peter Cooper ihr vor vier Jahren entwickelt hatte. Das große, rote Gebäude füllte jetzt eine unschöne Lücke in einem Häuserblock, wo früher ein Schlachthof gestanden hatte. Es befand sich in der Seventh Street im Boweryviertel. Ihr reicher Freund hatte persönlich den Bau überwacht und viele Stunden bei den Fields damit zugebracht, bautechnische und pädagogische Fragen zu diskutieren. In Henriette hatte er eine aufmerksame Zuhörerin und eine kluge Ratgeberin gefunden. Er legte besonderen Wert auf ihre Meinung über die Erziehung junger Mädchen. Er war ein überzeugter Verfechter der Ansicht, daß Frauen ins Haus gehörten. Aber Mrs. Henry Field gehörte zu den Frauen, die Hausarbeit mit schöpferischer Tätigkeit zu verbinden wußten, und er befolgte dankbar ihre praktischen Anregungen. Durch ihr Interesse an seinem Plan war sie in seiner Achtung noch mehr gestiegen, und er hatte sie als Vorsteherin der weiblichen Kunstschule eingesetzt. Es gab für ihn nichts Schöneres, als mit ihr die Probleme seiner Lieblingsidee zu erörtern, diese ‚Akademie der Kunst und Wissenschaft', für die er sechshunderttausend Dollar von seinem Vermögen bereitgestellt hatte.

„Ich bin neugierig, ob Mr. Cooper heute abend da sein wird", sagte Henriette, als sie vor dem großen Haus anlangten, dessen hell erleuchtete Fenster durch den Flockenschleier schimmerten. „Es scheinen nicht sehr viel Leute zu kommen", bemerkte David Dudley besorgt, als sie eintraten.

„Es ist noch früh", erinnerte Henry ihn und sah sich in dem nur halb vollen Vortragssaal um, der Coopers ganzer Stolz war. „Einige bekannte Gesichter sehe ich schon. Oberst Harper, der Verleger, ist gerade hereingekommen, und dort drüben sitzt Beecher; und ich sehe auch unseren Nachbar von der Twentieth Street, Mr. Roosevelt."

„Es kommt vielleicht mehr darauf an, wer hier ist und nicht so sehr darauf, wie viele." David bemühte sich, ein heiteres Gesicht zu machen. „Aber es ist doch schade, daß das Wetter ausgerechnet heute abend so schlecht sein muß. Von dieser ersten Rede hier im Osten hängt es vielleicht ab, ob Lincoln als Kandidat aufgestellt wird oder nicht. Aber wir werden seine Aussichten morgen aus dem Widerhall der Zeitungen besser beurteilen können. Und jetzt muß ich euch verlassen, um Mr. Bryant und unseren Redner zu begrüßen. Ihr müßt mir nachher sagen, was ihr für einen Eindruck von ihm gewonnen habt."

Ihre Plätze befanden sich ziemlich weit vorn in den Mittelreihen und ermöglichten es ihnen, die Hereinkommenden zu beobachten. Das Publikum erschien sehr spät und bestand fast ausschließlich aus Männern, nur wenige Frauen hatten ihre Männer begleitet. In dem geheizten

Saal begann es nach nassen Mänteln zu riechen, jeder Eintretende klopfte seine schneebedeckten Schuhe ab und schüttelte seinen Schal aus.

„Wie viele Leute, schätzen Sie, werden jetzt hier sein?" fragte Henry einen bekannten jungen Reporter, der ihn begrüßte.

„Sicher über tausend, nehme ich an. Gar kein schlechtes Ergebnis bei dem Sturm. Und die meisten haben ihre Eintrittskarten sogar bezahlt. Es sind nicht nur Republikaner hier, ich habe schon eine ganze Menge Demokraten entdeckt, die diesem Abe Lincoln mal das Maß nehmen wollen. Es sieht so aus, als sollte er gegen Douglas aufgestellt werden."

„Wissen Sie etwas Näheres über ihn?" erkundigte sich Henry.

„Nicht viel; aber ich möchte heute abend nicht in seiner Haut stecken. Dieses New Yorker Publikum wird ihm eine harte Nuß zu knacken geben. Das ist eine verdammt andere Sorte als die guten Leutchen dort hinten in Illinois."

Seine Worte und die halb erwartungsvolle, halb feindselige Atmosphäre um sie her verwandelte Henriettes Gleichgültigkeit in Neugierde. Sie war eigentlich nur hergekommen, weil David und Mr. Bryant es so sehr gewünscht hatten. Aber jetzt brannte sie darauf, diesen ‚Bohlenhacker' aus dem Westen zu sehen und zu hören, diesen unstudierten politischen Redner, dem es gelungen war, eine überraschend große Anzahl einflußreicher Persönlichkeiten trotz des Schneetreibens hierher zu locken. Was für ein Mensch mochte dieser Lincoln wohl sein, und was würde er wohl zu sagen haben? Wußte er die Ehre zu schätzen, die ihm der Autor von ‚Thanatopsis', einer der angesehensten Zeitungsverleger New Yorks, ihm durch seine persönliche Einführung erwies? Machte er sich wohl klar, was es hieß, David Dudley Field für sich gewonnen zu haben? War es ihm bekannt, daß Henry Ward Beecher, dieser Meister des Worts, sich unter seinen Zuhörern befand?

Ein Raunen ging durch den Saal, als die Männer auf der Tribüne ihre Plätze einnahmen. Sie gewann zunächst nur einen flüchtigen Eindruck von der großen, hageren Gestalt zwischen ihrem Schwager und Mr. Bryant. Dann

setzten sie sich, und die Reihen vor ihr verdeckten ihr die Sicht. David sah ungewöhnlich gut in seinem neuen schwarzen Rock aus, fand Henriette. Er war schon stark ergraut, obwohl er erst Mitte fünfzig war, aber es stand ihm nicht schlecht zu Gesicht und verlieh seiner vornehmen Erscheinung etwas Würdiges. Jetzt erhob sich Mr. Bryant, dessen gütiges Gesicht mit dem langen Vollbart und der übermäßig hohen Stirn stadtbekannt war. Er sprach wie stets ruhig und gewählt. Man konnte an der Aufrichtigkeit seiner Bewunderung keinen Zweifel hegen, als er mit den Worten schloß:
„Ich brauche nur den Namen Abraham Lincoln auszusprechen, meine Freunde, um Ihrer ungeteilten Aufmerksamkeit gewiß zu sein."
Die Gestalt, die sich jetzt erhob, war groß genug, um von jedem Platz aus deutlich gesehen zu werden. Henriette hatte das Gefühl, daß weniger ein Mann als ein ins Groteske verzerrter Schatten die Rednertribüne beherrschte.
„Henri hatte recht", dachte sie. „Einen solchen Menschen habe ich noch nie gesehen."
Fast hätte sie über diese ungefüge Erscheinung gelächelt, aber dann empfand sie eine Art Mitleid bei dem Anblick dieses ungeschlachten Menschen. Sie war schon darauf gefaßt, Tuscheln und unterdrücktes Lachen zu hören, aber zu ihrer Erleichterung blieb alles still. Den Anwesenden schien die Überraschung die Sprache verschlagen zu haben.
Er ließ sich Zeit. Trotz seines merkwürdig schwankenden Gangs stand er fest auf seinen unwahrscheinlich großen Füßen, und wie er dort ruhig über seine Zuhörer hinblickte und schwieg, gewann man den Eindruck einer großen Sicherheit. Henriette fielen in dem blassen, knochigen Gesicht das stark ausgeprägte Kinn, das Funkeln der von buschigen Brauen überschatteten Augen und die kräftige Nase auf, die wie aus Granit gemeißelt war. Sie mußte an eine Vogelscheuche in einem Kornfeld denken, an diese eckigen Gestalten, an denen die Kleider auch schlaff und formlos herunterhingen wie bei diesem Mann. Eine Vogelscheuche — ja, aber von einem traurigen Ernst verklärt!
Jetzt fing er an zu sprechen, und zuerst fiel es Henriette

schwer, seinen ungewohnten Dialekt zu verstehen. Auch hatte sie eine andere Stimme zu hören erwartet. Sie war nicht tief und klangvoll, wie man es bei einem so großen Menschen vermutet hätte; sie war auch nicht rauh und heiser, wie es vielleicht einem so hageren Körper entsprochen haben würde; nein, sie war weich und leise, und doch war sie bis in die letzten Reihen vernehmbar. Er redete nicht, als befände er sich auf einer Tribüne in einem New Yorker Vortragssaal, sondern eher, als stehe er an den Tisch eines Dorfladens gelehnt und unterhalte sich mit einem Nachbarn über die Sorgen der Nation.

Allmählich vergaß Henriette den Menschen und die Stimme über seinen Worten, und dann hörte sie auch die Worte nicht mehr, sondern nur noch die Gedanken, die sie ausdrückten. Probleme und Fragen, um deren Verständnis sie sich bisher vergeblich bemüht hatte, erschienen ihr mit einemmal so klar wie eine frisch geputzte Fensterscheibe, von der plötzlich der trübe Schleier der Verworrenheit fortgewischt wurde.

Er sprach von dem Süden, von jenen Staaten, von denen der Bestand Amerikas abhing. Furchtlos, gelassen und ohne Bitterkeit erläuterte er die Ursachen für die Unstimmigkeiten zwischen dem Norden und dem Süden. Es war, als legte das Messer eines Chirurgen die Wurzel einer tödlichen Krankheit bloß.

All die erhitzten Streitgespräche für und gegen die Sklaverei, die Henriette in den letzten zehn Jahren mit angehört hatte; all die Meinungsverschiedenheiten über Staatenrechte und Freistaaten, die Widersprüche, die sie so oft verwirrt hatten, als sie sie mit ihren eigenen Ansichten auf einen gemeinsamen Nenner bringen wollte, kristallisierten sich nun in den einfachen Worten, mit denen er seiner Überzeugung Ausdruck gab:

„Für so unrecht wir die Sklaverei auch halten, man könnte uns keinen Vorwurf daraus machen, wenn wir sie unangetastet ließen, weil die Tatsache ihrer Existenz sie zu einer Lebensnotwendigkeit für die Nation macht. Aber dürfen wir zulassen, daß diese Institution auch in den freien Staaten Fuß faßt? Wenn unser Pflichtgefühl diese Frage verneint, dann laßt uns ohne Furcht und tatkräftig zu unserer Pflicht stehen."

Er schwenkte keine schönrednerischen Banner von seinem Podium, kein symbolischer Adler heischte mit heiserem Schrei im Namen des Patriotismus den Krieg. Ohne schrille Fanfarenklänge beendete er seine Rede: „Laßt uns den Glauben haben, daß das Recht auch Kraft verleiht, und in diesem Glauben wollen wir es wagen, unsere Pflicht, wie wir sie verstehen, bis ans Ende zu tun."

Henriette und Henry ließen sich im Menschenstrom zum Ausgang treiben. Dort warteten sie auf David, während die Menge sich zerstreute. Sie waren zu aufgewühlt, um darauf zu achten, was um sie her gesprochen wurde. Ganz mechanisch erwiderten sie die Grüße ihrer Bekannten.

„Nun —" fragte Henry mit einer Stimme, als ob er soeben aus tiefem Schlaf erwacht sei — „was hältst du von diesem Lincoln?"

„Ich habe mir gar nichts mehr überlegen können, nachdem er angefangen hatte zu sprechen. Henri — er ist Amerika!"

„Du meinst", berichtigte er sie abwesend, „er ist Amerikaner?"

„Nein!" Henriette schüttelte den Kopf. „Ich meinte, was ich sagte — er ist Amerika! Wenn ich ein Mann wäre, würde ich ihn wählen."

EINUNDVIERZIGSTES KAPITEL

Eines Sonntagabends, kurz vor Weihnachten 1860, fand eine selbst für dieses Haus ungewöhnlich lebhafte Unterhaltung in Henrys Studierzimmer statt. Selten war eine buntere Gesellschaft versammelt gewesen. Peter Cooper und Mr. Bryant hatten schon am Nachmittag hereingeschaut und waren geblieben; Henrys Verlegerfreund, George Putnam, war da, und ein junger Mensch, namens Charles Scribner, der sich ebenfalls mit verlegerischen Plänen trug. David Dudley Field hatte seinen Kollegen, den Anwalt William Evarts, mitgebracht; Edwards Youmans war in Begleitung von John Fiske eingetroffen,

der seine Vorlesungen in Cambridge für einen kurzen Besuch in New York unterbrochen hatte. Die beiden hatten sich kaum Zeit genommen, Hut und Mantel abzulegen und ihre Gastgeber zu begrüßen, als sie sich schon wieder in ihr Gespräch über die neue Abstammungslehre Darwins stürzten. J. G. Holland, der Henriettes Urteil über sein letztes Gedicht einholen wollte, war auch etwas früher erschienen; und außerdem waren noch einige ihrer Freunde aus Neu-England zu Besuch — Präsident Hopkins vom Williams College, Charles Sedgwick aus Lenox und Professor Calvin Stowe mit Frau aus Andover in Massachusetts. „Ja", antwortete Henriette auf eine Frage des Malers Eastman Johnson, der eine Berühmtheit zu werden versprach, „das ist die Autorin von ‚Onkel Toms Hütte', Mr. Beechers Schwester. Sie wird Sie darüber nicht lange im Zweifel lassen, wenn sie sich dazu aufgelegt fühlt, über ihr Buch und ihre Reisen in England zu reden. Aber vielleicht zieht sie es heute vor, nur zuzuhören, da sie gerade an einem anderen Buch schreibt, ‚Die Freite des Pastors'. Ihr Mann ist weniger bekannt als sie, aber ein sehr unterhaltender Mensch. Mein Mann staunt immer wieder über seine Beherrschung des Griechischen und Lateinischen, und lächelt nur etwas über seine Geisterseherei. Bringen Sie ihn bloß nicht darauf, über seine Botschaften aus dem Jenseits zu sprechen, sonst wird dieser Abend noch mit einer spiritistischen Sitzung enden."
Aber das Diesseits gab ihnen viel zuviel Gesprächsstoff, als daß sie sich mit jener anderen Welt hätten abgeben mögen. Ein Thema nach dem anderen wurde von der Tafelrunde und nachher vor dem Kamin erörtert. Wenn Mr. Youmans einmal angefangen hatte, über die Werke Darwins, Huxleys und Tyndalls zu dozieren, dann war er nicht mehr aufzuhalten. Und es gab noch so viele andere Bücher und Schriftsteller, über die man sprechen mußte. Mrs. Beecher-Stowes Ansichten weckten besonderes Interesse, da sie Dickens und Thakeray persönlich kennengelernt hatte. Von den letzten Werken Carlyles, Ruskins und William Morris' gelangten sie zu Tennyson, Kindley, Matthew Arnold und den Brownings und dann zurück über das große Wasser zu ihren eigenen Emerson, Longfellow und Holmes. In die-

sem freisinnigen Kreis wagte Henriette sogar den Namen George Eliots zu erwähnen, deren unsanktionierte Ehe mit George Henry Lewes eine ebenso große Sensation hervorgerufen hatte wie ihr letzter Roman: ‚The Mill on the Floss'. „Mir persönlich ist es ganz gleichgültig, was sie für ein Privatleben führt", sprang Henriette für diese Frau, die ebenfalls in einen Skandal verwickelt worden war, in die Bresche. „Sie hat ein ausgezeichnetes Buch geschrieben, das mehr echte Frömmigkeit enthält als zwanzig Bände engstirniger Predigten."
„Es würde sie zweifellos überraschen, die Frau eines Geistlichen so reden zu hören", warf jemand ein.
„Sie weiß bereits, was ich von ihr und ihren Büchern halte", teilte Henriette mit. „Ich habe ihr geschrieben und ihr meine Bewunderung ausgedrückt."
Henry nickte zustimmend.
„Bei Henriette ist Gefühl und Handeln eins", sagte er. „Sie läßt sich immer von ihrem Impuls leiten. Ich hätte mich nicht gewundert, wenn sie nach Chikago gefahren wäre, um Abraham Lincoln zu sagen, wie sehr sie sich über seine Wahl gefreut habe."
Ja, Lincoln! Bei der Erwähnung dieses Namens erhob sich ein eifriges Stimmengewirr. „Wie wird es hier im Lande aussehen, wenn er im nächsten März den Eid auf die Verfassung schwört? Ob es dann überhaupt noch Vereinigte Staaten geben wird, nach allem, was man jetzt hört?"
„South Carolina scheint dem ehrlichen Abe und uns anderen jedenfalls zeigen zu wollen, daß es sich nicht kommandieren läßt. Und das ist nur ein Anfang; die anderen Südstaaten werden folgen. Sie warten nur auf eine günstige Gelegenheit."
„Unterpflügen, sage ich, immer unterpflügen!" Eine kühle neu-englische Stimme ließ die Anwesenden durch ihren entschlossenen Tonfall aufhorchen. „Und das besser gleich als später! Sie haben sich auf die Hinterbeine gesetzt, und wir müssen ihnen zeigen, daß wir das auch können."
Henriette wußte, daß heute abend nicht mehr von Büchern und schönen Theorien gesprochen werden würde. ‚Die Entstehung der Arten', das singende Wunderkind Adelina Patti, die Möglichkeit einer Wiederaufnahme

der Arbeiten am Atlantikkabel, die erstaunliche Leistung des Pony-Expreß, der die Post in zehn Tagen oder gar noch schneller quer über den Kontinent befördern sollte — alles war vergessen, sobald die vier Worte ausgesprochen wurden: Abraham Lincoln, South Carolina.

„Aber Lincoln kann doch unmöglich hoffen, die Sklaverei abzuschaffen. Er hat es ja selbst zugegeben, damals in der Cooper Union."

„Aber wer behauptet denn, daß es sich um die Sklaverei dreht? Ich begreife nur nicht, wie er auf die Verfassung schwören will; er muß doch wissen, was es bedeutet, wenn er sich an den Wortlaut hält."

„Aber ich sage Ihnen doch, er ist gegen den Krieg! Er muß es einfach verhindern, daß es dazu kommt."

„Erinnern Sie sich noch an seine erste Wahlrede in Chikago?" Einer der jüngeren Anwesenden hatte das Wort ergriffen. „Ich kann nicht vergessen, wie er von dem Hause sprach, in dem der Teufel Zwietracht gesät hat." Der Sprecher wiederholte mit glühenden Wangen Lincolns Worte: ‚Ich glaube nicht, daß dieser Zustand von Sklavenstaaten auf der einen und freien Staaten auf der anderen Seite für die Dauer geduldet werden kann. Ich bin aber nicht der Ansicht, daß der Staatenbund vor der Auflösung steht, ich glaube nicht, daß das Haus einstürzen wird; aber ich bin der festen Überzeugung, daß wir die Zwietracht aus ihm vertreiben können. Wir werden uns entweder für die eine Seite oder für die andere entscheiden müssen.'

„Das ist ja alles ganz schön und gut, junger Mann", unterbrach eine skeptische Stimme, „aber diese Rede hat er vor sechs Monaten gehalten, und South Carolina hat sich bei der Abstimmung für die Sezession erklärt. Was will er dagegen machen?"

„Gott weiß — nur Gott allein weiß, was uns in diesem Jahr noch alles bevorstehen wird!"

Henriette blickte von einem Gesicht zum anderen. Es waren meist alte Freunde, die da im Feuerschein saßen, und trotzdem kamen sie ihr heute abend unbekannt vor. Angst, Ungewißheit, Verwirrung und Zweifel hatten sie zu Fremden gemacht. Die Unsicherheit, die in der Luft lag, schien fast greifbar. Vor einem Jahr noch hatte sie kaum je den Namen Abraham Lincoln gehört, und jetzt wußte sie so gut wie die anderen, daß das Schicksal der Nation und auch das kleine Geschick jedes einzelnen in seine Hände gegeben war. „Ein Haus, das in sich entzweit ist, kann nicht bestehenbleiben!" Wie schrecklich klangen diese Worte, und doch wie schön und wahr! Woher hatte er nur den sicheren Instinkt genommen, der ihn in schlimmer Zeit diese Formulierung finden ließ?

„Man hat mir schon vieles nachgesagt" — alle hörten aufmerksam zu, da es die Verfasserin von ‚Onkel Toms Hütte' war, die dieses sprach —, „und ein gut Teil davon war nicht gerade schmeichelhaft. Sie sagen, ich müsse eine rabiate Gegnerin der Sklaverei sein, weil ich in meinem Buch so darüber schrieb. Natürlich bin ich dagegen; aber ich bin auch gegen Gewalt. Wie mein Vater sagte: ‚Die radikalen Gegner der Sklaverei sind wie Menschen, die das eigene Haus niederbrennen, um die Ratten auszurotten.'"

„Meinen Sie damit gewisse Südstaaten, Mrs. Stowe?" fragte jemand spitz.

„Nein, sie meint nur, daß nichts einen Krieg rechtfertige, der die freien Staaten sowohl wie die Sklavenstaaten verstümmeln würde", warf Henry dazwischen. „Ich stimme dem völlig bei. Ich kann mich des Gefühls nicht erwehren, daß diese herausfordernde Geste von South Carolina bald ihre Bedeutung verloren haben wird. Es ist schließlich nur ein kleiner Teil des Landes —"

„Klein schon", wurde er unterbrochen, „aber das sind Wespen auch. Und wie eine Wespe hat sich South Carolina von vornherein gebärdet."

Die Unterhaltung wurde immer erregter. Henriette hatte den Eindruck, als ob die Worte um sie her wie Flammen züngelten. Während das Holzfeuer im Kamin allmählich in sich zusammensank, griff das Feuer der Rede immer weiter um sich. Alle wurden davon angesteckt, wie sie da teils zuhörten, teils es mit Fragen und Antworten noch schürten. Die verschiedensten Ansichten wurden laut und fanden Widerspruch und Beifall, während im Zimmer die Petroleumlampen flackernd erloschen und nur die Gasflämmchen an den Wänden mit ihrem bläulichen Schein den Raum noch weiter erhellten. Auch als der letzte Gast gegangen war, konnten Henry und sie von dem Thema noch nicht ablassen. Sie erinnerten einander an geäußerte Meinungen, zuversichtliche und pessimistische, verglichen diese mit jener und fragten sich, welche von diesen vielen Prophezeiungen sich wohl im Laufe des neuen Jahres erfüllen würde. Und sie schliefen erst ein, als bereits der erste Milchwagen durch die Stille des frühen Morgens polterte.

Weihnachten kam und ging. Überall läuteten die Glokken das Jahr 1861 ein, und New York trank ihm mit Eierpunsch, Madeira oder Champagner zu. Die Regierung warnte Süd-Karolina, daß Fort Sumter Eigentum der Union sei und bis auf den letzten Mann verteidigt würde. New York erlebte einen harten Winter. Seine Bewohner dachten zunächst daran, sich warm zu halten und erst in zweiter Linie an nationale Probleme. Die Öfen fraßen tonnenweise Kohlen, und die Schornsteine rauchten von der Battery bis zu jener spärlich besiedelten Gegend, in deren Nähe die Stadtväter einen neuen Park anlegen wollten. Die Menschen kauerten sich in ihren Wohnungen vor ihre Öfen und Kamine. Die Bäume, die Peter Cooper im Gramercy Park gepflanzt hatte, standen weiß im Schnee oder dunkel im eisigen Regen. Auf den glatten Straßen, die zum Fluß hinabführten, glitten die Pferde aus, und die Straßenhändler trugen Pfannen glühender Holzkohlen mit sich umher, um ihre Hände und Füße vor Frost zu schützen. Clara Field und die Nachbarskinder, die jungen Putnams und Roosevelts, machten die Bürgersteige auf ihrem Schulweg zu Rutschbahnen, und alle sangen sie das Lied von John Brown, bis ihr Atem in ihren wollenen Halstüchern zu Eis gefror.

An jedem Abend kehrte Henry kalt wie ein Eiszapfen von der langen Fahrt mit der Pferdebahn aus dem Büro nach Hause zurück und brachte die Abendzeitung mit, deren Leitartikel und neueste Meldungen wenig tröstlich klangen. Als der März herannahte, wurden nicht nur die Tage, sondern auch die Gesichter länger. Süd-Karolina war nicht der einzige Rebell geblieben; Mississippi, Alabama, Louisiana, Georgia und Florida schlossen sich der Sezessionsrevolte an, und Texas war nahe daran, ihrem Beispiel zu folgen. Es war eine kompakte Gruppe konföderierter Staaten, und sie war offensichtlich zum Handeln entschlossen, wie selbst die unbekümmertsten Zeitungen des Nordens zugeben mußten. Sie hatte ihren eigenen Kongreß gebildet und Jefferson Davis zum Präsidenten gewählt. Am selben Tage, an dem Abraham Lincoln in Washington sein Amt antrat, wurde eine neue Flagge mit sieben Sternen und drei Streifen über einer neuen Hauptstadt, Montgomery in Alabama, gehißt.

Es gab nun auch eine konföderierte Armee unter dem Oberbefehl des Generals Beauregard mit ihrem Hauptquartier in Charleston. Beauregard hatte bereits offiziell die Übergabe des Forts Sumter gefordert. Das ging wirklich zu weit, meinten die meisten Amerikaner der Nordstaaten, und doch gab es auch andere, sogar einen Veteran des mexikanischen Krieges, General Winfield Scott, die der Ansicht waren, man solle das Fort aufgeben. Aber Major Anderson und seine fünfundsiebzig Unionsoldaten blieben auf dem Posten und warteten auf Befehle und auf die Schiffe, die zu ihrem Entsatz unterwegs waren.

In diesen Tagen fuhr Cyrus in fieberhafter Eile zwischen New York und Washington hin und her. Der Winter hatte ihm viel von seiner Elastizität geraubt, aber nicht den Glauben, daß sein Kabel das Vaterland vor dem Kriege retten könne. Er war sicher, den Beweis führen zu können, falls man ihm nur die Gelegenheit bot, es vom Meeresboden zu bergen. Er hatte im Dezember Bankrott angemeldet. Die Firma, die er gekauft und geleitet hatte, war, wie andere auch, unter dem Druck der Finanzkrise zusammengebrochen. Cyrus hatte seinen Gläubigern das möglichste ausgezahlt, indem er seinen persönlichen Besitz belieh. Er ächzte unter der Last seiner Verpflichtungen, und außer ihm selbst waren alle der Ansicht, daß die Aktien der New York, Newfoundland and London Telegraph Company nicht einmal das eigene Papiergewicht wert seien. Aber inzwischen war Seward zum Staatssekretär in Lincolns Kabinett ernannt worden, und Seward setzte volles Vertrauen in Cyrus und sein Projekt. Jetzt, wo die Regierung wieder hinter ihm stand, konnte er eine neue Gesellschaft organisieren und sofort mit der Arbeit beginnen. Der Kongreß mußte ihn anhören, bevor noch ein weiterer Sommer ungenützt verstrich. Wenn er doch nur das Ohr Washingtons gewinnen könnte! Er war sicher, sie überzeugen zu können, vom neuen Präsidenten angefangen bis zum gleichgültigsten Repräsentanten. All dieses Kriegsgerede spornte ihn nur an. Sein Kabel war das sicherste Mittel, das Unheil abzuwenden. Es würde nie zum Kriege zwischen den Staaten kommen, wenn England und Frankreich von den Vorgängen in Amerika laufend unterrichtet würden und die nötigen Schritte unternehmen könnten, um ernstlichen Folgen vorzubeugen.

„Es ist leicht, ein Kartoffelfeuer auszustampfen, ehe Haus und Hof in Brand geraten", behauptete Cyrus eines Abends im April, als er bei Bruder und Schwägerin zu Besuch war, um über seine neuesten Fortschritte zu berichten. „Wir sind zwar noch nicht im Kartoffelfeuerstadium angelangt; aber es ist gar nicht abzusehen, was noch kommen kann."

„Ich verstehe durchaus, was du meinst, Cyrus", stimmte ihm Henry bei. „Aber ich bin trotzdem nicht sicher, ob die Situation nicht schon zu weit gediehen ist, als daß selbst eine Erfindung wie das Kabel da noch Abhilfe schaffen könnte. Im vergangenen Jahr, selbst im vergangenen Monat, wäre ich vielleicht noch anderer Ansicht gewesen; aber jetzt würdest du nicht nur die Bruchstellen in deinem Kabel reparieren müssen, sondern einen Bruch im ganzen Land. Und ich fürchte, das übersteigt menschliches Vermögen."

„Aber es ist doch klar ersichtlich —" Cyrus war aufgesprungen und schritt rastlos im Zimmer hin und her. Auf seinem Gesicht waren die Überanstrengung und der Mangel an Schlaf deutlich zu sehen, und er war mit einer derart heftigen, nervösen Spannung geladen, daß Henriette besorgt nach dem Kaminsims blickte, auf dem die Nippes bedrohlich klirrten.

„Ach bitte, setz dich doch, Cyrus", flehte sie. „Du bist doch kein Löwe im Käfig, obwohl du mir oft so vorkommst."

„Ich fühle mich jetzt auch so", gab er mit einem entschuldigenden Lächeln zu. „Ja, manchmal fürchte ich wirklich, verrückt zu werden, wenn ich diese Gitterstäbe nicht zerbrechen kann, mit denen man mich umgeben hat. Weißt du", wandte er sich wieder an Henry, „schließlich ist alles doch nur eine Frage von Dollar und Cent."

„Dein Kabel — ganz sicher, und wohl mehr von Dollar als von Cent."

„Nein, Henry, nicht nur das Kabel. Ich meine die gegenwärtige Lage überhaupt. Du hast nie etwas von Finanzwirtschaft verstanden, und warum solltest du auch? Aber ich bin Geschäftsmann, und ich weiß sehr wohl, daß weit mehr als nur Flaggen und Wimpel und Hurrageschrei notwendig sind, um einen Krieg anzufangen und zu Ende zu führen. Der Süden kann durch seine Baumwolle zu Geld kommen, zumal England sein bester Kunde ist. Da hast du es in wenigen Worten. England und diese konföderierten Staaten, wie sie sich zu nennen belieben, sind Geschäftspartner. Die Südstaaten produzieren den Rohstoff, und England verarbeitet ihn. Wenn Großbritannien nur rechtzeitig Bescheid weiß, wird es schon dafür sorgen, daß sie nicht ihre Baumwollplantagen verlassen, um in den Krieg zu gehen. Wohlgemerkt, wenn es rechtzeitig davon erfährt — davon hängt alles ab."

„Aber wenn England den Süden unterstützt, wird unser Land noch mehr denn je entzweit", warf Henry ein. „Es könnte sogar eine Wiederholung des Krieges mit England bedeuten, soweit man es überblicken kann."

„England hat im Augenblick genug Schwierigkeiten mit seinen Kolonien und seinen indischen Aufständen. Es will nur die Gewißheit haben, daß Manchester und die anderen großen Industriezentren die Arbeit in den Spinnereien nicht einstellen müssen. Ich weiß, wie drüben die Stimmung ist."

„Cyrus!" Henriette unterbrach wieder die Diskussion. „Wie bald könntest du mit der Arbeit am Kabel beginnen, wenn du die Regierung hinter dir hättest?"

„Morgen!"

Seine Antwort kam wie aus der Pistole geschossen, und die alte Begeisterung leuchtete wieder in seinen Augen auf.

„Ganze zwei Jahre", fuhr er fort, „hat dieses Untersuchungskomitee jetzt Prüfungen und Experimente vorgenommen, und alle haben ergeben, daß das Kabel gehoben, gespleißt und noch besser ausgelegt werden kann. Sie haben da einen neuen Dampfer, die ‚Great Eastern', die für meine Zwecke glänzend geeignet wäre. Ich habe sie besichtigt, als sie noch im Bau war, und sie ist groß genug und liegt so gut, daß das Kabel in der Hälfte der Zeit und mit dem halben Risiko ausgelegt werden könnte. Gebt mir nur noch diesen Sommer, und ich werde beweisen, daß mein Atlantikkabel nicht tot, sondern noch sehr am Leben ist."

„Ich würde dir diese Frist ja mit Freuden geben, wenn es in meiner Macht stünde", sagte Henriette seufzend und legte ihre Näharbeit aus der Hand.

Tags darauf saß sie an ihrem Schreibtisch und schrieb Briefe, die noch mit dem wöchentlichen Europadampfer fort sollten. Dabei paßte sie auf, daß Clara eine volle halbe Stunde beim Klavierüben blieb, als sie Henrys Stimme an der Haustür hörte. Selbst in diesen schönen Frühlingstagen kehrte er selten vor halb sechs Uhr abends, oft noch später, zurück. An diesem Tage, das wußte sie, ging die Zeitschrift in Druck, und das pflegte ihn meist noch länger festzuhalten. Aber heute kam er schon um Viertel nach vier die Treppe herauf. Sie hörte an seinem Schritt, daß irgend etwas nicht in Ordnung war. Er rief sie auch nicht beim Namen, wie er das gewöhnlich schon beim Öffnen der Haustür tat. Ihr Herz begann wild zu klopfen, noch ehe sie einen Blick auf sein Gesicht geworfen hatte. Seit dem Tag, an dem die letzte Unglücksbotschaft von dem Kabel kam, hatte sie ihn nicht so verstört gesehen.

„Henri, was ist denn?" Sie eilte auf ihn zu und sah ihn ängstlich an. „Bist du krank?"

„Nein, Liebste, ich wollte dich nicht durch meine frühe Rückkehr erschrecken."

„Aber irgend etwas ist doch geschehen? Das sieht man dir ja an! Ist die Zeitschrift eingegangen? Sind wir ruiniert?"

„Nein, jedenfalls jetzt noch nicht. Aber ich dachte, du würdest es vielleicht bereits gehört haben. Die Zeitungen sind schon voll davon; aber wir haben die Nachricht im Geschäftsviertel noch früher gehört. Fort Sumter ist —"

Er brach ab, weil seine Stimme versagte. Sie nahm die

Zeitung, die er mitgebracht hatte, und breitete sie auf dem Schreibtisch aus. Ihre Hände zitterten. Die riesigen Schlagzeilen waren noch feucht von der Druckerschwärze, die ihre Finger beschmutzte, wie es ein anderes Extrablatt vor Jahren auch getan hatte. Damals hatte die Überschrift ‚Mord' gelautet, jetzt stand dort ‚Krieg!' Und sie las es mit derselben Ungläubigkeit.
Fort Sumter war vom Charlestoner Hafen aus beschossen worden. Major Anderson war seinen Befehlen gehorsam geblieben und hatte sich geweigert, sich zu ergeben; woraufhin die Kanonen der Konföderierten mit dem Bombardement begannen. Die Entsatzschiffe waren zu spät gekommen, und das Fort war schließlich gezwungen worden, die Flagge zum Zeichen der Übergabe niederzuholen. Damit hatte der Krieg begonnen — das stand unabänderlich fest. Das Land wartete nur noch auf die Proklamation des Präsidenten. Clara kam die Treppe heraufgelaufen und rief, daß sie nun mit dem Üben fertig sei. Der blasse Aprilsonnenschein fiel quer durch das Zimmer, das ihr so lieb, so vertraut war; dieses Zimmer, in dem Henry und sie sich in ihrer Liebe so sicher gefühlt hatten, gläubig darauf vertrauend, daß die Welt, in der sie beide lebten, nicht zugrunde gehen könne.

ZWEIUNDVIERZIGSTES KAPITEL

In den folgenden vier Jahren mußte Henriette zweimal, mit Clara an ihrer Seite, tränenden Auges dastehen, während ausziehende Truppen ihre Fahnen an ihr vorbeitrugen.
Nach der Proklamation Lincolns, die er unmittelbar nach der Beschießung des Forts Sumter erlassen hatte, wurden marschierende Soldaten in blauen Uniformen mit Tornistern und Musketen auf den Schultern in New York ein alltäglicher Anblick. Er hatte zunächst die Aufstellung einer Notmiliz von fünfundsiebzigtausend Mann gefordert, und scharenweise waren sie seinem Ruf gefolgt. Ob Unionstaat oder konföderierter — jeder mußte jetzt eine klare Entscheidung treffen. Ein Zögern

gab es jetzt nicht mehr, man mußte sich zu Lincoln oder zu Jefferson Davis bekennen. Die Entscheidung Virginias war unvermeidlich, da Robert Lee an der Spitze seiner Truppen stand. Auch Nord-Karolina, Kentucky, Arkansas und Tennessee entschieden sich für die Sache des Südens. Aber Lincoln hatte den Norden und seine eigene Heimat, den Mittelwesten, ungeteilt hinter sich. Regimenter aus Neu-England und vom oberen Hudsontal strömten durch New York auf dem Marsche nach Washington und nach weiter südlich gelegenen Punkten. Im Juni konnte Henriette kaum auf die Straße gehen, ohne die Klänge einer Musikkapelle oder das taktfeste Dröhnen von Soldatenstiefeln auf dem Pflaster zu hören. Beim Aufblicken sah sie mitunter über einer vorbeiziehenden Truppe eine Fahne wehen, die verkündete, daß diese Männer aus Rhode Island, Connecticut, Maine, New Hampshire, Vermont oder Massachusetts zu den Waffen geeilt waren. Einmal las sie auf einer Fahne den Namen der Provinz Hampden und dachte dabei an die Nachbarsjungen von West Springfield, die jetzt schon groß genug für die Armee sein mußten.

Die beiden älteren Söhne Matthews hatten sich beide gemeldet, der neunzehnjährige Henry bei den 34. Freiwilligen von Massachusetts, und Heman beim 71. New Yorker Regiment. Heman war gerade dreiundzwanzig, ein großer, liebenswürdiger, lebenslustiger junger Mann, der in Cyrus Firma arbeitete. Er zog in einer funkelnagelneuen Uniform in den Krieg hinaus, in der er voll Stolz vor seinen Onkeln und Tanten und seiner bewundernden zehnjährigen Schwester paradierte. Er war der ersten Einberufung dreimonatlicher Freiwilliger gefolgt und sollte jetzt an die Front reisen. Vielleicht würde er dabei eine Hängebrücke überqueren, die sein Vater vor zehn Jahren erbaut hatte. Sehr wahrscheinlich war das jedoch nicht. Matthew hatte ja selbst prophezeit, daß seine Brücken und Eisenbahnlinien in Tennessee und Kentucky im Krieg am allerersten auffliegen würden.

„Du kommst doch morgen zu unserem Ausmarsch, Tante Henrietta", hatte der junge Soldat sie an einem Julitage gebeten, an dem er Urlaub bekommen hatte, um sich zu verabschieden. „Mutter und Vater können Southwick nicht verlassen, und Onkel Henry kann nicht vom Büro weg, um stundenlang an einer Straßenecke zu stehen; aber ich würde mich freuen, wenn du und Clara da wäret. Wenn ihr euch an die Ecke der Twenty-third Street und der Fifth Avenue aufstellt, kann ich euch gar nicht übersehen."

„Aber sicher werden wir da sein. Um welche Zeit kommst du denn vorbei?"

Darüber wußte er nichts Genaues, er wußte überhaupt nichts genau, außer daß sein Regiment am nächsten Tage nach dem Süden marschieren würde.

Obwohl sie auf diese Nachricht schon seit Wochen gefaßt gewesen waren, konnten sie sich kaum mit der Endgültigkeit des Befehls abfinden. Matthews ältester Sohn sollte jetzt etwas kennenlernen, das man Krieg nannte. Morgen würde er aus diesen Zimmern verschwunden sein, wo sein munteres Lachen um die Wette mit Claras Lachen erklungen war und wo seine neuen schweren Armeestiefel sich in den Teppichen verfangen hatten.

„Das ist doch nicht möglich", dachte Henriette, während sie zusah, wie er eifrig Kaffee und Kuchen verzehrte. „Nein, ich kann es nicht glauben, daß er jetzt auszieht, um zu töten und vielleicht getötet zu werden!"

Sie standen inmitten einer Menschenmenge an jener belebten Ecke der Fifth Avenue. Schon seit der Frühstückszeit waren sie dort, und jetzt war es beinahe Mittag. Die Julisonne strahlte brennend auf die Köpfe hernieder, und die Hitze, die vom Pflaster emporstieg, war fast genau so groß. Rings um sie her waren viele der Männer, Frauen und Kinder, die mit ihnen warteten, nahe daran, von der Hitze übermannt zu werden. Eine Brigade der Division, die an die Front ging, war schon auf ihrem Wege zum Bahnhof an ihnen vorübergekommen; aber die einzelnen Bataillone kamen nur in großen Abständen. Clara spähte, so weit sie nur blicken konnte, die Fifth Avenue hinauf und fragte immer wieder, wann das 71. Regiment denn nun käme. Henriette beneidete das Kind um seine Ausdauer und um die Fröhlichkeit, mit der es den Umstehenden antwortete. Jedermann, der sich in Hörweite befand, wußte bereits, daß sie nach der Kompanie ihres Bruders Ausschau hielt, daß er zu ihnen hinsehen würde, daß sie ihm ein Proviantpäckchen mitgebracht habe und daß sie hoffte, er würde auf dieser Straßenseite vorbeikommen.

„Ein anderer Soldat würde sich auch darüber freuen, wenn du Heman nicht erreichen kannst", hatte Henriette ihr tröstend gesagt, um einer möglichen Enttäuschung vorzubeugen.

„Aber sein Name steht doch auf dem Papier, Tante Henrietta, und die anderen würden es ihm doch weitergeben, nicht wahr? Ich wäre so traurig, wenn er die Lutschbonbons nicht bekäme, die ich extra für ihn ausgesucht habe."

„Vielleicht ißt du sie lieber selber, Schwesterchen", schlug ein Mann, der in der Nähe stand, vor. „Du wirst vielleicht noch hungrig, ehe dein Bruder hier vorbeikommt."

Aber daran wollte Clara gar nicht denken. „Irgendwie werde ich es ihm schon hinbugsieren", entgegnete sie bestimmt.

Henriette und der Mann lächelten einander müde zu. Einwände fruchteten hier nichts, das sahen sie ein. Das Kind war vor Eifer ganz rot im Gesicht unter dem Strohhütchen mit den blauen Bändern. Ein Ausdruck der Entschlossenheit lag um seinen Mund, der seiner Tante von anderen Gesichtern dieser Familie, deren Namen es trug, wohl bekannt war.

„Jetzt kommen sie! Paß auf, Tante Henrietta, man kann die Musik schon hören. Hoffentlich ist es endlich das 71. Regiment!"

Das Trommeln wurde immer lauter, es beschleunigte den Pulsschlag und auch die Füße mit seinem primitiven Rhythmus.

Eine lange Reihe blauer Uniformen nach der anderen marschierte im Sonnenglast des Mittags an ihnen vorbei. Henriette fühlte die Wartenden von hinten nachdrängen, ihre Krinoline wurde zerdrückt, ihr Hut halb vom Kopfe geschoben, als man im Eifer über sie hinwegzublicken versuchte. Clara schlüpfte nach vorn und rief die Nummern und Namen aus, die auf den Fahnen schwitzender Bannerträger zu lesen waren. Heilrufe erschollen, bald für diese Kompanie, bald für jene.

Henriette selbst war es schon unmöglich geworden, die vorbeimarschierenden Gesichter zu unterscheiden. Ihr Neffe, der gestern noch im Wohnzimmer gesessen hatte, verschwand in diesen blauen Wogen der im Gleichschritt dahinziehenden Männer wie ein Tropfen im Meere. Sie erschienen ihr in ihrer Gleichförmigkeit fast unwirklich und waren doch Menschen von Fleisch und Blut! Ihre Beine und Füße bewegten sich automatisch, die Musketen lagen wohlausgerichtet auf ihren Schultern, und die Arme schwangen im Takt hin und her; Henriette sah mitunter ein Augenpaar sich bewegen und einen Mund lächeln. Einige waren groß, andere untersetzt, einige dunkel, andere blond, sonst hätte es das vervielfachte Spiegelbild eines einzigen Soldaten sein können. Unter dem strömenden Schweiß, der sie alle bedeckte, verschwand jeder Unterschied von Alter, Gesichtszügen und Persönlichkeit. Sie war den Tränen fast dankbar, daß sie ihr den Blick verdunkelten.

„Er hat uns gesehen!" rief Clara jubelnd durch das Getöse. „Hast du ihn lächeln sehen, Tante Henrietta? Er war ganz weit in der Mitte; aber er wird sein Paket schon bekommen. Ich habe es dem Soldaten am Ende seiner Reihe gegeben."

Endlich gelangten sie durch die Menschenmenge hindurch und gingen heimwärts. Vor einigen Läden waren die Markisen herabgelassen, und Henriette ging, wo sie nur konnte, in dem Schatten, den sie spendeten. Sie hörte kaum, was Clara an ihrer Seite sagte. „Gewalt", dachte sie. „Ich kann ihr nirgends entgehen. Sie ist mir von Frankreich bis nach Amerika gefolgt."

„Was ist denn mit dir, Tante Henrietta?" fragte Clara. „Als die Einundsiebziger vorbeimarschierten, hast du geweint, und jetzt gehst du so langsam und siehst so — so sonderbar aus."

„Ich bin nur müde, Liebling", erwiderte sie. „Und wenn ich so langsam gehe, dann kommt das wohl daher, daß mir das Herz so schwer ist, wenn ich an diesen Krieg denke."

„Onkel ist doch schon zu alt, um hinauszugehen, nicht wahr?" meinte das Kind tröstend, „und außerdem ist er ja ein Pastor und kann gar nicht schießen. Heman sagt, man muß sehr flink sein beim Abdrücken, sonst erwischt einen der Feind zuerst."

„Clara, ich bitte dich, du weißt nicht, wovon du redest."
„Aber er hat es doch gesagt, Tante Henrietta, ich habe es ja bloß —"
„Ich weiß; aber so etwas soll man nicht wiederholen."
Henriette mußte plötzlich an ihren Großvater denken, der alle Feldzüge Napoleons mitgemacht hatte. Sie konnte sich an die Schlacht von Waterloo nicht erinnern; aber ihre Kindheit hatte sich im Schatten ihrer Nachwehen abgespielt — das war augenscheinlich noch nicht genug. In seiner ganzen Brutalität war der Krieg wiedergekehrt, und sie stand hilflos vor den Mächten, die den Marsch jener Truppen beschwingten. Kein Wunder, daß ihr Schritt so schwer geworden war, daß ihr Herz ihr so bleiern in der Brust lag wie jene Kugeln, deren Tödlichkeit sie nur zu gut kannte. Es war schon eine Alterserscheinung, wenn man alles dies so stark empfand, obwohl man keinen Sohn für die graue oder blaue Uniform besaß.
„Schließlich", dachte sie, „warum sollte ich mich auch nicht alt fühlen? Achtundvierzig Jahre bin ich schon, und das neunundvierzigste ist in Sicht."
Die Jahre hatten ihr immer wenig bedeutet; aber jetzt zum erstenmal in ihrem Leben spürte sie sich alt werden.
„Hör doch!" drängte Clara. „Man kann die Musik noch immer hören. Sie spielen gerade das Lied von John Brown."
Eine Militärkapelle spielte es an einem anderen Morgen, als sie und Clara inmitten einer noch größeren, aber diesmal stillen Menschenmenge an derselben Ecke standen. Es war im April des Jahres 1865, und während der letzten vier Jahre hatte man diese Melodie so natürlich pfeifen und singen gelernt, wie man Atem holte. „Dixie" im Süden, „John Brown" im Norden — diese beiden Lieder waren auf immer mit dem Kampf verbunden, der vor einem Monat vor dem Landgericht zu Appomattox sein Ende gefunden hatte.

„Mein Auge hat Dich kommen sehen, o zornesmüt'ger Gott,
die Trauben Deines Grimmes trittst Du nun, wie Blut so rot."

Ringsumher sangen die Leute einen neuen Text, der zu der alten Melodie paßte.

„Du hast den Blitz entsandt und Dein furchtbar Schwert gezückt:

Dein Wort ist kommen nun,
Gloria, Gloria, Hallelujah ...“

Die Stimmen der Männer klangen rauh, die der Frauen bebend; nur die Kinder sangen die Worte klar und unbekümmert von ihrer Bedeutung, von dem feierlich gedämpften Trommelspiel, den Fahnen auf Halbmast. Die Fenster waren schwarz drapiert, kaum ein Haus, das nicht irgendein Zeichen der Trauer getragen hätte! Die schwarzen Schleifen und Bänder hingen naß und schwer von dem gestrigen Regen herab.
Clara stand schweigend neben ihr, ein großes junges Mädchen von vierzehn Jahren. Ihre Augen blickten ernst unter dem Hutrand hervor, der nur zum Teil ihre langen, leuchtenden Locken verbergen konnte. „Kupferschlange“ wurde sie von ihren Spielgefährten neckend genannt, wogegen sie sich temperamentvoll wehrte.
„Tante Henrietta!“ Sie schmiegte sich an sie und sprach in ehrfürchtigem Staunen: „Ich habe noch niemals Männer weinen sehen. Ich wußte gar nicht, daß sie weinen können.“
Die ersten Abteilungen Militär marschierten vorüber — die Veteranen von Bull Run und Shiloh, von Vicksburg, Antietam und der Schlacht in der Wildnis. Ihr Schritt war jetzt ein anderer, fester, selbstbewußter. Die ausgestandenen Strapazen sprachen aus ihren Gesichtern nicht weniger deutlich als aus den zerschlissenen Fahnen. Einige fuhren neben dem Zug in Rollstühlen, hier und dort sah man leere blaue Ärmel, die mit einer Nadel am Rock festgesteckt waren.
Wenn Matthews Söhne so heimgekehrt wären! Aber Gott sei Dank waren beide heil und gesund. Heman war in Ehren aus dem Dienst entlassen worden, während Henry noch bei seinem Regiment in Texas stand. Die Menschenmenge drängte sich Kopf an Kopf hinter Henriette; aber niemand drängelte oder stieß, um sich einen besseren Platz zu verschaffen. Keine Hochrufe wurden laut, man hörte nur ein leises Murmeln, während die Abteilungen vorbeidefilierten. Eine gespannte Erwartung hing über allen. Sie war so deutlich spürbar

wie der frische Wind, der die Fahnen in der schwachen Aprilsonne flattern ließ. Jemand in der Menge sprach einen Namen aus, und ein böser Fluch antwortete. Clara wandte sich mit erschrecktem Gesicht um.

„Hast du gehört, Tante?“ flüsterte sie. „Sie haben über Mr. Booths Bruder geflucht. Ist das nicht entsetzlich?“

„Scht! Meine Liebe, sprich hier nicht davon. Wir dürfen nicht vergessen, daß Edwin Booth ein großer Schauspieler ist, daran ändert auch nichts, was sein Bruder getan hat. Wenn Edwin Booth jemals wieder den Hamlet spielt, dann werden wir hingehen, um zu zeigen, daß wir ihn nicht für das Tun seines Bruders verantwortlich machen.“

„Und wird er in den Pausen wieder in seinem Kostüm zu uns in die Loge kommen und mit uns sprechen, wie er es immer getan hat?“

„Vielleicht. Da, jetzt höre ich den Trauermarsch in der Ferne, und die Männer nehmen ihre Hüte ab.“

Da kamen sie, die langsam im Schritt gehenden Rappen, mit ihrer schwarz verhängten Last.

„Der Tod muß dem Sieg weichen!“ Henriette erinnerte sich plötzlich an diese Worte. Sie stammten aus dem Begräbnisritual, herrliche Worte! Wenn je ein Mann sie verdient hatte, dann gewiß Abraham Lincoln! Und dann mußte sie weiter zurück an jene Worte denken, die seine lebenswarme Stimme vor fünf Jahren gesprochen hatte: „Laßt uns den Glauben haben, daß das Recht auch Kraft verleiht, und in diesem Glauben wollen wir es wagen —“

DREIUNDVIERZIGSTES KAPITEL

Henriette erwachte früh an einem Julisonntag des Jahres 1866. Die Vorhänge bewegten sich kaum, obwohl die Luft noch frisch vom Morgentau war. Es würde wieder ein heißer Tag werden, und die Finken, Rotkehlchen und Oriolen von Stockbridge lärmten und sangen schon seit Sonnenaufgang. Henriette schlüpfte aus dem Bett, warf sich ein Tuch um und verließ das Schlafzimmer, ohne Henry zu wecken. Das ganze Haus schlief noch. Am Fuß der Treppe blieb sie stehen und gab sich dem Gefühl stolzer Besitzerfreude hin. Es war ihr, als erwiderten auch die Wände und die Möbel die Zärtlichkeit, die sie ihnen entgegenbrachte.

„Es gehört uns“, sagten sie und Henry immer wieder zueinander. „Jedes Jahr werden wir hierher zurückkehren, um neue Kraft aus der Erde zu schöpfen, die wir beide so lieben.“

Sie hatten das Grundstück vor einem Jahr gekauft, als sie gehört hatten, daß ein paar Morgen Land mit einem kleinen Holzhaus auf dem Hügel zu verkaufen waren. Das Häuschen war damals kaum mehr als eine einfache Hütte gewesen; aber es blickte auf die Hügelkette und in das Tal mit seinen Häusern und dem Kirchturm hinab. Weit hinten wand sich das glänzende Band des Housatonic durch die Wiesen und Wälder. Dort vor der Tür, wo Henriette jetzt stand, konnte man deutlich das abschüssige Feld mit dem grauen, gespaltenen Granitblock und dem Ahorn sehen. Diesem Wahrzeichen der Landschaft hatten sie nicht widerstehen können, und Henriette hatte nicht gezögert.

„Es darf nicht sein, daß dieses Land jemand anderem gehört, der vielleicht den Ahorn fällt oder den Felsblock entfernen läßt, auf dem du die erste Predigt hieltest und wo ich zum erstenmal die Gewißheit empfand, daß dein und mein Leben für die Zukunft eins sein würden.“

Sie beantwortete den fragenden Wunsch in seinen Augen mit einem schnellen Entschluß.

„Es macht nichts aus“, war sie eilig fortgefahren, „daß das Blockhaus klein und häßlich ist. Das können wir ändern. Viel wichtiger ist, daß die Hügel und die Bäume und der Felsen uns täglich an unsere Jugend und unsere Liebe erinnern werden. Hab' ich nicht recht, mein kleiner Henri?“

Und er hatte ihr zugestimmt, weil er wußte, daß sie auch dieses Wunder vollbringen würde.

So viele Jahre hatte sie in Städten zubringen müssen, daß sie sich unsäglich darüber freute, neue Bekanntschaft mit der Natur schließen zu dürfen. Jeden Fußbreit ihres Grundstücks lernte sie genau kennen, von dem Wäldchen, das an das abschüssige Feld grenzte, angefangen, bis zu den Wiesen jenseits des Weges, wo sich in dem duftenden Gras die wilden Erdbeerpflänzchen verbargen und wo der süße Klee und die Butterblumen mit den Gänseblümchen abwechselten, die wie weiße Schaumkrönchen auf einem grünen Meer schimmerten. Sie duldete es nicht, daß hier gemäht wurde. Die Sensen durften einen schmalen Pfad von dem Weg zum Felsen hinüber schneiden; aber mehr nicht. Und wenn die Zeit der Gänseblümchen vorbei war, dann gab es das Wunder der zarten Pusteblumen zu bestaunen und später, wenn der Herbst nahte, die purpurne Pracht der Astern und Goldrauten.

Das Haus war nach keinem besonderen Stil gebaut, und darin gerade lag sein Reiz. „Eine kleine, braune Tasse von einem Haus", hatte Henry nach ihrer ersten Besichtigung gemeint. „Wir werden sie mit einem Henkel und mit einer Untertasse versehen", hatte sie bestimmt, „und dann wird es gerade das sein, was wir suchten." Mit einem kleinen Seitenanbau, ein paar aufgestockten Schlafzimmern und einer Veranda, die auf das Tal hinaussah, machte diese braune Tasse den Eindruck ungezwungener Gemütlichkeit, wie sie zwischen den alten Bäumen und inmitten der grünen Wiesen lag. Die Blumen im Garten und der rankende wilde Wein fühlten sich hier bald heimisch und gediehen prächtig unter Henriettes und Claras Pflege.

„Manchmal bekomme ich richtig Lust, meine Röcke hochzustecken und zu hacken und zu graben", vertraute sie Henry an. „Die Holzhacker, die dort hinten arbeiten, sind so verschwenderisch, ich finde es schade, daß sie die Zweige und Äste immer ungenutzt liegenlassen. Hätte ich nicht Angst, unsere Nachbarn zu belästigen, würde ich sie sammeln und in unserem Kamin verbrennen. Ja, Henri, ich kann es mir gut vorstellen, daß wir hier auf unserer eigenen Scholle richtige Bauern werden. Hast du die letzten Hefte von ‚Harpers Monthly' und ‚Blackwoods Magazin' mitgebracht?"

Henry hatte über diesen Widerspruch in ihren Worten gelächelt, und sie lächelte jetzt an diesem Sonntagmorgen, während sie erwog, ob sie sich anziehen und ihre Blumenbeete jäten sollte oder Briefe schreiben, bevor die täglichen Pflichten begannen. Sie entschied sich für das Schreiben, damit Henry die Briefe in New York in den Postkasten werfen konnte. An jedem zweiten Montag fuhr er dorthin, um seinem Beruf nachzugehen; aber auch hier in Stockbridge vernachlässigte er seine Arbeit nicht, sondern verbrachte viele Stunden am Tag in der kleinen Giebelstube, die als sein Studierzimmer eingerichtet worden war.

Nicht anders als in New York versammelten sich auch hier an den Sonntagabenden ihre Freunde. Eigentlich verging auch kein Wochentag, an dem nicht irgendeiner von ihren Bekannten zu Fuß oder im Wagen zu ihnen heraufkam. War das Wetter schön, dann stand ihre Tür vom Morgen bis zum Abend jedem Besucher offen. Henry brachte alte und neue Freunde aus New York mit; die ländlichen Nachbarn kamen häufig zu Besuch; David Dudley und Jonathan und ihre Familien waren ständige Gäste. Auch Henrys Vater stieg noch den mühseligen Weg aus dem Dorf zu ihnen hinauf und konnte stundenlang vor ihrem Haus sitzen und auf die Landschaft hinuntersehen, die so eng mit seinem Leben und dem seiner Kinder verbunden war. Er unterhielt sich gern mit Henriette über vergangene Zeiten — über seine Frau, die seit fünf Jahren tot war, über den verschollenen Sohn und über sein jüngstes Kind, Mary Elizabeth, deren vorzeitiges Hinscheiden er bis heute nicht verwunden hatte. Seine Gedanken wanderten durch das Labyrinth seiner Erinnerungen und verirrten sich auch manchmal. Aber dann erhöhte Henriette nicht seine Verwirrung, indem sie versuchte, in die Vielfalt eines fünfundachtzigjährigen Lebens Ordnung zu bringen. Er hatte das Recht, fand sie, sich zu erinnern oder zu vergessen, wie es ihm gerade gefiel. Die Würde dieses Greisenantlitzes, die Einsamkeit, die ihn einhüllte, rührten sie tief. „Henri“, hatte sie noch gestern abend zu ihrem Mann gesagt, „mit deinem Vater geht es in den letzten Monaten sehr bergab. Er erinnert mich mit seinem weißen Haar immer an die zarten Kugeln des Löwenzahns, kurz bevor sie abfallen. Ich fürchte immer, daß er eines Tages vor unseren Augen auch so vom Wind davongeblasen wird.“

„Wie meinst du das, Henriette?“

„Ich kann es dir nicht genau erklären; aber ich habe immer den Eindruck, er sitzt und wartet auf irgend etwas."
Eine Uhr schlug acht. Der Geruch frisch gemahlenen Kaffees stieg aus der Küche auf. Henriette faltete ihren Brief zusammen, als Clara die Treppe heruntergeeilt kam, während sie noch die Schärpe ihres Musselinkleides band.
„Guten Morgen, Tante Henrietta. Hast du schon gesehen, daß die Skabiosen an der Hecke aufgeblüht sind? Und die Wicken und die Reseden? Und ich glaube bestimmt, daß die Knospen von dem Teerosenstrauch auch aufgegangen sind. Wenn ich mich beeile, kann ich noch ein paar für den Frühstückstisch schneiden."
Henriette sah Clara nach, wie sie über den Rasen davoneilte, vorbei an den hohen weißen Birken, die im Schatten ihres eigenen Laubwerks standen. Dann erhob sie sich von ihrem Schreibtisch. Sie konnte hören, wie Henry oben umherging und die Schubladen öffnete; wahrscheinlich hatte er vergessen, daß sie die reine Wäsche für ihn schon auf dem Stuhl bereitgelegt hatte. Jetzt hieß es eilen, sonst würde er noch in der Kommode das Unterste zuoberst kehren.
„Henri", rief sie, „warte bitte, ich komme sofort."
Sie hatte vergessen, die Briefe zu datieren und zu versiegeln. Was für ein Datum war doch heute? Sie sah nach dem Kalender in der Diele, um sich zu vergewissern. Sonntag, der 29. Juli 1866, las sie, ohne zu ahnen, daß sie diesen Tag nie vergessen würde. Die Welt dort draußen mochte unverändert erscheinen, aber doch war es über Nacht eine andere Welt geworden, die sich nicht mehr aus einzelnen kleinen Erdteilen zusammensetzte, die nichts voneinander wußten. Dem Atlantikkabel war endlich der Erfolg beschieden; doch sollten sie das erst am späten Mittag erfahren. David hatte sie zur Kirche gefahren. Sie, Henry und Clara saßen nebeneinander in der hohen, weißen Bank, und als der Pastor von denjenigen seiner Gemeinde sprach, deren Gedanken bei einem fernen Sohn oder Bruder weilten, wußten sie, daß er Cyrus meinte, von dem sie seit vierzehn Tagen ohne Nachricht über den Ausgang seiner letzten Expedition waren; aber in jenen zehn langen Jahren voller

Hoffnungen und Enttäuschungen hatten sie es gelernt, Gebete und Glückwünsche gleichmütig hinzunehmen.
Der Gottesdienst war zu Ende. Sie schritten mit den anderen den Gang hinunter zu den offenen Türen und der Treppe, die auf den sonnigen Platz vor der Kirche hinausführte. Der alte Pastor Field stand barhäuptig im Kreise seiner Kinder und Enkel und erwiderte die ehrfürchtigen Grüße der Kirchgänger. Wenn auch ein anderer Pastor jetzt hier predigen mochte, er sah alle jene, die sich in seiner alten Kirche versammelten, immer noch mit einer Güte und einem Interesse an, als ob er noch ihr Seelsorger sei.
„Vater!" David nahm seinen Vater beim Arm. „Du ißt doch heute bei uns. Ich habe einen Brief von Stephen, den ich dir vorlesen möchte."
„Aus Kalifornien? Die Post kommt jetzt sehr schnell von dort."
„Nein, Vater", berichtigte Henry ihn sanft. „Stephen lebt schon seit drei Jahren in Washington. Du vergißt, daß Lincoln ihn an den Obersten Gerichtshof berufen hat."
Sie schritten auf den wartenden Wagen zu, als der Anblick eines Mannes, der laut rufend die Dorfstraße entlang gerannt kam, sie neugierig stehenbleiben ließ. Es war etwas Befremdendes, diese Hast an einem ruhigen Sonntagmittag. Der Mann schwenkte ein Stück Papier in der Hand und langte atemlos bei ihrer kleinen Gruppe an. Es war ein Telegramm, und David nahm es ihm jetzt ab. Er überflog es und reichte es dann Henry. Niemand sprach, während die beiden Brüder es lasen. Im nächsten Augenblick aber wurde das sittsame Schweigen des Sonntags durch einen lauten Ruf unterbrochen. „Das Kabel — das Atlantikkabel ist gelegt!" Der Telegraphenbote hatte seine Stimme endlich wiedergefunden. Diesmal schien ein Rückschlag ausgeschlossen. Die ‚Great Eastern' hatte an der Küste von Neufundland nach glücklich beendeter Fahrt Anker geworfen. Ihre schwere Kabellast war ohne Zwischenfall sicher ins Meer gesenkt worden, und Botschaften eilten schon auf dem Meeresboden zwischen den Kontinenten hin und her.
„Das Telegramm ist für dich, Vater." Henry gab ihm das Papier in die dünne alte Hand. „Es ist von Cyrus

aus Trinity Bay." Plötzlich erhob sich ringsum erregtes Stimmengewirr. Alle schrien durcheinander, weinten. lachten und fielen sich in die Arme. Henrys Hut war auf die Erde gefallen, und selbst Davids gemessenes Wesen zeigte sich erschüttert, als er auf die vielen Fragen antworten mußte.

„Ja", hörte Henriette ihn sagen, „es ist schon seit zwei Tagen in Betrieb, aber die Nachricht davon ist soeben erst eingetroffen. Diesmal war der Landtelegraph gestört, nicht das Kabel. Man hatte nach dem ersten Fehlschlag jede Hoffnung aufgegeben und hatte deshalb die Linie von Neufundland nach New York vernachlässigt. Cyrus mußte außer sich gewesen sein, als er die Nachricht, die er in wenigen Sekunden aus Europa erhalten hatte, per Schiff nach New York schicken mußte. Aber das hat ja jetzt nichts mehr zu bedeuten. Cyrus meint —" Die Kirchenglocken über ihren Köpfen überdröhnten seine Worte. Henriette nahm Henrys Arm und hob den Schal auf, der ihr von den Schultern geglitten war. Sie hatte den alten Pastor aus den Augen verloren, aber dann sah sie ihn wieder über die Dorfwiese gehen. Sie konnte sich denken, warum er sich von dem Freudengeläut und den jubelnden Nachbarn entfernte. Sie wußte, wohin es ihn zog, bevor sie ihn noch auf den Friedhof zuschreiten sah. „Herr, nun lässest du deinen Diener in Frieden fahren", dachte sie, als seine schmale Gestalt durch das Tor verschwand. „Denn meine Augen haben deine Herrlichkeit geschaut."

„Wo ist Vater?" fragte Henry.

„Er ist dorthin gegangen", entgegnete sie und zeigte auf den Friedhof. „Nein, Henri, warte noch ein wenig, laß ihn noch ein paar Minuten dort allein, bevor du ihm nachgehst."

Erst spät in der Nacht waren sie und Henry wieder allein. Sie konnten kaum mehr sprechen, so müde waren sie von der Freude und der Erregung des Tages. Ein Telegramm nach dem anderen war eingetroffen, und ihre Freunde waren von allen Seiten auf die glückliche Nachricht hin herbeigeeilt. In ihren Ohren klang noch das Glockengeläute; und der Geruch der riesigen Freudenfeuer hing noch in der Luft, obwohl das Tal nun wieder schweigend und dunkel dalag.

„Jetzt ist es Wahrheit geworden", sagte Henry, als er das Licht löschte, „Cyrus hat der Gegenwart und der Zukunft ein neues Gesicht gegeben. Sein Name wird in die Geschichte eingehen. Was für ein Tag!"
„Ja, was für ein Tag", antwortete sie. „Und dein Vater hat ihn noch erleben dürfen."
„Ich werde nie den Ausdruck in seinem Gesicht vergessen, als er begriff, daß sein Sohn die beiden Erdteile verbunden hat."
„Nun, er hat doch auch andere Söhne, auf die er stolz sein kann", erinnerte sie ihn. „David ist ein großer Anwalt, Stephen sitzt im Obersten Gerichtshof, und du, mein Henri —"
Aber er ließ sie nicht ausreden.

VIERUNDVIERZIGSTES KAPITEL

Erst jetzt, als Frau von fünfzig Jahren, hatte Henriette die Wahrheit des Sprichworts erkennen gelernt, das da sagt: Keine Rose ohne Dornen! Auch Cassies Lebensweisheit, das Gute mit dem Schlechten zu genießen, fiel ihr wieder in den ersten Monaten nach dem endgültigen Erfolg des Atlantikkabels ein. Zunächst war es gleichsam ein aufregendes Abenteuer gewesen, an den Festen und Feiern teilzunehmen, einen wenn auch noch so kleinen Anteil zu haben an solchem Ruhm. Aber lange schon vor ihrer Rückkehr nach New York fühlte sie sich durch das Zuviel an Huldigungen gereizt und von den zahlreichen Beweisen schlechten Geschmacks und von den würdelosen Gefühlsausbrüchen, denen das ganze Land sich hingegeben hatte, abgestoßen.
Mit seiner charakteristischen, hemmungslosen Begeisterungsfähigkeit war Amerika über das neue Weltwunder dieses Zeitalters völlig aus dem Gleichgewicht geraten. Die Nation erschauerte vor solch sensationellem Erfolg und schloß ihr Wunderkind Cyrus unverzüglich ins Herz. Er war der Liebling der Götter, der Held der Stunde. Die Tatsache, daß gerade sein eigenes Land sein

Atlantikkabel jahrelang mit Hohn und Skepsis betrachtet hatte, ließ die Herzlichkeit um so lärmenderen Ausdruck finden. England und englische Geldleute hatten größeres Vertrauen in dieses Projekt gesetzt, hatten wagemutiger den Plan gestützt. Und dieses Bewußtsein war jetzt bitter für die Yankeeherzen. Jetzt galt es, wenigstens in ihrer Anerkennung den alten Erdteil zu übertrumpfen. War nicht ein Amerikaner der Schöpfer der Idee, der Vollbringer des Wunders? Diesen Ruhm und diesen Stolz konnte Europa doch nicht für sich beanspruchen.

Paraden und Umzüge, Freudenfeuer und Glockengeläute — kein Dorf von Maine bis zum goldenen Tor von San Franzisko, das nicht vom Freudentaumel ergriffen worden wäre. Der Süden vergaß für ein paar Tage die Bitterkeit seines Bankrotts; die Präriestaaten des mittleren Westens überließen dem Norden nicht die Ehre der größten Prachtentfaltung; Superlative übersteigerten sich noch auf ihrem Flug über den Kontinent. Das ganze Land glich einem neuen, gigantischen Barnum, der die Reklametrommel für den größten und genialsten Mann der Welt rührte. „Cyrus W. Field" wurde zu einer Zauberformel, deren Nennung Glanz und Ruhm aus dem Nichts entstehen ließ. Er war „der Kolumbus seines Jahrhunderts"; „unser Field, der Field der ganzen Welt" sagte man von ihm, und: „Kyros und Cyrus; der eine eroberte die Welt, der andere einen Ozean für die Welt." Verse gingen von Mund zu Mund:

Laßt Kanonen jubelnd künden,
daß zwei Kontinente zueinander finden.

Dichter tauchten ihre Federn in die Tinte des Jubelns. John Greenlaf Whittier hielt sich nicht für zu gut, um eine „Kabelhymne" zu verfassen, nur wenig formvollendeter und würdevoller als der Spottvers, der im Jahre 1858 im ‚Harpers Weekly' gestanden hatte:

Cyrus Field, der kühne Held,
sprach: Ich bau 'nen Telegraphen —
schafft mir nur ein bißchen Geld —
übern Ozean von Haf' zu Hafen.

Von Rednertribünen in den Städten nicht anders wie in abgelegenen Blockhausschulen wurden Gedichte mit viel Gefühl vorgetragen:

Den Einen haltet hoch in Ehren,
den Söhnen weiset stets sein Bild,
daß sie im Leben sich bewähren,
wie Kabelleger Cyrus Field!

Als im Oktober das Feiern noch immer unvermindert anhielt, fragte Henriette sich manchmal, ob wohl schon jemals eine ruhmvolle Tat gründlicher zu Tode geritten worden war. Sie war es müde, nur von dem einen Thema zu hören, nur davon sprechen zu müssen. Selbst Henry konnte ungeduldig werden, wenn er immer wieder aufgefordert wurde, Anekdoten von seinem berühmten Bruder zum besten zu geben, wenn er immer wieder als ‚der Bruder des Atlantikkabel-Field' vorgestellt wurde. Nichts lag seinem großzügigen Herzen ferner, als Cyrus den wohlverdienten Triumph zu mißgönnen. Aber weder er noch seine anderen Brüder hätten die Ausmaße dieses Triumphes voraussehen können. Sie waren niemals auf den Gedanken gekommen, daß der Erfolg ihres Bruders ihr Leben so vollkommen überschatten würde.

„Man könnte beinahe glauben", sagte Henriette einmal zu ihrem Mann, als sie allein waren, „daß es seit Beginn der Welt nur einen einzigen Field gegeben hat. So wie die Leute reden, klingt es fast, als habe Cyrus die beiden Erdteile, die er verbunden hat, auch noch erschaffen!"

Henry hatte ihr solche Worte verwiesen, aber weniger energisch, als er es noch vor wenigen Wochen getan haben würde.

„Cyrus kann doch nichts dafür", erinnerte er sie, „daß jedermann seinen Verstand verloren zu haben scheint. Er sagte gestern, er würde für die Folgen nicht einstehen können, wenn er sich noch ein einziges Mal das Gedicht ‚Cyrus der Kabelleger' anhören müßte." „Nun, im stillen genießt er es doch", beharrte sie, und dann fügte sie ehrlich hinzu: „Es wäre ja auch nicht natürlich, den Ruhm nicht zu genießen, selbst wenn die Banalität ihm auf die Nerven geht. Nein, ich will ihn gewiß nicht für alle diejenigen verantwortlich machen, die sich wie die Wahnsinnigen benehmen. Aber ich muß an die Zeit zurückdenken, in der man sagte, Cyrus werde sich noch an seinem Kabel aufhängen; jetzt sieht es so aus, als sollten wir alle daran ersticken."

Ihre Geduld war zum erstenmal ins Wanken geraten, als Cyrus im August aus England zurückkehrte, wo er eine neue Expedition geleitet hatte, um das erste Kabel zu heben und zu reparieren. Jetzt, wo auch dieses Unternehmen von Erfolg gekrönt worden war und somit nunmehr zwei Transatlantikkabel in Betrieb waren, begann das Feiern in eine wahre Orgie auszuarten. Und es ärgerte Henriette, daß ihr Mann so häufig den unbekannten Sprecher auf diesen Festen abgeben mußte, ob er nun eingeladen war oder nicht. Henry hatte niemals ‚Nein' sagen können, wenn seine Familie seine Hilfe beanspruchte, und Cyrus konnte mit den Anforderungen, die jetzt an ihn bei jeder Gelegenheit als Redner gestellt wurden, nicht mehr Schritt halten. Also legte Henry seine eigene Arbeit beiseite und schrieb Reden und dichtete Toastsprüche für ihn. Und diese am nächsten Tag in allen Zeitungen abgedruckt zu sehen, war für Henriette besonders schwer zu ertragen.

„Cyrus hat mich nur gebeten, ihm ein paar Notizen für eine Rede in der nächsten Woche aufzusetzen", sagte Henry entschuldigend, als er nach einem arbeitsreichen Tag sich abends noch einmal an seinen Schreibtisch setzte. „Er besuchte mich heute nachmittag einen Augenblick im Büro, bevor er für seine Gesellschaft nach Washington fuhr."

„Aber Henri, du hast in den letzten vierzehn Tagen nicht einen freien Abend gehabt, und wenn du schon so spät noch arbeiten mußt, so hast du doch dein eigenes Manuskript, das gar nicht mehr vorankommt. Du weißt, daß Mr. Scribner nur darauf wartet, es in die Maschine geben zu können."

„Ich weiß." Henry seufzte.

„Er fragte mich erst gestern wieder danach. Er sagte, die Anfragen nach meiner ‚Geschichte des Atlantikkabels' würden täglich ungeduldiger."

„Natürlich, und mit all dem Material, das du gesammelt hast, hättest du schon vor einem Monat fertig sein kön-

nen, wenn nicht diese ewigen Unterbrechungen gewesen wären."
„Aber, das mußt du doch einsehen, Henriette, ich kann Cyrus doch nicht im Stich lassen, solange er noch so überbeansprucht ist." „Du hast schon Jahre an diese Geschichte gewandt, und du weißt, daß Mr. Scribner gesagt hat, jeder weitere Verzug würde deine Einnahme aus dem Buch verringern. Du hast deine Zeit und deine schriftstellerische Gabe in dieses Kabel gesteckt so gut wie andere ihr Geld, und du hast dasselbe Anrecht auf deinen Gewinn."
„Das stimmt schon", gab er zu, „aber ohne Cyrus gäbe es überhaupt keinen Gewinn. Und er muß jetzt seine ganze Arbeitskraft zur Verfügung haben, bis die geplante Vereinigung aller Kabelgesellschaften durchgeführt worden ist. Zwischen den englischen und amerikanischen Partnern sind Unstimmigkeiten entstanden, und er ist der einzige, der vermitteln und schlichten kann, und —" „Bitte, Henri, sieh zu, daß dein Buch fertig wird, und laß Cyrus seine Reden selbst schreiben." Aber sie wußte, daß sie umsonst gesprochen hatte. Diese Brüder mochten sich streiten, mochten sogar einmal eifersüchtig aufeinander sein, aber im Notfalle konnten sie sich stets aufeinander verlassen. Für alle Rechtsfragen, die sich auf das Kabel bezogen, war David Dudley zuständig, und Henry kannte alle Einzelheiten vom ersten Versuch bis zur Vollendung, hatte jedes Wort, das darüber geschrieben worden war, gesammelt bis hinunter zur unscheinbaren Zeitungsnotiz.
„Nun gut." Sie sah ihm zu, wie er in seinen Papieren kramte und ordnete. „Du wirst wieder bis spät arbeiten, das sehe ich schon. Und wenn du fertig bist, wird es dir nichts ausmachen, deine Arbeit einem anderen zu schenken. Nein, nein, versuch mir nicht noch einmal zu erklären, warum du deinen Abend unbedingt einer Beschäftigung opfern mußt, die dir nichts einbringt." Sie beugte sich zu ihm nieder und küßte ihn. „Aber ich wäre wohl nicht deine Frau geworden, wenn du nicht diese Eigenschaft besessen hättest, für die ich dich jetzt schelte."
Nein, immer gelang es ihr nicht, ihrer gereizten Stimmung über den Kabelrummel Herr zu werden. Henry

war doch selbst eine Persönlichkeit; er hatte zuviel auf seinem Gebiet geleistet, um einfach als ‚Bruder von Cyrus Field' abgetan zu werden. Manchmal konnte es dann geschehen, daß ihr Ärger sich Bahn brach. Da war zum Beispiel das eine Mal, an dem sie einem großen Empfang ohne Henry beiwohnen mußte. Bis zum letzten Augenblick hatte sie gehofft, er würde es doch noch ermöglichen können, sie zu begleiten. Aber nein, sie hatte ihn an seinem Schreibtisch vor einer Rede sitzend zurückgelassen, die bis zum nächsten Morgen ausgearbeitet sein mußte. Damit war ihr der Abend von vornherein verdorben, und obwohl sie viele Freunde unter den Anwesenden hatte und auch Bekannte aus England wieder traf, fand sie wenig Gefallen an der Veranstaltung und beschloß, früh zu gehen. Das Unglück wollte es, daß sie Cyrus' Frau am Fuß der Treppe begegnete.
„Ist unser lieber Henry heute abend nicht mit dabei?" fragte diese, als sie sich begrüßt hatten.
„Nein." Es lag einfach nicht in Henriettes Macht, die scharfe Antwort zu unterdrücken, und in der plötzlich eingetretenen Gesprächspause klangen ihre Worte laut und deutlich: „Nein, der liebe Henri mußte zu Hause bleiben, um dem lieben Cyrus die Rede für das morgige Bankett zu schreiben."
Sie bedauerte nicht, daß sie sich hatte hinreißen lassen. Sie freute sich sogar ihrer kleinen Bosheit, als sie sie Henry bei ihrer Rückkehr beichtete. Doch als ihre Worte in New York die Runde machten, wünschte sie, sie wären ungesprochen geblieben.
„Aber Henri, Mary wollte doch die Wahrheit wissen", wandte sie ein, „und die habe ich ihr auch gesagt — wenn es mir jetzt auch aufrichtig leid tut, daß mir mein Mundwerk durchgegangen ist. Wenn du nur endlich die letzten Kapitel deines Buches überarbeiten wolltest, dann will ich dir auch versprechen, meine Zunge künftig im Zaun zu halten."
Das Haus in der East Eighteenth Street, mit dem so viele Erinnerungen an ihre ersten Jahre in New York verbunden waren, hatte einen neuen Mieter gefunden. In diesem Winter nahmen sie nur vorübergehend Quartier in einem Hotel der Fifth Avenue, da Henriette im Frühling 1867 einige ihrer Freunde auf ihrer Europareise

begleiten wollte. Sie zögerte erst, da sie es lieber gesehen hätte, wenn Henry ebenfalls mitgefahren wäre, aber es war ihm unmöglich, Amerika jetzt zu verlassen. Seine redaktionelle Arbeit nahm ihn immer mehr in Anspruch; auch seines Vaters wegen, dessen Befinden sich zusehends verschlechterte, wollte er keine so lange Reise unternehmen. Aber er drängte seine Frau, diese Gelegenheit, Paris noch einmal wiederzusehen und überdies die große Weltausstellung dort zu besichtigen, nicht ungenützt zu lassen. Es waren nun bereits neun Jahre seit ihrer Europareise mit Henry vergangen, und dieses und jenes Band, das sie noch mit der Vergangenheit verbunden hatte, war in der Zwischenzeit gerissen. Frédéric Monod würde nicht mehr da sein, um sie zu bewillkommnen — er weilte schon seit bald drei Jahren nicht mehr unter den Lebenden. Doch seine Familie hatte ihr wiederholt geschrieben, wie sehr sie sich auf ihren Besuch freute, und Henry hatte schließlich darauf bestanden, daß sie jetzt fuhr, nun seine Geschichte des Atlantikkabels endlich erschienen war und ihm ein regelmäßiges Honorar einbrachte.

„Leb wohl, mein kleiner Henri!“ Noch einmal umarmte sie ihn zärtlich, als die Schiffsglocke die Angehörigen der Reisenden ermahnte, von Bord zu gehen. „Mein Herz sagt mir, daß ich unrecht tue, dich allein zurückzulassen, Liebster.“

„Dein Herz wird dir in ein paar Tagen sagen, daß du doch recht daran getan hast“, tröstete er sie, „sei glücklich und genieße den Aufenthalt in England und Frankreich.“

Dann ging er und ließ sie in der luxuriösen Kabine zurück, die er mit soviel Liebe und Freude für sie gewählt hatte. Draußen war es noch Winter. Der Hudson war mit treibenden Eisschollen bedeckt, zwischen denen die ‚Péreire‘ hinausdampfte. Aber es war ein klarer, schöner Morgen, und die Küste glitzerte im Sonnenschein. „Cher Henri.“ Es schien kaum möglich, daß sie ihm nur zwölf Tage später schon von Paris aus schreiben konnte. Und doch war es so, obwohl ihr Schiff in einen furchtbaren Sturm hineingelaufen war, der sie um ein Haar auf den Boden des Atlantik befördert hätte, dem Kabel zur Gesellschaft. Sie war wohlbehalten angekommen und hatte nur gewünscht, daß er sie auf der Fahrt von Brest durch die alte schöne Bretagne hätte begleiten können, diese Provinz, die einmal so groß gewesen war wie sein eigener geliebter Staat Massachusetts. Wie unzureichend waren doch die Worte, dachte sie, während ihre Feder über das Papier flog: „Als wir auf dem linken Seine-Ufer ankamen, nahmen wir unseren Weg durch den Faubourg Saint-Germain, wo jede Straße, jedes Haus Erinnerungen in mir weckte. Es hat sich nichts verändert. Ich erkannte jeden Fleck und glaubte zu träumen, bis der Wagen in den Hof des Grand-Hotel einfuhr ... Ich habe ein reizendes kleines Zimmer im zweiten Stock, mit dem Blick auf das neue Opernhaus, das gerade gebaut wird. Hier kann ich mich während der ersten Stunden meinen Gedanken überlassen. Mein Herz ist noch zu voll, um gleich unter Menschen zu gehen und sei es unter Freunde. In dieser Stadt bin ich geboren, und tausend Erinnerungen verbinden mich mit ihr ... Und während ich hier am Fenster sitze und auf die Straße hinaussehe, ziehen so viele Gestalten in der Abenddämmerung an meinem Auge vorbei — Gedanken, frohe und wehmütige Gedanken bewegen mich, und sie werden mich wohl auch bis an mein Lebensende nicht verlassen ..."

Ja, es war gut, wieder in Paris zu sein. Sie legte die Feder aus der Hand und lehnte ihre Wange an die Fensterscheibe. In Paris, dieser schönsten Stadt, die sie kannte. Wie spät war es wohl jetzt in New York? Ob Henri gerade in den Pferdeomnibus stieg, um nach Hause zu fahren? Ob Clara sich in der Schule in Massachusetts auch wohlfühlte? Und ob sie sich wohl beide so nach ihr sehnten, wie sie sich nach ihnen sehnte? In zwei — nein, wohl erst in vier Tagen konnte sie den ersten Brief aus Amerika erwarten.

„Die Amerikaner", schrieb sie in ihrem nächsten Brief, „sind wie die Vögel nach dem Süden gezogen, um sich während der Wintermonate an den Küsten des Mittelmeeres zu sonnen. In Nizza sollen allein achthundert sein! Aber unsere Landsleute sind auch in jeder anderen italienischen Stadt in Schwärmen anzutreffen. Selbstverständlich werden sie sich alle in der Osterwoche in Rom ein Stelldichein geben; und von dort aus werden sie langsam nordwärts über die Alpen zurückkehren, um rechtzeitig zur Ausstellung in Paris zu sein. So sieht wenigstens das Programm unserer Freunde aus, die vorige Woche abfuhren und mich drängten, sie zu begleiten. Aber das hätte mich nur noch weiter von zu Hause entfernt. Das heißt, die größere Entfernung ist dabei nicht so wichtig als vielmehr die Tatsache, daß man, wie die Soldaten sagen, ‚vom Nachschub abgeschnitten' würde. Die Briefe werden von Stadt zu Stadt nachgeschickt und erreichen einen erst, wenn man wieder in der Heimat ist."

Sie erhalte täglich von einigen Freunden Besuch, fügte sie hinzu, und sie habe dem letzten Empfang in der amerikanischen Gesandtschaft beigewohnt. Der neue Gesandte, General Dix, habe einen sehr vorteilhaften Eindruck gemacht und scheine hervorragend für den Posten geeignet. Der Abend habe sie sehr befriedigt, und sie sei erstaunt gewesen, so viele gute alte Bekannte aus New York dort anzutreffen. Auch Professor Morse sei mit seiner Familie dagewesen, Mr. Bryant dagegen sei schon vor einigen Tagen nach Spanien weitergefahren.

Überall begegne man Amerikanern — in den Hotels, in den Cafés, im Louvre, im Theater, in jedem Laden. „Unsere jungen Landsmänninnen schwirren wie Kolibris umher", schrieb Henriette, „gehen ihrem Vergnügen nach und machen extravagante Einkäufe bei Tag; und bei Nacht glänzen sie auf Bällen, im Theater und in der Oper."

Auf Schritt und Tritt konnte sie Veränderungen in der Stadt feststellen, die sie in Erstaunen und Entzücken versetzten. Paris war größer und schöner geworden seit ihrem letzten Besuch vor neun Jahren. Die schlechte Jahreszeit war endgültig vorüber, und der warme Sonnenschein lockte jedermann auf die Straße. Wie sie sich nach ihrem Henri gesehnt hatte, als sie gestern nachmittag zum Bois de Boulogne gefahren war! „Alle Bänke und Stühle auf dem Bürgersteig der Champs-Elysées waren besetzt, und statt schwerer Mäntel und Schals sieht man in den offenen Wagen schon bunte Sonnenschirme." Der Kaiser und die Kaiserin hatten ebenfalls das schöne Wetter genutzt. Henriette hatte mit ihren Bekannten die kaiserliche Kutsche wieder aus unmittelbarer Nähe gesehen. „Der Kaiser ist alt und dick geworden und sieht noch schwerfälliger und schläfriger aus als zuvor. Seine Regierungssorgen sind ihm anzumerken. Die Zeit hat nicht einmal die Kaiserin verschont — so schön sie noch ist, jung ist sie nicht mehr. Einen Augenblick lang berührten sich fast unsere Wangen; und wenn ich es auch unhöflich finde, jemandem so unverblümt ins Gesicht zu starren, ob das nun ein König oder ein einfacher Mann ist, war meine Neugier doch stärker, und ich sah mir die Frau genau an, die ich vor Jahren auf der Höhe ihrer Jugend und Schönheit gesehen hatte. Ihr unverkennbarer Gesichtsausdruck ist immer noch derselbe, mit ihren eigenartig hochgeschwungenen Augenbrauen."

Die Kaiserin hatte auf das liebenswürdigste nach allen Seiten genickt, sie hoffte offenbar, mit ihrem Charme den Widerstand gegen ihren Mann brechen zu können. Die beiden hatten viel von ihrer Popularität eingebüßt. Aus der Menge, die sich mehr aus Neugierde als aus Begeisterung angesammelt hatte, drangen nur vereinzelt Hochrufe.

Der Zauber von Paris schlug Henriette wieder ganz in seinen Bann, als sie am selben Abend über die Boulevards wieder in ihr Hotel zurückfuhr. Das erste zarte Grün der Bäume, die verschwommenen Umrisse der altbekannten Gebäude und Brücken, die hell erleuchteten Cafés und die Menschenmenge, die vor ihnen saß. „Tausende", schrieb sie an Henry, „und alle plappern und schwatzen — wie Du immer behauptest —, daß es so nur die Franzosen können."

In langen, eng beschriebenen Briefen berichtete sie Henry von dem außergewöhnlichen Eindruck, den der Père Hyacinthe auf sie gemacht hatte — Père Hyacinthe, dessen Mahnruf an Paris, seine Gleichgültigkeit abzulegen und sich wieder der wahren Frömmigkeit zuzuwenden, auch über den Atlantik gedrungen war. Sie wußte, daß es Henrys großer Wunsch war, diesen Mann predigen zu hören, und so wartete sie stundenlang in der Notre-Dame inmitten einer Gemeinde, die nicht einmal diese große Kathedrale fassen konnte. Endlich war er gekommen. In dem langen braunen Gewand der

Karmeliter, mit weißer, zurückgeworfener Kapuze und an den nackten Füßen Sandalen, bestieg er die Kanzel und kniete zum Gebet nieder. Dann erhob er sich, eine aufrechte, majestätische Gestalt. Das Licht fiel auf sein kräftiges, blasses Gesicht, während er schweigend seine Gemeinde musterte.

Er hatte seinen Text aus dem Buch der Sprüche gewählt und verkündete ihn erst auf lateinisch, dann auf französisch: „Er duldet für euren Glauben, kämpft für eure Seele."

Er begann zu predigen, und wie Henriette sich dem Bann seiner Worte überließ, hätte sie fast glauben können, Savonarola gegen das Laster seiner Zeit donnern zu hören. „Du würdest keinen Eindruck von ihm erhalten, wenn ich Dir nur seine Worte und Bilder wiederholte; ich müßte Dir den ganzen Mann, sein Auge, seine Geste, seine Stimme beschreiben können. Aber in seiner Beredsamkeit liegt etwas, das ich nicht erfassen und ausdrücken kann, etwas, das durchdringend ist wie ein Blitzstrahl und das nicht zu beschreiben ist."

Das war kein blutleerer, weltflüchtiger Asket, der an jenem Sonntag zur Notre-Dame-Gemeinde sprach. Dessen war Henriette gewiß. Hinter den bald strengen, bald gütigen Worten dieses faszinierenden Menschen hatte sie den inneren Kampf herausgespürt. Die Sinne und der Geist rangen in ihm um die Vorherrschaft. Er war ein Kind der Welt, aber er hatte allen ihren Freuden entsagt. Er gehörte, urteilte Henriette, zu jenen heroischen Vorkämpfern und Verteidigern des Glaubens, die im Mittelalter das Wort Gottes verkündet hatten. Ja, er nicht weniger als Henry Ward Beecher, bei dessen Predigten die Kirchen bis auf die Orgelbank besetzt waren, besaß die rätselhafte Gabe, seine Zuhörer in seine Gedankenbahn zu lenken.

Über die Weltausstellung wagte sie kaum zu schreiben. Ihr fehlten die Worte, um alle die Wunder zu schildern, die es dort schon vor der Eröffnung zu sehen gab. Welch ein Bild würde die Stadt abgeben, wenn die Lichterpracht des Ausstellungsgeländes wie die Schätze in Aladins Höhle durch die Dunkelheit funkelte! Auf den Boulevards begegnete man bereits Angehörigen aller Nationen, die von weit her gekommen waren, um dem

zweiten Kaiserreich einen Besuch zu machen. Da sah man beleibte Türken mit einem lächerlich kleinen Fez auf dem Kopf; zierliche Orientalen, die in ernster Betrachtung vor den Schaufenstern standen; leichtfüßige Araber im weißen Burnus und beturbante indische Prinzen. Blauäugige Skandinavier und bärtige Russen mischten sich unter die Offiziere in Uniform aus Preußen und Italien, aus Österreich, Griechenland und England. Es machte ihr Spaß, so viele verschiedene Sprachen zu hören, was mochten alle diese Menschen wohl sagen, die an ihr vorübergingen? Unter dem Symbol der friedlichen Zusammenarbeit aller sollte diese Weltausstellung eröffnet werden — aber Henriette hatte nicht den Eindruck, daß Frieden in der Luft lag.
„Man hat nicht das Gefühl“, klagte sie in ihrem letzten Brief aus Paris, „daß diese prunkvolle Zurschaustellung all der Erzeugnisse menschlicher Erfindungsgabe das Ergebnis einer freundschaftlichen Zusammenarbeit ist. Mir kommt sie eher vor wie eine dieser kunstvoll aus Sand und Muscheln gebauten Burgen, die eine einzige Welle über Nacht vernichten kann. Vielleicht liegt es daran, daß ich schon ein Regierungssystem habe stürzen sehen, weil es Flittergold für echtes Gold ansah, daß ich auch jetzt wieder die kaum merklichen Anzeichen bevorstehender Veränderungen spüre. Ich kann mich des Gefühls nicht erwehren, daß das Ende dieser Ära vor der Tür steht. Es ist auffällig, wie viel mehr die Armee in Erscheinung tritt als bei unserem ersten Besuch. Diese kriegerische Atmosphäre und ständige Militärmusik lassen mich erschauern, wenn ich an unseren langen, unglückseligen Krieg denke. Man behauptet, dies alles geschähe nur, um die Preußen und ihren Kanzler Bismarck zu beeindrucken, der angeblich zur Eröffnung der Ausstellung kommen will. Aber ich würde die Stärke einer Nation viel eher nach dem Wohlstand der Arbeiter und den zufriedenen Gesichtern der kleinen Ladenbesitzer beurteilen.“
„Cher Henri, dies wird mein letzter Brief aus Paris werden. Morgen früh fahren wir über Calais und Dover nach London. Ich kann es noch kaum glauben, daß ich meine kleine Schülerin Nina tatsächlich noch einmal wiedersehen soll und vielleicht auch ihre großen Söhne

kennenlernen werde. Und womöglich wird mir das Glück zuteil, die Verfasserin von ‚Adam Bede' zu sprechen." Ihr nächster Brief erzählte schon von diesem Ereignis. Sie hatte eine Einladung in das Haus der Dichterin nahe am Regents Park erhalten.

„Kommen Sie, setzen Sie sich neben mich auf das Sofa", hatte George Eliot mit Wärme ihren Gast aus Amerika begrüßt, der es gewagt hatte, das öffentliche Vorurteil zu mißachten, und seit Jahren mit ihr korrespondierte. Henriette war zunächst von dem Mißverhältnis zwischen dem mächtigen Kopf mit dem rötlichen Haar und dem fast schmächtig anmutenden Körper betroffen gewesen. Aber dann hatte sie sich gleich wie zu Hause gefühlt. Jede Fremdheit war nach wenigen Minuten zwischen ihnen geschwunden. „Von einer solchen Frau willkommen geheißen zu werden, macht mich besonders stolz. Es gibt ein geheimes Einverständnis zwischen Frauen, die ein ähnliches Schicksal haben. Nach wenigen Worten waren wir uns bereits ganz nahe. Kannst Du Dir vorstellen, was es für mich bedeutete, über eine Stunde lang neben ihr sitzen zu dürfen, mit ihr zu reden und jener leisen, sanften Stimme zu lauschen?" Und London und die englische Landschaft im Frühling! Sie hatte dieses Wunder ganz vergessen, so lange war es her, seit sie zum letztenmal dieses im Winter so unwirtliche Land sich grün färben sah. Sie konnte keinem der Blumenhändler widerstehen, die ihr die goldenen Narzissen, die Sträußchen von Vergißmeinnicht, von Veilchen und Primeln anboten.

„Ich stand gerade in meinem Hotelzimmer am Fenster, das auf den Green Park hinausgeht, als mir Dein Telegramm gebracht wurde. Ist es nicht eine eigenartige Fügung, Henri, daß diese erste Botschaft, die Du mir durch Cyrus' Kabel schicktest, mir den Tod Deines Vaters meldet? Dein Vater wird also nicht mehr in Stockbridge sein, wenn ich zurückkehre. Ich werde ihn vermissen, denn ich hatte ihn sehr lieb. Ich bin nur froh, daß er den Erfolg seiner Kinder erleben durfte, und daß es ihm noch gegönnt war, sich an Cyrus' Ruhm zu freuen. Das hat ihm mehr Freude gemacht als alle Anerkennung seines eigenen Wirkens. ‚Meine Söhne sind alle gut geraten', sagte er einmal zu mir, und das

war auch das einzige Mal, daß ich so etwas wie Stolz aus seinem Munde vernahm.
Es tut mir leid, jetzt nicht bei Dir sein zu können; aber ich habe schon einen Platz auf dem nächsten Amerikadampfer belegt. Wie die Zugvögel werde ich zurückeilen und bestimmt wieder zu Hause sein, bevor noch der amerikanische Frühling vorüber ist. Glaubst Du, daß unsere Fliederbüsche schon blühen werden? Du siehst, daß ich mit meinem Herzen bereits wieder den Ozean überquert habe."

FÜNFUNDVIERZIGSTES KAPITEL

„Auf Wiedersehen!" riefen Henry und Clara zurück, als der Wagen aus ihrem Garten in Stockbridge davonrollte. Henriette winkte ihnen zu, aber sie erhob sich nicht von dem Sofa vor dem niedrigen Wohnzimmerfenster. Sie blickte den beiden Gestalten zärtlich nach — dem jungen Mädchen im hellen Sommerkleid und dem feingeschnittenen jugendlichen Gesicht. „Mein kleiner Henri", dachte sie, „die Jahre können ihm nicht viel anhaben. Ein paar Haare weniger, ein paar Falten mehr, aber alt wird er niemals aussehen; und er wird auch nicht alt werden, ganz gleich, wieviel Jahre er zählt."
Und doch hatte er in diesem Frühjahr 1874 bereits seinen zweiundfünfzigsten Geburtstag gefeiert. Jetzt war es August. Die ferne Hügelkette lag in einen Dunstschleier von Hitze gehüllt; das dichte Grün verbarg den Lauf des Housatonic, der nur aufschimmerte, wo er seinen Weg durch die Wiesen an der Kirche nahm. Die Luft war köstlich warm und mild. Henriette atmete den Sommer in vollen Zügen. Der zarte aromatische Duft von Reseda, Heliotrop und Verbene drang von ihrem Lieblingsbeet vor dem Haus zu ihr herein.
„Verbene!" Sie lächelte vor sich hin, als sie diesen Namen wiederholte, der ihr anfangs soviel weniger lieblich erschienen war als das französische „Verveine". Jetzt ging ihr das Wort ganz leicht von den Lippen, wenn es auch Augenblicke gab, in denen die

Vergangenheit durch diesen Duft die Gegenwart zu überschatten drohte — wenn sie und Clara die Blätter sammelten und trockneten, um sie zwischen die Wäsche zu legen, oder wenn sie ein Blatt zwischen ihren Fingern zerrieb. Dieser Duft war unlöslich mit dem Schloß Praslin in Melun verbunden. Sie ertappte sich dabei, daß sie in letzter Zeit wieder häufiger an die alten Tage zurückdachte. Vielleicht wegen der Katastrophe, die ihr Vaterland im Deutsch-Französischen Krieg heimgesucht hatte. Vielleicht auch nur deswegen, weil sie jetzt mehr Muße hatte. Sie hatte sich während des Winters und Frühlings nicht sehr wohl gefühlt. Es hatte sie jedesmal eine Anstrengung gekostet, sich abends für das Theater oder einen Vortrag oder auch nur für einen Besuch bei ihren Freunden umzuziehen. Wenn sie aber einmal dort war, dann belebte sie der Zauber des regen Gedankenaustausches stets wieder, wie er es auch an den Sonntagabenden, und wann immer sonst Gäste in ihrem eigenen Haus versammelt waren, tat. Doch litt sie unter plötzlichen Schwächeanfällen und unter Kopfschmerzen und Stichen.
„Nein, Liebling, es hat nichts zu sagen", beruhigte sie ihre Nichte dann, „es wird schon vorübergehen. Aber vielleicht nehmen wir doch lieber einen Wagen nach Hause. Die Omnibusse sind immer so überfüllt, und dann kommt es mir so vor, als holperten sie mehr als früher."
Sie konnte es sich jetzt erlauben, einen Wagen zu nehmen, obwohl sie sich jedesmal ärgerte, wenn sie sich dazu gezwungen fühlte. Hier in Stockbridge hatte Henry ihr für den Sommer Pferd und Wagen gemietet, und Clara kannte nichts Besseres, als sie über die vertrauten Berkshirewege zu kutschieren. Aber Henriette zog ihr kühles Wohnzimmer oder den Schaukelstuhl auf der Veranda vor. Sie waren heute beide sehr enttäuscht gewesen, daß sie sie nicht zum Dorf begleiten wollte, um Gäste, die sie aus New York erwarteten, von der Bahn abzuholen. Aber sie hatte einen besonderen Grund, warum sie nicht hatte mitfahren wollen. Sie sah auf die Uhr, deren Zeiger auf vier wiesen. Der Arzt mußte jetzt jeden Augenblick eintreffen. Sie hatte ihn gebeten, nicht früher oder später zu kommen.

„Eingeschlafen, Mrs. Field?“
Seine freundliche Stimme schreckte sie hoch.
„Nein, ich habe mich hier nur ein bißchen ausgeruht“, antwortete sie. „Es ist heute so warm. Aber wenn man zwischen den Fenstern sitzt, dann erhascht man wenigstens jedes Lüftchen, das unterwegs ist. Sie sind doch nicht Henri und Clara auf Ihrem Weg hierher begegnet? Gut. Ich möchte auch nicht, daß sie erfahren, daß ich Sie hergebeten habe“
Sie bemerkte, daß er sie aufmerksam musterte, während er zuhörte.
„Mein Arzt in New York wollte mich nicht beunruhigen“, fuhr sie fort; „aber er bat mich, auf gewisse Symptome zu achten; er hoffte zwar, sie würden nicht wieder auftreten; aber ich muß Ihnen nun sagen, daß ich sie doch wieder verspürt habe. Ich habe mich in letzter Zeit nicht wohlgefühlt und habe Schmerzen — hier —“
Seine untersuchenden Hände waren zart, seine Fragen knapp und sachlich. Er war nicht nur ein geschickter Arzt, sondern auch ein guter Freund. Sie vertraute ihm, und er wußte das. Aber gerade das machte diese halbe Stunde für sie beide nur um so schwieriger. „Ich sehe, daß Sie die Diagnose des New Yorker Arztes bestätigen“, sagte sie, nachdem sie alle seine Fragen beantwortet hatte.
„Sie machen es mir schwer.“ Er beugte sich zu seiner Tasche hinunter und kramte darin. „Natürlich sind wir Ärzte nicht unfehlbar; aber nach allem, was Sie mir sagen —“
„Ich verstehe. Es kann keinen Zweifel mehr über meinen Zustand geben“, half sie ihm weiter. „Deswegen bat ich Sie auch zu kommen, während mein Mann und meine Nichte nicht da sind. Sie dürfen es nicht erfahren — noch nicht.“
„Ich glaube doch, daß es das beste wäre, wenn ich mit Henry spräche. Einer anderen Patientin hätte ich die Wahrheit verschwiegen.“
„Mich hätten Sie doch nicht täuschen können. Ich weiß, was diese Schmerzen zu bedeuten haben. Ich bin nicht so töricht zu glauben, daß ich gefeit bin. Wie lange, glauben Sie, habe ich noch zu leben?“
Sie wartete so ruhig auf sein Urteil, wie sie vor Jahren

einem anderen Urteil entgegengeblickt hatte. In seinen Augen las sie die Bitte, sie möge ihm die Antwort ersparen; aber als er sah, daß sie die Frage wiederholen wollte, sagte er zögernd:

„Es ist unmöglich, etwas Genaues zu sagen. Jeder Fall liegt anders, und Sie sind eine ungewöhnlich zähe und lebensstarke Natur. Mit etwas Pflege und der richtigen Medizin kann es noch ein Jahr oder länger dauern."

„Ich danke Ihnen." Sie zögerte eine Weile, bevor sie fortfuhr: „Lassen Sie uns jetzt praktisch denken, Sie und ich, wir kennen die Wahrheit. Das mag im Augenblick genügen. Ich möchte nicht, daß Henri und Clara dieser Sommer durch ihre Sorge um mich getrübt wird. Sie glauben, daß die Medikamente helfen werden?"

Wieder verriet sein Gesicht den Zweifel, den er empfand. Und wieder versuchte er, sich hinter der Unvollkommenheit der medizinischen Wissenschaft zu verschanzen.

„Aber Sie sagten doch selbst, daß jeder Fall anders läge", erinnerte sie ihn. „Machen Sie für mich einmal eine Ausnahme. Henri und ich sind dreiundzwanzig Jahre verheiratet. Sie müssen mir glauben, wenn ich Ihnen sage, daß ich weiß, was für uns das beste ist. Lassen Sie mich es ihm selber sagen."

Als er gegangen war, blieb sie ganz still liegen und fühlte sich so heiter und unbeschwert, als ob sie sich mit dem Arzt über eine andere Kranke unterhalten hätte. Der Schmerz war etwas Unwirkliches, solange man ihn nicht spürte; aber wenn man litt, wurde alles andere unwirklich.

Die Uhr schlug fünf, und sie erhob sich. Sie ging im Zimmer umher, schüttelte die Kissen zurecht, stellte einige Bücher in das Bord zurück und drehte die Vase mit den Rosen so, daß die Blüten der Abendsonne zugekehrt waren. In dem Spiegel über dem Kamin konnte sie den grünen Rasen draußen und die weißen Birken, die sie so liebte, sehen. Als jeder Stuhl wieder an seinem richtigen Platz war und jeder Gegenstand dort, wo er hingehörte, ging sie zur Tür und betrachtete von da aus das Zimmer. Alle diese Dinge waren plötzlich zu belebten Wesen geworden, weil sie ein Teil von ihrem Leben waren. Sie und Henry hingen an jedem einzelnen Stück,

weil sie es im Laufe der Jahre zusammen nach und nach erworben hatten. Was hatte er doch erst neulich von ihrem Haus und von diesem Zimmer gesagt?
„Soviel — und noch die Ewigkeit!" Die Worte hatten sie tief bewegt, und jetzt kehrten sie mit einer neuen Bedeutung zu ihr zurück. „Soviel", wiederholte sie, und ihr Blick umfaßte das Zimmer und wanderte durch das Fenster hinaus zu der untergehenden Sonne und dem schattigen Grün. Nein, sie konnte nicht fortfahren. Die letzten Worte kamen der Wahrheit zu nahe.
Sie ging nach oben und vertauschte ihren Morgenrock mit einem bestickten Mullkleid, das am Halsausschnitt und an den Handgelenken mit einer violetten Borte verziert war. Ein Blick in den Spiegel beruhigte sie. Kaum ein graues Haar an ihren Schläfen, der Hals noch fest und weiß, auf ihrer Stirn kaum eine Falte: Nein, man konnte ihr die zweiundsechzig Jahre nicht ansehen. Sie ging wieder nach unten. Sie schritt durch die Diele auf die Veranda hinaus und weiter bis zum Weg. Sie hielt nach dem Wagen Ausschau; aber er war noch nicht zu sehen. Für sie allein breitete sich dort das Tal mit der Hügelkette dahinter in all seiner Schönheit aus. Der Klee und die Gänseblümchen waren schon verblüht; aber das Wiesenschaumkraut umstand den schmalen Pfad, der sich durch das abschüssige Feld hinzog. Sie bückte sich und pflückte einen dieser dünnen Stengel mit den hauchzarten Blütenköpfchen daran und musterte sie so prüfend, als wollte sie sie später aus dem Gedächtnis nachzeichnen.
„Ach", dachte sie, „wenn ich nun gestorben wäre, ohne diese Schönheit zu sehen."
Henrys Felsblock war noch ganz heiß von der Sonne. Sie suchte sich eine bequeme Stelle aus und setzte sich für ein paar Augenblicke nieder. Der Ahorn war vor einigen Jahren vom Blitz getroffen worden; aber schon sproßten wieder neue Schößlinge aus dem Spalt empor. „Fast ein Vierteljahrhundert ist es her, seit wir hier zum erstenmal zusammen saßen", ging es ihr durch den Kopf.
Wie lang eine solche Zeitspanne doch war, wenn man an sie zurückdachte, und wie kurz, wenn man sie durchlebte! Damals hatte sie sich vor der Liebe gefürchtet;

aber sie hatte sie nicht betrogen. Vieles war schwer gewesen in den vielen Jahren, die sie und Henry zusammen verbracht hatten; aber die Liebe hatte ihnen über alles hinweggeholfen. Doch hatte sie niemals den Fehler begangen, seine Liebe als etwas Selbstverständliches hinzunehmen. Für sie war die Liebe noch das gleiche Wunder, als das sie sie damals empfunden hatte.

Aus dem Tal erklang ein schriller Pfiff. Das war der Zug, der ihre Gäste aus New York bringen sollte. Sie durfte nur noch wenige Minuten hier verweilen. Über der Landschaft lag die Stimmung, die sie am meisten liebte, dieses blasse Licht, wenn die Hügel sich im blauen Abendnebel verloren. Wer hätte je gedacht, daß sie von allen Plätzen, die ihr lieb und teuer gewesen waren, gerade dieses Fleckchen Erde so in ihr Herz schließen sollte?

Ja, sie hatte ihre Verpflanzung in fremden Boden ohne Schaden überdauert, ganz wie Frédéric Monod es ihr seinerzeit vorausgesagt hatte. Hätte sie doch nur auch Frucht tragen dürfen! Aber sie durfte nicht undankbar sein. „Soviel —" hatte Henry gesagt. Sie erhob sich und schritt langsam wieder den Weg zurück, der ihr erst in diesem Jahr beschwerlich geworden war.

Außer Atem langte sie zu Hause an. Sie war froh, daß sie sich auf ihrem Stuhl in der Veranda ein Weilchen ausruhen konnte, bevor Henry wiederkam. Er durfte nicht sehen, wie rasch sie ermüdete. Jetzt kam der Wagen in Sicht. Sie sah, wie Henry den Gästen sein Haus und sein Land zeigte. Der Wind trug seine Stimme herüber, und sie lächelte, als sie den Ton von Glück und Stolz darin vernahm, den er bei einem solchen Anlaß noch nie hatte unterdrücken können. Eine kurze Minute blieb ihr, um ihren Atem wiederzugewinnen. Dann knirschten die Wagenräder über den Gartenkies, die Gedanken des Nachmittags räumten der Gastfreundschaft das Feld, und mit warmen Worten begrüßte Henriette die Ankommenden.

ENDE